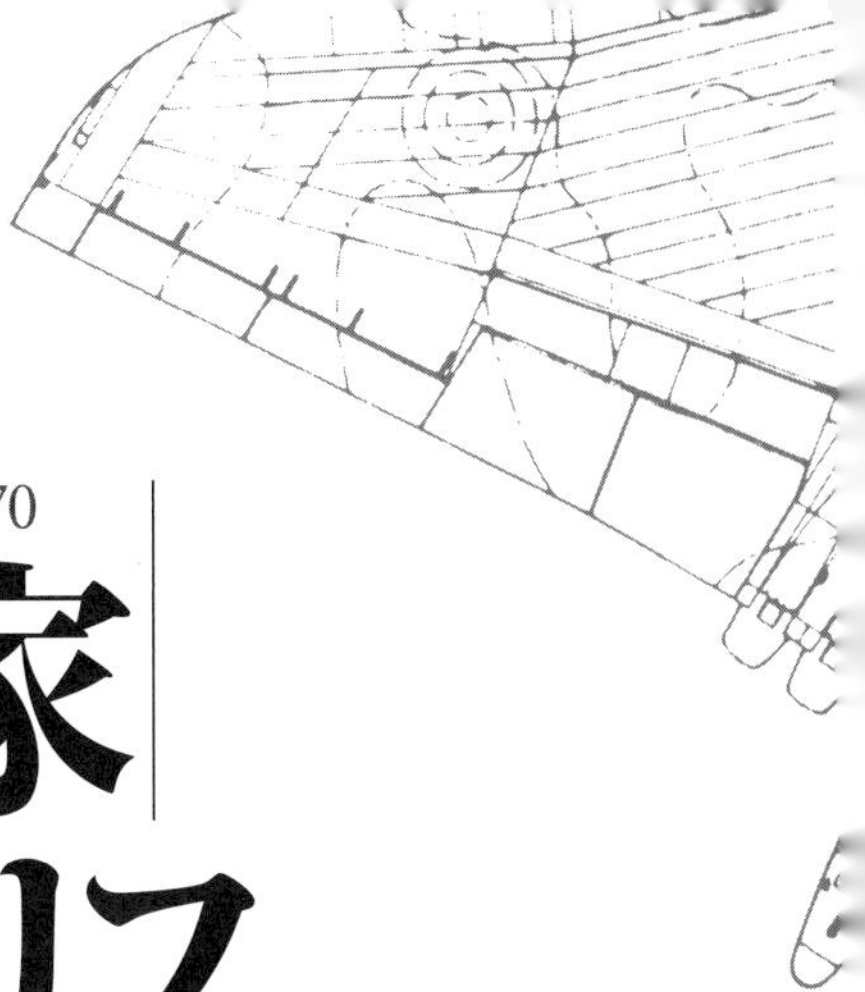

Warfare State: Britain, 1920-1970

戦争国家イギリス

反衰退・非福祉の現代史

David Edgerton
D・エジャトン 著　監訳 坂出 健

訳 松浦俊輔
佐藤秀昭
高田馨里
新井田智幸
森原康仁

名古屋大学出版会

クレア，フランチェスカ，ルチアに

Warfare State

Britain, 1920–1970

by David Edgerton

戦争国家イギリス——目　次

序　章 ……………………………………………… 1

第1章　戦間期の軍産複合体 ………………………… 15

戦間期軍備の新しい見方　20
イギリス艦隊の強さ　25
海軍・産業複合体　32
航空機産業および戦車産業　40
武器輸出　44
政治経済学と宥和政策についての考察　46

第2章　戦争国家とイギリスのナショナル化　一九三九〜五五年 …… 55

経済史家と戦時経済——消える戦争経済　60
軍事支出とイギリス国家の発達　62
戦時経済の統制　66
新しい兵器産業　71
労働党と兵器産業の公有　79
産業政策　84
戦後における国家と産業の関係　90

国防生産　95
国の技術安全保障　98
第3章　エキスパート国家——戦間期における軍事・科学複合体——……102
国家公務員の中でのエキスパート　104
スペシャリスト、エキスパート、プロフェッショナル　105
専門技術エキスパートと軍　107
軍隊におけるR&D　110
学界エリートと軍事・科学複合体　115
軍事R&Dの運営　117
理工系公務員研究職　120
戦間期の公務員における科学者や専門技術者の地位　125
研究職と行政職　128
国家的R&Dの成果　132
第4章　新世代の人々と新しい国家　一九三九〜七〇年……136
新しい大臣　139
軍士官、実業家、軍需省庁　141

R&Dの運営 146
学界の科学 148
戦時の技術家はどうなったか 152
新しい階級、戦争国家、大学 157
二つの公務員集団——研究職と行政職 163
行政官と科学官の和平 167

第5章 反=歴史家と技術家官僚 …… 172
——「技術家支配期」再考 一九五九〜六四年——
C・P・スノー、反=歴史家 178
P・M・S・ブラケット、国家と左翼 191
ブラケット、労働党、科学政策 196
技術家主義的近代化の政治再論 200

第6章 戦争国家と「ホワイトヒート」 一九五五〜七〇年 …… 210
技術的未来主義とイギリス軍産複合体——一九五五〜六四年 211
ハイテクへの依存 214
国産技術の見直し 217
労働党政権 222

ホワイトヒートの仕掛け　225
ミンテックの技術政策　230
研究科の削減　235
国防に由来する産業政策　238
では、「ホワイトヒート」とは何だったのか？　242
兵器産業はいったいどうなったか？　245

第7章　イギリス戦争国家の消滅……248
イギリスはドイツとは違う(1)――リベラルなイングランド賛　249
イギリスはドイツとは違う(2)――軍国派によるイギリス批判　256
社会主義、労働党、戦争――福祉国家の台頭　265
イギリス社会主義と復活する政治経済学　271
技術家支配論的反＝歴史の復活　277

第8章　科学・技術・産業・戦争の関係再考……281
技術と戦争の歴史　282
知識人、科学、技術、産業、戦争　285
転　調　289

科学、戦争、イギリス社会　293
アメリカの軍事・科学複合体　295
軍事を取り入れる　298
反=歴史と下からの歴史記述　303

付　録　309
謝　辞　325
日本語版へのあとがき　329
監訳者あとがき　333
註　巻末 *17*
略語一覧　巻末 *15*
図表一覧　巻末 *13*
索　引　巻末 *1*

序章

本書は、二〇世紀のある大国での推移について、通説とは異なる叙述を行う。その国は、二〇世紀の最初の何十年かで、当時の言い方では「second to none《どこにも負けない》」軍・産・科学の複合体を創出し、指揮した。第二次大戦後の何十年かの間、米ソ二極化した世界において、際立った第三位の地位を保持した。現代の、何より科学技術に目を向ける戦争の先駆であり、その海軍力・空軍力は長らく世界の先頭に立っていた。長い間、武器輸出の先頭に立つ国でもあった。その国家機構を動かしていたのは、官僚だけではなく、専門技術者でもあった。その国は、産業界と密接につながり、経済にもうまく介入し、産業構造を転換していった。自らを、グローバルでリベラルな大国、世界政治・経済の警察官、つまり各国の運命を調停する存在だと見ていた。しかし、国際関係史、二〇世紀の戦争史、二〇世紀の国家の歴史になじんでいる人々にとっては、この国とはイギリスのことだと言っても、信じがたいだろう。あるいは信じがたいはずだ。列強とその間の関係についての歴史学の定説によれば、近代の軍事大国と言えばまずドイツであり、次にアメリカだからである。イギリスはと言えば、「くたびれた巨人《ティタン》」であり、時代遅れの衰退する大国で、戦間期に軍縮を行い、その後は、復活したドイツを宥めにかかった。このイギリスがかつて十分に軍事大国になれなかったとする説は、今なおイデオロギーとして大きく影響している。イギリスでは今日に至るまで、巨額の軍事支出と対外介入とを後押しする決定的な論拠として、このことが唱えられている。一九五六年のスエズ侵攻から二〇〇三年のイラク戦争まで、第二次大戦後に国際紛争が発生するたびに、歴史からの警告として持ち出されてきたのだ。こうしたイギリスのイメージは、戦後のアメリカ政治においても、さらにはアメリカでの国際関係史についての学術的記述の中でも、重きをなしていた。(1) 二〇世紀の様子の叙述では、イギリス国家が経済の転換に大失敗したケインズ主義的福祉国家と見えても驚くにはあたらない。そんな通説とは異なる本書の叙述には、戦争国家イギリスという、世界史にもイギリス史にもそれなりに重みをもつ存在が登場する。

二〇世紀イギリスの歴史記述や、ほんの一〇年前の姿であってもイギリスという国家になじみのある人々にとっては、本書で提示される論旨は際立って奇妙に映るかもしれない。実は、それが奇妙に見えることそのものが、二〇世紀イギリス史に戦争国家《ウォーフェア・ステイト》という像を持ち込むことの意義を表している。ほとんどの歴史家は、イギリスを「福祉国家《ウェルフェア・ステイト》」と見た。これは、経済史、社会史、労働史、さらには最新の文化史に見られる想定である。イギリス軍史のほとんどは、リベラル国家イギリスは反軍国主義的だという考え方に依拠している。この国の科学・技術・産業の軍隊との関連での叙述は、衰退論という、イギリスのエリート史やイギリス経済・産業・科学・技術史について英米で書かれたものの大部分にある強力な想定であふれていた。こうした想定は、しばらく前から多くの歴史家の異論を受けてきたが、今なお大きな影響力を維持している。

本書は、拙著『イギリスと航空機』と、それに関連する、イギリスの「リベラル軍国主義」や二〇世紀イギリスの技術家支配論的・軍国主義的批判についてのいくつかの拙論で示された論考に基づき、その間口と奥行きを拡張しようとするものである。(2) 私は十年前にも、それ以前の研究に対する反論に応答するためもあって見解を示したが、その当時にできたことよりも、論旨を新しく徹底した方向へと進めている。(3) 論証を支える経験的・概念的基礎もはるかに広く深くなっている。本書は一九二〇年から七〇年までの時期を取り上げ、主として三つの領域を論じる。第一に、兵器産業と、この産業や、もっと広い経済に関する国家の政策とその実践。第1章は、両大戦の戦間期の国防費と兵器産業、特に海軍の軍備について、新しい叙述を行う。この章は、政治経済学と宥和政策の関係についても考察する。[4] 第2章は、一九三九年から五五年にかけての戦争国家の発展を、二〇世紀中葉イギリスのナショナル化（nationalisation）や理系化（scientisation）という、もっと広い方面との関連で検討する。[5] この章では、戦争経済の統制、戦時中の兵器産業、公有や産業政策、国防用生産、国の技術安全保障の探求について、新しい叙述を示す。第6章は、一九五〇年代後半から六〇年代にかけての戦争国家の衰退を見て、特にそれと一九六〇年代の「ホワイトヒート〔白熱〕」論争との関係、技術省との関係を取り上げる。[6]

本書は第二に、イギリスの国家エリート、とりわけ公務員の上層部に関心を向ける。第3章と第4章では、平時・戦時の公務員について、また科学と国家の関係について新しい叙述を行う。行政職と科学職が比較され、両者間の対立と思われているものを再検討する。兵器生産を統制していた人々について初めて、まずまず完備した構図を示し、専門技術者公務員、実業家（特に兵器産業の）、軍人が戦時にも引き続いて重要だったことを明らかにする。第4章はまた、主に軍にいた科学公務員が膨張した歴史を、二〇世紀半ばの専門技術者中間層の歴史、大学の男性化・理系化の歴史に結びつける。

本書の第三の成分は、イギリス国家について、またイギリスの軍国主義《ミリタリズム》と技術家支配論《テクノクラシー》〔技術専門家に国家の資源の差配を委ねようとする思想〕についての解釈と概念形成である。第5章は、一九五〇年代後半から六〇年代にかけて、「衰退論」の中核である新しい技術家支配論的イデオロギーの登場を見ていく。C・P・スノーと物理学者パトリック・M・S・ブラケットを典型かつ影響力のある人物として取り上げ、二人のイギリス国家やイギリスの戦争についての叙述から、エキスパート層についてどう書いたかを示し、イギリスの技術家支配論について影響を及ぼした反＝歴史を、特に戦争との関連で二人が生み出したことを明らかにする。この章はまた、一九六〇年代にあった、ペリー・アンダーソンとE・P・トムスンとの、その後に影響を残した論争に新しい光を当て、アンダーソンが標準的な技術家支配論的衰退論の分析を繰り返したのに対し、トムスンはすでに反衰退論の傾向を示していて、アンダーソンのような衰退論的分析ではイギリスの軍産複合体が無視されていることへの懸念を表明していたことを明らかにする。

第7章は、知識人（特に政治経済学者と歴史家など）の、イギリスの軍国主義との関係の要となる論点の扱い方、また、福祉と戦争の国家ではなく、福祉国家こそが近代イギリスの歴史記述の中心になったいきさつについて見ていく。そのために、ドイツに対する標準的なイメージが、イギリスらしさを称揚する手段からイギリスらしさを批判する手段に移行した経緯、イギリスと軍との関係を理解するうえでは軍国主義的なイギリス批判が中心になった経緯を検証する。またこの章では、社会民主主義的歴史家が戦争を福祉国家の勃興と結びつけ、このことを二〇世紀イギリスの歴史記述の基調にしたことも見る。さらに、一九五〇年代後期から六〇年代初期にはイギリス文化の重要な部分だった技術衰退論が、一九七〇年代末から復活したことも検証する。第8章は、現代の戦争における産業・技術・科学についての既存の文献（アメリカに焦点を当てた重要な文献も含む）が、いかに系統的に軍事を除外したか、あるいは特有の扱い方をしたかを検証する。この章は、二〇世紀の科学、技術、産業、戦争の関係について考察する新しい枠組を提案する。(7) また、いわゆる下からの歴史記述というものを、何よりも、こうしたテーマについての既存の学術的・非学術的文献で立てられている隠れた重大な前提を理解する手段として探る。

二〇世紀イギリス史に戦争国家イギリスを位置づけることは、イギリスの政治史・軍事史・経済史・文化史でも重要な部分を書き換えることになる。この標準的叙述の修正は、少なくとも一八世紀の「財政＝軍事国家」論を強調することでもたらされた修正と同じくらい大きい。(8) 二〇世紀イギリス史によく見られるイメージの多くは今や、説明を構成する部分であるよりも、むしろそれをこそ説明する必要があるだろう。例えば、イギリスは両大戦間に軍縮を行っていたというよりもむしろ、巨額の軍事支出を保ち、最新の軍事技術に集中していた。強力な政治経済学的核があったリベラル国際主義は、「宥和主義」に道を開いたというよりも、反ナチス的であり、それも戦闘的な反ナチスだった。第二次世界大戦頃の福祉国家の発展が国家中枢の構造を変えたといっても、その程度は、戦争国家の急速な拡張よりもはるかに小さかった。もともと強力な戦争国家はその範囲と力を拡張していて、イギリスを軍国化、ナショナル化していった。一九三〇年代中葉から四〇年代後期にかけて、軍事支出は福祉支出を大きく上回って増えていたし、イギリスの国家支出の「福祉度」が一九三〇年代初めの水準に戻ったのは、一九七〇年になってからだった。戦前の国家は、非エキスパート行政職が優勢というイメージがあるが、実際にはエキスパートによっており、戦後の国家はさらにそうだった。イギリスの国家エリートを含むエリートを理解するうえで影響力のある、C・P・スノーによる「二つの文化」という概念は、歪められ、誤った方向に向けられているが、それはすべてあの技術家支配論的で衰退論的な、典型的なイギリスの反＝歴史のせいだった。一九六四年から七〇年にかけての労働党政権は、技術家支配論をイギリスのアンシャン・レジームに注入しようとして失敗したのではなく、技術ナショナリズム〔新技術を自国でまかない独占しようとする思想〕の開発事業を削減し、イギリスは技術革新の欠如に陥っていると信じることをやめた。大がかりな現代化の企ては、衰退論の創造と一体で導入されたが、その衰退論の要となるテーゼが否定される脈絡にもなったのである。

この一五年の間に、二〇世紀イギリス研究において大転換が始まった。「逆立ちしたホイッグ史観〔「ホイッグ史観」は現状を前提に、歴史をそこへ至るための「進歩」とみなす考え方〕」や「衰退論的」叙述から、もっと一般的には「衰退論争」から離れることは、二〇世紀イギリス史の大まかな輪郭を再考するうえで、中心的な重みをもつようになった。(9) 衰退論は経済史に限定されず、単なる解釈の枠組でもなく、イギリスとイギリスのエリート、実業、軍隊、文化という、結局は非常に大きな影響力があった面について、特異な姿を描いていた。(10) 反衰退論が、二〇世紀イギリスについての歴史の筋書きが深刻なまでに不適切だったという強い感覚とともに進んできたことは意外なことではない。ある歴史家は、「こうも想像できるという理由で、実際には生じなかった結末を説明する」ようなイギリス史があると述べている。(11) この歴史家は、半分冗談ではあるが、こんなことを説いた。比較経営史を読むときに役に立つ経験則は、少なくとも第一次大戦以降、比較経営史がドイツについて言うことはイギリスにもあてはまり、それがイギリスについて言うことはイタリアについてもあてはまり、いずれかに競争力の優位や経済的実力に関係するものがあるとは想定できないと想定することである。(12)

英空軍（RAF）についての文献を総説した近年の歴史家の著述には「存在しない原因を引き合いに出すことに始まり、証拠でなく想像に基づいた議論を続け、起こらなかった出来事を記述することで終わっているものがある」(13)と述べるものもあるし、イギリスの科学と技術についての多くの文献に述べられていることとは反対のことの方が、提示されているものよりも適切な歴史的描写に近いのではないかと問う歴史家もいる。(14)すると、近年のイギリス経済史についての教科書が、「議論の水準についてますます幻滅するような雰囲気(15)」で作られているのも不思議ではない。

福祉主義は、二〇世紀イギリスの歴史記述を形成するうえで、少なくとも衰退論と同程度に重要だった。この見方は、少なくとも一九一四年以降のイギリス国家理解については依然として中心にある。しかし今、国家や、もっと一般的には社会において軍事が占める位置について、理解のしかたに大きな変化が進行している。重要な指標は、イギリスの歴史家が二〇世紀イギリスを研究する際に、今や「軍国主義《ミリタリズム》」という語が用いられていることである。例えばある軍事史家は、軍国主義という言葉を「軍事的価値観が、効率的な国防にぎりぎり必要な分を超えて尊重され現れることと解釈するなら、この言葉は正統派が言うほどイギリスにあてはまらないものではない(16)」と記している。

本書は、二〇世紀イギリス国家史の福祉主義的解釈に異を唱え、また、福祉主義的解釈と、実はそれと衰退主義とが密接に関係していることを理解しようとする。本書は、「戦争／福祉」、「衰退／成長」の二分割など、イギリス国家を理解するうえでの中心となった二項対立の歴史を見ていく。その中には次のような対立がある。二〇世紀の産業・科学・技術・戦争を理解するうえでとてつもなく重要だった「軍《ミリタリー》と民《シビリアン》」。イギリス軍国主義を理解するうえで中心となる「リベラリズムと軍国主義」。公務員における「スペシャリストとジェネラリスト」、あるいは、「アマチュアとプロ」という、公務員の歴史記述では核となる論点。さらに、知的エリート研究や他の多くのことを研究するうえで中心となる二分割であり、すべてを覆う、理系《サイエンス》と文系《アート》〔人文教養系〕という「二つの文化」の対立。本書は、こうした特定の対立それぞれが、イギリスとイギリス国家の特定の理解から生まれ、国家改革をめぐる特定の争いの中で仕立てられる様子を明らかにする。もっと一般的に言えば、国家を形成し理解するなかで、個々の国家批判がどれほど重要かを見ていただこうと誘うものである。イギリスの知識人と政治家は、イギリス国家についての考え方が大きく違い、用いる言語も違っている——いろいろある言語の中でも、政治経済学、福祉、技術家支配論的／軍国主義論的な批判などの各言語である。特定の社会科学的理解もまた、現代の国家理解の形成にとって肝心で、歴史家による理解もそうであり、そのことを我々はもっと認識する必要がある。私が示すのはそういったことである。我々は、福祉国家、ケインズ主義、ナショナル化といった概念や、二〇世紀国家の発達を分析する際のすべての標準的な用語に現れる分析の構造を認識する必要がある。

　国家の歴史は、それぞれの二分割の片方に焦点を当てて、それぞれの形で理解されてきたことを本書は論じる。多くの叙述では、イギリス国家とはすべて福祉であり、行政職であり、民であり、文系の大学出であり、ケインズ主義であり、国有化であるとする。本書の全体的な論旨は、イギリスという国家はすべて、戦争国家、スペシャリスト国家、軍国主義的国家、理系国家、技術家支配論的介入国家だと見るべきだというのではなく、どちらかと言えば、福祉国家よりは戦争国家であり、衰退する国というよりはむしろ強い国だとするものである。本書は、通例の二分割を逆転するのではなく、それを打破するものであり、国家と国家概念形成について、標準的な概念化の内側から語れるのとは別の話をする。本書が求めるポスト衰退論的でポスト福祉主義的な歴史記述は、衰退論と福祉主義を無視することでも、そのような叙述に対して異論を唱えるだけの、我々が反福祉論・反衰退論の歴史と呼ぶような歴史を書くことでもない。逆に、二〇世紀イギリス史と歴史記述に対する福祉主義と衰退論の意義を理解しなければならない。この第二の課題に成功してこそ、本書はイギリス国家についての新しい歴史を求める議論をすることに十分成功したことになる。本書が、福祉の歴史と経済の相対的な衰退の歴史が新たな問いに向かい、その分、戦争国家とイギリスの経済的発達の歴史に開かれる助けになることを願う。

つまり私の論旨は、既存の歴史記述やそれについての批判に依拠するのではなく、イギリス国家の叙述について、また二〇世紀の科学、技術、産業、戦争の歴史について、必要不可欠な理解のしなおしを重ねることに依拠している。そのため、既存の文献を従来のやり方で取り扱うことはできない。歴史学者は通常、文献の隙間を埋めるものである。そこでは、確立している論争（経験的にでも理論的にでも）を再検討したり、十分に成長した権威ある当初の立場に異を唱えて独自の寄与があることを主張したり、専門分野の文献を総合したりする。また、個別事例を、もっと広い既存の歴史記述の脈絡の中に置きもする。本書の場合、こうした方針は有効ではない。問題は、ここで取り上げられるテーマについて書かれたものが乏しいことではなく、我々が知っていることの、それぞれの知り方にある。[17] 本書が反論したり横やりを入れたりすること、本書が代わりを立てる対象となることは、そもそもの性質からして既存の叙述の観点からは容易に、あるいは有益に論じることができない。例えば、衰退論と福祉主義は、公務員や軍隊や大学それぞれについての一見すると中立的な特化した叙述と複雑に相互作用している。これらの特化した歴史は、すでにしてそれぞれにイギリス史の脈絡の中に収まっている。こうしたもつれを解きほぐすのは困難であり、したがって、戦争国家の組込みを含むいろいろな水準での論述の必要不可欠な構造再編は、容易には記述できない。私は歴史の文献を個々に攻撃しようとはしないよう心がけ、むしろ、いろいろな時期の幅広い歴史学的／非歴史学的文献について、国家とその理解のされ方に関するもっと広い物語の一部として書く。一つの目標として、私が偏った叙述だとして批判しようとする理解が浸透していること（そしてそれが変化していること）を明らかにしようとする。私は、ありもしない相手や時代遅れの考え方や近年に特異な考え方を攻撃しているとか、衰退に関する論争に参加しているとは思われたくない。また、戦争国家の意義を読者に納得させようとして、福祉国家が確かにイギリス国家を概念化する中心にあったという考え方を崩してしまう危険も避けたい。目標は、いかに、そしてなぜ、福祉主義と衰退論がこれほど著しい影響力をもったのか、また、いかに、そしてなぜ、戦争国家がエリートイギリス人の想像力の中に刻まれなかったのかを理解することにある。それを行う方法には、実務家と専門分野の歴史家の知的交流を探る、専門分野の歴史家の前提を調べる、実務家の考え方を歴史的に検証する、などがある。

戦争国家イギリスは、それを隠蔽する鉄壁の歴史的叙述などのいくつかの叙述が濃密にからみ合う藪に取り囲まれている。どんな大きな図書館の蔵書目録でも、タイトルあるいはキーワード検索で軍国主義《ミリタリズム》を検索すれば、ドイツ、日本、ソ連、多くの「第三世界」、それぞれについては相当量の文献があるが、この概念をイギリスに結びつけるものはほとんどないことがわかるだろう。さらには、イギリス国家についての膨大な論評全体の中には、アメリカの軍国主義を論じる際には中心にある「軍産複合体」や「軍学複合体」を示唆する言葉さえほとんどない。戦後イギリスでは、左翼・右翼双方が、異なる理由から、この国の弱さについて不平を述べてきた。イギリスでは、産業と国家の密接な関係、あるいは国家と科学の相互浸透は、どうやらなかったらしい。

平時であれ戦時であれ、近代の近代化する戦争国家が存在することを認めれば、国家や、専門知識・科学・技術が国家や国民の生活に占める位置の分析に深甚な変化がもたらされる。そうなると、軍事費を維持しようとして、その時期だけではなくても特に戦間期の軍国主義の欠如を嘆いた戦後右翼は困ったことになっていただろう。しかしまた、国家は近代化のための介入ができず、専門知識に敵対的だったと説いた左翼の論調もひっくり返ることになる。確かに、文献目録検索からは、イギリスには軍国主義がなかっただけでなく、技術家もいなかったことが示唆される。膨大な文献が、それこそがイギリスの経済的・軍事的実力についての中心的問題だったという考えを支持する。[18] イギリスの技術家は、左翼も右翼も、イギリスの国家と産業に想定される反科学的・反技術的性格がずっと不満で、そうした批判を通じて自分たちの地位を上げようとしてきた。特に長きにわたり影響力があったのは、近代社会には国家の行政官として必要だと思われていた科学者や技術者よりも、古典的教養、何より歴史の教育を受けた人々によって構成されていると見られる上級の公務員に対する、技術家支配論的な批判だった。

二〇世紀イギリスに対して軍国主義的／技術家支配論的批判をする人々は、結局、衰退論で書かれたものに対してだけではないにしても、特にその方面で大きな影響力をもつようになった。[19] そうした批判は、過去の例に依拠するという意味においてそれ自体が歴史的である場合が多いが、それとは逆説的に、イギリス史から軍事的なところや技術家支配論的なところを取り除くという点で、反＝歴史である場合も多い。逆に、自分たちが軍隊や科学や技術に対する介入が弱いと見るところについて、詳細な歴史的説明を行うことが多かった。私は、これらの批判の方向を非常に特異な形で変える。私は、イギリスは反軍国主義的で反科学技術的社会だったという説が戦後の年月において広まっていたこと自体を（そのことも明らかにするが）、ここで提示する理論の証拠としてだけでなく、イギリス文化における軍国主義的／技術家支配論的系譜の成功（と威力）の証拠として採用する。

そのような手を指すと、イギリスの文化・知性の歴史について、まったく異なる話をすることになる。この歴史も衰退論と福祉主義に結びついた前提に支配されているからだ。「イギリスらしさ」あるいは「イギリスのイデオロギー」について言われることの大半は、長らく、「イギリスらしさ」とそれがどう変化したかの再検証という、衰退論的テーゼの再生産の場となっている。[20] さらには、技術家支配論的な批判と同じく、人文／文学系知識人が焦点を当てられていた。[21] だから、イギリス文化史と文化史家に対する衰退論の重みが認識されるようになったのがつい最近になってからだったのは意外ではない。[22] 福祉主義も、文化史や知性史の中心にとどまっている。もっと新しい、「国民の帰属意識《ナショナル・アイデンティティ》」に焦点を当てた文献でさえ、主に、ジェンダー、人種、帝国、国民に関心を向けていて、従来の福祉主義的な叙述への異論というよりも、せいぜいのところ、その読み直しと見るべきだろう。[23] ポスト衰退論的・ポスト福祉主義的文化史は、その叙述に、政治経済学、軍国主義、技術家支配論、そしてもちろん当の衰退論を組み込むのであって、そうしたものにある暗黙の前提を伝えようとするものではない。

　もうずいぶん昔、E・P・トムスンは、イギリスのイデオロギーの中心には政治経済学と科学があることを論じた[24]。そのことは、イギリスの自己理解、特に言えば、要はイギリスの軍国主義と戦争経営を理解するのに欠かせない成分だった。私は、政治経済学こそ、戦間期とその後のイギリスでは、国際関係、戦争、軍国主義、国家についての、さらには、もっと明らかな経済的実力についての批判的議論にとって特に好まれた言語だったことを示す。科学者も技術者も、それを代弁する人々も、自分たちの言葉やイメージを政治経済学から引き出した。つまり、科学と政治経済学はともに、例えば戦争を〔軍ではなく〕民の立場で見ていたというように。本書でのイギリス国家とイギリス・リベラリズムの概念化にとっては、リベラル政治経済学批判の意義を理解することもまた欠かせない。というのも、福祉主義、衰退論、軍国主義的／技術家支配論的批判はすべて、ある特定のリベラル政治経済学的な国家の捉え方の批判だからである。これらはすべて、経済的ナショナリズム、レッセ・フェールに対する敵意、大陸ヨーロッパ（特にドイツ）方式に対する賛美とよく相関している[25]。軍国主義的批判の見方では、リベラリズムは平和的な、さらには平和主義的な教義で、それは空疎な道徳的お説教、現実世界についての欠陥だらけの分析のことだった。この意味でのリベラル国家としてのイギリスは、軍隊、特に陸軍に対しては投資したがらないと見られていた。リベラルな世論に支持された政府は、超リベラルな大蔵省の権力によって、軍事力に粗末な資源しか配分していなかったということになる。この叙述では、自己完結的な大方の意見を破るのは戦争だけだった――二度の世界大戦のときには、ヨーロッパに陸軍の大軍が送られた。つまりイギリスはヨーロッパ的になったのである。技術家支配論的批判の見方では、エリートは素人で、時代遅れで、金融人・商業人で、経済と軍事の実力に破壊的結果をもたらすレッセ・フェールに入れ込んでいる存在だった。ここでもまた、真に創造的な新しい人材が、平時には軽んじられる周縁から一時的に中心で台頭するのは、戦争のときだけだった。つまり、戦争は軍国主義者にとっても技術家支配論者にとっても価値を左右する存在なのである。福祉国家に注目する福祉主義的で社会民主主義的な叙述も、リベラルなイギリスについては根本のところでは批判的だった。福祉についても、強い国家についても積極的でないからだという。この立場の人々もまた、戦争は労働者のために福祉国家を生み出す機会をもたらしたもの、あるいは生み出したものと見た。さらには、現代の戦争が成功するかどうかは、市民を動員できるような福祉国家が創出できるかどうかの問題だった。戦後の標準的な見解では、エリートは経済的にリベラルすぎたし、それほどではないにしても平和主義的すぎたし、弱い国家に熱心すぎた。また、福祉主義だけが新たに存在意義をもつようになった。もちろん、エリート層はヨーロッパ統合には依然として敵意を抱いているとされた。私が説くのは、戦間期から戦後期にかけての間に、イギリスでは劇的な、ただ広く認知されてはいない変化があったことを、我々は正しく認識する必要があるということである。戦争は転機として重要であるという主張がこれほどあるのに、イギリスはもう、多くの人がまだそうだと思っているほど、経済・政治・知性の面でリベラルではないことは、十分に認識されていない。イギリスは、福祉国家や社会民主主義の台頭という観念で捉えられるよりはるかに多くの点で、根本的に変化している。福祉主義は決定的に重要だが、技術家支配論も軍国主義も衰退論もそうだ。ただこちらは、当の本人たちにも見えていないのだ（これも、これらの立場に対して反＝歴史という用語が使える理由である）。

イギリスの場合に軍・産・科学複合体について考えるときの大きな難点の一つは、近代性と軍国主義の関係の理解のしかたが非常に特異だったところである。今では国家と軍事を歴史の中に戻し入れることはあたりまえで、例えば、シーダ・スコッチポルの先駆的研究に続く新しい歴史的社会学にもあるが、科学・技術・産業の歴史は、軍事との関連においてさえ、相変わらずそれとは違う扱い方がされている。[26] 科学・技術・産業は、定型的に、また組織的に、議論や証拠もなしに、市民社会の産物だと見られてきた。標準的な論旨では、民の産業・科学・技術が現代の戦争を転換したということになる。これは、ノーマン・エンジェルからC・P・スノー、メアリー・カルドアに至る政治経済学者・科学系知識人、一部には軍人知識人がとる支配的見解であり、この見解は歴史家の著作にも収まるようになっている。たぶん最も力があるのは、ウィリアム・H・マクニールの『戦争の世界史』[27]だろう。結果として、軍人や軍の機関がほとんど出てこないような戦争経済の歴史書が得られる。つまり、民の科学と技術が戦争に適用されただけの歴史であり、産業、技術、科学、戦争の間の関係の歴史であり、これは二〇世紀には戦争が文民化する（civilianisation）という変貌をとげたと見る。「文民《シビリアン》」と「リベラル」は、現代の「軍国主義」にかぶせることができる有益な修飾語だが、我々は、現代の科学、技術、産業をこの修飾語だけで特定しないよう気をつける必要がある。[28]本書は、我々が現代の戦争について、軍の役割を組織的に軽視し、しかもそのことを明らかにもしなかった、非常に特異で偏った叙述をしてきたと唱えるものであり、戦争と軍の歴史を新たな形で産業、科学、技術の歴史にはめ込むものである。

軍国主義には科学的、技術的、産業的な創造性があるところを、我々はまだかろうじて理解するようになったにすぎない。特に言えば軍事／国家の科学と技術、それから産業は、二〇世紀の科学や技術の発達にとって決め手になる存在であり、戦争もそうだった。そうしたことは、学術的な素粒子物理学や生物学が中心の二〇世紀科学史からは排除されがちになる。本書では、国家、特に言えば軍事部門が、第二次大戦よりずっと前から、研究志向の新しい科学や、現代的な軍隊を生み出した存在の一つとして登場しており、新しい科学革命に遅れた、その気のない、受け身の存在としてではない。私の叙述はまた、一方の科学・技術を、他方の「研究」と区別する必要、さらに言えば、科学者と技術者が果たしてきた、顧問的な役割と他の役割とを区別する必要を強調する。後者の区別は、戦争における科学の標準的な物語をひっくり返す際の中心となる。私の叙述は、国家と産業の、軍の主要研究所、設計拠点、工場が、第二次大戦での軍事技術の大きな革新に関与していたとしている。私は、現行のそうとは認識されていない（一部の）民の学界科学者の成果に置かれた力点から、平時と戦時の軍事研究開発の歴史へと話を移し、その意義を明らかにする。もっと一般的に言えば、科学と技術の歴史は、二〇世紀の科学と技術の企図の一部だけを相手にするのではなく、そのすべての範囲を取り上げなければならないことを私は論じる。[29]

本書はまた、もっと広く、国の技術革新の力と、軍事・経済双方の力との関係をあらためて検証する。本書はまず国の革新する力について、産業と軍事を十分に考慮することによって、通常の過度に学界中心的な説明とはかなり異なる話をする。第二に、国の経済成長率と技術革新に対する国の投資とには正の相関があるという根の深い仮定をイギリスについても他の国についても否定し、そうすることの重みを明らかにする。技術ナショナリズムは、経済成長における科学と技術の位置について最も広く行き渡った叙述の中心でもあるが、これは成り立たないのである。

第1章　戦間期の軍産複合体

一九三五年、イギリス国防白書という、今日に至るまで刊行されているイギリス国防政策年次報告のまさに最初のものとなった文書は遺憾の意を述べている。「我が国の一方的軍縮を範とすることにより世界を軍縮に向けて主導しようとする我々の望みは成果を得られなかった」[1]。これ以降の数十年にわたり、「一九三二年の予算削減はイギリスの国防力および兵器産業を、危機的と言える水準にまで下げてしまったとする歴史の共通認識」[2]が支配的になった。これでも控えめな表現だった。歴史家は、検証や反論がしやすいように論点を具体的にすることをせず、読者にこの削減への恐怖感を引き起こす新たな言い方を見つけようと競っていたらしい。一九六〇年代には、社会民主主義に立つ歴史家A・J・P・テイラーが、一九三〇年代初頭の政府は、「軍備にも失業者にもほとんど同じように出費を惜しんだ」[3]と認めていた。一九七〇年代の海軍史家ポール・ケネディは、「軍事費を削減することによって予算を均衡させるという政府の意向」から、三〇年代には次のような悲惨な結果になったと、確信をもって発言している。

一九三〇年代の脅威が高まった状況で再軍備の決定がなされても、当の産業界は適切に応じられなかった。……国全体の生産能力も、個々の専門の兵器企業の能力も、工場や機械設備に大規模な投資をしないことには元に戻せないほど低迷していた[4]（強調は原文）。

一九八〇年代には、軍事史家ブライアン・ボンドが、同様の見解を繰り返している。

イギリスは一九一八年以後、その徴兵制による膨大な兵員を驚くべき速さで復員させ、同時に国防産業も広く解体した。［一九二二年以後は］陸海空三軍すべての予算が大幅に削減され、その後一〇年にわたる経済状況の混乱で、毎年、さらなる削減が行われた[5]。

もっと新しくなると、さらに断定的になる歴史家も出てきた。ドナルド・キャメロン・ワットは、イギリスのほとんど望みのない状況について書いている。

一九二〇年代、イギリスの三軍は、限界まで切り詰めた予算によってかろうじて存在する程度だった。一九三一年と三二年には、軍隊用の通常の経常支出はすべて後回しにされていた。……連続三年目になる一九三三年には、参謀本部が、イギリスの軍隊およびその準備態勢の水準は、イギリス本国および海外の支配地・財産を外国による攻撃から守れるだけのものにならないと警告した[6]。

一九七九年にジョージ・ピーデンが指摘したように、「一九三二年のイギリスがドイツよりも劣っていたとは言い難い[7]」というのが歴然たる事実だったにもかかわらず、このような惨憺たる状況評価の例はいくらでも挙げられる。しかし実際には、これから見るように、他のどの大国よりも劣っていたわけではない。実に特異な形の後知恵で書く歴史家に従えば、イギリスの軍事支出は不十分だったかもしれないが、そう言ったとしても、競争相手や同盟国と比べて少なかったと言うのとはまったく違う。

三軍のそれぞれや軍需産業を専門とする研究者による研究はきまって、一般に言われる叙述の暗い結論に沿う詳細な叙述と説明を提示してきた。[8] 例えば、第二次世界大戦中の工場・施設に関する公式歴史官〔第二次世界大戦後の英政府が戦時経済の歴史を調べるために雇用した歴史研究者〕は、戦間期について、「兵器産業は絶滅の淵に追いやられていた」と述べ、イギリスの武器について「全般に海外からの注文はなかった」[9] と嘆いた。ポール・ケネディは、この「衰微の年月」に、世界史上最強の海軍、すなわち一九一八年の英海軍は、「病んだ経済」と「未曾有の防衛力削減に対する公的要求」によって引きずり倒されたと嘆いた。[10] ケネディは、軍艦造船業についてこう述べている。

ほとんど建造のない長く不毛な年月、技術革新を求める誘因の欠如、利益の出ない分野とみなされていたところへの資本投入意欲のなさ、何より、この国の産業の体力の癌にかかったような衰えといったものが、今や［一九三〇年代半ば］、その結果を示しつつあった。［軍艦］造船業の急激な縮小——一九一四年には一一一隻あったのが、一九二四年にはわずか二五隻——が、海軍省の再軍備体制が遅れたことの主要な原因だった。[11]

一九五二年に公刊されたM・M・ポスタンによる公式の歴史書『イギリスの戦時生産』は、戦間期に苦境に立たされていたとされる航空機産業について同様の論旨に立つ、要となる典拠である。

一九二〇年代と三〇年代初めの再軍備は申し訳程度のものだった。三〇年代初め、空軍力の大部分はまだ一九一四〜一八年の戦争で用いられた年式のもので構成されていた。それから時代が進んでも、再軍備に使える機材は数が少なかっただけでなく、使用可能な型の兵力は量的に不足していたばかりか、概して当時の性能や操作の水準に達していなかった。一九三五年になっても、就役した「新型」戦闘機は、時速二三〇マイルのグロスターガントレットであり、「新型」爆撃機はハインドとヘンドンだった。……大まかな印象では、この時期における英空軍の装備は、三〇年代初めにイタリアやアメリカなどの外国で確立していた水準を下回っていた。……空軍省は、業界の備えを維持することに困難を抱えていた。航空機会社は、エンジン製造業者も含めて、慢性的な資金難にあり、倒産寸前のこともあった。

さらに、発注という「餌」は「企業の大半を生かしておけるだけはあったが、特にアメリカなど海外の航空機産業に遅れをとらないようにして大量生産のための設備や技術を獲得するには、あまりに乏しかった」[12]とも言われている。この説得力のある欠乏のイメージは、何度も何度も繰り返された。[13]しかしこれから見るように、戦間期の防衛支出、兵器に特化した産業、造船業や航空機産業に関するこうした説は、ほとんどすべての部分が明らかな間違いであるか、本格的に再検討しなければならないものである。

すでに述べたような分析が引き続き優勢であることからも明らかなように、修正した叙述はなかなか出てこず、与える打撃は散発的だった。ジョージ・ピーデンによる大蔵省と再軍備に関する研究は、大蔵省は再軍備を妨害したのではなく、それを陸軍ではなく空軍と海軍の強化に向ける手助けをしていたことを、決定的に明らかにした。[14]ジョン・フェリスは一九二〇年代について、国防費が高い水準にあり、英海軍、英空軍は強力だったことを強調し、「一〇年ルール」〔軍はイギリスが次の一〇年間に大戦争に巻き込まれないという前提で予算の見通しを立てるというルール〕という、もちろん今もあたりまえに顔を出す、繰り返された古い神話を退けた。フェリスはイギリスの外交・国防政策を、「リベラル・リアリスト」と呼ぶのがいいのではないかと説いた。[15]ディック・リチャードソンは、軍備縮小神話に初めて本格的に歴史家として異を唱え、一九二〇年代末のイギリスの指導者の中では、セシル子爵だけが軍備縮小を正しいと信じており、残りの人々は概して強く反対していたことを示した。「この国の内閣や外交政策立案エリートがもつ哲学の傾向では、軍備制限に関するすべての動きには、頭から反対ではなくても懐疑的だった」[16]という。そうして「イギリスは他の強国が軍縮しないのに独自に軍縮を行ったという、多くの歴史家に支持されていた説は、まったく真実ではなかった」[17]としている。戦間期における平和運動を考察した新たな研究も、それが一方的な軍縮や宥和政策を求めた、あるいはその原因となったという説は浅薄で空疎なものであることを明らかにしている。[18] 一九九〇年代の初めに始まる見直し論の第二弾は、イギリスの国力に関する歴史記述をする際に広く浸透していた衰退論を公然と批判する歴史記述に発している。[19] 航空機産業については、通常の見解とは正反対に、イギリスの業界は少なくとも世界トップクラスの規模にあり、倒産寸前どころではなかった。[20] ところが、多くのイギリス空軍史は、今なお古いおなじみのイメージにしがみついている。[21] 陸軍については、特にサー・バジル・リデル＝ハートやJ・F・C・フラー少将といった評論家がかつて提示した構図を、ポール・ハリスが、戦間期の陸軍にとっての戦車の重みを強調、あるいは実際にはたぶん誇張することによってひっくり返している。[22] ハートとフラーは、戦間期の軍事力が技術的に不十分で時代遅れだったという従来のイメージを形成した「軍人知識人」だったが、その名声と権威は劇的に修正されることになった。[23] 海軍や海軍・産業複合体の場合には、見直しの議論ははるかに弱かった（ひいては海軍力やその後を追う海軍軍需産業の議論も）。とはいえ、ある歴史家は、平和運動は「イギリス海軍に対してはいささかなりとも影響」しなかったとしているし、[24] また別の歴史家は、「第二次世界大戦が始まった一九三九年において、イギリス海軍が世界で最強の海軍だったことは疑いようもない[25]」と述べている。これもまた、従来の海軍史から読み取れるような、困窮した控えめな海軍というイメージからはかけ離れたものになっている。

旧来の叙述と、ここで伝えた、またこれからも明らかにする新しい叙述のいくつかとの違いは際立っている。それにしても、歴史家たちはなぜ、かくも異なる結論に行き着いたのだろう。その答えは二つある。まず、イギリスは弱いというまだ支配的な説を唱えるために、歴史家たちが時代どうし、国どうしについて非常に特異な比較を繰り返し、軍備について非常に特異な定義を立て、兵器について非常に特異な技術特性を選んでいたこと。例えば、先に取り上げたポール・ケネディは、暗黙のうちに、一九一八年の水準にとどまった海軍を望んだ。造船の基準は一九一四年のもので、他国の海軍と比較するために工夫された平時の基準を用いることをしなかった。さらに、国防費全体と海軍支出の違いを無視している。どちらの支出もそれぞれ別個に変動し、そこからは、言われているのとは異なる結論が得られるはずだ。また、「国の産業の支え」の衰えおよびその軍艦建造との関係について、狭い、根拠のない仮定が立てられている。ポスタンにとっては、イギリスの航空機産業は、とりわけアメリカ航空機産業、加えてイタリア航空機産業という、航空技術の最先端に立っているらしいところと比較されるべきものだったが、おかしなことに、比較対象として、最も自明なドイツとフランスを用いなかった。戦間期の兵器産業について検討するなかでわかってくることだが、何が兵器産業を構成するかを中心とするあらゆる定義の問題が顔を出してくる。第8章であらためて取り上げるテーマだ。もっと根深い問題もある。歴史家は暗黙のうちに、なんでももっとあることを求める。もっと戦艦を、もっと爆撃機を、もっと兵隊を、もっと戦車を、と。歴史家というのは実効性について、またそれがこのような歴史についての判断にどう影響するかについては問わない傾向にあった(歴史家がしようとするのは判断だからだ)。戦艦や爆撃機に批判的な歴史家であっても、やはり暗黙のうちに、戦間期には戦艦や爆撃機をもっと建造することを求めてしまう。[26] もう一つは、イギリス経済のありようや、その世界の中での地位について、またイギリス知識人の世界観やイギリス国家について、非常に特異な評価が行われていることで、これもまた異論の対象となっている。

戦間期軍備の新しい見方

第一次大戦では、途方もない規模の兵器が必要とされた。それは単に展開された軍事力の規模が大きかったからだけではなく、武器弾薬補給の費用が膨大だったからである。第二次世界大戦のときもそうなる。それと比べれば、一九二〇年代と三〇年代の軍備生産が取るに足りないほどの水準になっても意外ではない。この、民《シビリアン》の経済の規模や成長率と釣り合わない出荷の変化のような生産量の変動は、天井と天井、底と底を比較すべきだというエコノミストの経験則が特異な力で成り立っていることをうかがわせる。エコノミストのピーコックとワイズマンは、一九六一年に発表された公的出費に関する有名な著書で、二〇世紀前半における物価変動の補正をした国防費の指数を出している。この指数によれば、戦間期の国防費は一八九〇年代と比べるとはるかに高く、一九〇五年および一九一〇年の指数をほんのわずか下回る程度である。また、一九二四年から三四年にかけて、国防費は安定して推移していたらしいことがわかる。[27] この支出はおおむね第一次世界大戦の直前なみで、一九二〇年代初期から三〇年代半ばにかけては図1-1と図1-2で確かめられる。本書の目的からすれば、もう少し細かく立ち入って、軍の総支出と調達用支出を検討する必要がある。エドワード七世時代〔一九〇一～一〇年〕には、海軍支出は国防費の半分以上を占めていたが、戦間期にはもっと少なかった。戦前の海軍は調達が大部分を占めていたが、戦間期になると、その相対的な地位は下がった（表1-1）。つまり、海軍はイギリス軍全体に対する比率を下げたのであり、海軍・産業複合体はイギリス兵器産業全体に対する比率を下げたのである。これは裏返せば、新しい、調達量の多い英空軍が、海軍と海軍・産業複合体を犠牲にして成長したということである。空軍の台頭がなければ、一九二〇年代の海軍新艦建造予算は二倍になっていたかもしれない。

価格調整した比較を他国とも行うと、やはりいろいろとわかってくる。アメリカとワイマール体制のドイツを別として、他の列強は戦間期の軍隊にイギリスよりも多くの人員を配置していた。しかし国防費が見せる構図は異なる。ジョン・フェリスは、一九二〇年代の英国の軍事支出は絶対量で世界最大、さらに大英帝国全体の軍事支出はさらに多かったことを論証している。[28] この結論は、当時の国際連盟による統計によって裏づけられる。[29] 一九三〇年代初期の頃は、構図はかなり違っていた。一九三二年には、英、仏、米は絶対量ではだいたい同程度の軍事支出を行っていて、イギリスはその中では最下位だった。最も多くの軍事支出を行っていたのは、強制的な工業化に踏み切ったソ連だった。しかし一九三四年になると、ドイツが軽々と最大の支出国となり、フランスと日本の軍事支出も相当な伸びを示していた。一九二〇年以来イギリスの相対的地位が急速に低下したことは確かだが、それは決してイギリスの支出「削減」のためではなく、他国の支出拡大によるものだった。[30]

当時なら、ここに示したような、軍に豊富な資金が投入されていた構図に驚かない人もいただろう。政治経済学

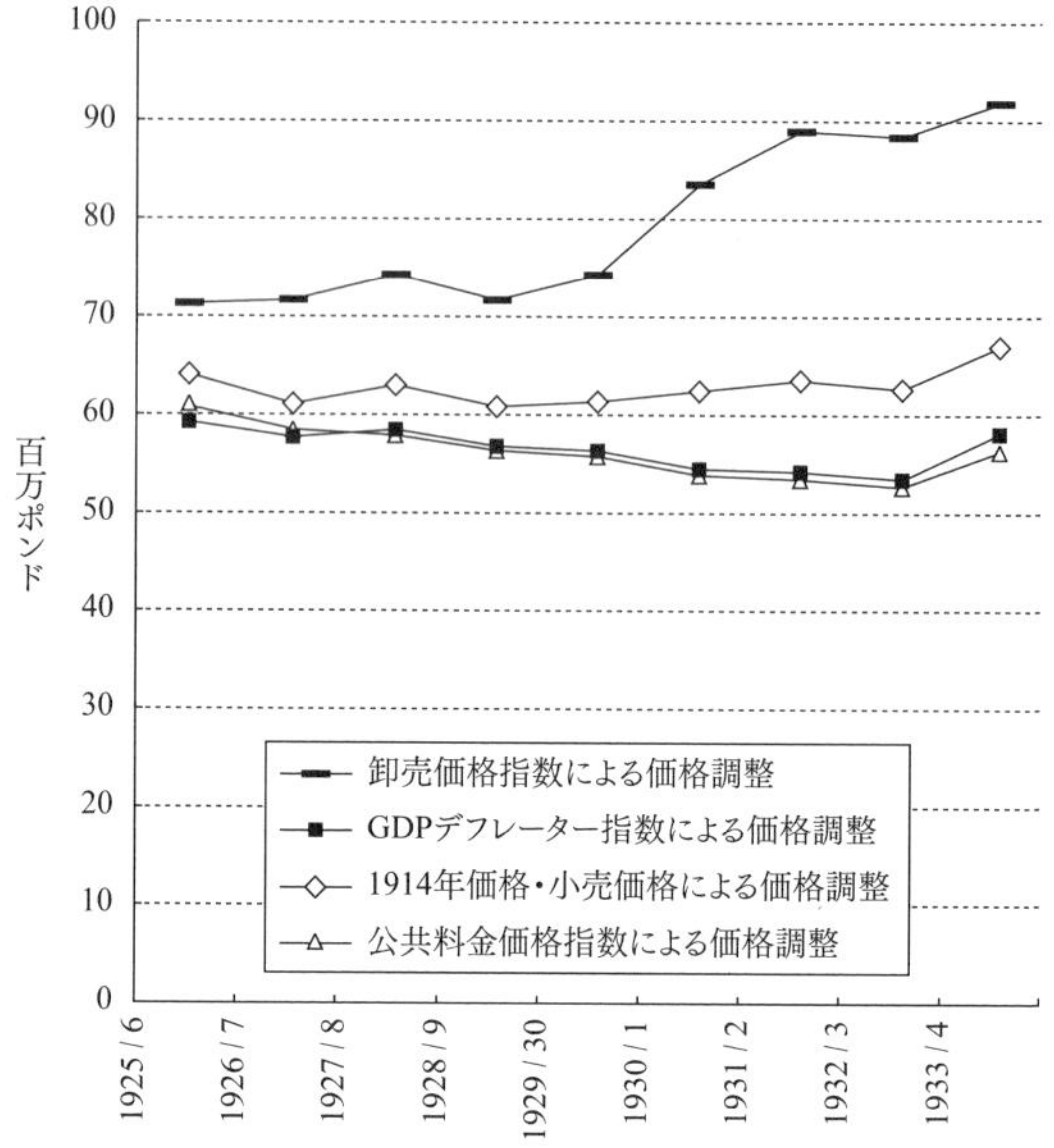

図 1-1　1913 年価格水準で見たイギリス国防支出の推移（単位：百万ポンド）

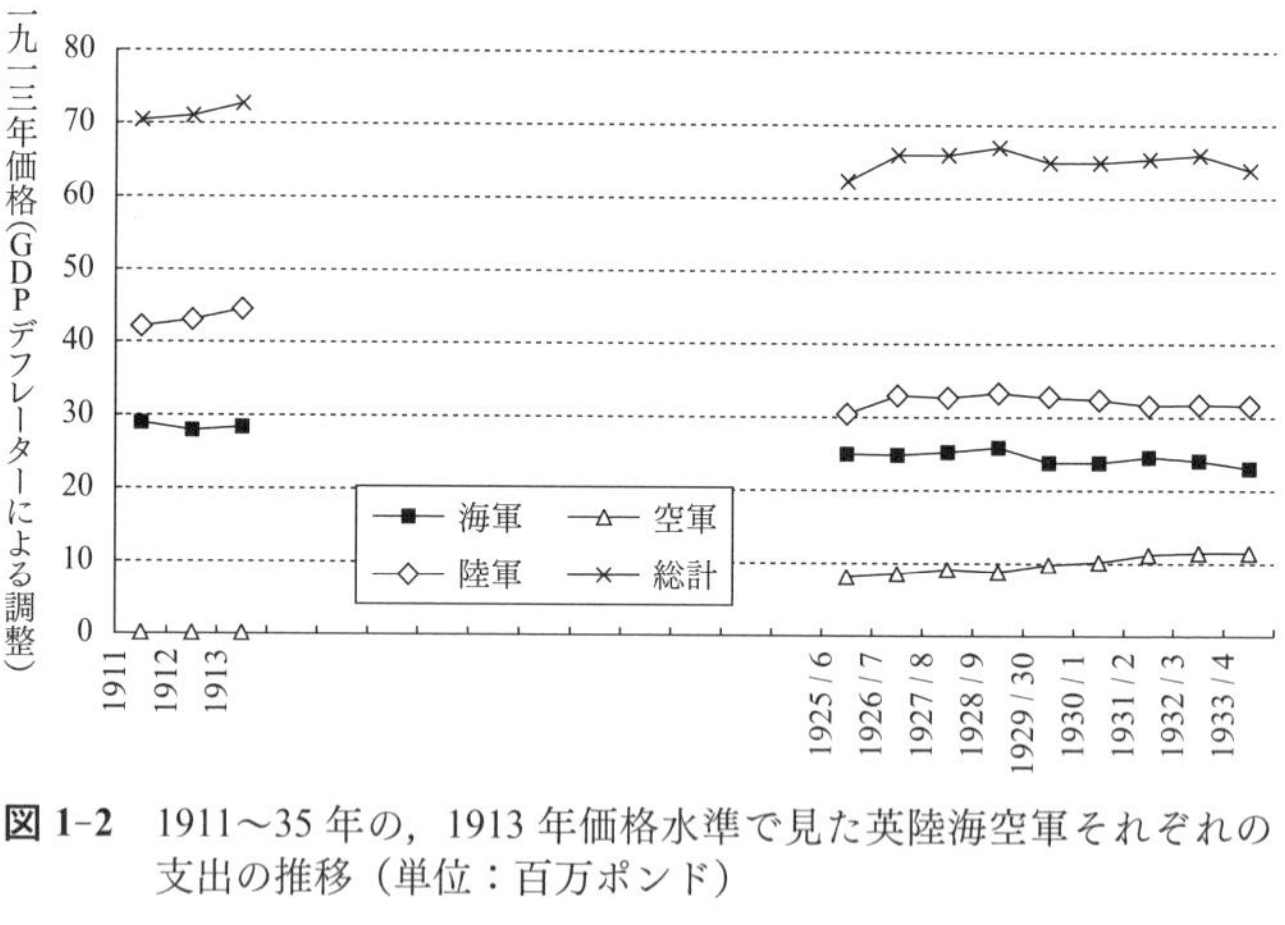

図 1-2　1911〜35 年の，1913 年価格水準で見た英陸海空軍それぞれの支出の推移（単位：百万ポンド）

者は、戦間期イギリスの軍事支出について、歴史的水準に照らして高水準だったことを記している。例えば、一九二八年の自由党による大計画、「英国産業の将来」（「イエロー・ブック」）には、次のように述べられている。

この関連［兵器支出］では自動的に決まる合理的水準はないが、国防に関する支出を我々が平和に生きられるようにする保険と考え、この保険内容にどれだけの保険料を払ったかを考えれば、軍事支出には比較的確固とした根拠があったことがわかるかもしれない。一九世紀最後の四半世紀には、差し迫った戦争の危機はなかった。……その時の国防費は二五〇〇万ポンド、すなわち保険料率は二％だった。一九一三年には……保険料率は三・五％へと急増した。一九世紀最後の四半世紀と比べてこの国がさらされている危険が大きいと見る理由が見当たらない現代でさえ、なお三％もある。(31)

一九三四年には、『エコノミスト』誌の元編集者F・W・ハーストが次のように述べた。「例のない増税がますます重くのしかかっているのに、イギリス政府は他国の政府と同様に、軍縮会議に参加していながら、陸海空の膨大な武装を増大させ、もしくは維持している(32)」。ハーストは、オックスフォード・ユニオン［ディベート団体］による、顰蹙を買った一九三三年決議（議会は国王と国のためには戦う状況にないという）への賛成基調演説を引用しながら、皮肉なことを論じている。

ロイド・ジョージ氏によれば、先の大戦はイギリスを「英雄が住みやすい」国にするはずだったという。しかし、現実は未曾

表 1-1　兵器と軍用備蓄への支出（1923～33年，単位：百万ポンド）[1)]

年	空軍	陸軍	海軍 総計	海軍 新造艦
1923/4	4.9	2.6	11.8	5.0
1924/5	6.9	2.6	13.0	6.0
1925/6	7.6	2.2	14.1	5.4
1926/7	7.4	1.8	16.0	8.3
1927/8	7.6	1.8	16.3	9.0
1928/9	7.1	2.0	15.0	8.5
1929/30	7.9	2.2	14.7	7.7
1930/1	8.9	1.5	10.7	5.0
1931/2	8.7	1.8	10.3	4.8
1932/3	7.8	1.6	10.7	6.0

註1）価格変動に対する調整なし。
出典）M. M. Postan, *British war production* (London : HMSO, 1952), table 1, p. 2.

有の大量の失業者を生み出した。また、その戦争は「戦争を終わらせるための戦争」とも言われていたが、「我々は今、次の戦争に備えて一九一三年よりも四〇〇〇万ポンド多く支出している」という結果になった。(33) 当時はインフレ補正があたりまえに行われていたわけではないが、そうしていればハーストが挙げたような増大は大部分がふっとんだだろう。

とはいえ、物価変動を見込むことは、戦間期の国防費の変化の分析にはいろいろな影響がある。というのも、第一次大戦中とその後においてはインフレが発生したが、一九二〇年代と三〇年代初期にはデフレがあったからである。やはり戦争に関心を抱いた老練の政治経済学者、H・N・ブレイズフォードは、この点に気づいて、一九三四年、一九三〇年代初期のイギリスの軍事支出は、一九二〇年代末よりも実質的に多かったと述べた。(34) 一九三七年のシェフィールド平和会議の文書は、一九二〇年代から三〇年代の国防費を卸売価格指数付きで比較し、「一九二四／五年度と一九三二／三年度を比べた支出の見かけの減少は本当の減少ではない。なぜならば、その間に物価もおよそ半分にまで下がっていたからである」と記した。(35) 戦間期の評論家がデフレによる変化を補正したのはもちろん正しかったが、先に生じたインフレも補正しておいてしかるべきだった。そうすれば、国防費増大と言われることに対する無用の警告も避けられただろうに。

戦争の政治経済学的な捉え方は、国防費のありのままの水準だけでなく、兵器産業の意義も浮かび上がらせた。この世界では、またもっと一般的にも、批判はイギリスの軍隊に対するよりも兵器産業に対する方がはるかに多かった。事実、戦間期の平和運動の中でも最も大規模なものは、民間の兵器産業および兵器貿易に対する反対運動だった。この平和運動は、王立民間兵器製造・通商調査委員会の設立に成功した。この委員会は一九三五年から三六年まで開かれ、兵器産業について多くの証拠を積み上げた。(36) これまた政治経済学者で、運動に参加したフィリップ・ノエル＝ベーカーは、自身が集めた証拠を元に、著書『民間兵器製造』をまとめた。この本は、証拠の大半と同様、資料の多くを戦前期にとっていて、武器取引（貿易の意味での）、兵器企業の独占の程度、企業と軍部の監督権を通じた結びつき、関係する企業の国際性に注目していた[37]。運動に参加した人々は、戦前の先駆者たちと同様に、兵器企業と兵器貿易の国有化を求めていた[38]。

この活動家の方向性には、特にイギリス兵器企業については明らかな限界があった。当時のイギリス兵器産業や兵器関連のロビー活動について、実情がわかる詳細を相当に集めることはできるのに、運動参加者は、世界の舞台での、あるいはイギリス政治での戦間期イギリスの軍産複合体について、適切な全体的記述を生み出さなかった[39]。例えば、最も本格的と言えるノエル＝ベーカーの叙述でさえ、イギリス海軍連盟と空軍連盟が国際連盟と軍縮に対して一貫して反対の立場にあったことを嘆いているのみである[40]。共産党だけが、決して包括的な説明ではなかったとはいえ、イギリス兵器産業の強さと結びつきや、イギリス兵器貿易の規模について、一貫して指摘していた（これについては後述する）。共産党は一九三〇年代を通じて、兵器製造企業の株価が上がるという、再軍備が始まる以前から始まっていた動き[41]、『デイリー・メール』紙や『エアロプレーン』誌に見られるような、親ナチスと再軍備擁護の気運の重なり[42]、各軍連盟幹部の政治活動[43]といったものを公にしていた。しかしながら、イギリス兵器産業に対する批判的な分析は特に強まることもなく、一九三〇年代の終わりに突然終了し、一九七〇年代まで復活することはなかった[44]。

イギリス艦隊の強さ

歴史家たちの嘆きとは裏腹に、戦間期のイギリスは間違いなく海軍大国だった。英海軍の中核は、戦間期の主要な海軍ならどこでもそうだったように、戦艦群だった。この並外れたものは、超大型客船を除けば、海上に浮かぶ船としては最大級の船だった。そのエンジンは通常、石油ボイラーによって動く蒸気タービンであり、発電所何か所分にも及ぶ出力を誇っていた。英戦艦は、三〇～一〇〇メガワット〔約四万～一三万馬力超〕の動力で動いていた。艦の主砲は、戦間期の爆撃機に積む爆弾よりも何倍も威力のある一斉射撃ができて、それを何度も繰り返すことができた。艦の砲架では大砲の方向を細かく調整することができ、その精度は何キロメートルも離れた目標に砲弾を当てられるほどだった。アナログコンピューター（射撃管制装置）は、航行中の艦から他の航行中の艦に砲弾を当てることを可能にした。装甲板は頑丈で、重さが一〇〇キロを超える砲弾が何発か当たっても耐えることができた。一九三〇年代、このような怪物は世界中でも五〇隻もなく、その多くはイギリスあるいはアメリカのものだった。しかし、この強さも結局ほとんど無駄になる。第二次世界大戦のときには戦艦どうしが遭遇することはめったになかったからだ。実際、他国の戦艦に沈められたイギリス戦艦は一隻だけだった。一九四一年、英海軍のフッドがドイツのビスマルクによって撃沈された例である。そのビスマルクの方は、英海軍航空隊と二隻の英戦艦の攻撃が重なって沈められた。そのため、イギリスは戦間期に戦艦には投資しない方がよかったのではないかという、興味深い反実仮想の説も生まれる。実際、イギリスの海軍力を削ぐことになるとして歴史家からひどく非難されていた海軍条約の主たる意図は、当該条約について厳しい不満を述べる海軍史家でさえ時代遅れだと認めるような旧型の戦艦の数を減らすことだった(45)。

戦間期には明らかに、戦艦の時代は終わったとは見られていなかった。しかし、戦艦の、他の戦艦、他の艦船、航空機に対する戦闘力を推定することは今も昔も容易なことではなく、どこの海軍もそのことは知っていた。そのため、一九一四年以前の海軍軍拡競争のときに特徴的だった、戦艦の数や、質についてさえ行われた計算には気をつけた方がよい。ただ、複雑なところまで立ち入らなくても、数字を引き合いに出すことで学べることは大いにある。一九三五年には、多国間軍縮の結果、イギリス海軍は一五隻、アメリカ海軍は一五隻、日本海軍は一〇隻の戦艦を保有していた。日本の戦艦の一隻、金剛はイギリスの兵器製造業者ビッカース社によって建造された。ネルソンとロドニーはともにイギリスで一九二七年に完成した戦艦だが、両艦は世界最新のもので、最も近代的な外観を有していた。その二隻も、戦間期のイギリス海軍の戦力についての我々のイメージから消え去っているらしい。それ以外のイギリス艦船については、その古さが強調されるが、実際は他国の艦船と比べてさほど古くはない[46]。いずれにせよ、戦艦の古さというのは、その性能を量るうえで当てにならない。それは、第一次世界大戦期のイギリス戦艦は他国の戦艦よりも優れていると見られていたからである。これはもちろんイギリス人による評価で[47]、イギリスの優れた設計能力によって、自国の船は全体的な戦闘能力に優れていると思っていた[48]。そして、同じく重要なことに、戦艦はしばしば大改造される。戦艦は巨大な戦力の移動式要塞であり、それはまるで陸上の施設のように、寿命が長く、徹底的に修理点検され、改造もできた。一九三九年、主要各国の艦隊は一九三五年と同じ戦艦を用いていたが、いくつかはその時までに徹底的に改造されていた。

一九三〇年代における一五隻のイギリス戦艦はいずれも、戦間期に少なくとも二四万ポンドをかけて、少なくとも一度は大規模な改装を施されている（図1-3参照）[49]。五隻の戦艦（バーラム、マレーヤ、ロイヤル・オーク、レナウン、レパルス）は、一〇〇～一五〇万ポンドをかけて改装されている。また、四隻の戦艦（クイーン・エリザベス、ウォースパイト、バリアント、レナウン）は、一九三〇年半ばに、それ以前の大改装に加えて「大改造」されている。こうした艦は新しいエンジンを搭載し、射程距離を伸ばすべく改修された砲架を積み、新しい射撃管制装置を取り付けられた。費用は一隻について二〇〇万～三〇〇万ポンドに上った。これは、戦艦を新たに建造したとした場合の費用の半額に迫る。日本は主に一九三〇年代半ば、八隻の一四インチ砲戦艦を大改造した。このときに換装されたエンジンによって、日本の一〇隻の戦艦が、イギリスの八隻の高出力エンジン艦と並ぶまでになった。一方、アメリカにおける改装・大改造の熱は一九三一年にはほとんど終了していたように見える。アメリカ海軍の戦艦は意図的に低出力のままにされた[50]。どの国も似通っていた点としては、まず新しい射撃管制装置によって射程の幅が広がったこと、そして改修を重ねて砲身の仰角を増し、射程距離が大幅に長くなったことである。この点では

戦艦と巡洋戦艦

ウォースパイト	1913	(24-26) [34-37]
クイーン・エリザベス	1913	(26-27) [37-40]
マレーヤ	1915	(27-29) (34-36)
バリアント	1914	(29-30) [37-39]
バーラム	1914	(30-33)
ラミリーズ	1916	(33-34)
レゾリューション	1915	(26-28)
リベンジ	1915	(27-28)
ロイヤル・オーク	1914	(33-36)
ロイヤル・サブリン	1914	(31-32)
レナウン	1916	(23-26) [36-39]
レパルス	1916	(33-36)
フッド	1920	(29-31)
ネルソン	1925	(36-37)
ロドニー	1925	(37-39)
キング・ジョージ5世	1939	
プリンス・オブ・ウェールズ	1939	
アンソン	1940	
デューク・オブ・ヨーク	1940	
ハウ	1940	

空母

アーガス	1917	(25-26)
フューリアス	[18]	[21-24]
ハーミーズ	1919	
イーグル	[20-24]	
カレイジャス	[24-28]	
グローリアス	[24-30]	
アーク・ロイヤル	1937	
イラストリアス	1939	
フォーミダブル	1939	
ビクトリアス	1939	
インドミタブル	1940	

図1-3　イギリスの1930年代の主力艦

註）1916：就航年，(34-36)：24万ポンド以上費用がかかった改造の年，[37-40]：改造・大改造の年（大改造とは新設備と多くの変更に少なくとも200万ポンド以上費用のかかったことを意味する）。ビンディクティブは1918年に空母として完成したが，1923～24年に巡洋艦に再改造された。上記以外にも1930年以前に就役した戦艦が多数ある。

出典）E. H. H. Archbald, *The fighting ships of the Royal Navy, 1897-1984* (New York: Military Press, 1987) and work by Neilesh Patel based on *Naval Estimates*, and Ship's Covers (National Martime Museum).

英海軍は一九三〇年代半ばまでにアメリカおよび日本海軍に遅れをとっていたが、一九四一年末には、これら三国の海軍はすべて、長射程砲を積んだ艦についてはほぼ同列だった[51]。

一九三九年には、イギリスの海軍力は（フランスとともに）、最も重要な敵と向き合うこととなった。それは強大なアメリカ海軍でもなければ、日本海軍でもなく、ドイツ海軍だった。ドイツ海軍は小さく、フランス海軍よりも小規模だっただけでなく、イギリスと結んだ一九三五年海軍協定によって許された戦力も下回っていた[52]。海軍大臣ウィンストン・チャーチルは、一九三九年九月にこう述べた。「ドイツ海軍について、考慮すべき艦船は七隻のみである。すなわち、二万六〇〇〇トンの巡洋戦艦シャルンホルストとグナイゼナウの二隻、ポケット戦艦と呼ばれる、実際には不十分な造りの重巡洋艦が三隻、八インチ砲搭載の見事な一万トン級巡洋艦が二隻である」[53]。これは一九一四年と比べてなんと対照的なことか。ドイツ海軍よりも恐ろしかったのは、一九四〇年にイギリスと戦争状態に入ったイタリア海軍である。イタリアは七隻の戦艦を有していた。また英海軍は一九四一年末に至ってようやく、強大な海軍戦力、つまり日本と直面することとなった。その時点で日本帝国海軍は一一隻の戦艦を保有していたが、イギリス帝国海軍はロイヤル・オーク、フッドとバーラムを失っていなければ、一八隻もの戦艦を有していた。艦を失ったことを考慮しても、イギリスは一五隻もの戦艦を有していたことになる。一九四二年初頭、日本軍によってレパルスとプリンス・オブ・ウェールズが沈められて初めて、戦艦比は一三対一一に縮まった。英海軍を、日本帝国海軍と戦艦数でほぼ互角にまで下げたのは、政策や軍縮条約などではなく、戦争だったのである[54]。このような比較的簡単な数字を考慮に入れるだけでも、イギリス海軍が脆弱だったという説を唱えるのは難しいことがわかる。それにもかかわらず、ロスキルやマーダーやケネディといった綺羅星のごとき人々を含めた海軍史家は、そういう説をひねり出している[55]。

海軍史家たちが言うことは、英海軍が不合理に戦艦に肩入れしたために、新区分の軍艦を開発できなかったということになる場合が多い。しかし事実はまったく逆で、後に新しい「主力」艦となる航空母艦を含め、イギリス海軍は何から何まで強力だった。一九三五年には、日本とアメリカが保有していた航空母艦はそれぞれ四隻だったのに対し、イギリスは六隻で、一九三九年になると、日米それぞれ六隻に対してイギリスは七隻だった。ドイツとイタリアは空母を完成させていなかった。一九四一年末時点では、カレイジャス、グローリアス、アーク・ロイヤルを失っていなければ、イギリスは、日本の八隻（アメリカは七隻）に対して、一一隻もの航空母艦を保有していたことになる。船の総トン数という面から見ても、イギリス帝国海軍は明らかな優位を保っていた（表1-2、表1-

表 1-2　就役中・建造中の艦のトン数（1937 年，基準排水量）

	イギリス	アメリカ	日本
戦艦・巡洋戦艦	544,750	438,200	272,070
巡洋艦	482,700	332,925	249,005
航空母艦	149,050[1)]	146,500	129,470

注 1）建造中の 2 隻を除く。
出典）*Brassay's naval annual, 1937.*

表 1-3　完成した航空母艦・巡洋艦総数（1918～41 年）

	隻数	排水量		航空機数
航空母艦		標準	満載時	
イギリス海軍	11	228,480	281,835	397
日本海軍	10	199,846	244,360	542
アメリカ海軍	8	176,562	214,405	614
巡洋艦				
イギリス海軍	45	366,360	476,330	
アメリカ海軍	28	268,854	335,763	
日本海軍	18	164,230	227,116	

出典）ジョン・ブルックス氏からの私信。

3）。イギリス艦隊が劣っていた可能性を示す指標としては、搭載できる航空機の数が少なかったということしかない[56]。それでも、海軍史家たちの著作からは、イギリスは空母で深刻な遅れをとっていたということ以外は読み取れないだろう。史家は念入りに戦力不足の叙述を立てている（詳細は註を参照[57]）。巡洋艦について言えば、イギリスの優位は戦艦や航空母艦の場合よりも際立っていた。一九三〇年および三六年の時点において、イギリスの巡洋艦の総トン数はアメリカよりも約五〇％多かった。一九三九年にはアメリカの二倍であり、他のどの国よりもはるかに多かった[58]。

　これまでの話に暗に含まれていた重要な点を、ここで明らかにしておかなければならない。英海軍は、戦間期のほぼすべての時期において、また、ほぼすべての級の軍艦について、あらゆる他国の海軍を上回る数の艦船を建造していたことである。一九二八年から四一年までに完成した軍艦の総トン数を見た場合、アメリカが七〇万トン、日本が六〇万トンを建造したのに対して、イギリス海軍は一〇〇万トンに達していた[59]。一九四一年以降となると、米海軍は英海軍を大きく上回ることになるが、そういう海軍は米海軍だけだった。ここでは、まず戦艦について考えよう。フランスはドイツのポケット戦艦に対抗して、それよりはるかに本格的な戦艦を一九三二年、三四年、三五年に建造した。イタリアは一九三四年に二隻の戦艦を建造することで対抗した。ドイツは一九三五年と三六年に、それぞれ二隻の戦艦を建造した。しかし一九三七年、イギリスは、一年のうちに少なくとも五隻の戦艦を建造することを表明して、この三国を圧倒した[60]。これに対して日本は一九三七年、一隻の巨大戦艦を建造することで対抗し、その後、ドイツ以外のすべての列強はさらに艦数を加えた。一九四一年末段階では、ドイツは一一インチ砲を備えた二隻の巡洋戦艦（チャーチルが言っていた二隻の巡洋戦艦）と、一五インチ砲を備えた二隻の戦艦を完成させた。フランスは三隻の戦艦（一三インチ砲装備が二隻、一五インチ砲装備が一隻）を完成させた。イタリアは二隻（一五インチ砲装備）、日本は一隻の巨大戦艦を完成させた（一八インチ砲装備）。大国アメリカは二隻（一六インチ砲装備）である。イギリスは最も遅れて建造を始めたにもかかわらず、デューク・オブ・ヨーク、プリンス・オブ・ウェールズ、キング・ジョージ五世という三隻の戦艦を完成させた（すべて一四インチ砲装備）。加えて、イギリスは一九三〇年代半ばから四隻の戦艦を大改造していた。日本は六隻の大改造だったが、アメリカの戦艦の大改造はなかった。イギリスは、他の区分の軍艦においても他国に遅れをとることはなかった。一九三一年から四一年にかけて、イギリスはアメリカや日本と同じく五隻の空母を完成させた。そもそも空母の建造を行ったのはこの三国だけだった。巡洋艦についてのイギリスの実績はめざましかった。一九二二年から四一年末までに、イギリスは五〇隻を建造したのである（すべて一九二八年以降に完成した）。アメリカは二七隻を完成し、日本は二五隻、フランスは一九隻、イタリアは一九隻である。ドイツは（三隻のポケット戦艦を含めて）一二隻である。ソ連は七隻、オランダは五隻だった[61]。駆逐艦についても同様で、イギリス海軍は戦間期の建造で首位を走っていた。唯一潜水艦だけは、イギリスは首位ではなく第二位だったが、そのときの首位は、想像されるドイツではなく、日本だった。

海軍・産業複合体

そもそも兵器産業がどんな構成だったのかということについて、ほとんどの文献は明らかにしていない。実は、用いられる定義にしても、非常に狭いこともあれば非常に広いこともある。例えば、軍需生産について公式歴史官は、兵器生産を専門とする産業を航空機産業とも造船業とも区別し、その他の兵器関連産業からも区別している。(62)王立民間兵器製造・通商調査委員会が関心を抱いていたのは航空機産業や造船業ではなく、主としてこの兵器専門産業だった。同委員会は民間企業六社に詳細な情報を求めたが、(63)航空機会社はビッカース社を除き、企業レベルでの詳細な資料は提供していなかった。ただし、航空機産業の貿易関連会社は提供した。軍艦造船会社は、ビッカース社を除き、そもそも調査の対象に入れられていなかった。戦間期には一般に、公的文書でいう兵器・軍備という言葉は非常に限定的な意味だったのである。

戦間期における海軍の艦船を誰が建造していたのかという問いは、単純だがあなどれない。単純に答えるなら、海軍工廠《ロイヤル・ドックヤード》と民間の軍艦造船所ということになる。デボンポート、ポーツマス、チャタムにあった海軍工廠が抜きんでて最大だった。一九二〇年から四〇年までの間に、一九隻の巡洋艦を進水させ、早い時期の巡洋戦艦などから航空母艦への改造に関与し、戦艦の改装・大改造も行った。(64)イングランド北部、スコットランド、北アイルランドの民間造船所は、全体としての軍艦建造数は海軍工廠より多かったが、個々で見ると少なかった。戦艦ネルソンとロドニーは、ニューカッスルのアームストロング＝ホイットワース社と、マージーサイドのキャメル＝レアード社によって建造された。両造船所は一九三〇年代後期にも戦艦を建造することになるが、その際は、クライド川地区のジョン・ブラウン社とフェアフィールド社、および、タイン川地区の商船造船所であるスワン・ハンター社も加わっている。巡洋艦はこうした造船所と、クライド川地区のビアードモア、スコッツ、スティーブンズ各社、タイン川地区のホーソン・レスリー、パーマーズ各社、ベルファストのハーランド・アンド・ウルフ社、バローにあるビッカース社の造船所で建造されていた。このような情報なら簡単に手に入るが、軍艦というのは軍艦造船産業の製品のほんの一部分にすぎない。軍艦建造費の約四〇%は、大砲、砲架、装甲が占めている。[65]ネルソンとロドニーの場合、大砲と砲架の装甲だけで、総費用七五〇万ポンドのうち三〇〇万ポンドに達した。[66]一九三七年に建造された軍艦に搭載の兵器にかかる費用だけでも、一隻につき二九〇万ポンドかかった。[67]四連装一四インチ砲の砲架は一五五〇英トンあり、六〇フィートの深さがあって、「千分の一インチ単位で製造された非常に精密かつきわめて頑強な機械装置」でできていて、「容積では四階建ての家屋に相当」した。こうしたものが、「イギリス海軍力が回る土台」だった。[68]装甲、大砲、砲架、その他もろもろは、専門化した「兵器産業」の産物だった。この産業の主な市場は陸軍ではなく海軍だったものの、軍艦造船業とぴったり重なるとは決して言えなかった。海軍工廠も、ほとんどの民間軍艦造船所も、装甲や大砲、砲架を造ることはしなかった。多くの民間造船所は、海軍工廠と同じで、エンジンさえ造ることができなかった。軍艦を建造した企業のうち、軍艦全体を建造できたのはごく少数だったのである。

第一次大戦以前、主要な兵器企業は、鋼鉄・兵器・造船を統合した、成長中の、技術革新力のある大企業で、鋼鉄、装甲、兵器がその中核事業だった。シェフィールドの鋼鉄・装甲メーカーだったビッカース、ジョン・ブラウン、キャメル各社は、一八九〇年代から軍艦造船業へと進出した。バロー＝イン＝ファーネスのビッカース社は一八九七年から、クライド川地区のジョン・ブラウン社は一八九九年から、マージー川地区のキャメル社は、一九〇三年から軍艦造船業へと進出した（この際にキャメル＝レアード社を設立）。スコットランドの製鋼会社ビアードモア社は、一九〇〇年以降、クライド川地区に巨大な海軍向けの造船所と大砲・砲架を製造する工場を建設した。タイン川地区ではこの時期にアームストロング社が急速に拡大し、一八九七年には、マンチェスターの兵器製造企業ホイットワース社と合併し、アームストロング＝ホイットワース社のスコッツウッド造船所は一九〇〇年頃からあった。ウォーカー社の新しい巨大海軍用船造船所が操業を始めたのは一九一三年だった。[69] 一九〇〇年頃は、アームストロング＝ホイットワース社とビッカース社だけが重量級軍艦全体を建造することができた。両社は第一次大戦以前に、それまでは大砲・砲架製造の中心地ではなかったクライド川地区の工場群を有するさらに二つの集団が加わった。ビアードモア（株式の五〇％はビッカース社の所有）は、一九〇八年から重砲を製造し、一九一〇年から砲架の製造を始めた。ジョン・ブラウン社とキャメル＝レアード社は、コベントリー軍需工場《オードナンス・ワークス》社を通じて大砲や砲架を造るために、クライド川地区の造船企業フェアフィールド社と合弁した。「コベントリー・オードナンス」とはいささか誤解を招く名称である。というのも、その砲架工場は、ジョン・ブラウン社とフェアフィールド社の中間に位置するグラスゴーにあったからである。この会社は海軍の大砲と砲架の製造に関しては新規参入企業だったので、戦前は注文を獲得することが大変困難だったし（ビアードモア社も同様）、専務取締役の名がついたミュリナー事件という、人々を不安に陥れるような悪評高いスキャンダルの元になった。[70] 拡大する海軍や新しい輸出市場に対する供給者として、兵器産業は戦前に急速に成長していて、「一九一四年における重兵器産業の資源は、一九〇五年当時よりもずっと多かった」ほどだった。[71]

この、もともと強大だった海軍・産業複合体は、戦間期にはどう成り立っていたのだろう。第一次大戦以前の時期に比べて、一九二〇年代および三〇年代初頭には軍艦需要が低かったことは疑いようがない。しかし最近になっても、歴史家は需要の変化を誇張している。ゴードンは「一九三〇年に建造中だった軍艦の総トン数は、一九一三年の水準の七分の一だった」と述べる。[72] そうかもしれないが、一九一三年の水準が典型的だったわけではないし、一九三〇年もそうだ。一九〇〇年から一〇年までで発注された軍艦の総トン数は、平均して一〇万トンほどだった。一九二〇年代から三〇年代初期にかけては、この数字の半分ほどだった。エンジンの馬力はこの時期の方が大きくなっている。[73] 近年示された、軍艦建造の支出は戦前の二五〇〇万ポンドから一九三〇年代には五〇〇〇万ポンドに下がったという推定は誇張されている。[74] 装甲、砲架、砲に対する需要は下がったが、ゴードンのように「いくつかの兵器企業はビッカース社によって拾い上げられることになるが、兵器企業は消滅したり、解体されたりした」と説くと、まったく間違った印象を与えることになる。[75] 歴史家は、とりわけビアードモア、コベントリー・オードナンス、パーマーズの三社を、戦間期の支出落ち込みで大打撃を受けたところとして挙げてきた。しかし、これまで見てきたように、ビアードモア社とコベントリー・オードナンス社は、エドワード朝期の好景気の際に新規に参入してきた企業である。さらに、ビアードモア社は一九三〇年以降、軍艦建造会社ではなくても、装甲と大砲の製造は続けていた。象徴的な町、ジャローにあったパーマーズ社は、造船と船舶技術だけで、装甲、砲、砲架の能力はまったくなかった。[76] コベントリー・オードナンス社は大砲と砲架を製造するだけで、大手とは言えなかった。こうした会社は、一九〇七年時点で四万八〇〇〇人もの人員を擁していたアームストロング＝ホイットワース社やビッカース社という二大総合兵器企業ほどの重みには遠く及ばなかった。

巨大企業の方がどれほど落ち込んだかと、歴史家が自ら問うことはない。きわめて大まかな推定ならできる。ビッカース＝アームストロング社は、二つの会社の兵器事業のすべてではなくても大部分を合併して設立されたもので、[77] 一九三〇年初頭に、一万五〇〇〇人から二万四〇〇〇人を雇用していた。これは、兵器産業全体で働いていた人々の八〇％以上である。[78] ビッカース社（ビッカース＝アームストロング社を支配していた）は、今や戦艦全体を単独で建造できる唯一の企業だった。[79] 当時の『フィナンシャル・ニュース』紙は、海軍装備（装甲を含む）の発注の過半をビッカース社が得ることになると推定していた。[80] 事実、キング・ジョージ五世級戦艦五隻の新造においては、ビッカース社の子会社イングリッシュ・スチール・コーポレーション（ＥＳＣ）社が大砲の鍛鉄をすべて生産し、大砲はビッカース、ビアードモア、ウーリッジの工場が組み立て、ビッカース＝アームストロング社が砲架すべてを製造した。[81] 再軍備以前の一九三五年には、粗利益の約五〇％を兵器製造で上げていたビッカース社は、製造業での雇用で、ユニリーバ社とインペリアル・ケミカル・インダストリーズ（ＩＣＩ）社に次いでイギリス第三位だった。[82] この戦前企業の労働力の何割が民用部門に雇用されていたかはわからないが、その生産物がほとんどすべ

表 1-4　1907 年と 1935 年の雇用数順による兵器企業上位

	1907	1918		1935	1934（兵器）
海軍工廠	25,580	na	ビッカース社	44,162	18,030[1]
アームストロング＝ホイットワース社	25,000	78,000	海軍工廠	31,680	31,680
ビッカース社	22,500	107,000	ロイヤル・オードナンス	14,231	14,231
ジョン・ブラウン社	20,000	na	ホーカー・シドレー社	13,800	10,000[2]
ロイヤル・オードナンス工場群	15,651	80,000+	ジョン・ブラウン社	11,513	767[1]（鉄鋼のみ）
パルマー社	7,500	na	ビアードモア社	8,000	592[1]（鉄鋼のみ）
フェアフィールド社	6,000	na	ロールス・ロイス社	6,900	5,000[2]
スコッツ社	5,000	na	デ・ハビランド社[3]	5,191	na
ビアードモア社	4,500	42,000	スコッツ社	5,000	na
BSA 社	4,190	na	キャメル＝レアード社	5,000	na
			BSA 社	4,907	169[1]
			ブリストル航空機社	4,200	3,000[2]
			ハドフィールド社	4,052	616[1]
計	135,921	—		158,636	84,085

註 1）数値は *Royal Commission on the Private Manufacture of anf Trading in Arms, 1935/6, Minutes of evidence*（London, 1935-6）による。
2）数値は私の推定。1918 年の推計値は，Kenneth Warren, *Armstrong of Elswick : growth in engineering and armaments to the merger with Vickers*（London : Macmillan, 1989）, pp. 192, 195 による。
3）1937 年。
出典）David Jeremy, 'The hundred largest employers in 1907, 1935 and 1955', *Business History* 33（1991）, 93-111, Lewis Johnman, 'The large manufacturing companies of 1935', *Business History* 28（1986）, 226-45 および上記註のもの。

て兵器だったと仮定したならば（まずありえない話だが）、兵器製造に関わる労働者がエドワード朝期の好況期から一九三〇年代初頭にかけて、半分を大きく下回る水準まで減少したということはなさそうだ。(83) 民間兵器産業の定義を拡大して、航空機産業および民間軍艦造船業を含めて考えれば、再軍備が始まる以前でも少なくとも三万八〇〇〇人の労働者が兵器を造っていたことになる。公的部門も含めれば、精力的な研究志向の産業に従事する労働者は八万を超えていた（表1-4、表1-5参照）。これは絶滅に瀕した産業などではない。

だからといって、ビッカース社などの企業がフル稼働していたということではないが、これらの企業の工場に閑古鳥が鳴いていたわけではないのだ。一九三四年には、バローにあった砲架部門（元ビッカース社）は三分の二の稼働率、エルスウィックにあった同部門（元アームストロング社）は半分の稼働率で活動していた。(84) また、他の業界や企業についても同様だった。装甲面では、戦前の主要な供給企業は、ビッカース、アームストロング＝ホイットワース、ジョン・ブラウ

表 1-5　民間企業における軍備雇用（1930〜34 年）[1)]

	1930	1931	1932	1933	1934
ビッカース＝アームストロング社[2)]	13,331	11,089	11,747	12,724	13,583
ビッカース社（航空部門）[2)]	1,049	1,195	1,450	1,529	1,729
ICI 社	765	485	850	1,412	613
スーパーマリン社[2)]	751	711	687	722	732
トマス・ファース＆J・ブラウン社（鉄鋼のみ）	677	599	555	701	767
ESC 社[2)]	600	950	600	1,050	1,100
ハドフィールド社	564	582	501	567	616
ホワイトヘッド魚雷社[2)]	519	475	411	401	709
ビアードモア社（パークヘッド鉄鋼部門のみ）	433	434	3,314	495	592
クーク・ソーントン＆シムズ社[2)]	239	160	111	76	85
BSA 社	208	270	158	198	169
ダーリントン・フォージ社[2)]	100	150	75	—	—
テムズ・アミュニション・ワークス社[2)]	73	59	60	101	92
ビッカース社計	16,662	14,789	15,141	16,603	18,030
総計	19,309				

註 1）ビッカース・アームストロング社を除くすべての造船所と，二つのビッカース系企業を除くすべての航空機メーカーを除外した。
　2）ビッカース社に所有ないし支配されていた。
出典）*Royal Commission on the Private Manufacture of and Trading in Arms, 1935/6, Minutes of Evidence* (London, 1935–6).

ン、キャメル＝レアード、ビアードモアの五社だったが、それを合わせた生産力は、第一次大戦末で六万トンあった。一九三〇年代初頭には、海軍省がこの生産力の三分の一を維持するために、ESC（一九二九年にビッカース、アームストロング、キャメル＝レアード各社の鉄鋼工場を合併させた企業[85]）、ファース＝ブラウン社（ファース社とジョン・ブラウン社を合理化して設立された企業[86]）、ビアードモア社（このときはビッカース社から独立）に補助金を支出した[87]。このうちESCとファース＝ブラウン各社は、ハドフィールド社（砲弾が専門）とともに、装甲生産を支配していただけではなく、シェフィールド最大の鉄鋼会社でもあった。いずれの会社も一九三〇年代初頭には装甲で相当の売上を出していた。ハドフィールド社では一七%、ESC社では二〇%、ファース＝ブラウン社は一〇%を占めていたのである[88]。これらの企業は鉄鋼産業技術の先頭に立っていた[89]。残念ながら、一九一四年以前については、これらの企業で兵器製造事業がどれだけの比率を占めていたのか比較したものはないが、ハドフィールド社だけはあって、その割合は一八%である[90]。これらの企業の総雇用者数は、一九一四年当時の前

表 1-6　シェフィールド上位鉄鋼企業による，シェフィールド広域地区の雇用（1914〜34 年）

	1914	1918	1934	1934 年軍需雇用
ビッカース社	6,000	11,000 1)	na	na
キャメル＝レアード社	4,894	6,067	na	na
ESC 社	na	na	6,660 2)	1,100
ハドフィールド社 3)	5,690	13,000	4,052	616
ジョン・ブラウン社	3,200	3,500 1)	na	na
ファース社	3,100	6,868	na	na
ファース＝ブラウン社	na	na	5,188	767

註 1）1916 年。
2）1932 年，シェフィールド外での雇用を含む。
3）ハドフィールド社の工場は 1980 年代初頭に閉鎖されたが，1982 年，ESC，ジョンソン，ファース＝ブラウン各社は合併し，シェフィールド・フォージマスターズ社を設立してイラク向け大型砲を製造した。同社は，1993 年に，2,000 人を雇用した（Tweedale, *Steel city*, passim）。
出典）G. Tweedale, *Steel city : entrepreneuship, strategy and technology in Sheffield 1743–1993* (Oxford : Claredon Press, 1995), passim ; and *Royal Commission on the Private Manufacture of and Trading in Arms, 1935/6, Minutes of evidence* (London, 1935–6), passim.

身会社よりは少なかったが、激減していたわけではなかった（表1-6参照）。

海軍・産業複合体の兵器産業の力を示す重要な点としては、戦争準備態勢になるのに比較的少額の投資しか要しなかったことも挙げられる。一九三六年四月から三九年四月にかけて、海軍省は、民間業者の新しい工場、海軍省の工場・造船所のために、一二〇〇万ポンド以上を出した。[91] 一九三六年から四五年の間には、九〇〇〇万ポンド弱だった（これを海軍工廠と民間業界でほぼ折半している）。この費用は確かに巨額だったが、戦時生産に向けられた投資総額の一〇%もなかった。[92] 確かに、一九三〇年代初期には海軍の生産から外れていた第一次世界大戦当時の生産能力の多くが甦っていたのだ。[93] 一九一九年から二〇年にかけてハーランド・アンド・ウルフ社によって買収された、スコッツタウンにあるコベントリー・オードナンス社の砲架工場では、一九三〇年代後期から小型の海軍用砲架を生産していた。[94] ビアードモア社はすでに見たように、兵器製造のいくつかの方面に残っていた。ダルミュアの同社の海軍軍需品と造船の工場は一九三〇年に一度放棄されたが、一九四〇年にはロイヤル・オードナンス〔武器弾薬を製造する公社〕の工場として軍備生産に引き戻され、その後再びビアードモア社が管理した。[95] パーマーズ社は一九三四年にビッカース社によって買収され、修繕・改造用に改編された。[96] それでも、強大な戦艦を建造するためには新たな生産力が必要だった。例えば、重砲架の生産には、生産力を二倍にする必要があった。[97] バローにあった砲架ピット〔製造中の砲架を置くためのくぼみ〕は、最新式の一四インチおよび一六インチ砲架には大きさが足りず（一六インチ砲架は、実際に完成されなかった新型戦艦のためのものだった）、一九三五年からは新しいピットを三つ設置し、さらにタイン川地区にもう一つ設置する話が進んだ。ビッカース社はこれに五〇〇万ポンドを投資し、その見返りに、発注される戦艦すべての重砲架の供給の仕事を与えられた。また、再軍備計画には追加の装甲も必要で、ピーク時には年間六万トンにも上った。一九三六年から三九年にかけて、装甲工場には、海軍省から三〇〇万ポンド近くが提供された。[98] 公式歴史官（絶滅寸前と書いたのと同一人物）は、兵器専門企業についてこう書いている。

> 一九三五年時点におけるこれらの企業の生産能力を外部からどのように推定していようと……少なくとも一九一七年の軍需品生産最盛期に引き受けていたのに匹敵するだけの生産量の計画および確立に着手できた。[99]

事実、ビッカース＝アームストロング、ビアードモア、ＩＣＩ、バーミンガム・スモール・アームズ（ＢＳＡ）各社の生産量は、第一次世界大戦期にこれらの企業の前身が達成した量を超えていた。さらに第二次世界大戦では、第一次世界大戦期に製造されたタイプの兵器が同程度の規模で生産された。[100] 戦艦は例外で、こちらの生産計画は削減された。第二次世界大戦はイギリス海軍・産業複合体による並外れた生産が終わるのを見た。[101]

　多くの武器生産に関する歴史家が正しく主張しているように、新たな民間兵器産業が一九世紀の国家による兵器生産に取って代わったことは間違いないが、第一次世界大戦期とその前後においては、やはり国有の工場が巨大であり重みもあったことにもまた疑いない。確かに、エンジン製造、装甲、重砲架等の重要な分野に、国家による生産はなかった。しかし、海軍工廠は戦間期に巨大な雇用を生んだし（新造および修理の双方で）、ロイヤル・オードナンスの工場もそうだった。なかでもウーリッジ工廠が最も重要で、唯一ビッカース＝アームストロング社を除けば、他のどの軍需工場よりも大きく、戦間期にも約七〇〇〇人を雇用していた。小型火器製造のエンフィールド社は通常一〇〇〇人も雇用していなかったし、推進剤や爆発物を作っていたウォルサム・アビー社は数百人程度だった。[102] しかし両社も、第二次大戦のときにはロイヤル・オードナンスの工場となって何度も規模を拡大し、ロンドンにあった歴史的本拠地から全国に広がった。実際には、両社はただ拡大しただけでなく、兵器生産全般に対して拡大した。さらに、オードナンス工場方式は、戦車から後の核兵器に至る新技術に適用された。

航空機産業および戦車産業

軍備の話をしていて非常に奇妙なことが一つある。戦間期について論評する人々は、兵器専門の産業について、主としてビッカース、ハドフィールド、ＢＳＡ、ビアードモア、ファース＝ブラウン、また場合によってはＩＣＩの各社を念頭に置いて考えていたが、最も兵器生産に依存していたのは航空機産業だったことである。売上に占める兵器生産の割合は、シェフィールドにあった鉄鋼企業はおよそ二〇％、ビッカース社全体で五〇％だったのに対し、航空機産業ではこの割合は八〇％に近かった。[103] この産業は軍需産業であり、競い合う各国民国家によって生み出されたものだった。[104] 航空機産業が基本的に兵器産業だったのは、何もイギリスに限ったことではない。それなりの航空機産業はどこでも空軍に依存していた。一九二七年から三三年にかけて、民需指向とされるアメリカの航空機産業でも、その売上の少なくとも五〇％は陸軍と海軍が占めており、一九三六年には三分の二まで上昇する。アメリカの製品輸出のうち航空機が占める割合は、一九二〇年代に一〇％だったのが、一九三〇年代末には四〇％以上にまで成長した。その大部分は軍用機の売上による。[105] アメリカ製の航空機エンジンも、どこの航空機エンジンとも同じく、まず軍用に設計され、その後、ごくわずかな改修を加えて民用に売り出された。[106]

加えて航空機産業は、再軍備期よりもずっと以前から兵器産業の重要な部門だった。すでに一九三五年には、航空機製造企業は主要な武器製造業者のリストに明瞭に載っている。同年段階では、ホーカー＝シドレー、ビッカース、ロールス・ロイス、ブリストル、デ・ハビランドの五社で、航空機産業の雇用の六六％を占めていた。[107]特に、一九三五年に設立されたホーカー＝シドレー社は一万三〇〇〇人超を雇用し、イギリスの製造業界の上位三〇社に入っていた。ビッカース社は一九三五年一一月時点で、航空機生産に約三五〇〇人を雇用していた。[108]一九三五年から、航空機産業は相対的に拡大を続けた。ホーカー＝シドレー社は一九三八年一一月に出された広告で、「世界をリードする航空機」企業を自称した。[109]一九三九年には、ビッカース社は航空機で海軍の兵器とほぼ同じだけ売り上げていた。航空機が八三〇万ポンド、陸上兵器が五一〇万ポンド、海軍兵器七一〇万ポンド、軍艦が二九〇万ポンドだった。[110]

戦間期イギリス航空機産業の成長が英空軍のおかげだったことにも疑いはない。一九〇五年には存在しなかった航空機産業が、戦間期には疑いなく重要な新軍事技術と見られるようになり、それに応じた支援を受けていた。一九二四年から三二年にかけての英空軍の調達支出は六九〇万ポンドから八七〇万ポンドに増えたが、同じ時期、海軍と陸軍の調達支出は減少していた。この時期の総支出額で見れば、英空軍は軍の中で最小だったが（陸軍を追い抜いたのは一九三七年、海軍を抜いたのは一九三八年）、調達は陸軍を相当に上回っていた。空軍の調達資金は海軍よりは少なかったが、一九二〇年代には新たな軍艦の建造と同程度だったのが、一九三〇年代初めにはそれを上回った。表1-7からは、イギリスが一九三〇年代初頭にも第一次大戦中の航空機でやりくりしていたとか、機種は似ていたという説（ポスタンによって唱えられ影響があった）がでたらめであることがわかるだろう。英空軍は一九二〇年代と三〇年代に一再ならず装備を更新していた。もちろん一九三〇年代初期も含む。

航空機産業は別の意味でも歴史家たちが暗黙のうちに用いているモデルにあてはまらない。航空機産業と言えば現代的なものだが、それは大量生産ではなかった。戦間期には、職人の手仕事に基づく小規模産業だった。フォード社でさえ、航空機生産（一時期）は小規模なものだった。イタリアのフィアット社は、航空機の機体も製造した

表 1-7 1918 年以降 100 機以上生産され，1935 年以前に就役中だった英空軍機

型	就役年
練習機	
アブロ 504N[1)]	1927-
アブロ チューター[1)]	1931-
戦闘機	
グロスター グリーブ	1923-9
AW シスキン[1)]	1927-32
ブリストル ブルドッグ[1)]	1929-36
ホーカー フューリー I	1931-
ホーカー デモン	1933-9
グロスター ガントレット	1935-
陸軍直接協働機	
ブリストル ファイター	1920-7
AW アトラス[1)]	1927-
ホーカー オーダックス[1)]	1932-7
汎用機	
フェアリー IIID	1920 年代初期，主に海軍機として
フェアリー IIIF[1)]	1927-33（海軍航空隊も）
フェアリー ゴードン	1931-8
爆撃機	
DeH D9A[1)]	1920 年代初期
ホーカー ホースレイ	1927-34（雷撃機も）
ウェストランド ワピティ[1)]	1930 頃-
ホーカー ハート[1)]	1930-6
ビッカース ビルデビースト	1933-（雷撃機）
重爆撃機	
ビッカース バージニア	1924-37
HP ヘイフォード	1933-

註 1）300 機以上。

出典）Extracted from O. Thetford, *Aircraft of the Royal Air Force since 1918* (London : Putnam, 1968) ; O. Tapper, *Armstrong Whitworth aircraft since 1913* (London : Putnam, 1973) ; F. K. Mason, *Hawker aircraft since 1920* (London : Putnam, 1961) ; Gerald Howson, *Aircraft of the Spanish Civil War* (London : Putnam, 1990).

唯一の一流自動車メーカーだった。[111] 第二次世界大戦中でさえ、本格的な大量生産方式によって航空機生産を行おうとしたアメリカの試みは失敗に終わった。[112] 通常、航空機の発注は比較的小規模で、多数の機種、多数の企業に分散するものだった。この時期に大ヒットした航空機の一つがフランスのポテーズ25だった。同機は七〇〇〇機が製造され、三〇〇〇機がライセンス生産された。イギリスが生産する航空機が少なく、生産期間も短かったからといっ

て、イギリスの航空機産業が他国に遅れをとっていたとするだけの証拠はない。一九一八年から三五年にかけて、英空軍によって二〇機種程度の航空機が、一機種一〇〇機以上の数で発注された。八機種は三〇〇機超が発注された。この規模は米陸海軍が行った発注の規模に匹敵する。[113]設計や製造を手がける企業数は、生産大国全体で似通っていた。米海軍だけでも、一九二六年から三三年にかけて、計一〇〇万ドルを超える契約を八つの企業と交わしている。[114]フランスには一九三六年当時、一九の航空機機体設計組織が存在した。[115]イギリスの組織数も同程度だった。イギリスの航空機産業が戦間期に比較的強い力を有していたことにほとんど疑いはない。航空機生産が大きく下回る国々だけだった。イギリスの航空機産業が戦間期に比較的強い力を有していたことにほとんど疑いはない。

イギリスの弱点は陸軍が小さいことだった。しかし近年の研究では、この小規模な陸軍に戦車がどれほど重要だったかが明らかになっている。[116]第一次大戦中および戦後には、イギリス陸軍には有力な戦車関連圧力団体があって、これが一九二〇年代のイギリスを戦車大国に導いた。戦車士官が自分たちのマシンの熱心なファンだっただけでなく、戦間期のイギリス陸軍幹部もそれに同調していた。戦車の設計・製造は主にビッカース社が行った。同社の中型戦車は、一九二〇年代半ばから三〇年代末まで、イギリス陸軍の戦車部隊の大半を占めていた。[117]イギリス陸軍では戦車戦の思想が有力だったため、〔ポール・〕ハリスは、一九三〇年代後期から開戦の頃には、イギリスは戦車の性能を過大に評価した戦車部隊編制と、支援部隊を軽く見た編制をとっていたと説く。この文脈に沿って考えれば、二人の「軍人知識人」、J・F・C・フラー少将とサー・バジル・リデル゠ハート大尉が登場したのは自然の流れと言えるだろう。しかし驚くべきは、この二人が、機甲部隊推進論者として、またイギリス機甲部隊の歴史家として、まったく別の構図を描いて影響を与えた点である。[118]二人が語るところでは、イギリスの軍部は愚かしくも、まさに第二次世界大戦に突入するその時に、戦車に難色を示したという。これから見ていくように、この種の逆転が、イギリスの諸制度についての技術家支配論的／軍国主義的な批判の典型的な特徴になる。

表 1-8 イギリスの兵器輸出（1925〜33 年，単位：ポンド）

	新造軍艦[1]	航空機・エンジン・交換用部品[2]	装備[3]	弾薬[3]	ビッカース＝アームストロング社[4]
1925	14,345	1,146,000			
1926	19,300	1,119,000			
1927	45,388	1,085,000	996,100	2,169,500	
1928	5,143,150	1,327,000	1,246,800	2,861,800	
1929	3,820,250	2,159,000	1,840,000	2,078,500	
1930	707,400	2,050,000	1,429,100	1,558,100	2,013,634
1931	600,000	1,860,000	1,389,800		1,684,515
1932	525,000	1,742,000			1,303,547
1933	254,928	1,466,000			1,472,937
1934					2,555,973

註 1）イギリスからの新造軍艦の輸出，機械と装備を含む。
2）民間航空機を含む（*Annual Report of the Director of Civil Aviation, 1933* cited in Noel-Baker, Memoraundum）。
3）国際連盟のデータ（Noel-Baker Memorandum に引用されたもの）。
4）ビッカース＝アームストロング社（つまり，航空部門を含む他のビッカース系列会社以外，対英帝国外販売のみ）。
出典）*Brassey's Naval Annual 1935*, p. 347, cited in Philip Noel-Baker, Memorandum, *Royal Commission on the Private Manufacture of and Trading in Arms, 1935/6, Minutes of evidence* (London, 1935-6).

武器輸出

一九三〇年には、兵器貿易は国際的な批判の的になった。意外に思われるかもしれないが、王立民間兵器製造・通商調査委員会が発足する以前の証拠や議論の大半では、世界の兵器貿易におけるイギリスの役割は無視されていた。唯一、共産党だけが、イギリスの兵器貿易の規模について明確な査定を行っている。[119] 同党の証明は、イギリスが「最大の兵器輸出国」であり、それゆえ、「世界の兵器流通の主柱であり、その悪は広く非難を受けてきた」という主張から始まる。[120] この論証は一九二八〜三二年の国際連盟のデータに基づいており、軍艦や軍用機を除いた狭い意味での武器を取り上げた。イギリス内閣の閣僚であり帝国防衛委員会幹事だったサー・モーリス・ハンキーは、この結論に異を唱え、イギリスの軍事力を小さく見せようと大いに努めた。ハンキーは、もっと後の年度を見て、また帝国領土の外への輸出データだけを取り出し、一九三四年のイギリスは、兵器貿易の一一・一％を占めるにすぎず、フランスやチェコスロバキア（旧オーストリア・ハンガリー帝国の主要な兵器工場群があった）を大きく下回ることを示した。しかし、ハンキーは都合よく省略しているが、この主張と同じ基準で考えても、イギリスは一九二九年、三〇年、三一年には最大の兵器輸出国であり、イギリスのシェアは一九％から二八・一％だった。一九三二年および三三年については、イギリスはフランスに首位を譲ったが、それでも両国で世界市場のほぼ半分を占めていた。[121] 共産党は正しかった。イギリスが兵器輸出大国であり、主要な競争相手はフランスだったことに疑いはない。[122]

兵器の定義として採用される内容がもっと広かったら、イギリスとフランスのシェアはおそらくもっと大きかっただろう。軍艦と航空機の輸出は、特にイギリス、そしてもちろんフランスにとって、非常に重きをなしていたからである（表1-8、表1-9参照）。イギリスの軍艦輸出は少なかったものの（何百万ポンドにもなった一九二八年、二九年以外）、航空機輸出はたいていの場合、「兵器」輸出よりも多かった。このような広い意味で捉えたイギリスの兵器輸出は、一九二〇年代後期から三〇年代初期にかけて、およそ六〇〇万ポンドに相当し、そのうちおよそ二〇〇万ポンドが、軍用機、エンジン、交換用部品だった。[123] 一九三〇年代半ばに至るまで、イギリスはおそらく、最大の航空機輸出国だった。[124] 当時、他国から航空機の発注はおいそれとは来なかったかもしれないが、その中でイギリスは、多くの注文を、あらゆる国から受けていたのである。

表1-9　兵器輸出市場におけるシェア（機数による）

	1930-34	1935-40
軍用機（輸送機・練習機を除く）		
フランス	26.1	11.3
イギリス	24.6	14.2
アメリカ	17.3	25.0
イタリア	14.7	11.8
ドイツ	4.5	11.5
戦車		
フランス	38.8	21.6
イギリス	34.0	21.4
アメリカ	21.7	10.6
イタリア	2.2	15.9
ドイツ	0	6.5
軍艦（潜水艦・警備艇を除く）		
イギリス	42.7	46.6
イタリア	19.5	8.0
フランス	2.4	12.5
アメリカ	0	3.4
ドイツ	0	0

出典）Robert Harkavy, *The arms trade international systems* (Cambridge, MA : Ballinger, 1975).

政治経済学と宥和政策についての考察

ポール・ケネディは、ある有名な論説で、イギリスの特異な政治経済学的位置、相対的な凋落、政治風土が、一九世紀後期から「宥和」への傾きをもたらしたのではないかと説いた。そのような状況にある国家にとって、「宥和」は自然な戦略であり、加えて、セシル子爵、ノーマン・エンジェル、ギルバート・マレーといった、左翼や「観念論者」は、特にイギリスの他国への介入にはいっさい反対していたという。[125] この叙述は、他の叙述も引き寄せ、宥和に関する多くの思想の系譜をまとめていて興味深い。しかしこの分析には異を唱えなければならないところが多々ある。その異論は、戦間期イギリスの国際関係論を語る言語の、枢要でも見過ごされた一つの面、つまり政治経済学に目を向けることによって行われる。戦間期のイギリスの国際関係に関する叙述はたいてい、それに欠かせない政治経済学の面を、実際の政治経済学的関係との関連でも、国際関係についての政治経済学的思考様式との関連でも、無視している。平和運動に関して書かれたものが好例である。例えばジェームズ・ヒントンは、非常に豊かで鋭い分析の一つで、一九一四年以前における平和運動の政治経済学的側面を強調しながら、戦間期の平和運動については、基本的に政治的な活動として扱っている。その他多くの主唱者も、その論旨は同様である。[126] もっと新しいところでは、セシリア・リンチが、戦間期の平和運動を、基本的に政治的な理解と野心による「社会運動」として取り上げている。[127] またマーティン・シーデルによる近著の関連する章でも、政治経済学が中心にあることをうかがわせる記述はまったくない。同書はそもそも次のようなことを企てると言っているというのに。

平和運動を、何よりも、国際関係の根本的な見通しを得たという確信で動くイデオロギー的な役者と解釈すること。それは平和運動を、戦争が立てた道徳的・倫理的・分析的な問題に真に関心を抱く存在と見るということである[128]……

政治経済学には継続的に意義があることを認識する歴史家もいるが[129]、戦間期の重要性はきちんと認識しきれていないのは明らかで、骨董品のように見られるのがせいぜいだった[130]。しかしこれまで兵器産業と国防費について見てきたように、政治経済学は中心にあったのである。

平和運動でも、他の国際関係論でのもろもろの関心事でも、政治経済学的な言語に敏感になることは、そこで論じられていることを理解するうえで重要である。我々はつい、高度に抽象的で理論的で普遍論的な研究につられて、政治経済学の言語には、国際関係の「リアリスト」歴史家の分析に表れる、「リアリスト」諸国の外交・防衛政策には欠かせない、きれいごとではすまない細部と思われるものが欠けていると考えてしまうことがある。しかし、だからといって政治経済学的な思考が、平和を脅かす明瞭な危機さえも認識しない理想論的《ユートピアン》な（この表現は、国際関係論では軽蔑の意味を含む）思考だということにはならない。むしろ反対に、政治経済学的な考え方もそれを認識していたし、「リアリスト」よりも明瞭に認識していた場合も多い。さらには、政治経済学的な思考は、イギリスに内在する経済力に基づいて、イギリスはドイツ相手の戦争をやり遂げる能力があると楽観的に見ていた。イギリスの「衰退」を認めず、むしろドイツよりはっきり上だと認識していたのである。つまり、戦間期の政治経済学者というのは、その後のケネディによる政治経済学的論証には壁として立ちはだかっていた。

後の国際関係論研究者が、戦間期の平和運動家や国際関係論研究者のことを言うために用いた「観念論者」とか「理想論者」といったラベルは、そういうラベルを貼られた人々には迷惑千万なものだ。「観念論者」や「理想論者」は、そうした人々の言語や響き、独自の符牒や言い回しを理解してしまえば明らかなように、国際的均衡に敵対するものを鋭く見分け、経済的でイデオロギー的なナショナリズム、軍国主義を憎悪し、それを根本的に危険と見ていた。例えば、セシル子爵（「理想論者」の中心人物で、元封鎖担当相）は、一九三〇年代初期、平和への脅威となる「何らかの不安の土壌を生み出さない国はヨーロッパにはほとんどない」と述べた。「特に不安なこと」は、「文明化した世界全体に、激しいナショナリズムが台頭してきた」こと、つまり「ドイツで最も声高で強硬」だった第一次大戦前の思考の再興だった。(131) その一年後、平和投票について意見を述べて、セシルは立ち向かわねばならない敵、つまり日本を念頭に置いた「軍国主義国家」が、「組織された平和の体制」を揺るがせていること、ヨーロッパでは独裁権力が「武力こそ国際関係を解決する適切な方法だと公然と唱えている」こと、経済的ナショナリズムが「隔離」、「人種差別」、「同族主義」をヨーロッパに復活させようとしていることを明言した。また、ギルバート・マレーやノーマン・エンジェルらがいた「次期五か年（The Next Five Years）」グループにとって、危険の元は信頼の欠如で、それは武器の民間による製造によっても生まれていたが、特に「ナショナリズム的軍国主義」と「アナーキーな経済的ナショナリズム」によっていた。

今のようにアナーキーな経済ナショナリズムが流行していて、国が輸出のために利益の上がる市場を支配しようと苦闘する一方で、輸入には容赦なくひどい制限をかけているようなときには、信頼の育ちようがない。経済的アナーキーが戦争の第一の原因であろうと第二の原因であろうと、とにかくそれが政治的アナーキーや、戦争になりやすい状況を生み出す主な原因であることを我々は認めなければならない。あれやこれやの理由で、我々はこれからの十年ほどのうちに戦争の危機がきわめて深刻になることを認識せざるをえない。(132)

このような古典的リベラルの論旨は、一九世紀にコブデンやブライトによって雄弁に唱えられた見解の繰り返しで、もちろん一九三〇年代にもなるとその権威は失われていたが、一九三九年になっても、経済学者ライオネル・ロビンズは、「国家社会主義国による世界を分析してみれば、競合する放浪集団がそれぞれに自分たちのうろつく土地を所有し『主権』を持っているような原始時代の世界と完全に一致する」。「生産手段の国有は、国際的連合にも、国際平和にもつながらない」と論じていた。(133) 枢要な問題は、〔輸入に対する〕制限政策をとりやすい主権国民国家だった。[134]

すでに一九三〇年代には、戦争と平和の政治経済学の思考様式に重要な転換が生じていた。[135] ノーマン・エンジェルやライオネル・ロビンズのようなリベラリストにとっては、自由貿易に基づいた資本主義はあくまで平和的だった。[136] しかし、ジョン・ホブソンとH・N・ブレイズフォードは、資本主義者の一部は、軍国主義と必然的に結びつく帝国主義や、当の軍国主義の恩恵を受けていると論じた。また、R・パーム・ダットやジョン・ストレイチーに代表される新しい「アングロ・マルクス主義」の系譜にとっても、政治経済学は中心をなしていた。[137] こうしたマルクス主義者の中心にあった論旨は、イギリスは非常に強力な帝国主義勢力であるということだった。ダットは、「イギリス帝国主義擁護理論」として、イギリスは「飽食した」から「平和的」になったという見方を挙げ、[138] 世間知らずの人々に、「虎が平和的になるという幻想」を鵜呑みにしないよう警告を発している。[139] ジョン・ストレイチーも同様に理解していた。イギリス帝国は脅かされていて、これから戦うことになるだろうし、人々は「見せかけの平和主義」も「あわただしい戦争準備」も同時に見ていたという。[140]

戦間期の国際関係論について後にE・H・カーが行った批判の方がもっとよく知られるようになり、それもまた政治経済学的であり、イデオロギー的だった。カーが自ら「理想論《ユートピアニズム》」と呼ぶものに対して行った批判は、明示的にはマルクス主義的イデオロギー概念に依拠し、またマンハイムの知識社会学に依拠して、理想論は、イデオロギーによる夢想家の企てに基づく科学以前の世界理解を代表していると論じた。[141] カーにとって、近代リアリズムの傑出した成果は知識社会学で、これは理想論を「状況と利益、および利益増進のために考えられた武器の産物」と見ることを可能にした。[142] 例えば経済制裁は、力がある側の武器だった。[143] 一九世紀におけるリベラリズムの前提、特に戦間期の理想論が依拠していた政治経済学的前提は「実際は成り立たない」ものであり、したがって、現実に対する影響がなかったのは当然だった。[144] カーにとって「近代における国際的危機の中心にある意味は、もろもろの利害の調和という概念に基づく理想論の構造物全体が崩壊したことである[145]」。

カーの批判は、戦後の変容した国際関係論の分野、「理想論者《ユートピアン》」が生み出した分野を理解するための基礎文献となった。カーが戦間期の「理想論者」（「観念論者」の変名）を攻撃したということは、それが戦後、学問としての国際関係論の正典からあっさり捨てられるということだった。戯画化された「観念論者」と傾聴すべき「リアリスト」の対比は国際関係論の入門講座では要となる基調だった[146]。「リアリズム」の意味も変化し、もはや知識社会学でも役に立つ政治経済学でもなくなった。リアリズムは地政学的な不信《シニシズム》になったのである。理想論者であれ、観念論者であれ、もはやイギリス帝国主義を代弁するとも、強国のイデオロギーを担うとも見られなくなり、むしろ貧相な、勘違いした、混乱した平和主義者にして宥和派となった。戦争が始まって以来、宥和政策を推し進めていたとされて「観念論者」に与えられてきた汚名を見るとき、一九三〇年代後期において宥和政策を唱えたのは理想論者ではなくカーだったことを忘れてはならない。明らかにカーの分析が相手にしていたノーマン・エンジェルは、一九四〇年にカーの著作『危機の二十年』の書評をして、カーのリアリズムとすでに失敗に終わっていた宥和政策とのつながりや、イギリス政府が戦争について「理想論的」政策を採ったことを指摘している[147]。一九四〇年、エンジェルはカーの著作を、流行ではあってもイギリスの内政・外交政策にとってきわめて危険だとカーが見たリベラリズム（例えばウィリアム・ベバリッジなど他のリベラル派と共通の見方）に対する、総論的な批判と見た[148]。

多くの意見が、戦間期のリベラル国際派は再軍備に反対する宥和主義者だとにおわせていたが、それを示す証拠はほとんど見当たらない。例えば国際連盟はリベラル国際派の要となる団体だが、再軍備に賛成していた[149]。国際連盟が主催し、一一〇〇万人が投票した、かの有名な平和投票は、今でも誤って平和主義の支持と見られている。しかし侵略国に対する経済的・軍事的手段に賛成する方が多数派で、軍事力の使用に反対するのは少数派にすぎなかった（はっきり回答したうちの二五・八％）[150]。右翼の新聞王、ロード・ビーバーブルックは、この平和投票を血の投票と呼んだが、そう呼ぶ根拠もあったのだ[151]。リベラルな政治経済学者は戦争について考えるとき、軍事力の行使を否定せず、それは必要だっただけでなく、状況によっては利益になることだった。ノーマン・エンジェルにとって、軍事力は「諸勢力間の協調が増すことを確実にし、交易を容易にするために使われれば、前進を助長する」[152]。エンジェルは、イギリスがそういう軍事力の使い方をしていると思っていた。イギリスは「軍事帝国」というよりも「産業型」帝国だった[153]。これは第一次大戦前のおめでたさでもなければ、戦争のプロパガンダでもなかった。戦後の一九四七年においても、エンジェルは、「英語圏型」よりも遅れた国々を抑えるために軍事力を用いるのは、四百年近く前からのイギリスの政策だったと、肯定的に論じている[154]。また、すでに一九一四年以前から、エンジェルはその著書『大いなる幻想』で、「近年のヨーロッパの政治哲学が今のままであり続けるかぎり、一ポンドたりとも軍事予算の削減を求めない」と述べている[155]。エンジェルは平和主義者のイメージとは逆に、再軍備を支持していただけではなく、チャーチルを支持する「フォーカス」グループのメンバーだった（同グループには、セシル子爵やギルバート・マレーがいた）。まさに当時のチャーチルは、リベラルな国家と正当な軍事力の行使を熱心に支持していた[156]。エンジェルは一九三八年、『大いなる幻想』の大部分を、ペンギン・スペシャル版で、反ナチの本として再刊したが、もちろんその通りの本だった[157]。

一九三〇年代になっても、好戦的な戦略を政治経済学的に考えるエドワード朝時代以来の伝統は確かに存在していた[158]。バジル・リデル＝ハートの「英国流の戦争」という概念は、戦争に費やす資源を最小限にし、軍事力の行使を経済的にするというイギリスの原則を要約している。イギリスは、英仏海峡から得られる守りを利用し、海軍力を使って経済的圧力を及ぼすことによって、自分たちの負担を制限していた[159]。リデル＝ハートは国際連盟の強力な支持者で、「英国流の戦争」と集団安全保障を相互補完的なものと見ていた[160]。第一次世界大戦で非常に重要だった封鎖政策は、一九三〇年代には経済制裁として、一九三九年にはイギリスがとる戦略の中心的な項目として姿を見せた。イギリスには経済戦争省があったのだ。空軍力を使うことも同じ時期に構想された。要するに、戦争とその原因を政治経済学的に理解すれば、戦争を運営する政治経済学的手段がわかり、軍国主義による負の結果を制限できるということである。つまり、イギリスはいくつかの重要な点で、リベラル国際主義と同時に「リベラル軍国主

義」の戦略を育てていたのである。(161)

特に興味深いのが、オックスフォード大学のモンタギュー・バートン記念国際関係論講座教授を務めていて、これまたカーの観念論者攻撃の標的でもあったアルフレッド・ジマーンの主張である。ジマーンは一九三四年の講義で、福祉国家はその外見に反して大陸の権力国家を支配しつつあり、工業化した世界では、近代兵器が依存する枢要な金属などの原料は世界的な分布が不均一で、海軍力が重要なので、「科学が大陸列強の政治的地位を従属的なものに下げた」と説き、「福祉国家は、当面は西太平洋を除くあらゆる海を支配していることによって認められ、増大する圧倒的な力の優位を享受する(162)」と説いた。そうした福祉国家、すなわち英連邦、大西洋沿岸国（フランスを含む）、内陸国では二国だけ（スイスおよびチェコスロバキア）は、全体主義権力国家と難なく対決することができた。イギリス一国ではもうできないことではあったとしても。

ケネディのように、イギリス経済の衰退とされるものが同国の戦略を弱める影響を与えたとする歴史家がいるし、戦争前夜のイギリス政府が感じた経済的脆弱性の感覚を指摘する歴史家もいるが、一九三九年および四〇年には、戦争に関する顕著に楽観的な政治経済学的論述が多かった。(163)いくつかの記述は、戦争にとって肝心なのは、一般の、したがって基本的には民の経済力だという、本書でも今後の各章で戻ってくる見解を明瞭に表明していた。それが、戦後の衰退論的歴史記述の視点からは驚くことに、イギリスの勝利に対する自信の元になっていた。『エコノミスト』誌の編集者、ジェフリー・クラウザーは、英帝国の国民総所得が、ドイツとドイツが占領した国々を合わせた額よりも相当に高いと推定した。この記事が書かれたのは一九四〇年のフランスの降伏直後のことである。事実、イギリスおよび白人自治領《ホワイトドミニオンズ》〔カナダ、オーストラリア、ニュージーランド、南アフリカ〕だけで四〇〇〇万ポンド（比較用の任意単位）の所得があった。一方、ナチス支配のヨーロッパ全体で五五〇〇万ポンドだった。(164)これが意味することは、イギリスとその自治領は、絶対額でドイツおよび大陸と同じだけの戦費を使うことができ、その一方で大陸より高い生活水準を維持できたということである。イギリスは労働力当たりでドイツよりも安く食糧と原材料を手に入れることができ、そのため、戦場や兵器生産に投入できる人口の比率も高かった。産業の能力についてもクラウザーは楽観的だった。イギリスおよびその自治領における自動車生産は年間合わせて七〇万台だったのに対し、ドイツとフランスでは年間五三万八〇〇〇台だけだった。クラウザーは「我が国の経済的に戦争に耐えうる体力の点では、致命的な弱点はない」と思っていて、[165]ヒトラー支配と闘うことには価値があり、第一次世界大戦の経験に基づけば、その経済的損害はあまり大きくはないと論じた。R・W・B・クラークも、やはり一九四〇年にはイギリスの一人当たりの所得はドイツよりも高く、それが戦争能力においては決定的な差になるという事実を重視していた。[166]同様の分析は、一九四九年刊の戦争経済に関する公式の歴史書にもある。サー・キース・ハンコックとマーガレット・ゴーイング〔ガウィングとも〕は以下のように記している。

連合王国は、国際労働分業をフルに利用し、人口ははるかに少なくても、戦争に直結する領域に動員する比率を高くすることによって、数の上での劣勢を相当に挽回することができた。[167]

イギリスは、食料を生産性の高い温帯地域から輸入することができた。また、合成石油用の廃棄物資源ではなく、石油を輸入することができた。工業製品も輸入することもできた。イギリスが経済的に自給しなければならなかったとしたら、「戦争を効率的に遂行するどころか、民の集団を維持することすらできなかっただろう」[168]。二人は目を引く表し方で、ドイツが「新秩序」に依存し、それを築こうとしていたのに対して、イギリスは「国際経済秩序」に依存していたと説いた。[169]戦争中においてさえ、通商の経済状況は、きわめて重要なものとみなされていた。しかし、ここで主として言いたいのは、今日しばしば暗黙のうちに存在する見解、つまり、戦争をうまく戦うには経済的ナショナリズムが必要であるとか、リベラル国際主義は本質的に戦争と対立するとか、貿易立国は戦争を戦えないといったことではない点を言っておかなければならない。言いたいのは、イギリスは恵まれていて、経済力と国際経済との結びつきのおかげで、戦争を特に効果的に戦うことができたということである。

イギリスが一九二〇年代と三〇年代に一方的な軍備縮小を行ったという説は、熱心に繰り返され、巧妙に擁護されてきたが、これは明らかに成り立たない。一九三〇年代における平和運動家は誤ってはおらず、むしろ正しかった。イギリスは戦争に対して、絶対額では、少なくとも他国と同じだけ、またエドワード朝時代とほぼ同じだけの費用を出していた。さらに、その支出は二つの技術型軍隊、つまり海軍と空軍に集中していて、両者とも世界最強クラスだった。イギリスの兵器産業は、少なくとも他国と同程度の規模だと言ってもかまわないだろう。イギリスは戦間期において軍事技術的な超大国ではなかった。それは当時そんな国はなかったからだが、列強の中で最も強力な国家だったとは言えるだろう。確かにイギリスは海軍力に関して、ヨーロッパ以外の列強に対するかつての図抜けた優位は失っていたが、やはり最強ではあった。空軍兵器は他のいかなる国にも劣らず、再軍備以前にはフランスおよびアメリカと競っていた。陸軍力は他と比べれば弱かったとはいえ、技術に対しては強く傾倒していた。これからの章で見ていくが、イギリスの各軍は当時の標準からするとかなり巨大な規模の技術基盤と研究開発（R&D）の拠点を有していたのである。

もう一つ重要な点として、戦間期における軍備縮小とされることについての説明は、また一部には宥和政策についての説明も、成り立たないことを強調しておくべきだろう。こうした説明はリベラル国際主義派知識人の見解を誤って捉えている。イギリスのリベラリズムは多くの点で弱体化していたが、依然として、イギリスがヨーロッパ諸国に介入し、世界を多国籍的資本主義にとって安全にするという全世界的な使命も全世界に基礎がある能力も有していると考えていた。そしてイギリスはそうすることになるし、その過程でイギリスは劇的な変化を遂げることとなる。実際に大きく変わったために、戦間期を、その時期を生きた人々とはまったく違う見方で見ることになるのである。

第2章　戦争国家とイギリスのナショナル化　一九三九〜五五年

「『今次』の事態は『違う』ものになる。軍国主義はもはや軍国化を意味しない。ブリンプ大佐［イギリスの漫画キャラクターで、尊大で無能な軍人のシンボル］はもうブリンプ大佐ではない。」

——ジョージ・オーウェル、一九三九年九月[1]

時は来たれり、
死が分け与えられる時、
鉄の卵が、地獄の奇怪なつがいが生む果実が
血の中で孵る時。
夜に金切り声をあげ
鉄の喉から嘆きを響かせながら
都市が立ち上がる時、
それは破壊の時である。

——イーワン・マッコール『ウラニウム235』[2]

イギリス国家の分析のかくも中心を占める「福祉国家」という用語は、どうやら社会政策論のエキスパートよりも国際関係論のエキスパートが造語したものらしい。そのエキスパートとは、サー・アルフレッド・ジマーンという、一九三〇年から四四年まで、オックスフォード大学でモンタギュー・バートン記念国際関係論講座教授を務めた人物だった。ジマーンの「福祉国家」という概念は、一九三九年、E・H・カーによる、国際関係論における「理想論者《ユートピアン》の」思考に対する有名な批判で、強烈に攻撃された。カーにとって、ジマーンは理想論者の典型例だっ

た。ジマーンが「福祉」国家と「権力《パワー》」国家を区別していることを記したうえで、ジマーンの「福祉国家」が「権力国家」よりもパワーがあるとする説に反論した。[3] カーにしてみれば、権力と福祉の関係は変化していた。イギリスは、一九三三年以前は自国のパワーに満足していて「福祉」国家だったが、その後自国の力が脅かされると「権力」国家になったとカーは言う。[4] カーの豊かな分析による説は、当時もその後も取り上げられなかった。『オックスフォード英語辞典』は、「福祉国家（welfare state）」という語句の初出は、戦時中に大司教ウィリアム・テンプル（ヨークを経てカンタベリー大司教）が、イギリスは福祉国家だが、ナチスドイツは権力国家だと言っている例だとしている。[5] 明らかに「福祉国家」は褒め言葉として使われていた。実際にはこの言葉は一九五〇年代までめったに使われることはなく、使われた場合には、批判的に用いられるものだった。ところが冷戦を背景にして、急速に肯定的な用語としての地位を確立し、国家の特定の市民向け機能を表すとともに、だんだん国家そのものを表すようになった。「福祉国家」は、ただイギリスのことだけでなく、戦後国家について考えるために用いられる術語となり、もちろん、中心概念となった。この用語の意味は急激に変わっていた。ジマーンにとっては、それは権力ではなく法によって統治される国家、力よりも責任に基づく国家、革命によるよりは法に沿った国家、命令によるよりは合意に基づく国家を意味していた。集権的というよりは、権力が分散し共有される国家、扇動的ではなく民主的な国家である。そこには福祉に多額の公的支出を行うという含意はなく、むしろその逆だった。古典的自由民主主義のイメージである。[6] ところが戦後になると、イギリスでは、高度に国家中心的で、国家が中央集権的に多くのサービスを提供することを意味するようになった。

イギリスおよび第二次世界大戦について語る際に、「福祉国家」の成長が歴史家の著作の中心的な主題となった。多くの人々が使ったとはいえ、いつもその用語が使われたわけではないが、第二次世界大戦中や戦後のイギリスについて語る際には、「社会民主主義の勝利」[7] や「慈恵国家」の台頭といった言葉が中心にある。[8] 一八世紀の財政＝軍事国家の時代を真剣に取り上げる、イギリス国家に関する近年のある記述では、一八八〇年から一九三九年までは「社会福祉国家《ソーシャル・サービス》」とし、一九三九年から七九年にかけての期間を「総力戦、および、ゆりかごから墓場までの福祉」という章で取り上げている。(9) 歴史家は、ある特定の部門が戦争からいかにして利益を得たかという昔ながらの話に異を唱え、楽天的な構図に疑念を投げかけてはいるが、台頭する「福祉国家」は、頑固に戦時イギリス研究の準拠枠であり続けている。(10)「権力国家」もそれに類する用語も、カーが示唆に富む表し方をしてはいても、イギリスについて用いられることはなかった。しかし実際には、「権力国家」という用語にしていれば、戦争中のイギリスだけではなく、比較的平和だった一九五〇年代のイギリスを言い表すにも実にふさわしい言葉になっただろう。カーが記したように、イギリスは権力国家、あるいは戦争国家だったし、福祉国家でもあったが、その両側面のバランスは時間とともに変化した。ただ、その両面は、いつもこれまで想定されていたように変化していたわけではない。

イギリスの性格が福祉国家というよりもむしろ権力国家へと向かう重要な変化を看破したのは、カーだけではない。すでに一九三〇年代初期には、専制政治、ナショナリズム、軍国主義を結びつけるおなじみの論法に拠って、イギリスが一般関税率と帝国内特恵関税率制度の採用へと動いていることを危険だと分析する人々がいた。「誰かが『英国製品を買おう』と言い出すと、最後には『大航空編隊を』になる」と、H・N・ブレイズフォードは嘆いた。(11) イギリスの右翼は、関税、帝国主義、強力な国軍を支持し、国際連盟を疎んじていたことを思い出そう。(12) また、英リベラリズムの偉大なフランス人研究者であるエリー・アレビは、真にリベラルな政治経済学的信念を擁護することに過激なほど率直だった。一九三四年には、自分が進行中だとみなすイデオロギー的変容が行き着くところをこう推測している。

保護貿易の導入の後も、自由貿易精神がそこにある平和主義の含みとともに生き残っているのが、イギリスの変なところだが、この国が保護主義的な国になり、そうなってしまうと同時にナショナリスティックになっていることを認めなければならない。ラディカルな保護貿易主義者でありながら、それと同時にラディカルな平和主義者であると明言する社会主義者の知識人を私は何人か知っているが、私にはどうすれば同時に両方でありうるのか理解できない……保護貿易主義を受け入れ始めたとたん、ナショナリズム的なものも受け入れざるをえなくなるし、軍国主義の類のないナショナリズムなどあるのだろうか。昨年の冬、私はサー・スタッフォード・クリップスがある公開の集まりで行ったスピーチを読んで驚いた。自分は「完全な平和主義者ではない」と明言しているのだ。私は当の本人が今ごろカナダできわめて平和主義的なスピーチを行っていることを知っているが、先の告白にどれだけ驚いたか、私は忘れることができない。私は大胆な、たぶん馬鹿馬鹿しい予測を立てているが、どうなるかわかったものではない。サー・スタッフォード・クリップスの父は保守党員だったが、その後、平和主義者であるがゆえに労働党へと移った。ならば、今度はサー・スタッフォード・クリップスが、社会主義者であるがゆえに愛国主義に向かい、ひょっとして軍国主義のようなものに向かうことにならないともかぎらない。……［ハーバート・スペンサーが論じたように］世界はそのいわゆる新トーリー〔保守〕主義へと進化し、保護貿易主義的で、社会主義的で、軍国主義的になる。……この予言が実現しないかどうか、わかったものではない。(13)

アレビは正しかったのだろうか。イギリスはそれからわずか一〇年そこそこで、さらにその後は長きにわたり、高度に保護主義的な経済体制をとり、社会主義的で、多額の国防支出と徴兵制をとることになった。これが意識的な選択によるものだったと言いたいわけではない。ましてや、このような状況をもたらすための公然たる運動が実を結んだと言うつもりもない。しかし、我々はその前後の違いについてほとんど何も言わない、あるいはアレビのようにネガティブな見方をすることはほとんどないという事実から、その間に生じた思考の変化がどれだけ深かったかをうかがい知ることができるだろう。

こうしたイデオロギーの変化は、政治経済学だけのことではない。アレビが言っていたように、戦争に対する姿勢も急速に、また予想外に変化した。それでも、歴史家ドナルド・キャメロン・ワットが説いているように、一九三〇年代末に戦争へと向かう決断の政治的次元には十分な関心が寄せられていなかった[14]。当時のイデオロギーに通じた人々の意見は十分に見てとれる。一九四〇年、元コミンテルン工作員であるフランツ・ボルケナウは、「戦争に先立つ二年の間に、奇妙にも、平和主義的な保守党と激しく好戦的な社会主義者が台頭した」と述べた[15]。この奇妙な組合せが戦争を政治的にありうることにしたのだと、ボルケナウは言いたいのだろう。「共産党が唱えるような人民戦線型のイデオロギー戦争では、保守党勢を反戦側に立たせることになった」し、「征服戦争では、社会主義者や進歩派にとって受け入れがたかっただろう[16]」。こうした新たな勢力地図によって、経済や軍事力に関する議論の伝統的な組合せも崩壊し、アレビからすれば、本末転倒の、さらには矛盾した雑種と思えそうなものを生んだ。戦後の知識人には、保護主義・特恵貿易・軍事費の増大を記述するための、戦前のリベラルのようなわかりやすい言語がなかった。実は、そのような主題はそもそもほとんど議論されることがなかったのである。それに代わって、国家は福祉国家と言われ、その経済政策はケインズ経済学と労働政治の言葉——需要管理、インフレ、デフレ、国有化といった言葉に、計画や産業政策といった色が加わったもの——で記述された。しかしながらこうした概念は、戦時および戦後のイギリスに生じていた根本的な変化を説明するには、ひどく不十分だった。戦後の歴史家は、保護貿易、ナショナリズム、多額な国防支出の世界に閉じこもって、こうした変化の重要性を十分に把握することなくものを言い、戦争国家がほとんど見えないような概念による新言語に依存していた。

経済史家と戦時経済――消える戦争経済

イギリス政府が多くの経済史家を含めた歴史家を多数雇い〔本訳書では「公式歴史官」としている〕、活動中の戦時経済を研究させていたことは、当時の英政府が戦時経済を重く見ていたことを示す一つの証拠である。こうした「語り手」は、「物語」を書き上げた。それは当時すでに傑出していた、あるいはまもなく傑出する歴史家による、現代史の先駆的な作品となった。その成果は一九四九年以降、『第二次世界大戦の歴史――連合王国民間史シリーズ』(*History of the Second World War: United Kingdom Civil Series*)という著作集で姿を現した。その総論を行った第一巻の序文で、W・K・ハンコックとM・M・ゴーイングは、「戦場での人材の積極採用は広大な論題で、ポスタン教授が執筆中の本シリーズの一巻〔『英国の戦時生産』〕で取り上げられる。したがって本巻は、はっきりと民《シビリアン》の側への傾きを示している」と述べる。その名も『英国の戦争経済』という本とあっては一言述べておくに値する発言である。[17] 同書では、「マンパワー予算」という、戦時内閣が生産政策全体を形成するための手段に注目している。「マンパワーが単に生産で不足している因子を意味するのではなく、イギリスの男も女も意味することが忘れられなければ、こうした章にはなおいっそうの重みがあることになるだろう」。

その各章は、そこにある見解が戦時内閣のものであり、「銃後」を監督した枢密院議長委員会が一時的にとったものであり、それは戦時経済すべてを語るものではないことを強調している。[18] とはいえ、同書は確かに影響力があり、マンパワー予算が財政予算よりも重要になったので、権力は大蔵省から労働省へ、そして労働相、特に言えば労働組合主義者アーネスト・ベビンへと移ったという印象が生まれることになった。よく引用される著作の第二は、ノーマン・チェスターが経済学者の書いた論文を集めた、一九五一年の『戦時経済の教訓』で、注目するところも似ている。例えば、チェスター自身が執筆し、枢密院議長委員会に焦点を当てた章「経済政策の中央機構」

は、この委員会は、チェスター自身が明らかにするように実際には国防用の供給には関心がなかったのに、そこが戦時経済を管轄していたと言っているように読める。[19]『英国の戦争経済』と『戦時経済の教訓』は、確かに戦時下の市民経済に関する研究だが、同時に戦時経済に関する研究としても扱われ、そのため後続の研究のパターンを定めた研究だった。また例えば、ブロードベリーとハウレットによる戦時経済に関する近年の研究は、中央での経済収支に関心を抱くエコノミストが見た経済である。[20]もっと広い範囲の文献は産業近代化に関するある教科書にまとめられている。その本の一九四〇年から五一年までを扱った章は、ケインズ主義の台頭、労働党とアーネスト・ベビンの重要性や、軍需省、燃料・動力省、食糧省、そして「何より枢要な」生産省といった「鍵となる」新省を取り上げ、さらに、ほぼマクロ経済学の言葉で論じられる再編を取り上げている。[21]戦争や戦争国家は奇妙にも出てこない。

もっと専門的で詳細な研究も戦争国家を看過している。戦時産業政策史はその顕著な例である。ごく大まかに言えば、それはすべて、文民機関によって立てられた将来の民需産業だけの計画に関する歴史となっている。[22]戦時産業を支配した戦争国家は出てこないし、実際のところ、存在しないように見えている。[23]計画に関する例もある。公記録局〔PRO、国立公文書館の前身〕による、一九四三年から五一年までのイギリスの経済計画に関する史料ガイドの序論は、まず社会主義知識人に始まり、戦時中の再建委員会へ進み、それから戦後労働党政府による中央からの計画への弱々しい試みへと進む話として語る。この選び抜かれた記録集では、戦争計画や、その後の国防物資調達に関する記録がほとんど除かれている。[24]確かに多くの戦時計画策定者や行政官は、戦争計画を計画一般とは大きく異なるものと捉えていたらしい。[25]しかし歴史家にとっては、異なる計画どうしの関係が探究の対象であり、あるいはそうあるべきであって、エコノミストの大きく負荷がかかった定義を受け入れればいいという話ではない。

軍事支出とイギリス国家の発達

イギリス国家が第二次世界大戦よりもずっと前から「福祉国家」だったという見解については、多くのことを言わなければならない。すでに戦間期から、福祉支出は軍事支出よりも大きかった。しかし、歴史家の言うその後の福祉国家の成長と福祉支出の変化との相関は貧弱である。福祉支出の増加は、特に第二次世界大戦とその直後には対応がつくが、右派も左派も、それぞれの意図から、その増加の意義を誇張していた。シドニー・ポラードはずっと前に、こんな気になる発言をしている。「広範に信じられているのとは逆に、一九四八年以降のイギリスの社会福祉への支出は、退職者年金を除いて、一九三九年以前と比べて有意に多くはない」[26]。やはり例外だったロジャー・ミドルトンは別の形で構図を修正して、福祉支出の増加は、第二次世界大戦後よりも第一次世界大戦後の方がずっと大きかったこと、一九五〇年あたりからは、公的支出の増加は顕著に下がり、もちろん戦間期より低かったことを示した[27]。戦後の貧困に関して近年改訂されたある分析からは、当時の見解とは違い、一九三六年以降の福祉施策（食料助成金を除く）は、貧困ラインを下回る労働者階級家庭の数を三・七%しか減らしていないことがわかる[28]。福祉支出の増加は、図2-1が示すように、莫大とは言えない。保健費については戦争を挟んだ支出の実効値の推定が存在せず、そのこと自体が興味深い。公私を合わせた保健費の推定総額は、一九三〇年代半ばで一億五〇〇〇万ポンド（国民総生産のおよそ三%）である[29]。これは、一九四〇年代後期で言えば約三億ポンドに相当しただろうし、国民健康保険（NHS）は早くからおよそ四億ポンドを支出していたので、一〇年間で増加分は二五%ほどとなり、革命的な増加とは言えない。注目すべきことに、戦時中のNHSの計画にある支出計画は、一九三〇年代の保健支出総額より（インフレ補正を行わなくても）少なく、初期の計画は実質の支出をやはり少なく考えていたらしい[30]。

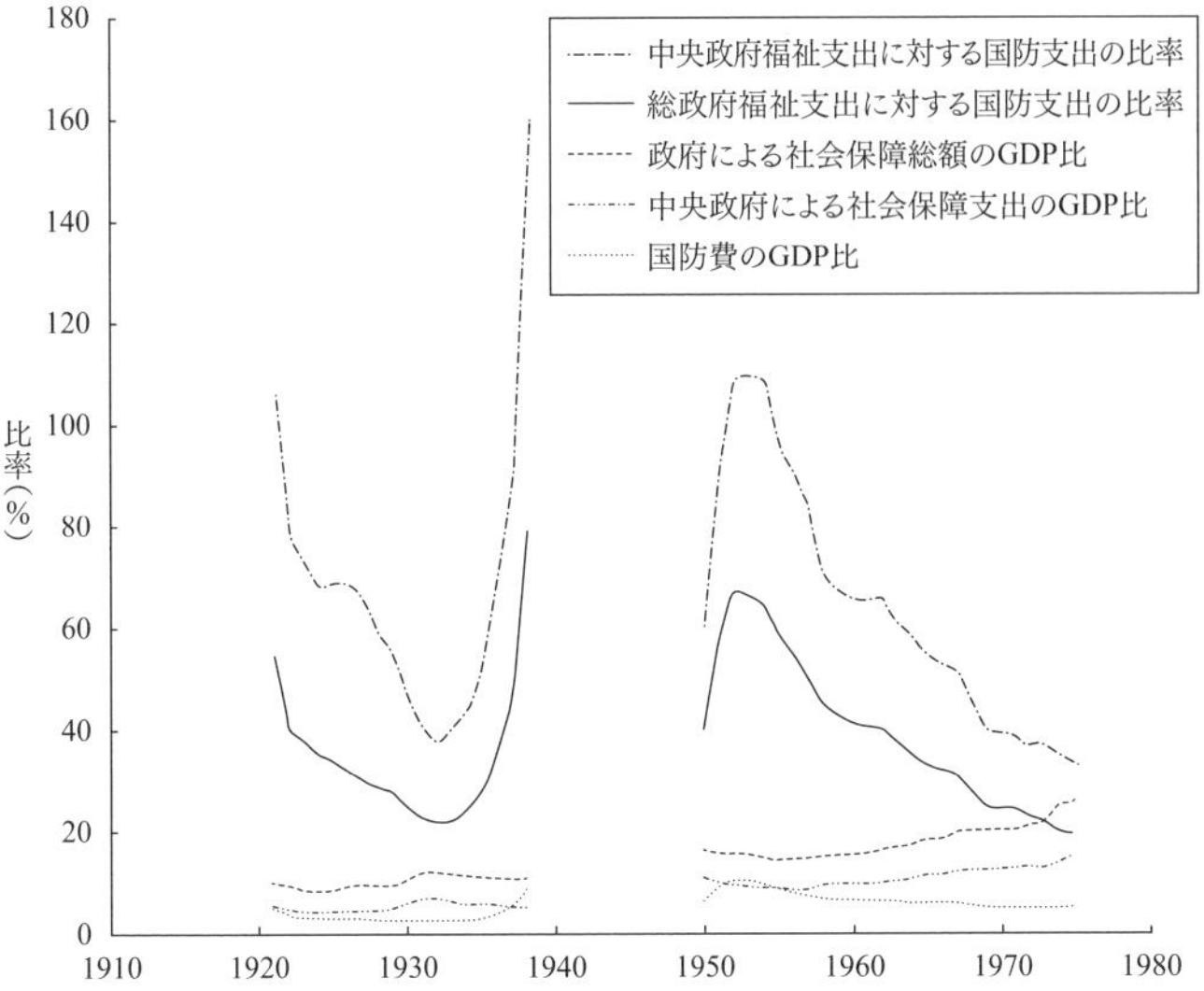

図2-1　イギリス国家支出の戦争度と福祉度（1921〜75年）

表2-1　イギリス中央政府による国防支出と民用支出（単位：百万ポンド）[1)]

	1937/8	1938/9	1939/40	1940/1	1941/2	1942/3	1943/4	1944/5
業務提供省庁合計	605	696	1,078	3,637	4,502	5,295	5,407	5,625
うち国防費	197	254	626	3,220	4,085	4,840	4,950	5,125
うち民用の承認額	394	427	437	402	400	438	439	474

註1）個別の議会承認に基づく民用支出を除く。

出典）*Statistical digest of the war* (HMSO, 1951), table 173.

戦間期から戦中・戦後にかけて、公的支出で最大の変化をしたのは国防費だった。これは一九三八／九年度から戦時中のピークにかけて二〇倍に増えたが、従来からの民用支出（通常の議会手続の下で執行された）は戦時中はほとんど変わっていない（表2-1）。それは当然かもしれないが、戦間期から戦後にかけて、福祉支出よりも戦争支出の方が相当大きく伸びたというのは、それほど当然とは言えない[31]。図2-1が示すように、国内総生産（GDP）に対する比率で見た国防費は、一九四〇年代後期は三五年の約二倍、五〇年代初期には三倍になっている。一九五二年には、国防費は保健への国家支出の三倍以上にのぼり、また同年の総社会事業費（もちろ

表 2-2 国家支出の国民総所得比（単位：%）

	1938	1950	1952	1954/5
保健	1.2	3.4	3.0	
教育	1.9	2.1	2.3	
総社会事業	3.8	6.0	5.6	
国防	5.9	5.9	9.3	11

出典）*New Stateman and Nation*, 27 February 1954, ただし *The Times* 17 July 1953 を出典として挙げている。

ん内部移転は除く）の二倍近くになった[*]（表2-2）。一九一四年以後の平時の状態での「戦争度」、すなわち福祉支出に対する軍事支出の比率がピークを迎えるのは一九三八年と五二年で、逆の「福祉度」が最大だったのは一九三二年だった。国家の福祉度が再びこの水準に戻るのは、やっと一九七〇年になってからのことだった。

図2-1から明らかなように、両大戦とも、戦後には、政府支出が戦争から福祉へと移行するというパターンがあった。しかし、両大戦には重大な違いがある。第二次世界大戦後の軍備縮小の起点を、一九四五年ではなく一九五〇年代にしたとしても、福祉対戦争の比は一九二〇年ごろと同じ水準にあるだけでなく、一九五〇年以降の福祉度の伸びの速さが一九二〇年代以降よりも遅いということに注目すべきだろう。さらに、戦間期とは対照的に、対GDP比で見た国防費が低下するようになるのは一九五〇年代初期からである点にも目を向けておくべきだろう。対国民所得比で言うと、平時の国防費は一八九〇年よりも一九二八年の方が高く、一九一二年よりも一九三七年の方がずっと高く、一九二四年よりも一九五〇年の方が圧倒的に高い。一九七九年になっても、一九五〇年よりは低かったとはいえ、一九二八年の二倍あった。一九九〇年代後期になってやっと、国民所得に対する防衛費の比率が戦間期や第一次大戦前と同程度になった。冷戦はイギリス国家の叙述ではほとんど考慮に入れられていないが、この国の財政史には大きな重みを占めていたのである。

イギリスはヨーロッパ諸国の中で、「福祉国家」として変わったところはまったくなかった。ジョゼ・ハリスが述べたように、統計資料からは、戦後イギリスの社会保障支出がヨーロッパ諸国と比べて低かったことがわかる[32]。逆にイギリスの国防費は、第二次大戦後、大陸ヨーロッパの水準に比べると高かった。そう言うと少々誤解されるかもしれない。戦後ヨーロッパにはイギリスの他に大国がもう一国だけあったからである。その大国フランスは植民地紛争にかかりきりだった。イギリスの国防費は、対GDP比ではフランスとほぼ同じ、傾向としてはやや高めだった。一方、福祉支出はイギリスの方が大きかったが、そうなったのは一九五〇年代後期になってからのことである。戦前にはイギリスの国防費が対GDP比でフランスよりも大きく下回っていたことを考えれば、戦後、英仏の国防支出はおおよそ同規模だったというのは注目に値する。イギリス国家は国防費を増やすことによって、フランス国家のようになったのである。

福祉支出の増加が大きくなかったとしても、以前は民間と地方自治体が担っていた福祉と経済機能が国家の中央政府へ移転されたことが、中央の国家の規模を変えるうえで決定的だったと言うことはできるだろう。例えば、イギリスの公務員に関する一九五〇年代の調査は、「イギリスの公務員を批判派が求めるように徹底して削減することができない主要な理由は、戦争以来、官公庁に新たに溢れるほどの管轄が移されたことである。福祉国家は膨大な官吏集団を必要とする」と説いた[33]。ただ、その同じ本によれば、一九三八年から五四年にかけて非現業系の公務員が二九万二〇〇〇人増え、そのうちの一〇万人は現在の五つの国防省庁、つまり軍隊とそこへの装備の供給に関する三軍の省と軍需省庁に配属された。各種社会福祉業務に配属されたのは、わずか四万二〇〇〇人、残りのうち五万六〇〇〇人が郵便省に、四万人が通商産業運輸省に入り、五万四〇〇〇人がその他の全省庁に配属された[34]。国防省庁（以後、各軍と軍需省庁を合わせた部門の省略表現としてこれを用いる）にいた非現業系公務員の数は、一九一四年には約一万人、一九三五年には二万三〇四〇人、一九五六年には一三万五二七〇人だった[35]。

実際には、こうした数値は（国の雇用についての数字はたいていそうだが）膨大な現業系公務員が入っていないので、戦争国家の成長を過小評価することになる。一九二九年には、公務員のうち「現業系《インダストリアル》」労働者が一二万二〇〇〇人もいた。この区分には、郵便局の（「集配《マニピュレイティブ》・窓口」）労働者の大部分は入っていない[36]。戦争中、その数字は一九四三年に最大の七三万八〇〇〇人に達し、そのうち約六五万人が国防省庁で働いていた[37]。戦争中、公務員の半数は現業系労働者だったのである。一九五七年には計四一万八三〇〇人の現業系公務員がいて、そのうち二八万九六〇〇人は国防省庁に属していたが、その数は着実に減少し、一九七一年の段階では一五万四二〇〇人となった[38]。一九五七年の段階では、全公務員の四〇％、非現業系公務員の二〇％が国防省庁にいた。この年、国防省庁の公務員数（四二万三〇〇〇人）は、一九二九年時点のイギリス国家全体の公務員数（四三万四〇〇〇人）とほぼ同数だった[39]。この面でも、戦争国家は成長する文民国家の図抜けて最大の領域だった。

しかもなお、まだ言っていなかったが、戦争国家の最も明白な表れは、制服組の男女が増えたことである。一九四五年の段階では、四五〇万人の男性と四〇万人の女性が軍務に就いていた[40]。戦後の兵力水準は、一九五〇年に六八万九〇〇〇人へと減少し、そこから平時のピーク八七万二〇〇〇人にまで増加した後、やっと一九六〇年になって五〇万人を下回る。一九三〇年代初期には、この数字は三二万人ほどだった。このような高水準は徴兵制によって生み出された。平時の徴兵は一九三九年に導入されていた。戦後になっても平時兵役は残り、一九四七年には一年間だったものが、一九四八年からは一年半に延長され、一九五〇年には二年間となった。一九六〇年末からは新規の徴兵がなくなり、最後の召集兵は一九六三年に退役した[41]。労働省は、一九三九年から五九年の二〇年間、ただわけもなく労働・兵役省（Ministry of Labour and National Service）と呼ばれていたわけではないのである。

戦時経済の統制

「マンパワー」の動員規模を考えれば、第二次世界大戦中イギリスの歴史記述において、労働力、特に産業労働力が突出した地位を占めていても意外ではない。すでに見たように、エコノミストや歴史家は、限りある資源としての「マンパワー」や、財政予算よりも重要になりつつあった「マンパワー予算」、さらには権力が大蔵省から労働省およびアーネスト・ベビンへと移行したことを重視してきた。例えばキース・ミドルマスは、一九四二年から戦争終結まで、労働省が「国家の筆頭省」だったこと、ベビンが「事実上、副首相格とされていた」ことを述べた。[42] これは極端な言い方だが、他の文献との足並みはそろっている。完全雇用を超えた状態においては、確かに労働者が重要な譲歩を引き出したし、一九四五年に労働党が政権の座に就くような大規模な政治的変動もあったことは否定できない。しかし、国家の本質にこの構図が含意するような根本的変化があったとか、戦時生産は何らかの形で労働省によって統制されていたといった話となるとまったく別問題である。我々は戦時経済の統制や枢要な計画について、もっと詳細に見る必要がある。

第一に、マンパワーが最も不足する資源となるのは一九四二年になってからだが、戦時生産計画はそのときすでに順調に進行していたし、大蔵省の権力はすでにかなりの程度削減されていたことに注目しなければならない。[43] 第二に、マンパワーの配分を決めることに関与していた枢要な閣僚は、労働組合主義者アーネスト・ベビンではなく、初めは枢密院議長を務め、後に大蔵大臣《チャンセラー・オブ・ジ・エクスチェカー》（大蔵省の長《トレジャリー》）となったサー・ジョン・アンダーソンだった。ただしそれは国会労働力委員会委員長としての権限による。[44] 第三に、戦時経済および中央による計画経済では、最も希少な資源の全体的配分を計画そのものと混同すべきではない。配分は省庁間の優先順位をつける手段である。労働力の配分は、戦時生産そのものの計画ではないし、何が計画され、それは何のためかについては何も語らないし、計画が必要とする、巨大な幅がある投入量と生産量（不足するものもあればそうでないものもある）をめぐる意思決定の巨大な複合体、あるいはそこに含まれる力関係を明らかにすることもない。軍事作戦や戦車生産や航空機生産の計画は、中央の計画担当部門ではなく専門各省庁の責任だった。

文献世界に浸透する第二の基調は、戦時経済を運営する主要関係者が団結しているという感覚である。意思決定が、ある水準では共同作業あるいは協調的《コーポラティスト》だったふしもある。政府、産業、組合が、政府の中核にある労働党とともに、みんなで集まって前に進む道を導き出すということだ。もちろん、政治的取引は国家、資本、労働の間で行われる。[45] とはいえ、この三部連帯《トリパーティズム》（もしくは二部連帯）は戦時生産計画に出る幕はなかった。以下で見るように、一部の非兵器民間産業に関する三部連帯、二部連帯の委員会や関係者会議はあったが、それは確かに戦時生産を指揮するために用いられたのでもなければ、もちろん軍備関連省庁で用いられることもなかった。労働組合主義者は兵器生産の執行役にはまったくいなかった。兵器生産は、別の章で見るように、軍産複合体出身の人員によって支配されていたのである。合同生産委員会は無視できなかったが、それが機能したのは工場レベルだけだった。

では、第三の因子としてよく挙げられるケインズ主義はどうだろう。ロバート・スキデルスキーが非常に有用な形で指摘しているように、ケインズの著書『戦費調達論』は、戦時経済を計画するための見取図どころか、物理的な計画がなくてすむようにすることを意図したものだった。価格メカニズムが「物理的計画の代替だけでなく、インフレーションの代替」としてやはり機能できるだろうとケインズは期待した[46]。ケインズは労働者階級の購買力を経済活動から除去して余分を兵器生産に充てられるようにと、強制貯蓄を提案した。戦時中、「ケインズ主義」は、インフレーションを抑えるという重要な分野以外では、経済を計画するための経済学的手段を提供することはなかった。ましてや、特定の産業を統制するための政策を提案することもなかった。実際にはケインズ主義には固有の産業政策がなかったのである。専門のエコノミストはほとんどが計画化には反対だった。特に直接に産業の計画と施策に関与した人々はそうだったかもしれない[47]。いずれにせよ、軍需省庁ではエコノミストがいかなる意味でも指導的地位にいたことはなかった。物理的計画を論じていた小規模な社会主義的エコノミスト集団は、戦時産業統制に対してはほとんど影響力がなかった。エコノミストの間での「計画化」についての議論がどうであれ、武器を生産するために企業や政府と共同しようという労働者の自己動員のイメージがどうであれ、国家の計画・活動・方法は、それとは別のところのものであり[48]、高水準の兵器生産は、軍部の計画が実現した結果だった。そして国のレベルでは、計画化は高水準の武器生産の結果であって、原因ではない。それは戦争国家のニーズに合わせる手段だった。

もしかすると、戦争の打撃を表す最善の尺度は、国家消費（内部移転を除いた政府支出）の上昇かもしれない。国家消費は戦間期において国内総生産の約一〇%だったが、戦時には最大五四%まで上昇し、一九四八年には一七%にまで下落した。再軍備に際しては二二%まで上昇し、一九六五年には再び下がって一六・六%になった[49]。戦時中には、この国家需要のほとんどが、軍隊に兵器および補給品を供給する専門各省庁を通じたものだった。ここで言うところのいわゆる軍需省庁は国の経済の最深部にまで広がった。軍需省《ミニストリー・オブ・サプライ》（ＭｏＳ）は軍隊への供給、原材料統制（産業統制の重要な一面）、特定の兵器関連産業（化学産業など）を管理していた。航空機生産省（ＭＡＰ）は、航空機およびその関連産業と、成長中の電子産業を管理していた。海軍省（軍務だけでなく供給も取り扱った）は造船業全体の管轄権を引き継いだ。戦時の製造業による生産量のおよそ三分の二がこの三省に握られていた。もっと古い歴史記述では、この三省は生産面で必要な文民の軍に対する勝利の表れと見られている。つまり、文民――産業、学界、科学――が、軍の要求を社会に伝えるトランスミッションベルトとなるのではなく、軍の方に踏み込んだということである。

ここでは、歴史記述は当時の論法に従っていた。再軍備期にはずっと、野党勢力が、軍を管轄する省は再軍備および戦争のための産業生産を組織できないと主張していたのだ。野党は要するに、軍需のための新省を求めていた。これは後に軍需省と呼ばれる、民の経済を計画、統制し、文民に兵器生産を担当させるための、文民による軍備担当省である。政府、各軍の省、さらには閣僚で帝国防衛委員会幹事だったサー・モーリス・ハンキーは、「枢密院の」王立委員会による勧告があったときでさえ、これに反対していた[50]。こうした人々は再軍備の管理は三軍にできることを指摘した。海軍の長であるロード・チャットフィールドが述べたように「興ってきた軍需省を求める声は、結局は陸軍省が陸軍で生産する必要があるものを、海軍や空軍が行うようになったようには、また行っていたようには生産できなかったせいだった[51]」。再軍備の二つの焦点、空軍省および海軍省は、どんな妥当な基準から見ても、その作業をこなしていた。兵器生産は、民間で最も成長が速い分野をはるかに超える速さで拡大していた。一九三五年から三九年にかけて、航空機本体の生産重量は一五倍に増加した。一九三六／七年度から三九年にかけて完成した主力軍艦の総トン数は二倍になった。すでに見たとおり、再軍備期のイギリスは、他のどの国の海軍よりも多くの艦船を建造した。空軍の再軍備によって、一九四〇年のイギリスは列強で最大の航空機生産国となった。[52]それと同時に、新たな工場を建設することによって、意図的に、また注意深く、将来のさらなる拡張の基盤を敷いていた。とはいえ、開戦前の一九三九年初めには、陸軍の規模をそれまで計画されていたよりもはるかに大きくすることが決定された。それによってチェンバレン内閣は、陸軍に武器を供給するだけでなく、部隊の補給一般も行い、また原材料の統制を実施する準備も行う軍需省を創設することになった。その後創設される軍需省庁の第二弾、MAPは、政治や歴史記述にさらに大きな影響を及ぼした。一九四〇年五月という激動の月に創設された同省は、力のある新聞界の大物でチャーチルの親しい友人だったロード・ビーバーブルックを航空機生産の責任者に据えた。ビーバーブルックは生産を変えたのは自分だと言い、それに倣う他の人々もいた。信奉者でジャーナリストであり政治家でもあるマイケル・フットや、歴史家のA・J・P・テイラーなどがそうだ。[53]この、自己満足した空軍の将軍を追放し、生産を前面に押し出した精力的な文民という構図は、前々から歴史家たちには疑問視されていた。[54]それも無理はない。次章で見るように、重要な人事の連続性もあったからだ。確かに、この二つの新省が各軍の省から育ったということには目をとめなければならない。一九三九年の新軍需省の前身は陸軍省軍需品生産総局で、MAPの前身は、開発生産空軍代表部だった。しかしながら、分離した後の両省について後から見たうえでの文民優位説は、戦間期のまったく不十分な装備生産および再軍備という標準的な構図の観点からすると、説得力があったらしい。

新しい兵器産業

戦時中には、男女両方の制服組一人につき、そのための物資を生産する産業労働者が一人いた計算になる。例えば一九四三年には、軍隊とほとんど同数の（四八〇万人）、軍需品を製造する労働者がいた。この二つの集団を合わせると、労働者人口のおよそ四五％になる。(55) 一九四三年三月には、最大のグループは部隊に直接供給するものを製造する労働者のグループで、機械、金属（鉄鋼の類を除く）、爆発物、化学物質、造船に携わる四〇二万人がいた。これに繊維工業の二七万人、衣類・靴などの一〇万人、木工・調度のやはり一〇万人、製紙・出版の約六万人、革・ゴム・ガラス・陶磁器の九万人、建設の三〇万人ほどを加えなければならない。(56) こうした数には、鉱山労働者、製鋼所労働者、鉄道労働者、農業・食品業労働者などの中にしかるべき比率でいた、やはり軍部隊に直接・間接に供給する人々は含まない（表2-3）。

一九三九年六月から四三年六月（戦時生産のピーク）まで、製造業の雇用者の増加は一三・七％にとどまった。戦争によってもたらされた変化の第一は、軍隊用の製造をする労働者が一八％から六六％にまで増加したことだった。これに伴って、輸出と国内民需品供給が大幅に低下した。こうした数字やそれに類する数字からは、暗黙のうちに、特定の産業にある特定の企業が、自分たちの工場を輸出や民需品製造向けから兵器製造向けへと転換したというイメージが浮かぶ。平時用の生産から戦争用の生産に切り替える民需産業というイメージである。実際、以下で述べるように、このような民の創意、技能、組織の精髄を振り向ければこそ戦争の勝利がもたらされたという力強いイメージがあった。この筋書きには、後に重要になる特有のねじれが加わる。イギリス産業は海外の市場を断念するだけではなく、自らの資本ストックをも使い果たして犠牲になったという考えである。後に首相となるハロルド・ウィルソンの言い方によれば、「戦時生産で酷使した機械類の摩耗や破損を補償できない(57)」事態があった。

表 2-3　省庁別・工場の種類別に見た戦時最盛期（1943 年 6 月）における兵器生産雇用（単位：千人）

	A[1)]	B[2)]	A＋B	C[3)]	A＋B＋C	製造業総計
ロイヤル・オードナンス工場群	—	—	—	—	268[4)]	—
海軍工廠各造船所	—	—	—	—	37[4)]	—
航空機生産省代行機関	—	—	—	—	300[4)]	—
軍需省および海軍省代行機関	—	—	—	—	210＋[4)]	—
政府工場小計	500＋[4)]	—	—	250＋[4)]	約 900[4)]	—
軍需省補助	—	—	—	—	350[5)]	—
海軍省補助	—	—	—	—	76[5)]	—
航空機生産省補助	—	—	—	—	312[5)]	—
補助小計	—	—	—	—	約 738[5)]	—
軍需省労働者総数	—	—	1,100[6)]	—	—	—
航空機生産省労働者総数	—	—	1,400[6)]	—	—	—
海軍省労働者総数	—	—	650[6)]	—	—	—
供給省庁計	—	—	3,300[6)]	500[6)]	3,800[6)]	—
民需雇用総数	556.9[7)]	104.8[7)]	—	166.5[7)]	828.2[7)]	2,625[8)]
軍需雇用総数	3,453.3[7)]	167.5[7)]	—	398.8[7)]	4,019.6[7)]	5,121[8)]
総計	4,010.2[7)]	272.3[7)]	—	565.3[7)]	4,847.8	7,746[8)]

註 1）機械および関連産業（非鉄金属を含む）。
2）造船と修理。
3）爆発物・化学物・弾薬。
4）W. Hornby, *Factories and plant* (London : HMSO, 1958), p. 383 による。
5）私の推計は次のように求められた。建設・工場設備に出された総額 4 億 6040 万ポンドのうち，1945 年までに軍需省により請負業者への補助に支払われたのは計 1 億 7390 万ポンドである（Hornby, *Factories and plant*, p. 378)。1945 年までに，4 億 3230 万ポンドが政府工場（政府運営と代行機関）に費やされた（Hornby, *Factories and plant*, pp. 378–80)。これらの工場は約 90 万人を雇用しており，これは資本 100 万ポンド当たり 2,000 人ということになる（この比率は，航空機代行機関工場のみとほぼ同じで，ロイヤル・オードナンスでは 1,500 人だった)。この 2,000 という数値から，MAP による企業への政府出資出張所の労働者 31 万 2000 人，軍需省について 35 万人，海軍省について 7 万 6000 人が得られる（Hornby, *Factories and plant*, p. 381)。これらの数値は，軍需省と海軍省の請負業者に対する補助がほとんど建設でなく工場設備に使用されていたので，政府工場で働く労働者を過小に評価しているかもしれない（Hornby, *Factories and plant*, p. 381)。つまり，政府による運営と代行機関工場（航空機生産省補助でなく）とは対照的に，既存の建築物が使用されていた。推計は，資本が，完成済みの稼働単位を始動するために使われたことを前提にしている。
6）Hornby, *Factories and plant*, p. 30 による。
7）Central Statstical Office, *Statstical digest of the war* (London : HMSO, 1951）による。
8）H. M. D. Parker, *Manpower* (London : HMSO, 1947), p. 483 による。

ウィルソンにとってみれば戦時生産からは利益はまったく上がらなかったように見えた。(58) このように考えるのはウィルソンだけではなかった。ほとんどの評論家や歴史家が、イギリス産業は戦争終結の頃には一様に疲弊しきっていたという意味のことを言っている。(59)

戦時中の製造業については、別の語り方をした方がよい。ある産業や企業にとっては成長、またあるものにとっては衰退の物語として、また一方には莫大な投資、他方には投資の減少の物語として語ることである。これは通常の産業統計からはまったく明らかではないし、もちろん、先に触れた戦時生産の公的歴史からもわからない。繊維、衣料、家具、宝飾品類などの民需消費財を製造する多くの産業は縮小され、工場設備は遊休状態だった。もちろん、繊維、衣料、家具というのは、すでに見たように、戦時中も軍隊用に大いに必要だったが、その総需要量は抑制され、余剰人員が他のところで使われた。いくつかの部門、特に機械や化学では生産量は増加した。ところが、産業「部門」やその部門間の移動の統計的イメージによって、戦時生産の特異な面の一つが覆い隠されている。全軍備の多くの部分、たぶん半分（筆者の推定）は、既存の施設ではなく、政府所有の新設工廠、もしくは政府によって提供された専用の機械によって製造されていたのである。公的資金で創出された新たな兵器産業は今も残っている。ただし、ロイヤル・オードナンスの工場や「影の工場」〔例えば通常の民間自動車工場の従業員に、国の仕事としての航空機の生産にも当たらせるなどした措置による「国有の」生産力〕など一部の例外が存在する。影の工場が影なのは、各産業「部門」へ分散されていたからであり、また、後で見るように、イギリスの産業国有化の政治的な中心を占める話を複雑にしているからである。新たな兵器産業は、マクロ経済的統計上の位置さえ変わっている。それは投資の数字には入れられず、経常国防費の中に含まれているのである。戦後の統計学者たちは、どこまでを産業に対する投資として数えるべきかを、一九五〇年代に発刊された戦時生産の公式歴史書を注意深く読むなどして、推定しなければならなかった。(60) 全投資額は膨大だった。一九三六年から四五年の間には、国は兵器生産施設に対しておよそ一〇億ポンドを投資した。さらに海外での投資もあった。(61) 一九四〇年代に国有化された産業に対する補償金を見ると、ほぼ同様の規模が読み取れるかもしれない。鉄道に九億二七〇〇万ポンド、炭鉱に三億九二〇〇万ポンド、鉄鋼産業に二億四六〇〇万ポンドだった。[62] 兵器生産に対する民間投資は、公的投資と比べてずっと少なかった。一九四四年の戦時航空機産業では、民間所有の資本から約六〇〇〇万ポンドが使われたが、使用された資産の価値総額は少なくとも二億ポンドだった。[63] 巨大化学企業ICI社の場合、一九三八年から四四年の間に出資された総額の四分の三、つまり八〇〇〇万ポンド近くは政府が提供していた。[64] ある統計学者は、それほど多くの兵器への投資は戦後の産業にも役立ったと推定し、同様に、化学、機械、車両、造船、金属製品にも、六億八〇〇〇万ポンドが出資されたと考えている。[65] こうした出資は英産業に対して、多大で格差の伴う効果をもたらした。この統計学者は非兵器産業に関して、一九六一年に存在していた工場では、一九三九年から四七年の間に開設された工場の割合が低いことを明らかにした。食品、飲料、タバコが八%、鉄鋼が七%、繊維が八%である。対照的に、軍需と国家投資が集中していた金属を用いる産業、非鉄金属産業では四〇%もあった。[66] A・J・P・テイラーは著書の『イギリス史』の最後から二番目の段落で次のように述べたが、そこには正しいところもある。

第二次大戦は第一次大戦とは異なり、平時にも成り立つような新たな産業を刺激し、また、新たに創出した。大英帝国が二〇世紀へと決定的に足を踏み出したのは第二次世界大戦以前ではなく、大戦中だった。戦前の大英帝国は、まだかつての主要商品を復活させようと試みていた。戦後には、新たに発展しつつある産業に依存するようになった。電気、自動車、鉄鋼、工作機械、ナイロン、化学薬品といった産業はすべて拡大するようセットされたのであり、これら産業の一人当たり生産量は着実に増加していた。国の精神そのものが変化したのである。[67]

この筋書きは生産および輸出の両方の統計から裏づけられている。[68] テイラーが見逃してしまったのは、いくつかの部門における（隠された）公的投資が果たした枢要な役割だった。

新たな兵器生産施設の大半に政府投資が必要だということは、一九三〇年代からはっきりしていた。それが必要となるのは、兵器への需要が一時的なものであるという特異性と、いくつかの生産施設は兵器生産以外にはまったく使えないという理由による。政府は、戦争が起こらないために、あるいは戦争が終われば、余剰になると信じられていた施設の建設には、政府が金を出さなければならないことを認めていた。一般的に、そのような生産施設は政府が所有することにした（驚くようなことではない）。しかし、その生産施設をいかにして運用するかについては、部局や事例によって大きく異なっていた。海軍省と軍需省——特に後者——は、海軍工廠、海軍省所轄工場、それに最も重要なロイヤル・オードナンスの工場という形で自ら運営していた生産施設を拡張した。すでに国家の領分で用いられていた製造技術を広く使う国家所有の工業施設で大規模な拡張が行われた。四〇ほどの新しいロイヤル・オードナンス工場（ウーリッジ、エンフィールド、ウォルサム・アビーの歴史的三工場が前身）は、巨大でわかりやすい国家の仕事だった。こうした工場が、武器、爆発物、推進剤を製造し、弾薬を補充していた。「補充工場」は特に変わったところだった。掩蔽壕に囲まれた小さな建物が連なり、不気味なクレーター状の景観をなしていた。こうした工場の従業員は、元の工場の従業員と同じように現業公務員だった。R＆Dの分野においても、公的所有の隠れ付属施設が相当にあった。次章で見るように、軍の研究科の研究所は、（たいてい）若い科学者や技術者を民間から補充することによって大きく拡大していた。既存の研究所は拡張され、古い研究所は移転され、新規の研究所も建設された。実は、すぐに見るように、国家研究所の出番を民間産業の独擅場だった領域にまで拡大させるような後押しもあった。

それに比べるとはるかに目立たなかったが、政府所有の生産施設を構築・運営するために、民間企業が用いられた。自らは一つの工場も運営していなかったＭＡＰも、ＭｏＳも、複雑な「代行機関」や「資本補助」の制度を手配し、兵器生産全般にわたって施設の大幅拡大に資金提供していた。ここで決定的なのは、多くの重要な民間企業が新たに兵器工場を経営し、自身の工場で兵器を造っている一方で、新たな工場を運営する際、兵器企業には特有の、予想外に大きな役割があったことである。戦前の航空機企業の拡大は特に顕著だった。機体製造会社にとっては、最大の戦時生産時には、雇用は一九三六年の約一〇倍、床面積では六〜一〇倍という拡大があった。同時に、戦前の機体製造会社は二二万五〇〇〇人もの雇用を抱えており[69]、エンジン製造会社は少なくとも一二万人を雇っていた[70]。ビッカース社の雇用は航空機生産だけで五万三〇〇〇人に達していた。アブロ社はホーカー＝シドレー・グループの一つにすぎなかったが、三万五〇〇〇人を雇用していた。他にも三社が、一万七〇〇〇人から二万人の労働者を雇用していた。その外にあった最大級の企業は、航空機製造での雇用がもっと少ないところだった。電機のイングリッシュ・エレクトリック（ＥＥ）社と自動車会社のルーツ社の雇用はそれぞれ約一万三〇〇〇人程度で、自動車メーカーのオースティン社や、ロンドン・エアクラフト・プロダクション社（航空機を製造していたロンドンのバス車庫に与えられた名）、電機のメトロポリタン＝ビッカース社の分は一万人にもならなかった。かつては自動車企業の方が重要になるとの予想があった。近代民間産業の模範として、自動車会社は一九三〇年代に影の工場を与えられていた。しかしそれ以降になると、追加の施設は航空機企業に振り向けられるという傾向が目立った。一つの重要な事例として、自動車会社大手ナフィールド社が、キャッスル・ブロムウィッチにあった大規模なスピットファイア工場の業績が芳しくなく、ビッカース社に工場が引き継がれることになった例が挙げられる。一方、航空機エンジンの場合には自動車会社の役割が大きくなるが、一九三〇年代も末になって、自動車会社で実際に航空機エンジンの製造に使えるところは「既存の工場にはほとんどない」ことがわかったので、新たな生産施設を提供しなければならなかった。そうして自動車会社は多数の航空機エンジン工場を経営し、出荷量の約四〇％を生産していた[71]。戦争末期には、ブリストル機のエンジンのうち三分の二が影の工場を運営する自動車会社で生産されていたし、ロールス・ロイス社が製造する自社機のエンジンは約六〇％で、足りない分はマンチェスターにあったフォード社の影の工場で埋められていた[72]。航空機エンジン用に、フォード社は一万六〇〇〇人以上、その他四つの自動車会社はそれぞれおよそ一万人を雇用していた[73]。比較して言うと、一九四三年にはロールス・ロイス社が航空エンジン部門に五万六〇〇〇人、ブリストル社が三万六〇〇〇人、ネピア社が約二万人を雇用していて、その他の企業は一万七〇〇〇人を大きく下回っていた。[74] ＭｏＳの場合は、代行機関工場（原材料工場以外）の半分以上が「兵器企業もしくはその他専門企業の管理下だった。……代行機関制度が用いられたのは、兵器以外の企業を戦時生産に参入させるためよりも、兵器企業の利用を拡大するためだった」。[75] こうした代行機関工場の多くは、企業側が労務管理をするロイヤル・オードナンスの工場を模倣したものだった。

兵器生産の分野には、オードナンスも兵器企業も優勢でない分野が一つあった。それは戦車生産で、戦車設計となるとなお小さかった。戦前はビッカース社が民間で設計と製造を独占していて、ウーリッジが占める分はごくわずかだった。一九三〇年代半ばから後半、ビッカース社は四種の戦車を設計し、生産へと進んだ。一九三〇年代後期からは、機関車と鉄道の工場（バルカン・ファウンダリー社と、ロンドン・ミッドランド・アンド・スコティッシュ鉄道（ＬＭＳ）社の工場）が、ナフィールド・モーターズ社の兵器子会社とともに設計業者に加えられた。後に造船のハーランド・アンド・ウルフ社、鉄道車両製造のバーミンガム・レイルウェイ・キャリッジ・ワゴン社、大型トラック製造のレイランド・モーターズとボクスホール両社が引き入れられた。戦車生産は、こうした兵器外の企業が優勢だったのである。[76] しかし一九三〇年代、ビッカース社製の戦車は、量はともかく質が高かったが、その他のほとんどの戦車は結局のところ貧弱だったため、イギリス陸軍はアメリカ製グラント中戦車およびシャーマン中戦車を多数使用することになった。国家は自国内の戦車設計を格段に強化する対策をとり、戦争末期には大当たりの戦車センチュリオンに結実し、オードナンス所属の工場で相当数が組み立てられた。[77] 公式歴史官が述べたところでは、「四〇トンもしくは五〇トンの戦車の大量生産は、平時における重工業の業務さえ比べものにならなかった」。[78]

このような膨大な兵器投資が戦時の兵器生産とどれほど関係があったのかは、暗黙のうちにも明示的にも過小評価されている。工場と設備に関する公式歴史官は、戦時産業構造の連続性を強調しようとして、政府工場および代行機関工場の労働者（九〇万人）は、機械、造船、化学・爆発物産業全体のわずか六分の一と推定した。[79] 軍のための労働をする全労働者の比率は取られていないが、取っていたら四分の一ほどになっただろう。しかしながら、この計算では、他の形に振り向けられた大量の資本が見えない。私の推定では、戦時生産のピーク時には、政府所有の（政府運営とは限らない）工場で働いていたのは約一六〇〇万人に達する。これは主要三部門〔軍・官・民〕で働き軍需省庁に勤める三八〇〇万人の労働者の四三%であり、軍のための労働をする主要兵器部門の四〇〇〇万の労働者の四〇%であり、軍への供給品を製造する五〇〇〇万人の三二%であり、製造業で働く七七〇〇万人の二〇%である。これらすべての数値は、兵器専門の生産に対する国家投資の重要性を過小評価している。軍需省庁は、平時の生産量と同等の大量の装備を購入していたからである。MoSに勤める一五〇〇万人以上の労働者のうち、約五〇万人は同省向けに市販品もしくは市販品に近いものを製造していた。(80)

一六〇〇万人の労働者と一〇億ポンド近くの資産を持ちながら、驚くほど目に見えないこの産業は、こうした投資の存在を承知している人々でさえ、公有の勘定に入れていない。戦時生産資金の公式歴史家の一人であるウィリアム・アッシュワースは、国有産業に関する後の研究の中で、「第二次世界大戦においては、国家の所有が企業の事業に及ぶ範囲にはほとんど変化は見られなかった」と述べ、航空機企業ショーツ社と、ノース・オブ・スコットランド・ハイドロエレクトリック・ボード社の事例を挙げるだけだった。(81) 歴史家は、政府機関が産業そのものを運営していたし（例えば海軍工廠やロイヤル・オードナンスの工場群）、実際に国家所有の有限責任会社が一九三九年以前にも存在していたこと（例えば英国石油（BP）社）を認識していたが、アッシュワースと同じく、「産業の公有に大規模な新規拡張が行われたとき、用いられた機関の形式は常に何らかの公社だった」と想定する。(82) これは歴史家が一時的な戦時施策を無視したという根拠では説明がつかない。ここで見てきたように、戦後には国家産業労働者の著しい増加があったからだ。民間によって用いられた投資も一時的なものではなかった。政府は公民両部門で、戦後も施設の拡張を続けていたのである。再軍備の時代、国家投資は一九五二年と五三年の両方で九〇〇〇万ポンド程度のピークに達した。その三分の一はR&D施設に向けられ、同じく三分の一は民間産業の工場に充てられた。[83] 一九五〇年から五四年の間に、およそ一億五〇〇〇万ポンドが兵器産業のための主要な設備用に出され、そのうち一億六〇〇〇万ポンドは航空機産業向け、二一〇〇万ポンドはレイランド社の新しい戦車工場向けだったという推定もある。[84] イーライ・デボンズが一九五〇年代末に伝えているところによると、航空機会社の中には、最大手の数社を含め、国家所有の資本が民間資本と等しいか、場合によっては上回るものがあったという。[85] 一九六五年になっても、主要航空機企業の雇用のうち二〇％は、政府所有の一七の工場にあった。[86] 歴史家が国家企業の役割を過小評価しがちだったのは、この国家の研究の大多数が「現業」公務員を除外した数表を用いていたからにすぎないと、あえて言ってもいいのかもしれない。この国家企業の大部分が軍関係だったことだけでも、そのことをイギリス知識人たちの頭にある問題から遠ざけるに十分だった。そうなると、兵器産業の公有という問題が出てきたとき、それは一九三〇年代のような産業への関心の結果というよりも、兵器への関心の結果としてそうなったのも意外ではない。一九三〇年代半ばには、兵器生産の公有という問題は、イギリスでもよそでも重要な政治的争点だった。しかし決定的な理由は、アッシュワースが、その他ほとんどの歴史家と同じように、公有を、民有あるいは地方自治体所有の資本を国有化された公社に移転することと見たことである。こうした歴史家は当然、これを労働党の思想の産物と見る。

労働党と兵器産業の公有

産業の国有化《ナショナリゼーション》は、正当にも、労働党の労働党らしい、時として唯一の産業政策と見られる。国有化と労働党の政策は歴史の想像力の中で強く結びついているため、公有に向かう労働党以外の推進力や、労働党政権式のモリソン評議会（労働党の枢要な政治家であるハーバート・モリソン〔ロンドン地域交通網の公有化に関わった〕にちなむ）

に類似していないものは、軽視される傾向がある。先述の例は典型である。この場合には実は、労働党の政策、論拠、感覚はこの筋書きには合わず、そのためもあって、そういうものは歴史記述の中では見えにくかった。さらに、労働党の政治家は、労働党の知識人たちと同じように、兵器生産における国家の巨大な役割について、ほとんど理解していなかったらしい。たぶん何よりも意外なことに、一九四〇年代末の労働党内閣は、兵器工場や設備を（後の言い回しを使えば）民営化（privatise）したのである。

労働党は兵器産業の国有化について、関与したように見えることはあっても、明らかに関わったことはない。一九三四年の労働党政治綱領である「社会主義と平和のために」の中で、労働党は兵器の民間製造廃止を唱えているが、これは一九三〇年代半ばには特に過激な立場ではない。「次期五か年」グループも同じことを言っていた。[87] 一九三五年の選挙公約は非常に慎重な言いまわしをしている。

労働党は他国に対し、国の空軍の全面廃止・民間航空の効果的な国際的管理・国際的航空警察の創設、国際的合意による海軍と兵力の大幅削減、兵器の民間による製造・取引の廃止を提案する。[88]

また、労働党外交政策の公式声明では、アーサー・ヘンダーソンが、労働党は国際連盟に「兵器製造と取引の国有化および大々的な国際的統制」を含む計画を提案すると述べた。[89] 再軍備とはまったく別の脈絡で、労働党の国防小委員会は、国有企業、公的部局、政府による製造を兵器に適用すべきか否かを検討し、政府計画に加える変更はごくわずかしか提案しなかった。[90] 同委員会は公的生産能力が拡大することを望み、一九三九年の党文書「労働党と軍事力」は次のように提案している。

軍需相は現存する国家所有の兵器工場を管掌し、労働党政府の下で産業生産力の増大が求められるとき、可能な場合は必ずこれらの工場を拡張し、あるいは新たな工場を建設する指示に従うこと。[91]

この政策は、大手武器製造業者を公有にするというのとは大きく異なる。ただし「代行機関」工場よりも政府運営の工場の方に傾いていることをうかがわせる（だけである）が。

一九三〇年代から四〇年代にかけて、公的機関や国家当局は、労働党が考える前から、国家の出番を広げることに熱心である場合が多かった。王立民間兵器製造・通商調査委員会は、政府による設計・製造をもっと多くの種類の兵器に広げ、同委員会が、緊急生産に際して配置される、生産エキスパートによる幹部組織を構築できるようにすることを求めていた。[92] 一九三〇年代後期には、航空研究委員会委員長であるサー・ヘンリー・ティザードが、航空機製造業者団体の設立を求めた。[93] 空軍省で設計・生産の責任者だったサー・ウィルフリッド・フリーマンも、航空機の国家による設計・製造の手段を望んでいた。[94] 戦時中は、サー・スタッフォード・クリップスの指揮下にあったＭＡＰが再編を論じるなかで、政府による航空機設計製作組織の設立を提唱し、この案は、内閣戦後復興委員会の第一回会合に提出された。[95] 労働党内閣の閣僚たちは航空機産業の過半を政府の管理下に置くことを唱えていた。[96] こうした論点はただの理論ではなかった。同省は実際に二社の民間企業を国有化したからである。その二社とは、飛行艇および重爆撃機製造で知られたショート・ブラザーズ社と、フランク・ホイットル所有でジェットエンジンの設計をしていたパワー・ジェット社だった。[97] しかし労働党は、一九四五年の選挙公約で兵器産業の公有を約束することはなかった。兵器に繋がる産業で、戦後労働党内閣によって国有化されたのは、鉄鋼業（もちろん、ＥＳＣなど兵器用製鉄企業を含んでいた）だけだったのである。

戦後も労働党の立場は依然としてはっきりしなかった。一九四五年の労働党会議では、兵器生産は政府独占になるとする決議が出た。他ならぬフィリップ・ノエル＝ベーカーが、全国執行委員会を代表して答えた。「我が党はいかなるときでも民間による兵器の貿易と製造の廃止を支持してきた。今日もそれを支持している。我々は剣の柄に誓っており、その誓いは成し遂げられる」。ノエル＝ベーカーは、賢明にも、その誓いが一体何であるかを具体的にしなかった。この決議は全国執行委員会に預けられた。つまり葬られたのである。[98] そこで次の問題が、特に労働組合の間に生じた。なぜ社会主義政府は新たな政府工場を、共同体が必要とする財を製造することに使わないのだろう。機械系労働者の一部が、影の工場を運営し続けるためのキャンペーンを行い[99]、一九四五年、労働組合会議（TUC）、科学労働者連盟（AScW）、合同機械工組合は、影の工場とオードナンスの工場の公有維持に賛成していた。この問題はTUC総評議会に付託され、同評議会はスタッフォード・クリップスにそれを委ねたが、結果は出なかった[100]。実際にいくつかのロイヤル・オードナンス工場（およそ四万人の労働者を抱えていた）は、民需用の作業、例えば時計部品、ガス・電気調理器具部品の製造に使われていた。しかし、MoSはこうした工場をそのようには使いたがらず、この点で労働組織との対立があった[101]。

国有化の問題は消えなかった。一九四〇年代末には、特に航空機産業が労働党内部で候補となった。この時には、問題全体が管理上の問題とみなされ、資産を所有するかどうかはどうでもよくなっていた。政府は必要とするすべての権力を有していて、いずれにせよ競争は必須だという、少なくとも一九三〇年代から用いられていた論拠で論じられた[102]。この業界が国有化の購入リストに挙げられることはなかったが、少数の急進派が党会議でその問題を取り上げた。一九五三年には、反国有化の論拠への反論にまた一つ基調が加えられた。イギリス航空機産業は政府による指揮の下で目覚ましい成功を収めたのであり、したがって国有化されるべきではない、という趣旨である。元軍需大臣ジョージ・ストラウスは、「今日の航空機産業が世界中で最高の地位を占め、コメット、キャンベラ、バリアント、スイフトといった航空機を生産することができた」のは、政府の「管理と指揮」があったからこそであると述べた[103]。労働党書記長モーガン・フィリップスにとってみても、イギリス航空機産業の輝かしい成功は、国有化に反対する鍵となる論拠だった――「我が国は設計・開発において優位な地位を手に入れた」という[104]。ストラウスとフィリップスによって支持された党文書「イギリスに求む」での立場は、未来の労働党政府が破綻企業を引き継ぐというものだった。ところが重要な例である戦時中のショート・ブラザーズ社の国有化（戦後も公有のままだった）は、こうした議論には一切出てこなかった。実は、パワー・ジェット社に関する異例の物語や、労働党の下での兵器工場売却についても言及はなかった。

一九四五年から五一年にかけて、歴代労働党内閣は兵器産業の大部分を民営化した。政府は多くの余剰兵器工場と工作機械を民間に売却し[105]、MoSは一九四六／七年度から一九四九／五〇年度にかけて約六一〇〇万ポンドを得た[106]。航空機企業の大半が政府所有の何らかの生産施設を購入したらしい。例えば、イングリッシュ・エレクトリック（EE）社は、その工場にあった付属施設をすべて買い入れた。トラフォードの戦車工場、リバプールのネピア付属施設、プレストンの航空機付属施設である[107]。これらの工場や設備にいくら支払われたのかは定かではないが、高値になったとは考えられない。キャメル＝レアード社は、三七万四〇〇〇ポンドがかかった海軍省による付属施設を一四万ポンドで購入している[108]。さらに顕著なのは、ジェットエンジン設計の脱国有化とでも言うべきことである。フランク・ホイットルの会社パワー・ジェット社は一九三六年に民間資金によって設立され、イギリス初のジェットエンジンを設計した。生産は独自にエンジンの設計を開始していた民間企業に引き継がれていた。当時社会主義者だったホイットルは、ジェットエンジン産業全体の国有化を望んでいた[109]。しかしクリップスはホイットルの会社だけを買収し、MAPが独自に行っていたガスタービン・エンジン研究をそこに統合した。結果、パワー・ジェット社は国有の有限責任会社となった。クリップスはこれを、航空機エンジンの設計を続けながら小規模に製造を行うものにしようとしていた。しかし、これに民間企業が反対し、MAPはパワー・ジェット社に新エンジンを設計製造させるのを拒否した。ホイットルは新たな労働党内閣がこの決定を覆すことを望んだが、一九四六年早々、政府はパワー・ジェット社を国立ガスタービン研究所という、標準的な公務員による研究機関に改編することを決めた。ホイットル自身が言うところでは、「労働党が政権にある間は、政府企業は事実上窒息死する」というのは「著しい逆説」だった[110]。ホイットル以下のチームは撤退し、再び航空エンジンを設計することはなかった[111]。

以上のような混乱にもかかわらず、国家企業の役割は、戦前よりも戦後の方がずっと大きかった。すでに示したように、要になるのは民間産業から何が移転されてきたかではなく、国家の側で何が築かれたかである。ジェットエンジンの場合のような国家の撤退は例外的だった。一般には、R＆D、設計、生産について、国家は戦前より大きく直接的に活躍していた。例えばビッカース社から見れば、国家ははるかに能力があり、設計を引き受け、新しい科学研究志向の方法でそれを行う気があるように見えていた[112]。国の研究施設の方が強力で、完璧な兵器を得られるという自信もあった[113]。戦車については、すでに見たとおり、設計作業と生産は断固として公的部門に移されていた。レーダーのような新しい技術については、国家は技術的主導権を有していた[114]。必ずしも明らかに産業界がすべてを失ったわけではなかったが（実際、ジェットエンジンはそうはならなかった）、政府への移転はあった。例えば、核兵器の開発をどう進めるかという議論では、その事業をＩＣＩ社に引き継ぐという可能性は明瞭にあった。実際、ＩＣＩ社のある幹部は戦時中にその開発事業を運営していたし、戦後には事業本部での枢要な仕事を担当していた幹部もいた。しかし、最初の数年間、この事業は政府組織およびロイヤル・オードナンス工場方式で運営されたのである。ロード・チャーウェルに後押しされた保守党内閣は、この産業のために独特の構造を生み出したが、それはなおも公の側にあった。それは政府部局の一部を国有産業に転換した（一九六〇年代には郵政省について同じ手が打たれた〔郵政公社となった〕）。その結果生まれた英国原子力公社（ＵＫＡＥＡまたはＡＥＡ）は、オルダーマストンにあった原子爆弾設計センターなどの研究機関と、核分裂性物質を生産する工場を所有していた[115]。

産業政策

戦中と戦後におけるこうした産業大発展はすべて、イギリス国家の歴史的な産業通商省庁である商務院、あるいはそこから生まれた労働（一九一七年）、運輸（一九一九年）、食糧（一九三九年）、海運（一九三九年）、燃料・動力（一九四二年）のような新省庁とはほとんど関係がない。商務院は、戦間期の軍備問題の議論では、帝国国防委員会の仕組みを通して活躍していたが、戦時の産業動員では大きな出番はなかった。商務院の機能は重要でも限定的なものだった。開戦当初は、戦費をまかなうために輸出を促進しようとしたが、この努力はアメリカの武器貸与が行われるとともに大きく重みを下げた。その後の商務院の主な関心は、同院が面倒を見ていた消費財産業の「集中」、繊維のような商品の配給や価格統制の実施、「実用」製品に関連する計画になった。要するに商務院は、労働者や工場の余力の解放と、消費財生産の効率化・低価格化を推進しようとしたのである。[116] とはいえ戦時中の商務院は、産業全体のための戦後政策について考えていた。一九三〇年代、同院は、非常に特異なものとはいえ、産業に対する介入を強める方へ動き、例えば造船および海運、石炭、鉄鋼、綿のような産業で、「産業の自己支配」の程度が限られていたことを法的に支持する手を打った。そうした手段の中でも最も革新的だった一九三九年綿工業法は結局施行されることはなかった。戦時中の商務院は、一九四〇年の輸出諸団体や、例えば綿委員会など、産業全般にわたって数々の組織を設立したが、結局、同院が管轄したのは一部の業界だけだった。[117]

労働党の政治家ヒュー・ドルトン（一九四二〜四五年の商務院総裁）と、配下の若き「戦後戦士《ポストウォーリア》」は、慎重に、商務院を戦後の主要な産業省庁にしようと試みた。[118] この一団は非効率的な企業に対しては通商を禁止できるような新たな産業委員会を提案した。この政策は、戦前の合理化計画が、技術的な検討によるより資金面での検討で動いていたと感じられたことへの批判から生まれた。産業委員会案はだいぶ薄められ、「戦後雇用運営委員会報告」[119] に収まったが、その後の一九四四年に出た有名な白書『雇用政策』には載らなかった。この文書には具体的な産業政策案がなかった。連立政権では、そういう問題は異論がありすぎたからである。[120] 歴史家は、商務院こそが産業省であると見がちだったため、商務院のこの政策案に対して過大な重みを与えている。しかし、戦中戦後の何十年かにわたり、産業省庁は数々あり、政策も多い。例えば、ドルトンが戦時中に示した案は、別の戦時産業閣僚、スタッフォード・クリップス航空機生産相から強く批判された。クリップスは、自らの省での経験をふまえて産業政策を考え、産業委員会設立案は大臣から産業に対する直接の責任を奪い、「主要な企業に対して戦前の状況と基本的に変わらない地位に」戻すことになると考え、それに強く反対した。

産業は、すべての取引を刺激するように意図されたどこにもあてはまる手段だけで完全雇用をもたらせるような無差別の全体ではない。……主要産業の問題は技術的にも資金的にも複雑であり、経営の問題や細かい組織の問題も含んでいるし、業界の協調が確保されるとすれば、指導的な人々との個人的な人脈も関わってくる。政府はそうした業界に対応する各省庁を通じて、産業が各自に完全雇用の政策に対するそれぞれの割当に貢献するなら必要となる、様々に変動する支援、指導、再編を確保するために、知識や人脈や影響力を手に入れてきた。私には、我々が完全雇用政策を約束しながら、それが各産業で達成できるような手段を放棄することが賢明とは思えない。(121)

クリップス案の方は、公共事業相で、実業家であり、産業関係省庁が増えることに反対し、強力な商務院の増強に賛成していたロード・ポータルから攻撃を受けた。ポータルは省庁をそれぞれ特定の産業に結びつけると、競争力を市場から政府に移してしまうと心配していた。(122) こうなると、どんな合意もありえないのは当然だった。

戦時中に論議を呼んだ争点としては、軍需省庁の将来という問題もあった。議論の背景は、戦時中の「政府機構」の評価だった。(123) 復興相ロード・ウールトンは、「サー・スタッフォード・クリップス率いる社会主義派の面々は、軍需省を守りたがった」(124) と回想する。クリップスは軍需を各軍の省に委ねるという戦前の慣習に戻ることに反対し、こう言っている。「産業省と各軍の省との違いは根本的である」(125)。クリップスはさらに、大蔵官僚サー・アラン・バーローが大蔵大臣に述べたように、「戦後機械産業の守護神」となるべき統一軍需省に賛成している。(126) ところが、軍需相アンドリュー・ダンカン、生産相オリバー・リトルトン、三軍各省は、平時に別個の軍需省を持ち続けるという考えさえ拒否し、まして文民に管轄させるなどとんでもないことだった。(127) この件についても、連立政府は合意に至ることができなかった。(128)

労働党内閣は第一次大戦後の先例と決別し、軍とは別の軍需省を維持して、それに非常に重要な文民の権限を与えた。ＭＡＰとＭｏＳは新ＭｏＳに統合された[129]。同省は第一に陸軍と空軍に対する供給を管轄し、政府の購入を管轄することになっていて、「技術分野に対する政府の主導的責任を担う」ことにもなっていた。統一軍需省は、商務院にいくつかの権限を譲った。特に化学薬品などの非機械的軍需品産業と、すべてではないにしても多くの原材料の管理である。商務院は、廃止された生産省の権限も一部を手に入れたが、国防用の供給は管轄が国防省へ移された[130]。戦時中のクリップスの見解が勝利したが、当のクリップスはすでに商務院総裁となっており、自身の省こそが民間産業のための省と見ていた。このような野心は商務院で実現することはなかったが、一九四五年八月、商務院の公務員に対しては、「我々は民需省のようなものになるのであり、産業の生産方法について、戦時中に軍需省庁が有していたような緊密な関心を向けなければならない」と述べた[131]。三者（雇用者、労働者、第三者）から、特定の産業部門を管轄する組織を立てるという、軍需省庁ではなく商務院の伝統が進化して、戦後の商務院によって広く用いられた。戦後すぐに、商務院の「配下の」産業が平時の生産に効率を高めて戻る手段として産業「作業部会」が創設された。それに続く法定の開発評議会（一九四七年産業組織発展法の下で設立）は、全産業に拡張可能だったが、だいたい同じ精神で設立された。実際には、評議会は作業部会と同じ業界のものができる傾向にあった[132]。

文民が大きな権限を有する別個の軍需担当部局を維持することは重要な一歩だったが、それは権限を得る人々にさえ容易に理解されない一歩だった。政治機構の深い理解に定評がある労働党首相クレメント・アトリーでさえ、ＭｏＳを郵便局と同じような「純粋に行政上の」部局であり、閣内に代表が入るようなものではないと見ているようだった[133]。そうなると省はなくてもよく、その機能は各軍省に戻すべきものだということになる。しかし、純粋に行政上の省庁が機械産業や鉄鋼の国有化の権限を与えられるというのは、奇妙どころではない。同省の広報官リチャード・ウィリアムス＝トムスンは、一九四五年一〇月のアトリーによるこの政策の発表は「複雑で容易に理解されない」、「首相は、おそらく自身では気がついていなかっただろうが、国で最も重要な省を創設していた」と述べた。[134]『エコノミスト』誌は平時の軍需省庁を歓迎し、海軍省がなおも独自の道を歩んでいることを遺憾とした。また、ＭｏＳによる機械産業への後援も歓迎した。同誌は驚くべきことに、商務院は巨大すぎるので、外国貿易に関わる商務院と産業省とに分割すべきだと論じた。まるで、そもそも産業省が存在していないかのように。[135]一九四七年には、『フューチャー』誌がＭｏＳの重要性について述べたが、それが維持される根拠については明らかに確信はなかった。[136]リチャード・ウィリアムス＝トムスンは一九五一年、「私は、多くの人々がこの省がどういうものか、あるいは何をしたのか、知らないのだろうと思う。そのことが、私の三年間にわたる仕事の見事な評価だ！」[137]。戦後の軍需省は、その役割がはっきりしていなかったにもかかわらず、またその存在理由や、どれだけの範囲に機能が及ぶかがずっと問われていたにもかかわらず、平時に二五年以上にわたって存在し続けた。

アトリーがＭｏＳを「純粋な行政上の」ものと見たということは、同省の長は閣内にはなく、強い権力がないことを意味していた。[138]ジョン・ウィルモットとジョージ・ストラウスでは「政治的にはものの数には入らない。本当に強い政治力をもつ大臣がいたら、国で最も強い省にしていただろう」[139]。ウィルモットもストラウスも実業家だった点で労働党議員の中では大変珍しい存在だった。ウィルモットは、第7章にも出てくる一九三三年中間選挙のとき、イーストフラム選挙区で当選し、一九三五年には議席を失ったが、一九三九年にロンドンで議席を取り戻した。ヒュー・ドルトンの支援を受け、戦時中はドルトンの議会担当秘書官になり、ＭｏＳの政務官にもなった。やはりロンドン選出議員のストラウスは、戦時中にはクリップスの議会担当秘書官だった。ウィルモットは一九四七年に解任された。「公務員の意見の分裂を収拾する」ことも、鉄の国有化について、「鉄鋼界の大物たちに立ち向かう」こともできなかったからである。ドルトンとクリップスは鉄鋼国有化の強力な支持者で、ウィルモットの後任にはアナイリン・ベバンの就任を望んでいたが、アトリーがベバンに後任を打診しても、本人はそれを断った。[140]それでも、一九四七年からクリップスが経済担当相となっており、自分にはこの分野に三人の補佐官がいると見ていたことは言っておくべきだろう。内閣にも入っていた商務院のハロルド・ウィルソン、燃料・動力省のヒュー・ゲイツケル、軍需省のジョージ・ストラウスである。「軍需省はほぼクリップスの支局となっていた——権力が分散することもなく」[141]。

しかしながら、軍需省、特に同省の文民の役割の意義は、競争相手には効かなかった。商務院とは「激しい対抗関係」にあった[142]。また、国家の権力を制限しようとする人々にも効かなかった。保守党は平時における別個の軍需省という考えそのもの、特にそれが文民の機能を持つようなことには反対していた。保守党の一九五〇年選挙公約では、そうした機能は商務院に移すことを約束している[143]。それでも、チャーチルが一九五一年一〇月に政権に返り咲いたときには、その時点では再軍備の努力に携わっていたＭｏＳを維持した。新軍需相ダンカン・サンディーズは、技術工業系はそのままになるだろうと明言した[144]。再軍備計画が終わった一九五五年には、技術工業系の管轄は商務院へ移され、ＭｏＳが圧倒的に軍事的になったのはそれからのことにすぎない[145]。

軍需省が政治的に目立たず、その役割についての当時の人々の理解が足りなかったことで重要な結果が生じた。軍需省はほとんどの歴史家にとって、鉄鋼に関する議論のせいで知っているというものでしかなくなった[146]。政府と産業の関係や経済計画に関するもっと専門的な文献では、「生産」あるいは「出資」部局としての同省の役割は単に挙げられているだけである。一般的には、商務院が「指導的生産部局」[147]あるいは「産業のほとんどの方面を管轄する」[148]と見られていた。つまり、「要となる経済機関は、大蔵省と商務院である」[149]と考えられていた。二〇世紀のイギリス中央政府組織を関心の中心に据える文献だけが、軍需省を、その機能をいくらか理解したうえで取り上げている[150]。それは国家と政治的風土の相違、さらに政治的風土のみを通して国家を理解することの危険を、鮮やかに描き出している。というのも、純粋に民間的な基準に照らしてさえ、同省は指導的産業部局とみなされるはずだからである。同省はその他のどんな「生産部局」と比べても、カバーする産業部門が多い[151]。一九五〇年には、軍需省の文民の仕事に従事する非現業公務員の数（一万三三六九人）は、食糧省（三万六九九三人）よりは少ないものの、商務院（一万九七一人）よりも多かった。[152] 軍需省は産業補助金の面でも非常に重みがあった。[153] 同省は鉄鋼産業の支配を通じて、選別的政策のための大きな手段を持っていた。実際、鋼鉄産出量の三〇～四〇％という、他のどんな省よりもずっと多い量が配分されていた。[154]

戦後における国家と産業の関係

ここまでの戦時経済の話は、伝統的な福祉主義的説明やマクロ経済学的説明とは大きく異なる。以下の戦後期の話についても同じことが言える。実は、戦後期のイギリス経済は、自由化が非常に遅かった軽い戦時経済だったと考えると助けになる。[155] 戦後の国家と産業の関係には、「国有化」、「計画」、「介入」、「産業政策」などの通常の意味で捉えられるよりも大きな、別の何かが起きつつあった。「国有化《ナショナリゼーション》」という用語そのものに、この大きい方の話の手がかりがある。公有という意味での「国有化」には見逃されていることが多いが、どうしても欠かせないのは「国」の次元だった。国有化は、民間企業の所有権だけではなく、地方自治体による事業（ガスや電気事業や病院）の所有権も、国や、時には広域団体に移し、最終的には国の一つの省やその大臣が管轄する。「国《ネイション》」、「国の《ナショナル》」、「ナショナル化」は、特に経済や国家行政との関係で、この時期には繰り返し出てくる用語である。労働党の一九四五年の選挙公約が石炭を「イギリスの最も貴重なナショナル原材料」と呼んだり、一九五〇年の選挙公約では「ネイションを第一に」と謳われているのは意外なことではない。ハロルド・ウィルソンはこう説いている。

> 政府は、民間産業にも、社会化された産業に対する義務と同じく、国の利益に沿うという義務があることを確

実にする権利が政府にあることを断言していた……産業の私有はそれだけで国が産業政策において広くそれに配慮することを保証するものではない(156)。

広く配慮するかどうかについては疑問の余地はなかった。経済・政治・社会が「ナショナル化される」とは、国際的次元と国より小さい次元の犠牲の上で、経済・社会が政治的方面と強力に連帯するということだった。アフリカなどの植民地も、英連邦《コモンウェルス》と同様に、経済的重要性が増した(157)。

このように捉えると、国家による購入、徹底した輸入制限が相変わらず重要だったこと、製造業界を考える際には「戦争遂行能力《ウォー・ポテンシャル》」という概念が重要だったこと、エネルギー供給と農業をはじめとする領域で「戦略的」検討が非常に重要であることがわかりやすくなる。国家は綿や食料など、多くの輸入品を買う側を演じていた。政府省庁は国内市場では大口の買い手であり、実際には独占的に買い入れる場合もある(158)。製造業にしてみれば、引き続き高い水準にある国防支出は当然のこと重要だったが、特に施設の国有化は、国家という巨大な単独の買い手を生み出した。運輸省は自らの鉄道所有を通じて、保健省は病院の所有を通じて、燃料・動力省は送電網やガス事業、炭鉱の所有を通じて、何が買われるかについて決定的な発言権を握っていた。こうした省が、車両、機関車、発電施設、ボイラー、原子炉、電話設備、航空機等のほとんどを購入した。言うまでもなく、こうした国家による製品の購入はきわめてナショナリズム的になる。英国製でない設備が買い入れられることはめったになかっただけでなく、あれば異論を呼んだ。ＭｏＳは枢要な例だった。軍隊に代わって買い入れを行う機関だっただけではなく、その他政府部局に代わっても買い入れを行い、権限が過多ではないかと懸念されるほどだった(159)。一九四六年も終わりの方になると、同省は、民用航空機を民間航空省に供給し、プレハブ住宅や住宅のための機械設備を公共事業省に供給し、自動車、工具、医療品を全体としての政府に供給することを管轄していた(160)。まもなく、将来の住宅の発注は公共事業省の管理とし、医療品（ペニシリンなどの薬剤を含む）の管理は保健省に移すことが決定された(161)。しかし軍需省は、新たに国有化された二つの産業、電気と炭鉱への、機械技術に基づく資本財の供給の管轄を任された。[162] 同省は喜んでいくつかの権限を手放したが、一九四〇年代後期にはずっと議論の的だった、国有化された民間航空用の民間航空機の購入の管轄は維持しようと頑張った。[163] このような早い段階からすでに、民間航空機調達だけでなく、ほとんどの国有化された産業に降りかかることになる問題が顕在化しつつあった。コンコルドでもそれ以外でも、民間航空機については、製造業、航空会社、軍需省庁の間に根強い対立が生じることになる。このとき同省は英国製を購入したがったが、当の航空会社は海外からの購入の方に熱心だった。

戦後、国の経済は関税と割当制度によって強く保護されていたし、国の技術や産業を国が必要とすることのために促進するという目的があった。どんな種類の製品輸入も一九六〇年代まできわめて難しかった。それまでは、経済的・戦略的因子からすると、製品については自給に近かったらしい。ブレナンとミルウォードが明るみに出した非常に強力な輸入割当は、「戦略的」で近代的な産業を選別的に優遇するために使われていた。[164] 産業の異例の発達、あるいはイギリスへの移行があった。イギリスには一九四〇年代の終わりになるまで石油精製業はほとんどなかった。石油製品と言えば精製済みのものが輸入されていたからだ。しかしその後、一九五六年までにアイル・オブ・グレイン（BP）、シェル・ヘブン（シェル）、スタンロー（シェル）、ファウリー（エッソ）、ランダーシー（BP）、ヘイシャム（シェル）、グランジマウス（BP）に精油所が建設されるにつれて、活況を呈した。こうした精油所が建設されたのはドルを節約するためでもあったが、油田地帯に建設するよりイギリスに建設する方が安く、また安全だったからでもある。[165] また、硫黄と硫化鉱が世界的に欠乏していたので、国産の無水石膏〔硫酸カルシウム〕から硫酸を製造する工場も、既存のものに加えて新たに三つできた。[166] その他の新しい産業の中には、目覚まし時計や腕時計の製造、写真用フィルムの基礎材料や新たな種類のカラー写真フィルムの製造があった。[167] 重機産業はイギリスにはほとんど存在しておらず、ビッカース社は「アフリカ・ピーナッツ」計画用に、シャーマン中戦車を「シャービック」と呼ばれるトラクターに改造した。政府は、ビッカース社の戦車設計技師に大型無限軌道トラクターを設計させ、スコッツウッドなどの、ニューカッスルにある工場で製造させる壮大な計画も練っていた。その計画は失敗だった。このビッカース社製ビガー・トラクターは高価すぎた上に、アメリカのメーカーによる支配を打ち破ることができなかったからである。[168] 戦間期には、経済ナショナリズムや自給という用語はあたりまえだったが、戦後期には、イギリス経済を表すにふさわしい言葉だったのにほとんど使われていないことは実に興味深い。

そういうことだったにもかかわらず、産業政策についての叙述は、統制の問題だとか、選別の不足や開発協議会のような副次的な取り組みの不足と見られることだとかに焦点が当てられていたし、今もそうである。戦後イギリス産業政策研究では一般に、戦後から一九六〇年代後期までは企業間の選別がなく、これは残念なことだったと認識されている。[169] しかし、MoSは軍事・民間どちらの領域でも、企業を選別し続けた。同省が主要な買い手である領域では、製品と企業を選別することができたし、実際に選別していた。例えば、この省はどの型の航空機を生産するか、どこで生産するかなどを決定していた。同省は、イギリス航空機製造業協会（SBAC）を通じて、産業全体にこうした重要な決定に対する発言権がないようにしていた。[170] これは一般的な政策を論じる際にSBACに重みがなかったと言っているわけではないが、SBACは、肝心な国家と企業の関係に深入りはできなかった。そんなことをすれば、SBACが自ら構成メンバーを選別することになってしまうからである。[171] 経済学者であり、戦後は商務院の経済アドバイザーだったアレク・ケアンクロスは、出資先事業の選択は「概して恣意的であり、期待利益率など数値化される経済的基準とは無関係」だったが、『勝ち馬選び』があったことに疑いはなかった」と説いている。[172] 基準がどういうものであろうと、成功が何であろうと、政府は企業を明確に選別していたのである。例えばスタンダード・モーターズ社は、ファーガソン・トラクター生産用の影の工場を低賃料（一年にその価値の一％）で供与されていたし、鉄鋼の供給についても特別な支援があった。[173] すでに見たように、戦後、政府の援助で多くの新産業が確立したが、それは、特定の企業を元にしていたし、しばしばその企業の「戦争遂行能力」が念頭にあってのことだった。

批判派や、別案を唱える人々さえ、代案が存在するか否かはっきりしなかった。得るところの多いハロルド・ウィルソンの例を取り上げよう。聡明でたぐいまれな博識の若手エコノミストだったウィルソンは、一九四七年から五一年まで商務院総裁を務めていた。大いに喧伝された「統制の焼却」で知られるが、産業に対する無差別の統制を、根本的に介入主義的産業政策に置き換えることを望んでいた。一九五〇年に書いた「国家と民間産業」という、先輩同僚のための、見事に率直で、見識のある、幅広い覚書では、この主題は「社会主義的思考にはほとんどまったくない」と不満を述べた。ウィルソンは横並びの統制や開発評議会方式を拒否した。それにできるのは「最低限の共通因子のような業界の合意にすぎない」し、個別企業に対し何の力もなく、一部の人々が想像しウィルソンが明確に望んだようなモデル工場が設立される見込みもなかったからである。むしろウィルソンは国家工場を望み、一部の資本財や、実用的衣類などの消費財のための保証された市場を望み、上位二〇〇ないし九〇〇〇の大企業の役員会に公務員を任命して、新しい公務員部隊を形成すること（この案は改訂版では除かれた）を望んだ。[174]さらにウィルソンは戦時中の権限を保持するために、非効率的な企業の経営権や所有権を引き継ぐことを説き、「そうしたことを国防の場合や公共サービス向け商品を提供する企業だけに限ろうとするすべての試みに抵抗する」ことを主張した。[175]この種の方式は明確に退けられたが、労働党政府は、期限五年の緊急立法（一九四五年供給およびサービス法（過渡的権限法）となり、一九五〇年には一年延長された）を維持するとともに、一九五〇年と五一年に恒久的な法律として通過させようとしたができなかったことには注目しなければならない。[176]この文書では、他の多くの文書と同じく、国家がすでに資本財と一部の消費財の大口の買い手だったことや、何種類かの兵器について、国家が民間との競争に加わっていたことは明瞭になっていない。さらに国家は、いくつかの重要な場合、特定の技術や産業を育てるために、個々の企業のレベルで活動していた。なぜウィルソンがこのことについて何も言わなかったのかは謎である。

国防生産

すでに見たように、イギリスの国防費は、第二次大戦直後、近代のそれ以前のどの平時よりもはるかに高くなった。一九五〇年からはさらに急激に上昇し、一九九〇年代初期まで、平時としては未曾有の水準を維持していた（絶対額で）。高水準の国防費についてはよく知られているが、それが国家のありように、ひいては経済に与えた衝撃は、とりわけ戦後最初の一〇年間についてはよく知られていない[177]。これは、国防費の膨大な外貨費用と（海外駐屯部隊の費用が多いため）、徴兵制の戦後の労働力不足への打撃に、（どこから見ても妥当で重要なこととして）力点があったためかもしれない[178]。また、兵器産業界への注目も十分とはとても言えない。実際、きまって言われるのが、第二次大戦後のイギリス軍は戦時の装備に頼っていて、それが更新されたのはやっと一九五〇年代からだということである[179]。評論家たちは、兵器産業を取り上げるときにはおおむね、民間産業と同じように、政府の指導力や展望が十分でないことに悩まされたと論じてきた[180]。

しかし戦後兵器産業はずっと、大きくて体力も勢力もあった。一九五〇年代までは、戦時生産量に対する割合ではアメリカ兵器産業より高かった。政府は公然と、イギリスの国防には強力な兵器産業と大規模なR&Dが必要であるという見解に与していた[181]。一九四六年、内閣国防委員会は国防に携わる労働者の上限を六五万人に定めた。外相アーネスト・ベビンは五〇万人まで減らすことを望んだが、それにしても高い数字である[182]。一九三五年の兵器産業雇用のおよそ五倍ある。一九四七年、バロー社は新たな航空母艦および潜水艦を建造していた。バロー社とエルスウィック社は砲架を製造し、エルスウィック社はセンチュリオン戦車の製造も一部行っていた[183]。航空機産業は主要な位置にあった。航空機とその装備は、一九四九／五〇年度における調達予算の五七％を占めていた[184]。機体、エンジン、部品に、誘導兵器を加え、電気・電子装置を除いた製造に雇用された労働者は、一九三五年の雇用が三万五〇〇〇人だったのに対して、一九四八年には一七万二〇〇〇人だった。[185] 財政面で見ても、兵器生産への関与は巨大だった。再軍備以前の一九五〇／一年度でさえ国防費に七億八〇〇〇万ポンドが計上されており、国防生産およびR&D費には二億五〇〇〇万ポンドもの予算が充てられていた。[186]

戦後の航空機産業について通説的なイメージがあるとすれば、航空機産業は航空機を製造するよりも、一九五〇年代のための設計を行っていたということで、そこで挙げられる主要な例は民間機に傾く。不運だった大型機ブラバゾン機、プリンセス飛行艇、先駆的なコメット・ジェット旅客機などが主な例である。しかしこの時代も他の時代と同じく、軍用研究開発と軍用生産がこの業界を動かしていた。一九四八年、航空機産業の生産高はイギリス軍事調達七五〇〇万ポンド、政府資金によるR&D二一〇〇万ポンド、ほとんどが軍用機である輸出一六〇〇万ポンド、国内民用生産はわずか八〇〇万ポンドで、総額一億二〇〇〇万ポンドになる。[187] 政府による豊富な発注は、英空軍が一九五〇年になると戦後に製造された軍用機で更新されることを意味していた。ランカスター爆撃機の発展型であるアブロ社製リンカーンは、一九四五年から五一年にかけて五二八機、デ・ハビランド社製ホーネット戦闘機は一九四五年から五二年にかけて二〇四機、グロスター社製ミーティア・ジェット戦闘機は一九四五年から五五年までの一〇年間に三八〇〇機、デ・ハビランド社製バンパイア／シー・バンパイア・ジェット戦闘機は一九四六年から五〇年代初めまでの間に約三三〇〇機生産された。輸出面では、イギリス産業は一九四〇年代後期にはきわめて良好な成績を収めていた。詳細な数字が得られている一九四七年の最初の一〇か月について言えば、イギリスは一〇九〇万ポンド相当の完成済み航空機を輸出していた。このときアメリカがこなした輸出は一三八〇万ポンド分だった。[188] イギリスの自治領が最重要の得意先だったわけではない。実際ヨーロッパでは、イギリスの売上はアメリカよりも多かった。そのほとんどはイギリス空軍用に生産中の新型軍用機だった。一九四四年から五四年までに導入された軍用機生産のおよそ二九％は輸出に充てられた。[189] 大ヒットとなったのがバンパイアとミーティア両ジェット戦闘機である。ミーティア・ジェット戦闘機は、アルゼンチンに対する一〇〇機の輸出を含め、九〇〇機以上が輸出され、バンパイア・ジェット戦闘機は一〇〇〇機以上が輸出されている（さらに五〇〇機以上がライセンス生産されている）[190]。こうした数字は輸出市場で最も成功したイギリス民間航空機を優に上回る[191]。一九五二年、『エンジニアリング』誌は、「英航空機の質と性能は民間・軍用両面で世界中のどこにも負けず、多くの場合、現代の外国機種に大きく先んじていることに疑問の余地はない」と述べた[192]。このようなお国自慢は、一九四〇年代、あるいは実際には一九五〇年代の大半でも珍しくはなかったが、そこにはいくぶんかの根拠もあった。雇用の面から見れば、一九四〇年代末の英国航空機産業は米国の同産業の半分を雇用していた。一九四五年から米英の兵器は世界を支配していた。三大国の中の両国というだけではなく、両国でその他ほとんどの国々に兵器を供給していた。第二次大戦後の一〇年間は、アンソニー・サンプソンが正しく述べているように「英国製兵器輸出の黄金時代」だったのである[193]。

戦争直後の兵器生産水準は、平時を基準にすればもともと高かったが、まもなく、アメリカによって主導された再軍備の総合計画によって加速された。たいてい、誤って「朝鮮戦争による再軍備」と称されるが、この加速は朝鮮での戦争とはほとんど無関係で、どこから見てもヨーロッパでの軍事力増強に関するものだった。再軍備方針はイギリスの国家と兵器産業にとって大きな緊急の課題だった。一九五〇年以降、ビッカース社の民需用事業は片隅に追いやられ、一九五一年末には兵器事業が一九四〇年代末の三倍の規模になり、半数の労働者が兵器に携わっていた[194]。冷戦初期、マルコーニ社は戦時のレーダー基地を改造し、そのしばらく後には新しいレーダー防衛システムを構築していた。マルコーニ社は「ほとんど戦時中の足場に立って」いて、アクリントンにある元・影の工場を含む新しいスペースを獲得した[195]。すでに見たように、新工場も建設された。特に航空機産業は景気づいた。一九五〇年代初期、英空軍はキャンベラやシャクルトンのような戦後に設計された航空機を受け取っていた。一九五〇年代半ばまでには、一九四〇年代末の研究開発の成果を受け取っていた。三種のV爆撃機《スリー・ヴィ・ボマーズ》やハンター、スイフト、ベノム、ジェベリン各戦闘機である。雇用はおよそ二五万人にまで増加し、アメリカは七七万人で先行していた。英産業は、米産業の五〇%から三六%にまで落ち込んだ(が、依然としてかなりの割合である)。

国の技術安全保障

我々は軍事技術の発展を、地政学的なチェス盤の上での個々の国民国家の位置との関連の中で考えるべきである。また我々は、技術発展をもっと広く国の次元で考えるべきである。実際、戦中・戦後には、国の技術安全保障とでも呼べそうなことの追求は、国家と産業の営みの中で巨大な重みがあり、単なる観念上のことではなかった。[196]技術ナショナリズムはあまりに強力な思考様式だったため、技術の輸入は国の恥と考えられ、それが二〇年以上続くほどだった。それでも、イギリス国家は他の強力な国民国家と同じように、自国を基盤とした未曾有の技術変革の速さを生み出すための体制を慎重に築きつつあったことも認識する必要がある。[197]「研究開発(R&D)」はこうした方針の中心だった。中央政府は戦前よりも政府自らの研究所で行うR&Dの比率を拡大し、投入する資金の比率はさらに戦前よりも高かった。この変化の多くは、武器のR&Dの水準が高かったことで説明できる。これをもたらしたのは非常に高い国防費だけではなく、国防予算の非常に大きな割合をR&Dに注ぐという決定もあった。一九五〇年代後期、イギリス軍は自らの資源を、アメリカを含め他のどの国よりも高い割合でR&Dに投入した。一九六〇年代初め、その割合は一五%に達し、アメリカと同じ水準、フランスの二倍以上の水準となった。一九六〇年代後期には、英米仏のR&D支出は国防予算の約一〇%に収束した。[198]この事業のほとんどは産業界によって担われたが、大きく拡張された政府研究集団による国立の施設でも多くの研究が行われた。産業界も設備を更新することができた。例えば技術者のバーンズ・ウォリスは新しい研究部門をビッカース社に創設した。[199]航空機部門には巨大な研究開発計画が存在し、誘導兵器の分野にもあった。[200]原子力部門では、イギリスの原子爆弾は一九五二年に初めて実験され、水素爆弾は一九五七年に実験された。原子爆弾事業には一九四六年から五三年の間に一億四〇〇〇万ポンドを費やし、それは一九四六年から五三年まで、MoS支出の平均で一一%、一九五〇／一年度には一時的に二三%という頂点に達した[201]。実勢値で言えば、イギリスの原子爆弾には戦時中のアメリカのマンハッタン計画の約半分の費用がかかったことになる[202]。一九五三年には、約一万五〇〇〇人が直接的に雇用されており、人数はそれを下回るとはいえ民間産業でも雇用されていた[203]。核兵器はまとめて唯一の「大量破壊兵器」と呼ばれたが、実際にはそんなことはなく、化学戦、生物学戦の面でも新たな研究が大規模に行われていた。生物兵器には高い優先順位が与えられていた[204]。ポートンダウンにできた新しい微生物学研究所は、レンガ造りの建築物としてはヨーロッパで最大で、一九四七年における輸入チーク材の九〇%は同研究所の作業台のために使われた[205]。

MoSの奮闘は圧倒的に国防志向のものだった。しかし、新軍事技術と民間技術の間には、特に航空機および原子力の分野に、強力で、商業利用できる可能性のある重なりが認識された。一九四〇年代と五〇年代、さらに六〇年代においてさえ、これらは将来、国有化された電力供給業および航空会社によって用いられる、鍵となる民間技術と見られていた。一九五〇年代、イギリスは世界中で最も野心的な民間原子力計画を有していた。一九五五年には、一九六五年までに二〇〇〇万キロワットを生産する原子力発電所を一二か所建設することを発表し、その後五〇〇万キロワットにまで拡大した。イギリスはアメリカ以外の資本主義諸国の中で最も強力な民間航空機産業も有していた。電子機器の部門でも、軍・民での開発が緊密に関係していた一定の領域があった。実はMoSこそ、イギリスのコンピュータ産業の誕生を手助けした、不可欠の存在だったのである[206]。イギリスの官僚は軍・民双方で航空機、原子力発電、関連技術の管理・資金提供を、軍・民をもっと広く管轄する単独の省に統合することが必須だと考えていた。こうして、MoSは民間のR&Dにも単独で最大の資金源となった。民間航空機計画だけでも、科学技術研究庁（DSIR）よりも多くの費用を使っていた。MoSによる民間航空機開発および支出についての推定では、一九五五年までに七八八七万ポンドとはじき[207]、また別の試算では、一九五九年までに八八三七万ポンド[208]、ブラバゾン機だけで一三〇〇万ポンドを使ったとしている。[209] デボンズの推定では、ＭｏＳは戦争直後に三〇〇〇万〜四〇〇〇万ポンドを出して民間航空機の機体の試作品を発注し、またそれとほぼ同額を民間機用エンジン開発に支出していたという。[210] ハーウェルの原子物理学研究施設に対する（資本的および経常）総支出は、実にＤＳＩＲの総予算を上回っていた。それでも、イギリスの「科学政策」の歴史は、ＤＳＩＲのような機関を中心に回っている。

ＭｏＳやそれと関連する民間・公有産業がとった施策は、新しい高度に国民的な事例の中心だが、それだけが重視されたのではない。農業では、自給が強固に推進されただけでなく、国家が資金を出す研究がますます重要になった。植物の育種では、民間の努力が国家による開発に取って代わられた。[211] もっと一般的に言えば、産業そのものが、強力な輸入管理を背景に、一九四〇年代と、特に五〇年代と六〇年代初期に、研究費を大規模に拡大することができた。[212] 大学も、大学助成委員会などの中央機関による資金援助への依存度が急激に高まったという意味でナショナル化されていた。このような資金は、戦間期には大学収入の約三分の一に達していた。一九四六／七年度には半分以上になり、一九六〇年代半ばまでには八〇％を占めるようになった。[213] Ｒ＆Ｄの拡張および管理は、ナショナリズムや軍国主義と密接に関係していた。福祉国家よりも戦争国家と関係していたのである。

各軍の省から生まれた軍需省庁は、高度にナショナリズム的で積極介入する産業・科学・技術政策の脈絡では、顕著なインパクトがあった。歴史家はこうした重要省庁やその戦間期・戦中・戦後のイギリスで積極介入した役割を一貫して割り引いて捉え、国家の役割を、少なくとも福祉以外では、戦前的な把握に戻すという印象を与えた。このような残念な筋書きの中では、大蔵省は力を取り戻し、一時的に侵入した革新派は追放され、レッセ・フェールが返り咲いたとされる。産業に関しては歴史家や政治学者は、介入では力のない商務院の方を見て、介入の中心となる省庁の方は見なかった。[214] それでも、すでに見たように、英政府は平時用の軍需省庁を維持したことも、そうした省庁に英国産業の非常に重要な部分の管轄を任せたこともなかった。そしてこれが、農業官吏から物理学研究者までスペシャリストがもっと大勢いた国家であり、権力が強くなった国家だった。これから目を向けるのはこうした人々である。

第3章　エキスパート国家
——戦間期における軍事・科学複合体——

一九四四年の段階ですでに、ケンブリッジ大学、オックスフォード大学を最優秀で出た若者たちが行政職に進み、国の命運を導くことになっていて、地方大学出身の優れた若者たちは、それに劣らず重要な科学・専門技術職に就き、中等教育を受けたしかるべき男女は執行職に進み、それほどでない人々はその下の事務職層に進んでいたというのは特筆すべきことである……[1]

イギリス国家の標準的な構図では、上級の人員に二つの集団がある。一方は、国会議事堂《ウェストミンスター》に集まる政治家であり、他方は官庁街《ホワイトホール》に集中する公務員である。イギリスの公務員について考えるときには、一九二〇年代からある、行政職《アドミニストレーティブ》、執行職《エグゼクティブ》、事務職《クラーリカル》という三つの階級区分に分かれる三部構成の職階のことを考える。厳格で清廉な行政職の一員は、「ロールス・ロイス〔最高水準〕の精神」があり、オックスフォード大学かケンブリッジ大学で歴史学か古典学を修めており、これが我々の「公僕《シビルサーバント》」イメージの中心にある。それでもこうした高級官僚は強く批判もされた。例えば、イギリスのある進歩的な科学者グループは、一九四〇年に書かれた文章〔『戦時における科学』〕で、イギリス国家は「ビクトリア朝的自由主義の産物」であり、行政官は古典の教育を受けていて、専門的な技術のことはまったく知らないと主張した[2]。この論旨はその当時にもすでに前々からあり、その後も幾度となく繰り返されている。高級官僚は、「アマチュア」で「ジェネラリスト」と見られていたし、現在でもそう見られている。つまり、現に直面しているのとは別の前世紀の課題の方に向いているということである。我々は、現代イギリスについての技術家支配論的批判の中心にある、この流布したイギリス国家イメージを再考する必要がある。というのも、こうした類型的な言葉で公務員の仕事を考えることは、とりわけ専門的知識との関連では、間違いの元だからである。公務員を構成する職は先の三つだけではなく、多くのエキスパート職があった。また、行政職は一般的に専門家ではなかったかもしれないが、国家の上層行政職には多くのエキスパートがいた。さらに、非文官国家公務員、つまり軍人が、政策決定で重要な役割を担っていた。

イギリスのエキスパート公務員は、過去も現在も目立たないのが特徴である。一九二〇年代後半に労働組合の書記長を精力的に務めていたF・A・A・メンツラーは、標準的なイメージには、エキスパートの職階が占める同等の場所がないと、正当な不満を述べている。(3) 今日になってもこの問題は続いている。公務員について、それを行政、執行、事務という三つの職階からなるものとして、相変わらず「スペシャリスト」や「専門職《プロフェッショナル》」を無視する文献は膨大にある。(4) 奇妙なことに、公務員についてのそうした同じ文献の多くが、十分にエキスパートを活用していないことを非難している。例えば、ピーター・ケルナーとロード・クラウザー・ハント（一九六〇年代に公務員を検証して幅をきかせたフルトン委員会の一員）は、『公務員』という本を書き、一九六〇年代のフルトン委員会による近代化案が骨抜きにされたことを批判している。しかし、この本は、見るからに行政職しか扱っていない。その他の職はものの数に入っていないのだ。またピーター・ヘネシーは、名高い歴史書『ホワイトホール』で、エキスパートを称賛し、それを用いなかった中央官庁《ホワイトホール》を非難しているものの、ヘネシーの描く世界もジェネラリストの行政職のものである。エキスパートはほとんど出てこない。(5) 先のメンツラーによる一九三七年の論文からして好例となっている。それは公務員の中に実際にいたエキスパートについてはごく貧弱なことしか語っていない――その地位について長々と不満を述べているだけなのだ。国家のエキスパートについての歴史を語らなければならないし、そうすれば、イギリス国家は、通常考えられている以上にエキスパートで成り立っているように見えてくるだろう。エキスパートは、特に言えば戦争国家の重要な顔であり、全体として言えばイギリス国家の重要な顔である。

国家公務員の中でのエキスパート

我々のもつ標準的なイメージが歪んでいることは、戦間期イギリスの高級官僚で閣僚にもなった、注目に値しながらほとんど知られていない四人の事例からも明らかである。その四人とは、サー・ジョン・アンダーソン、サー・ジェームズ・グリッグ、ロード・チャットフィールド、サー・モーリス・ハンキーである（このうちの三人はすでに本書に登場している）。三人は学者に与えられる一流の褒賞を受けている。アンダーソンとチャットフィールドはメリット勲章の叙勲を受け、アンダーソンとハンキーは王立協会特別研究員（FRS）に選ばれた。[6] 四人のうち二人、アンダーソンとグリッグは行政職公務員の一員であり、どちらも理系の出身だった。両者とも、公務員試験で受験年の首席だった。戦間期の大部分で内務省事務次官を務めていたサー・ジョン・アンダーソン（一八八二～一九五八）は、エディンバラ大学とライプツィヒ大学で化学を勉強した。戦間期の大半には大蔵省にいたサー・ジェームズ・グリッグ（一八九〇～一九六四）は、ケンブリッジ大学で数学を勉強して第一次世界大戦前に大蔵省入りし、大戦中は砲兵となり、短期間、砲外弾道研究所にいたこともある。あとの二人は、軍隊の技術部門での経験を有していた。チャットフィールド提督（一八七三～一九六七）は砲術のエキスパートであり、イギリス海軍でキャリアを積んで海軍統制官〔第三海軍卿、軍備調達の責任者〕になり、のちに第一海軍卿〔海軍制服組のトップ〕になった。モーリス・ハンキー大佐（一八七七～一九七三）はイギリス海兵隊砲兵であり、第一次世界大戦前に帝国防衛委員会委員となり、その第二代で最も知られた幹事となった。内閣首席書記官も務め、一九三八年まで両方の職を兼務した。[7] こうした事例は原則を証明する例外というものかもしれないが、重要な例外である。専門技術畑出身の方が優位だったというつもりはない。ただ、枢要な人物にも確かにそういう人がいたということである。

戦間期の公務員のトップだったサー・ウォーレン・フィッシャー（一八七九〜一九四八）が言うように、「四つの英帝国公務員《クラウン・サービシス》」が存在した。[8] それは三軍の武官と文官である。フィッシャーが明示しているように、文官公務員だけが国家の高級官吏というわけではなかったし、それだけが行政職官僚になったわけでもなかった。実際、イギリス国家の上級の行政や政策の仕事を実行したのは、(1)行政職の職員、(2)軍の上級士官、(3)科学者、エンジニア、医師などを含む上級「スペシャリスト」もしくは「専門職」官僚だったと考えるとわかりやすいだろう。三軍各省は、この三区分すべての役割について、特に重要な例を提供する。三軍各省の上層は軍の士官が占めていて、政策を立案し、助言を行い、行政職でもあった。文民のエキスパートも、政策立案ならびに行政で重要な役割を担っていて、三軍各省にも厚く配属されていた。要するに、海軍が多くの「ギルド」もしくは「職能」で構成され、[9] 陸軍が多くの「兵科（corps）」で構成されていたのと同じく、国家公務員全体も、最高レベルに至るまで、同様の構成だったのである。

スペシャリスト、エキスパート、プロフェッショナル

イギリス国家は、昔から、様々な異なるレベルで相当数のエキスパートを雇用してきた。戦間期の公務員のうち、軍なら士官《オフィサー》あるいは上級下士官に相当しそうな階層は、行政職一一五〇人、執行職四三五〇人、専門技術・科学職六五〇〇人、検査監査職二一五〇人で構成されていた。[10] 専門技術・科学職には、一二七〇人の「エンジニア」（そのうち半数は電話サービスを運営する郵政省にいた）、七四〇人の「化学者《ケミスト》と科学研究官《リサーチオフィサー》」、研究に従事する約二〇〇人の「専門技術官《テクニカルオフィサー》」、さらに四六〇人の医師と五五〇人の法務職員が含まれていた。[11] 大卒者は、ほぼ一

〇〇〇人を数える二つの集団に集中していた。一方は行政職であり、他方は科学研究職とエンジニアである。

上層では確かに行政職が優勢だった。ある叙述によれば、一九三〇年代の「上級公務員」は、約五〇〇人の上級行政職（課長級以上の行政職だが、位階は下でも大臣秘書官も含まれる）で構成されており、同様の階層にあったエキスパートはわずか五〇人ほどで、そのうち半数は法務だった[12]。この上級エキスパートについての推定は少なすぎるかもしれない。一九二九年は、基本給が少なくとも年俸一〇〇〇ポンドの課長級専門技術エキスパートが少なくとも六三人いて、そのうち五一人が科学、技術、医療関係だった[13]。基本給年俸二〇〇〇ポンド以上のエキスパートは六人いて、内訳は、海軍造船本部長（DNC）、政府アクチュアリー庁長官、首席医務官、科学研究技術庁（DSIR）長官〔事務次官級〕、ロイヤル・オードナンス工場群長官、海軍省土木技監である[14]。エキスパートが集中していた部局では、上級エキスパート職員の割合は非常に高かった。海軍省には課長級以上の行政職が一一人いたが、俸給が少なくともそれと同等のエキスパート文官が少なくとも二一人いて、そのうち六人は海軍造船官だった[15]。

行政職は自らを国家固有の幹部と見て、例えば部局専属の上級管理職とは見ていなかった。対照的に、多くのエキスパートは「専門職《プロフェッショナル》」であり、もっと広い同業者層の一員で、その勤務先がたまたま国だったという存在だと自らを見ていたし、そう見られていた。行政職の主たる帰属意識は文民公務員だが、エキスパートはまずもって自分の職能に帰属意識があり、公務員はその次という場合が多かった。しかし我々は、国家のエキスパート層がみな、おおむね国家の外にいたと考えるという落とし穴にはまるべきではない。国家の内部のみにあるエキスパート職もあれば、ほぼそうだという職もある。陸海空軍の兵士というエキスパート職は、明らかに国家のみにあるエキスパート職だし、税務や特許の官吏もそうだが、多くの科学・技術エキスパート職もそうだった。弾道学、気象学、海洋学、航空力学などは国家的な技術であり、化学や医学は（少なくとも近代イギリスでは）そうではない。こうしたややこしさの一部は、公務員労働組合運動の歴史から明らかにすることができる。一九一八年、専門職連盟（海軍省）が設立されたが、これは一八八〇年代から連盟を組織していた海軍造船官を含んでいた。この団体は同年末までに会員を国家に仕えるすべての技術者に広げることにし、一九一九年には「国家公務員専門職連合（Professional Alliance, HM Civil Service)」が設立された。この団体は、すぐにその名称を「専門職公務員協会（ＩＰＣＳ）」に変更した[16]。この会の月報は、一九二六年まで『国家技術』（*State Technology*）と呼ばれ、その年、『国家公務』（*State Service*）と改称された[17]。しかし政府の官公庁にいた「科学者」の間では、ＩＰＣＳには、科学労働者連盟（ＡＳｃＷ）が対抗していた。これの前身は、かつて学界を含めたすべての科学者を組織していた「全国科学労働者組合」である。一九二八年には、ＩＰＣＳは、会員数五〇〇〇のうち、八〇三人の政府雇用の科学者を含んでいたが、ＡＳｃＷは三一六人で、うち六一人は両方に属していた[18]。この科学・専門技術エキスパート職が国家に対して外部にあるか内部にあるかという問題は、これから見るように、採用プロセス、恩給制度、エキスパートたちの自己イメージのあり方にとって一定の重みがあった。

専門技術エキスパートと軍

軍の中では、歩兵や騎兵は言うまでもなく、工兵や砲兵など、技術の側に寄った領分でも、個々の専門分野がある。制服組の専門技術部隊は、所属する軍全体に対する技術顧問のようにふるまうことも多い。陸軍の王立砲兵隊や王立工兵隊は、戦場で砲兵、工兵となっただけでなく、補給や研究開発についても要となる人員で、新たな専門技術部隊を生んだ[19]。海軍では、砲術士官・水雷士官が特に専門技術エキスパートとして目立ち、砲術学校であるエクセレント校や水雷術学校のバーノン校が研究開発の中心となった[20]。海軍用語の中で艦船の推進装置を操作する人員を指す「機関《エンジニア》」士官は、きわめて限定的な役割の独自部門がある「恒久的スペシャリスト」だった[21]。戦間期のイギリス空軍では、士官はほぼ全員がパイロットだった。中には通信、機械、航法といった専門の教育を受けた者もいた。一九四〇年、機関士官を含む独立した技術部門が設置された[22]。専門技術士官は、他の部門の士官同様、一般に軍の内部で育成された[23]。まずパブリック・スクール出身者が集められ、海軍の場合は、それ以前のプレップスクールからという場合も多かった[24]。歩兵士官と騎兵士官はサンドハースト陸軍士官学校へ行ったが、砲兵士官と工兵士官は、それとは別のウーリッジ陸軍士官学校で訓練を受けた。海軍と空軍では、全士官が共通の初期教育を受け、その後に各専門教育を受けた。空軍、陸軍を含め、すでに任官した士官の一部は、大学教育でそれ以上の技術訓練が受けられた。ケンブリッジ大学工学部で行われるのが主だったらしい[25]。異例とはいえきわめて興味深い事例は、一九四七年にFRSとなった（サー）フランク・ホイットル（一九〇七～一九九六）である。ホイットルは、空軍の普通科士官になり、機械専門へ進み、ケンブリッジで工学の学位を得て、イギリス初のジェットエンジンのいくつかを設計した[26]。

各軍には文官の専門技術科もあった。海軍造船科は格別で、この兵科は「ほとんど全員が造船の町から集められ、多くは中等学校か中等実業学校の出身者だった[27]」。造船官は海軍工廠での徒弟制の中で、きわめて激しい競争をくぐり抜けた。その中でわずかな最優秀の人材は、造船官としての高度な訓練を受けるために、グリニッジ海軍兵学校へ進んだ。造船官は緊密に編成され、高度に専門化された公的な専門職であり、フランスの名高い国家技術者集団と比べれば、それほどの規模も高い地位もないとはいえ、イギリスでは唯一、それに相当する集団だった。造船官は軍艦を設計・建造し、また海軍の枢要な技術顧問でもあった[28]。それほど国家固有のものではないが、海軍の電気技術者、ロイヤル・オードナンス各工場の専門技術職員などの専門技術者の一団もあった。

新たな文民集団の中でも重要な存在の一つが、科学者と工学者からなる、台頭する研究者集団だった。第一次世界大戦前でさえ、戦うための軍の技術面は、研究・実験部隊により強化されつつあった。そうした集団の要員には、大学出身の文官科学者・工学者が含まれていた。ウーリッジ工廠の新しい「研究局」、ファーンボローの空軍航空機工場、その他様々な海軍施設がその例となる[29]。文民を採用するというのは何から何まで当然の結論というこ

表3-1　各省庁の政府研究科の配分（1929〜30年）

	海軍省	空軍省	陸軍省	軍務省小計	DSIR	計
FSSU加入の「科学者」	81	85	267[1)]	433	316	749
「専門技術」職員（ほとんどは常勤）[2)]	61	143	—	204	—	204
計	142	228	267	637	316	953

註1）大学連合退職年金計画（FSSU）の最下級職員を除外。
　2）75%が常勤。「専門技術」という用語は，技官を意味しない——専門技術職は，「科学」職と同等である。
出典）H. M. Treasury, *Report of the Committee on the Staffs of Government Scientific Establishments* (1930) (Carpenter Committee), appendices I, II, IV.

とではなかった。一九二〇年、海軍省は一時期、科学者を制服組に入れることを検討した。[30] 一九三〇年代になってさえ、英空軍の制服組技術士官は、ファーンボローにあった文官の研究開発職を自分たち用に確保することを望んでいた。[31] そのような文官の数は第一次世界大戦時から急速に増大し、もちろん戦後には、その大多数が、旧来からの組織だけでなく、ポートンダウンに新設された化学戦施設や一九二一年に新設された海軍省の研究所で常勤として採用されることになる。実際に、イギリス国家が雇用した文民の科学者・工学者研究職の大多数は、各軍の省に所属していた。残りのほとんどは、一九一八年に新設されたDSIRの下に設立された国立物理学研究所（NPL）に所属した（表3-1を参照）。

　こうした研究所や司令部のエキスパート職員のことを、私は科学公務員（研究職が第二次大戦後にそう呼ばれるようになったような）よりも、研究科（research corps）と呼びたい。公務員の他の部門には、学卒、非学卒の理系出身者が多数、非研究職に就いていた。研究職に就き、「科学士官《サイエンティフィック・オフィサー》」と呼ばれることもあった多くの人々は［以下、特に軍人とのアナロジーを伴わない場合は「科学官」とする］、理学部卒より工学部卒だった。他にも「専門技術士官《テクニカル・オフィサー》」とも呼ばれる多くの人々がいて、こちらも研究に従事していた。戦間期に統一的な研究科があったと言えば間違いだろう。例えば、各省庁はそれぞれ別個に、異なる条件で採用を行っていた。しかし、そうした科に向かう動きは明瞭にあった。NPLの研究職（全員が物理学者というわけではなかった）用の給与表は、用語は異なるものの海軍と空軍にも採用され、また陸軍の給与表も類似していた。海軍省は、統一研究科の創設の先頭に立ったらしい。一九二〇年代末までに、すべての海軍省所属の科学・技術・分析担当職員は、完全に科学研究局長（DSR）の下、それぞれ別々の「グループ」に所属していた。DSRは、すでに海軍全体について、採用、昇進などに影響を及ぼすようになっていた。[32] 一九三〇年の報告後、一九三六年に導入された重要な一歩もあった。それは、一九四五年まで適用された政府横断的な等級体系の基礎を築いたインペリアル・カレッジのH・C・H・カーペンター教授の下に、文官公務員の中の科学者に関する委員会を任命したことだった。[33] この体系は、職員を、科学職各級（研究に従事）、専門技術職各級（開発に従事）、化学職各級（分析と検査を行う）に区分するものだった。一九四三年、大蔵省官僚サー・アラン・バーローの下に設置された委員会による報告では、重要な変更が勧告され、一九四五年に実行された。[34] R&Dに従事する科学者と工学者のために、統一的な「科学公務員」が創出された。これはたぶん、行政職ならびに軍士官の両方に対して研究者の地位が向上したことを反映したものだろうし、そう捉えるべきであり、実は他の部局についても同様のことが言えるだろう。

軍隊におけるR&D

すでに実質的に行っているが、エキスパート職と研究職を区別することが重要である。科学と研究の一体視――「科学公務員」という呼び方にまとめられている――は、科学と研究の両方に対する我々の理解を貧しいものにしている。「科学とは新たな領野を切り開くことである」[35] という二〇世紀的思想が、「科学」や「科学的」という言葉を科学研究を指すものとして用いる科学系知識人を生み出した。科学業の歴史、つまり政府や大学における科学の歴史は、この点を明らかにすることなく、研究の歴史となっていることがあまりに多い。[36] 一九世紀後期以来の研究革命にはごくわずかな科学者しか関与していなかったが、我々はその革命が知識の分野全体に、また多くの種類の制度に広がるものとして、重要性を認識し始めている。[37]しかし我々は、非研究系の専門技術エキスパートが引き続き重要であることを軽視してはならない。[38]また、科学においても、工学、医学、さらには歴史においても、研究の新しさを過小評価してはならない。一九三〇年代においてさえ、研究は、文系、理系にかかわらず大学の学部においてあたりまえだったわけではない。[39]いくつかの点で、産業や政府こそが、学界を研究に導いたのである。ある批評家の見解が、起こりつつあった変容の理解を助けてくれる。元潜水艦乗りだったバーナード・アクワース大佐は、ダーウィニズムにも飛行機にも批判的な反動的人物だったが、飛行機だけでなく、「近代科学」や「研究」も巨大な詐欺であると見ていた。「近代科学」は、「かつて機関学《エンジニアリング》と呼ばれたもののモダニズム的名称」であると主張した。[40]アクワースは海軍についてこんな嘆きを述べている。

船体、機械、計器、装置、兵器、爆薬、ガス、航空機、軍用アシカ、水中聴音器。こうしたものすべてが、科学研究の悪魔性を示していて、それを代表するのが巨大な官僚機構であり、それを統括するのは通常の局長や行政職であり、人員は六二人もの上級・下級科学者と呼ばれる紳士と、さらに六八人の「専門技術士官」と呼ばれる紳士である。……とりわけ、通信学校だけでも、こうした紳士が五九人も雇われている一方、バーノン校、鉱山学校、対潜施設、ポートンのガス実験施設でも、科学者や専門技術者が群れをなしている。[41]

戦間期にもなるとイギリスの軍隊は実際に、膨大な研究実験施設を保有していた。

軍が行った戦間期の「科学研究、技術開発、実験」の概要は、議会に提出された年度ごとの見積もりから容易に確定できる。実際、陸海空軍それぞれの概算には、予算の包括表が入っている。こうした表は、表示のしかたが様々で、また重複部分もあるため、注意深く使用する必要があるが、全体像は明白である。[42]私は、再軍備以前からすでに軍事・科学複合体は（前章から予想されるとおり）強固であることを示すためもあって、一九三〇年代の最初からのデータを取り上げている。支出総額を二八〇万ポンドと見積もったが（表3-2）、それは一九三〇年代の産

表3-2　科学研究・技術開発・実験への支出（単位：千ポンド）

	1931	1932
空軍省	1,574	1,458
海軍省	804.4	734.4
陸軍省	668.8	617
計（推定）	−	2,800

註）上記の推定は総計であり，すべての部門の活動が寄与し合っているので，どの合計にも他の部門の活動を二重に集計したものが含まれる。ウーリッジ研究部（実証試験作業を含む）は，他の部門から11万6000ポンドを受け取っている。1932年の海軍は，他の部門，主に陸軍省に対して，15万5000ポンド支払うことになっていた。総計は20万ポンド程度を差し引いて，280万ポンド内外とするのが妥当と思われる。

出典）Air, Navy and Army Estimate, PP 1931/2, vols. XV and XVI.

業における研究開発費の最良の見積もりとほぼ同額である。(43) 空軍省は、明らかにイギリスで最大の研究開発費を提供した組織だった。空軍省は、ほぼ文民によるＤＳＩＲの何倍も予算を費やし、またイギリス産業界のどんな企業よりも多額を投じていた。ファーンボローの空軍航空研究所（ＲＡＥ）の運営費は、一九三二年には四三万ポンドにもなったが、ウーリッジ研究本部は二四万一〇〇〇ポンドだった（実証試験作業を含む）。有数の化学企業グループの一つであり、産業研究の面ではイギリス最大のＩＣＩ社が、一九三〇年代初期に全社で使ったのが五〇万ポンドだった。人員数の面でも軍の研究所は巨大だった。ファーンボローには、総数四四八人のうち、選抜された文民の科学・専門技術職員が一五〇人いた（研究所の一覧については表3-3）。ウーリッジ研究本部の研究部門には一六一人の選抜された文民職員がいて、試験・実験施設には六人がいた。ポートンダウンの化学戦研究施設とサットンオークにあった出先機関には、文民の科学者・技術者が合わせて六六人いた。(44) 海軍については比較可能な内訳がないが、研究開発部門に少なくとも一九六人の文民の科学者・技術者がいた。(45) 一九二一年には、海軍省研究所に三九人の科学者職員がいた。(46)

ファーンボローとウーリッジ研究本部にはそれぞれ、資格を有する職員がケンブリッジ大学全体の科学教員とほぼ同数いて、それぞれがいかなる単一の大学の研究所よりも大きく、また少なくとも産業界で最大級の研究所なみの規模だった。軍の小さめの研究所となって初めて、大きめの大学の研究施設や小さめの企業の研究所程度なみだった。例えば二四人の研究員がいたウーリッジの通信実験施設や、二三人のビギンヒルの防空実験施設などである。(47) こうした数字は大学院生が除外されているので、各大学の研究力を過小評価することになるかもしれない。それでも全体的な構図は明らかだ。

兵器産業に対する各軍の省によるR&D投資について、あるいは産業自身による兵器研究の範囲について、あるいは主要な兵器請負企業で行われた文民による研究について、全体像を明らかにすることは不可能である。[48] ビッカース社は一九三六年、研究に二〇万ポンドを費やしていると主張したが、そうだとすれば、同社は一九三〇年代初頭の研究開発費用レースでICI社に次ぐ位置にあったことになる。[49] 主要な航空エンジン企業ともなれば、おそらく上位一〇位以内に位置する研究開発費を使っていただろう。航空機機体企業は、新たな設計に多くの費用を投じ、そのうちいくつかの企業は、風洞や研究部門をも有していた。フェアリー社は、一九三八年に研究部門を新設した。それは、航空力学、構造、冶金を扱う部門で構成され、民間企業としては「図抜けて最大」を標榜し、風洞

表3-3　監督省庁別軍事R&D機関（1932年）

陸軍省
研究本部（ウーリッジ）
砲外弾道研究所（ウーリッジ）
設計部（ウーリッジ）
通信実験所（ウーリッジ）
化学防衛研究所（ポートンダウン，サットンオーク）
実験施設（シューバーイネス）
小火器・機関銃実験施設（ハイス）
機械化戦実験施設
防空実験施設（ビギンヒル）
架橋実験施設（クライストチャーチ）
空軍省
空軍航空研究所（RAE，ファーンボロー）
航空機・武装実験施設（マーテルシャムヒース）
海上実験施設（フェリックストー）
空軍省研究所（サウスケンジントン）
海軍省
海軍省研究所（テディントン）
海軍省工学研究所（ウェストドレイトン）
機雷設計部（バーノン校，ポーツマス）
魚雷実験施設（バーノン校，ポーツマス）
通信学校（ポーツマス）
対潜施設（オスプレイ校，ポートランド）
海軍省実験所（ハスラー，海軍造船官）
王立天文台（グリニッチ）
喜望峰天文台
水路部
海軍省海図部
羅針盤部（スラウ）

出典）Air, Navy and Army Estimates, PP 1931/2.

は「民間で使うものとしては最大」だった。[50] ビッカース社の支配下にあったＥＳＣ社では、研究は一九三〇年代初期に拡大し、約八〇人の職員数は上位一〇位以内に入る。[51] 一九〇八年に創設されたブラウン＝ファース研究所はなおも非常に重みがあった。同社は一九三〇年代に年間三万五〇〇〇ポンドを費やし、上位二〇位以内に入っていた。[52] ハドフィールド社も前々から鉄鋼研究で指導的な企業だった。一九二〇年代末には、光学のバー・アンド・ストラウド社が二〇人の研究員を有し、そこには陸・海軍用光学機器の研究員が含まれていた。[53]

上述の詳細がすべて当時利用可能だったわけではないが、研究が軍部の資金で行われていた程度は、それを知りたかった人々なら推定することができた。一九三〇年代、生物学研究者ジュリアン・ハクスリーによって行われた研究費に関する先駆的な調査に、ハクスリーは次のように記している。

例えば医学よりも戦争関連研究の人材や施設への投資を多くしようと思うなら、それは人々を生かすのに適した成果よりも殺すための成果を得ることになる。いろいろな分野の支出額を見ると、我々は、この国の科学的頭脳の非常に多くの部分が戦争によって占有されていることに気づくだろう。正確な数値を明らかにするのは非常に難しいが、私は論外とは言えないと思える程度の概算を得ようとした。その概算を控えめに、少なくとも誤差の範囲は一五～二〇％あるものとして提示すると、産業における研究、主に物理学や化学のような産業の基礎となる研究に対して、この国はたぶん、年に二二五万ポンドから二五〇万ポンドを使っているだろう。戦争関連研究はこれに次ぎ、きっと一〇〇万ポンド以上、もしかすると一五〇万ポンドになるだろう。農業や農業寄りの生物学は七五万ポンドあたりになる。さらに保健衛生や生理学寄りの生物学にはおそらく五〇万ポンドほど、あるいはおそらくそれよりも少ない。心理学や社会学といった、とりわけ人文科学的な分野の研究には、おそらく一〇万ポンドも出していない。金額がものを言う。こうした数字は何事かを語っている。科学は大規模に破壊の目的に応用されつつあるが、それは科学が本質的に破壊的であるからでも、科学者が特に軍国的だからでもなく、国が、信任された政府を通して、その方面への応用を確保するために高額を投じているからである[54]。

すでに見たように、ハクスリーは、軍事的研究の意義を過小評価しているかもしれない。マルクス主義者の物理学者J・D・バナールも、イギリスの科学が軍部に資金を与えられている程度を浮かび上がらせた。「イギリスで科学研究に使われている額のうち三分の一と二分の一の間くらいの額が、直接にであれ間接にであれ、戦争に関連する研究に使われていると言っても不当ではないだろう。……これは平時の話である[55]」。こうした数字を記憶にとどめておこう。

学界エリートと軍事・科学複合体

一九二〇年代の学界科学者エリート層は、特に戦争に関連する研究に関心を抱いていたわけではなかった。一九二六年、主要な科学雑誌の一つ、『ネイチャー』誌に載った論説は、次のように論じている。

ものの わかる人であれば、他国が殺人兵器を追求しているさなかにそうした兵器の研究を放棄すれば、絶滅でなくとも災難を招くことを理解するにちがいない。我々がどれほどこうした兵器を憎もうとも、故郷の、国の、帝国の要求を第一としなければならない。このような環境の中で、関係する科学労働者の責任は、その仕事についての厳しい守秘義務遵守の範囲内に入りそうである[56]。

第一次世界大戦前に陸軍大臣を務めたR・B・ホールデンの甥で生物学者のJ・B・S・ホールデンは、ガスによる殺戮は、その他の手段による殺戮よりも悪いわけではなく、むしろガス戦争は、決定力が増した、それゆえ人道的な戦争になると論じる化学戦擁護論を発表した[57]。しかし一九三〇年代になると、科学と軍隊の関係を懸念する科学系知識人も出てくるようになった。その理由の一つは、一九三二年に『ネイチャー』誌が指摘したように、「現代の戦争でも最大の害悪の責任を科学、とりわけおそらく化学にあるとする傾向が広がっており、そうなると科学の声の信用を落とすことになるため、社会にとってはなおのこと危険になるかもしれない[58]」ということだった。しかし、これとは別の、きわめて特異な背景もあった。極東と南米で新たに興った戦争とジュネーブ軍縮会議は、戦争問題を知識人にとって新たな論点にした。このとき、人民戦線以前の共産主義者の小さな運動が、科学者を含めた知識人を、反戦という共通の舞台に動員しようとした[59]。一九三二年に創設された「ケンブリッジ大学科学者反戦グループ」など、反戦グループが急速に湧き上がった。その中心人物、J・D・バナールは、王立民間兵器製造・通商調査委員会に働きかけた。このグループの活動が、ケンブリッジの科学者たちに、科学と政治活動の間の広い社会的関係への関心を幅広く抱かせることになった[60]。一九三〇年代半ばになると、科学と戦争の関係について科学者が抱く考えについての新たな見解は、歴史上の先例を与えられつつあった。一九三七年の『ネイチャー』誌に載ったある記事は、次のように論じた。

第一次世界大戦の時代にはすでに、戦争への科学の悪用は多くのイギリス人科学者が深刻に感じており、中には、兵士としても科学労働者としても戦争に参加することを拒否した者もいた。再び戦争の呪いがかかれば、多くの科学者がこの姿勢を採ることだろう。現在のような不安定な平和の時代における再軍備活動は、多くの科学者の頭に、あらためて同じ感情的緊張、同じ良心の問題を呼び起こしつつある[61]。

この記事は、第一次世界大戦のとき『ネイチャー』誌がそのような良心の呵責を示さなかったことは言っていない。また同誌は、良心的兵役拒否者の名前を一つとして挙げなかった（確かに何人かはいたとはいえ）。バナールの見解はまったく違っていた。

振り返ってみると、先の世界大戦期、科学者たちの姿勢はいただけなかった。科学者の国際主義はかけらもなくなり、科学者たちは物質的破壊を助けるだけでは飽きたらず、敵国の科学者たちや科学をも中傷せざるをえなくなった。[62]

しかし多くの科学系知識人は、戦争関連研究を非難すると同時に、軍隊が十分に科学的でないとも批判した。J・B・S・ホールデンは、科学の戦略との関係について論じたきわめて希有な存在であり（「平和を愛する者はしばしば、戦争に用いられる技術を邪悪で忌々しいものであると見るがゆえに、そうした技術の研究を拒否するというひどい過ちを犯す[63]」）、爆撃部隊の重用は、イギリスの大臣や官僚の、時代遅れの軍国主義と、科学的文化の欠落との結果であると説明し、道徳的にも技術的にも誤っていると批判した。[64] ジュリアン・ハクスリーは、軍事研究政策について、科学者にもっと大きな声、つまり支配権を与えるという文民の研究評議会の路線に沿って、戦役研究評議会を設置することを提案した。[65] 一九四〇年に出版された科学のための綱領、『戦時における科学』の進歩的な著者たちは、「常勤技術顧問」は「しばしば科学的思想の活発な潮流から切り離されてきた」と説いた。[66] これから見るように、学界科学者たちは、軍隊での研究をいくらかでも支配しようと苦労することになる。

軍事R&Dの運営

巨大な国家にとって、R&D活動は学者の手にはなく、実際にはＤＳＩＲや行政職の手にあったわけでもなかった。海軍や空軍の上級科学官、専門技術官は、海軍省委員会や空軍会議のメンバーや会議全体に接触できたし、指揮下にもあった。こうした委員会や会議には、一般に、兵器の供給と開発を担当する一人の上級士官、現代的な言葉で言うならば、陸海空軍の二つ星将軍《ツースター》／提督〔少将〕が加わっていた。部外者から見れば、その地位は妙な、よくわからない役職だった。海軍では、海軍統制官とも呼ばれる第三海軍卿だった。陸軍は、砲兵か工兵の将官が務める兵站総司令官であり[67]、後に軍需品生産長官となった。空軍で重要だったのは、一九三四年までは供給・研究空軍代表であり、一九三八年までは研究開発空軍代表、その後、開発生産空軍代表となった（空軍代表《エアメンバー》とは、空軍会議の空軍軍人のこと）[68]。行政職の役割は最小限だった。海軍省のDSRは、海軍省委員会の各メンバーと直接会見することができたが、「私は、海軍事務次官が会う五倍も海軍大臣と会った」と断言した[69]。IPCSは、政府にいる科学者の大部分が行政職を上司としない構造の中にいることを明らかにすることなく、海軍省のモデルをその他の省にも拡大しようとした[70]。

科学研究の幹部が指揮していたのは、我々が考える「科学」、「科学・技術」、「研究開発」とは相当に異なるものだった。指揮する対象は、自らが所属する省の文官による科学技術業務、R&D業務の中でさえ、非常に小さな部分にすぎず、研究開発を管理する多くの幹部の中にいるにすぎなかった。海軍の場合、大きな研究開発の役割は、造船、通信、水雷・機雷、海軍軍需の各部局長と技監にあった。陸軍では一九三八年まで、研究は砲術局長と機械化局長の間で分割されていた。その年、DSRが任命されたが、その職掌は先の二人の管轄の一部のみだった。空軍省は、DSR、技術開発局長がいて、一九三八年以降は通信開発（事実上レーダー開発）局長もいた。こうした幹部のうち、三軍のDSRと通信開発局長と造船本部長だけが文官だった。文官の各DSRは、軍の研究所のいくつかを管理しているだけだった。海軍では、DSRの部局は海軍省研究所を運営するだけだった。空軍では、文官のDSRは、ファーンボローのRAEを空軍軍人の技術開発局長と共同管理していた。ファーンボローに集められた両部局の職員は、文官の科学官と専門技術官が入り交じっていた[71]。陸軍では、それぞれの研究所が砲術局長か機械化局長の下にあった[72]。陸軍の研究所はすべて、陸軍（または海軍）の士官が長を務めており、文官の科学者やエンジニアの長はいなかった。[73] ウーリッジの大規模な研究局の長は、陸軍か海軍の統括官《チーフ・スーパーインテンデント》が長になってい て、その下に三人の上級文官による部長がいた。[74] 海軍省研究所、ファーンボロー、後のレーダー研究所だけが、文民の科学者やエンジニアを長としていた。

軍内部で巨大な作業が研究に充てられていたが、軍人は「科学」を部外者である文民の世界のものと見ていた。実は、陸海空軍は科学との緊密な連絡を保つべきだというのは繰り返される基調だった。例えば、各DSRは「科学」との連絡が担当だった。[75] 委員会による濃密なネットワークがあり、部外者である科学者たちは通常、各部局の代表とともにそこに参加した。とりわけて重要なものの一つは一九〇九年に創設された航空諮問委員会であり、これはファーンボローとNPLでの研究に関して助言と指導を行った。これは名称を変えながら一九八〇年まで存続した。[76] この委員会は、イギリスの科学政策についての叙述からはきまって除かれているが、栄誉ある地位を占めるべきものである。その最も著名な委員長はヘンリー・ティザードで、[77] インペリアル・カレッジ学長を務めながら、一九三三年から四三年にかけて委員長を務めたが、委員になったのは一九二〇年のことだった。[78] 陸軍省と海軍省は、学界とはそれほどつながっていなかったが、陸軍省は、DSRなしでも学界科学との公式な関係を維持していた。軍需委員会と化学戦委員会（いずれも三軍をまたいだ組織）は学界の常任委員を置いており、他の委員会は必要な場合に招聘した。[79] 例えば、一九三二年の軍需委員会には、L・ベアストー、C・V・ボーイズ、R・H・ファウラー各教授がいた。[80] 化学戦委員会（後に化学防衛委員会）とその分科会では、多くの著名な文民科学者が委員になっていた。一九三二年には一八人の委員がいて、そのうち七人がFRSだった。[81] 帝国防衛委員会や三軍各省の下に設置された短命の委員会も多かったが、その中には、一九二〇年代の防空委員会、一九三〇年代初期のティザード委員会があり、例えば一九三四年には、ハンキーによって設けられた生物戦を研究する委員会もあった。[82] さらに、いろいろなレベルでの非公式な接触も多かった。国家機構は、新委員会が各軍を学界科学と接触させる必要があるという科学界側からの声に大いに憤慨することになる。

科学は文民のもので外部世界のものとする認識は、他の形でも見られる。研究官の中には、幹部国家公務員用の年金制度ではなく、大学職員の年金制度、大学連合退職年金計画（ＦＳＳＵ）に加入していた人々もいた。[83] これは、研究者が公務員であるのは一時的なことにすぎないという前提による。しかし、政府科学者は大学の研究者と同等、あるいは大学でキャリアを積むことになる可能性が高いと考えられていたと思えば、それは間違いだろう。大学の年金制度の重要な点は、研究者が公務員でなくなっても、年金基金への加入を失ってしまわなくてもよいというところだった。[84] 産業界への移動はあたりまえにあり、この点で、大学の年金制度の方針は重要だった。[85] ウーリッジの研究本部では、一九三〇年五月までの六年間、一五〇人の定員のうち七三名の、ほとんどは若手の科学者が退職した。[86] 海軍省からは、同時期に一五名の研究者が退職し、六人は政府の他の部門へ移った。[87] そうした研究者の多数が産業界へ進んで成功している。[88] 非常に少人数ながら、将来の学者も陸軍省の研究所でしばらく過ごしている。[89] 大学への、また大学からの移動は、航空学という特殊事例を除いてあまり普通ではなかった。航空学では国家による雇用が主流だった。[90] 科学世界は外部のものという見解に対して、我々は、枢要な分野で国家の科学者・専門技術者集団が端的に優勢だったことをつきつけなければならない。

理工系公務員研究職

戦間期の研究科は、学界科学者による学界科学者についての文献には、格下の研究者として登場する。例えば動物学者のソリー・ズッカーマンは、第二次世界大戦勃発時に、国家所属の科学者は、軍隊や国家当局を怒らせてはならず、また戦争関連研究をしたい外部の科学者が「軍部にいる二流の人々の既得権益によって生まれる反対に直面しなければならないこと」に不満を述べている。[91] 科学公務員に関する戦時中の大蔵省のある委員会は、「我々の前にあるすべての証拠は、政府は平時において、大学で生み出されるベストの科学者からしかるべき割合で公務に集めて保持することができなかったという結論を示している」と記した(92)。もっと新しいところでは、一九三〇年代後期に研究科に加わったR・V・ジョーンズがこう説いている。

研究機関の職員は、第一次世界大戦中かそのすぐ後に入ってきて、その後大学の同業者ともあまり接触のない閉鎖的な環境で暮らしていた人々で埋められる傾向にあり、機関の活動の速さも公務員組織の通常の手続きによって制限されていたという点で、適切に維持されていなかった(93)。

大方の合意はそういうひどいものだった。しかもそうした批判は、全体としての研究科については誤解の元になっているし、いくつかの重要な点では完全に誤っている。「専門バカ《ボフィン》」とか「秘密研究員《バックルーム・ボーイ》」といった流布したイメージの方が、学界の馬鹿にした見下しよりはまだ役に立つ(94)。

そのボフィンはどういう人々だったのか。まず上層部から始めよう。戦間期における科学研究の幹部は、大ざっぱには共通に二つのことを言っていた。一つ、厳密に科学者と言える人間はほとんどおらず、多くは大卒のエンジニアである。二つ、みな長期雇用の国家公務員で、ほとんどが前職は研究開発だった。DSRが最初に任命されたのは、一九二〇年の海軍省だった。その人物とは、(サー) フランク・スミス (一八七六〜一九七〇、一九一八年FRS) で、王立科学大学を物理学で出て、一九〇〇年以来勤めたNPLで電気測定と規格のエキスパートになった人物だった。一九二九年には海軍を離れ、サー・ヘンリー・ティザードの後任としてDSIR長官になった。一九三九年に退職したが、戦時中も重要な科学顧問であり、行政官となる(95)。スミスの後任、チャールズ・ドライスデール (一八七四〜一九六一) は、中央工科大学 (後に王立科学大学と同様にインペリアル・カレッジの一部となる) の出身で、やはり電気測定機器のエキスパートだった。一九一八年、ロンドンのノーサンプトン研究所 (現在のシティ大学) から海軍省に入り、海軍省研究所の初代統括官補《スーパーインテンデント》となり、一九二九年に先のスミスを引き継いでDSRに異動するまでその地位にあった。『英国人名辞典』（DNB）にも名が載っているが、それは海軍勤務とともに、優生学と産児制限を支持していたことによる。一九二一年に、母親に代わってマルサス連盟会長になり、一九五二年までその地位にあった。一九三〇年にはイギリス産児制限評議会会長にもなった。一九三四年までDSRを務め、その後はチャールズ・ライト（一八八七～一九七五）が引き継いだ。ライトはカナダ人であり、トロント大学出身であり、一九〇八年から一〇年にかけてキャベンディッシュ研究所に在籍していた。一九一〇年から一三年にはイギリス南極探検隊のメンバーとなり、第一次世界大戦時は陸軍工兵隊にいて、一九一九年には海軍省に入り、一九二九年には海軍省研究所の統括官補に就任した。一九三四年から四六年まではずっとDSRを務めた。[96]

空軍省のDSRは、代々、航空学界、特にケンブリッジ大学とつながっていた。H・E・ウィンペリス（一八七六～一九六〇）は、王立科学大学（フランク・スミスと同時期）に加えてケンブリッジ大学（工学）も出て、第一次世界大戦時は海軍航空隊に所属して重要な爆撃照準器を発明した。インペリアル・カレッジに設置された海軍航空隊／空軍省研究所の初代統括官補となり、一九二五年にDSRとなった。[97] 一九三七年に退職し、一九二五年以来の次長、（サー）デービッド・パイ（一八八六～一九六〇、一九三七年FRS）と交代した。パイもまたケンブリッジ大学を工学で出て、オックスフォード大学とケンブリッジ大学の両方で工学の講師を務めていた。一九三八年、空軍省は、通信開発と呼ばれる、実際には無線方向探知器、後にアメリカ式に「レーダー」と呼ばれる分野を管轄する、DSRに並ぶ職を創設した。最初に就任したのは（サー）ロバート・ワット、後のワトソン＝ワット（一八九二～一九七三、一九四一年FRS）だった。ダンディーのユニバーシティ・カレッジ卒で、一九一五年に気象局（戦間期から後、空軍省の一部だった）に入ったキャリアの科学公務員だった。一九二七年にはスラウにあったDSIRの無線研究所の長となり、IPCSの活発な労働組合運動家でもあった。一九三六年、空軍省の下に新設された軍内部の研究所で、レーダーを開発していたバウジー研究所に異動となった。陸軍省のDSR、ハーバート・ゴフ（一八九〇～一九六五、一九三三年FRS）は、元はビッカース社の見習い技術者であり、ロンドン大学を工学で卒業していた。第一次世界大戦中は陸軍工兵隊（通信）にいた。経歴のほとんどはＮＰＬの工学部門にいて、一九三〇年からは自らそこを率いた。

各研究所の最上級職員はよく似ていた。ウーリッジの要職にあった人々、爆発物、冶金学、弾道学の部門長、戦間期のファーンボローの長は、第一次世界大戦以前に採用されたとはいえ、すべて長年、研究科に属していた[98]。上級職員の多くは、第一次世界大戦期に軍隊で何らかの専門技術で活躍した人物から採用された。ウーリッジの（サー）アルウィン・クロウ、海軍省研究所の（サー）チャールズ・ライト、ポートンダウンの（サー）ネルソン・ジョンソンや、Ｂ・Ｓ・スミスやＡ・Ｂ・ウッドらのような海軍の重要な科学者の多くがその例である。しかし、戦間期に採用された人の数はもっと多い。そしてこれから多くの例を見るように、特にファーンボロー出身者が出世コースを進んだ。

表 3-4　大卒公務員の主要二類型——1940 年以前に設立された機関で 1960 年代半ばに在職中の科学官と行政職（単位：%）

	科学官	行政職
父親の職業[1)]		
I および II	68	77
III(i)	16	15
III(ii), IV および V	16	7
	100	100
中等学校		
新中等学校（セカンダリー・モダン），総合中等学校	6	2
公立中等学校（グラマー・スクール）	50	28
政府助成学校	21	20
パブリック・スクール，有償学校	23	50
	100	100
大学[2)]		
オックスブリッジ	31	85
ロンドン	24	5
他のイングランド，ウェールズ	29	0
スコットランド	13	9
アイルランド，外国	7	2
その他	3	0

註 1）標準職業分類による区分。
　2）複数の大学を卒業する者がいるため，総計は 100 % を超える。非卒業者は除外されている。
出典）A. H. Halsey and I. M. Crewe, ‘Social Survey of the Civil Service’ published as vol. III (1) of *The civil service* (1969), Fulton Committee, various tables in chs. 3 and 10.

しかし政府内では、最優秀層の科学者は政府の研究所には入らないという認識があった。海軍省事務次官、サー・オズウィン・マレーは、一九二〇年代の終わりにこう記している。「良くない兆候だと思うのは、最近、オックスフォード大学やケンブリッジ大学出身の候補者がいなくなって、新しい大学出身の候補者も、そうした大学の最優秀の学生ではなくなったように感じられることである[99]」。海軍省のＤＳＲは、トップクラスの有能

表3-5 『人名録』に記載のある1880年以降生まれの戦間期における軍の研究科構成員

	ケンブリッジ	インペリアル・カレッジ	ロンドン	スコットランド	その他	計
RAE/NPL(航空部門)／空軍省	12	10	4	5	13	44
陸軍省	1	3	5	0	8	17
海軍省	5	0	0	0	0	5
計	18	13	9	5	21	66
うちFRS(1945年時点)	9(3)	2(2)	4(1)	0	7(2)	22(8)

出典）本書付録1参照。

な研究者を採用することが特に難しいことを記している。[100] バウジーのレーダー研究所の統括官補だったA・P・ロウは、一九三九年三月、ヘンリー・ティザードに対して、当時はまだ通常の公務員だった職に理系の優秀な大卒を採用することが難しく、学界のエリート科学者たちが優秀な学生に対して国の研究所には入らないよう勧めているように感じられると不満を言っていた。ティザードは、「確かに私は、トップクラスの学生に政府の管理下にある業務に就くよう奨励したことはない。それは、通常、卒業したらまず外の世界で経験を積む方がよいと考えているからだ」と認める返答をした。[101] それでも表3-4のデータを見ると、一九三〇年代後期には、科学官の約三〇%がオックスフォードとケンブリッジ出身だったことがうかがえる。表3-5が示すように、戦間期の研究科のうち、一定の知名度を得た人々（『人名録《フーズフー》』あるいはDNBに掲載されているような人々のこと）[102] の中で、二六%がケンブリッジ出身で、二〇%がインペリアル・カレッジ出身者だった。[103] しかし、航空学は、海軍や陸軍の国家による科学とはかなり異なっていたらしく、どうやら相変わらず大部分がケンブリッジやインペリアル・カレッジから採用されただけでなく、航空学畑から国の枢要な幹部専門技術職員が生まれていた。戦間期の研究科メンバーで一定の知名度に達した人々のうち、三分の二が空軍省関係の人々だった。戦間期のRAEにいた中の八人は、空軍省出身の別の三人や、NPL出身の四人の航空力学者とともにFRSになった。陸海軍ではすべて合わせて五人にすぎなかった（表3-5）。確かに政府の職務での年功に基づいて選ばれた人々もいるが、それでもある程度は科学で優れていることが必要だった。

戦間期の公務員における科学者や専門技術者の地位

軍隊の世界は、そして実際には公務員の世界も、予想されるように階級を気にしていたし、それと密接に関係する社会階級を気にした。地位の問題が専門技術エキスパートにとって重要だったことは間違いない。そのエキスパートが、この問題を専門技術エキスパートを大事にするかどうかの問題として描いていた点では、不正直、あるいはたぶん、単に稚拙だった場合が多い。社会階級、出身校、出身大学は、個人や職能集団に対して、しばしば辛いほどにものを言う明瞭なマーカー一式となった。しかし職能集団も、出自が均一とはとうてい言えず、そのため、内部も分裂していた。例えば、パブリック・スクール出身で、オックスブリッジを卒業し、オックスブリッジで教え、軍隊に助言するような科学者と、政府の研究所で働き、公立中等学校《グラマー・スクール》を出た新設「赤レンガ」大学出身の科学者とは、容易に区別された。それぞれの政府上層部に対する立場はまったく違っていた。ブリストル飛行機社の優れたエンジン設計者である（サー）ロイ・フェデン（クリフトン・カレッジ〔パブリック・スクール〕出身）や、一九二八年からビッカース社に勤めた中心的な戦車設計技師で、その後、有名な「空飛ぶ蚤《フライング・フリー》」超小型飛行機を発明したサー・ジョン・カーデンのような、民間兵器産業の超高給取りだったエンジニアとも違っていた。[104]（サー）リチャード・フェアリーや（サー）トマス・ソッピースのような、航空機の企業家やエンジニアたちは、また別のカテゴリーに属していた。社交的なコネも、当然重要だった。興味深いことに、ハロルド・ニコルソンは、ジョージ五世の伝記に、国王は一度だけ、特定の臣民、この場合は自身が知っている飛行艇の発明家に栄典を与えていいかと尋ねたと記している。[105]

　こうした地位の問題について、フィクションがささやかなヒントを与えてくれる。一九三二年にハロルド・ニコルソンが発表したロケットと原子爆弾に関する『パブリック・フェイシス』という小説は、外交官や政治家をおもしろおかしく描いているが、作中唯一の科学者で、航空研究委員会のメンバーであるグラスゴー大学のナーティグル教授はほとんど登場しない。鼻眼鏡をかけているぐらいのことしかわからない。(106) 一九三〇年代に書かれた原子爆弾に関する第二の小説、エリック・アンブラーの『暗い国境』には、FRSで理学博士、「著名な物理学者」のヘンリー・バストー教授が登場するが、この人が住むのはパークレイン、といっても貴族的なロンドン中央部ではなく、サリー州ウィンブルドンの方という設定だった。(107) アンブラーの『恐怖への旅』の主人公は、巨大な兵器産業関連の高給の職に就き、職場まで車で一時間の郊外に居心地のよい家があり、誰からも好かれる妻がある。……この人を見てそんな人だとは思わないだろうが、優れたエンジニアだった。聞こえてくる話が本当なら、相当上の方の人で、大砲と関係している。

主人公の父はパブリック・スクールの教員で、そのため大学に行くことができ、また博士課程（弾道学専攻）にまで進み、「三〇歳になる頃には勤め先の実験部門の一つの責任者になっていて、自分がしたいことをしてこれほどの給料が得られることに少々驚いた」(108)。ここには専門技術者中間層の上昇という、二〇世紀の鍵となる特徴がある。

軍隊や政府における文官の専門技術者の世界については、関係者の回顧録や自伝から得られるヒントもある。海軍中佐だったスティーブン・キング＝ホールは、一九二〇年代の終わりにこう回想している。

[海軍本部建物の] 一階にオフィスのある海軍参謀と、二階の海軍造船科との間には、ほとんど接触はなかった。これら二つのグループに属する人々が互いに会うことは決してなかった。軍艦を建造する側と使う側の間には、巨大な心理的・地位的な断絶があったのだ。……両者は、人的接触に関するかぎり、異なる大陸に暮らしているも同然だった。(109)

海軍の機関官《エンジニア》は、地位の複雑なところ、また重要性についての非常に興味深い事例の一つとなる。第一次世界大戦後に誕生しつつあった新形式の機関科士官（他の海軍士官と一緒に教育された）は、一九二五年、もはや部下を指揮できない地位に下げられた。ロンドンの三軍合同クラブは、機関科士官を会員から除いた。[110] このような分離は、エキスパートと非エキスパートとの分離ほど単純でもなく、またずっと同じだったわけでもない。[111] こうした分離と格差は高度に階級化されていた。訓練中の海軍の機関スペシャリストは、海軍造船訓練生を下と見ていた。造船訓練生は機関科の部屋で食事をすることはできたが、士官用休憩室を使うことは許されなかった。[112] もっと上のレベルでも、地位の問題は、序列はまったく違っても、決定的な重みがあった。例えば、「歴代海軍造船本部長は自らを技術面での教皇と見るようになり、これに対しては、技監（制服組）も電気技術局長（文民）も従わなければならないと思っていたらしい」が、その一方では、造船官も機関科も科学者を別の星の住民と思っていた。[113] 海軍造船本部長（DNC）はナイトの称号を与えられた。また、DNCが、三軍合同クラブとはまったく異なる、ロンドンのエリート科学者たちのクラブである「アテネの会《アシニーアム》」の会員に選ばれるのも「伝統」だった。[114] DNCは実に特別な地位だったのである。ある海軍省事務次官は、「私は、［海軍省］委員会の下に海軍造船本部長よりも高い地位があるのを知らない」と記し、ときにはDNCの方が事務次官よりも給料が高いことがあると、肯定的に記している。[115] しかし重大なところは、そのDNCがサー・ユースタス・テニスン・ダインコート（一八六八〜一九五一、一九二一年FRS）だったということである。一九一二年から二四年までは軍務に就き、民間での経歴もあり（アームストロング社）、詩人のテニスンの親戚だった。海軍と空軍のDSRは、形式的にはある程度同格だったが、給与はDNCよりもかなり低く、DNCほどの格でもなかった。階級と地位の関係の複雑さについては、学界の生理学者であるA・V・ヒルが、初のDSR、フランク・スミスについて語ったことの中にいくらか捉えられている。ヒルは、それほど高位まで昇進した人物が、まだバーミンガムだかコックニーだか、どちらかははっきりしないが、そういうアクセントで話していたことに驚いていた。ヒルは、宛名に「Ivy Hill《アイヴィ・ヒル》」と書かれた手紙を受け取ったという。スミスの秘書が、かわいそうに、上司の「A. V.《アイヴィ》」の発音に慣れていなかったためだろう、と。[116] 陸軍では、文官の科学者と兵士の区別は明瞭だった。空軍省にいたインペリアル・カレッジ出身のA・P・ロウは、のちに主要なレーダー研究所の所長となるが、陸軍に所属していた「ある科学施設の責任者の控えめで従属的な姿勢」に「どれほど驚いたことか」と回顧している。(117)

研究職と行政職

研究科の大多数は、三軍各省や、科学者が管理していたDSIRで働いていたにもかかわらず、行政職による支配について不満があった。戦間期には約一二〇〇名いた行政職と、それよりほんの少しだけ人数の少なかった研究科は、国家公務員の中の大卒者の図抜けて大きな集団だった。研究科は常に行政職と自らを比較し、相対的に低い地位や、高級官僚と比べた将来の見込みを嘆いていた。研究科は、大学教育という利点や研究への関与によって、自分たちは向こうに負けないエリート軍団だと考えていた。例えばAScWは、「スペシャリストの地位は、受けている教育や精神面の器量では行政職の同僚と肩を並べているのに、地位は明瞭に低い」という不満を示していた。(118) AScWは、公務員の研究職と行政職も比較した。(119) いずれもAScWに加入していたサー・リチャード・グレゴリー（『ネイチャー』誌の編集者で、王立科学大学出身）と、下院議員A・G・チャーチ少佐（ロンドン大学出身）は、公務員に関するトムリン委員会での証言で、内情を明らかにする興味深い問題に陥った。二人は行政職に理系出身者の数が少ないことの説明として、行政職試験の理科の問題は古典の問題よりも難しいと主張するはめになった。(120) それを示す証拠はなかった。二人は他の重要な問題に答えることもできなかった。理系出身者が行政職と研究職に入るための入省基準には高低があるか。科学者は子息に行政職を勧めるか研究職を勧めるか。行政職の方が地位が高いとする二人の論旨からすると、自分たちの子息もその方向を勧めることになり、窮地に陥った。他方、研究科に求められる科学の水準は、行政職集団に対する水準よりも低いことを認めることができなかった。二人の立場からは、なぜ理学部卒業生の行政職への応募が多くないのか説明できなかった。[121] しかし、実際に公務員試験は、総合的な試験を含み、一般的な作文の試験もあったので、科学者にとって難しいことは認められた。[122] とはいえ、ジョン・アンダーソンやＰ・Ｊ・グリッグの場合からわかるように、理系の入省ルートも存在したし、用いられていた。グリッグは、一九一三年にケンブリッジ大学セントジョン・カレッジで数学の学位を取得した。同年、それぞれ三時間を要する筆記試験一九科目と実技試験三科目を含む公務員試験を受けた。数学、物理学、化学、植物学の試験を受け、その年の首席になった。興味深いことにグリッグは、公務員試験のために本人が初歩的な科学と呼ぶものをたくさん勉強するのはまずいと思うようになり、それを次のように見た。

私がその後身につけた過度に科学的な見方に対する強烈な不信の予兆だった。私は今、西洋世界が、科学とマルクス主義を組み合わせた結果によって西洋世界が浸っている恐るべき唯物主義を憎んでいるし、人文学が少なくとも互角にまで復活することが遅すぎて、我々がギリシアとパレスチナから受け継いできた文明を守れないといったことにならないかと恐れている。しかし当時の私は科学がどれほど専制的になりうるかを知らなかった。[123]

科学者や専門職の地位や昇進の見通しが行政職と同様になるべきだとか、その受けた教育や精神的な器量が同じであるとかのことには同意しない人々が多かった。行政職は国家全体にわたるエリート集団をなしていたが、科学者は専門職の人員、つまり特定の部局と、本人の専門に関わる職務に結びついていると見られていた。一九二三年の国家公務員給与に関するアンダーソン委員会ははっきりしていた。専門職は、「我々の判断では、外の世界で働く同じ専門の仲間たちと連動する地位と給与にすべきで、そうすることで、専門職は、公務員の世界が給与に加えて与えているものを思い出すべきである」と言い、さらに、専門職的経験を有する人物が公務員に加わるときには、「専門職でない、異なる年齢のときに異なる形で他の仕事に就くべく選ばれている他の国家公務員の方が自分より給料が高いように見えるからといって不満に思うべき理由は全然ない」という。この報告書は、専門職にもっと大きな権限を求める主張に強硬な攻撃を加えてもいる。

専門技術の知識ゆえに採用された役人なら必ず省庁を統括するのに最適な人物であるという見解には我々は同意しない。行政職の義務と展望は、専門技術職のものとは違う。高度な専門的資格を有する人々が、ときとして第一級の行政職だったということもあるとはいえ、我々の見解では、省庁の長は、専門的なバイアスから自由でいて、様々な役人の意見を秤量し、競合する各説を唱える者にとってはそれがすべてに見えても、その諸説を適切に判定すべきである。もし専門的技術の資質ゆえに省庁の長が指名されれば、その人物は、自身の専門的姿勢から自由ではあることはできないかもしれないし、行政機関は、その一方向における特別な知識ゆえに、得をするどころか、不利益を被る危険性がある。[124]

驚くまでもないが、行政職の労働組合は、公務員に関するトムリン委員会での証言で、この一節を引用している。自称「一級職連合《ファースト・ディビジョン・アソシエーション》（FDA）」も、「専門技術官全般にその専門的な義務と関連する行政的権限を広げて与えることと、行政職が採用され訓練される総合的な分野に専門技術官を受け入れることの間には根本的な違いがある」と主張した。FDAは、「教育ならびに初期の職歴が専門技術である人物が行政職の職務へ進む道筋を用意する」ことにまで反対した。こうした経路は、「行政職が採用されるときに基づいている原則や、経験から教えられることと矛盾する」からだという。[125] これから見るように、公務員の中での専門家の地位の問題は、第二次世界大戦後にはさらに目立つようになったが、その論拠はだいたい同じままだった。

行政職と研究科は、実際、あらゆる点でまったく違っていた。行政職は試験によって中央で一括して採用されるが、科学者は試験なしで省庁ごとに採用された。[126] さらに、両者が暮らす世界もまったく違っていた。行政職は、ロンドン中央部のホワイトホール通りにいたが、研究職の大半は、テディントンにあるNPLをはじめとするDSIRの研究所や、ウーリッジ、ファーンボロー、ポーツマス、ポートンダウンといった軍事地区近くあるいはその中にある研究所に勤務していた。研究科が行政職と接触することはまずなく、むしろ軍の士官を相手にする場合の方がはるかに多かった。公務員についてのフルトン委員会が一九六〇年代に作成したデータは、戦間期に研究科に採用された若い研究者が、行政職に入った若者とどれほど異なっていたかを示している（表3-4）。両者は圧倒的に大卒者で構成されている点で似ていたが（すでに記したとおり）、それ以外の点では顕著に異なっていた。研究科には、行政職のような社会的、特に学歴的に、極端な排他性はなかった（行政職の五〇%がパブリック・スクール出身であり、八五%がオックスブリッジ出身）。科学者は概してグラマー・スクール出身で、非オックスブリッジ系だった（それぞれ五〇%と六九%）。この対照はもちろん重要だが、科学者の四分の一近くがパブリック・スクール出身で、三分の一がオックスブリッジ出身だったことも強く言っておかなければならない。行政職の一三%が理工系の大学卒だったという点も記しておく必要がある。

「科学者」は公務員の中では下位だったと主張されてきたが、その論旨には用心しなければならない。理系出身者も行政職で就職できたし、実際にした人々もいた。相違点は、科学研究を行うか、行政管理や政策立案を仕事にするかの違いだった。研究政策行政に参画した人々は、科学畑の出身者が多く、行政職と対等、あるいは自身が行政職だった。[127] そうした人物の一人（一九二九年まで）が、DSIR長官、サー・ヘンリー・ティザードだった。とはいえこのティザードも第二次世界大戦中には、軍隊や政府機関にいる科学者と、双方にいる文系卒との相対的な地位について不満を抱いていた。[128]

国家的R&Dの成果

戦間期の兵器技術革新においてエキスパート国家はどれほど重要だったのだろう。第二次世界大戦で使用された新たな戦争技術を開発するうえで、専門家国家はどれほど重要だったのか。制服組の士官の貢献、文官の研究科の貢献はどれほど重要だったのか。兵器企業はどれほど重要だったのか。純然たる文民の産業や大学の役割はどのようなものだったのだろう。その評価はもちろん難しく、例えば民間航空機製造会社とファーンボローの間などに、あらゆる種類の論争を引き起こすかもしれない。[129] しかし、答えを出しやすくする単純な問いを立てることもできる。戦争国家と兵器産業からなる軍・産・科学複合体以外の機関は、戦間期、新たな戦争用兵器開発に見るべき貢献をしただろうか。大砲、軍艦、装甲板、さらに戦車でさえ、この時期のこの複合体によって生み出されたことを、暗黙にでも疑う人はいないようである。戦間期のICI社は軍産複合体の一部だったように見えるが、同社は化学兵器の開発を担当していなかったのは明らかで、その後、そんな主張がなされたこともなかった。すでに見たように、またあらためて論じるように、航空機産業は民《シビリアン》の側と見られたが、それはどこまでもこの複合体の一部とするのがよいこともすでに述べた。

イギリスの例について、この複合体以外に由来する新技術と言いうる例をいくつか、最も重要な新機軸と考えられるものに注目して検討してみよう。まずジェットエンジンから。これはどこから見ても重要な新機軸である。ここでの答えは明らかだ。ファーンボローが相当の役割を果たし、イギリスの発明家であるフランク・ホイットルはもちろん国家公務員であり、同時に空軍軍人だった。対空射撃管制におけるケリソン照準算定器は砲兵隊の軍人A・V・ケリソン大佐の成果だった。ロケット技術でのイギリスの開発は明らかにウーリッジに集中していた。レーダーもまた国家の中で生み出された。この場合は空軍省というよりも、NPLとDSIRによって開発された。[130] しかしそれは軍部によって一九三〇年代半ばから開発されていた。一九三六年にレーダー開発のため新設されたバウジー研究所は一九三八年五月には大規模になっていて、三七名の科学者職員を擁していた。[131] 作戦研究《オペレーショナル・リサーチ》（ＯＲ）〔米国式でいうオペレーションズ・リサーチ〕を最初に考えたのも、戦争国家内部の研究科構成員だった。[132] ＡＳＤＩＣ（潜水艦探知器、後にはソナーと言った方が通りがよくなる）は海軍省によって開発された。[133] 爆発物についてはこれといった民用の開発は主張されていない。ウーリッジの研究本部が、新たな無閃光発射火薬と、重要な新型高性能爆発物であるＲＤＸ（研究本部式爆薬）を開発した。[134] こうした所見は第二次世界大戦で重要だった四一の軍事的新機軸に関するある研究とも整合する。すべてが戦間期の科学機関にたどれるからである。[135]

戦争国家の外部での開発としてもっと有望に見える主要な事例が他に三つある。マグネトロン、核兵器、生物兵器である。マグネトロンはレーダー用の強力なマイクロ波放射の発生装置だった。この技術の開発の歴史と影響についてのごく粗雑な要約では、一九四〇年にバーミンガム大学からいきなり出てきて、戦勝につながる決め手となる新機軸だったかのように書かれている。この事例はきわめて興味深い。よく知られているように、マグネトロンは新機軸ではなく、バーミンガム大学で行われたのはその改良だった。それほどは知られていないが、この研究は海軍省との契約で行われ、バーミンガムに割り当てられたが、そこにはその分野の専門家が特にいたわけではなかった。さらに、共同開発者の（サー）ジョン・ランダル（一九〇五～一九八四）は、典型的な学界科学者ではなかった。マンチェスター大学を卒業した後、一九二六年から三七年まで、ジェネラルエレクトリック社（ＧＥＣ）の研究所に勤務した。ＧＥＣ社は先進的な電子企業の一つであり、大規模に産業研究を行う企業の一つでもあった。一九三七年から三九年までは王立協会の研究補助金に基づいてバーミンガム大学に勤務し、一九四三年まで海軍省の資金を受けてそこにとどまった。共同研究者だったヘンリー・ブートはバーミンガム大学博士課程の学生で、戦後は科学研究職で海軍に入った。二人による改良の正確な性質についてはまだ論議の的だが、ＧＥＣ社の研究所で、特にＥ・Ｓ・メゴーによって前々から行われていたマグネトロン研究のことを、ランダルは明らかに知っていた。GEC社はすでにマグネトロン開発で海軍省と契約しており、ランダル＝ブート版の開発に欠かせなくなる[136]。つまり、たとえランダルとブートに明瞭な貢献があったとしても、その開発と改良のいずれもすべてを大学の物理学の功績とすることはできない。核兵器については、一九三〇年代の終わりに原子爆弾というアイデアにつながった重要な研究のいずれもイギリスの大学は行っていない点は記しておくべきだろうが、マグネトロンよりもはるかに明瞭に学術的な事例である。イギリスの学者は確かに原子力爆弾の可能性について取り上げて政府と連絡を取り、政府の援助の下で戦前から研究を開始していた[137]。生物兵器案も、軍事・科学複合体の外部からもたらされたらしい[138]。

軍の新機軸への民の世界からの貢献は、国際的な比較からも取り上げることができる。一九四〇年、当時はMAPに所属していたヘンリー・ティザードは、きわめて重要とみなされていたノルデン爆撃照準器という軍事技術を獲得する希望をもってアメリカを訪問した。ティザードらの一行は、マグネトロンやジェットエンジンを含む重要なイギリスの軍事技術を持って渡米した。ノルデン照準器の例があるにもかかわらず、その訪問から帰国したティザードは、アメリカは軍事技術開発で遅れていると信じていた[139]。戦後になると、ティザードは、このアメリカに対する明瞭な優位を確立したことには軍の機関がきわめて重要だったと確信していた[140]。一九三〇年代の新機軸というもっと広い脈絡では、ティザードの主張は見た目以上に注目すべきものである。というのも、民の技術開発に対するアメリカの貢献がすでに膨大で、その当時には、いかなる基準に照らしてもイギリスよりも大きかったことは明らかだったからだ。例えば、米国産業は研究開発のためにイギリスの一〇倍の費用をかけていた。もっとも、だから創造性も一〇倍だったなどと推論すべきでないことは確かだが。要するに決定的な変数は、ティザードの言うことからうかがえるように、おそらく軍事開発への投資であり、開発一般への投資ではなかったのだろう。その他の交戦国になりそうな大国、フランス、イタリア、日本、さらにはドイツに対してさえ優越性を主張した人はいない。

イギリス軍は、注目に値する研究科を創設したが、これは、「巨大科学《ビッグサイエンス》」というかなり誤解を招きやすい呼ばれ方をしているものの起源の叙述に含めるべきだろう。なぜなら研究科が、少なくとも産業界の研究所に匹敵する規模で行っていたのは、「巨大研究」と呼んだ方がいいものだったからである。イギリスの軍事研究施設は、当時の研究所の中でも規模の点で最上位グループの中にあった。これから見ていくように、戦時中の研究科には、理学部卒の若手や、それより年上の学界研究者の一部が引き入れられたのである。こうした新しい、臨時の研究科構成員は、既存の軍の研究所内ですでに確立していた計画にのっとって作業を行うのが普通だった。さらに研究科は、軍関連の各省や主要な軍事研究所に要となる指導者をも提供した（いくつか例外はあるが）。それでも、やはりこれから見るように、こうしたことはすべて、科学・戦争関連の標準的な歴史記述では隠され、そこではもっぱら、例外的な分野で活躍した学界科学者の貢献に目が向けられていた。

第4章　新世代の人々と新しい国家　一九三九～七〇年

将来、科学官が躊躇なく当然のものとして求める権力と栄光とが与えられるかどうかはさほど確かではない。政治家は科学者をほめちぎり、人々の生活水準を上げるのに充てられる超人的な力があると讃え、プレハブの豚小屋の大量生産や炭鉱での人間関係の向上やらの課題について、公式の専門諮問「委員会」を設ける。一方、世論は相変わらず懐疑的である。勝手に科学者ならできるのではと思われている、生産性と賃金を上げ、物価は下げるという贈物を与えることが科学者にできたなら、世論は科学者を一定程度好意的に見る方に傾くだろう。科学者にできるのが、やはりできそうな、核戦争でかろうじて先手を打つことだけなら、残った科学者は袋だたきに遭うだろう。いずれにせよ、科学公務員の将来には関心を抱かざるをえない(1)。

第二次大戦によって強化されてあらわになった戦争国家は、すでに見たように、高度に経済干渉主義的で指導的だった。それは強いナショナリズムの経済政策と技術革新政策を追求した。我々が抱くイギリス国家のイメージ、特にその国家の人員についてのイメージからすれば、そんなことは戦時中以外ではありそうもないように見える。我々は、一九四〇年五月の連立政権成立とともに、政府での労働党大臣の誕生と、精力的な臨時公務員の採用によってかき立てられる像を抱いている。戦時中の公務員についての既存の叙述の中では最も充実している『ホワイトホール』の著者ヘネシーから見ると、公務員は第二次大戦中に「臨時職員」によって改革されたが、残念なことに、恒久的な改革の機会は失われた(2)。戦時国家の職員については、歴史記述上の意義があるにもかかわらず、ほとんど知られておらず、通常の資料からは簡単には推測できない。政治史は政治家でない大臣のことはあまり見ていない。戦時中の生産と行政についての公式の歴史は重要な細部については何も語っていない。[3] 政府内での実業家の役割については、一般に実業の歴史への関心が薄いことを反映して、特に文献が乏しい。[4] たぶん、文献が最もそろっているのは、エコノミスト、特に政府の中枢にいたエコノミストについてのものである。[5] 科学者についての、または科学者による文献は、まったく明白でない学界科学者の助言の役割を組織的に目立たせ、もっと一般的な、国家に雇用された人々や研究開発の歴史を軽んじている。

臨時職員による一時的な《テンポラリー・テンポラリーズ》革命という標準的なイメージに反して、私はまったく別の、もっと複雑な構図を提示する。[6] 第2章で立てた第一の要点は、全体的に、もともとスペシャリスト志向だった省庁が重きをなすようになったことである。戦後もそうした省庁は残り、その地位は戦前よりも重要になった。その点では技術家支配論的批判は正しい。確かに国家は専門技術のエキスパートをもっと必要としていた。しかしそれは、国家には一般的にそうしたエキスパートが足りなかったからでも、エキスパートに抵抗があったからでもない。国家が必要とする専門技術エキスパートが増えたのは、むしろ、すでにエキスパート省庁だったところを拡張するためだったのである。標準的なイメージでは、中心になるエキスパートは文民であり外部の人々だった。ここでも私は同じく重要ないくつかの見直しを論じたい。まず、最上層では、供給とR&Dについて事を左右する役割を担っていたのは軍人であり、また前々から国家にいた文民の科学者・エンジニアだった。次に、外部から採った枢要な上級職員は学者ではなく、ましてや社会主義者の学者ではなく、実業家であり、その多くは兵器産業から直接入ってきた。戦争国家が文民化されたとすれば、前々からいた軍所属の文民の影響が増したことによっていた。標準的な論調が特に強力で、科学に関して誤解を生んでおり、学界の科学者左翼は結局のところ、戦争の主要な科学面での取り組みにはほとんど関与していない。

全般的に言うと、エキスパートが多くのレベルで権力と影響力を増していくという重要な変化があった。エキスパートは政治家を上回る権力を得た。多くが各省の要職に任じられた。重大な事項においては、エキスパートは省庁の長官をすっとばした。例えば、チャーチルは各軍の大臣の役割を大きく下げ、各軍の専門職の長の権力と地位を、個別にも集団的にも引き上げた。チャーチルにとって、こうした「戦争指導機構の根本的な改変は見かけではなく、現実のものだった」[7]。総参謀長委員会は、チャーチルが首相だけでなく自ら兼任した国防相として直接運営し、戦争と軍隊を動かした。各軍の大臣には、いずれにせよ戦時内閣の閣内には席がなく、戦略的計画にも日常的な作戦にも、これといった出番がなかった[8]。全般的に、エキスパート「士官」は、常勤でも臨時でも、新旧の行政職を上回る力を得た。部局長が次官を超えつつあった。例えば、戦時には大量の総局長（directors-general）や統制官（controllers）、総統制官（controller-general）、行政官長（chief executives）が出現し、当然ながら、局長、局次長、局長補佐、統括官などが増えた。行政職の事務次官、次官補〔審議官〕、統括課長（principal assistant secretaries）、その他の下級職も拡大したが、はるかに控えめだった。それでも、「公務員の最上位の階級」[9]は、文系の学者（例えば、オリバー・フランクス、ジョン・モード、ジョン・フルトン）や弁護士、会計士、ジャーナリスト、エコノミスト（例えば、ヒュー・ゲイツケル、ダグラス・ジェイ、R・W・B・クラーク）が起用された。ただし、エコノミストの多くはスペシャリストの職に就いた（例えば、ライオネル・ロビンズ、アレク・ケアンクロス、ジョン・ジュークス）。エキスパート省庁の拡大とスペシャリスト数の増大は、大蔵省の権力低下と連動していた。大蔵省は資金の守護であるだけでなく、各省庁の資金管理を担当する行政職の力も維持していたからである[10]。専門家の間での権力バランスの変化もあった。特に研究科は指揮権と指揮範囲を広げることができた。戦後には、R＆Dの管理、一定の主要分野での調達といった、以前の時代には軍の特権だった立場を引き継ぐことすらできた。ここでも文民化があったが、それは内部のエキスパートによるものだった。同時に、文民の専門技術部門内部でも変化があった。海軍造船本部長はかつて国の専門技術官の最高位として一党を支配していたが、その地位は何人かの上級研究職に取って代わられ、「核の騎士」は戦後の最たる例となった。一九六〇年代は研究科が強い影響力を得た枢要な時期だった。逆説的だが、これから見るように、これが研究職の最後の栄光の瞬間だった。

国家の研究科は戦争国家と結びついた科学的、専門技術的営為の大拡張の一部にすぎなかった。この、福祉国家ではなく、戦争国家が、戦中・戦後のイギリスの大学の発展の決め手となる影響を及ぼした。大学は戦前よりはるかに理系的で、さらに男性的な場所になり、一九六〇年代には男子学生の大多数は科学や技術を学んでいた。悪名高い文系／理系の二分割は大学での研究の中心にあり、公務員に関する議論の中では、特に研究科と行政職との闘争で枢要なものとして残った。しかしその二分割は、イギリスの国家や高等教育やエリートへの技術家支配論的批判では中心にあるものの、実情の記述だけでなく、争点の記述においても、大いに誤解を招くことになった。

新しい大臣

戦時には「技術家」が、政治的レベルでさえ、「社会主義者」より重要だったという説がある。戦時中のイギリス政府の特に注目すべき特徴の一つは、政党政治家でない人々が省庁の高官に入ったことだからである。とりわけ重要だったのが実業家オリバー・リトルトン（後のロード・チャンドス）で、「議会第一列〔閣僚などの席〕から初演説を行った少数の人々のクラブ」へ仲間入りしたときのことを回想した。「当時は、下院ではアンダーソン、ダンカン、ベビン、グリッグ、私がいて、上院では、ウールトン、レザース、チャーウェルがそこに入っていた」[11]。戦時中の非政治家大臣のクラブは、ロード・チャットフィールド、ロード・ハンキー、ロード・リースなどの前々から任じられていた人々を含んでいた点で、もっと大きかった。このクラブは戦時政府の最上層、つまり戦時内閣にいた労働党の政治家よりも、数の上では重みがあった。戦時内閣のメンバーのうち、確固たる労働党政治家だったのは三人だけで、アーネスト・ベビンとサー・スタッフォード・クリップスを含めても五人だった[12]。七人（ベビンも含む）は初めての政府高官だった。この七人は、ネビル・チェンバレン戦時内閣で一時期務めた一〇人のうちの二人と、チャーチル時代の一五人のうちの五人である。三人はホワイトホールから、三人は財界から、一人、すなわちベビンは労働組合の出身だった。ベビン以外はすべて保守派だった。国家公務員出身の三人は、ロード・チャットフィールド、ロード・ハンキー、サー・ジョン・アンダーソンだった。[13] アンダーソンは図抜けて重要であり、一九四〇年から四三年まで枢密院議長を務め、一九四三年から四五年までは大蔵相だった。枢密院議長として、また後にはマンパワー委員会委員長として、人材配置を主導し、少なくともベビンとは仕事をともにした。[14] チャットフィールドは戦争開始時には国防調整相だったが、長くは続かなかった。ハンキーは一九三九年から四〇年の戦時内閣の無任所大臣であり、一九四二年まで別の大臣を務めた。実業家の三人はロード・ビーバーブルック、ロード・ウールトン、オリバー・リトルトンだった。新聞王ビーバーブルックは（第一次大戦時にチャーチルが大臣になったように）、いきなり航空機生産相として政府入りし、のちに軍需相になり、ごく短期間、生産相も務めた。ルイス・デパートのフレデリック・マーキスは一九三九年からロード・ウールトンと呼ばれるようになるが、軍需省（MoS）の装備・倉庫総局長として政府に抜擢された。一九四〇年に食糧相になり、一九四三年から四五年には復興相を務めた。オリバー・リトルトンは貴族政治家の家の出身であり、イートンとケンブリッジに通い、戦間期にはシティで金属産業に従事し、開戦とともにMoSで非鉄金属担当の統制官となった。その後商務院総裁となり、一九四二年から四五年までは生産相を務めた。労働組合活動家のアーネスト・ベビンは運輸一般労働組合の指導者であり、一九四〇年から戦争終結まで労働・兵役相を務めた。

実業家を政府に送り込むという、MoSと、それほどではないが航空機生産省（MAP）が果たした役割はすでに述べたとおり明らかで、こうした省では新しい血統が重要だったことを裏づけている。実際、戦時内閣の新しい閣外大臣の多くは、MoSと、それに関連する経済・産業系の省に集中しており、ここでもそこでの機能を政府が効果的に引き受けられなかったという伝統的な話を裏づけている。例えば、サー・アンドリュー・ダンカンは、短期の中断を除けば、一九四〇年一〇月から四五年まで軍需相だった。元は法廷弁護士だが、（全国電力系統網を作った）中央電力委員会委員長や全英鉄・鋼鉄連合の会長というのが最も知られていた。開戦時にはMoSで鉄と鋼鉄の統制をし、一九四〇年一月には商務院総裁になった。サー・スタッフォード・クリップスは、一九三九年に労働党を除名された人物だが、これらの省の中では古参の伝統的政治家に最も近かった。一九四二年一一月から連立解消まで航空機生産相を務めた。元は法廷弁護士として活躍していて、ユニバーシティ・カレッジ・ロンドンで化学の学位を取得していた。他の外部から大臣になった人々も明らかに戦争関連の省に集中していた。ロード・リースはスコットランド人エンジニアで、短期間ビアードモア社で働いたが、もちろんBBCの会長としての方が知られている。一九四〇年から四二年の間に情報相、運輸相、公共事業相を務めた。[16] 公務員のサー・ジェームズ・グリッグは、先に記したように数学者で、一九四二年に戦争担当閣内相になった。実業家のロード・レザースは一九四一年から四五年まで戦時運輸相だった。実業家のロード・ポータル（空軍参謀長を務めたロード・ポータルとは別人）は、一九四二年から四五年まで公共事業相だった。オックスフォードの物理学者ロード・チャーウェルは一九四二年末から大蔵省主計長官を務め、かつては海軍省とダウニング街〔首相官邸〕でのチャーチルの科学顧問だった。こうして専門教育の響きがある曲に注目するのも、一般に言われる説を裏づけていて、それだけの価値がある。

軍士官、実業家、軍需省庁

とはいえ、注意する必要がある。すでに見たように、国家は三軍の省のうち二つの一部から、新たに軍需と産業に関わる新省を創設したからである。軍の各省が産業の管理能力に欠けていたためにそうした省の必要性が強調されたにもかかわらず、そこの要職には上級エキスパート職員がそのまま移った。多くの研究科や軍の士官《オフィサー》を含んだ戦前の公務員は相変わらず重きをなし、実際は、重みを増していた。各軍の省と軍需省庁は、一つの例外を除き、事務次官は必ずしも官僚のトップではなかったという点で、戦前の軍の各省の慣行に従っていた。これはMAPに言えることで、事務次官は形式的にはよく似た格の何人かの上級職の一人にすぎなかったし[17]、戦前からの路線を継続していた海軍省の事務次官もそうだった。MoSだけは、常に事務次官が他のどの役職よりも上とされた。長年勤めた行政職の公務員が、軍需省庁すべての事務次官を務めた[18]。戦後になって初めて、外部から入省した哲学者のオリバー・フランクス教授が、異例の早さで昇進して短期的にMoSやMAPの事務次官になった[19]。枢要な人々の全体的印象は、上級の調達担当官による、「ボイラーメイカー」と呼ばれた戦時の昼食会に集った面々を思い浮かべればいくらか得られるだろう。それは海軍省にいた実業家、サー・ジェームズ・リスゴーと海軍統制官がともにした昼食で始まったが、何度か拡大して、ビッカース社とMAPにいたサー・チャールズ・クレイブン中佐、MoSのサー・ハロルド・ブラウン海軍中将、陸軍省のサー・ロナルド・ウィークス中将、（陸軍省にいて、後に生産省に移った）サー・ロバート・シンクレア、サー・グレアム・カニンガム（MoS）、サー・ウィルフリッド・フリーマン空軍中将（MAP）、サー・ジョージ・ターナー（MoS）、シリル・ハーコン（戦時運輸省）を含むようになった[20]。上記の人々は軍需省庁で最上層にいた。労働組合活動家や、もちろん学者でも公務員でも科学者が不在だったことは注目に値する[21]。

軍のレベルでは、三軍各省との連続性は特に顕著であり重要だった。再軍備の時期に陸軍と空軍で中心的な役割を果たした供給担当士官は新省での中心的な役目に異動し、戦争中はほぼずっとそこに勤めた。海軍機関中将のサー・ハロルド・ブラウンは、当時海軍の技監だったが、一九三六年に軍需品生産総局長として陸軍評議会に任用され、その立場でMoSの中核をなした[22]。MoSでは最上級のスペシャリスト官僚であり、軍需品生産の総統制官、後に上席軍需士官になった。（サー）ウィルフリッド・フリーマン空軍中将は、一九三六年から航空研究開発の責任者であり、一九三八年からは開発と生産全般の責任者になった。また、ロンドン・ミッドランド・アンド・

スコティッシュ鉄道の（サー）アーネスト・レモンとともに、空軍省の中にMAPの中核を築いた。ビーバーブルックが航空機生産相に登用されたことと、ビーバーブルックの運動によって、一九四〇年、フリーマンは降格され、数か月後にそこを去り、空軍参謀次長になった。一九四二年には別の大臣の下でMAPに復帰し、行政官長という新しい肩書きで、一九四五年までそこにとどまった。フリーマンはMAPに戻る前に、自分が財務と官房を除くすべての部局で事務次官と同等かそれ以上の地位になるように手配した。予想されたように不信と紛争が起こった。[23] フリーマンが勝利し、事務次官のアーチボード・ローランドは去った。フリーマンの伝記は、家族の証言に基づいて、フリーマンは他の三人の参謀長とともに爵位を提示されたらしいとする。際だった名誉だが断ったという。[24] MAPには、フリーマンとともに、航空機の研究開発を担当して空軍会議にも参加する上級空軍士官がいた。海軍は調達と研究を管轄し続けており、中心にいるのは相変わらず海軍統制官で、戦時に在任期間が長かったのはフレーザー海軍大将（一九三九〜四二年）とウェイク＝ウォーカー海軍大将（一九四二〜四五年）だった。しかし、MoSでさえ、砲兵、工兵、兵站、輜重部隊の士官の中には上位の位置にある人々がいた。単純に陸軍省のポストをMoSに移しただけということもあった。（サー）E・M・C・クラーク砲兵少将（一八八五〜一九七一）は一九三八年から砲術局長であり、一九四二年から戦争が終わるまでは総局長となった。陸軍省から身柄が移ったのは、一九三九年一二月になってからのことだった。[25] 砲兵科の（陸軍中将、サー）ジョージ・リスバーグ（一八九五〜一九八二）は、一九二九年から防空実験施設か司令部にいて、砲と砲架生産を指揮し、その後、武器と計器生産の局長や総局長を務めた。MoSでは一九四六年から四九年まで、軍需統制官（陸軍用の）を務めた。これは陸軍に対する上級調達士官ということだ。同省には上級の軍事顧問もいた。[26]

実業家は軍の供給にとって重要だったが、多くの重要人物は長年戦争国家につながっていた。ガラス製造のピルキントン社の（ロード）ロナルド・ウィークス（一八九〇〜一九六〇）は戦争開始当初から幕僚で、一九四一年に陸軍装備総局長になり、一九四二年には総参謀本部次長となり、陸軍評議会の供給担当のメンバーとなった。ウィークスは普通の実業家ではなかった。ケンブリッジを自然科学で出て、第一次大戦では軍務に就いて功績をあげ、戦間期にも国防義勇軍に残り、一九三〇年代には義勇軍の大隊長を務めた。(27) 一九四〇年の四月、新しい空軍相は、開発生産担当の民間役員として、ビッカース・アームストロング社の会長だったサー・チャールズ・クレイブン中佐（一八八四～一九四四）を参加させた。(28) クレイブンは全国で最大の兵器製造企業の会長だっただけでなく、一九三〇年代に最も目立った「死の商人」だった。クレイブンは初期のＭＡＰの重要人物だったが、ビーバーブルック体制時にはそうではなかった。一九四〇年一一月には一旦ビッカース社に戻ったが、一九四一年六月には総統制官の肩書でＭＡＰに復帰した。一九四二年七月には、これまたビッカース社の出身者である（サー）アレクサンダー・ダンバー（一八八八～一九五五）が後を継いだ。ダンバーは一九四三年六月まで務め、ビッカース社に戻った。ＭＡＰで外部実業界の影響力が最高潮に達したのはビーバーブルック体制のときで、省内にはあらゆる種類の業界人が支援に入ってうようよしていた。(29) フォード自動車の（サー）パトリック・ヘネシー（一八九八～一九八一）とビッカース航空機の総支配人だったトレバー・ウェストブルック（一九〇一～一九七八）が最上位だった。(30) 実業界仲間によるビーバーブルック体制では、普通の実業家が驚くべき結果を出すと思われていたが、現実には、整然とした省の機構を乱し、結局多くの面は、ビーバーブルックが去った後に、クレイブンや、特にフリーマンのような要となる人々の復帰によって、あらためて立て直された。

ＭｏＳでは、ブラウン中将に代わって、一九四一年に（サー）グレアム・カニンガム（一八九二～一九七八）が総統制官となって後を継いだ。カニンガムはトリプレックス・セイフティ・グラス社の会長であり、同省のある軍人職員には、「歩き回る以外何も」しない「大ぼら吹き」と言われている。(31) 省の要職にあった大勢の実業家をひとくくりに規定するのは相当に難しいが、それでも大多数は、そのカニンガムと同様、ミッドランド地方で企業を経営していた。Ｗ・Ｔ・エイブリー重量計社はＭｏＳに（ロード）パーシー・ミルズ（一八九〇～一九六八）を送り込んだ。バーミンガム・スモール・アームズ社は（サー）アレクサンダー・ロジャー（一八七八～一九六一）と（サー）

ジェフリー・バートン（一八九三〜一九五四）、ジョセフ・ルーカス社（自動車会社や航空機会社に電気部品を納入していたメーカー）は、（ロード）ピーター・ベネット（一八八〇〜一九五七）とオリバー・ルーカス（一八九一〜一九四八）、鉄道車両メーカーのメトロポリタン・キャリッジ・アンド・ワゴン社は（サー）アーチボルド・（ジョン・）ボイド（一八八八〜一九五九）、自動車メーカーのルーツ社は（ロード）ウィリアム・ルーツ（一八九四〜一九六四）、チョコレートメーカーのキャドバリー社は（サー）ヒュー・ウィークス（一九〇四〜一九九二）といった具合だった。[32] ＩＣＩ社出身者は化学と弾薬部門で特に重要であり、ＩＣＩ社の弾薬工場もミッドランドにあった。一九四二年にはＩＣＩ社の取締役が二人、グループ企業の会長や取締役が五人、その他の従業員が三三人、ＭｏＳを含む各省に出向していた。[33] ピーター・ベネット、アンドリュー・ダンカン、ジョン・アンダーソン、ウィアー子爵はみな、戦時期にはＩＣＩ社の非常勤取締役だった。戦車の供給に関わった人々の中には、ビッカース社の（サー）ロバート・ミクレム中佐（一八九一〜一九五二）[34]、オーストラリア技監やタインサイドのＣ・Ａ・パーソンズ社の社長を務めた（サー）クロード・ギブ（一八九八〜一九五九、一九四六年ＦＲＳ）、技術者にして実業家の（サー）ジョージ・アッシャー（一八八九〜一九六三）などがいた。[35] 海軍省では、それほどは目立たないものの、中心的な実業家はサー・ジェームズ・リスゴーだった。一九四〇年から四六年まで商船建造修理統制官を務め、海軍委員会のメンバーにもなった。造船業者であり兵器製造業者でもあり（一九三六年にビアードモア社の会長になり、同社はフェアフィールド社も買収した）、一九三三年以来、供給担当主幹委員会の産業顧問の一人だった。[36] 連携する生産省には一九四三年以来、事務次官――キャリア官僚の（サー）ジョン・ウッズ――と行政官長――インペリアルタバコ社の（ロード）ロバート・シンクレア（一八九三〜一九七九）の両方がいた。こうした人々のほとんどすべては、戦争での功績でナイトに列せられるという、本人たちには非常に重要な栄誉を与えられた。[37]

重要な連続性は戦時の研究開発の方向性にも見られる。空軍省と航空機生産省では、要となる上級研究者は通常、空軍の軍人であり、R&D総局長や、後にはR&D統制官と呼ばれる役職に就いていた。[38] レーダーの分野は文民が担当していたが、学界科学者ではなかった。一九四〇年から、すでに何度か言及したサー・フランク・スミスは無線通信設備の統制官であり、レーダー全般を管轄していた。一九四二年にその後を継いだのは、若い実業家で準男爵、(ロード)サー・ロバート・レンウィック(一九〇四～一九七三)だった。航空機開発でもレーダー開発でも、それより下のレベルでは、出世コースに乗った専門技術公務員が優勢だった。[39] 技術開発を率いるのは、戦前は必ず空軍軍人だったが、戦争中は文民となり、大きく変化した。[40] レーダー分野の同等の職位もまた専門技術公務員が占めていた。[41] 海軍省では、(サー)チャールズ・ライトが戦争中ずっとDSRにとどまり、その給与は一七〇〇ポンドから二〇〇〇ポンドに上がった(地位の上下の指標として多くの主要役職の給与を示した表4-1参照)。しかし、ユニバーシティ・カレッジ・ロンドンの化学教授で、一九三九年に入省した(サー)チャールズ・グッドイーブ教授(一九〇四～一九八〇、一九四〇年FRS)は、一九四二年一〇月から(研究開発)統制官補(二〇〇〇ポンド)という新しい役職(後に統制官代理)に任命された。[42] 職務は海軍統制官の下にある部局、実際には海軍全体の研究を監督することだった。[43] グッドイーブはカナダ海軍の予備役士官であり、後にイギリス海軍の予備役士官になった。チャールズ・ライトはスコット大佐と南極に行ったことがあり、戦時中にDSR代理を務めたフレデリック・ブランドレットは第一次大戦前、戦中に海軍の志願補充兵だった。[44] MoSの構図はもっと複雑で流動的だった。一九四〇年には砲術局長と機械化局長(軍人)がR&Dの大部分を支配していた。キャリア文民公務員が務めるDSRには限られた職責しかなかった。[45] 一九四一年半ば、短期に大臣を務めたロード・ビーバーブルックは、技術者に

表 4-1　行政職と研究職の，給与（ポンド）と職階による比較（1939〜51 年）

行政職の職階	1939		1946		1951	
	行政職	科学・専門技術職	行政職	科学・専門技術職	行政職	科学・専門技術職
大蔵省事務次官	3,500		3,750		3,750	
事務次官	3,000	海軍造船本部長，2,500	3,500		3,500	MoS 科学官長，3,000；AERE 所長（コッククロフト），2,750；CSAR（ペニー），2,650
次官補	2,200		2,500	海軍造船本部長	2,500	海軍造船本部長，RAE 長官 RNSS（海軍科学研究所）主任，2,250；DGTG(空軍)，2,250
局長	記録なし	DSR，1,700	2,000	DSR/DGSR	2,000	CSO（統括課長など）
統括課長（部長）	1,450–1,650	RAE 統括官，1,450	1,700		記録なし	
		爆発物研究部長，1,400；化学防衛研究統括官，1,400；科学研究本部次長，1,400				DCSO，1,600–1,800
課長	1,150–1,450	統括官補，1,050–1,250[1]	1,200–1,700	1,050–1250	1,320–1,700	SPSO，1,320–1,520
係長	800–1,100	PSO，850–1,050 SSO，680–800	800–1,100	PSO，850–1,050 SSO，680–800	950–1,250	PSO，950–1,250 SSO，700–900
事務官	275–625	SO，400–680			400–750	

註 1）ここにはすべての海軍研究所の科学職の長，ポートンの上級科学職（実験統括官補）が含まれている。
AERE：原子エネルギー研究所，CSAR：兵器研究所首席科学官（ウーリッジ／フォート・ホルステッドの長），SO：科学官，SSO：上級科学官，PSO：主幹科学官，SPSO：上級主幹科学官，DCSO：首席科学官代理，CSO：首席科学官，RNSS：海軍科学部隊，DGTD：技術開発総局長，DGSR：科学研究総局長，DSR：科学研究局長

出典）*Imperial Calendar and Civil Service List, 1939, 1946 and 1951.*

して実業家のオリバー・ルーカス（一八九一～一九四八）を研究開発の総統制に据えた。このようなR&Dの中央支配はそれほど長くは続かず、再び、今や年俸二〇〇〇ポンドの科学研究開発局長職（まもなく総局長職）などの部局間に分けられた[46]（一九三八年からDSRを務めたハーバート・ゴフの下で）。戦争末期には、ゴフの職名は首席科学官《チーフ・サイエンティスト》となり、ほとんどの職責を解かれた[47]。こうした地位は、DSIR長官（三〇〇〇ポンド）を除けば、政府の研究職の中で給与が最も高い地位だった。それはグッドイーブと、これも学者であり、マンチェスターで応用数学を学びケンブリッジの理論化学教授となった（サー）ジョン・レナード＝ジョーンズ教授（一八九四～一九五四、一九三三年FRS）を除けば、すべて公務員によって担われていた。レナード＝ジョーンズは一九四三年、兵器研究統括官、すなわち改称されてウーリッジの研究

局に移転した兵器研究所（ARE）の所長になった。それは陸軍のレーダー研究所以外では唯一の、学者によって運営される主要な研究所だった。戦時中の重要な変化は、主要な研究所が軍主導から民主導に移行し、軍人から文民の国家公務員へと移行したことだった（付録4参照）。

学界の科学

拡大し巨大になった研究科は戦争関連のR&Dにとってずっと中心にあった。大学はR&Dの重要な受け皿にはならなかった。アメリカでは正反対に、例えば原爆開発計画の一部は公式にカリフォルニア大学やシカゴ大学との契約として進められたし、レーダー開発はマサチューセッツ工科大学（MIT）に集中していた。[48] イギリスで大学に向けられたのは、比較的マイナーな契約だけだった。例えば、軍需省のDSRは一九三九年一一月の取材に応えて、二七大学の一三九人が同省の仕事をしていると述べた。[49] 重要な例外はイギリスの原子爆弾計画初期の比較的小規模の研究だった。[50] イギリスの学者が戦争用の研究に動員される場合、一般に大学を去らなければならなかった。しかし地位のある教員が動員される割合はきわめて低く、戦争国家と密接なつながりのあるインペリアル・カレッジでさえそうだった。一九四〇年一月のインペリアル・カレッジでは、すべて科学者か工学者である一〇五人の教員がなおも専任で教えていたのに対し、九人は教職と政府での仕事を兼任し、二八人が政府勤務だった。一九四二年には、七〇%以上の時間を政府の仕事に充てていたのはわずか三五人の教員だけだった。[51] 一九四四年には（一二人中）八人の教授、六人の助教授、二六人のその他の教員（非常勤も含む）が政府の仕事をしており、それは全教員の四分の一ほどだった。[52] 大学の主要な役割は教育だった。その最重要の職務は、相変わらず理学士・工学士を、研究科を含めた政府の科学業務に供給することだった。戦時の研究科の圧倒的多数は大学を卒業したばかりだった。例を挙げると、ＡＲＥの物理学者、（サー）ネビル・モットの研究グループは、二人の上級常勤公務員、一人の実績ある学者、五人の博士、一〇人の戦時中の卒業生で構成されていた。[53]

「科学の動員」というと、科学者補充兵が連隊旗の下に召集されるというイメージが浮かぶが、しかし多くの学界科学者は、それぞれのやり方で戦争を戦うために学界の科学を動員していて、科学者志願兵や科学者補充兵を集めるには、政府とやり合わなければならなかった。[54] 標準的な見方では、左翼の学者が特に重要であり、その科学の計画についての見方は実践で正しいとされると見られていた。学者はそれ以来、政府の施設を、単に「学界科学者を集める核」と見てきた。[55] それでも、研究科に動員された少数の学者は、多数の新卒生とともに、既存の研究工程に組み込まれた。レーダー、弾道学、気象学、化学兵器、航空学などの国家的科学・技術は、戦前の大きなチームによって開発されていて、学界科学者や若い卒業生を引き込む必要のある技術を含んでいた。この過程は戦争の前からあった。一九三八年と三九年の大学の夏休みに、空軍省は、厳選した学者を、いくつかの施設（レーダー基地だけではない）で働くよう招いた。[56] 戦争は一九三九年の長期休暇中に始まったが、招かれた学者の多くはすでに持ち場についていた。一三人はただちに科学職の士官や士官候補に相当する階級で雇われた。すぐに上級科学官（講師）二二人、主幹科学官（教授）一一人が続いた。[57] 有能な研究者の登用は非常に重要だった。すでにＦＲＳになっていたか一九五〇年までにそうなる約三〇人が、軍需省庁の研究所や研究本部の研究員として採用された（付録3参照）。これは一一人ものＦＲＳレベル（ここでの定義による）の公務員が、一九三九年現在で既存の研究科の枠で軍事研究をしていたことに匹敵する。[58] こうした新人のほとんどは三〇代か四〇代で、大半の既存のＦＲＳの中で、また多くの有望な候補者の中で際立っていた。空軍省とＭＡＰは一一人を獲得し、その大部分は物理学者（六人はキャベンディッシュから）と数学者、工学者だった。七人は、航空学に直接関係のない物理学者も含めて、まずファーンボローに行った（レーダーではなかった）。例えば、インペリアル・カレッジの物理学科長、（サー）Ｇ・Ｐ・トムスン（一八九二〜一九七五、一九三〇年ＦＲＳ）は、ＲＡＥの主幹科学官として八五〇ポンドの給与で配属された。マンチェスター大学物理学科長だったパトリック・ブラケットは計器部へ行き、爆撃照準器の研究をして、新しいマークXIV式爆撃照準器の共同発明者であるとされている。ドイツの戦略爆撃における爆撃機軍団の標準装備となった装置である（米製の場合はT-1と呼ばれる）。そのブラケットは、戦略爆撃に反対したことの方ではるかに知られている。上級の学者三〇人のうち、最初からレーダーに配属されたのは三人だけで、四人目はファーンボローからの異動だった。MoSはFRSレベルの科学者を一七人確保したが、キャベンディッシュ出身は三人だけであり、ほとんどが数学者か化学者だった。[59] 最も集中したのはフォート・ホールステッドのAREだった。少なくとも一〇人が、主にレナード＝ジョーンズの時期にそこに配属された。対照的に、ポートンダウン〔応用微生物研究所〕は三人だけだった。海軍省はさらに採用が進まず、FRSレベルのR&D要員は、ユニバーシティ・カレッジ・ロンドンの化学者チャールズ・グッドイーブに率いられた、様々な分野からの五人だけだった。これに対し、一九四〇年のイギリスの原爆計画には六人のFRSレベルの科学者がいた。ドイツから亡命していた三人もいた。[60] ブラケットやトムスンを含めて、三〇人中五人ほどは、その後R&Dを離れ、軍の顧問になる。

戦時期に最も著名な学者は、研究したり研究グループを管理したりする人よりも、顧問の方にいた。科学顧問は、特に「オペレーショナル・リサーチ（OR）」のような戦略など、多くの幅の広い問題に関係していたが、R&Dの管理や指揮には関わっていなかったし、軍需省庁には配属されず、軍など他の省に配属されることが多かった。例えばオックスフォードのフレデリック・リンデマン教授は海軍省で、後には首相官邸で、チャーチルの科学顧問（かつ統計官）を務めた。インペリアル・カレッジのサー・ヘンリー・ティザードは一九三九年から空軍参謀総長の「科学顧問」だった（インペリアル・カレッジはそれに対して年に二〇〇〇ポンドの支払いを受けた）。[61] ティザードは一九四〇年六月に空軍省を辞し、MAPに移った。[62] 一九四二年の初めからは、「独立科学顧問団」と呼ばれる、主としてORに関係する非公式の会議を主宰した。[63] 戦争末期には、上級「科学顧問団」は、公式にティザード委員長の下、戦争の未来を検討する委員会として集まった。しかし、そのメンバー——ティザード、パトリック・ブラケット（海軍）、チャールズ・エリス（陸軍）、G・P・トムスン（空軍）、J・D・バナール（合同作戦）——は核開発については関与を認められなかった。[64] R&D作業に関わる顧問団もあった。一九三三年から四三年までティザードを委員長とした航空研究委員会は、すでに見たように、長年にわたって重きをなしていた。[65] MoSは設立当初から三人の学者を科学顧問に任命し、[66] 一九四〇年の初頭には科学研究・技術開発諮問審議会を設置した。[67] 諮問審議会のメンバーには、当初、一七人ものFRSや、機械化および砲術の各局長、上級軍事顧問がいた。[68] この委員会は多くの点で航空研究委員会に類似しており、多くの小委員会によって広範な研究をカバーしていた。[69] MoSには、ジェームズ・デービッドソン・プラットを委員長とする化学委員会——化学防衛委員会を改組したもの——もあり、九人のFRSがいた。[70] 一九四一年には、海軍もそれに倣い、科学研究に関する海軍省諮問委員会を設置した。[71]

研究科と学者の区別、研究者と顧問の区別、顧問どうしの種類の区別は非常に重要である。これから見るように、それらの間にはずっと区別があった。それは学界科学者の転戦を理解するのにも必須である。すべての戦争関連の研究開発活動に助言をし、調整する「科学幕僚」のような高い地位を求める学界科学者もいた。王立協会は一九三〇年代から、新しい国防調整省に付属させる軍研究委員会のようなものを求めて運動を続けたが、その提案は海軍や空軍の研究科から激しく抵抗された。[72] 科学者は、一九四〇年にロード・ハンキーを初代委員長として設けられた戦時内閣科学諮問委員会という形で飴玉を与えられた。[73] 報道では「頭脳信託《ブレーントラスト》」と呼ばれ、[74] 王立協会の幹部と民による研究評議会の長からなる委員会だった。これは諮問機関であり、軍の研究開発工程の実施には関わらなかった。[75] 戦後、これは科学政策諮問委員会へと改組され、民の案件だけを扱った。一九四二年には、王立協会のさらなる要請に応えて三人の常勤科学者団が集められて生産省に配属され、それによって軍需省庁を監督する見込みになった。その戦争研究計画への影響力は最小限になるように意図され、実際そうなった。[76]

戦時の技術家はどうなったか

イギリス国家は戦時中に多くの新たな人材をその戦列に加えたが、こうした人材の影響力は従来認められていたようには一時的ではなかった。大臣や高官として政府に迎えられた多くの上級エキスパートが戦後も公的な立場に残った。大臣では、ロード・ウールトン、オリバー・リトルトン（ロード・チャンドス）、ロード・チャーウェル、ロード・レザースは、いずれも戦後の保守党や保守党政権で無視できない存在だった。軍需省庁で上級の職に就いていた多くの人は引き続き公人や政治家の道を進んだ。有名なのは、MAPのロード・エドウィン・プラウデンとロード・ロバート・レンウィック、MoSのロード・ピーター・ベネット、ロード・オリバー・フランクス、ロード・パーシー・ミルズである。ベネットとミルズは保守党の議員になり大臣になった。元はMoSのもっと下の官吏だったロード・エロルも同じ道に進んだ。レンウィックは保守党の政党人だった[77]。プラウデンとフランクスは中道派の有力者の典型例で、財政や航空機産業に関わる委員会（プラウデン）、オックスフォード大学やフォークランド戦争に関わる委員会（フランクス）など、多くの政府委員会で委員長を務めた[78]。戦後の労働党の中心的人物の何人かは重要な軍需省庁以外の省での中位の行政職だった。学界の経済学者のヒュー・ゲイツケルは商務院の統括課長級であり、スペシャリストのハロルド・ウィルソンは燃料・動力省の経済統計部長（行政職では課長級）であり、金融ジャーナリストのダグラス・ジェイはMoSの課長級であり、その後商務院の統括課長級に異動した。

重要な臨時職員のうち、政治家や顧問としてではなく、公務員として残った人々はほとんどいなかった。これは学者についても言える。戦後の研究科はFRSレベルの学術研究者をほとんど残さず、すべてではないが大半は大学の職に戻り、産業界に進んだ人々もいた[79]。それでも三〇人のうち六人は残ったが、一九五〇年末までには二人だけになっていた。この二人を合わせて、研究科の軍事部門内のFRSは、一九五〇年には八人になった[80]。国家も自前のFRSレベルの職員の一部を失い、そのほとんどはもっと有利な職に移った。(サー)デービッド・パイは退職してユニバーシティ・カレッジ・ロンドンを運営したが、W・S・ファーレン、A・A・グリフィス、ロバート・ワトソン=ワット、フランク・ホイットル、ハーバート・ゴフは、四〇代または五〇代初めに辞職して民間企業に移った。[81] 他の上級の人物も退職するか、サー・チャールズ・ライトやA・P・ロウのように海外に移った。[82] 一九五〇年以降も残ったFRSレベルの学者は、ジョン・コッククロフトとウィリアム・ペニーの二人だった。コッククロフトはMoSの新しいハーウェル原子力研究所を運営し、ペニーはAREを受け継ぎ、原爆の設計を指示された。[83] 少なくともさらに一二人の学者が残り、その中には後にハーウェル原子力研究所の所長や、一九四六年から六四年まで海軍の最高位の科学者や、MoSの首席科学官や、原爆開発の二人の中心的な科学者や、戦後の細菌戦争研究を率いた人物がいた。四人が政府での仕事によってFRSになった。[84]

政府の科学についての話の要は、学者の採用がどうだったかではなく、全体としての研究科がどうだったかである。研究科は戦時中の若い科学者や工学者の流入によって拡張し、戦後も戦前よりずっと大きいままだった。戦後にもそこに残った多くのごく下位の人々の中には、ユニバーシティ・カレッジ・ロンドンの卒業生で、一九四〇年に海軍省に入り、一九四七年までとどまった、後のノーベル賞受賞者である(サー)フランシス・クリック(一九一六〜〔二〇〇四〕)がいた。実際のところ、研究の規模は戦後もほとんど小さくならなかった。行政職は一九六〇年代までに二倍以上の大きさになったが、研究科はさらに大きくなった(表4-2)。研究科の人数は、戦前の七〇〇〜一〇〇〇人ほどから、一九五一年には三三〇〇人に増え、一九五四年には三九〇〇人にまでなり、そこから三四〇〇人に落ちたが、それは大部分、英国原子力公社(AEA)が公務員から外れた結果だった。しばらくその水準にとどまった後に一九六〇年代になって跳ね上がり、一九六五年に四一〇〇人に達した。[85] こうした数字は科学官級のことで、実験要員や助手、さらには他の区分の学歴がある理工系の多くが除かれている。

ある水準では研究科と行政職という二つの主要な大卒階級は、さらに似てきていた。研究科の性質、職位、給与

表 4-2　行政職と科学職の人数（1929～66 年，単位：千人）

	1929	1937	1950	1956	1966
行政職	1.1	1.3	3.0	2.5	2.5
専門職，科学職，専門技術職 I 級[1)]	6.5	9.6	23.1	22.4	25.2
うち科学官	0.7	—	3.3	3.4	4.1

註 1）ここには科学官，現業部門，会計職，法務職が含まれている。
出典）*The Civil Service* (Fulton Report), IV, *Factual, Statistical and Explanatory Papers* (London : HMSO, 1968), p. 271.

は、行政職のものと横並びだった。科学職の新人の給与表は平の事務官と同じで、主幹《プリンシパル》科学官は行政職の主幹級と等しかった。一九五三年一月一日から新採用はすべて公務員老齢年金制度に入ることになり、研究科も他の公務員に統合された。大学の年金制度（FSSU）は、加入を継続したい希望者と臨時職員のためにのみ残された[86]。科学官の採用は公務員任用試験委員会に一本化された。さらに、科学公務員には上級の職位が増えた。先に見たように、戦争終結時に最高給が支払われていたのはDSIR長官（三〇〇〇ポンド）であり、二〇〇〇ポンドの役職がいくつかあった。新しい科学公務員には二二五〇ポンドと二五〇〇ポンドの役職（局長より上で、次官補レベル）がいくつかと、二つか三つの三〇〇〇ポンド（次官補と事務次官の間）の職があった[87]（表4-1参照）。

戦後の国家でも科学官は階層構造を上り続け、国家の最上位の専門技術官となって、いくつかの枢要な調達部局を引き継いだ。さらに、各軍の省は、幹部会に科学顧問として研究科を採用し始めた[88]。各省を調整する国防省の科学顧問にも、研究科のメンバーを採用することがあった。サー・ヘンリー・ティザードは、以前には就いていた以上の地位で政府に戻ってきた。新しい国防省の新しい国防研究政策委員会の専任委員長だった[89]。大量破壊兵器の領域では、調達と政策業務のトップの職は、最初、部外者のところへ行った。原子力関連の委員会の委員長はサー・ジョン・アンダーソンであり、生物兵器委員会の委員長を務めたのはロード・ハンキーだった[90]。ティザードの後は一九五〇年にサー・ジョン・コッククロフトが継ぎ、その後は一九五四年にサー・フレデリック・ブランドレット（一八九四～一九七四）が継いだ。ブランドレッドはケンブリッジを数学で出て、一九一九年から海軍の科学職に就いており、戦後にその筆頭へと昇った人物だった。一九六〇年にはその後を、部分的には外部者であるサー・ソリー・ズッカーマンが引き継いだが、これは一九六六年、別のキャリア科学職公務員、（サー）ウィリアム・クック（一九〇五〜一九八七、一九六二年FRS）が特に影響力を握ったような、かなり奇妙な二重構造に引き継がれた。クックはブリストル大学を数学で出て、一九二八年にウーリッジの砲外弾道学部門に行き、海軍の砲にかかわる問題に取り組み、一九三五年から戦時中はロケットの研究をした。ブランドレットと同様、英海軍科学局の長を務め、後には水爆開発中に、オルダーマストン（核兵器研究機関）の副所長として重要な役割を果たすことになる。[91]一九七一年には、代々学界から科学顧問を採用する慣行が永続的なものとされた。筆頭科学顧問、事務次官、国防参謀長は国防相付の三人の上級顧問となった。[92]こうした科学顧問はまだ防衛R&D計画の運営そのものには関わっておらず、そちらは軍需省庁や、各軍の省にある各部局の手にあった。

政府全体の最上部を見てみると、一九五三年には行政職でない事務次官相当の職が七つあった。そのうち四つは科学職／専門技術職だった。DSIR長官、原子力（生産）統制官代理（クリストファー・ヒントン）、ハーウェル原子力研究所の所長兼防衛研究政策委員長（ジョン・コッククロフト）、オルダーマストンの所長（ウィリアム・ペニー）である。[93]戦間期とは対照的に、最高額の給与をもらっていたのは、造船本部長ではなく、原子力部門のリーダーだった。MoSでは、またその後は航空省でも、首席科学官は、かつての軍務・軍需を統合した省のDSRよりも高い地位に置かれた。そうした人々は、たぶん一つの例外を除き、キャリア公務員だった。戦時中、国家研究所長レベルでは、そうした地位を軍から研究科や学者が引き継ぐ事例が多く見られ、戦後もそれは維持された。研究科のメンバーはそうした役職では戦後も優勢だった。一九六〇年にはファーンボローとハーウェル以外に七つの主要な軍研究所が公務員の手中にあった。この七人のうち三人はインペリアル・カレッジ出身で、マンチェスター科学技術大学、ケンブリッジ大学、マンチェスター大学、グラスゴー大学出身者が一人ずつだった。科学公務員はまた、調達に関する重要な地位を軍人から引き継ぐこともできた。枢要な役職は海軍統制官であり、名称には多少の変化はあっても、軍需統制官／工廠総監、航空機統制官、誘導兵器電子機器統制官だった。[94]誘導兵器電子機器統

表 4-3 ホワイトホール各省の事務次官（第二事務次官などの事務次官級の公務員，および DSIR を含めた研究委員会を除く）

	1900-19	1920-44	1945-64	1965-86	1900-86 計
人数	75	74	75	80	304
他の職業から入省した人数	36	11	12	11	70
うち					
弁護士	13	3	2	4	21
軍	5	1	–	–	6
実業界					4
学術／研究	5	–	6	2	13
植民地官					5
エンジニア	1	–	–	1	2
政界	2	–	–	–	2
下級公務員の職位から	5	6	10	6	27
各等級のスペシャリストから[1)]	9	1	5	5	20[2)]

註 1）外部の専門職からの入省者と一部重複する。
2）法務職 9 人，工学職 3 人，科学職 1 人，統計職 1 人。
出典）Kevin Theakston and Geoffrey K. Fry, 'Britain's administrative elite : permanent secretaries 1900-1986', *Public Administration* 67 (1989), 129-48.

制官はほぼ常に研究科の一員であり(95)、一九五九年から六六年まで務めた航空機統制官の二人も同様だった(96)。重複するが、この点がよくわかることに、当時の中心的な軍需省庁だった一九六〇年代の技術省では、研究科の人々が多くの中心的な地位を占めていた(97)。四人の統制官のうち三人は研究科の「士官」だった。一九六七年から七一年に（産業技術）統制官だった（サー）イェイアン・マドック（一九一七〜一九八八、一九六七年ＦＲＳ）は一九四〇年からＭｏＳにおいて、イギリスの原爆計画の中心的人物だった(98)。（研究）統制官だったのは（サー）ジョージ・マクファーレン（元通信研究所）であり、誘導兵器電子機器統制官だったのは（サー）モリアン・モーガン（元ＲＡＥ）である。残りの統制官は航空機統制官で、空軍中将サー・クリストファー・ハートリー（一九一三〜）だった。オックスフォードの動物学の学位があり、一九三二年にはトム・ハリソンに率いられたサラワクへのオックスフォード探検隊のメンバーだったという点で、変わった空軍軍人だった。こうした人々は軍で言う「三つ星」（中将）の地位だった(99)。一九七〇年代も研究科が統制官の役職を埋める傾向が強かった(100)。一九七〇年代初頭には調達にさらに上級の新しい職が設置された。その役職の初代というわけではなかったが、ＲＡＥの（サー）クリフォード・コーンフォードがその役職に就き、調達業務の行政官長と事務次官（一九七五〜七七年）、国防省の防衛調達の首席を務めた（一九七七〜八〇年）。研究科からは、（サー）ジェームズ・ハミルトン（一九二三〜）も事務次官レベル（教育省と科学省）になり、一九六六〜七〇年にはコンコルド担当総局長になった[101]。ハミルトンは表4-3に登場する上位の一人にすぎない。

新しい階級、戦争国家、大学

二〇世紀には、他と同じくイギリスでも、新しい専門技術者中間層の出現と成長が見られた。その成長は実に速く、やはり拡大した「旧」専門技術者中間層、すなわち医師、弁護士、あるいはもちろん行政職公務員よりはるかに速かった（図4-1）。この新しい階層はほとんど研究されていない。その大半がエリートの研究に現れるほどにはエリートではないからでもあり、また上にありすぎてホワイトカラー労働組合運動の研究では捉えられないからでもある[102]。専門技術者による大きな新階層の登場は多くの論評の目玉だった。「その新たな都会には、近代世界こそが我が家でなき階級の出現を、特にロンドン周辺の新興軽工業地域で見た。ジョージ・オーウェルは新たな階級であり、明確に近代世界に属するという人々、つまり専門技術者や高給の熟練職人、空軍のパイロットや整備士、無線のエキスパート、映画製作者、大衆ジャーナリスト、工業化学者がいる[103]」。オーウェルは、例えば、戦時中に「労働者階級の何万もの若者が英空軍を通じて専門技術者中間層に入り始めた」と記した[104]。ハリー・ホプキンスは一九六〇年代にこう述べている。

バーミンガムやニューカッスルのような都市に向かう一等車を今埋めている、灰色のセーターやレインコート

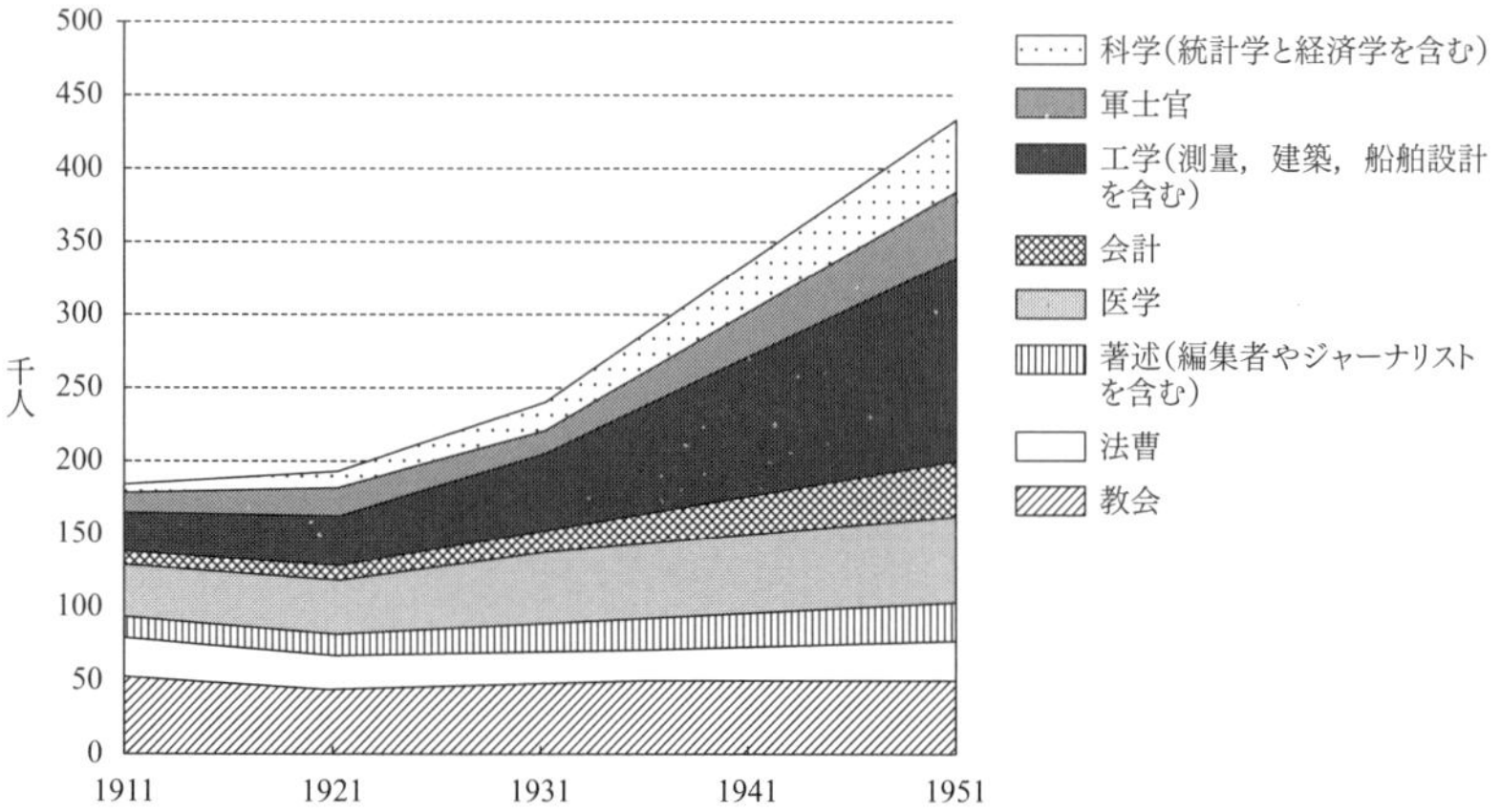

図 4-1　イギリスにおける高度専門職（1911〜51 年）

出典）Guy Routh, *Occupation and pay in Great Britain 1906-60* (Cambridge : Cambridge University Press, 1965), table 5, p. 15.

を着た人々は、あっけらかんと雑多ななまりでよくわからない仕事の話をしている。そうした人々の父親は、五分五分以上の確率で肉体労働者だっただろう。出身はオックスブリッジではなく、新設の赤レンガ大学だろうし、大きくて殺伐とした地方「工科大学《テック》」の「ホワイトタイル」だったかもしれない。この一群とかつての「専門職」とは、グラスゴーのスコットランド人とロンドン周辺地区のイングランド人ほどに違う。新世界の建設者であるこの一群の人々は、新世界の区分がかつての区分と一致すると期待するほど馬鹿ではなかった[105]。

そのホプキンスがこう記している。「一九三一年から五一年の二〇年間に科学労働者の数はそれだけで三倍以上に増加したが、それでも求人欄が日々示していたように、需要は満たされるには程遠かった[106]」。実際、一九五〇年代初めには、戦前とは対照的に、「今日では大卒にふさわしいと見られる就職口を見つけられないのは、力のない文系の卒業生だけである。科学者と技術者は将来の雇い主候補に熱心に求められており、よりどりみどりで選べる[107]」。

こうした需要の変化――これは戦争国家と産業界が原動力に

なったもので福祉国家ではない——は、大学と、男子卒業生のあり方に深い影響を与えた。先に見たように、大学は戦時の研究開発の中心ではなく、あくまで教育機関として重みがあったが、それは重要な違いをもたらす変化を経験した。『赤レンガ』の匿名の著者は次のように述べている。

> 軍隊に行ったのは比較的少数の教授だけで、多くの講師はいなくなるだろうと思いきや私たちのところに残った。学部学生の軍事教育はきわめて巧みに計画され、戦前の学園祭の準備ほども講義を乱すことはなかった。ほとんどの大学院課程は打ち切られたが、研究資金と指導はそれを使える人の手に任せられていて、赤レンガ大学が発行する学術雑誌は、ひどく縮小された形でも出版され続けた。医学部や工学部など、政府が国家的に重要だと考える学部では、実際に「学生登録」（赤レンガ大学の無粋な言葉）がかつてない規模で行われた。その主な犠牲者は文学部《ファカルティ・オブ・アーツ》だった。[108]

この著者はさらに、文系の学生で適格な者は戦争に行くと述べた。

> 学生が爆撃機を組み立てたり毒ガスを製造したりできるような科学に取り組んでいたならば、そのまま邪魔されずに課程を修了できていただろう。文学部生の学問は言語、歴史、経済、外国文化——諸国民にどうやってともに平和に生きるかを教えるだけの学問——だったため、その学業は無慈悲に打ち切りにされた。[109]

図4-2に見られるように、文系男子学生はほとんどいなくなり（軍隊に入った）、他方で理学、工学、医学の男子学生は残り、新たな仲間も加わった。[110] 男性に関するかぎり、戦時の大学はまさに専門技術の場だった。[111] 戦後の大学では、勉学が兵役で中断されたり延期されたりした文系男子学生に顕著な増加が見られ、理工系での増加ははるかに小さかった。[112] 重要なことに、大々的に男子に女子が代わるという動きはなかった。とりわけ理学、工学、医学にはなく、こちらでは女子学生数の増加が特に少なかった。しかし、女子学生の割合の増加は、学生集団の男性化

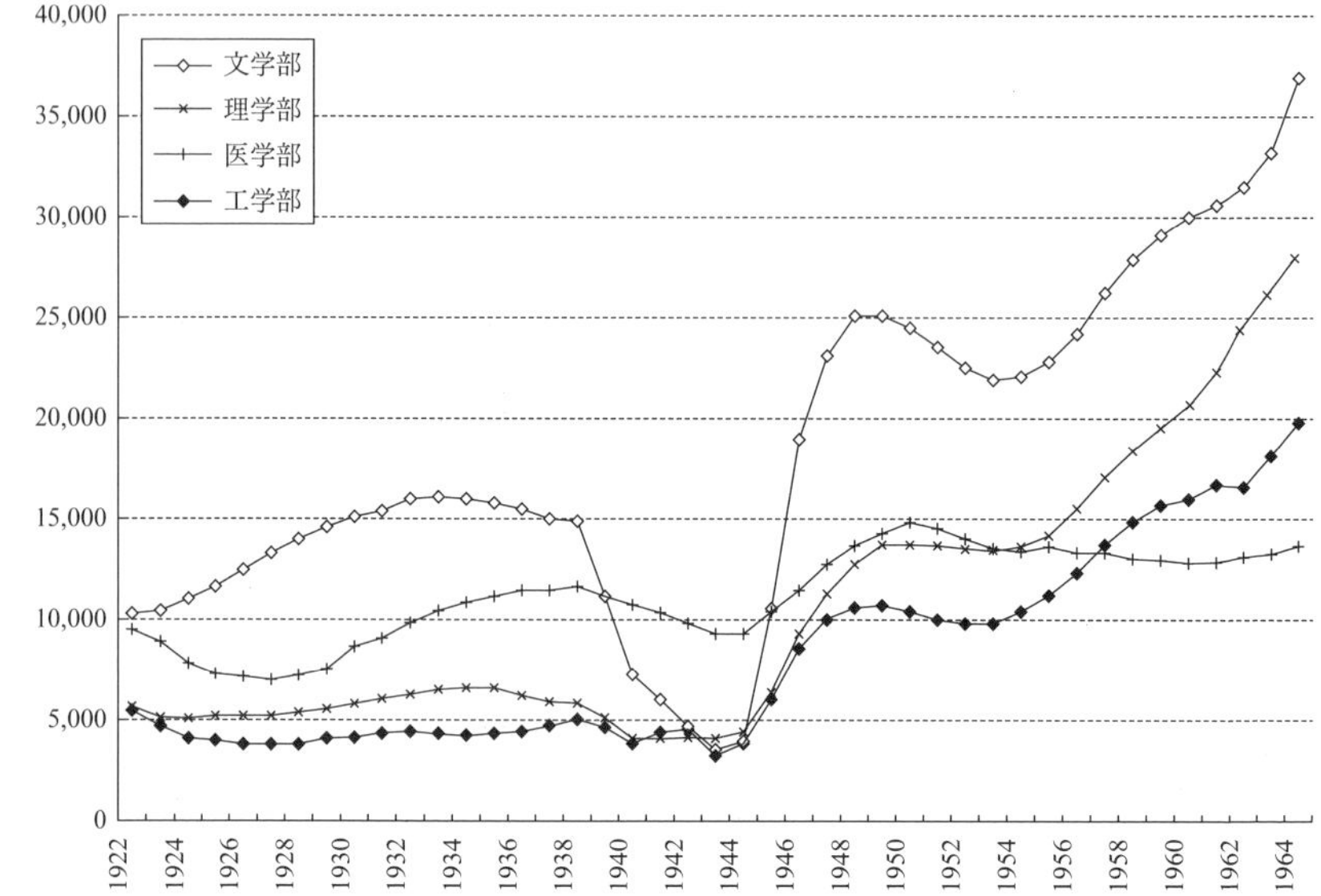

図 4-2　学部別男子学生数（1922〜64 年）

という、あまり知られていない傾向を一時的に反転させた[113]（図4-3参照）。男子学生の割合は一九二〇年代、三〇年代よりも四〇年代、五〇年代の方が高く、一九六四年（七二％）になってもなお一九二〇年代半ば（六九％）よりも高かった。男女別学だったオックスフォードでさえ男性化した。一九六〇年代半ばのオックスフォード大学についてのフランクス（言うまでもなく、オリバー・フランクス）報告では次のように述べられている。「オックスフォードの女子比率は四〇年前［一九二〇年代半ば］には一八％だった。一九六三／四年度には一六％だった[114]」。それだけでも驚くべきことだが、専攻と性別の分析によれば、男性的であることで知られた専攻である理学、さらには工学までもが、特に強い男性化をあからさまにしている。一九六二年になってようやく、理学部での男子比率は一九三〇年代半ばの戦間期のピークを下回り、理学部の女子学生が一九二〇年代に匹敵するほどになるまでには、さらに何年も待たなくてはならなかった[115]。一九五〇年代からの大学全体で女子学生が増え、それよりも少し前から理工系に向かうようになったのも、新設赤レンガ大学が相対的に拡大し、そちらではオック

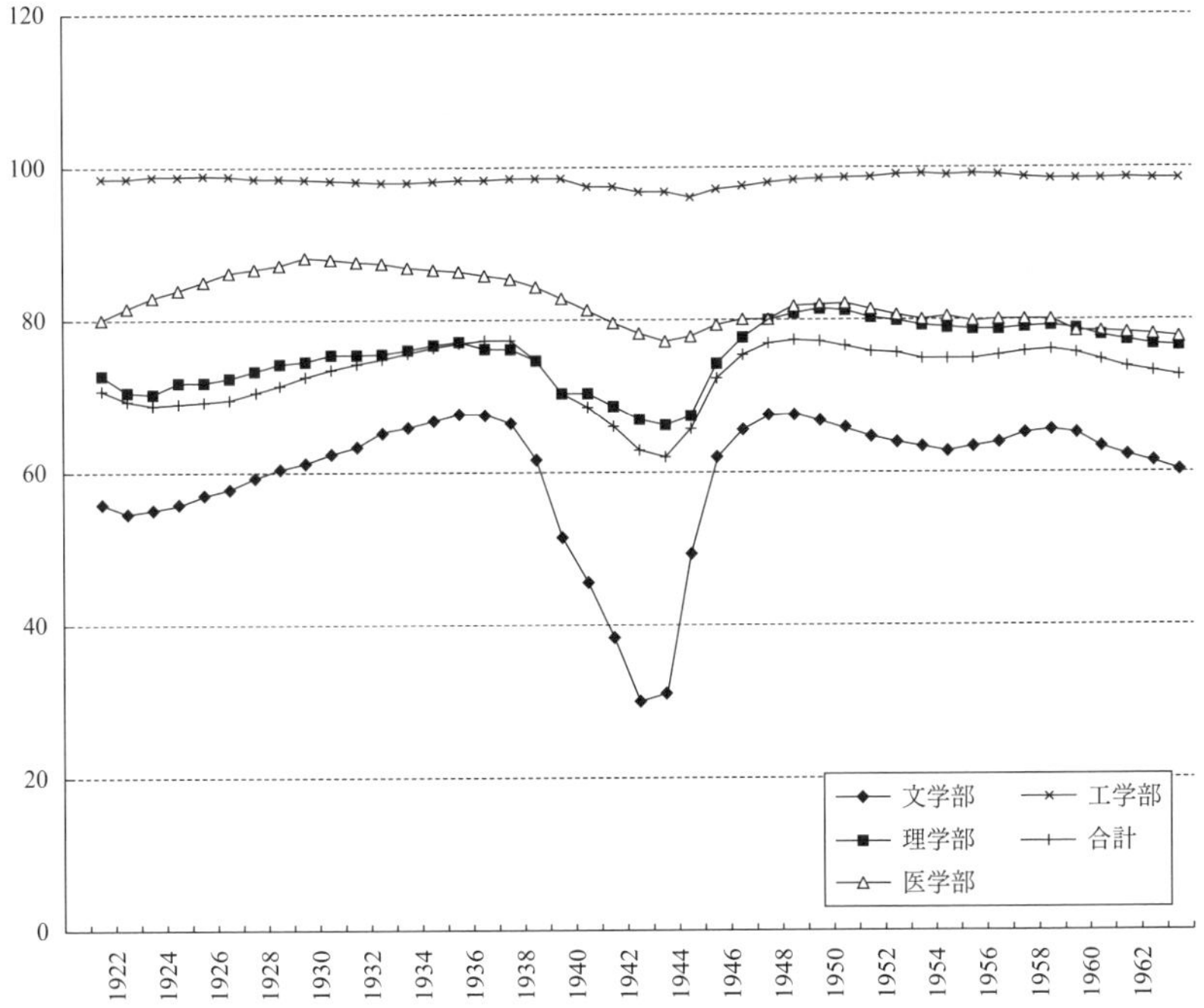

図 4-3　イギリスの大学の学部別男子学生比率（1922～64年）

スブリッジより女子学生が多く、理工系指向になればこそのことだった。しかし大学によっては、女子比率を高めたいという欲求と理工系の比重を高めたいという欲求とは相反する可能性があった。オックスフォードに関するフランス委員会は、女子比率を二〇～二五％に増やす提案が理工系の相対的な拡大の提案を危うくするのではないかと懸念した[116]。また女子対象カレッジの受け入れ人数の拡大が、生物学や医学や新しい文系の学生の割合を高め、女子対象カレッジ内部の専攻の配分のバランスを悪くするのではないかとも懸念された[117]。

理学・工学の学生を増やすのは戦後の大学政策の要となる部分だったし、一九六〇年代初頭のロビンズ報告よりずっと前から、学生数は着実に拡大した。理学や工学を勉強する学生の割合も一九六〇年代より前から大きく増えていた。一九四〇年代の終わりまでに理学と工学の学生数は一九三〇年代に比べて倍になっていた。理学と工学を勉強する学生の割合も顕著に増えた。国際標準からすると、戦後のイギリスの大学は、通例の印象とは逆に、非常に理学・工学に寄った場だった。[118] 今まで見えていなかった重要なこと——男子卒業生の急激な変化——を明らかにするためには、専攻の話と性別の話を組み合わせることが必要である。一九二九／三〇年度には、男子学生の約三〇％が理学・工学（医学や農学を除く）を勉強していたが、一九六七／八年度になると、その数値が五二％にまで上がった。これに相当する女子学生の数値は一六％から二三％だった。男子学生は女子学生以上に大きく科学・技術へと移動した。そして男子卒業生は女子卒業生よりも科学者や技術者になる傾向が強かった。[119] 一九六〇年代後半になると、男子新卒生の多数が科学者か技術者だったことは、イギリスの教育が人文社会科学優勢だったという見方とは特に強く対立する。人文や医学から科学・工学へ移動したこの動きは、科学者や技術者よりも教師や医者を必要とする福祉国家から産業や戦争国家への移行と見るのもわかりやすいかもしれない。

戦争国家と産業界は男子卒業生を求めた。実際に、先に引用した、卒業生の雇用に関する一九五〇年代の政治・経済計画研究会（ＰＥＰ）の調査は、男子卒業生に限定していたが、それは男女の雇用のパターンが非常に異なり、ここで特に関心を向けている産業界は主として男性を求めたことを根拠にしていた。[120] 政府も、特に科学や技術の部門で男性を求めた。戦時中には、科学官以上の地位の科学系の女性の数は国防省庁で一四人となり、一九四〇年の四人から上昇して、全体の約一％というピークに達した。[121] 一九六七年には戦後の科学官の階級に七六人（二・三％）の女性がいたのに対し、行政職では二〇六人（八・三％）だった。[122] 理学、工学の男子卒業生の進路は、理学部卒であれば、製造業（三四％）、教師（一九％）、政府の科学公務員（一六％）、大学（六％）であり、工学部卒であれば、製造業（四五％）、建設業（九％）、地方政府（八％）だった。文系の男子学生の場合はまったく傾向が異なっていた。教師が主であり（三三％）、続いて商業（一三％）、製造業（一〇％）、教会（八％）、法曹（八％）だった。[123]

大卒男子の科学者や技術者による新しい階級は、出身階級やそれと密接に関連すること——出身中等学校と大学のタイプ——の点で、平均的には、文系の大卒男子と顕著に異なる。グラマー・スクール出身男子は、大学へ進むとき、パブリック・スクール出身男子よりも理学・工学に進む傾向があった。ただし、工学に進む率は両者で同じだった。[124] 見方を変えると、文系男子学生のうち、パブリック・スクール出身は三九％だったのに対し、理学部卒男子学生では二〇％、工学部卒の男子学生では二七％だった。[125] そうなった理由としては、オックスブリッジ以外の学校では、文系の学士よりも、理学士や工学士の割合がはるかに多かったことも挙げられる。男子理学士のうちオックスブリッジ出身は一四％だったのに対し、文系では三七％だった。[126] 出身階級の点でも違う。理学部生は全体として文系学生よりも父親が肉体労働者である割合が高い（人文社会科学では二六％、理学では三三％）。[127] この違いは全体的にははっきりしていたが、特定の大学内では必ずしもそうではなかった。一九六〇年代初頭のオックスフォードでは文系と理学部の学生の出身はほとんど変わらなかった（直接は比較されないが、男女とも）。パブリック・スクールが非常に強く志向する専攻は「社会科」であり、オックスフォードで言えば政治学、哲学、経済学、法学のことである。[128] 決定的に重要なのは、グラマー・スクールと赤レンガ大学が、理学・工学の教育を通じてだけとは言わないまでも、ほぼそれによって戦後の社会的流動性の重要なルートを提供したことである。文系と理系の男子学生の間に出現した重要な違いを理解することは、悪名高い「二つの文化」問題（次章で取り上げる）だけでなく、国家機構の内部の行政職と研究科の間にあるとされてきた対立の具体的なありようを理解するうえでも重要である。

二つの公務員集団——研究職と行政職

科学官層は行政職と比べた自分たちの相対的地位にずっと不満を抱いていた。これはプリーストリーとフルトンによる一九五〇年代と六〇年代の公務員調査に対する、科学者の証言の中心にある基調だった。ＤＳＩＲはプリーストリー委員会に対する証言の中では、「通常の」新人科学官はたいてい、「通常の」新人行政職よりも職階を上が

表4-4　科学官と行政官の職階の分布

科学職		行政職	
24	上級官職	28	事務次官
		72	次官補
55	首席科学官	270	局長級
157	首席科学官代理		
		798	課長級
549	上級主幹科学官		
1,464	主幹科学官	1,001	主幹
856	上級科学官	255	主幹補
226	科学官		
3,433	計	2,524	計

出典）*The civil service*, III (1), pp. 3, 5.

るのが遅く、到達する地位も低いと述べられていた(129)。科学官の労働組合であるＩＰＣＳは、フルトン委員会に対して、科学官は最高位になりにくいと不満を述べていた(130)。確かにそれを示す証拠は明らかである。一九五三年四月には三一九人の行政職が局長級以上にあり、科学官でそれと同等の役職にあったのは五九人だったが、当時は科学官三七二一人に対して行政職は二五九四人だった(131)。これが不均衡だとすれば、同様の不均衡は一九六〇年代にもあった（表4-4）。科学官は、行政職と科学官との地位の分配は同等であるべきだと思っていた(132)。一九五〇年代には、研究職の職階の相対的地位を上げ、首席科学官を次官補級に、首席科学官代理を局長級にすることまで求めた(133)。

専門職が集まる政府部局の上級行政職は、少なくとも一九五〇年代には、両者の役割を区別することに熱心だった。海軍省事務次官、サー・ジョン・ラングは、専門職について次のように言っている。

> 研究計画や新たな建設計画の立て方を知っていなければならないが、通常の公務員の中では、行政職の意味とは政策立案や政府事業の施行を保証することで、率直に言って、専門職の部局どうしにそれについて見るほどの連絡があったかと言えば、私はそうとは言わなかっただろう(134)。

ラングは三五歳以下の専門職を喜んで行政職に移したが、「指導的な技術者や科学者から選んで海軍省の局長級や次官補級として配置することには大いに躊躇すべきだろう」と言う(135)。ＭｏＳの事務次官だったサー・ジェームズ・ヘルモアによれば、同省に来る仕事のほとんどは管理的なものだという。「純粋な政策はこちらには来ない。高度に政治的なことという点ではなおさら来ない。明らかに何から何まで行政職の仕事となる鋼鉄産業のようなものを除けば」[136]。以上のことはある意味では少し奇妙である。そもそも、デニス・ヒーリーが一九六〇年代当時の国防省について書いているように、事務次官たちは防衛問題については自ら経験したことがほとんどなく、

国防省の他の公務員のように、行政や財務にかかりきりで、政策に邁進することはなかった。そうであっても、サー・エドワード・プレイフェアがたった一年の事務次官を終えた一九六一年に、「ここは知的なやりがいに欠ける」ために、国防省を去れて嬉しいと言ったことは許し難い[137]。

ここでは行政職が、その要となる役割と思われる政策立案の中心にいなかったらしいという点は、確かに述べておくべきことだろう。

行政職の代表である大蔵省は、昇進を同等にする理由などなく、両職種は同格ではないと論じていた。形式上の資格は同じでも、行政職は「総合的に管理ができそう」、つまり上位の職のための素質を基礎にして選抜されている。新人科学官は特殊な仕事を請け負うための能力によって判断されている。学位の方に意味があって「むしろ専門職の資格のようなもの[138]」という。これは一九二〇年代の議論の再現だった。いわゆる平等思想に反対していたのは行政職だけではなかった。R&D管理に関するギブ＝ズッカーマン報告（サー・クロード・ギブもサー・ソリー・ズッカーマンもFRSだった）は、科学官による比較は重要な差異を過小評価しており、地位の配分の不平等には立派な理由があるとの見解を述べている[139]。

行政職はずっと、自らが研究職よりも高位の存在であると思っていた。実際、一九五四年の大蔵省の文書は、「平均的な新人の主幹補〔平の行政職〕は平均的な新人の科学官より優秀だ」と無遠慮に述べている。これは行政職の無分別で有害な先入観を示すものとして引用されてきたが、この大蔵官僚が見せているのは、普通の科学者というより、普通の大卒者の方についての軽視だったらしい[140]。なぜなら、行政職は（典型的には）文学部卒業生集団から選抜されていたが、科学官は大まかに言えば、理学部卒男子の代表だったからである。オックスブリッジから採

表 4-5 1960年代半ばの大卒公務員主要職の各種比較（単位：%）

	行政官	科学官
読み物		
『タイムズ』紙	88	23
『ガーディアン』紙	36	24
『テレグラフ』紙	72	39
『エコノミスト』誌	68	12
『ニュー・ステイツマン』誌	25	9
『スペクテーター』誌	17	3
『ニュー・ソサイエティ』誌	33	5
大卒の場合の出身大学		
オックスブリッジ	64	16
ロンドン	9	27
中等学校		
公立グラマー・スクール	40	57
政府助成校	19	15
パブリック・スクール	36	20
職場		
インナー・ロンドン	87	17
アウター・ロンドン	0	15
北部を除くイングランド，ウェールズ	4	60

出典）Halsey and Crewe, *Survey of the Civil Service*, various tables.

用された割合は大きく異なっていた。オックスブリッジ出の行政職の割合はだいたいいつも一定で、高いことで有名だった。オックスブリッジからの科学官の割合は急降下し、戦前には三一％だったものが一九五〇年代には一〇％を切った。これは一部にはオックスブリッジ以外の大学がぐっと勢力を増したことによるものである。[141] 科学官のオックスブリッジ出身者の割合は民間産業の科学者やエンジニアより低かった。[142] 両集団の出身階級を比較することは不可能だが、科学官は、クラスⅠに入る専門職層全体よりも、明らかに下の階級の出身であり、[143] 事実、自分と同じクラスⅠの父親を持つ人は一五％しかいなかった。三分の一は（もちろん女性の割合は無視しうる）肉体労働者の息子だった。[144] 興味深いことに、オックスブリッジで育った少数の科学官は行政職よりも社会的、教育的にやや上流だった（残念ながらオックスブリッジ出の行政職のみと比較することはできない）（表4-5参照）。こちらでは三分の一の父親がクラスⅠで、半分がパブリック・スクール出身だった。[145]

政府の科学顧問が受けた教育については、全般的に行政職とよく似ていた（つまり圧倒的にオックスブリッジ出身だった）という点は述べておくに値する。[146] この顧問とは科学のジェネラリストであり、確かに科学の高級官僚だった。この部類の人々や研究科の一部は、概して行政職を崇拝したり、研究科に批判的だったりした。ある政府の科学者は、一九五〇年代に、「[学生の間では] 優秀な者の大多数が古典の方を選択するというのは今でも正しい。このことはもちろん、とりわけて、行政職公務員の優れた知的性質にも反映している」[147]。サー・ソリー・ズッカーマンの回顧録は、科学公務員を讃えるどころか、批判した[148]。一九八〇年代の講演の中では無遠慮に、「科学者の中には他人の仕事については、博識な素人よりも無知な者もいる」と言い、その理由をこう述べる。「科学的な教育は、ましてや技術への執着は、賢明な判断の十分条件ではない」し、「大臣や公務員は感情を排した科学的な助言だけでなく、確立して先入観となっている科学的持論という暗礁を避けるための地図をも必要とする」[149]。科学顧問の経験のある政府の学界科学者には、全般的に沈黙する科学公務員を見くびっている人々もいた[150]。一般的に、軍の上層部での助言における科学者の役割についての不満は、あったにしてもごくわずからしい。実際、サー・フレデリック・ブランドレットは、軍の科学顧問の地位が、政府の他の省庁での低い地位と比較すれば高いことを喜んだ[151]。それでもブランドレットははっきりしていて、「トップに立つべき人間はあらゆることに幅広い視野を有する人間であり、それは行政官である」[152]としている。これは例外ではない。サー・ヘンリー・ティザードもはっきりと行政職を称えていて、科学者が行政で優勢になるのを明らかに望んでいなかった。ただ、将来の行政官にもっと円熟した視野をもたせるために、「モダン・グレイツ〔オックスフォードの人文社会系を優等で卒業するためのコース〕」の中でなにがしかの科学が教えられることを望んでいた[153]。行政職の頭脳の賞賛のしかたは紋切り型だが（例えば多くの資料で「ロールス・ロイスの頭脳」と言われている）、それが科学官にまでは広げられなかった点は注目に値する。

行政官と科学官の和平

一九六四年の選挙の直前、労働党の政治家で、科学政策の議論での中心人物、リチャード・クロスマンは、「私たちは他ならぬ科学者によってしばしばもたらされる、ある非常に単純な自己欺瞞を避ける必要がある。政府の大きな誤りは『反科学的偏見』を抱いているところだと言われている点である」と説いた。実際には、すでに見たように、これは昔からある、繰り返し演奏される主題である。しかしクロスマンは、国防省、航空省、ＤＳＩＲ、公共事業省といった、科学者が何の不満も抱かない省があるとも説いた。[154] とはいえ、クロスマンは明言していない肝心なところとして、研究科はそうしたわずかな省に集中していた。一九五〇年代半ばには、半数以上が各軍の省や軍需省庁にいた。ＭｏＳだけでＲ＆Ｄに一一三五人がおり、[155] 一九六〇年には主要な各軍の省や軍需省庁のＲ＆Ｄに一九三七人がいた。内訳は、海軍省（四一七人）、陸軍省（四三七人）、航空省〔民間航空と軍用機生産を管轄〕（一〇八三人）となっている。[156] これらの省を見ると、科学官や専門技術官は、戦間期にそうだったように、上位の職を相当に占めていることがわかる。一九五〇年代初めの海軍省では、局長級以上の職階に、九人の行政職、七人の科学官、七人の海軍造船官、さらに他の各級の専門技術者が就いていた。局長職が六つと、それと同等の首席科学官の職が五つあった。もっと下位では、二二人の課長級と六九人の同等の科学官がいた。[157] 一九五三年のＭｏＳには一三人の局長級と一四人の首席科学官がいた。その下には、四二人の課長級と、二〇九人もの同等の科学官がいた。[158] 戦後の空軍省には一〇〇程度の上位の職（局長や空軍将官以上）があり、その割合は行政職三人に対して軍の現役士官二人、スペシャリスト一人だった。[159]

　ここで、戦間期には研究科と行政職は別々の世界で働いていたことも思い出さなくてはならない。行政職（と科学顧問）の大多数は中央官庁街（中央省庁の建物が多い、国会広場《パーラメント・スクエア》とトラファルガー広場を結ぶ道路の名による、いわゆる「ホワイトホール」）で働いていた。一九六〇年代には各省は五〇〜一五〇人の行政官を抱えていた。先述のように、研究科は省ごとの分布がまったく均等ではなく、大半はホワイトホールからはるかに離れた、南イングランドの郊外の小さな町や田舎に数を増やして広がる研究所で働いていた。[160] 電気通信研究所（ＴＲＥ）と陸軍のレーダー研究所はウスターシャーのマルバーンに落ち着いた。ウーリッジ研究本部と設計局は（ケント州）セブンオークスのフォートハルステッドに移転し、戦車設計局はロンドンの西の端にあるチャーツィーに行った。新しい核研究機関の主体はオックスフォードシャーのハーウェルと、バークシャーのオルダーマストンにあった。新しいRAEはベッドフォードに行き、新しい国立ガスタービン研究所はハンプシャーのパイストックに行った。[161] 科学官の世界は非常に自己完結的で地域的だった。実際、ほとんどの新人採用は全国からではなく地元か州規模で行われた。それぞれの研究所の特徴も様々だった。軍の基地との密接な関係を維持するものもあり、実際、そういう理由でも、別の理由でも、研究所間には大きな違いがあった。現役の士官が多数いた研究所もあれば、ほとんどいないところもあった。軍の研究所のいくつかは、他の政府の研究所と違い、「王立《ロイヤル》」がつくようになった。RAEは初めからロイヤルだったし、レーダー研究所は一九五七年から、兵器研究開発機関（ARDE）は一九六二年からロイヤルになった。[162] 海軍は研究所に軍艦名と同じくHM〔ヒズ／ハー・マジェスティズ〕をつけ、例えば、HM水中戦研究所などと呼んだ。行政職公務員はいなかった。

差はあったものの、行政職階級へ移ることはあった。戦争末期から一九五〇年代初期の間にMoSでは一一人の科学官が、運輸・民間航空省、公共事業省では一四人の専門職が移籍した。[163] 大蔵省は、「したがって、専門職を行政職に任用することについて原則的には禁止されておらず、実際にそのような任用は行われている」と主張した。[164] 数が少ないことについての大蔵省の説明は、一人前の行政官になるには時間がかかること、優秀な専門職はたぶんわざわざ下手な行政官になったりはしないだろうし、専門職として過ごした期間が長いほど、「行政官に求められる、まったく別の精神的姿勢」に適応しにくくなることだった。[165] 移籍はずっと行われていたらしく、一九六四年には保守党政権が一度に一四人ほどの専門職を行政職に移した。[166]

戦時中の臨時公務員だったハロルド・ウィルソンは、一九六〇年代に首相になるときに、やはり臨時公務員だったジョン・フルトンを、公務員調査を行う委員会の委員長に任用した。フルトン委員会は、その報告書の中で、誇張さえして、行政職に対する昔ながらの技術家支配論的批判をそのまま伝え、それは後の文書でも強固に踏襲されることになった。フルトンは、多くの勧告の中に、上位の公務員においては、「ジェネラリスト」の行政職と「スペシャリスト」の専門職との区別をなくすという案があった。すべての職種がオープンに競争して上位のポストに任用されることを提案したのである。[167]フルトンは専門職の地位が低いという標準的なイメージがあるのを認めたが、いくつかの省ではすでに専門職と行政職がある程度一体の職階で動いていること、専門職がある程度政策決定に関与していることは認識していなかった。[168]フルトンに先駆けて『公的行政』(*Public Administration*)に掲載された記事では、専門職集団と行政職集団の「伝統的な」分離と、専門職の従属は、軍以外の省でのみ「伝統的」だったにすぎない、と正しく書かれている。[169]この記事はさらに進んで、いくつかの省の統合の歴史を図解していた。これは、一九四九年から教育省の建築建設部門のトップに専門職と行政職が合同で就いたこと、またこのモデルが一九五八年から陸軍省の建設局長職で、一九六二年から公共建設・事業省の多くで、一九六三年からは住宅・地方自治省の一部で、一九六〇年代の初期／中期から運輸省の高速道路部門で用いられていたことを明らかにしていた。[170]フルトンは文武双方での他の多くの事例を述べることができたはずだ。一九六三年に設立された原子力潜水艦・ミサイル運用を管理するためのポラリス計画執行部は、行政職と専門職が混じっていた。[171]技術省はもともと単一の組織構造であり、上位のポストはすべて「適材適所職《オポチュニティ・ポスト》」、つまり行政職でも他の職種でも任用されるものだった。[172]後の技術省では統合は深まり、上位の行政職的ポストに科学官が就いた。ただし階級は科学職や専門職としてのものにとどまった。「専門職は局長や課長などにはならない。仕事はその地位の行政職とほとんど区別できなくても」[173]。一九六八年の同省には、二人の事務次官と、その下に三人の次官補、四人の統制官がいた。こうした高官それぞれの下に、総局長や局長が指揮する部局があり、各部局には、研究部長や課長が運営する部門があった。このような専門職と行政職の職階の混合は多かったので、研究部長が行政職の局長の部下だったり、局長が専門職の統制官の下についたりすることもありえた。

　イギリス国家は文学部卒の、専門職を不当に見下すエリートによって全面的に支配されているという考え方は、並外れて影響を及ぼし、長年関心を抱かれた批判を延々と引きずっている。それでも、この章で示されたように、それほど単純ではありえない。もちろんここでも、国際比較するとわかりやすい。アメリカの社会学者、ロバート・パットナムは、一九七〇年代に、英、独、伊それぞれの公務員の中の上位二人（一九七〇／一年度）の精神構造に関する魅力的な研究を行った。パットナムは、イギリスの行政職のエリートの構成が、理学部、工学部、数学科、文学部の卒業生の比率が高いことで目立つことを発見した。イギリスのエリートに占める理学部、工学部、数学科卒の割合（二六％）は軽々と最高で、イタリアは一〇％、ドイツは一四％だった。後者の二か国では法学部卒が多数で（それぞれ五三％と六七％）、文学部卒はほとんどいなかった。このサンプルでは、イギリスの官僚の中では、よく言われる古典学ではなく、歴史学の卒業者が単独では最大のグループだった。パットナムは、この三か国のいずれでも、学歴が姿勢を形成していると見た。理学部卒は政治に否定的な見方をし、政治的中立性を信じ、専門的検討の優位を信じ、世界に対して自分たち流の臨み方をする点で文学部卒よりもエリート主義的になる可能性がはるかに高い(174)。要するに、理系エリートは典型的な技術家支配論的姿勢を示したのである。その意味では二つの文化と言っていいかもしれない。また別の重要な文化的な特質は、本書でもすでに多くの見解を見たが、帰属意識に関するものである。文学部出身のイギリスの上級公務員は、行政職公務員の中では明らかに圧倒的多数で、パットナムの研究では、自分たちは所属する部局の公務員である前に、公務員総体に属すると見ていた。これに対して科学職は、科学／技術全体を自らの第一の所属先とみなし、その次が自分の部局だった(175)。かくて「公務員」と「専門職」の間の差は実際のところ深く、それは行政職が専門職を低く見ることで生まれただけではなかった(176)。このような意味のある複雑な差異が、よくある単純化されすぎた「二つの文化」という二極化に変わるようになったいきさつ、そして研究科がイギリスの科学史やイギリスの国家史の外で書かれたいきさつを、次章で取り上げる。

第5章　反＝歴史家と技術家官僚

――「技術家支配期」再考　一九五九～六四年――

現時点で必要とされている社会的な「春の大掃除」〔冬の間、暖房のための石炭のすすなどで汚れた家を春に大掃除する慣習〕の中心にある問題は、いかにして文学・法科系のパブリック・スクール閥知識人層《インテリゲンチア》に、サラリーマン中間階層に共鳴する専門技術系「エキスパーテンシア」を置き換えるかということです。要するに、先生や先生の周囲の方々は、御誌の読者に一七世紀のマイナーなフランス人詩人の七番目の愛人のことをそれとなく言っているのを察することを期待していて、フランス人詩人あるいはその愛人のことなどどうでもよいという何百という人々の方が、キロワットやカロリーやバクテリオファージについて先生方よりもずっとよく知っているという事実を考えようとしていないのです。(1)

アメリカの政治学者サミュエル・ビアーにとって、二〇世紀の政治文化には、技術家支配《テクノクラシー》と人民主義という二つの流れがある。しかしビアーは、イギリスでは技術家支配の流れはほんのつかのま姿を見せただけだと論じた。この技術家支配期の「火ぶたを切った」のは、C・P・スノーによる一九五九年の「二つの文化」講演だった。また、同様に重要なのは、一九六三年の『エンカウンター』誌の、「ある国の自殺」特集号である。(2) その結果、一九六三年には、高等教育拡大に関する［ライオネル・］ロビンズ報告が出され、一九六三／四年度には、「科学政策」を動かす機構の改革（技術省の創設など）、そして一九六八年には何より肝心な、公務員に関する［ジョン・］フルトン報告が出された。(3) ビアーによれば、技術家支配方針の野心と衝撃は一九七〇年代までに消滅したとされる。この記述は明快さという点で注目に値するが、紋切り型のイギリス的歴史記述と政治的言説にすぎない。失敗に終わった一九六〇年代の技術家支配期というのは、イギリスがイギリスを叙述する際の鍵となる説明の焦点の一つである。このことは、優勢な技術家支配論の伝統内部では、イギリスの政治・行政の土壌が反技術家支配的だったという原則を証明する例外と考えられる。しかし、イギリスをそのように定義したのは当の技術家支配期だった。技術家支配期は、これまで認識されてきたよりもはるかにイデオロギー的に重要で、しかも政策的観点からはさほど重要ではない。すなわち技術家支配期は、イギリスのエリートと国家、また、特にイギリスの科学・技術・産業に関する思考様式全体を定めたのである。それは、少なくともこの三〇年間の、技術家支配論的で衰退論的な歴史記述や、まさしくビアーの分析のような、イギリスの技術家支配期が、ほぼこのごく短い期間しか存在しなかったという分析をもたらした。それは、「二つの文化」や「ホワイトヒート」という常套句、「エスタブリッシュメント」、「伝統文化」、「停滞した国家」、「ヨーロッパの病人」という批判を生み出し、そうした言い回しは今なお通用し、目立っている。この論旨は、その間何も起こらなかったかのように、また、そもそもそれが信用できるかのように繰り返されている[4]。そうなると、スノーの『二つの文化』がいまだにケンブリッジのある思想史家の序文を添えて書店に並んでいるのも意外なことではない[5]。片や『エンカウンター』誌の特集号の方は、一九九四年にペーパーバック化されている[6]。

技術家支配期とは、まずもってイギリスの諸制度についての技術家支配論的批判が優勢な時期のことであって、イギリスの技術家支配が喜ばれた時期だったのではない。この技術家支配論的批判は衰退論にもよくある中核的特色であり、これをいくつかの関連する原因によるとする歴史家もいる[7]。衰退論にとって、イギリスの相対的衰退はイギリスの至らないところのせいだという見方では、たいていの場合、その至らぬところは、もっと強力な技術家がもっと大勢いれば回避されたはずだと見られた[8]。技術家支配論的批判の中心は、イギリスの技術家支配の反=歴史とでも呼べるものである[9]。これから見るように、この伝統では歴史的な叙述は驚くほど重要だが、その叙述が最も気にする技術家支配的制度の過去と現在がたいてい忘れられているという点で、非常に奇妙な歴史となっている。そうした技術家支配的制度に反対するためにどれだけの力がかけられたかに力点があり、そのために反＝歴史という用語になる。そのような反＝歴史は、技術家支配の強さを否定し、それに対する反対の意義を過大に評価することによって、歴史上の記録をひどく歪めることになる。反＝歴史の中では存在が否定されるイギリスの技術家支配は、こうして通常の歴史的な問いを受けつけなくなった。技術家支配論的反＝歴史は、それが技術家支配論的批判という歴史的伝統の中にあることを否定するという点で、それ自体が反＝歴史的になった。結果として、技術家支配も、それについて書く反＝歴史的伝統も見えなくなり、そのことが逆説的に、この伝統のイギリスでの強さを示す尺度となった。私の考えるところでは、それはこうした反＝歴史が、技術家支配的な価値観の枢要な役割を演じ、その価値観の表れになっているからである。実際、技術家支配論的批判に染まった衰退論は、それ自体、イギリスにおける技術家支配論的伝統がどれほど強かったかを表している。衰退論は、少なくとも一九六〇年代初期以来、イギリスの知的風土では、そして実際には政治や市民の風土でも、とてつもなく重大だった。このことは、その主張が正しい証拠とは読むべきではなく、それが根本的に誤っていることの証拠と読むべきだろう。既存の成果の大部分は衰退論の論旨を受け入れている以上、それが誤っているのであれば、我々のイギリス文化についての叙述は根底から見直す必要がある。

我々はすでに反＝歴史のいくつかの例と出会っている。サー・バジル・リデル＝ハートとフラー少将の歴史的著作は、イギリス陸軍での戦車派勢力の存在を軽視し、陸軍が無能で尊大なだけの人々に支配されていたように描いた。公務員についての多くの叙述は、エキスパートの役割を増すよう求め、文学部《アーツ》出身の行政職優位に反対し、その存在がエキスパートの地位と権限を低くしたことを責めたが、すでに見たように、そうした叙述はエキスパートの仕事についておめでたくも無知だった。もちろんフルトン委員会は、国家のエキスパートについての反＝歴史を提供した。しかし、他にもたくさんある。科学の弱さを嘆くが、C・P・スノーの著作以上に深い科学の知識は示さない、いくつかのイギリス文化研究であり、強力な産業政策を提唱し、産業政策の歴史を書いて、イギリスはかつて産業政策を有したことがなく、大蔵省が必ず勝ったと思い込んでいた人々である。このような話が繰り返される際には、科学・技術・産業・エキスパートはますます弱いものとされ、平和主義者、文学部系知識人、行政職、ブルームズベリー〔イギリスの文芸人の象徴となる地区〕、大蔵省は、さらにグロテスクに大きくのしかかってきた。こうした反＝歴史が機能したのは、歴史家が、イギリス社会について、反＝歴史家の語りを信用して自分たちが技術を知らずに行った叙述があったからだ。反＝歴史家はエキスパートに従い、当のエキスパートの説を繰り返していた。そうして自説を広めたが、図らずもその足下も崩した。（反＝）歴史家は、歴史家も含む文系インテリゲンチアは技術家の論旨を気にとめたことはないと論じるからである。もしイギリス文化が、反＝歴史家が説いたようなものだったら、反＝歴史はもう消えていただろう。

反＝歴史を書くのは新種の公的知識人であり、古い種類のエリート知識人からは見下されていた。[10] 例えばグラムシの「有機的知識人」、つまり「専門技術者」を考えてみればよい。あるいは、オルテガ・イ・ガセットの新しい大衆人、つまりスペシャリストについての乱暴だがよく見ている意見を考えるとよい。大衆人は

学のある知ったかぶりで、これはきわめて重大な問題である。この事実は、大衆人が無知人とは違う形で無知であるが、自身の専門の方向では学のある人並みに尊大だということだからである。……政治、芸術、社会的利用、他の科学において、大衆人は原始的な無知人の姿勢をとるだろう。しかし、そうした態度を強く、しかも自己充足的に採用するために、ここが矛盾する点だが、他のそれぞれの分野の専門家を認めようとしない。[11]

イギリスの知識人、特に戦間期の知識人も、視野の狭いスペシャリストあるいは専門職にわずらわされ、実際、公務員の世界でのエキスパートと高級官僚の間の争いには、このことが強くこだましているのはすでに見た。[12] こうした懸念は、よくあるような専門性への、あるいは悪くすると「科学」への敵意と解すべきではない。この懸念

は、一部のスペシャリストの知識人としての自負に向けられている。知識人が全般に、エキスパートの主張の内容に関心を抱いたことがないのは不思議なことではない。エキスパートが言っていることについての歴史的研究はまれで、少ない中の大部分は、エキスパート一般とは言わなくても、対象となる特定のエキスパートの言うことに共感を示している。[13]それでも、エキスパートについての叙述の歴史記述上の重みは、通常認識されているよりもはるかに大きい場合が多い。[14]エキスパート、そして特に私が科学系知識人と呼ぶ存在は、ただ証言を提供しただけではなく、二〇世紀イギリスのエキスパート層研究の大半について知的枠組も提供している。「歴史家は、公的な科学の文書を無批判に読むことで、科学者の状況についての科学者による口述、報告、論考を額面どおりに取るようになったが、実際にはそうした著述はただ、公的な領域には前々からあった議論や論争を繰り返しているにすぎない」というフランク・ターナーの警告は今なお顧みられていないことが多い。[15]その結果、伝統的な人文主義知識人がエキスパートの主張を支持するようになり、また歴史家は、例えば技術家の反＝歴史を自分たちの二〇世紀イギリスの歴史の叙述に組み込んでいる。

そうすると、争点をエキスパートと伝統的な人文主義的な知識人の対立と見るのは間違いの元ということになる。とはいえ、ジョナサン・ハーウッドが指摘するように、その区別はたいていの場合、知識人が育った学問分野どうしに立てられる。とりわけて悪名高いのが人文と科学の区別であり、それに劣らず多いのは、数々の学問分野の中にも見られる学問領域内での各「思考様式」の区別である。[16]戦後のイギリスでは、実にいろいろな科学系知識人や技術家がいた。ただ、我々には見解の幅を捉える尺度がない。それは少なからず、多くの科学者が促進する、科学は一体で、単独の科学思想を意味するという粗雑な思い込みのせいである。しかし前章からは、政府内にさえ、科学顧問の中でも最も知的な人々から狭い職能の現場科学者にわたる、実に様々な科学者がいたのはよくわかるだろう。歴史家にとって難しいのは、科学顧問層の一部だけが公的な、あるいは科学的な知識人になり、現場科学者の方はほとんど沈黙しているところである。二〇世紀中葉のイギリスでは、科学系知識人の集団は科学者左翼と中道が優勢で、そういう人々が、イギリス人の生活における科学の位置について、非常に特異な話を語った。

科学系知識人の例として、私はC・P・スノー（一九〇五～一九八〇）とパトリック・ブラケット（一八九七～一九七四）という、二人の重要な例を取り上げる。階級的出自の大きく異なる二人は、ともに戦間期ケンブリッジ理学部の産物であり、両者とも、戦時中は政府に臨時雇用され、貴族に列せられ、「科学」のスポークスマンとして有名であり、そして、ともに一九六〇年代中葉に技術省にいた。スノーは技術省政務官になり、ブラケットは短期間公務員を務め、それよりは長く顧問を務めた。二人は知識人の間に与えた広い衝撃という点で、戦後最も影響力のある科学系知識人だった。二人とも、イデオロギーとしてだけでなく、実際の政治と政策から見てもとてつもなく影響が大きく、イギリスの技術家支配論的批判を明言する中心的な人物だった。一方のスノーは、典型的に衰退論な反＝歴史家だった。他方のブラケットは、反＝歴史的傾向はあったが、科学政策批判のために科学を用いた。双方とも、研究開発の歴史を軽視して第二次世界大戦中の科学を語るのに「オペレーショナル・リサーチ（OR）」が中心に据えられることを批判した。実際二人は、一部はこのようなやり方で、特に戦略爆撃が反科学的だという批判の形で、第二次大戦中のイギリス科学の書かれ方を形成するのに大きく貢献した。また二人は、一部には自身の仕事を通じて、単なる研究ではなく科学が、特に社会主義者の手にあるときに国に対してなしうる潜在的な役目があることとの決定的な証拠となった。戦争の理系化、文民化と考えられたところは、新しい平時の世界を築くためのモデルになった。科学者左翼、特に学界科学者が戦時中にしたことは、二〇世紀イギリス科学について考える際の鍵の役目を担った。それは輝かしい成功の物語であるが、同時に、未改革のイギリス国家に影響を与えることには完全に失敗した物語でもある。イギリスの技術家は自身の国家との関係について非常に奇妙な捉え方をして、一貫して、また影響力を伴って、イギリス国家におけるエキスパートの地位、ひいては戦争の叙述を歪めた。二人はイギリスのエキスパート層の歴史から戦争国家を追い出したが、戦争国家の歴史の外ではエキスパート層の歴史を描きもした。

C・P・スノー、反＝歴史家

イギリスは理工系で育った作家を相当数輩出している。作家として飛び抜けて重要なのは、H・G・ウェルズだが、一九三〇年代から四〇年代にかけて、エリック・アンブラー、ウィリアム・クーパー、ナイジェル・ボールチン〔日本ではバルチンやバルキンとも〕、ネビル・シュート、C・P・スノーらの新世代が登場した。クーパー、ボールチン、スノーは、いずれもケンブリッジで科学を勉強した。シュートは、オックスフォードで工学を学び、アンブラーはロンドン大学の工学部出身である。[17] スノーは昔も今も、イデオローグとして図抜けて著名であり、きっと最も影響力があって、典型的な「新しい人」だった。目立たない地方育ちで、レスター大学を化学で卒業し、ケンブリッジで物理化学の博士課程に進学した。自身が入ったクライスト・カレッジの研究員となったが、一九三〇年代半ばには研究をあきらめた。[18] 大戦中は労働省で専門技術系の人事を担当した。戦後は一九六〇年まで、同様の役目で嘱託職員を続け、理工系の採用を担当する公務員任用試験委員長を務めた。新しい中央一括採用の研究科拡大期にあっては重要な人物だった。一九五七年にはサー・チャールズ・スノーとなり、小説家、ご意見番、行政官として、重要な公人だった。スノーは新しい専門技術中間層の代弁者、新たな世界でのその中間層の重みや成功の象徴と見ると有益かもしれない。その技術者中間層の多くが大いに喜んだことに、スノーは科学と技術、イギリス、世界と未来について語られるべきだとこの中間層が考えていたことをはっきりと述べた。さらには、新しい階層を代弁し、その階層だけでなく、イギリスの人文的知識人の大多数にも認められた。特に言えば、著書の『二つの文化』論的論考にある「淡白な科学主義《ブランド・サイエンティズム》」があり、[19] これは多くの人に訴えるものがあって、そのような思想が戦後のイギリスで広く共有されていることを示している。スノーは、すでにおなじみの、その後もおなじみであり続けた物語を語った。

イギリス文化における科学の位置についてのスノーの叙述は、部分的には自身の科学公務員経験に依拠している。有名なリード講演『二つの文化と科学革命』では、戦時中や戦後に自身や共同研究者が面接した、ほとんどは四〇歳未満の科学者／技術者三〜四万人の集団について述べた。[20] その集団の人々について、スノーは、「その文化には、音楽という例外、それも重要な例外はあるが、『アート』はあまり含まれていない。言葉のやりとり、執拗な議論。ＬＰレコード、カラー写真。耳、ある程度は眼。書籍はほとんどない」と言った。[21] スノーは、自分の管理下にあった科学者と行政職に入る新人とを比較しうる位置にあったが、それはしなかった。将来の科学公務員と比べたのは、行政職ではなく、小説家という、単に「文芸的知識人」だけでなく、スノーがこの国を動かしていると見た「伝統文化」の全体を代表する人々だった。奇妙なことにスノーは、自作の小説では行政職について大々的に描いている。ただし、本物の行政職サー・ロイ・デンマンは、この小説の行政職は「横目で見た知ったふうなホワイトホールの構図を見せると言うが、信憑性は、偽物のチペンデール〔一八世紀の様々な様式を折衷した様式の家具〕程度である」と辛辣に釘を刺している。[22] 実は、スノーの「二つの文化」間の比較は、どちらの側についてもきわめてひどい描き方になっている。というのも、公務員になることを希望する何万人かの科学者がスノーの関心になるのはほんの一時で、たいていは学界の物理学が科学を代表する。さらには、スノーが「文化」間の区別について言うことは明瞭でない場合が多い。例えば、「二つの文化」の区別は階級を横断するとスノーは言う。[23] しかし、あるところでは「二つの文化」は「社会的な起源にひどい違いはない」[24] と言いながら、他のところでは、「知識人世界の他の部分と比較して、この国の科学者は貧しい側の家の出である場合の方が相当に多い」[25] と記している。スノーは、既存の調査を使えば、社会階層、出身中等学校や出身大学のタイプが、特に二〇世紀中葉には枢要な因子だったこと、平均的な理学系の学生は平均的な文学系《アーツ》の学生とは違っていたことを示せただろう。もちろん、一九四〇年代末の理工系の男子学生が一般的な事柄への関心がないことを示す研究を指摘することもできただろう。そうした学生が、宗教・音楽・演劇・文学・政治・討論のクラブに入る率は文学系の半分ほどだけだった。[26] 前章で用いた証拠の多くは、一九五〇年代後期には広く利用できた。興味深く、また大事なことに、スノーは、国家機構内部にさえある数々の違いを、何の学士号を取ったかに帰着させることができた。さらに注目すべきは、その考え方が受けたというところである。

一部の知識人やエキスパートの間では、内々に、スノーは理解が足りないと軽く見られていた。これまた鍵を握る科学系知識人の一人、ソリー・ズッカーマンは、一九五〇年代の「科学マンパワー」を検討する委員会でのことを回想した。スノーは

ずっと我々が十分なことをしておらず、我々の努力の規模は他の国々と比べて貧弱だと思っていた。私の記憶では、イタリアと比べてさえと言っていた(27)。内輪では、オットー［やはり委員会のメンバー、オットー・クラーク］で、すでに見たように数学出身」は、スノーの見方をけなしていて、よく「我々がそちらへ向かうべきだとスノーが言うなら、さっさと向きを変えて逆方向に行こう。その方が正しそうだ」と言っていた(28)。

もちろん、よく知られた公然たる批判もあった。しかし、それは科学系知識人からではなく、ケンブリッジの文芸系知識人、F・R・リービスからのものだった。リービスも慎ましやかな育ちで、有名な論争の中で、スノーの言うことをまともに取り上げなければならないのは、スノーが書いていることに本来的な質や利があるからではなく、スノーがまともに取り上げられているからだと論じた。リービスの懸念は、スノーのような「取るに足らない存在」を識者と見るということだった。そういうことは、文化の腐敗、大学の腐敗、ケンブリッジの腐敗を示していた(29)。リービスの非難は不快なほど個人的だとか、「二つの文化」があるというスノーの指摘の見本だと紹介されることも多い。それは、スノーの目を通してリービスを読むということであり、スノーが代表していた技術家のリービスによるお手本のような解剖を誤解し、過小評価することになる。リービスは、スノーが主張する二つの文化の「相互理解不能な断絶」の見本であるどころか、スノーのことをよくわかっていて、スノーは低俗な技術家で

あり、科学の権威によって、科学のために、科学の側から語ることに作用はしたが、そうする根拠は何もないと見ていた。スノーは例えば、科学者の議論は文芸系の知識人の議論よりも厳密であり、高い概念のレベルで行われると主張する。リービスは、スノー自身の概念レベルはきわめて低いと言い、スノーに科学者のスポークスマンの役割が務まるとは認めなかった。実際、リービスの公刊された講演には、ある科学者による別の講演がついていた(30)。リービスがスノーに否定的なのは正しかった。スノーが無視できないのは、リービスがまさしくそう言っていたこと、つまりスノーがまともに取り上げられているという事態によっていた(31)。スノーは科学者について、「その骨に未来が」あると言っているが、スノー自身の話は文体も内容も古くさく、スノー本人は、骨に過去がある技術家だったと言っていいかもしれない。

スノーの一九五〇年代イギリスについての「二つの文化」論は、その論述のほんの小さな部分にすぎず、その話の大部分は過去に割かれている。大部分は、イギリスの暮らしの中での科学の位置の歴史の話である。リービスはスノーが歴史を知らないと言い、ジャーナリストであるヘンリー・フェアリーは、科学史について知らないと言っているが(32)、スノーの話にあるたぐいまれなところは明らかにする必要がある。というのも、本人による「二つの文化」についての叙述にもあるように、多くの読者は、スノーは粗雑ではあっても重要なところに触れていると見ているからである。それでもスノーは、イギリス科学の歴史についても、他の多くのことについてと同じく、驚くほど間違っているが、それでいてその叙述はそれと似た論旨が至るところに見られるがゆえに、分析するに値する。スノーによるイギリスの科学と技術の歴史は、イギリスの科学と技術の反＝歴史の典型である。

スノーの叙述は、一八世紀半ばから二〇世紀初頭まで続いた「産業革命」と、スノーが一九五〇年代の流行に従って、せいぜい一九二〇年から三〇年に置いた「科学革命」を中心にしている(33)。「科学革命」は続いており、「エレクトロニクス、原子力、オートメーションによる産業社会」を創出しつつあった。それは過去のものとは大きく異なっていた(34)。スノーによれば、イギリスの「伝統文化」は産業革命を無視したり嫌悪したりして、「産業革命」

にも貢献しておらず、それは、

若者を、行政職向け、インド帝国向け、文化そのものを永続させる目的で育てたが、どのような状況であれ決して若者に、革命を理解したり、参加したりする用意は与えなかった。将来を見通した人々は一九世紀半ば以前から、富を生み出し続けるために、国が優れた頭脳の一部を、科学や、特に応用科学の分野で育てる必要があると見るようになっていた。しかし、誰も聞かなかった。伝統文化はまったく聞く耳を持たなかった。そして、そこにいた純粋科学者もその話を熱心には聞かなかった。その筋書きは、精神の点では現在になっても続いている。[35]［強調は引用者］

さらには、「学界は、産業革命とは何の関係もなかった」[36]（強調は引用者）。ドイツだけが違って、有能な人は応用科学の教育を受けており、ルートヴィヒ・モンドのようなイギリスで財をなす人物もいた。[37] スノーの念頭にあった産業革命は二〇世紀初頭まで続いていたことを思い出そう。

言うまでもなく、二〇世紀が進むとイギリスは失敗もしていた。「なぜ、我々は科学革命に対応できなかったのか」とスノーは問うた。「なぜ他の国々はもっとうまくやっているのか」[38]。イギリスがそれを修正しなかったら、ベネチア共和国が最後の半世紀にたどった運命に陥るだろうと、スノーは説いた。[39] 成功した比較相手としては、ロシアとアメリカを念頭に置いている。[40] スノーの診断によれば、イギリスの見込みは惨憺たるものだ。他の国々は貧しい国々を含めて前に進んでいる。スノーによる「産業革命」の語り方を考えると、スノーが、「二つの文化」の分断が悪化していると主張しているのは驚くべきことだが、実際そう見ていた。ケンブリッジは「一八五〇年から一九一四年にかけて、今よりもずいぶん柔軟だった」とスノーは説いている。[41] スノーの時代のイギリスでは、「教育再編は他のどの国よりも難しい」[42]し、イギリスのエリートは「同等のどの国よりもはるかに小さい」[43]。スノーはこれを、教育制度が相変わらず専門主義であることと、イギリスの「自分たちの社会形態を固定する傾向」によるとした[44]。「固定（crystalise）」という言葉は、何度も出てくる。この言葉がスノーの二〇世紀イギリスの分析を要約している。

スノーによる分析は、歴史的記録からイギリスの科学と技術の発展を抹消してしまった反＝歴史の極端な形態である。科学は常に失敗しているし、工学はもっと失敗しているのだ。イギリス史の能動的主体は、それを文化と呼べるのなら、固定化するという特性のある伝統的文化である。また、当時もその後も技術衰退論の論旨に典型的なことに、その政策の処方は弱くてはっきりせず、診断と釣り合わなかった。スノーの政策は、どんなに混乱していようと、理工系の教育を、特に大学でさらに拡張することだった。あれほどかつてない重要性があると言われた「二つの文化」の問題は、かろうじてこんな方針が出てくるだけである。その処方の「第四にして最後」に、イギリスは「科学者が言っていることを感取できるほど科学を知る政治家、行政職、コミュニティ全体を」必要とする[45]。

スノーの反＝歴史的・技術衰退論は、一九六〇年代の衰退主義の特定の形ではなく、それに特徴的で、典型的なものである。その基調、論拠、性格は、当時大量に生み出された衰退論の文献のものとよく似ていた。たいていは文学《アーツ》系で育った知識人によるものだった。例えば、オックスフォードで英文学を講じたアンソニー・サンプソン（一九二六～二〇〇四）は、一九六二年の著書『英国の解剖』で、まさしくスノーが代表した技術衰退論の二つの文化様式でイギリスを解剖し[46]、「航空省はラテン語学者と歴史学者によって運営されており、率いるのは理系ではない長官である[47]」と主張した。さらに、

> エキスパートたちがこのアパルトヘイトに憤慨しているのは当然で、この一五年間、両陣営の間に冷戦が存在している。この、アマチュアとプロ、ジェントルマンとプレイヤー〔アマチュアスポーツマンとプロアスリートの対比を表す〕の衝突は、ヨーロッパ大陸あるいはアメリカでよりも、多くのイギリスの機関に行き渡ってい

るが、最も厄介な前線は公務員の世界にある。[48]

サンプソンは、航空省がイギリスのR＆Dの最大の資金提供元だったことを言ってもよかった。『ある国の自殺』特集に寄稿した人々は、ほとんどがいつもの技術家支配論的な公務員批判やイギリス一般の批判を訴えたが、大多数は、文学系、一部は社会科学系で、もちろんオックスブリッジ出身者だった。インペリアル・カレッジ出身のエンジニアで労働党の国会議員オースティン・アルブー（一九〇三〜一九九四）は異質である。[49]文学系の学者で戦時中は行政職公務員だったロード・フルトンは、よく知られているように、その報告で、「ジェネラリスト」のアマチュアとスペシャリストの専門職を大きく取り上げた。多くの人は、アンドリュー・ションフィールドの著作が唱えたように、イギリスは時代遅れの議会主義にこだわっているので、介入主義的な産業政策がないと主張した。[50]さらには、「二つの文化」思考は、実業界、国家、公務員についての歴史家による研究に強い影響を与えた。もちろん歴史家はたいてい文系の出身である。[51]文系で育った知識人は、技術家支配論的批判を信じ、実際、推進したというのは、一定の重みをもつ指摘である。それ自体が、この論述の中心にある「二つの文化」の区別の意味を危うくするからである。奥底のレベルでは、この指摘は根本の技術家支配論的批判を強化すると論じることもできるかもしれない。イギリスでは文系の既成勢力が強すぎて、それ自身に反対する言説まで生み出したというふうに。しかしもっと単純な説明（精神は技術家支配論的でもある）は、話が科学、技術、産業になったときの技術家の分析の影響力と、公人知識人や政治家の信じやすさとアマチュアらしさを指摘する。スノーは、技術家支配論的批判の主張を受け入れた文系の高尚な風土から大いに恩恵を受けた。

スノーの経歴や、その主張が受けたことからして、その立論を否定する。スノーは、学界と国家を、国家と産業を、科学と文学を、軽々と横断した。その論には、超人的努力を用いたにちがいない。スノーが自身を否定したというのはもっと深い意味でもある。スノーが公務員任用試験委員会の長やＥＥ社（すでに見たように非常に重要な兵器企業）の役員の一人になったのは、またロード・スノーとして技術相の政務官になったのは、小説家だったおかげではなく、科学者あるいは少なくとも科学のエキスパートとしてだった。(52) 文化的にもスノーの成功がスノーの論を否定する。とことん文芸系の文化なら、スノーの講演が気にとめられることはなかっただろうし、リービスがそれにかかずらうこともなかっただろう。かかずらったとしても、スノーがそうだと主張したようなイギリスでは、リービスのような攻撃がすでにあって、そちらの方が有名だっただろう。つまりスノーは、フォイエルバッハやデューリング並みに、明晰な分析力がありながら不運な批判の的になった人物として記憶されるにとどまっただろう。(53) 現実のイギリスでは、スノーの方がリービスを一般の人々の間で著名にしたのである。(54)

『二つの文化』は、スノー自身が歴史に、あるいはむしろ反＝歴史に足を踏み入れた唯一の試みではない。一九六〇年にハーバードで行った『科学と政治』〔原題は「科学と政府」〕という連続講演の方が重みがある。というのは、この講演では、第二次大戦中のイギリス科学について、昔から異論はあるとはいえ、今でもこだまする解説を行ったからである。『科学と政治』は、英政府における科学者の位置についての調査ではなく、ましてやスノーが熟知していた科学公務員の解説でもなかった。これはORと、戦略爆撃の道徳性および効果とに関するものである。ORには、陸海軍の作戦についてのデータを分析し、そのような作戦について軍の司令官に助言する、ほとんどが若い科学者のチームが含まれていた。こうした科学者は個々の軍司令部に配属され、軍需省庁の研究施設ではなかった。ORの重視は、科学や第二次世界大戦に関する文献では新しいことではなかった。実のところ、著名な左翼科学系知識人の多くはR＆DよりもORに参加していたので、ORはそうした人々による研究や、そうした人々についての研究に目立った。具体例としては、ブラケット（「オペレーショナル・リサーチの父」と呼ばれた）、ティザード、バナール、ズッカーマン、C・H・ウォディントンなど、多くの科学者がいる。戦争直後からORは、とりわけ科学者左翼が、戦争に対してではなく、潜在的には平和に広く貢献するものとして、よく話題にした。(55) それは軍隊の伝統的な意思決定の代替物であるだけでなく、価格メカニズムへの代替物でもあった。(56) そのような理解によれば、ORは、物、特に兵器との結びつきで邪魔されない純粋科学的方法であり、したがって、科学が政治家にもたらせるものの有力な例だった。ORの重要性については他に二つの理由を言うことができる。ティザードは、ORが第二次世界大戦で新しく適用されたことと、それがイギリスに特有の成果だったことを強調した。ティザードが一九四六年に政府の科学者労働組合で語ったのは、科学が「政策でも戦略でも影響力の点で、他のどこよりもこの国ではるかに先行した段階に達した」領域が一つあるということだった。「今や各軍の省で歓迎されるのは、科学的な問題解決の方法である」[57]。ティザードは、「史上初めて、科学者が軍の戦術や戦略に影響を与えていると私は信じる」し、確かに戦術に携わった最初の科学的組織は一九三〇年代の自身のレーダー委員会だったと主張した[58]。もちろん新奇性とイギリスらしさとは同義ではないが、イギリスの科学と戦争の話では、確かにそういうものと解される。逆に、科学者を武器の設計、開発に使うことは、第二次大戦では珍しいことではなく、イギリスに固有のことでもなく、したがって、イギリスでの科学擁護論の論拠にはあまり使われない。

スノーの『科学と政治』は、一九四二年の戦略爆撃をめぐる、いわゆるティザード／リンデマン論争を描いており、それをイギリスの科学と戦争を考える際の中心としている。同書は、そういう語り方をしなければいい話を並外れたお説教にし、それだけで言えば、アメリカの原子爆弾について語られる話のイギリス版となっていて、民《シビリアン》に対する原爆使用に関与した人々の一部によるあからさまな道徳的異論を取り上げている[59]。スノーは科学と科学者左翼を明白に善の側に置き、反科学と悪い科学を悪である戦略爆撃の側に置く。スノーが語るところでは、ティザードは戦略爆撃に反対した善玉で、支持したリンデマンは悪玉となる。ティザードは、「イギリス人の中のイギリス人」であり、リンデマンは「全然イギリス人的ではない」とされる。ティザードは貧しく、リンデマンは裕福。リンデマンは変わっていて、ティザードは正常となる。そしてもちろん、ティザードの方が科学者として優れていることになる[60]。スノーの主張では、戦略爆撃は「信仰箇条であって合理化できない」もので、科学や理性の問題ではなく、「リンデマンは特徴的な強さでこのことをずっと信じてきた」となる[61]。この筋書きの鍵は、ティザードはブラケットとともに、戦略爆撃を正当化するリンデマンの計算は間違っていることを示したが、リンデマンも政府もこれを受け入れず、そのため、爆撃は強化されたところだった。ブラケットはこの話を強く支持し、次のように記した。

私は自分の失敗だという感覚がつきまとっていることを白状するし、きっとティザードも同様に思っていたと確信している。我々にもっと説得力があって我々の単純な計算を信じさせることができていたら、また、官僚の世界ともっとうまく戦って大臣にもっと強く陳情していたら、この決定を変えていたのではなかったかと。(62)

これは、ブラケットにとって些細なことではない。ブラケットは、「近代国家が、敵の軍隊よりむしろ敵の市民の集団に対して軍事作戦を意図的に計画したのは、私の知るかぎり初めてのことである」と思っていたのだ。ブラケットは、自身の経歴まで忘れている。「第一次世界大戦で海軍にいた若い頃には、そんな作戦は考えられなかった」と説いているからである。(63)その戦争での海軍の主要な役割はドイツを封鎖することにあり、これは大戦前からの海軍の中心となる方針だった。スノーとブラケットは、理性（や正しい計算）が見落とされるとき、勢いで決断されると信じるようになった。(64)

スノーの叙述は、直後にはさんざんな反論を受けていたにもかかわらず、時の試練に耐えて残っている。実際、一九六一年にティザード自身の文書を用いて発表された戦略爆撃の公式戦史は、両方の側で行われた評価の粗雑なところと、爆撃に効果がある可能性についての基本合意を強調する。(65)そうした文書から明らかなことは、ティザードが戦略爆撃について原理的に何の反対もしていないことである。ティザードが特定の計算に反対したのは、決定力のある爆撃とするなら、「想定されているよりもずっと大規模に行わなければならない」と思うということだった。チャーウェルはこれに「我々が計算において、また全般的な結論においても考えに違いがないことは喜ばしい」と応えた。(66)ブラケットは、リンデマンを強く支持していたR・V・ジョーンズからの私的・公的な批判をつきつけられて、戦略爆撃論争での自説を明確にすることができなかったことも言っておくべきだろう。[67] ズッカーマンも自身の回想録でスノー説を退けている。[68]

だが、もっと突っ込んだ批判もできる。スノー／ブラケットの話は、あたかも新たに国家に入ってきた科学が遅れた勢力と戦っているかのようである。前例のない恐怖を世界に降りかからせるのは科学の方の失敗なのに。こうした話は、科学者の助言の歴史や、現に続いている科学と軍の連携に立ち入ってはいなかった。そうしたことは軍事科学の反＝歴史となる。例えばスノーは、ティザードが一九三三年以降、空軍省の上級科学顧問だったことを、あるいは、同省は二〇年にわたって戦略爆撃に深く関与していたことを明言していない。スノーは後に、ティザードが戦略爆撃に根本的に反対していたかどうかは実は確かには知らないと認めたが、そのことがスノーの主張全体にどれほど傷になるか気づいていなかった。[69] 同様にこの著作は、ORの発達に対する最大の貢献が学界からでなく、政府の科学者や実業界の人々によるものであること、要するにすべてのOR研究者が学界人だったわけではないことを明確にしていない。[70] 最大クラスのOR部門の一つにほとんど関心が向けられていないのは興味深い。この部門は英空軍爆撃機軍団所属だった。しかし、この部門の下級メンバーだった物理学者フリーマン・ダイソンは、回顧録でスノーの話とよく似た話をしている。搭乗員の喪失を減らすために、機銃を外し、脱出用のハッチを改良するという助言が無視されたことを回想しているのである。ある容赦のない爆撃機軍団への攻撃論では、「それは科学や技術の悪い面をできるだけ明瞭に示すための具体例として、どこかの常軌を逸した社会学者が考えたのではないか」と言っている。その出どころは、「政治家や軍の幹部には魅力的」だったが、科学者の指導者にはそうでない戦略爆撃という教義である。

爆撃機軍団は、昔からある軍隊の悪を科学と技術が新たに大きくした初期の例だった。技術は悪を匿名にした。科学と技術によって悪は官僚的に組織され、起きる事態に責任がある個人はいなくなる。

当の本人さえ、個人的責任の感情は抱かなかった。[71] ダイソンは自身をも厳しく批判するが、それでも、官僚機構では個人の責任はないし、何より科学者は命を救おうとしているが、兵士はそれを犠牲にすると信じるからという主張によって、ある程度は自身を免罪している。ダイソンが古くさい軍人だと大いに批判した戦時中の爆撃機軍団の司令官は、そういう立場の人間としては当然のことながら、実は科学に非常に熱心だった。[72] そうしたことは認識されない。右のような叙述では、科学は明らかに善の側にあって、社会学者、あるいは社会、あるいは最もわかりやすい軍が介在でもしないかぎり、科学が悪と結びつくなどありえないからである。

ケンブリッジ出身の科学者で、当時は陸軍省で働いていた作家ナイジェル・ボールチンは、戦争小説『奥の小部屋』で、事情がよくわかる場面を書いていて、スノーやブラケットの話を読む助けになる。

「そのとおり」と、この年配の男は表情を明るくして言った。「科学者というのは、物理学や化学や生物学を理解している人間じゃない。科学者とは、訓練によって科学的に考えるようたたき込まれた人間のことだ。」

そうして自分の十八番を二〇分ほども話し続けた。……メアーが話し終えたときには、その要点は、我々は科学者であり、神そのものではないとはいえ、神の側の人であるということらしかった。それで私は実に気持ち悪くなった。特に、私たちが挙げた他の研究者すべてを長々と罵ってからは。[73]

ピンカーは言った。「大事なことは、こうしたことは大臣のところへ持っていく前に片づけておくということだ。でなければ、『科学者に聞くのはやめよう、連中の意見は一致しない』と言われておしまいになる。」

［サー・ルイス・］イーストンはうなずいた。「確かに。そういうまったくの個人的な意見の表明を避けるために、国家［科学］評議会が設立されたんだ。科学が権威ある声で話せるようになる。」

私は言った。「その声がもう少し権威的でなくて、もう少し見識があればもっといいんじゃないですか。生産現場や軍隊の人々にその仕事を教えようとしてると思うこともあります。」

イーストンはゆっくりとこちらを向き、私をきっぱりとした厳しい目で見つめた。それは、怒りの表情か、驚きか、関心か、楽しみか、脈絡にもよるが。

「君は科学を慎ましい女中のようなものと考えているのか、話しかけられて初めて話すような」と、イーストンは冷たく言った。

「そうではありませんが、科学者の意見は、科学的根拠に基づいて語っていない場合は、他の人たち以上の価値があるとは思っていません。」

「つまるところ、科学的でない根拠などあるのかね?」と、イーストンはもったいぶって尋ねた。(74)

こうした分析は、スノーにもブラケットにも見当たらない。

一九六〇年代初頭の左翼や知識人にとっての戦略爆撃批判の一般的な意義を認識することは重要である。この当時は核軍縮キャンペーン(CND)による巨大な反核キャンペーンの時代であり、戦略爆撃と核攻撃との関連は、誰にとっても明らかだった。科学者にとって、特に急進的科学者にとって、科学と大量破壊兵器とを区別することが明らかに重要だった。ここで話を福祉国家につなげることができる。CNDと密接に関係していた知識人の一人は歴史家のA・J・P・テイラーだったからである。戦略爆撃に対するテイラーの敵意は第7章で詳細に見るが、著書の『イギリス史』に明らかである。それでも戦略爆撃は、戦前の国家の政策に暗黙にあったことでも、戦時中のイギリスのあり方について教えてくれるものでもなく、新しいこととして取り上げられる。テイラーの話では、スノーやブラケットの著述の場合と同様、それはひどい異常事態なのである。

P・M・S・ブラケット、国家と左翼

批評家・分析家として、ブラケットはスノーとは異なる区分にいて、J・D・バナールに類する。ブラケットは特権的なサークル、つまり、イギリスのエリートから引き入れられた科学者である点でもスノーとは違う。最初は海軍に入り、エドワード朝時代の改革された海軍教育制度をくぐった。第一次世界大戦では海上勤務に就き、その後、他の多くの若い海軍士官とともにケンブリッジに派遣されて学業を終えた。海軍は辞めることにして、一九三〇年代初頭まで、キャベンディッシュ研究所にいた。その後はバークベック大学（一九三三〜三七年）、マンチェスター大学（一九三七〜五三年）、インペリアル・カレッジ（一九五三〜六三年）と移り、講座に所属したり学科長を務めたりした。[75] ブラケットは堂々たる貴族的人物だった。そのふるまい方は海軍での経験に由来している場合が多い。他から見ると、「［一九五〇年代に］二〇年代のインテリの名残のような雰囲気が残っていた」という面もあり、「科学の大司教」だった。[76] ブラケットはスノーとは違う形で左翼知識人だった。[77] 科学の高級官僚であり、政治的に考えることができ、科学の方法を科学に向けることもできた（特にスノーには決してできなかったことだ）。国家の鍵となる科学政策に対し、活発に、また公然と反対した。

きっと早すぎた反ファシストだったブラケットは、「早すぎた軍事的リアリスト」と自称することになる。[78] 実際、（ブラケットのような立場にある人にしては）急進的な政治姿勢だったにもかかわらず、多くの点で保守的だった。『タイムズ』紙に載った死亡記事は、ブラケットの比熱の測定への関心を取り上げ、物理学の「古風な」問題に関心を抱き続けたことを記している。[79] 科学と技術が戦争で状況を変えるような役割をするという主張については懐疑的で、きっといずれとも判断しかねていたのだろう。ブラケットのＯＲでの仕事には、非科学的な軍部が、ブラケットの言う「感情の激発[80]」に基づいて作戦を実施することに対してだけでなく、新兵器を求める主張に対する批

判を見てとることができる。

「古い兵器に代わる新しい兵器」は人気の声になりやすい。新装置がいくつか成功して、新たな形の現実逃避をもたらした。それはこんな感じで進む。「我々の現在の装備はうまく機能しない。訓練は足りず、スペア部品はない。いっそまったく新しいのにしよう」。そこで新型の構想が出てくる。アフロディーテーのように、航空機生産省からフル生産で、訓練された乗組員の一隊を伴って湧き上がってくる。

OR部門の任務の一つは、現行兵器の今の性能を継続的に調べることによって、また新兵器の性能の可能性を客観的に分析することにより、ある装置を別の装置に入れ替えることの利点を数値的に評価する方式を少なくとも一つ可能にすることである。……概して、これまでのところ新装置の生産にかけられる科学的努力は比較的多すぎるし、すでにあるものの適正使用にはあまりにかけられていないと結論してもいいかもしれない。(81)

実際ブラケットは、戦術にありうる修正を検討する前から新兵器の効果を検討しにかかることによって起きた間違いが多いと論じた。「新兵器が求められ、既存の戦術の下で既存の兵器を使うより結果が向上すると約束するが、既存の兵器を戦術を改善して使った場合と比べると結果は良くないことが判明する場合がある」(82)。ブラケットがORを、とりわけ作戦《オペレーション》と各軍の技術部門との架け橋と考えていたのは意外なことではない。

しかし、この、ORとR&Dの重要な違いは、ブラケットの考察からは、また実のところ他の科学系知識人それぞれの考察からも抜け落ちている。しかしその違いは重要だったし、ブラケットとティザードをつなぐものである。すでに一九三八年にはティザードが、戦争において「なすべき主なことは、研究の結果を適用する仕事をさらに速くすることである」と力説している(83)。一九四二年には、新任の生産省科学顧問団に、各地施設の「有能な若い科学者」が、「効率的な大量生産に適さない」兵器を生み出していると言った。必要とされていたのは兵器が使われることであり、したがって、「産業界の開発部門が戦争では最大の重要度だということになる」が、ないがしろにされていた。[84] 一九四二年六月の「独立科学顧問団」の第一回会合においてはさらに強く、「この段階で科学者がなしうる飛び抜けて大きな貢献は、現在使用されている装備と方法の作戦での効率を改善するためにできることをすべて行うことである」と言った。そのため、「全体としては、ORで使える貴重な人材がいるなら、実験的な仕事がいかに重要に見えても、戦争の利益のためにはORの能力に基づいて採用した方がよかった」。これは認められ、ブラケットは明らかに「最良の人々をできるだけ早くORに集める」ことを支持していた。[85] ティザードとブラケットが共にイギリスの原爆製造に反対していたことは意外なことではない。[86] 後で見るように、一九六〇年代には、ブラケットと、これまた科学高級官僚ソリー・ズッカーマンは、イギリスは、R&Dが足りなかったのではなく、やりすぎたのだと認めるようになる。

ブラケットは、原爆開発は可能との答申を出したモード委員会のメンバーだったが、ただ一人、戦争中にイギリス単独で開発することは望めないと主張した。[87] イギリスの一流核物理学者の一人で、まもなくノーベル賞も受賞するが、イギリスの戦時原爆開発には従事せず、ロスアラモスにもハーウェルにもウーリッジにもオルダーマストンにも行かなかった。[88] 一九四五年から四七年まで核エネルギー諮問委員会のメンバーを務めたが、イギリスの原爆に説得力のある言い方で反対したことで、「疑いもなく、その後一六年間、政府顧問の世界から排除されることになった」。[89] 一九四八年に出版された著書の『原子力の軍事的政治的帰結』は、国家の鍵となる政策に同調しないことの公然たる表明だった。[90] ブラケットの論旨で興味深く重要なのは、核爆撃を戦略爆撃と結びつけて考えたところだった。科学を宣伝する多くの人々が当時もその後もしているのとは違い、ブラケットは原爆によって戦争の新しい時代が到来したとは論じなかった。また、戦争への姿勢の面では、左翼の、特に科学者左翼の側で目立った発言をした。どんな区分でも戦略に関心を抱いたごく少ない人々の一人であり、軍事技術的にも、地政学的にもリアリストだった少数の人々の一人である。[91] ブラケットはそのリアリズムを、開発における科学や技術の役割を分析する際にも示している。貧しい国々は「新しい科学」よりも「古い技術」を用いる必要があることを論じたのである(92)。

ブラケットは大体において左翼的人物だったし、そのためきっと技術家の主張は知っていて、そのうえで、それに批判的だった。一九三五年に『科学の挫折』に転載された放送原稿では、典型的な還元主義的マルクス主義的偏見の片鱗を見せながら、小作人と中流階級下層は科学に反対していると説いた。資本主義は政治的支持を求めて反科学的になり、ファシズムにつながる。それに代われる唯一の選択肢は、大規模な社会主義計画だった。

社会主義でも資本主義でもない第三の、計画経済と呼ばれるものがあると、みなさんはもう言われているし、これからの何年か、何度も言われるでしょう。これは誰にも等しく恩恵をもたらします。例えば、失業保険や住宅政策は政治の外で採られ、客観的に、科学的に扱われると言われるでしょう。そのような問題は政治の根幹ではないかのように！(93)

「私は、進むべき道は二つしかなく、私たちはファシズムにつながる方の道を進み始めているらしいと思っています。……科学者がどちらに立つか決めるための時間はたぶんそう長くはありません」(94)。ブラケットにとっては、他の何人かの人々にとってと同様、科学の継続的進歩と両立しうるのは社会主義だけだというのははっきりしていた。しかし社会主義は、政治的に理解するだけでなく、政治的に行動することも必要とした。重要なことにブラケットには、科学者が今の政府で担う役割を大きくすべきだという意図はなかった。求めたのは政治的な約束だった。

科学者に救済を求めることはできません。ウェルズ氏はかつて、科学者は我々を救済するのではないかと考えていたようです。その後最近になって、その仕事は国際的金融業界に回されましたが、多くの人が自殺しました。そこで今度は飛行士のところへ回されます。たぶんまもなく、私たちの希望は助産婦たちの独裁にかけよと言われることでしょう。[95]

ブラケットは、AScW会長だったとき（一九四三～四六年）、『科学と国』に書いた序文で、自分とこの本に寄稿した匿名の人々は、

> 今日の主要な社会的課題に対する姿勢の点で、率直に、また誇りをもってパルティザンである……現代の大きな社会的問題に直面して恐ろしいほど科学的なあまり、どちらの側に立つかを決められない科学界の仲間の人々には、賞賛できるところはほとんどない。

ブラケットは、「科学界のもっと多くの仲間が、手をこまねいたままでいるのをやめる気になることが本書の成果の一つとなる」ことを願い[96]、イギリスでも他のところでも、特にインドで、確かに左翼の側に立っていた[97]。

それでも、『科学と国』は軍に問題があると見て、こんなことを説いた。

> 「科学的兵器」の開発が白日の下に晒すべき真の教訓は、十分に巨大な資金、組織、科学者という資源を充てれば、自然の管理や利用について解決できない問題はなく、予想外の速さで解決するものが多いことだ[98]。

「科学的兵器」を括弧に入れるのは、科学と兵器を区別したいという欲求をうかがわせるが、戦時の研究が非効率的で無駄が多かったことを示すものはなかったし、科学が戦争でイギリスのために使われた様子に特に異論があったわけでもなく、たぶん見逃された機会が示唆されただけである[99]。科学あるいは工学が本当に進歩したかどうかに関する疑いについて私が知っている例は二つだけ、戦時中の工学諮問委員会の一員、サー・ウィリアム・スタニアと、サー・ヘンリー・ティザードのものである[100]。

ただ、科学を軍に動員するために提起された急進的な計画があったのに、『科学と国』は研究活動がすでに動員

されていることを浮かび上がらせたいと思ってはいなかった。戦後の軍の研究は、国の現実の研究努力の中心的な部分だったのに、それについては通り一遍の言及があるだけだった。[101] 科学と国の関係の最も明白な特色は、簡単に取り上げられなかった。実際、一九四〇年代と五〇年代の科学系知識人は、ほとんどが戦後の軍によるR&Dの努力を無視したし、それとともに国家研究科の大部分を無視した。問題は、戦後イギリスのR&Dでの軍隊の意味を浮かび上がらせることは、科学＝軍関係を考えると、共産党の宣伝に加わることになる点だった。「NATO政治の文化」には、知にかかわる政治を相当に非急進化する面があったし、この見て見ぬふりも帰結の一つだった。[102] 特に明瞭な公式の例は、元DSIR長官（一九三九〜四九年）、サー・エドワード・アップルトンの一九五六年のリース講演で、アップルトンはこの講演を、『科学と国』（Science and the nation）と呼んだが、そのタイトルには説明が必要だった。なぜなら、科学は当然、国際的なものだからである。その科学と戦争についての講演は、戦前は、科学者がみな民だったことを当然のこととして含んでいた。政府と科学についての講演は、ほとんどが民の科学に関するものだった。[103] 後の章でさらにつっこんで取り上げるように、それはまさしく、イギリス科学の歴史家ほとんどによる、イギリスの科学とイギリスの科学＝軍事の関係の理解のしかただった。

ブラケット、労働党、科学政策

労働党は一九五九年の総選挙で破れた。三連敗だった。この敗北の後、党内には多くの主要な争点について亀裂が生じた。しかしその亀裂は特に国有化の問題（党綱領の有名な第四条の修正案が中心）と核軍縮（この頃はCNDの時代だった）に集中していた。ハロルド・ウィルソンが党首に選出されるよりずっと前から、イデオロギー的な分裂を、「科学革命」を中心とした「前向きな政策」を開発することによって緩和しようという案があった。こうした提案は、モーガン・フィリップス書記長が一九六〇年の党大会に提出し、「一九六〇年代の労働党」と呼ばれた魅力的な文書の政策部分にあった鍵となる思想だった。文書は次のように主張した。

我々の戦後の資本主義社会の中心的な特徴は科学革命である。その速さも広がりも、ともに前の世代が夢にも思わなかったほどになっている。新しい発見・発明は今や、かつてなら完成に一世紀もかかったような変動を、五年や一〇年で生み出す。……一九六〇年代の人類は、戦争が終わったときにはまだ小学生の空想にすぎなかったような形で自然を征服し、新たなエネルギーを解放し、宇宙にまで乗り出そうとしている。この科学革命は、人類史上初めて貧困と病気を制圧し、非識字率ゼロに向かい、大衆のために、前の時代にわずかな特権階級だけが享受していたよりも高い生活水準を実現することを物理的に可能にしている。今日、世界中の政治の中心的争点は、単に新しい富をいかに国内で、また国どうしで分配するかだけではなく、それと同じくらい重要なのが、科学によって解放された新しい力とエネルギーをどう管理するかである。(104)

この典型的に未来主義的な既存政治の否定はきわめて有用だった。フィリップスはさらにこう主張した。労働党の新しい「現代資本主義の批判」は「我々が向かっている新しい世界の要求に」基づくもので、「我々が指弾するのは、科学の発展が時代遅れの政策によって抑制され、歪められていることである」。これは、科学が未曾有の速さで進歩していることを中心的な論拠としていたのを考えると奇妙な主張だった。それでも、それを論拠とすることは、曖昧でも国家の関与を大きくする政策を正当とするために必要だった。そして、ここでもまったく新しい現在の未来的強調が、こうした問題について過去の政策を顧みることを否定していた。そこにはイギリス国家が科学ですでに中心的な役割を演じていることの認識はなかった。(105)

一九六四年段階では、特に一九六三年からのハロルド・ウィルソンのリーダーシップの下で、社会主義と科学革命の連携が労働党の議論の中心となり、これはウィルソンの「ホワイトヒート」演説の中心をなす主題となった。

この演説は、戦後イギリス史でトップスリーに入るような有名な政治的演説の一つだった。ブラケットはスノーのように、科学革命についての労働党の思考と密接につながっていたし、自分を労働党の科学・技術政策の、特に技術省を生み出した中心人物の一人と見ていた。ブラケットは、ハロルド・ウィルソンが一九六三年のスカボロー会議で「ホワイトヒート」演説をしたときにはウィルソンの側に立ち、演説原稿はブラケットが書いたという間違った噂も流れた(106)。後にはブラケットは政府に入る予定と考えられ(C・P・スノーとビビアン・バウデンが実際に政府入りしたように)、新聞は、政府はブラケットをまだ安全保障上のリスクと見ていると報じた(107)。

労働党が政府でなす必要があることについてのブラケットの構想は非常に特異で、戦時中の経験と、国立研究開発公社(NRDC)への参加に基づく、独特の個人的構想を育てた。NRDCは一九四八年、ハロルド・ウィルソンによって商務院の下に設立された(108)。その機能はごく限られていて、公的部門の研究で得られた特許を商業化することが任務の一つだった。民間が新技術を開発する資金も出した。航空機初期の支援に似ていたが、それよりはずっと小規模だった。NRDCは、少なくとも一九六〇年代のごく早い時期から、労働党の技術的近代化計画の中心にあり、例えば一九六一年の労働党政策文書『一九六〇年代への指針』にもあった(109)。ウィルソンは一九六三/四年度に、できることの例として、ホバークラフトや、アトラス・コンピュータ、燃料電池について語り、NRDCに何度も言及した(110)。これは革新的技術について労働党が挙げる標準的リストであり、それはすべてNRDCの仕事だった(111)。ブラケットにとってNRDCは、新たな省の中核、国家的研究のための新方針を出せるところだった。一九六四年一月、ブラケットは、NRDC(つまり巨大になった予算)と、できうれば、DSIRから資金を得ている産業界の研究連携組織とで構成される産業技術省の設立を要求する文書を作成した。明確な中心的目標は、産業研究の資金を産業界に供給することにあった。実際ブラケットは、政府プロジェクトが削減されるのなら、政府に属する研究者を産業界に移転させることを望んでおり、一九五九年にイギリス産業界の研究開発不足について書いていた文書を、この論旨を進める重要な一段階と見ていた(112)。要するにブラケットは、政府による研究というものに対する深刻な幻滅を表明していて、自分が提案した省にはそうなってほしくなかったのである。ブラケットは将来、防衛研究が削減されれば、自分が提案する省に国防省の研究所が移管されることもありうると考えた。AEAは将来、いくつかの省に分割されるべきであり、DSIR（大学に対する管轄権は除く）は大きな政府研究機関、特にNPLの運営だけを続けることにすべきだとも考えていた。[113] 主要な力点は民間産業をもっと効率的にすることにあった。クロスマンには、「これは感情的に不快な場合もあるかもしれませんが、壁には立ち向かわなければなりません」と書いている。[114] ブラケットは労働党政権がなすべきことについての自身の特有の構想を説いた。一九六四年九月の選挙前夜には、「技術省」推進論を用意した。商務院の新しい一部ではなく、あるいは、航空省（MoA）関連の新組織でもなく、今度は「スピード」を根拠に、あらためて新省を求めたのである。商務院は非科学的なことで悪名高く、「航空省の協定価格の伝統とは違う、商業的姿勢が民間分野には必要」なので、MoA案は適切ではない、とも主張した。必要とされているのは、「新しく小さな技術省」で、当初はNRDCと、五十数人の専門家による「情報部門」で構成される。[115] 労働党は、範囲と権限が未定のまま技術省創設を約束して選挙に臨んだ。

技術省は創設され、NRDCはそこに入れられたが、ブラケット案とはまったく違っていたし、確かに急速にまったく違うものになっていく。技術省は、次章で示すように、スノー、ブラケット、ウィルソンの技術衰退論のレトリックを体現するというよりも、それとはまったく違った軌道にあったと見た方がよい。さらに重要なことに、同省自体の技術家支配的近代化の理解が、ブラケットの理解とも違うし、技術衰退論者全体とも違っていた。イギリス産業のR＆D支出が少なすぎるとは、もう信じられていなかった。ブラケットは後に、技術省の科学顧問として、そして同時に王立協会総裁として、こうした結論を、一定の確信をもって演説で繰り返すことになり、民間組織の役割をもっと大きくし、公的部門を縮小することを強力に論じた。ヒラリー・ローズとスティーブン・ローズが一九六九年に出版した『科学と社会』で指摘したように、イギリスの偉大な社会主義的科学者がそういうふうに論じるのは、いささか意味深長なことだった。[116] 第二代技術相で、後に左翼の優れた旗手となるトニー・ベンは、ブラケットを称え、「PRS［王立協会総裁］が産業について語り、『ビジネス・ニューズ』誌で報じられるのは時勢だ」と好意的に述べた。[117]

技術家主義的近代化の政治再論

左翼からの技術家支配論的批判の含意は、労働党に反対する人々は、反科学的か、むしろ反近代化であるということだった。政治的な指し手としては見栄えがするが、それは、歴代保守党政府の慣行、そのイデオロギー的立場、専門家の政治を語るものとしては明らかに間違っている。とはいえ、労働党の知識人と保守党の知識人には違いがあり、どちらも相当に興味深い。実は、一九六〇年前後の科学をめぐる政治は、標準的な読み物からうかがえるよりはるかに豊かであり、いくつかの点では、標準的な叙述とは全然違っている。

保守党の知識人は、予想されるとおり、社会主義と科学革命のいかなる必然的連関も否定するが、一部には、衰退論と「二つの文化」論まで否定する人もいる。一九五九年から六四年という決定的な時期において科学相であり、短期間は教育科学相にもなったロード・ヘイルシャム（あるいは元の名に戻ってクインティン・ホッグ）は、特にふさわしい例である。[118] 一九六三年には、『科学と政治』という小著を出版し、国家の科学に対する侵害への自由主義的な懸念の影響を明らかに示している。実はヘイルシャムは、すでに存在する国家と科学の強力な結びつきを受け入れていたが、疑問視していたのである。

ある意味で、私は政府が後援した結果をある種の矛盾だと見続けるということであり、これほど明白に物質的な動機で動いている政府の影響や政府による利益が、創造性のある科学が基本的に拠って立つ洞察そのものを見えなくするのではないかと推測をめぐらせたくなる。[119]

ヘイルシャムは、政府が大いに重要であることや、政府による科学の使い方を記してこう問う。「その過程で、国家と科学がともに、ある程度崩れてしまったことを誰が否定するだろう」[120]。さらに、

私はあくまで、長期的には科学と軍事の結合は崩れつつあり、せいぜい、科学を解放の力から破壊の力にし、悪くすれば、最終的に、当の科学者の創意工夫の井戸を干上がらせるという見解を維持する。[121]

ヘイルシャムについては、自分で「『二つの文化』伝説」と呼ぶものを、この人らしい尊大な酷評で嘲ったことも重要である。

サー・チャールズ・スノーの「二つの文化」という診断は、たぶん、現実世界の生活より、大学の教員談話室での政治を反映している。解釈についても基本的な用語についても子細な検討に耐えるようなものではない。[122]

ヘイルシャムは、イギリスの全面的な近代化を要求した後、衰退論的誇張を断固否定した。ソ連とアメリカだけがイギリスより上かもしれないが、それとて大部分は規模の問題であって、「ヨーロッパ諸国が我々に匹敵するとは誰も考えないはずだ」と断言している。[123]

ヘイルシャムの批判は、亡命化学者で哲学者のマイケル・ポランニーが先頭に立つ、印象的な知的反革命に影響されていたらしい。それは科学と社会主義や計画との同一視を否定し、科学の計画を責め、科学と技術の区別、科学と科学主義の区別ができないことを非難していた。ポランニーがスノーの「二つの文化」に敵対してもまったく意外ではない。[124]ポランニーにとっても、科学者左翼にとっても、科学についての議論は特定の政治経済学と科学の歴史記述に密接に関係していた。[125]他の「オーストリア学派」の科学哲学者と同様、また「オーストリア学派」経済

学者と同様、ポランニーは、リベラリズムや反全体論的なミクロ思考に深く足を踏み込んでいた。しかしポランニーらは、自身では政府や産業の研究所で行われている研究に関心を向けなかった。産業界の研究は、指導され、またされるべきだと産業人も認めていたが、その対象は「科学」ではなかった。[126] 一九五〇年代にあっては十分に興味深いことに、「科学の自由協会（SFS）」の創設者であるジョン・ベーカーは、社会は、「一方の科学の自由と、他方の核研究の一定の部分での機密の必要性」を両立させる政策の表明を必要としていると考えた。機密がなければ、「科学の自由に関心があるふりをする共産主義者と仲間の放浪者のほしいままに」社会は弱い状態に陥る。たぶん明白な理由で、こんな状態ではどうにもならない。[127]

保守的傾向の知識人向け週刊誌で、リービスのスノー批判を掲載した『スペクテーター』誌は、労働党の技術家支配論的主張を、なかなか良い筋で批判した。同誌はハロルド・ウィルソンの「ホワイトヒート」演説を論評して、科学への関与のしかたの点で両党に差はほとんどないと述べた。この見方は後の研究で支持されている。[128] しかし『スペクテーター』誌は、疑いなく不誠実とはいえ効果的に、ウィルソンのレトリックから、従来の労働党的主題が消えたことを嘆いた。「科学の進歩という巨大なマジックは、労働党の伝統的姿勢が技術家支配論的モレク〔犠牲を捧げられる古代の王〕の喉の奥に消えつつあることから人々の関心をそらすことだった」と簡潔に記している。さらには、

スカボローで提示された、技術者と科学者が正当な金銭的価値で評価されてイギリスがダイナミックなエネルギーで進むというイメージの方が、正当で人間的な社会像だというわけではない。それは技術家支配論的特権、高給を得て、若くして心臓血栓になる社会であり、骨の中でストロンチウム90のように潜むサー・チャールズ・スノーの未来社会である……会議を席巻したのは効率的なイギリスという広告マンが示すような姿であり、拡大する経済を自足した自明のものと見るレッセ・フェールの言語と鉄の法則を予想外に復活させた。

それはさらに、ウィルソンの演説が、しなければならないことについて何の指針にもならず、ただ「労働党の政敵でさえ残念に思ってもよさそうなこと、つまり今年のスローガンが、この運動が生活の質や方向についての懸念を捨てて現代のもっと流布した神話の一つを採る方針を表すことを」言っているという指摘をした[129]。しかし、この明白な反技術家支配論的メッセージは、この場合、ヘイルシャムが論じたことと同様、急速な経済成長の約束と結びついている。一九六〇年代の議論では、左翼のプロパガンダを除けば、真の反動主義はなかなか見つからない。

左翼に目を向けると、やはり構図は通常のイメージとは異なる。科学・技術の政治に特別な関心を向けるグループの一つは、イギリスの小党、共産党だった。この党はイギリス科学について、変化はあるとはいえ確かに独自の批判的立場をとった。一九四五年、共産主義者科学者の中でも最も熱心で影響力のあったJ・D・バナールは、戦争中、民主主義諸国で、「科学者が妥当と認識した目的のための」全面的・自発的な科学の動員が、「科学の内容と方法を豊かにし」、戦争中「科学活動が花開いた」という事実を称えた。バナールは将来のモデルとして、資金の制約なしに、科学者が管理する巨大な学際的チームに組織される研究を称え、支持した。戦時研究についての批判あるいは懸念をうかがわせるものはまったくない[130]。バナールは戦時中の研究組織に感激しただけでなく、各地の共産党と同様、日本への原爆投下を歓迎した。しかし、冷戦が始まると、ソ連と各国の共産党は核兵器と、もっと一般的には軍事研究を非難した[131]。一九四〇年代後期には、バナールはイギリスの研究政策を批判して、その現実を、「第一に、戦争研究への顕著な流れ、第二に、目先の輸出生産に注力して産業での長期的開発から離脱する傾向、最後にますます増える植民地支配的研究に向かう傾向」と規定した[132]。この分析のいくつかの面、特に第二の点については異論をはさむこともできるが、バナールの説明はおおむね正しかった。ＡＳｃＷは、ブラケットの後を継いでバナールが代表を務めていたとき、戦後イギリスでの研究の取り組みでは戦争関連のＲ＆Ｄが重要だったことを強調した[133]。バナール自身はいつも、イギリスの国防費が比較的高水準であること、軍の予算に占めるＲ＆Ｄ予算の割合が非常に高いことを見ていた[134]。バナールは今や、純粋科学が原爆により腐敗するという見解を支持していた。

戦争はますます「軍事的な言い訳すらない盲目的屠殺」の対象になるという。これは、「科学の全体的な伝統とは無縁」だったが、もし受け入れたら、科学者は「あらゆる意味における社会的責任と科学におけるモラルの価値」を失うことになるだろう。それはまた、「非科学的公衆に、科学が戦争の最も恐ろしい面と結びつくことの根拠に見えるもの」も与えた。原爆は、軍事的秘密を通して、自由な科学世界の連絡を破壊しもするだろう。[135]

共産党はイギリスのR&Dに国防が重きをなすことを強調し続けた。一九六七年には、『モーニング・スター』紙の科学記者によって、R&D全体のうち半分は軍事に向けられており、科学者とエンジニアの四分の一は軍事研究に向けられていると言われた（一九六七年の段階では誇張）。「これは、科学の奇怪な倒錯を表しており、［兵器は］科学の達成ではなく挫折を表している」[136]。奥底にある要となる論旨は、軍事にかかずらうと民用の技術を遅らせ、歪めるということである。例えば、バナールは軍事的核開発が核の民生利用を遅らせたことを嘆いている。[137] 後で見るように、この種の論旨の一つが、一九六〇年代から七〇年代にかけて、共産党外でも非常に大きな影響力をもつようになる。もっと一般的に言えば、労働党政権でさえ結局は計画科学ができなかったと、共産党は論じた。例えば、「戦後イギリスの歴代政府はそれぞれ現実の科学の計画に恐怖し、抵抗した。重要な発明は支援が足りず、時にはアメリカ人に引き渡され、そちらで開発されたこともある」と言われた。保守党の科学相クインティン・ホッグは、まさに、「反科学相」だった。ハロルド・ウィルソンの「ホワイトヒート」は、「『目的のある』ものでもそうでなくても、まったく現実の科学計画」には至らなかった。[138] 後に見るように、この分析は、これほど身も蓋もない言い方ではなくても、左翼ではあたりまえになっていく。

一九五〇年代後期に現れた新左翼の大部分は、旧左翼同様、イギリスの技術家支配論的衰退論的叙述に肩入れしていた。これは意外に思えるかもしれない。新左翼が科学に関心がなく、[139] 戦争国家にも関心がなかったことはよく知られていたからである。[140] たぶん、まさにこの関与不足こそが、標準的な旧左翼の論旨が新左翼に受け入れられ、新左翼の歴史家がイデオロギー的構成の決定的な面を無視する元になったのだ。この点を考慮に入れることによって、我々は、新左翼内の鍵となる論争の一つ、一九六〇年代半ばのペリー・アンダーソン、トム・ネアン、E・P・トムスンによる有名なやりとりに光を当てることができる。ペリー・アンダーソンは、イギリス知識人と技術家を役に立たないと退けていたし、一九三〇年代のイギリス知識人のマルクス主義を、「詩人と自然科学者という、イギリス文化にいかなる永続的な変容をもたらすのにも適していない二つの職業」に支配されていたと見て、その重要性を軽視していた。そうしてさらに、「その形式的信条を『適用』するという努力があったところでは、結果はしばしば下手な芸術と間違った科学となった。最悪の場合が、スペンダー〔戦前の左翼詩人〕の詩であり、バナールの空想物語だった」[141]。アンダーソンは、イギリスの知的伝統を棄却したとはいえ、当時を非常にイギリス的に分析し、独自の明瞭な言葉で技術衰退論者の鍵を握るテーゼを再現している。「今日のイギリスは硬化した古風な社会であり、過去の成功という罠にかかり、その重荷を負わされていることが露わになった」ということであり、その原因は、昔からの「国内投資の不足、前世紀末以来の技術的革新の遅れ」である。大蔵省は、シティ（金融の一大中心地）に次ぐ、「イギリスの経済成長の首を絞める真綿」だった。イギリス国家は、介入主義的、技術家支配論的になることを必要としていたが、それが提供したのは「何にでもあてはまる芸術趣味と、時代錯誤の経済リベラリズム」だけであり、その一方、イギリスの教育制度は遅きに失して科学的だった、等々[142]。

アンダーソンの異論が技術衰退論で知られているわけではないのと同じく、E・P・トムスンによるアンダーソンへの有名な反対論も反衰退論で知られているわけではない。トムスンは政治経済学と科学は一九世紀以降のイギリスのイデオロギーにとっての中核だと主張し、こうした点に密接に関連して、アンダーソン（とネアン）についても、この二人はプロテスタント的ブルジョア民主主義的遺産を無視し、イギリスの経験論的物言いと経験主義的イデオロギーを混同していると主張した[143]。トムスンは、一方のペリー・アンダーソンとトム・ネアンと、対する「二人が嫌いと告白するイギリス病のジャーナリスティックな診断家」との間にある「不快な声調の近さ」に気づいた。「デービッド・フロスト氏、シャンクス氏、アンダーソン同志は、言っていることは違うが、その声には同じ激しさがある」。トムスンは、どの人もイギリスにある「一定の強さや人文的伝統」を見落としていることを心配したが、もっと重要なことに、批判派が古い腐敗の名残と見るものを攻撃する際、「新しく、まったく別の略奪的複合体がこの国家を占拠している」という現実を見ていないことを懸念した。トムスンは、「我々の時代の政治的隊列の分析が向かうべきは、貴族的なスナーク狩りよりも」、巨大な力と影響力があるこの新しい「物《シング》」ではないかと問うた。[144] 興味深いことに、トムスンはその「物」に、それ以上具体的に現代的な名称を与えなかった。また、実は、イギリスの軍産複合体やイギリスの戦争国家に不満でもなく、もっと広い、かなり漠然とした構想が頭にあった。しかし、そこには、他の左翼が、さらにまた別の古風な残骸として以外は暗黙のうちに存在を拒否していた何事かの気配があった。

巨大な技術家支配的な「物」の力の一部は、それ自体には独自のイデオロギー的負荷がなく、イギリスの知的風土ではほとんど見えず、必要に応じて左翼と右翼のどちらの好みにもきちんとはまりうるということだった。それが見えなかったのは、左翼と右翼ともに、技術については非常にナショナリスティックで、ナショナルという点では、軍やそれに関連する技術以上の領域はなかったからである。この症候を確認したのは、驚くほどのことではないが、新自由主義派だった。一九六〇年代初頭、航空省に勤務していた経済学者デービッド・ヘンダーソンは、それを「二大政党横断的技術自国中心主義」と名づけた。[145] 一九六〇年代のよく知られた経済ジャーナリストであるサミュエル・ブリッタンは、武器貿易への政府の支援について、「『正しくても間違っていても我が祖国』という右翼の信念と左翼の産業介入と補助金への信仰のほぼ完全な融合」に注目するよう求めることになる。[146] 確かに、航空エンジニアがものを書くときには、強力な右翼的技術ナショナリストの文言を書く。[147] 例えば、航空エンジン設計者、サー・ロイ・フェデンは、一九五〇年代後期、心配性の航空擁護、技術擁護の冊子を書いた。[148] サー・フランク・ホイットルは、かつては社会主義者だったが右翼の闘士になった。[149] 特に変わった例は、「ダム破壊」作戦で使用され、戦後のイギリス戦争映画でも有名な作品の一つのテーマにもなった、反跳爆弾を発明したことで知られる航空機設計者、（サー）バーンズ・ウォリスである。ウォリスは、一九五〇年代後期から七〇年代初頭にかけて、「イギリスの強さ」というあからさまな題の講演を何度か行った。そこで論じたのは、イギリスが商用原子力潜水艦を建造することによって「我が国の海での優位を回復する機会」を得るということだった。それはイギリスを海上封鎖に負けないようにするだけでなく、イギリスを通商世界の中心に据えることができるだろう。そんな潜水艦なら、北極海の下も航行できるのだ。さらには、イギリスが超音速の短距離離着陸小型旅客機を開発したら、「空におけるクラッパム・ジャンクション〔ロンドンにある鉄道のターミナル駅〕」になることができるし、それによってイギリスは「悲観論者がアメリカの優位とせざるをえないと説くような形で世界を支配する」ことができるだろう。逆に、航空機設計をアメリカに委ねてしまえば、「イギリスの強さどころか、弱さですらなく、死」になるだろう。最後にもう一つ、オートメーションはイギリスの強さを新たにするという。この並外れた講演は最初、一九五〇年代のイートン校で行われたが、引用部分は一九六五年の「イギリス科学振興協会」のGセクションへの会長演説として行われたものによる(150)。その演説は、デービッド・ヘンダーソンとサミュエル・ブリッタンの主張を大仰に支持して、共産党の日刊紙『モーニング・スター』では肯定的な記事になった。ウォリスは政府に裏切られた発明家であり、アメリカによるイギリスの技術支配を止めようとしている人物として紹介された(151)。ついでながら、ウォリスの政治的共感は極右に向かった。一九六〇年代後期の月曜会〔保守党右派の集まり〕でも講演している(152)。

イギリスの技術家支配論的伝統は、もしそれが存在するとしても、左翼的なものだという通説が成り立ちえないのは明らかである。J・D・バナールの一九三〇年代の著述から、AScWの『科学と国』や、一九五〇年代後期から六〇年代初めの労働党の科学政策を経て技術省に至る、思想的・政治的な方向を引き出し、それを一九三〇年代の「バナール主義」の適用に失敗したことと見るのは可能だが、それはイギリスの技術家支配の歴史の大半を見逃し、イギリスの科学・技術政策の歴史のほとんどを見逃すことになる(153)。右派の技術家はそれほどあからさまに政治的ではなかったが、右翼の技術ナショナリズムは強固な思考の系譜だった(154)。さらに重要なことに、国家の研究向け政策をどうするかという個々の議論と、国家の実際の政策とを混同すべきではないのも明らかである。穏やかに言っても、科学系知識人の意見と国家の実践の間にはギャップがあった。

相変わらず、イデオロギーの話は調べれば調べるほど複雑になるが、この特有の事例で複雑さを特に強調しなければならないのは、科学そのものの分析についての「二つの文化」思考の衝撃があったからである。それは常に戻ってきて、恐ろしい単純化を求めてくる。思考は、科学か人文かという方向とはまったく相関していないが、ある形式の論旨、特に私が論じた反＝歴史の中心性に気づく助けにはなる。主な影響は、科学者と技術者の世界を、批判的な経験論的視線から逸らすことだった。無視できないことに、実際に行われた、（科学やそれがしたことの一般的な記述ではなく）科学の枢要な批判は（限定的ではあっても）、人文系の人々から出たものではなく、科学を科学的・社会科学的に研究する人々からのものだった。例えば、科学主義に対する最も批判的な人々の中には、ポランニーを中心とする新自由主義科学論研究者がいた。文化指向の新左翼が一貫して科学や技術の分析を無視したのに対して（トムスンは部分的に例外）、古い科学者左翼は「科学の科学」を唱えた。それは、バナールの『科学の社会的機能』に遡るような形で国家の既存の科学政策に批判的だった。[155] 一九六〇年代後期に出現した科学的知識の社会学は、自らを内側から出てきたと見ていた。先頭に立つ一人は「我々が科学的知識の本質の叙述がほしければ、きっと他ならぬ科学的方法を採用するにしくはない」と語った。[156] さらなる研究と開発で経済はさらに成長するという主張を一時的にでも否定したのは経済学者であって、文芸系の知識人ではなかった。もちろん、イデオロギーの星座は後に、このイデオロギーの獣帯の中での位置を変えることになるが、合と衝〔星が太陽と同じ方向にあるか反対方向にあるかを表す占星術／天文学用語〕はずっと、すぐに見えるよりも複雑なままだった。

技術衰退論者と反＝歴史は、一九六〇年代初頭のイギリス政治における近代化プロジェクトの中心だった。それは確かに新しい政策案や新しい政策を生み、その中には、高等教育の拡大、公務員上層の改革、科学政策機構の改革、一九六四年の技術省の創設といったことがあった。技術省は、ここで見てきたように、直接的に技術衰退論的批判と結びついていて、ブラケットとスノーは確かにその職員に加わることになる。しかし実際に育った技術省はむしろ戦争国家の産物となり、技術省の創設をもたらした論拠はまもなく信じられなくなった。さらに技術省も反＝歴史家の犠牲者とならざるをえず、またそうなっていく。そのあり方と実践が、その創設をもたらした論拠を、ひいては戦後イギリスのあり方について有力なテーゼのいくつかを崩したからである。そこでその「技術省《ミンテック》」に目を向けることにしよう。

第6章　戦争国家と「ホワイトヒート」一九五五〜七〇年

この大会で我々は、未来に向けて立てたすべての計画の中で、我々の社会主義を科学革命の観点から、あらためて定義し、記述しています。しかしその革命も、我が国の社会制度全体に浸透している経済的・社会的姿勢を広範に変える覚悟が我々にないと、実現はできません。この革命の白　熱《ホワイトヒート》で鍛えられることになるイギリスには、規制的な慣行や時代遅れの方法が占める余地は、産業のどちらの側にもなくなることでしょう。

――ハロルド・ウィルソン、スカボローにて、一九六三年(1)

一九六四年に創設され一九七〇年まで続いた技術省《ミンテック》の歴史は、技術家支配的に進められ、幻滅と失敗で終焉した、一九六〇年代の近代化工程の要となる事例である。少なくとも、イギリスの政治とイギリスの技術家支配が理解される標準的な枠組ではそのように見られている。この枠組は、一九六〇年代の労働党のレトリックをなし、それ以後の歴史記述の大半をなした技術衰退論的な論旨によって形成されたものである。イギリス国家とイギリスの技術家支配の歴史についての枠組が異なり、前提が異なれば、まったく違って見える。本書の論旨から見れば、労働党はイギリス国家に初めて技術の次元を導入したのではなく、すでに大々的に行われていた国家の技術的努力の方向を変えにかかったのである。ミンテックと呼ばれるようになったこの省は、科学系知識人が軽視した戦争国家から生まれたものであり、資源の再配置の鍵を握る実行部隊になる。ミンテックは、戦中・戦後の軍需省庁の改造だった。しかし、それは異なる文脈での改造だった。つまり、国防費の減少という文脈、軍事技術ナショナリズムという巨大な企てからの撤退という文脈である。一九五〇年代初頭に巨額に膨張した戦争関連予算は減少に転じ、福祉関連予算は顕著に上昇するようになり、イギリス国家が福祉国家と呼べるようになる根拠も増した。とはいえ、国家の福祉度、つまり戦争関連支出に対する福祉関連支出の比率が一九三〇年代初頭の水準に戻ったのは、やっと一九七〇年になってからのことだった。

さらに重要なことに、労働党の産業や技術の政策は、驚くほどの短期間で、技術衰退論の鍵となる論拠の否定の上に立つようになった。労働党政権下では、技術ナショナリズムの企てを削減するという顕著な約束があって、研究科の縮小や部分的民営化の試みがなされた。さらに広範な意味があることに、国の研究開発費用と経済成長とに正の相関があるという、今日でも歴史記述でも、国の研究開発政策賛成論の語られざる重大な前提となっている歴史的な関係が実は成り立たないことが、特にミンテック内部では定説になった。ミンテックが経験したこと全体は、その創設を導いた分析だけでなく、これまでのミンテック研究や、実際には二〇世紀イギリスの科学と技術の歴史大半の叙述の基礎を形成する分析そのものを、致命的に崩してしまった。イギリスの技術と技術家支配の反＝歴史的叙述の産物であるミンテックが同様の反＝歴史の犠牲者にもなったために、この話とその意味はまだ明らかになっていない。

技術的未来主義とイギリス軍産複合体——一九五五〜六四年

一九五五年までに戦後再軍備計画は終わり、国防費は国内総生産に占める比率としては減少し始めた。絶対額で見れば、ごく大まかには一九八〇年代後期まで一定だったが、一九六〇年代後期、当時の労働党政権の下で顕著に減少した。国内総生産比率で見た高い国防費からの離脱は、ますます高度になる兵器と、もちろん防衛面での明瞭な技術的熱意と一体で進行した。軍備における技術家支配の時代は、ハロルド・ウィルソンよりずっと以前に遡る。政府は一九五五年、その年の国防白書で水爆開発の意志を表明した。スエズ危機後の一九五七年の国防白書は、徴兵の廃止と、イギリスがかつてないほど水爆による抑止力に依拠することを表明した[2]。イギリスは核戦争のロジックを採用したと見られる方向で先頭に立った。一九六一年、アメリカの政治学者サミュエル・P・ハンティントンは次のように分析した。

アメリカの軍事戦略の転換はしばしばイギリスの軍事政策転換の二、三年後に起こる。ニュールック戦略は、一九五一年と五二年のチャーチルと英参謀本部〔一九五二年世界戦略文書〕が起源で、これが一九五三年から五四年にかけてアメリカの方針になった。イギリスは一九五五年に予備役を削減し、再編成した。これにアメリカは一九五八年に追随した。イギリスは一九五七年、徴兵制を一九六二年までに廃止する意図を表明し、一九六〇年にはアメリカの政策もこの方向に転換した。富んだ国は貧しい国よりも新兵器開発は速くできるが、貧しい国は資源に限界がある分、新しい技術的要件に合わせた新しい軍事政策を先に取ることになる場合が多い[3]。

技術的「要件」の問題は別として、これは、大いに賞賛すべき興味深い分析である。技術開発の速さに力点があることも重要である。イギリスはおそらく、あれこれの軍事研究工程に遅れをとっていなかったからだ。イギリス国家は自らが強いと思っていて、独自の特定の戦略的理由のために、独自の核兵器が必要だと信じていた[4]。戦後のイギリスは、技術と武装については保守的どころか急進的だった。イギリスの開発政策の中心は、あるいは少なくともその根拠は、アメリカを「追い抜くこと」だったのである。その思想は、イギリスの天分であれば、技術で一世代先を行けるということだった。冷戦初期のイギリスは、アメリカが開発を続けていたピストン・エンジンの爆撃機を放棄して、ジェット爆撃機の設計を開始した。高速戦闘機は、亜音速のホーカー社ハンターから超音速のEE社ライトニングに切り換えた。ヘリコプターについては米機種に頼ったが、英独自設計による将来の市場獲得を期待していた。[5] 民間機市場でも、ブリストル社の巨大なブラバゾン大西洋横断旅客機とデ・ハビランド社ジェット旅客機コメットのように、イギリスは先へ行こうとした。他の分野でも、例えば電話の電子交換器などにおいては一世代先んじようとした。[6] 一九五七年国防白書は、英国防未来主義の特に明白な実例である。イギリスは水爆に大いに依存するだけでなく、多くの有人飛行機開発を放棄して、ミサイル開発にまっしぐらになった。アメリカは逆に長距離爆撃機と超音速戦闘機の開発を継続した。イギリスは、ブリティッシュ・エアクラフト・コーポレーション（BAC）TSR2という非常に複雑な多目的機やホーカー社P1154超音速垂直離着陸機のような新型航空機を開発した。[7] この時期、イギリスは長距離ミサイル・ブルーストリークと、それに搭載可能な水爆を開発した。これらの先進的な試みは失敗に終わり、イギリスはアメリカの技術を獲得した。

徴兵の停止との関係に加えて、水爆への関与もイギリスとその経済の非軍国化の兆候となった。戦時の経済と産業の位置は再検討された。〔産業の〕予備施設と戦争遂行能力の維持という古い政策は、もっと短期的な準備態勢へと重心を移した。戦争開始が決断されて、即座に破壊的な水爆の応酬がなされているときに大規模軍事生産に切り替えるような産業を有していても意味はない。この政策転換はすぐに兵器産業に対する衝撃を及ぼした。一九五五年、MoSは民間産業に対する管轄を商務院に譲り、自らは防衛に直結するものだけに管轄を絞った。同省は自ら予備施設を縮小させ、一九五七年以降ほんの数年で、残存していた戦時軍需品工場の三分の一を閉鎖した。[8] 民間の兵器産業においても姿勢は変わった。ビッカース社では、「サービス」――軍務という意味でも、工廠のような国への「業務提供」という意味でも――への関与は一九五七年（国防白書）の観点から考え直された。ビッカース社はもう、必ずしも兵器を扱う態勢にはなかった。[9] 実際にビッカース社は兵器を主とすることはやめ、兵器生産では戦間期のような重きをなす存在ではなかった。そうしたことはあっても、ビッカース社は一九五〇年代後期から六〇年代初期にかけて、航空機や造船などの分野で産業界になおも強力な存在感を示していて、新しい巨大な本社ビルを建てた。そのことを反映するように、その建物はテムズ川沿い、ウェストミンスター〔議会〕やホワイトホール〔官庁街〕から少し行ったところに建てられ、ミルバンクタワーと呼ばれた。このタワーは後に、一部を技術省に占められることになる。

ハイテクへの依存

冷戦は、鉄のカーテンのどちらの側でも、国の主権を軍事的なことに大々的に委ねることを含む最高度に国家横断的な営為だった。列強の軍隊が外国の領土に恒常的に駐留した。西独には、米・加・英・仏の軍がいた。イギリスの国土に重要な米軍施設が多数あった[10]。それでも国のナショナリズム的軍備政策は、まだとてつもなく重要だった。冷戦中の技術の地政学は〔米ソ〕二極構造ではなかった。西側諸国間にも兵器開発競争が存在したし、特にイギリスから見ると、主要な技術的競争相手はソ連ではなくアメリカだった。この点は、目立った敵がほとんどまったく存在しない、戦後の兵器開発の公共政策に反映されている。ところが国がかけた努力のとてつもない重みにもかかわらず、技術の大規模な共有が存在した。北大西洋条約機構（NATO）で第二位の強力な兵器産業をもつイギリスでさえ、米技術の獲得を選択していた。第二次大戦中、イギリスは大量の米国製輸送機と海軍機を使用し、戦車部隊の編制には、グラントやシャーマンといった米国製の戦車を多数使っていた。戦後になっても、特別に拡張されたイギリスの基地に、米軍のB29爆撃機を収容していただけでなく[11]、アメリカの相互防衛援助計画の下で、B29は英空軍に（兵站的支援と同様）無償供与もされた[12]。一九五〇年から五四年にかけて、八〇機内外のB29が英空軍に就役していた[13]。戦闘機の分野でも米国製航空機が穴埋めの決め手だった。一九五三年から五六年にかけて、英空軍にはカナダで製造された四三〇機ものノースアメリカン社セイバー（F86）が就役していた。ヘリコプターでは、米国製機をイギリスのウェストランド社が生産したものに依存した[14]。アメリカの財政的支援はイギリスの国内生産に強く影響した。特別航空機支援計画（一九五三〜五七年）の下、イギリスで設計・生産されたジャベリン、ハンター、バリアント、キャンベラ航空機が、米国製F86と同様に、NATO空軍向けに生産された。[15] イギリスのセンチュリオン戦車は、アメリカの域外調達政策の下でNATO軍用に生産された。イギリスの兵器技術は同盟国にライセンス供与された。例えば、ジェット技術は、アメリカのプラット・アンド・ホイットニーなどの会社、さらには他の国々にもライセンス供与された。[16] 米英共同の核兵器開発が一九四六年に終わったことはよく知られているが、この時期の他の「大量破壊兵器」である生物・化学兵器については、米英の開発工程は密接にリンクしていた。[17] 英国独自のものと考えられているブルーストリーク・ミサイルも、米ミサイル請負会社からの技術移転に依存していた。例えばブルーストリーク・ミサイルのエンジンは、米国製をコピーして小型化していた。[18] 実際、戦後世界の三大武器生産国である米英ソは、驚くべき量の兵器技術を共有していた。ロケット技術や他の分野においても、三国ともに旧ドイツの技術とエンジニアが利用でき、使用していた。核兵器分野では、科学国際主義者ではなく、政治的国際主義者によって、著しく多国籍の計画がさらに国際化され、それによってソ連は、一九四九年、アメリカのプルトニウム爆弾をほとんどコピーしたものを爆発させることになった。[19] 一九五二年に実験されたイギリスの原爆もプルトニウム爆弾であり、戦時中のアメリカの爆弾と大きくは違わなかった。しかしそれだけではない。一九五〇年代初頭の三大国の長距離爆撃機はいずれも、最初の核爆撃機となったボーイング社B29の派生型機を使用していた。前述したように、イギリスは一九五〇年から五四年にかけてB29を使っていた。ソ連は、戦時中にソ連領に着陸を余儀なくされたB29のコピーであるツポレフTu4群を保有していた。さらに、イギリス製のニーン、ダーウェント各ジェットエンジン（とそのコピー）がソ連のジェット機、特に、朝鮮戦争で飛んだミグ15に搭載されていた（一九四六年に技術移転が認可された）。[20]

一九五〇年代後期から、イギリスのアメリカ依存は急速に増大した。英軍を英国製核融合爆弾〔水爆〕で武装するという重大な決定は、ほんの数年のうちに根本的に変えられることになる。イギリスは独力で核（分裂）爆弾を開発し、通称「ブルーダニューブ」（一九五三～六一年）と、そこから派生した戦術核、「レッドビアード」（一九六一～七一年）を配備した。グリーングラスという非常に強力なウラン分裂弾頭も純英国産で、これはバイオレットクラブ爆弾（ブルーダニューブの筐体にグリーングラスを収めたもの）やイエローサン・マーク1爆弾に、短期間用いられた。[21] しかし、イギリスは一九五七年に核融合爆弾の実験を行ったものの、純英国産兵器は配備されなかった。イギリスは一九五八年にアメリカと顕著に密接な協同を始め、独自の核融合兵器開発は停止した。公式歴史官ローナ・アーノルドは、次のように述べている。

イギリスのメガトン級の追求は一九五八年に終わり、一九五九年になると、米英間の核提携関係はすでに密接に統合されていた。一二年間の孤立と独立の後、特異で永続的な核関係が始まり、それは何度もの盛衰と世界情勢の変化をくぐり抜けて今日まで続いている。[22]

すべては深く秘匿され、今でも全体像は明らかではない。英軍による最初の核融合爆弾はアメリカのW28（コードネームはレッドスノー）の派生形であり、イエローサンの筐体に収められ、イエローサン・マーク2となった（一九六一～七二年就役）。レッドスノーは、イギリスのブルーストリーク弾道ミサイルにも搭載されることになり、またブルースティールにも使われた（一九六二～六九年）。[23] 米国製マーク44もコピーされて戦術ミサイルに使われたが、こうした方針はすぐに停止された。長く就役していたイギリスの小型核融合兵器WE177（一九六六～九八年）の出自は明らかではないが、イギリスの設計による第一段部分とアメリカの設計による核融合部分に基づき、それに多くの他のアメリカ製部品が加わっていた。[24] この第一段部分の派生形が半英国製ポラリス・ミサイル弾頭（ET317）に使われたが、これは〇・四メガトン級の米国製W47が元になっていた。こちらでも核融合部分はアメリカの設計だったらしい。[25] 加えて、アメリカは原子力推進技術も移転した。米国製の原子炉を搭載した最初の原子力潜水艦（HMSドレッドノート）は一九六〇年に完成した。その後の潜水艦はアメリカの設計に基づいてイギリスで製造した原子炉を載せていた。一九五八年から六三年まで、英空軍は、「二重の鍵」協定〔使用にあたってはアメリカの同意も必要とする方式〕の下、アメリカのソーア・ミサイルを核融合弾頭付きで配備した。[26] 一九五〇年代後期からバリアント、キャンベラ各爆撃機はアメリカの戦術核を同様の取り決めの下で搭載した。[27]

かくて一九五八年は、イギリスの独自の戦闘力にとって実に重大な年となった。しかし公には、重要な変化は一九六〇年のブルーストリーク・ミサイルの開発中止で、これは代わりにアメリカのスカイボルトという航空機から発射されるミサイルを使うという決定につながったが、このミサイルも中止され、アメリカから潜水艦発射式のポラリス・ミサイルを導入することになった。興味深いことに、軍事技術のこうした急激な大西洋化は、巨大な民間事業の「まず欧州化」とともに進んだ。コンコルドを製造したり、欧州ロケット開発機構（ELDO）を通じて欧州宇宙船打ち上げ装置を開発する条約は一九六〇年代初期のものである。[28] 一九六〇年代後期、ハロルド・ウィルソンは、欧州技術共同体の創設を提唱した。一九六〇年代中葉から、軍用機での欧州共同事業がいくつもあった。短命に終わった英仏可変翼機計画、ジャギュア戦闘爆撃機、一九六〇年代後期に始まった全欧共同のトーネード計画などである。こうした重大な変化は、当然のことながら、イギリスの国産技術主義再考の予兆となった。

国産技術の見直し

一九五七年のイギリスの水爆の爆発実験は、巨大な反核運動の誕生とイギリスの枢要な兵器についての合意の終焉をもたらした。核軍縮キャンペーン（CND）は、第一には核戦争の道義的批判に関するもので、イギリスが世界の核軍縮の先頭に立つよう迫った。この時期、イギリスの軍・産・科学複合体に対する持続的批判あるいは検証はなかった。オルダーマストン行進は参加者を道義的に有利な立場へ進めたが、核という獣の心臓にまでは迫らなかった。[29] それでも、一九六〇年のブルーストリーク・ミサイルの開発中止は、イギリスの軍事・技術複合体に対する態度に変化をもたらす点で、決定的な機会となった。労働党の政治家リチャード・クロスマンは、「我々は今、苦く無駄の多い経験によって、現在も未来も決して独立した核大国でありえないことを学んだ」と述べた。[30] 野党労働党の経済面の代表者であるハロルド・ウィルソンは、当時の首相、ハロルド・マクミランに対してこう説いた。

［マクミランは］他の多くの、自らの社会的威信の感覚が財布の中身を上回っている哀れな人々と同じく、結局はテレビを買えないことを認めず、アンテナを立てるだけの人が置かれる状況に陥っておられます。それが我々の現状でもあります。なぜなら、自前の発射手段がなければ、独立した核抑止力という、閣下の安上がりの偉大な国への近道も空しい幻想だからです。[31]

このスピーチにおいて、ウィルソンは、ピーナッツ計画（一九四〇年代にアフリカでピーナッツを栽培しようとして失敗した労働党の――食糧相ジョン・ストレイチーの下での――事業で、失敗した政府事業の実例として保守党がずっと労働党を嘲ってきた）との類似に何度も訴えた。[32] イギリスの技術政策について、「威信を示す」事業に偏りすぎたという特定の考え方が、労働党の論拠と、後世の分析の中心となった。大蔵省内では、後にミンテックの事務次官となるR・W・B・クラークが、一九六〇年にはすでに、「威信を示す事業」は、イギリスが米ソに対抗できない分野に傾いているので、実際には威信はまったくもたらさないと非難していた。[33] 一九六四年段階での労働党の主張は、ポラリスによる「イギリスの自立した核抑止力」は「自立してもおらず、イギリスのものでもなく、抑止もしない」としていた。ただし「米英ナッサウ協定の再交渉を提案し」、「通常兵力の強化」を重視することだけを約束していた。[34]

一九五〇年代後期から六〇年代初期のイギリスの国産技術をめぐる論争の決定的要素は、精力を新分野に向けるべきだということだった。パトリック・ブラケットは、有名な一九六一年の中間選挙の際、ブリストル南東選挙区候補者アンソニー・ウェッジウッド・ベン（トニー・ベン）の応援演説で、イギリスの体制を担う「守旧派」を批判し、産業界についてこう述べた。政府も強く介入する航空機と原子力など少数の産業以外では、

政府は非常に厳格な自由放任の解釈に依拠しています。……国防関連のわずかな分野にじゃんじゃん出費して計画も立てても、他のところではまったくの不作為という政府の根本的に支離滅裂な姿勢は、近代的守旧派の最たるところであります。

保守党が一九五〇年代後期にしたように、航空機産業を根本から再編成できるなら、なぜ民間産業でも同じことができないかとブラケットは問うた。[35]この種の論法は、一九六三年から労働党党首となったハロルド・ウィルソンが非常に強力な形で用い、ウィルソンは、自国の科学的・技術的資源を有効に活用していないイギリスを批判した。一九六三年初頭にはこう言っている。イギリスには、

使われなかったり活用されていなかったりの才能が備蓄されていて、熟練と技能があり、創意も工夫もあり、管理能力も科学的創造性もあって、それを動員すれば、相応の期間で我が国は、もはや我々の役目ではない世界の工場ではなく、世界のパイロットプラント、世界の備品倉庫となれることでしょう。我が国の科学者は世界最高水準にあります。悲しむべきは、我々が科学者を十分に生み出していないことであり、生み出した科学者も賢明に使っていないことであります。……イギリス経済を再び活性化するための計画の鍵を握るのは、我が国の科学者や技術者の才能を動員し、それをミサイルや弾頭ではなく、イギリスでの、また英連邦でも他のところでもまだ開発が進んでいない地域の貧困との戦いに使う、経済的前進用の新しい器具や道具を作るための研究開発契約であり、民用研究開発に配備しなおす計画なのであります。[36]

国の枢要な資源の「動員」と「再配備」とは無視できない軍事的な見立てだが、それを軍事的手段を使って行うこ

とが鍵となる政策だった。[37]この二つが、ウィルソンが労働党党首として初の大会で行った、有名な一九六三年の「ホワイトヒート」演説の要となる成分だった。ウィルソンが批判したのは、軍事的計画と合体して「決して製図板から離れることのない、ただ威信を示すだけの事業」だけでなく、「イギリスの産業力を増大させる」ことがなく、「消費者用製品の一部に新しい仕掛けや彩り」を生むだけのことでもあった。[38]ウィルソンは、「国防分野での方向を間違った研究開発契約」ではなく、「民間産業でR＆Dの手法が今使えたら、しかるべき期間のうちに、我が国を再び世界最先端にいる産業国家の一つにするような新産業を確立できると信じています」と言った。[39]さらに、たぶん余るミサイル科学者や原子力科学者の技能を利用することにも明確に言及し、[40]その有名な演説を次のように締めくくった。

科学者や技術者の教育でのソ連の恐るべき高い目標と、何よりソ連の科学的技術の徹底した産業への応用を研究した人々は、我が国の未来が軍事力だけでなく、自由な国民が我が国の偉大な未来のために動員できる、努力、犠牲、何よりエネルギーにもかかっていることを知っておられるのであります。[41]

ウィルソンにとって、イギリスはもっと科学者を生み出して使う必要があり、それを軍の活動から派生する方法で行う必要があった。具体的なことは語られなかったが、一九六四年の選挙公約では、労働党は、新しいイギリスを創造すると言った。

新しいイギリス
動員します　全国的な計画の下で、技術資源を。
活用します　我が国の頭脳にある富、科学的創発と医学的発見のための天賦の才を。
反転します　浪費した一三年の衰退を。

提供します　保守党政権下のイギリスが脇にそれ、後退し、ほとんど前進しなかった間に他の西側の大国がどんどん前進したのに並び、できるなら追い越す新しい機会を。[42]

特に科学と技術においては、労働党はこんなことをすると言う。

(1)公社または民間産業との提携によって、研究開発の先へ行き、新産業を確立する。
(2)今まで大部分が軍事事業に限られていた研究開発契約を民間生産の分野で利用することによって、新しい発展を直接に刺激する。
(3)技術省を設立し、産業に先進技術と新しい手順をもたらすための全国的な努力を指導し、刺激する。[43]

それでも同時に、ナショナリズムのカードを出して追加の国内軍事R＆Dと軍用生産を支援するというのも、あまりにもわかりやすく、その気になりやすかった。例えば一九六四年、ハロルド・ウィルソンはイギリスが航空機を輸入していることについて不満を述べた。

イギリスはジェット機のパイオニアなのに、我が国の航空会社は外国機に依存していて、まだリードしているのはエンジンだけです。海軍は新型機を必要とするときにはアメリカに行かねばなりません。陸軍と海軍のヘリコプターについてもアメリカです。一週間か二週間前、国防相は下院で、必要不可欠の陸軍機と海軍機のために、輸入すべきか、外国の技術を使用料を払って国内で組み立てるべきかについて、アメリカにお伺いに行かなければならないと白状せざるをえなくなることを恐れて、事実と数字の提示さえしませんでした。これは屈辱的です。[44]

イデオロギー的には、技術的あるいは軍事的な依存という現実を認めるのは難しかった。ところが後で見るように、イギリスのミサイルや弾頭の方針を後退させたためにさらに根本的にアメリカに軍事技術を求めることになったのは、ウィルソン政権下のことだった。「ホワイトヒート」の党は、国産技術による防衛事業の多くを削減することになる。ウィルソンの言い方では、「世界軍縮の規模、あるいはそれほど広範でない防衛用生産の変化でも、科学者や専門技術労働者の間に大きな余剰を生み出すべきではないとすれば」、民用開発契約が必要だった。[45]

労働党政権

「ホワイトヒート」を見るにあたって、我々はまず、労働党の戦争国家政策から見なければならない。労働党内閣は、国防費の削減を約束し成功した。国防相デニス・ヒーリーは、国防費を国内総生産の七％超から五％まで引き下げた。「私が政府を去るとき、イギリスは史上初めて、国防よりも教育に使っていることになる」と自負していた。[46] 国防用Ｒ＆Ｄは一九六〇年ごろから実額ベースで徐々に減っていて、一九六〇年代中葉にはさらに急速に減り、一九七〇年段階では一九五五年の水準を下回ることになる。[47] 政府の民用Ｒ＆Ｄ費が初めて軍用Ｒ＆Ｄ費を上回った。[48] 労働党内閣は、急速に航空省の大型開発事業を中止した。Ｐ1154戦闘機、ＨＳ681高性能輸送機、とりわけ重要なＴＳＲ２爆撃機である。[49] 開発中止は議会で激論を引き起こした。一九六四年一一月から、「航空機をめぐる大衝突が四、五回続き、下院の舞台をほとんど支配した」。[50] 労働党は「保守党の航空機業界ロビーによるヒステリックな騒ぎ」に立ち向かった。[51] 労働党は、以前にＭＡＰの行政官長だったロード・プラウデンを委員長とする航空機産業に対する大がかりな調査に取り掛かった。[52] プラウデン報告の中心にあったのは、航空機開発は経済的合理性に沿って議論されねばならず、航空機産業は、他の産業に比べて巨額の政府支援を受けており、検証が求められるという趣旨だった。[53]

こうした開発中止やその論拠から導かれるのは、英国軍が米国製航空機に依存するということだった。実際、政府は米国製Ｆ４ファントム戦闘機を、保守党期に海軍用に発注したのに加え、空軍用にも発注し、また労働党内閣は、Ｃ130ハーキュリーズ輸送機とＦ111可変翼爆撃機も発注した。一九六八年に発注がキャンセルされたＦ111以外はすべてが実際に購入され、英空軍の主力機となった。外国機がしばらく英空軍の主力機になるなど、かつてなかったことだった。[54] 実際、軍用機Ｒ＆Ｄは一九六四／五年度の二億二〇〇〇万ポンドから一九七〇／一年度の一億二〇〇〇万ポンドに削減された。[55] もちろん、一億二〇〇〇万ポンドでも巨額であり、軍の資金による開発が相当にあったのは明らかだ。開発計画の中には、ホーカー＝シドレー社のハリアー垂直離着陸機、二つの巨大な英仏共同開発（ＴＳＲ２／Ｆ111に代えるつもりだったが短命に終わった英仏共同の可変翼機（ＡＦＶＧＡ）と、ジャギュア）、いくつかのヘリコプター、本章が取り上げる時期の終わりに始まった、英独伊共同開発多用途攻撃機（ＭＲＣＡ）開発で、これがトーネードとなった。

対照的に民用の側では、航空機産業に対するＲ＆Ｄ支出は劇的に増大した。一九六四〜六六年には約二〇〇〇万ポンドがこの産業に投入されたが、一九六八／九年度用には見積もりが六六〇〇万ポンド以上に跳ね上がり、そのうち四九〇〇万ポンドが英仏共同開発超音速旅客機コンコルドに向けられた。コンコルドはウィルソンが求めたこと、つまり軍と同様の契約形式を民間開発に用いてイギリス（とフランス）をめくるめく技術の未来に送り込むことの好例と見ることができよう。それは「ホワイトヒート」の象徴にもなりえたし、実際そうなっていることもある。ところが労働党政権はコンコルドを中止したいと思っていた。しかし一九六五年一月段階では、フランスが（やはりおそらく開発中止したがっていたのに）反対して、コンコルドの開発中止は猶予された。[56] コンコルドは最後の「威信を示す」事業となることを期待されていたが、前政権から残された、不運な、とはいえ莫大な費用のかかる事業だった。このことは航空機産業には明らかにされた。当時航空機を管轄する大臣になっていたアンソニー・ウェッジウッド・ベンは、一九六七年六月のイギリス航空機製造者協会（ＳＢＡＣ）の晩餐会で行ったスピーチへの反応について、日記にこう記している。

私は断固、技術省の航空機に対する姿勢とかつての旧航空関連各省の姿勢には違いがあるのを示すことにしていた。スピーチでは、かつて航空省は、老人がため込んだ金をドラム缶からやすやすとせしめることができたのに対して、現在は違っていて、我々は金の使い途についてペニー単位で根拠を示さなければならないと言った。出席者はこのスピーチに文句なしに激怒していた。皆、それが気分を害するもので、大論争になると思っていたが、それは転換点だった。もうコンコルドはなく、我々は皆さんにも何らかのリスクを負ってもらうことを期待するという警告だった。[57]

ベンの日記は、この件に関する高揚した感情が続いたことを記録している。一九六八年の補欠選挙の集会では、「何人かの怒りっぽい保守党のレディ方がいて、TSR2を訴える大きな帽子をかぶっている」と述べた。[58] 一九六八年九月にはまたSBACの晩餐会に出てそのことを記した。「政府の仕事で生計を立て、政府に資金を与えられながら、徹頭徹尾、激しく厳しく反政府的なこうした大企業の産業家たちに会うのは気分が悪い」。[59] 一九六九年五月、ベンはロールス・ロイス社会長がテレビで「官僚は長期的な開発には関心がないとか、連中や政治家にこの件について話したら、昼食に何を食べようかと考えているみたいなぼんやりした顔つきになったとか」不満を言っているのを見た。これはベンからすれば「正しくないし、我々がロールス・ロイスに提供した支援を考えれば不当で、私はこの会長に抗議の手紙を書いた」。[60]

したがって、航空エンジニアと「ホワイトヒート」の政党の間には何の愛情も残っていなかった。エンジニアの学識ある協会、王立航空協会が、航空機産業を支援しないとされる政府を糾弾する論壇となった。ファーンボローの元局長で、航空機統制官だった協会会長、サー・ジョージ・ガードナーは、プラウデン報告は航空産業の潜在力を信じていないとして批判した。[61] 一九六六年二月に協会が主催した会議には三五〇人近くが集まり、三時間近く続いた。[62] しかし一九六七年の暮れにはあきらめムードになった。サー・ロイ・フェデンは、政府は科学者の声を聞きすぎて、エンジニアの声を十分に聞かず、その間、「産業はあまりにも泣き寝入りに傾いていた」と論じた。ロールス・ロイス社のクリーバーなる人物は、協会の言うことは協会以外には誰も顧慮しないと嘆いた。年配のエンジン専門家F・R・バンクスは、「近年のイギリス政府には、保守党だろうと労働党だろうと、航空活動を本当に信頼していた政権はなかった」と不満を述べた。[63]

ホワイトヒートの仕掛け

一九五五年に再軍備が終わると、MoSは技術工業系産業の管轄権を失い、原子力エネルギーはもちろんAEAに移管された。MoSは軍事生産の方に仕事を集中した。一九五九年には、陸軍に対する補給が陸軍省に移管された。この機能を陸軍省から引き継ぐべく軍需省が創設されてから二〇年後のことだった。このとき、保守党近代化中道派の軍需相オーブリー・ジョーンズは、「軍から民への知識移転を容易ならしめ、軍事研究開発契約の場で開発された専門知識を民用産業の利用にも供するために使うべく」、軍需省を技術省に転換することを唱えた。[64] ジョーンズ構想は反対され、そのためジョーンズは軍需相を辞任した。航空省はなお残り、一九五九年から六二年までこの省の長官だった元国防大臣ダンカン・サンディーズと元大蔵大臣ソーンクロフトは閣内にあった。それはまるで、主として陸軍への供給を考えていた戦時中のMoSがもうなくなっていたようなものだったが、MAPは残っていて、一九六七年まで存続することになる。

一九五〇年代後期と六〇年代初期で特筆すべきはイギリスの経済的実力と政府についての論争だったが、軍・民双方のR&Dが政府に管理されたこともそうだった。[65] 保守党政府は一九六二年、国民経済開発評議会（NEDC《ネッド》）

と、その下につく「小さなネディ」として、新たに教育・科学省(一九六四年)、下層階級出身のエドワード・ヒースの下、(商務院を基礎とする)強化された新たな産業を管轄する省、新たに統合された国防省(一九六四年)を設立した。[66] DSIRは民用開発契約を始めていた。[67] オーブリー・ジョーンズは、一九六〇年代初期を通じて民用開発契約を増やすよう促し続け、航空省の役割を拡大しようとした。[68] 労働党のエキスパートと政治家は逆に、産業・科学・技術を支援する国家機構の改革のための多岐にわたる構想を用意していた。[69] 労働党の計画全体の中で特に重要だったのは、経済省を創設することによって、大蔵省の力を削ることにあった。[70] この省の初期の重要な機能の一つは、全国計画《ナショナル・プラン》の策定だった。産業面については一九六四年まであまり明確ではなかったが、労働党は結局、新たな産業・技術関連省を設けることになった。これは商務院を本来の影の役割に戻し、また経済省が一九六九年に解体されると、その権限を継承した。こうしたことは確かに、一九六〇年代初期には公には考えられていなかった。

産業関係の新省は苦難の歴史を歩んだ。苦難の一つでは航空省をどう考えるかが中心だった。野党時代、ハロルド・ウィルソンもリチャード・クロスマンも、航空省を技術省に転換しようとしていた。[71] ハロルド・ウィルソンは、「ホワイトヒート」演説の一か月後の一九六三年一一月、ジャーナリストのアリステア・ヘザリントンに、「科学や技術を考えるとき、人々は航空省にいる科学者職員を見過ごしていた」と言った。同省職員は製薬業の仕事をするのにさえ使われていたというのに。ウィルソンは、科学者を「航空省から出し、科学・技術の[新しい]省に入れなければならない」と考えた。[72] 十日ほどして、ウィルソンはヘザリントンに、自分の考えはさらに進み、「航空省は技術省の中核になるだろう」と語った。航空省は航空運輸での出番を失うが、民用の役目は大幅に拡大され、国立研究開発公社(NRDC)を継承し、産業界との開発契約を管轄することになる。新省に純粋科学が入るかどうかで科学者の意見が分かれることをウィルソンは認識していたが、ウィルソンは入れるべきだという見方に傾いていて、[73] 数日後、議会で、新省の計画は航空省を土台にしていると公表した。[74] 政権を取った後は、航空相の職責を、閣内相にはならない予定のロイ・ジェンキンスに与え、その際、航空省は寄せ集めで、整理するのに一年以上かかり、その後、この省の役割はなくなると伝えた。[75] 一方、ウィルソンは独立した小さな省、技術省を創設した。この省は、輸送・一般労働者組合の指導者である組合活動家フランク・カズンズに率いられた。[76] 組合での先輩委員長、アーネスト・ベビンはもちろん戦時中の重要人物であり、実際にミンテックは、戦時中の臨時職員だらけだった。[77] ミンテックは、新たに政府に入って（戻って）、貴族制国家の疲弊した枠組に計画、技術、近代性を注入する人々の象徴となった。[78] 貴族院にいた政務官がＣ・Ｐ・スノーであり、その目的のために貴族に列せられた。パトリック・ブラケットは同省の科学顧問となり、省の技術に関する諮問委員会の副委員長（委員長は大臣）となった。[79] ブラケットは一時的に、その省の高官（「統制官《コントローラー》」）となった。[80] ブラケットは、科学者とエンジニアの集団からなる「査定グループ」を設け、このグループを、戦時中のＯＲチームに相当するものと見た。「一九四二年から四三年に一か月当たり七〇万トンの潜水艦の喪失を相手にするのと、一九六五年において年間七億ポンドの経常赤字に取り組むのに本質的な違いはない」と、ブラケットは自負した。[81]

新省の構造はブラケットの計画とは対応していなかった。ミンテックは、保守党内閣が産業研究開発庁に改編しようとしていたのと同じ組織で構成された。[82] 新省はＡＥＡと、解体されたＤＳＩＲのいくつかの研究所をもらうことになっていた[83]（表6-1）。ＡＥＡを引き継いだのは一九六五年一月、ＮＲＤＣは二月で、ＤＳＩＲの一部は四月だった。[84] このときのミンテックは政府の民用Ｒ＆Ｄのうち、わずか約三分の一を占めるだけだった。支出の観点から見ると、ブラケットが求めたようなＮＲＤＣを増強したものではなく、むしろ、ＡＥＡを増強していた。民用原子力支出は約五〇〇〇万ポンドに達したが、ミンテックの他の部分は、当初、わずか一二〇〇万ポンドから始まった。[85] それでも、始まったミンテックはただの政府研究開発研究施設ではなく、重要な産業的役割を担っていた。工作機械・コンピューター・電子機器・通信を表すための軍事用語表現、いわゆる「橋頭堡産業」を、「資金援助」する権限を与えられていた。[86]

その後は、ブラケットの案も含めた労働党の公式計画とは根本的に異なるばかりでなく、どの保守党案とも異な

表6-1 1960年代後半におけるミンテックの研究機関

民用	
	AEA 研究グループ（ハーウェル，カルハム）
	AEA 原子炉グループ（リズレー，ウィンファース，ドーンリー）
	NPL
	火災研究所
	国立工学研究所
	ウォーレン・スプリング研究所
	林産物研究所
	水力学研究所
	政府化学分析所
	トリー研究基地
	水質汚染研究所
軍用	
	RAE
	航空機・兵器実験研究所
	国立ガスタービン研究所
	王立レーダー研究所
	信号研究開発事業団
	爆発物研究開発事業団
	ロケット推進研究所
	AEA 研究グループ（オルダーマストン）

るものになった。産業に関する権限は、従来の産業管轄官庁である商務院から着実に引き継がれつつあった。商務院は要するに、生産に関する部局というよりは外国貿易と商業規制の部局となり、機械工学、電気工学、規格、度量衡は一九六五年に移管され、造船は一九六六年、化学と繊維は一九六九年に移管された。こうした移管は拡張の手始めにすぎなかった。ミンテックが航空省の本体部分を引き継ぐことは一九六六年に発表され、一九六七年に実施された。フランク・カズンズの辞任後の一九六六年半ばからは、活気あふれる若い閣僚アンソニー・ウェッジウッド・ベンが任じられた。ベンは単にミンテックを継承しただけでなく、むしろ「イギリスの顔と今後の生き残りの展望を本当に変えることができる新しい官庁を創造する機会を与えられた」と感じた。[87] 一九六九年にミンテックは産業再編公社を継承し、解散した経済省から産業政策の権限[88]と燃料・動力省の全体を継承した。ミンテックの第二代事務次官、R・W・B・「オットー」・クラークは、やはり戦時中の臨時採用の口で、後でC・P・スノーを嘲った話が出てくるが、後に「技術省」、「工学省」、「産業省」という三つのミンテックがあったと考えた。[89] 一九六四年のミンテックは、その新機構の要素を持っていたといってよいだろうが、ウィルソンはずっとミンテックを産業の省に拡張するつもりだったらしい。[90] 一九六九年、リチャード・クロスマンはこう記している。「まるでハロルドが本当にほしい物、つまりハロルドの初恋の相手であるベンの新産業省の計画の世話を焼き、苦労もしてきたかのようだ」。[91] 一九六九年の統合の後、パトリック・ブラケットは「壮大な新省」のことでベンを祝福し、一九六四年の始まりのときを振り返りつつ、「私がどんなに突飛な夢を見ても、今の展開は予見していなかった」と記している。[92]

トニー・ベンは、後にミンテックを「世界で最初の技術経済省」と呼んで、同じことを力強く言った[93]。

最も異論があって、最も苦労し、最も重要な展開は、ミンテックよりはるかに巨大だった航空省との統合だった。すでに見たように、航空省のような軍需省庁は軍務省庁へ戻そうとする圧力が常にあった。三軍の省が（保守党内閣の下）一九六四年一二月に統合されて国防省になった際、第四の国防省庁である航空省もそれに統合しようという議論も当然にあった。プラウデン委員会はこれに対して反対する二つの論拠を示していた。この省が大きいことと、民間航空機の開発が必要であり、これは軍用機の開発と分離できないと見られたことだった[94]。元MoS幹部は、航空省がさらに軍用機生産に傾斜しつつあるのなら国防省に行くべきだし、民間航空機の面に傾くなら、そのまま独立しているか、ミンテックに入れるべきだと説いた[95]。一九六六年六月、ウィルソンは、航空機についてのR&Dはミンテックに移管されるが、航空機調達機能を国防省に移管するかどうかは再検討されると発表した。一九六六年一一月には、省庁はひとまとめに移管するが、国防省との連絡役の大臣が任じられ、国防省は国際協力問題の先頭に立つと発表した[96]。航空省が調達と研究に分割されることはミンテックにも国防省にも好都合だっただろうが、これは実現できなかった[97]。統合が行われたのは一九六七年二月で、『ニューサイエンティスト』誌は、「何年かの躊躇の末、ウィルソン氏はとうとう航空省について言い分を通した」と報じた[98]。

一九六六／七年度から七〇年にかけての拡大ミンテックは、事実上、一九四五年から五五年までのあり方でのMoSの再来だった[99]。どちらも調達で最大、R&Dで最大の省であり、工学、原子力、航空機各産業を後援した。重要な相違点は、ミンテックは軍のR&Dと調達は管轄外で、民用の研究機構やもっと産業界寄りの部門、エネルギー産業、産業政策などを管轄した点にある。一九四五年から五一年という期間で考えると、ミンテックは、MoSの大部分に燃料・動力省、商務院の大部分、DSIRを加えたものに相当していた。ミンテックは、ただ広範囲なだけでなく、省庁の序列でずっと高いところに収まり、「生産省庁」の一つであるというより、明白に他にない産業の省だった。MoSを代表するのは閣外相だったが、一九六九年段階では、ミンテックは二人の閣内相（ベンと、出納長官ハロルド・リーバー）を出した、元からのスーパー官庁だった。

ミンテックの技術政策

研究開発、産業、調達をまたぐこれほどの力のある省となると、そこがイノベーションに対してとる政策はどうなるだろう。相変わらず、以前からの大規模な「威信を示す」事業には敵対的だったが、それだけでなく、国家の経済発展に対するイノベーションの関係という問題全体もさらに深く検証していた。アンソニー・ウェッジウッド・ベンは、一九六六年に大臣になると、「熱心な科学者やテクノロジーの徒が唱える企画をすべてエコノミストに排除させるような計画中止の党からどう脱却するかという大問題」を気にするようになった(100)。この心配は、イノベーション全般についてのもっと一般的なものになった。ミンテックは、「テクノロジー」のための、明確な、広く宣伝された大綱を展開していた。R＆D支出は、国防用から民用へ、民間航空と民用原子力から他の部門へ、政府研究所から民間へとシフトすることになっていた(101)。また、イノベーションをイギリスの産業の主要問題の一つと強調することから、生産、管理、産業構造の問題に集中する方へのシフトもあった。トニー・ベンは、一九七〇年の選挙で労働党が敗北した後、次のように述べている。

人々の頭の中では、テクノロジーはハロルド・ウィルソンの有名な一九六三年のスカボロー演説に密接につながっているので、ほとんどの人は、テクノロジーに対する壮大な信奉がマクミラン保守党政権の思考を規定していたことを忘れている。スカボロー演説はこのロマン主義的な姿勢と決別した。それは産業についての演説で、労働党のミンテックは当然、産業の省へと進展した。……ミンテックでは、イギリスに欠けているのはテクノロジーではなく、強力な産業組織、上手な経営、応用への本物の関心であることがすぐに認識された……[102]最後の一文は、ウィルソンのレトリックやその後の見解からすると意外に見えるかもしれない。しかし、ベンの観察はきわめて正確だった。ミンテック内では、イギリスにはR＆Dが足りないことはなく、足りなかったこともないということはすぐに認められた。少なくとも「二つの文化」と「ホワイトヒート」のレトリックから導かれる強い含意は否定された。

そうなったのは統計上の証拠によっていた。いくつかの国のR＆Dの全体的統計は一九五〇年代後期のものが用意されていた。同時に、経済を比較したデータはもっと手軽に手に入るようになりつつあった。数字をごく単純に調べると、イギリスは大いにR＆Dをしていたが、経済成長は比較的低水準だったという不愉快な結論が出てきた。それでもこれが明らかにされることはめったになかった。

イギリスでは、国民生産比でアメリカと同等の高い比率の研究開発費が出せなかったから成長が抑えられたという論証がどれほど多いか考えよう。フランスでは（また、ドイツでは、オーストラリアでは）、往々にして、イギリスなみに支出できなかったから成長が抑えられたという話になる

と、一九六四年、ブルース・ウィリアムズは論じた。[103]ともにエコノミストで、特に技術の変化に関心があるチャールズ・カーターとブルース・ウィリアムズは一九六四年、「過剰な研究によって、つまり知識の蓄積が役目の科学的人材の率が高すぎ、知識を使う方を役目とする率が低すぎることによって、成長を妨げることはごく簡単なことで、それがイギリスの状況である」と指摘した。[104]一九六〇年代中頃、ブルース・ウィリアムズは、経済成長率とR＆D／GDP比率に正の相関はないことを明確に示した。[105]ウィリアムズは今やミンテックの経済顧問であり、ベンがテクノロジー顧問会議の議長をした、まさにその最初の会議で、大臣にこうした帰結を紹介した。[106]その指摘は取

り上げられた。実際に、オットー・クラークは、同省での統計作業に意見を述べ、「広く唱えられていたが、ほとんど変わることなく間違っていた説の」検証の側に立って論じ、「例えば最近、R&D支出と経済成長の間にこれといった関係はないことが実証されたのは、この部局の思考を良い方向へ導く点で、第一級の重みがある」と述べた。[107] ベンと科学顧問であるブラケットはこの驚くべき結論を受け入れ、それを公言した。一九六七年には、ベンは、「研究への支出額と経済成長率の間には自動的な相関」はなく、さらに民用R&D支出と成長の間にもまったく相関はないことを明言した。[108] 一九六八年には、このとき王立協会の長でもあったブラケットは、議会の科学技術委員会で次のように述べた。

イギリスはヨーロッパのどの国と比べても研究開発（R&D）支出が多い……また現在も、少なくともこの一〇年間ほども、経済成長率が低い方で有数の国である。この受け入れがたい事実が、明らかに、政府と産業により賄われているR&Dの全国的配置の編成について、徹底して国が自問している主要な理由の一つである。[109]

また、一九六八年には、サー・ソリー・ズッカーマンを議長とする新しい科学技術中央審議会は、暗に、とはいえ十分にはっきりと、英国政府と英国産業は、絶対額としても、相対比としても、R&Dに支出しすぎだと論じた。[110] そこには、「高水準のR&Dはイノベーションの成功の主たる鍵ではない」し、「新しい生産設備への資本投資は、我が国のR&D支出に見合っていない」と記されている。その答申は、航空機を除いた製造業では、投資とR&Dの比率は三対一と見積もった。[111] 報告書は最適比率を五対一あたりとした。[112] その報告書は、「資格のある科学者とエンジニア」と呼ばれる人々の総数のうち、R&Dに従事するのは約三分の一で高すぎるとも記している。[113] ズッカーマン審議会にとって、「研究集約性を高くすること自体が良いことなのではない。それは、商業的な生産がわずかしかないのに、希少で高価な資源を非経済的な方面に投入していることを表している。一般的目標として、我々は研究集約性を現在より低くすることを目標にすべきである」。[114] ベンは投資の問題について問われ、一九六九年五月、R&Dの比率について、次のように認めた。

イノベーションの連鎖の各段階における科学・技術資源のバランスのとれた活用のために、研究開発よりも産業における生産、マーケティング、経営に向けられる科学者やエンジニアの数を増やすべきである。これは、研究開発と資本投資の比率をもっとよくするだろう。(115)

この考え方は、科学の経済学の研究者にとって常識のようなものになった。例えば、「科学の科学」財団は、「技術イノベーションと国民経済の成長」会議に主導的な人物を招くにあたって次のように記した。

多くの国は、経済発展は科学研究開発によって促進されると信じて、国民総生産の三%をR&Dに出すというアメリカの驚異的な支出を目指してきました。その国々ががっかりすることに、そのような支出の急激な増加と経済成長はほとんど相関を示していません。イギリスはこの予想外の結果が特に目立っています。イギリスはR&Dに、アメリカとソ連に次ぐ比率の富を充てていますが、経済成長率は近年では経済協力開発機構（OECD）諸国のいずれと比べても低い方でトップクラスです。(116)

同様の感覚が、インペリアル・カレッジの上級の工学者、サー・ウィリス・ジャクソンによる、一九六七年のイギリス科学振興協会会長演説など、一九六七年から六八年にかけてのいくつかの演説でも表明されている。(117) ピルキントン・ブラザーズ社の会長ローレンス・ピルキントンは、「売上に対する比として表したR&D」が「実際、根本的に重要」という「誤り」について述べ、「私は英国産業がもっとR&Dを必要としていることに重大な疑念を抱いている」と語った。(118) アメリカのアナリストも同様の指摘をした。歴史家デービッド・ランデス（著名な衰退論者）は、一九六〇年代初期のイギリスの民用R&Dは、絶対額でフランスの民用R&Dの四倍だが、フランスの成長率の方が高いと述べた。(119) マートン・ペックは、一九五〇年代から六〇年代初期のデータを用い、一九六八年に公刊されたイギリス経済についてのブルッキングス報告に、イギリスは平均的な量の科学者とエンジニアしか有していないにもかかわらず、資本主義国で最も研究集約的であると記している。ペックは、イギリスが軍用R＆D、基礎研究に多額を費やしており、産業界では研究集約的産業が特に強力であると記した。さらに、イギリスは産業での科学者とエンジニアの割合が低く、科学者・エンジニアの中ではエンジニアの割合が低い。ペックは政府と大学における基礎研究を削減し、産業用にR＆D資源を解放するために、航空機を削減すべきだと説き、そのような増加には、非R＆D技術要員を増やす必要もあると述べた。しかし、ペックは適切な種類のR＆Dが不足しているかどうかについては判断がつきかねていた。[120]

多分、このあたりがイギリス政治でのやはり失敗した技術家支配の時期、一九四五年から五一年の最初の労働党内閣に遡って考えるべきところなのだろう。サー・ヘンリー・ティザードは、労働党政権下で、軍・民双方について最も上級の科学顧問として政府に呼び戻された。一九四八年九月、ブライトンでの英国科学振興協会会長演説では、自分の後継者が一九六〇年代に問うていたのと同じことを問いかけた。イギリス衰退論をきわめて早い時期に使った例にちがいない場で、ティザードは「［大国イギリスの］相対的衰退を何のせいだと考えましょうか。主な原因は研究の規模が小さすぎたせいと論じましょうか。それとも他の理由を探しましょうか」と問うた。ティザードが選んだのは明らかに他の理由で、例えばスウェーデンやスイスが乏しい天然資源しかないのに、研究の強さではなく、技術の強さで成功していると述べた。さらに、

この国では、産業的健全さの復活のために第一に重要なのは、研究の全般的拡大ではないし、またきっと、産業の日常的問題から離れた政府の研究の拡大ではありません。第一に重要なのは、すでにわかっていることの応用であります。[121]

すでに見たように、政府の研究は、特に一九五〇年代に大いに拡大した。しかし、ミンテックの下では、研究科は

削減されることになった。

研究科の削減

一九六五年、原子力公社（ＡＥＡ）は、中央電力庁と燃料・動力省が、イギリスの第二世代発電用原子炉に、アメリカの軽水炉ではなく、改良型ガス冷却炉（ＡＧＲ）を採用することを決定して、重要な勝利を収めた。この決定はその後破滅的な選択とみなされたが、その時点においては大いにもてはやされた[122]。しかし労働党内閣の下では、高温炉、蒸気発生重水炉、高速増殖炉の開発は継続されていたものの、ＡＥＡのＲ＆Ｄ予算は減少していた。ベンは一九六七年にはＡＥＡと原子力産業を賞賛していたが、一九六九年段階ではその評価は変わっていた。左翼とは敵対し、産業界でも最も厳しい批判をしていたダンカン・バーンによれば、ベンは原子力輸出の欠如に不満を述べ、ＡＥＡの業務と人員を民間原子力発電産業に移転しようと提案することに「光明の一端を見いだしていた」。ベンは、Ｒ＆Ｄとマーケティングの統合を求めていた。バーンの言い方では、「これはもちろん、原子力産業においては目新しいことだった」（強調は原文[123]）。ミンテックは、「技術を通じて利益を得る」ことを望み、「商業的になってしまった[124]」。あるジャーナリストは、明らかにトニー・ベンをまねて次のように伝えた。

> 答えは、ハーウェルやオルダーマストンのような研究所用に立てられていた課題に代わる、新鮮で壮大な課題を見つけることではないという理解が生まれてきた。国の大事業にかかわる場合、当の科学者が最善を尽くすというのさえ真実ではない。科学者は大規模な事業がたびたび中止されることでとっくに幻滅しているのだ[125]。

民用核開発研究の縮小によって、原子力研究施設と他の民用研究施設をどうするかという問題全体が浮かび上がった。ウィルソンはすでに一九六四年一一月、ＡＥＡは原子力以外の仕事をするよう奨励されることを発表し、それは一九六五年科学技術法の通過により可能となった。特にハーウェルは民間部門の仕事を大量に行った[126]。他のＲ＆Ｄ機関でも似たようなもので、「元々の予想とは違い、議論は政府支援による施設の数の拡大ではなく、再配置と削減の方を向いてしまうところまで来た[127]」。ミンテックは後に研究所の削減と、民間のＲ＆Ｄ組織よりも大きくなる予定の単一の英国研究開発公社にＡＥＡを統合するよう提案した。その意図は、そうすれば資金の三分の一は直接政府から、三分の一は政府の省庁との契約から、三分の一が産業界から出されるということだった。すると三分の一の施設は政府の必要にとっては余剰だということになった[128]。民用の施設は（すでにＡＥＡがそうだったように）公務員の範囲から外され、政府省庁の請負業者にされようとしていた[129]。そうはならなかったが、国の立派な民用研究所は、ＮＰＬだろうが原子力発電所だろうが、決して二度と国の立派な技術的営為の心臓部にはならないということだった。

国防研究施設にも削減があり、民用・産業用の研究を増やすことが試みられた。オルダーマストンの核兵器研究機関は、相当量の非核民用研究を行うようになった[130]。航空省の移管（それによって他の主要な軍用研究所がミンテックに移管されることになった）の前でさえ、軍用研究を民用の関心と結びつけることが試みられた。ミンテックは防衛研究委員会に代表を出しており、研究諸機関とミンテックの連絡が確立されていた。一九六六年三月には、マルバーンのレーダー研究所に産業システム班が設けられた[131]。政府がさらに防衛Ｒ＆Ｄ支出と人員を削減すると公表した一九六八年七月には、「浮いた資源は、各機関での民用研究に移管される」と明言された[132]。あらゆる軍用研究機関で、多様化、産業との連携、派生技術といった戦略が後に続いた[133]。しかし軍用研究機関を民用に使う試みは、クーピーがオルダーマストンについて明らかにしたように、大成功にはならなかった[134]。

しかし研究機関は大きくなりすぎたと多くの人々が感じていたのは明らかに見える。航空機研究機関は民用研究や非航空機研究にシフトすることによって雇用を維持すべきだという航空省案については、プラウデン報告は非常に懐疑的だった。[135] Ｒ・Ｖ・ジョーンズは、戦後、大学と産業を犠牲にして研究機関を維持し、足場としたことが間違いだったと明確に考えていて、戦時のＲ＆Ｄが大学で拡大され、戦後もそれが残ったアメリカとの状況と対比した。[136] 元航空省首席科学官でファーンボローの所長だったロバート・コックバーンはさらに強力で、「巨大科学の神話が生まれ、原子力、航空学、エレクトロニクス、宇宙や、農業と薬学での発見の勢いを維持するために、巨大な研究機関が設立された」ことを悔やんだ。レーダー、ジェット機、誘導兵器、弾道ミサイル、原子爆弾での戦時中の成果は「科学の躍進と見られる」が、「実際には工学の躍進で、何年もの忍耐強い研究により、軍事的必要の圧力のおかげでその特定の時期に最高潮に達したのである[137]」。

とはいえ、防衛Ｒ＆Ｄと軍用研究機関の削減は続かない（表6-2）。一九六九年一月、リチャード・クロスマンはこう記した。

> 我々のすべての選挙公約は、Ｒ＆Ｄの全体の配分を、軍用から民用へ方向転換するということだった。我々はまだそれを行っていない。それどころか、デニス〔ヒーリー国防相〕は、海外での軍事的関与を削減すれば、Ｒ＆Ｄに向かう優位な立場を維持し、我が国の限定された、新しい、欧州に基盤を置いた防衛にとってさえ最善のものが得られるにちがいないなどと言ってのけている。我が国の装備が縮小されるなら、それは最高でなければならず、国産のものを買うなら、イギリスの海外への関与が削減されるのに合わせてＲ＆Ｄを減らすことはできないのだという。[138]

ここで見たように、防衛Ｒ＆Ｄの削減が非常に大きく、防衛費全体の削減よりもさらに大きかった以上、クロスマンが何もなされなかったと言うのは間違っていた。しかしまさしく一九六〇年代末には二つの巨大な事業が始まった。ＭＲＣＡ、つまり多用途攻撃機（トーネードとして実現した）とポラリス・ミサイル用のシェバリン弾頭への更新である。シェバリンは、モスクワの防衛を突破し、アメリカに対してイギリスが核兵器開発を継続していること

表 6-2　政府の防衛・民用 R&D 支出（1985 年基準，単位：百万ポンド）

	防衛 R&D 計	防衛 R&D 内部	民用 R&D
1960	1,748	—	—
1965	1,720	689[1)]	1,543
1970	1,325	557	1,790
1975	1,850	705	2,315

註 1）1966 年。
出典）David Buck and Keith Hartley, 'The political economy of defence R&D : Burden or Benefit?' in Richard Coopey et al. (eds.), *Defence science and technology : adjusting to change* (Harwood, 1993), pp. 13–44, tables 2.1, 2.3, 2.4.

を示すものとされた(139)。それは核計画であると同時に宇宙計画であり(140)、弾頭をX線に対して「硬く」して、宇宙での誘導を可能にするものだった。ポラリス弾頭の「近代化」には意味がないと見て反対したソリー・ズッカーマンによると、この方針は、オルダーマストンの科学者とエンジニアが仕事を続けられるようにするためのロビー活動の成果だった(141)。近年の研究はこの見解を支持していて、とりわけサー・ウィリアム・クックと、やはり公務員科学者だったビクター・マックレンの役割が指摘されている(142)。一九七〇年代中葉にもなると、防衛R&Dは相当に成長し、一九六〇年のピーク時より絶対額で高い水準に達した（表6-2）。実際には、その額は一九八〇年代に入るまで増加を続けた(143)。

国防に由来する産業政策

ミンテックの主要な法的根拠である一九六八年産業拡張法は、産業金融と産業介入に関係している。すべての大臣に適用されるこの法は、ミンテックを創設し、ミンテックを鍵となる産業向けの省と位置づけた。同法は要するに、議会の手順を短縮して、産業投資計画を選択して融資したり個別の産業評議会を設立したりするのを可能にする手段だった(144)。法案の要は、特定の産業に限定されていたり、ある面のみ、特にR&Dのみに限定されていたりした部門すべてについて、広く介入する権限を認めることだった(145)。しかしそうした権限は、すでにそうなっていたように、選別的に用いられることになる。ベンは、「産業政策の対象は、我々の見るところ、勝者だけを拾うのであって、イギリスの全企業のために、それが効率的かどうかを問わず、『食事宅配サービス』を行うものではない」と言った[146]。要所は、非選別的な商務院に焦点を当てた産業政策史が説くような、選別的新方針、あるいは勝者の選抜が導入されたことではなかった。政府と、特に軍需省庁はすでに、産業部門間、実際には企業間で選別していた。労働党が行っていたことは、選別の範囲を拡張し、もっと一般的にすることだった。実は、法案の背後には、特定の産業、特に航空機にきわめて選別的な支援をやりすぎたという強い感覚があった。他方、選別的な産業政策は確かにきわめて望ましいと思われていた。一九六〇年代初期とそれ以前にあった、国防関連部門が介入のモデルとなったという感覚は、ミンテックでも明らかにまだ作用していた。ベンは、例えば一九六九年に内部に向けて行った演説で、航空省を引き継いだことで「たぐいまれな能力を有する科学者とエンジニア」が入ってきたと述べ、こうも述べている。

官庁街の他の省庁には単純に存在しなかった産業を相手にした経験もあります。産業のことを知ってこの新しい責任を担うもっと広い省に入ってくる人々が、その知識と情報を、もっと一般的な目的のために使えるようにできれば、国防は、初めてではないとはいえ、テクノロジーを、ハードウェア面ではなく、政府と我々の暮らしを支える企業との関係において開拓することになるでしょう[147]。

ここでベンは、戦時中のクリップスの発言だけでなく、一九五〇年にＭｏＳが商務院との間に立てた比較も繰り返している。科学・技術・産業の豊富な経験とともに企業との密接な関係をもつのはＭｏＳの方だけだという[148]。一九六九年一〇月にミンテックのさらなる拡大を公表するときに、ベンは「我々は航空省と合併することによって、我々の仕事を、これまで防衛産業についての知識を大いに身につけてきた民間産業の人々とまとめられるという点で、非常に実のある得をした」と論じた[149]。産業拡張法は、象徴的にだが、一九三九年軍需省法を、わずかな修正を加えて恒久化していた[150]。

産業拡張法は立法の大作だった。それは、例えば新規のアルミニウム精錬所の設立（商務院による）やコンコルド生産への資金供与などのために、広く用いられた。実は、議会でのコンコルド生産条項についての議論は一九六〇年代の技術政治を見事に覗かせてくれる。一九六八年段階では、コンコルドの試作機初飛行を前にして、航空会社向けコンコルド生産のために政府資金が投入されるべきかどうか決断が必要だった。政府はそうすることを決断し、産業拡張法に、この目的のための貸与と政府による特殊な機械の購入（三〇〇〇万ポンド相当）を認める条項を挿入した。この法案は保守党から大いに批判されたが、コンコルド生産については反対しなかった。公然たる反対は（ロード）ヒュー・ジェンキンス（一九〇八〜二〇〇四）と学界のエドウィン・ブルックス博士（一九二九〜）という二人の労働党議員によるものだけだった。二人は辛いことに、「政府資金が、近代的で心躍る航空機の開発よりも、労働組合会議という荷馬車の馬をもっと大きく、もっと優秀に飼育するために使われる方を見」たがっているとして、保守党議員から非難された[151]。それでも大臣トニー・ウェッジウッド・ベンはその条項を提案したが、本人はその法案の支持者よりも反対者に親近感を抱いているらしく、ヒュー・ジェンキンスを、反コンコルドの「熱狂的分派」のメンバーであるという非難から、こう言って擁護した。ジェンキンスは

我々が鉄道網の近代化や、もっと早いコンテナ化の導入や、燃料電池開発、電気自動車の開発の方に資金をもっと出していたら、金の面からも人間の喜びの面からも、もっとよい成果がもたらされていたかもしれないと論じてもよかったかと思います。

確かにベンは、「もう少し地上輸送の側に天秤を傾けて、航空輸送を大きな努力が傾けられる唯一の分野にしない」よう望んでいることを示したのだ。ベンはこんなことも言っていた。「それ［コンコルド］にどんな市場があるかと尋ねられても、なかなか答えられません[152]」。ヒュー・ジェンキンスは、「盲目の、感動的な信仰」、「福音派的熱狂」、「熱狂的雰囲気」を向こうに回して勝つのは無理だと言って、修正案を引っ込めた。「この種の思い込みを突破する

とはできなかった」[153]。大臣にもそう見えている。

ミンテックのハイテクに対する姿勢が経済的配慮に大きく影響されていたことは、宇宙政策からも明らかである。保守党内閣は、もはや軍用には適していないブルーストリーク・ロケットを、ヨーロッパによる打ち上げロケットの基礎にすることにした。一九六四年には、欧州ロケット開発機構（ELDO）が設立された。一九六〇年代初頭には、ELDOの費用はコンコルドと同等になっていた。例のごとく作業は遅れ、費用は超過し、航空相は一九六六年の初め、ヨーロッパの市場は小さすぎ、どのみちヨーロッパはアメリカと競争できないと主張し、この事業のそもそもの土台から疑問を呈した。ヨーロッパ側のパートナーはこうした主張を否定した。それでもイギリスはELDOを継続したが、拠出額を削減した。野党保守党はコンコルドの場合と同様、ELDOは支持していた[154]。しかし一九六八年、イギリスの欧州共同市場参加にフランスが拒否権を行使すると、トニー・ベンは以前の主張を繰り返し、イギリスはELDOから撤退すると発表した。とはいえこのときは、イギリスは独自のもっと小規模な計画を進めることを発表した。イギリスでは経済的配慮が重要だったのに対し、大陸では技術的能力を育成しようという欲求が優先された[155]。ミンテックは、従来型の民用航空宇宙プロジェクトに資金を出すことにも実に慎重だった。政府は欧州エアバスの設計研究段階に共同出資をしたが、販売見通し、協定案の条件（ロールス・ロイス社RB211エンジンの使用が約束されないなど）、英国製航空機（BAC3-11）との競合の可能性のために、それ以上の開発からは撤退した。一方、ブリティッシュ・エアクラフト・コーポレーション（BAC）が3-11への支援を要請したが、それは得られなかった。開発着手された大型事業はロールス・ロイス社RB211エンジンだけだった。このプロジェクトは、一九七一年のロールス・ロイス社の破綻と保守党内閣による同社の国有化の元になった。RB211は、多くの改良型もできて、大当たりのエンジンとなった[156]。

一九七〇年に首相に選出された保守党のエドワード・ヒースは、ミンテックをがらくたとみなしており，それを商務院に押し込めてしまうことを企てた[157]。巨大な「スーパー省庁」をいくつか創設したヒースは、最も重要な官庁を解体した。ジェフリー・リッポン率いる自由市場指向の閣僚を配置し、その年のうちに大蔵卿イアン・マクロードの死去により再編せざるをえなくなると、介入主義の実業家ジョン・デービスが任命された。三か月後、ミンテックは商務院の残存部分とともに通商産業省に統合された。しかし、この有名な「Uターン」路線で、この新省は高度に介入的な一九七二年産業法を成立させた。[158] 一九七二年末からはピーター・ウォーカーの下にあった同省は、「その頃にはヒースが意見を聞きたがらないようになっていた大蔵省よりもおそらく重みがあった」。[159] しかし、枢要な調達機能と軍用R&Dは、短期間は（閣外の）航空機供給省に入れられ、その後、国防省に新設された調達執行部局に移され、そこにとどまっている。ヒースは一九三九年以来初めて、すべての調達部門を軍に戻した。

では、「ホワイトヒート」とは何だったのか？

ある面で、「ホワイトヒート」はハロルド・ウィルソンの一九六四年選挙運動用とされる短期の戦術だったが、明らかに労働党が一九五九年に敗北した後の、その立場の再検討に遡る。プレゼンテーションはともかく、政策の点から有権者に提示されたものは、保守党が提示したことと大差はなかったが、プレゼンテーションは大いにものを言った。しかし一九六六年の段階では、「ホワイトヒート」の政治的な意味は失われ、一九六六年の選挙公約では、労働党は科学技術を後回しにした。[160] 一九七〇年には、それは争点にもならなかった。ただ「ホワイトヒート」の話はそれで終わったわけではなく、当時もその後も、政府の命運に結びついている。ある歴史家は、一九七〇年までずっと、ミンテックは「科学に基礎を置く産業の『ホワイトヒート』を拡張の原動力とするウィルソンの信念を具現」していたと言う。[161] もちろん、そう言える保証もあった。何と言っても、コンコルドと改良型ガス冷却炉（AGR）、またそのような他の投資はとてつもなく重要で、実にわかりやすかった。さらに、労働党は一般に、科学・技術に関与する近代化の政党と見られていた。一九六七年、『プライベート・アイ』誌は、ベンを「イギリスで最も危険な男」と呼んだ。ベンが近代化を行い、古いものを新しいものに置き換え、車を増やして都市を破壊するなどをしたがるからだった。[162] 一九六九／七〇年放映の『空飛ぶモンティ・パイソン』はミンテックの「白い巨象」への肩入れを笑いものにした。第二回の「空飛ぶ羊」は明らかにコンコルドのことで、羊の一匹を操縦するのは、当時は有名なコンコルドのイギリス人テストパイロット、ブライアン・トゥラブショーだった。有名な「バカ歩き省」の寸劇は、実にあからさまにコンコルドとミンテックをあてこすっていた。バカ歩きする大臣が、ある発明家が別のバカ歩きを思いつき、「これを開発するための政府補助金」を申請しようとするのに応対する。大臣からするとさほどおバカではないのだが、本人は「政府の援助があれば、これを実におバカにすることができるでしょう」と主張した。すると、大臣はこう言う。

現実には金の問題があってね。私は必要なその種の支援がバカ歩き省にはもう入ってこないんじゃないかと思うんだよ。ほら、国防省やら社会保障省やら保健省やら住宅省やら教育省やらバカ歩き省やらあるだろう……みんな同じものをもらうものと思っているんだ。ところが去年、政府がバカ歩き省につけた予算は国防省より少なくてね。今やもらうのは年に三億四八〇〇万ポンドで、これで手に入る製品すべてを賄うことになっている。……今じゃ日本には一歩ごとに脚を頭ごしに折り曲げて戻せる奴がいるんだと。かと思うとイスラエル人は……

しかしこの発明家は幸運で、大臣は「英仏合同バカ歩き研究奨励金」を提示するが、言われた本人は「無駄歩き（'la marche futile'）」だと思う。場面は二人のフランス人役に切り替わり、こちらは「メルシー、モン・プチ・シュシュ・ブラアン・トゥルブショ〔ありがとう、かわいいすてきなブライアン・トゥラブショー〕」などと応じる。[163]

こうした反応は理解できるが、上で用いた枠組での「ホワイトヒート」は別物だった。それは国産技術を求める思い上がった熱意の始まりではなく、終わりだったのだ。労働党内閣は大規模国産技術事業を終わらせ、存続した多くの事業にも敵対的だった。一時的には、高い水準の防衛R&Dも削減した。これは、自信に満ちて成長する部門としての政府研究科の終わりであり、多くの人にとって、少なくとも一時的には、イギリスにはR&Dが不足していると信じることの終わりだった。一九七〇年、ベンが『ニュー・ステイツマン』誌で、ミンテックが中止したのは商業的意味のない事業だということを再三再四主張することになったところに事情がうかがえる。[164]「ノー・モア・コンコルド」という一九八〇年代のサッチャー女史のものとされるこの一句は、ここで見たように一九六〇年代のベンのものだった。「ホワイトヒート」はまた、防衛部門での経験を民用に活用しようとする、最後の、そして最も急進的な試みだった。

何より重要だったのは、イギリスという国で、科学・技術について見方が大転換したことである。技術家支配期の鍵となる側面は、その時点でもその前もイギリスでR&Dは不足していないという認識とともに終わった。R&D支出と経済成長は相関がないというブルース・ウィリアムズの分析は、一九七〇年代初期に至るまで何度も明らかにされた。[165]一九七〇年代の段階では、新自由主義的エコノミストが国家主導の航空・原子力への投資を相当きつく攻撃していた。長く政府介入を批判してきたジョン・ジュークスは、「ハイ」テクに対する政府支援を擁護するよくある主張を嬉々として批判した。[166]航空省のエコノミストを務めたこともあったデービッド・ヘンダーソンは、コンコルドとAGRについて、壊滅的な費用対効果分析を行った。[167]ダンカン・バーンによる、AGR計画やもっと一般的なイギリス原子力政策に対する厳しい調査は、AEAによる原子力R&Dの独占と、その貧弱な原子力技術の成果を攻撃した。[168]これまたきっと重要なのは、この時期の歴史家が衰退論的ではない産業界のR&D史を生み出したことである。[169]しかしこれから見るように、新たな衰退論的反＝歴史が復活する。そこでミンテックが経験したことは、それがともかくも形になったとしても、せいぜいのところ、R&Dを増やし、イギリス国家と産業をテクノロジー化しようとして失敗した試みにすぎなかった。

兵器産業はいったいどうなったか？

ミンテック後、イギリスのR＆Dは二度と以前の状況には戻らなかった。それは兵器産業についても言えた。一九五〇年代中頃から七〇年までの時期には、伝統的兵器業者の最後のあえぎが見られた。軍艦造船業者は商船造船の減退に苦しんだし、業界全体が、一九六〇年代末までに、特にミンテックによる「国家の保護下」に置かれた。(170) フェアフィールド社は一九六五年に行き詰まり、政府が継承会社の五〇％の株式を取得した。そのアッパー・クライド造船（UCS）社がクライド川地区での軍艦造船業者の大部分を傘下に置いた。(171) このとき形成された他のグループは、軍艦造船業者としては、クライドのスコット・リスゴーと、バローのビッカース社から分離した（タインのビッカース造船所を含む）スワン・ハンター（タイン地区）、クライド地区のキャメル＝レアード、ベルファストのハーランド・アンド・ウルフがあった。英海軍の一九六〇年代の主要艦船は四隻の巨大なポラリス・ミサイル搭載潜水艦で、二〇世紀初頭の戦艦の名がつけられた。そのレナウンとリベンジはバーケンヘッドのキャメル＝レアードで建造され、ピーク時の雇用は一万人を超えた。その後この雇用は大幅に削減されることになり、一九七〇年には政府が同社の五〇％を買い取った。(172) レゾリューションとレパルスは、潜水艦造船業者として残っていたバローのビッカース社で建造された。一九七〇年以後、ごくわずかな例外を除いて、主要な軍艦契約が結ばれたのは、ボスパー・ソーンクロフト、ヤロウ、ビッカース（バロー）、キャメル＝レアード、スワン・ハンター各社だけだった。(173) 一九七七年には、造船業は国有化された。(174)

造船と伝統的な海軍の兵器産業が衰退しても、新しい兵器産業の核、航空機とエレクトロニクスでは、雇用が維持された（増えたとはまったく言えなくても）。表6-3は、主導的な兵器企業での雇用を示している。ただし、そのうちどれだけの比率が兵器生産に向けられているのかのデータはない。それでも、航空機企業と航空エンジン企業

表 6-3　雇用数で見た1955年のイギリスの巨大兵器企業

1955年		1965年	
AEI社	87,000	ホーカー・シドレー社	123,000（デ・ハビランド社と合併）
ホーカー・シドレー・グループ	75,000	AEI社	93,000
ビッカース社	70,000	EE社	75,000（航空機部門をBAC社に売却）
GEC社	60,000	GEC社	64,000
イングリッシュ・エレクトリック（EE）社	39,000	ビッカース社	56,078（航空機部門をBAC社に売却）
ロールス・ロイス社	37,500	ロールス・ロイス社	43,549
デ・ハビランド社	25,990	BAC社	42,000（ブリストル，ビッカース，EE各社航空部門の合併）
ブリストル航空機社	21,000		
BSA社	18,000		
ESC社	16,500		
マラード社	16,000		
プレッシー社	15,894		
フェランティ社	11,378		
キャメル＝レアード社	10,643		

出典）David Jeremy, 'The hundred largest employers in the United Kingdom in manufacturing and non-manufacturing industries in 1907, 1935 and 1955', *Business History* 33 (1991), 93-111 ; *The Times 300* (London : The Times, 1965). 1960年代後半，政府の支援により，GEC，AEI，EE各社が合併し，新生GEC社となったことに注意。

が（戦間期のように）ほぼ兵器に従事していたが、エレクトロニクスはもっと多岐に分かれていたことはわかる。一九五五年には、戦間期から続く名前が、新しく載ったエレクトロニクス会社とともに入っていた。エレクトロニクス企業の一つであるＥＥ社は、主要な航空機メーカーにもなっていた。既存の航空機産業内部では、一九五〇年代末に政府によって巨大な変革がもたらされた。この業界は合併を余儀なくされ、二つの機体・ミサイル製造会社、ホーカー＝シドレー社（ホーカー＝シドレーの大半とデ・ハビランド）およびＢＡＣ社（ＥＥ、ビッカース、ブリストル）と、二つのエンジン・メーカー、ロールス・ロイス社とブリストル・シドレー社（アームストロング・シドレーとブリストル）が設立され、ヘリコプター業すべてはウェストランド社に集約された。ロールス・ロイス社は、一九六〇年代後期にジェットエンジン産業の他の企業を吸収した。一九六〇年代後半にはまた、ミンテック／産業再編公社の監督の下、三つの巨大な電気会社（ＥＥ、ＡＥＩ〔アソシエイティッド・エレクトリカル・インダストリーズ〕、ＧＥＣ）がＧＥＣの名称で合併した。一九七〇年段階では、兵器産業はＢＡＣ、ホーカー＝シドレー、ロールス・ロイス、ＧＥＣ、後はビッカースやフェランティなどの数社に支配された。一九七〇年からは、こうした民間兵器企業は国有化された。おおむね、中心となる企業が潜在的に、あるいは現実に破綻したことによる。ロールス・ロイス社は一九七一年に保守党政権によって救済された。フェランティ社は一九七五年に国営企業庁によって救済された。[175] 航空機産業は、造船業とともに、一九七七年に国有化された。この時点での最大の民間兵器企業はGEC社であり、同社は軍用エレクトロニクス産業の大半を押さえていた。古い兵器産業は、革新的な組合運動活動の特に重要な活動拠点となり、しばしば新世代の社会主義的知識人と結びつけられる。有名な一九七〇年のアッパー・クライド造船の職場占拠[176]の後には、新たな形態の国家介入や生産管理を求める多くの議論、計画、方針が続いた。[177] その背景は、今や急進的社会主義者であり、保護主義者であるトニー・ベンが一九七四年から七五年に産業省にいた時期に出された、とてつもない論争を呼び、激しく抵抗された政策だった。その中のある政策は、「社会的に有益な生産」の開発だったが、興味深いことに組合運動主導の「社会的に有用な製品」の生産キャンペーンは、言外に兵器は何の社会的有用性もなく、社会的な手法を通じて調達されていなかったと言っていた。左翼と組合が国家と産業について考える、この重大な瞬間においてさえ、戦争国家は構図にはなかった。

イギリスのR＆Dの物語は軍備の物語と合致する。GDPに占めるR＆D費全体の比率は、イギリスでは一九六〇年代後期に下落した。産業界から資金供給されたR＆Dも、絶対額でも相対額でも、一九三〇年初期以来、初めて減少した。特筆すべき事実は、R＆Dに最も金を出していたところ、例えば電気会社は、産業再編公社による介入により合併させられ、R＆D支出を削減したことである。[178] 一九六〇年代末の段階では、戦後、R＆Dにかけられていた希望は衰えつつあった。

第7章　イギリス戦争国家の消滅

イギリス戦争国家が見えにくいということは、前々からの一貫したことであり、政治評論や歴史記述の中に深く埋め込まれている。我々はすでに、多くの科学系知識人が、イギリスの技術家支配をめぐる反＝歴史での軍事の役割を軽んじてきた様子を見てきた。そうした知識人は孤立していたのではない。イギリス知識人は全般的に、自身のイギリス叙述から戦争国家を除いて書いており、歴史家はそれを踏襲してきた。大まかに言えば、第二次大戦に至るまで、知識人はイギリスを、そのいわゆるリベラリズムと平和主義、海洋指向の貿易重視姿勢によって称え、そのようなイギリスが戦争国家であることは当然ありえないと論じられた。しかし戦後になると、新しく台頭した軍国主義的な批判は、かつての知識人たちが賞賛した当の特徴を攻撃した。この軍国主義的批判は、技術家支配論的な批判と同様に、無視できない反＝歴史の要素を孕んでいた。この論旨は歴史的に立てられる場合が多い。イギリス国家は軍事的に弱いと想定され、イギリス軍の弱さと特異なあり方の説明として、イギリスの反軍事的なリベラルの伝統と考えられるものの検証が重視された。他方では、福祉国家が前面に押し出された。社会民主主義者は、イギリス福祉国家の創造のためには戦争がきわめて重要だったというイギリス像を提示したが、戦争国家については無視した。第二次大戦後になると、右も左も、理由こそ違え、軍を軽く扱った。左翼は福祉国家を賞賛することによって、右翼は自由主義的な非軍事的文化を批判することによって。こうした論旨すべてに通底するのは、見るからにドイツのことと思われるようなものとの比較だった。

イギリスはドイツとは違う(1)――リベラルなイングランド賛

イギリスの自己叙述では、暗黙のものとはいえ確かにドイツのイメージが決め手になるような役割を演じる。第一次大戦から今日に至るまで、「ドイツ」――ある場合にはプロシアのみ――は、イギリス知識人や政治的宣伝をする人々によって軍国主義のお手本のような国と見られてきた。また、多くの人々にとって、ドイツは科学立国のお手本で、国家と大学が、新しい科学に基づく産業を促進していると見られてきた。歴史上のドイツなる国、たいていはウィルヘルム時代のドイツは、当時の当のドイツもなれなかったようなお手本の役をしたのである。

第一次大戦頃の標準的な言い方では、ドイツは科学と知の面では巨人だが、道徳的には軍国的な教義に毒された小人だった。(1) それほど知られていないが、多くの人がドイツ人を、単に軍国的であるとか、国際法や戦争法への敬意を欠いているだけでなく、科学と技術を殺人のために使いたがる特異な偏りのある、野蛮な機械のような戦士と見ていた。第一次大戦が始まってまもなく、イギリス首相のハーバート・アスキスは、こう明言した。

> 人類はドイツに多くを負っており、ドイツが哲学、科学、芸術に大きく貢献をしてきたことの恩恵を受けておりますが、過去三〇年間の世界の動きとなりますと、特にドイツ的なものと言えば、知的領域にあっては、物質の力が人の世の崇高かつ究極の特権であるという教義の展開であり、実践面では、破壊のための機械を製造して増やすのを最優先することでありました。(2)

二週間後、大蔵大臣のデービッド・ロイド・ジョージは、似たような論調を膨らませた。それによれば、ドイツの

農民は、

文明についての誤った観念を教え込まれています。それは効率的であり、有能ではありますが、過酷な文明であり、利己的な文明であり、物質的な文明なのであります。……大帝国が、自ら守ろうとする小さな国を保護するために、その資源、その力、その子どもたちの生命、その生存そのものを懸けていることがドイツの農民には理解できていません。神は人間を、崇高な目的で、自分の姿に似せて精神の領域に造られました。ドイツ文明は人間を、ディーゼル機械の姿に似せて創造しなおそうとしています――正確で、精密で、強力だが、魂が働く余地のまったくないような姿に。(3)

外相のサー・エドワード・グレイは、一九一六年、特にドイツの軍事技術について苦情を述べた。

人類がこの大戦から戦争を避けるための教訓を学ばなければ、この戦いは無駄だったことになる。さらに、人類の頭上に破壊の脅威が迫ってくるように思える。ドイツ人は、人間の生命に対するあらゆる形の攻撃にも扉を開け放った。戦争で毒ガスやそれに類するものを使うことは我が海軍や陸軍の当局にも勧告があったが、文明国の国民にとってはあまりに恐ろしすぎるからと棄却された。ドイツ人は外洋に浮遊機雷を敷設し、交戦国も中立国も脅かした。無差別に殺人を行い、軍事的損害を偶然に任せるツェッペリン飛行船も使用した。法も慈悲も嘲笑して中立国も交戦国も問わず船舶を攻撃する潜水艦をもたらした。罪のない国々を侵略し、火を放ち、物品を奪った。毒ガスや火炎放射器を持ち込んだ。ドイツ人の科学の才は、人間の生命を消滅させることに充てられ、そうしたものを戦争で広く使わざるをえなくした……今回の戦争で明らかになったドイツ文化の顕著な貢献は、本物の全滅をもたらせるほどの殺戮の効率ということになるのだろうか。(4)

控訴院判事モールトン（理学系の出身だっただけでなく、爆発物の供給も担当していた）は、一九一九年のリード講演で、ドイツは偉大な科学国だが、「それでも、少なくとも二〇年間にわたり、自国を拡張する目的のためだけに隣国に対して戦争を行うことを、意識し、意図して準備していた」と述べた。ドイツ人は民間人を残酷に攻撃し、「窒息させるガスなど化学兵器と呼ばれるあらゆる責め苦の手段を持ち込んだ……それはメアリー・ウルストンクラフトのフランケンシュタインが創り出した怪物である。巨人なみに増幅された力がありながら道徳感覚が欠如した人間である」[5]。戦時中には、当のドイツ科学が攻撃された。化学者のサー・ウィリアム・ラムゼーは、それは結局のところさほど優れてはいなかったと説き[6]、ドイツ系の名のイギリス人科学者は、傑出した科学者からさえも、公職からの追放を要求された[7]。一九二六年まで、ドイツ、オーストリア、ハンガリー、ブルガリアの科学者は、国際的な科学者団体から締め出され、中立国の科学者も専用の制限を受けた[8]。イギリス人科学者たちは、ドイツ、野蛮、科学の三者の連携を憂慮した。そのことがイギリスの科学にも跳ね返ってきたからである[9]。科学の戦争への応用は、今やドイツ人のせいと言われた。

第一次大戦期のドイツについての記述には、四半世紀早すぎるように見えてもイギリス人のナチスに対するイメージそっくりのものがある。実際、第一次大戦から第二次大戦にかけては、人員の連続性だけでなく、姿勢の連続性もあった。第一次大戦の戦前・戦時の閣僚でもあったウィンストン・チャーチルは、一九四一年八月の放送で、第一次大戦当時そのままのドイツ像を用いた。

ナチスの機械的兵器と野蛮な猛威によってヨーロッパ全域が破壊され、蹂躙されているのであります。最も恐ろしい戦争科学による道具が、きわめて高度な人類への背信と一体になってしまい、かくて他に類を見たことのない侵略の輩を作ってしまいました……[10]。

さらに驚くべきはJ・B・プリーストリーの事例である。自身の有名な番組「ポストスクリプト」は、そこで示されたイギリス像で知られているが、それと対比されたドイツ像ではさほど知られていない[11]。第一回の放送でプリーストリーは、ダンケルクからの撤退を、「ばかばかしさと壮大さ」の点で「いかにもイギリス的」と見て、「明らかにすべてが失われたときに、これほど多くが輝かしくも回収された」と言い、さらにこう続けている。

屈辱と絶望の暗い谷間から、輝かしい栄光の太陽が昇る。これはドイツ流ではない。ドイツ人はそんな間違いはしないし（という厳しい事実は心にとどめておくべきだが）、そんな壮大なことをなしとげもしない。勝利しているところも敗北しているところも何も思い浮かばない。勝って奢るとか、負けそうになってぴいぴい泣くとか。ドイツ人には世界中の想像力を捉えるところが何もない。あの巨大な機械は、大量殺人と戦争を分ける行動の詩情のようなものを生み出せない。それは機械であり、それゆえ魂がない。

さらに続けて、撤退に参加した「混乱の小さな汽船群」を祝福した。(12) 第二回の放送では、ナチスのプロパガンダ映画を「すべて機械とロボット」と表している。(13) このような分析が左翼にとどまらないことは軍の例からも明らかである。ウェーベル大将は、軍の指揮官は「堅実な常識の素養、人間についての知識」が必要で、「結局のところ戦争の営みすべてはすべて、機械の特性ではなく、人間の特性に基づいて」おり、「ありがたいことに我が国は軍国ではないが、自由の伝統は戦争を指揮する後輩たちに主体性という計り知れない価値の贈物を与える」と言った。(14)

軍国的であり、高度な戦争技術の強力な発明家であり使用者でもあるというドイツ人像は、人気の歴史的叙述にあっては今でも標準となっている。戦争中の科学についてのテレビの歴史番組は、科学と戦争を侵略という役割で結びつけたのは要するにドイツ人だったと見ている。例えば化学戦や空爆がそうだった。(15) 第二次大戦に関するテレビの歴史番組は、きまって戦車《パンツァー》やシュトゥーカ急降下爆撃機の大群によって他国を侵略するドイツ人を見せる。同様に、プリーストリー的イギリス像が、ある意味で確かに反技術家支配的だったイギリスを反映した、あるいはそのように構成したと考える傾向がある。もっとも、見るところを変えれば、イギリスが戦艦やスピットファイアのように、戦争の兵器で成果を上げたことも我々は知っている。「バトル・オブ・ブリテン〔英本土防空戦〕」についての標準的なイメージは、そうした投影のしかたが英独対立の最も純粋なところについて我々が抱くイメージの中心でもあることを示している。

それでも、こうしたイギリス像については一定の微妙なところがずっとあって、その防衛反応が、イギリスらしさについての我々の思考に組み込まれている。技術の驚異であるイギリス艦隊の規模と威力を考えれば、軍国的・技術的ドイツという第一次大戦時のプロパガンダ像には問題があった。それへの対処のしかたもイギリスの軍国主義についての思考に長く影響を及ぼしている。海軍史家のジュリアン・コーベットは、『海軍主義という妖怪』という第一次大戦中のパンフレットで、ドイツ人が抱くイギリスの「海軍主義」という概念、すなわちコーベットが「海軍の優位を用いて世界に対して海洋の自由を否定し、国の独立に干渉すること」と定義した概念は、「存在したことがなかった」と述べている。コーベットは整然とした論証で、「海軍主義」について、「我々はそれを、ドイツ自身の軍国主義を映したものと見ることができ、それ以外には見ることができない。プロシアは自分自身の影に怯えている」と説いた。ドイツ人は、軍国主義者ナポレオンのように、イギリスが「知っていたこと、また今でも知っていること」を、知らなかった。それはこういうことである。

各国が集まって存在する場合には、誰にも手出しできず、食い物にすることができない一定の土台がある。海洋民族の国としての処世術では、そうした土台の中で最も神聖なものは、海洋の自由である。海は万民が自分の都合で自由に通行できなければならない幹線道路である。それが健全な世界政治の譲れない因子である。

イギリス人は世界の海を開放し、他国のためにその海図を作った。海洋は自由でなければならないことを知っており、「この理由だけでも……イギリス海軍が優位でも、『海軍主義』などになることはありえない」[16]。コーベットにとって、かつて存在した唯一の海軍主義の強国と言えば、スペイン帝国だった。

イギリスと英海軍はドイツと独陸軍とはまったく違うというのは決まり文句だった。偉大な自由党の知識人で政治家だったブライス子爵によれば、「イギリスは、軍国的な文明とは逆の、平和的な文明の代表である」[17]。さらには、「産業立国の国民として、イギリス人は平和を望む。イギリス人は軍事的栄光を自分たちの理想としたことはない。トライチュケやその学派とは異なり、戦争を有益で必要なものとは見ず、悪と見てきた」。海軍は専守防衛的であり、巨大なのは帝国の版図が大きいからにすぎない。イギリスは外国の船舶に自国の港を開放してきたし、自由貿易の価値を信じていた[18]。実際、イギリスはその海軍力を良心的に行使すると信用することさえできた。自由党の首相だったハーバート・アスキスは、海上封鎖は「人道を厳格に顧慮して実施され、中立国の生命が失われたことは一件も知らない」と述べている[19]。ドイツや交戦国の民間人の数は明らかに別問題だった。第一次大戦後においても、貿易のための世界警察という英海軍のイメージは、例えば、学校の教科書にもあった。

世界の地理的および経済的構造からすると、イギリスは海洋の自由を必要とし、結果的に海軍は、戦力としてだけでなく、世界中の商船を海賊から守る国際的な警察力としても、死活的に重要です。世界の多くの地域で、海賊は英海軍の存在によってのみ抑止されています。英国海軍がいなければ、すべての国々の船舶輸送は深刻な打撃を受けるでしょう[20]。

海軍は自由貿易に付随するのであり、決して戦争や征服の武器が主なのではなかった。

第二次大戦でも、イギリスの武力はまったく侵略的ではないものとして提示された。スピットファイアやハリケーン戦闘機も、レーダーも防衛的な技術だった。ドイツへの攻撃は反撃だった。最も攻撃的な言辞が使われるのは、世界からファシズムという癌を切除する警察力としてのイギリスという脈絡でのことが多かった。イギリスを代表する飛行機の伝道者、J・M・スペイトは、一九四四年に『爆撃の擁護』という著作を書いた。この著作の雰囲気は第一章のタイトルに示されている。「爆撃機が文明を救う」。スペイトにとって、爆撃機は「残忍な兵器であり、その唯一の利点は、戦争を殺せることである」[21]。そのような論旨のものを他にも滑稽なほど長々と取り上げることもできる。例えば、一九四一年のプロパガンダ本では、イギリスは基本的に防衛用の兵器を発明したと説いた。実は、「たぶんイギリスの兵器庫でいちばん強力な兵器」はユーモアであるとされていた。[22] 外国人向けに書かれたこの本には、保守党の政治家レオ・エイメリーによる序文が寄せられており、エイメリーはそこで次のように述べている。この本を読んだ「心優しい外国人」は、

自身にとって役に立つ情報を大いに収集し、また——やはり読者にとって良いことであることに疑いないが——［著者が］言いたいことを言っているのか、純真な外国人の脚をそっと引っぱっているのか定かでなく、少々困ることにもなるだろう。しかし、疑いもなくそれこそが、何事にも論理的にすぎて明瞭すぎる外国人が、「イギリスの謎」に迫る際に、その頭に生じるべき正しい気分なのである。[23]

確かにイギリスの謎である。[24] しかし、極端な言い方を口にしたのは、無神経な扇動家や政治家だけではなかった。やはり一九四一年、高名な保守党の歴史家G・M・トレバリアンは、一九一九年以降を扱ったイギリス史の著書に後記を加え、そこでイギリス国民を次のように描いた。

ついに心地よい理論が厳しい現実に場所を譲り、幻想は厳粛な決意に変わった当時［一九四〇年］、我が国民の強靭な資質が表に出て、ウィンストン・チャーチルをトップに据えることがその象徴となった。戦いを余儀なくされてもなお軽武装を選んでいた超平和的な国民も、うろたえず……海、空、陸での戦いに臨み、英国の名は世界中の自由の軍勢が結集する旗印となった。[25]

戦間期のイギリスが超平和主義的で軽武装だったという考え方が、第二次大戦後の軍事史、ひいてはイギリス史の定番だったことはすでに見たとおりである。標準的なイギリス像はそうだったが、説明する必要があるのは、それがそこまで力を維持した理由である。

イギリスはドイツとは違う(2)——軍国派によるイギリス批判

第一次大戦の際、デービッド・ロイド・ジョージは、ドイツによる扇動的なイギリス叙述を挙げることによって、ドイツを激しく嘲笑した。

ドイツ人は我々が退廃的で堕落した国民であると信じて喜んできた。ドイツ人が、自国の教授連を通じて、我々がマホガニーのカウンターの裏側にこそこそ逃げ込んでいる非英雄的な国民であると、世界に向けて声高に言っている間に、我々はドイツ人の滅亡に向かって勇敢に押し寄せようとしている。ドイツでは我々のことはこう言われている。「自国の艦隊をあてにしている恐がりの意気地のない国民」[26]。

しかし歴史学の教授も含めたイギリスの教授たちは、第二次大戦の後にそれとまったく同じような非難を行うことになる。それまでの、リベラルで非軍国的で防衛的で貿易国であるとか、現代の戦争技術に抵抗する、というよりむしろその恩恵を受けていないといったイギリス像は、イギリスの肯定的イメージと受け取られていた。第二次大戦中からその後にかけて、イギリスの知的風土で非常に重要な部分が変化した。イギリスは本当に、自らについて作っていたプロパガンダ像のようだったし、今もある程度はそうであって、そのことが問題なのだと論じられるようになった。いろいろな視点から、イギリスはそれほどリベラルでも海軍国でもなかった方がよく、もっと軍事的で軍国的であるべきだったし、もっと兵器の開発や、ひいては科学・技術に力を注いでいるべきだったと論じられた。ロード・ハンキーは一九四五年に、戦間期にはおなじみの論じ方で言っている。

国の生存が食料や原材料の輸入に依存し、その代金は輸出や見えない輸出で支払わなければならない国にとっては平和が第一に必須である以上、我々の対外政策はいつでも必ず平和的な方針となる。数世紀にわたって、軍備ではなく、平和の原理、中立や外交の原理を信頼する傾向があった。[27]

しかし、そう言ったうえで本論になる。ハンキーの見方では、この「伝統的平和政策」は一九一四年以前の自由党政府と戦間期に採られたもので、ほとんど壊滅的な結果を招いた。[28] 戦争と社会の伝統でイギリスと戦争の関係史を書いた保守派の軍事史家は、戦後この方向に従った。

そうした歴史家の軍国論的批判の中心にある論調は、かつて、とりわけバジル・リデル＝ハート大尉などが称賛していた「英国流の戦争」とされていたことの批判だった。一九三〇年のリデル＝ハートの考えは、戦争に充てる資源を最小にし、軍事力の行使を節約するというイギリス的原理と自身で考えていたことを要約している。イギリスは、英仏海峡と海軍力を使った経済的圧力を及ぼすことで与えられる防衛力の恩恵を受けることによって、自分たちの負担を限定した。これを補完する武器が二つあった。同盟国への補助や供与と、遠征できる小規模な軍事力である。[29] リデル＝ハートは国際連盟を強く支持していて、「英国流の戦争」や集団安全保障はその補完と見ていた。[30] 一九三九年のイギリスの戦争目的は領土や商業の保全以上のものにならざるをえないだろうと主張した。「侵略者に直面しては、もっと大きな目的は自由主義的な文明の継続を確保することとなる――我々が『イギリス』と言うときに込めている、もっと広い理想である[31]」。

批判の中心となる論調、「英国流の戦争」とは、イギリスの海洋戦略はそれだけで成功したのではなく、英海軍と英陸軍の戦略はずっと相補的だったということだった。[32] イギリスの問題は実は、英陸軍には「大陸への関与」が求められていることを見ていないことだった。マイケル・ハワードは一九八九年にこのテーマについての重要な著作を再刊したとき、序文にこう書いた。

一九一四～一八年の経験は、リデル＝ハートを最も明瞭なスポークスマンとし、「大陸」戦略を歴史的規範から逸脱するとして回避する、まるまる一世代を生んでいた。第二次大戦とその余波についての私の世代の経験は逆のことを示した。すなわち、ヨーロッパ本土についての軍事的決断を欠いては大陸にいる敵を負かすことはできないし、イギリスは、自らその決断に主要な貢献をする覚悟がなければ、戦争・平和のいずれについても影響力を行使することはできないということである。(33)

実は、一九七二年版初版の最後の段落でも十分明らかだった。

第二次大戦後には、英国の政治的指導者も軍事的指導者も大陸への関与に尻込みするようなことはもうなかった。指導者は教訓を得ていたのである。もっとも、平時に大陸で相当規模の英軍を維持する拘束力のある最終協定ができたのは、一九五四年、つまりノルマンディー上陸から十年もたってからだったが。英国の安全保障が大陸のライン川東西にいる隣人たちと切り離して考えられると主張する政治家、あるいはそういう話なら戦略家を戴くことはもうなさそうだ。時の首相が、我が国の真の国境はまだヒマラヤにあるなどと説いて、その昔のインド総督カーゾンの微かなこだまを感じることはもうめったにない。(34)

ここで言われている首相とはハロルド・ウィルソンのことだった。国外に長期的に大規模な駐留軍を抱えるのは英、米、ソの三国のみで、その軍もほとんどがヨーロッパにいた。

軍国論的批判として特に強力な言い方をしたのは、これまた軍事史家のコレリ・バーネットで、「神話」を攻撃した。それは

平和主義神話と相補的である。なぜなら、それは本格的な戦争に勝つための安上がりの方法を提供するからである。大規模な野戦部隊を必要としないで強力な敵に勝てると言うし、余録として、砂糖を産出する島々や油田といった商業的利権ももたらすと言うのだ。(35)

バーネットにとって、英陸軍の歴史は「国民の反＝軍国的幻想を片づける必要が繰り返される」歴史なのであり、陸軍史は「イギリス近代史への戦争の影響の研究」の中心にある。[36] 平和誓約連盟《ピース・プレッジ・ユニオン》の一九八六年のパンフレットは、「イギリスが軍国主義を享受したことが一度もないことは、軍事史家が永遠に嘆くことである」と論じており、辛辣にすぎるにせよ、要所はついている。[37] こうした論旨から導かれる重要な結論の一つは、陸軍史がイギリスの戦争の歴史に等しいということである。すなわち、陸軍に対する姿勢が軍隊に対する姿勢の指標と取られ、大陸式の戦略が成功には欠かせないと見られる。しかし、英国軍隊の研究において海軍や空軍を無視することはできない。数多くの論者が批判を通じて論じているように、この二つは帝国の警備を目的としたものではなく、大陸の敵に対して用いられたのである。帝国主義が高まった時代の英国軍の帝国的な指向性を誇張することは簡単だが、どんな場合にも、帝国の安全保障のための警備と帝国の防衛とを混同すべきではない。イギリスおよびその帝国に対する主要な脅威は（戦間期の日本以外は）ヨーロッパにあった。イギリスはドイツとは違ってはいたが、これはその後進性を示すものではなかった。

無視できないこととして、海軍史、空軍史は大きく遅れていて、両者がともかくもあったにしても、すでに見たように、三軍全部のためには資源が足りないという陸軍史家による話を繰り返した。明らかに、二〇世紀イギリスのしっかりした海軍史・空軍史は、陸軍史の叙述とは大きく異なる歴史記述に向かっている。

戦略の批判とともに、自由主義は平和主義的だという批判が進み、大学の国際関係論の課程にも反映されていた。イギリスは反軍国論的リベラル思想に支配されていて、それが軍や大陸への関与への反感や、戦間期のいわゆる弱い武装を説明する助けとなっていた。イギリスの戦争に対する姿勢は学問の世界での叙述では平和主義、防衛主義、十字軍のような言葉で述べられている。[38] 例えば、すでに見たポール・ケネディは、影響を残した政治経済学的な表現で、イギリスは一八六〇年代から一九三〇年代まで、世界経済の中でのイギリスの経済的地位、その相対的衰退、並びに公的生活のモラリズムと反戦感情の上昇（ケネディはこれを民主主義によるものとした）の結果として、宥和政策の伝統に従ったと見た[39]。マイケル・ハワードは、自身が問題のある「リベラルの良心」と見たものについての講義で、自由主義を、「世界はあるべき姿とは根本的に違っていると信じ、それを、あらゆる人の中にあるポテンシャルがもっと十分に実現できるように変えるために、人間の理性と人間の行動を信じる考え方の人々すべて」と、非常に広く定義したので、そこから排除されるのは、保守党の強硬路線と、一定の「カール・マルクスの徒と他の決定論者」だけになった[40]。ハワードは、戦間期におけるリベラルの良心は、国際連盟、国際法、侵略国への懲罰といったものに信を置いていたと説いた。しかしハワードは非常に重要だがあまりに知られていないことを記している。「一般に……大戦直前の二年間には、リベラルの良心は宥和的ではなく好戦的だった[41]」。一九三九年には「またしてもリベラルの良心は国の戦いを正義の戦争として支持した[42]」。それでもハワードは同書の最後で、リベラルの伝統を、国際的体制や戦争を理解していないとして断固批判している。それは「稚拙、知的傲慢、無知、混乱した思考、場合によっては、何ということか、まったくの偽善によって台無しになることが多かった」という。しかしさらに、「この伝統を受け継ぐ人々の希求を共有しないでいられようか。あるいはその成果に対する功績を否定できようか」と問うている[43]。一九八九年の後記では、リベラルの伝統は「実際に平和主義的ではないにしても平和的」だと説いている[44]。ハワードがリベラルの良心に共感しているわけではないことは明らかである。圧倒するような描き方をして、こう述べている。

歴史の皮肉の精霊は、連合王国を核保有国にするという決断をしているのが、アトリー氏や、サー・スタッフォード・クリップスも含めたアトリー氏の同僚、つまり一九三〇年代には武力外交や巨大な国軍に反対し、雄弁に論じていた人々だったことを記録するだろう。原爆製造を管轄した軍需大臣はジョン・ウィルモット氏だった。一九三四年［実際には一九三三年[45]］のイーストフラム選挙区で選出されて、スタンリー・ボールドウィン［一九三五年から首相］に、この国に大がかりな再軍備計画を受け入れるよう説得するのは無理だと確信させた、あのジョン・ウィルモット氏である。一九四七年、空軍省が原爆投下用のV爆撃機の設計を開始したときの空軍大臣は、誰よりも軍縮をたゆまず熱心に唱えていたフィリップ・ノエル＝ベーカー氏だった。[46] またアメリカでは、やはり申し分のない経歴のあるリベラル、生涯ずっとアメリカが武力政治の旧世界に巻き込まれるのに反対していた人々が、今や「自由世界を守る」ためにおそるべき力の武器の建造を支援している。

このあからさまな豹変を原則に対する恥ずべき裏切りとして非難したり、現実の事実を遅ればせながら受け入れたと鼻で笑うことも簡単にできる。[47]

ハワードの叙述やそれが反映している一般的な雰囲気が有するイデオロギーの力を否定することはできない。戦後の軍縮論者、あるいは戦後の防衛政策をただ批判するだけの人々でも、戦間期にいた自分たちの祖先が採った立場を支持できなかったのだから。ここでもすべてが戦後の視点からそう見えたようなことというわけではない。A・J・P・テイラーは特に重要な事例である。[48] テイラーはドイツ人を顧客と見ていたマンチェスター派の自由貿易主義者の息子であり、リベラルで国際主義的な「トラブルメーカーズ」の記憶を大事にしていたものと考えられる。一九五〇年代後期から六〇年代初期の重要な反核活動家のひとりでもあった。仲間の活動家で労働党の政治家マイケル・フットは、自分のことを語ってもよかったのだが、テイラーのことを書いている。

この平和を愛するコブデン主義者〔自由貿易主義、対外不干渉主義〕は、歴史上最も正当な戦争を戦い勝つことは明らかに正しく、自身の愛するイギリス人にとって正しく、ずっと信じていた民主社会主義的理想にとっても正しいと信じていた。新兵器は戦況を変え、抑止力はかつてより機能するわけではないと語ると、ますます多くの人々が耳を傾ける。[49]

ここでは一定の意義があるカテゴリーがいくつか脱落している。平和を愛し、反核の民主社会主義的なコブデン主義とは奇妙な現象である。コブデン主義者は、ある場合には戦争は必要であり、ひょっとすると望ましいとさえ信じることができたが、その戦争を戦う人々にとって良いことがあると信じることはできただろうか。テイラー自身の仕事にも、よく似た、やはり目を引く思想の揺れがあった。テイラーは、戦間期の保守党の見解は、「理想主義者」が止めていなかったら、大規模な軍備に向かっていただろうということだった（これは上でハワードが言ったこと）と述べているが、自身も一方の論旨に偏っていて、「保守党にできる弁解はせいぜい、自分たちは非国教徒の［「非保守党」の含意］対外政策を二十年も遅れて実行しているということである」とは、テイラーの保守党の宥和主義についての意見だった。[50] テイラーの有名な、そしてある点では悪評の高い『第二次世界大戦の起源』は明らかにリベラル国際主義的だとか、論拠や方法の点で民主社会主義的という本ではなかった。それは外交史であり、ヨーロッパにおける覇権を求めるドイツの傾向が続いていること、エラーや偶然が重要であることを強調していた。[51] そうすると、テイラー自身が言う、以下のことはとりわけ驚くべきことである。

この本が好きになるかどうかは政治の問題になる。読む人が左翼で、核爆弾とドイツの軍備に反対ならば、この本のテーゼに共感するかもしれないが、保守党員で軍国論者でドイツがＮＡＴＯに入るのに賛成なら、共感はしないかもしれない。[52]

同じく驚くべきことに、テイラーは宥和政策を弁護していると見られていた。対立論者についての見解は、支持というより私が悪かったと言っている方に近い。[53]

私がミュンヘン会談は誰にとってもイギリスの一生で最善の勝利だと言うときに言おうとしているのは、それより何年も何年も前、開明的な人々、つまり左翼の人々――もしかすると私はあまりに安易にそうした人々と最善のこととを同一視したかもしれない――がチェコスロバキアを攻撃していたということであり、ズデーテン地方のドイツ人をチェコスロバキアに入れたのは――ブレイズフォードの言葉で言えば――一九一九年の和平条約の最大の犯罪だと言っていたということである……私はそれによって、啓蒙や、国際的調停、条約の改定、国民の身分を外国の規則から解放することなどを唱えていた人々全員の勝利というつもりである。[54]

戦間期のリベラリズムと平和主義について我々が抱くイメージは、それを批判する側のイメージである。たとえ味方のようなふりをすることはあっても。[55]戦間期イギリスの文化や軍隊についてのイメージは、今なお、戦間期イギリスと軍隊についての最高の文献、例えばエリザベス・キアの著作でも、標準的になっている。[56]

本書はイギリスのリベラリズムについて少々異なった解釈を提示してきた。イギリスのリベラルは平和主義的なのではなく、必要とあらば軍事力を行使して、リベラルな国際秩序を意欲的に支持していたのである。戦間期におけるリベラルな国際主義（と、もっと一般的に平和運動）は、理想論でも、平和主義的でも、宥和的でもなかったし、もっと広い政治風土も平和主義的ではなく、イギリスは軍縮もしていなかった。イギリスの平和運動が推し進めていたイギリスの「『別の』アイデンティティ」は、「必ずしも、平和活動家が思いたがるほどにはイギリスの支配者の想定からは遠くはなかった」というジェームズ・ヒントンの見方の方が、正解にずっと近い。[57]ヒントンの頭にあったのは、平和活動家はイギリス国家や英海軍が世界を正すということ、「帝国の偉大さ」が好きで、「帝国主義的平和主義」を共有していたということだった。この点について出される説得力のある例は、一九三〇年代には平和運動家と国の双方が経済制裁に傾いていたことである。[58]実際、すでに見たように、この論旨は戦間期の平和思考の政治経済学的な核の重みに目を向けることで強化することができる。なおも著述をしていた古株の人々――エンジェル、ホブソン、ブレイズフォード――と、ジョン・ストレイチーやE・H・カーなどの若い方の批判論者双方の、戦間期平和思考の政治経済学的核心の重要性を強調すれば、こうした議論を強化することもできよう。イギリスの平和運動は、軍事支出や武器取引に焦点を当てた膨大な研究を出したにもかかわらず、イギリスの兵器産業のあり方や、その国家との関係、イギリス国家が実際に戦争をするときの戦略についてはあまり調べていなかった。ヒントンが論じたように、こうした平和運動は世界システムにおけるイギリス国家の役割を本当の意味で検討することはなく、イギリス国家の真の役割、つまり調停者たらんとする際の障害と自分たちが見ることを取り除こうと腐心していた。ヒントンは、イギリスの平和運動の立場を規定するために、そもそも形容矛盾と見えるものに訴えた。「帝国主義的平和主義」や「社会主義的ナショナリズム」である。(59)

近年には、以前とはまったく異なる特徴をもつ、二〇世紀イギリス史や軍隊史が現れている。歴史研究は、とりわけエドワード七世の時代の、世界についての政治経済学的理解と戦略的思考との結びつきというこの構図を支持するためのことを大いに行っている。(60)近年の二〇世紀イギリスの軍国主義や軍についての総合的研究は、驚くほど修正された叙述を提示している。(61)「軍国主義《ミリタリズム》」という用語がイギリスについて徐々に使われるようになりつつある。(62)このことは、非常に批判的な歴史家さえこの言葉を避けるほどの嫌悪感を考えれば、非常に重要な変化である。マイケル・シェリーでさえ、一九三〇年代からのアメリカの「ミリタリゼーション」についての優れた叙述の中では、「軍国主義」という用語には、その政治的な含みや停滞の含意があるために、むしろその言葉は使用しないようにしている。(63)私は、エドワード七世の時代と戦間期についてのこうした新しい研究にも依拠して、イギリスには「リベラルな軍国主義」があることを唱えた。(64)この用語は、イギリスの軍国主義が特殊な形態の軍国主義であること、つまり特定の政治状況に関係するということと、実はイギリスだけのものではないことの両方を言うつもりのものだった。この叙述では、リベラルな軍国主義は戦争に対する経済的な扱い以上のものを含んでいた。またそれは社会の軍事化を制限する一法でもあった。私は、ヒュー・ストラッチャンが、封鎖の「海洋」戦略やその後継となった戦略爆撃や核戦争は、「いくらリベラルな連想」があっても、「戦争の倫理に含まれる均整の原則や非戦闘員を除くという原則に反する」と述べて立てた論点も捉えようとした。(65)

もっと新しいところでは、ヒュー・ストラッチャンが、軍や軍への高額の出費に対する世間の承認度が高いことや、陸軍さえ二〇世紀の公共の想像力では「リベラル――あるいはホイッグと言うべきか――の正統派が認めるよりも」評価が高いことを言っている。ストラッチャンは、「軍国主義」は「あまりにも多くの意味や生産的な誤解の負荷がかかっている」とはいえ、「使える唯一の抽象名詞である」と論じる。[66]ここでのストラッチャンは特に陸軍の政治力に関心を向けていて、イギリス政治研究にとってきわめて重要な結論に達する。それはよく知られたカラ事件の例からずっと後にまで及び、一九一五年五月の〔政権空白〕危機では軍がアスキスの純然たる自由党政権を終わらせる重要な活躍をし、[67]第二次大戦では、陸軍は効果的に陸軍大臣を内閣から手際よく追い出したという。[68]

もちろん、様々な思想を論じる際にはつい図式化をしたり、単純な歴史の進歩を想定したりすることになりやすいし、イギリスの軍国主義の場合も例外ではない。しかし、歴史家が説明すべき、明らかに複雑で豊かなことがある場合であってこそ、二〇世紀のイギリスの軍隊について歴史上の役者がとった数々の姿勢を詳細に見ることが意味をなすだろう。[69]それでも、イギリスの軍事やイギリスの戦略を叙述する際に、リベラリズム、平和主義、反軍国主義に置かれた力点と、海軍や空軍の重要な役割を無視する点に注目することは重要である。軍隊や主戦派の大部分は、軍国主義による批判という特異な反＝歴史の世界に消えてしまっている。

社会主義、労働党、戦争――福祉国家の台頭

コレリ・バーネットは、一九七〇年のイギリス軍についての著作の最初にこう説いた。戦争や軍事の諸機関の重要性はイギリス史を書く際は軽視されてきた。その基調は、ホイッグ党やリベラルの平和を旨とする進歩を重視するところに定められている。このリベラルな見方では、戦争は平和という「自

然」状態の逸脱であり、中断であって、知的に注目するには値しない過誤に見えるのである。(70)

この意見は多くの点で正しいが、二〇世紀のイギリスにあてはめると大いに誤解を招くことになる。イギリスの社会民主主義派の歴史家は、特に第二次世界大戦だが、それに限らず戦争について著しくバラ色の見方をして、平和を旨とする進歩の強力な原動力と見ている。つまり、「人民戦争」こそが我々を「一九四五年への道」と「人民の平和」に乗せたのだと。(71) 戦争が二〇世紀イギリス史に対して、労働者の対等や福祉国家の創成を助けるうえでプラスの効果を与えたというのは、現代イギリス史についての数十年の著述に通底する中心的な論調だった。一般的な叙述では、第一次世界大戦での前進は一時的なものにとどまったが、第二次世界大戦から始まったことは、一九四五年以後、どうやら恒久的に固まったらしいということになる。根底では、戦争、特に全面戦争は、本質的には民《シビリアン》の集合的営為の問題だと論じられる。戦争は鉄壁の自由主義によって抑えられていた民の近代化する力を解き放った。

一九六五年に出版されたA・J・P・テイラーの『イギリス史』はいくつかの優れた例を与えてくれる。テイラーはその本を、一九一四年以前にはイギリス人は国家にはほとんど心を動かされなかったと説く段落で始めた。例えば、イギリス人は「国を守ろうという求めを無視する」ことができた。(72) その次の段落は「第一次大戦の衝撃ですべてが変わった。国民の多数が初めて活動的な市民になった」と始まる。(73) この主張は、国家が人々の生活を統制する方法について自身が提出した証拠と矛盾しているが、同段落の結びの文で再確認される。「イギリス国家とイギリス人の歴史が初めて一体になった」。(74) テイラーがこの点をプラスに見ているのは疑いないし、変化は古いリベラルが政権を放棄し、デービッド・ロイド・ジョージが権力の座に就いたことのせいにしている。テイラーによれば、ハーバート・アスキス首相とその支持者は、「上品すぎる人々だった――平時の政治を丁寧すぎるほど丁寧に行っていた」が、「補給相時代のロイド・ジョージは大きな例外だった」。(75)

ロイド・ジョージ支持の人々の方が、出自においても、気質においても荒っぽかった。ほとんどは急進的な非英国教徒であり、羊毛業や機械分野で独力で身を立て、戦争でうまく儲けた人々だった。銀行家、商人、金融界の大物は一人もいなかった。ロンドン人もいなかった。ロンドンの政治的・文化的支配に対する地方からの遅まきの反撃であり、戦争に勝った現場の工場の側からの反撃だった(76)。

「急進的な非英国教徒」の良心の希望が世界大戦によって破壊されたとか、戦争の主な政治的影響は保守党の政権への参入だったとか、実はロイド・ジョージの戦時内閣が保守党に支配されていたといった意味はない(77)。保守派の歴史家であるロード・ブレイクが、テイラーとはまったく似たところのない形でこの問いに敏感だったことがヒントになる。

現れてきたほとんどすべての論点で、保守党の伝統やイデオロギーの方が、自由党よりも時代の必要にうまく適った。徴兵制度、「国土防衛」、アイルランドなど、長期化した戦争で余儀なくされた実にあらゆることが、自由党に疑念と分裂を生む方に傾いた。何しろ自由党は自由の党で、戦争でまっさきに犠牲になるのは自由なのだ。自由党は道徳的な良心の党であり、これまた戦争の犠牲になる。法律主義、議会形式、憲法にかなうことの党だった――そして、これらもまた戦争の犠牲になった。当時は純然たる平和主義と、それを水で薄めた形のものがあった。戦争が悪であり、戦争を行うイギリス政府が悪であると信じることである。確かに親ボーア人にはそんなところはない。自由党の親ドイツ派もいない。しかし良心の呵責、疑念、不信があった。戦前に反ドイツで、徴兵制や軍備強化や厳しい対外政策やフランス、後にはロシアとの同盟を推進したのは保守党だった(78)。

私が先に説いたように、テイラーは自由主義と、実際には社会主義ともとことん両義的な関係にあった。

テイラーによる第二次世界大戦の分析は、異様なほどに第一次大戦についての叙述と類似している。チェンバレンの戦時内閣もまた、あまりに上品であり、非介入的であり、私有財産を尊重していた。テイラーが出した例の一つは定番になっている。空軍大臣のサー・キングスレー・ウッドは、「ドイツの森に火をつけるという案を苦悶に満ちた声で迎えた。『それが私有財産だというのを承知の上でのことか？　今度はエッセンを爆撃しろと求めるんだろうな』」と、テイラーは書いた。[79] 第一次大戦の場合のように、乱暴な方の、産業指向の成分が窮地を救うことになった。テイラーにとっては文民軍需省庁があらためて死命を制した。まさしくそこは文民省庁であり、新たな人々が政府に入るのを認めたからだった。チャーチルはロイド・ジョージほど急進的ではなかったが、補給省に似た、ロード・ビーバーブルックのMAPを創設した。[80] 確かに、戦争による必要が「イギリス経済生活に革命を生み出し、結局、指導と統制は大英帝国を、ソ連が意識して計画して到達するよりもさらに社会主義的な国にした」。この「戦時社会主義」は実業家、科学者、知識人、労働組合活動家、公務員、大臣の間での共通の展望の産物だった。[81] この協力が現代イギリスを創出した。「第二次世界大戦でイギリス人民は成人に達した。これは人民戦争だった……イギリス帝国の偉大さは消えつつあり、福祉国家が登場しつつあった」[82]。イギリス社会に対する戦争の影響を肯定的に評価していたのはテイラーだけではなかった。アーサー・マーウィックは、戦争は「つきつめれば否定的で破壊的であり、それ自体は新しいものを何も生み出せない」[83]と力説する一方で、それでも「戦争はそれ自体が何かを創造しなくても、社会的変化の補助でありうる。つまり、戦争が全面的であればあるほど、戦争が社会に全面的に作用する四つのモードすべてが見える可能性が高くなる。限定的な戦争では、戦争の破壊的で不平等な性質の方が支配的になりやすい」[84]。もちろん戦争は新しいものを創造する。しかしマーウィックは「創造」と進歩とを同じと見ており、実際、「戦争とは結婚式のようなもので、基本的には無駄遣いで不要だが、慣習に束縛された社会では大いに刺激となる」と説いた。[85] 一九六〇年代について書いたところでは、必要とされるのは「ジェームズ的な『戦争の道徳的等価物』である。我々は今や、冗談としてでも、次の戦争の光景をあえて思い浮かべようとはしない」と言った。この箇所に対する脚注では、A・J・P・テイラーが一九六六年一一月の『ニュー・ステイツマン』誌に書いた言葉を引用した。テイラーは、「現在の政府が後退した政策をさらにとり続けるなら、社会的進歩を始めるためにもう一回戦争をしなければならなくなるだろう（冗談）」と書いていた[86]。しかし（品のない）冗談はさておき、戦争は結局のところイギリスにとって良かったという見方は、第二次世界大戦以来、歴史記述の主要部分だった。まさしくそうであることを、我々は少なくとも部分的には認めるべきだろう。

イギリス史の中で第二次世界大戦の叙述の中心にあったのは、すでに見たように、「福祉国家」の登場だった。そのため、福祉国家の解釈が変化しながら、それは中心となる参照点にとどまってしまったほどだった。それどころか、ジョゼ・ハリスやキース・ミドルマスなど、イデオロギーに目が利く歴史家にとってさえ、イギリスは全体として福祉国家ということになってきた[87]。キース・ミドルマスの場合は特に興味深い。著書の『工業社会における政治』は、二〇世紀イギリスについて、特異的に国家を中心に置いて叙述しているという点で、標準の叙述と本格的に断絶した代表だったからだ――たいてい市民社会とその代表者のものとされる政策の由来を、奥にある国家の政策に見ているのである。イギリス国家は一九二〇年代から六〇年代の間に特に安定した社会を生み出した――「公衆の管理術の実施法を発見し、選挙民の要求を評価し、教育し、取引し、宥和し、制約する国家の力を拡張した」[88]。政党は、見かけとは違って、政策立案については大した役はなかった。ミドルマスの国家中心的な見方は、一九四〇年以後の二〇年間で「国家と一九二〇年代以来のほとんどの政権の奥底の目標をほとんどすべて――経済計画、社会福祉、調和、危機の回避が実現したらしい[89]」という論旨に要約されるかもしれない。国家はその目的を達成するために、資本と労働の利益を侵害し、これらの頂点にある組織を国家の力の補完とするために使った。この国家が主導して支援する「法人寄り」の結果、「目的を後から見て、方法は段階的で、理論は修正し、支配する各機関の利益に見合った最低速度で動くことによって変化に順応した[90]」新しい体制ができた。その帰結の一つとして「経済運営がどう言われようと、その対価は……結局、政治的妥協であり、産業支援であり、全般的な低成長だった」ということになった。[91] ここでミドルマスは、国家の目的とは福祉国家的であり、目的がそうであれば、産業効率は弱まるという見方を支持する点で、よくある足場に立っていた。[92]

こうした歴史では、戦争国家は戦時にさえ存在していないように見える。例えばテイラーの『イギリス史』では、第二次世界大戦のときに現代イギリスを形成するために一致協力した諸勢力についての叙述にも、軍は話のついでにも出てこない。出てきたとしても、福祉国家が現れるのと入れ替わりに、軍は大英帝国の偉大さとともに退場しつつあった。イギリス国家について書かれたものの大部分は、戦時にあってさえ、また最近のものでさえ、軍についてはほとんどあるいは何も言っていない。[93] イギリスの陸海空の兵士については、工場労働者と比べて、ほとんど何も書かれていない。戦争の明らかな作用として、諸外国と同様イギリスでも何百万人が軍に徴兵されていたというのに。[94] ごく最近まで、イギリス人はこの時期の英軍よりも、[95] 駐英米軍のことの方をよく知っていた。[96] イギリスの戦争についての民中心的な福祉主義的叙述は実際非常に強力で、一九八〇年代の新しい戦争の歴史社会学は、[97] リベラルもマルクス主義者も戦争を概念化するのに大いに苦労したという考え方に基づいており、[98] 相変わらず、二〇世紀の戦争の中心に慣習に沿って記述された民／イギリスを置く説に依拠していたほどだった。例えば、マイケル・マンは軍国主義についての総論で、二〇世紀前半を「市民戦争」期と呼び、そこから市民は大きな利益を得たとした。[99] マーティン・ショーはこの観点をイギリス中心的と正しく批判しているが、イギリスでは「軍・民主的国家」が中心という立場で論じ、福祉主義は特異な形の大規模戦争とともに進んだとする。[100]

戦時中についてさえイギリスから戦争国家を除いてしまうというのは、驚くべきイデオロギーの離れ業で、それがあまりにもうまくいったために依然として通用している。それが今なお影響力を保持していることは、現代の異論には今もなお耳障りな作用があることからも明らかである。第二次世界大戦中には、無政府主義者の雑誌『ウォー・コメンタリー』は辛辣に、社会主義者は「戦争それ自体や戦争が必要とする経済的変化はイギリスを社会主義へと導くという考え」――「知識人や労働党の奇妙な精神性という社会民主主義者や改革派労働組合運動には非常に流布していたもの」の結果――を推し進めていると記したが、そのような変化のほとんどはヒトラーの経済体制を含めたあらゆる戦争経済に共通するものであることは認識していなかった。同誌は続ける。「頑固な国民である我々は」

生産量最大で労働し、消費をできるだけ少なくし、何千万もの人々の日々の暮らしを何の制御もできない国家権力の手に委ねることにどれほどわずかであれ解放があるとは信じない。プロパガンダは確かに完成の高みに達した一個の産業である……しかし大きすぎて鵜呑みにはできないものがある。[101]

右翼では、経済学者のヨーゼフ・シュンペーターが、戦争から得られそうな帰結は、英米が世界の大半を支配すること、一種の「倫理的帝国主義」だと考えていた。これはシュンペーターが「軍国的社会主義」と呼ぶ社会組織が必要だという。シュンペーターは返す刀で、特に意地悪く述べている。

この［シュンペーターの意味での］社会主義が、正統派社会主義者が夢見る文明の到来を意味すると信じるべき理由はほとんどない。ファシストの特徴が出る可能性の方がずっと高い。それはマルクスが願ったことへのおかしな答えとなる。しかし歴史はときどき趣味の悪い冗談を仕掛けることがある。[102]

確かに。

イギリス社会主義と復活する政治経済学

それに、戦時にも戦争国家がほとんど登場しないなら、戦後にそれがほとんど見えなくても驚くことではない。

戦後イギリス史の叙述には軍や軍の機関はほとんど出てこない。歴史的には国防費や平時の徴兵水準がきわめて高かったというのに。「朝鮮戦争」の再軍備支出については、その政治的影響があるので言及されているし、徴兵制についてもある程度は言われているが、そうしたことがイギリス国家についての把握の中心になることはまずない。一九四〇年代や五〇年代には、共産主義者たちだけが莫大な軍事支出のことを言い、すでに見たように、多くの場合、イギリスのR＆Dに対する軍事支出の影響を言っていたが、その共産主義者でさえ、その国家についての先駆的な叙述が示すように、他のことはともかく、戦争国家の構造については明瞭に理解してはいなかった。[103] 特に奇妙なのは、一九五〇年代後期から六〇年代初期の強力な平和運動がイギリスの戦争国家についての叙述を生み出さなかったことである。その理由の一つは、イギリスではこうした問題に対する政治経済学的な取り扱いが事実上消滅したことだった。学問としての国際関係論では、政治経済学は「観念論」とともに置き去りにされた。国防政策についての批判的意見の中で政治経済学的言語はどんどん稀になった。そうなったのは、多くの人が見るところ、核兵器が新たな戦争の時代を樹立し、そこでは政治経済学の出番はなかったからである。例えばキング＝ホール中佐は、一九四五年八月一六日付の、自身の「『新時代（NEW ERA）』に関する最初の時事解説《ニューズ・レター》」と見ているもので、初の原子爆弾について考察し、各軍と戦争の経済的インフラ全体は、今や余剰であると論じた。[104] フィリップ・ノエル＝ベーカーとジョン・ストレイチーという、一九三〇年代の政治経済学的扱いについては百戦錬磨の二人は、それぞれ、一九五〇年代後期から六〇年代初期に、核兵器に焦点を当てた国防問題の著作を出した。[105] これは政治経済学が用いられていないということではないが、片隅に追いやられ、『エコノミスト』誌のバーバラ・ウォードのような人物と、[106] 特に常備軍経済の理論を有するトロツキー主義的国際社会主義の極左の成分に限られていた。[107] 積極的中立主義、反核主義、台頭する非同盟諸国経済地域との計画的な貿易に立つ新左翼という例もあった。[108] しかし以上のようなものは例外だった。一九五七年から六三年の国防政策への急進的な反対は、何よりも「道徳的帝国主義」を特徴としていた。[109]

一九七〇年代、八〇年代には、イギリス、イギリス国家について、また戦争と平和の問題について、社会主義的な政治経済学的著述が大いに復活した。実際「国家《ステイト》」という用語の使われ方が変化を示していた——伝統的な政治学では「政府《ガバメント》」の方が好まれていたのである。それでもこうした著述も軍隊やもっと一般に戦争を無視して、再び福祉国家に集中していた。[110] 一九七〇年代には軍事支出や資本主義についてのイギリス・マルクス主義の著述の復活も見られた。常備軍経済の理論を超える著述だった。[111] それをイギリスにあてはめたものとして、この文献群の核心には、イギリスはGDP比ではたいていの大陸ヨーロッパ諸国よりも相当に多くを国防に使っているという見解があり、この国防費は経済に負の作用を及ぼすという論旨があった。特に関心は、高水準の国防R&Dに想定されるコストに向けられた。[112] また一九八〇年代には、二〇世紀イギリスについてのほとんど衰退論的な政治経済学が登場し、それは産業面でのイギリス国家の弱さという大芝居を舞台にかけていた。要にある考え方は、二〇世紀のイギリスには「開発国家」がなかったということだった。[113] アメリカとの強固な同盟にのめり込み、特に海外での高い防衛費、さらに場合によっては福祉国家論が、国内での開発不足、ひいてはイギリスの経済的衰退に寄与した、というのが共通の論旨だった。[114] こうした文献の至るところに、長年の、一見変わっていない歴史の大義がある。例えばアンソニー・バーネットは、フォークランド戦争について考える際、「チャーチル主義」に戦後イギリスの特徴となった保守党的帝国主義と労働党的社会改革の合体を見ている。[115] ペリー・アンダーソンは、有名な一九六〇年代の論文を繰り返してこう説いた。イギリス国家は、

国内の社会的摩擦を抑止し、海外における帝国の治安を維持すべく築かれたが、結局、経済的衰退から回復する力はなかった。夜警国家が福祉官の特徴を獲得したものの、エンジニアの特徴ではなかった。経済への持続的で構造的な介入が仕事だったが、それには有機的リベラリズムはまったく不向きだった。[116]

アンダーソンはこのことを、ビクトリア朝時代の国家を参照することによって説明した。そこには巨大な軍隊も、

開発すべき輸送インフラも、運営すべき教育制度もなかった（ここでも暗黙の比較対象はウィルヘルム時代ドイツの一定のイメージである）。実際、イギリスの政策は現行の政治的・経済的条件からは説明できないという観念が繰り返される主題だった。例えば政治経済学者のダン・スミスは、イギリスがトライデントによる潜水艦とミサイルのシステムを購入したことを、次のように説明するしかなかった。

帝国以後の惰性が反映したものであり、イギリスをしかるべき権力の付属物を手にする権利、権力と地位についての内面化されきったイメージ、根底で二〇世紀後期の現実になじまない大国と見るために、前を向くより後ろを向こうとする欲求である。トライデントには恐るべき破壊力があるが、それでもイギリスがそれを購入することには根本的にばかげたところがある。それはイギリス国家の中のきわめて古くさい傾向を表しており、我々はそれが強力なイデオロギーの引力を維持していることに疑いを抱くべきではない。(117)

かつてイギリスは自由世界の秩序を維持したが、第二次大戦の勝利は「イギリスの世界的権力がとうとう終わったという認識を先送りにし」、その結果、イギリスは不適切にポンドを守り続け、特に海外での高い国防費を維持したという人々もいる。(118) つまりイギリス国家は、それが偉大な強国だった古い世界に適応していたのであり、そのせいで産業に介入する能力も意欲もなかったということである。

こうした論証にはいろいろな水準で異議を唱える必要がある。第一に、本書で示した証拠は、イギリスには軍需省庁が先頭に立つ介入的国家があったことを非常にはっきりと示している。開発国家についての文献、実際にはイギリスの国家と特に産業についての文献は、ただただ「イギリス国家が実際にどれほど産業に介入していたかを認識」していなかった。(119) 実は、一九八〇年の産業政策とイノベーションについての学会で、経済学者のデービッド・ヘンダーソンは、一九五〇年代と六〇年代のことを「ハイテクへの過剰投資」と明快に診断し、提案された政策案の大半は新奇なものではなく、つい最近の歴史さえ忘れられていると述べた。専門の分析家たちは産業の成績とR

＆Dは数十年間、イギリス政府の主たる関心の対象ではなかったかのようなことを書いた。とりわけ技術省《ミンテック》が体験したことはまるごと欠けていた。当然のことながら、ヘンダーソンは「無益さや既視感といったがっかりする感覚」を覚えた。(120) もちろん、ミンテックはきわめて有名だったが、それを生み出した議論の範囲内で知られていたのであり、それが何をしたかは知られておらず、ましてや何によって理解されるようになったかは知られていない。ミンテックが重要と考えられるときでさえ、その独自性や特異性が誇張される。(121)

軍需省庁はイギリス産業の発展に大きな刺激を与えた。戦争用の生産への投資は、第二次大戦中から戦後のイギリスの製造業のある部分にプラスの影響を及ぼしたのだ。戦争遂行能力という概念が、それがなければ存在しなかったような数多くの新産業の発達をイギリスにもたらした。国家による大規模な技術開発計画は、確かに他部門のR＆Dを刺激し、経済的な配慮よりも技術の飛躍やもっと一般的には技術的でナショナリスト的な配慮を求めるR＆Dを称揚する文化を促した。「開発国家」を唱える人々の視点からは、こうしたことはすべて、肯定的に見えていたかもしれない。否定論は、軍需省庁は経済的には不合理な軍用・民用の技術を生み出す傾向があったとするが、それは左派にとって、「威信を示す」事業を批判する以上に特に楽な相手ではない。実際、戦争国家、とりわけその科学面や産業面は秘密主義に傾き、論争が欠如する風土を生み、それは他の問題と同様、技術問題や産業問題でも意思決定の質に負の影響を与えた。(122)

説明されるべきもの——想定される開発国家の欠如——が間違っていれば、説明も間違っている。第一に、世界秩序の維持と高額の国防費の関係が明らかにされていない。イギリスの国防支出は、大英帝国の自由貿易時代には第二次大戦後よりも少なかったのだから、これはたぶん驚くようなことではないのだろう。比較してみれば、一九三九年以前のイギリスの国防支出は対GDP比で見れば相対的に少なかった。実際、パトリック・オブライエンは一九一四年以前の国防支出の低さがそれ以降のイギリスの衰退の一因となったと論じている。(123) 見方を変えると、その旧時代の遺物のような主張は成り立たない。そもそも絶対額で見た国防費は、一九四〇年代後期には五〇年代や六〇年代初期よりも低いからだ。戦後における国防支出の段階的増大は一九五〇～五四年のヨーロッパに目を向けた再軍備計画の結果として生じたものである。国防支出は一九六〇年代後期よりも七〇年代の方が、すなわちスエズ以東撤退以降の方が大きい。イギリスは帝国主義戦争に従事はしたが（マレー半島、ケニア、スエズ、キプロス、アデン）、関与の程度は比較的小さかった。先に述べたように、新しかったのは、ヨーロッパ大陸での常駐軍の維持で、これには何年もの間、徴集兵が含まれていた。E・P・トムスンが「絶滅戦争」について出した一九八〇年の宣言は、左翼による、帝国主義を中心にした政治経済学的な軍国主義叙述を適切に批判した。冷戦の「絶滅戦争の論理」はヨーロッパに中心があり、イギリスのものも含めた軍産複合体によって動かされていたのである[124]。

こうした政治経済学的イギリス叙述はイギリスの世界的役割の他の面を適切に取り上げない[125]。イギリスが二〇世紀を通じて自由貿易をしていたという考えは明らかに正しくないが、イギリスはずっと自由貿易を望んでいたといった一部の主張も正しくない。二〇世紀半ばの時期には、イギリスはきわめて保護主義的だった。しかし、グローバルな自由貿易の原理への傾倒でさえ、きわめて介入主義的な国の政策と一体だった。国を挙げてのこの干渉主義政策は、グローバルな貿易よりもむしろ帝国的な貿易に高度に依存していた。イギリスは、米欧双方の市場をイギリスの貿易へ開放することを望んだ――すなわち多国間主義である。一九五〇年代の共同市場へ向かう運動はそのようなグローバルな貿易体制への希望（現実ではなく）の放棄を代表しており、国の多くの介入権限を進んで放棄する意志を代表していた[126]。イギリスは非介入的な産業政策を追求する、グローバルな自由貿易国だという中心的なイメージは、そのときイギリスはヨーロッパ的な介入政策を追求していたはずで、かくて大いに間違っていることになる。特に二〇世紀半ばには国家の介入が増大し、輸入制限は増大し、ヨーロッパへの軍事的関与も増大した。もっと広い論点を思い起こしておこう。イギリスは、衰退論的政治経済学者が言っていたよりはるかに、イデオロギー的にもリベラルではなかった。実際、衰退論的な分析が優勢だということからして、このことを立証している。衰退論はたいてい、経済的ナショナリズムと一体だからである[127]。イデオロギー、政策、慣行、可能性、すべてが二〇世紀中に根本から変化し、ずっと議論の的だった。とりわけ歴史家は、ときに深い連続性や長期にわたる原因を見出すことに熱心なあまり、生じた根本的な変容を見抜けないことがあった。

技術家支配論的反＝歴史の復活

デービッド・ヘンダーソンが言ったことだが、R&Dから経済的利益が得られるという一九六〇年代半ばの主張が消えたことは、そうなることの危険について特に説得力のある例となっている。重要で影響力があった例は、サセックス大学の科学政策研究ユニット[128]の創設者で、ウィルヘルム時代のドイツを枢要なモデルとした、特に歴史指向の強い学徒、クリストファー・フリーマンの研究である。[129]フリーマンにとってはイギリスの逆説があった——一九五〇年代と六〇年代のイギリスの産業R&Dの総額は、アメリカ以外のあらゆる資本主義国よりも「明らかに」高かったが、それでもイギリスの成長率は低かったということである。フリーマンはこれを、産業界での政府出資の航空学R&Dに支出された比率が高いことを指摘し、イギリスの産業はドイツや日本ほど日常生活のためのR&Dは行わず、その結果成長も遅かったとすることで解決し、自身では納得している。[130]同様の論旨は他の人々からも出てきた。[131]フリーマンの論証にとってはあいにくなことながら、ミンテックで知られていたように、イギリス産業界は絶対額ではドイツや日本の産業界なみに（自前で）支出していたし、生産量に対する比率では多かった。[132]フリーマン説は書かれる前から否定されていただけでなく、一九七〇年代後期にはあらためて否定され、さらに否定されたが、そのことの影響はほとんどなかった。[133]しかし、R&D投資と経済成長率とには関連があるはずで、実際他の国についてはあるという核となる信念は、技術家支配論が逃れることのできない決定的な前提だった。[134]この信念には十分な根拠はなく、反証は大量にある。[135]

フリーマンによる戦後イギリスのR＆Dのイメージは、いろいろな形で一九九〇年代も深まるまで影響を及ぼしたし、これが専門家の間ではイギリスの戦後R＆Dについての標準的な筋書きになった。[136] 一九七〇年代から八〇年代にかけて、イギリス産業には二〇世紀中ずっとR＆Dが足りなかったという思い込みが大きくなった。やはり科学政策研究ユニットに所属していたキース・パビットは、一九八〇年に技術衰退論的で、歴史重視の重要な教科書を編集し、これがその印象を非常に明瞭に伝えた。[137] アメリカのある経済史家はイギリス産業研究について念の入った反＝歴史をこしらえ、産業界のR＆Dを低いとして、それがイギリスの衰退の重要な原因だとした。[138] それ以前の歴史家の主な結論は無視され、低成長はR＆Dの低さを示すと想定された。[139] 技術家支配論的反＝歴史は猛威を振い、自分の研究対象である業種にもっとR＆Dをと願う実業史もそこが行ったR＆Dを記録しなかったし、[140] 航空機産業の産業史家たちは中止になったプロジェクトの将来性を称え、成功しなかった飛行機に費やされた何億ポンドは無視した。[141] こうした反＝歴史が重みをもっていたので、一流の分析家は、イギリスのR＆Dの歴史は弱小どころか強国の歴史だという説には、怒りを隠すことなく反応した。[142]

反＝歴史はさらに手が込んできて、影響を強めた。サッチャー時代には、歴史について二つの歴史書がイデオロギー的に意義があるとして際立っている。それはマーティン・ウィーナーの『英国産業精神の衰退』[143] と、コレリ・バーネットによる一九八六年の『戦争の会計監査』[144] である。どちらも本書で使っている意味でとことん反＝歴史的だった。ウィーナーはイギリスの産業の実際の歴史にも産業精神にも何の関心も示さず、ただ長年にわたる反産業精神を年を追って記録しただけだった。バーネットの、国家介入、技術教育、研究、さらに他の多くのことについての反＝歴史は、『会計検査』に対する左右からの反応に明らかなように信用できないにもかかわらず、実際には信用を得ている。[145] 「福祉国家」の扱いについては攻撃されたが、バーネットを批判した学者の多くは、イギリスや、エリートや軍隊や、イギリスや他の国での産業、科学、技術の歴史やその三つの関係について、技術家支配論的、軍国主義的に批判する人々と、枢要な前提を共通にしていた。[146] 実際バーネットは、前々からもっと狭い対象を扱った文献に存在していたイギリスについての技術家支配論的な批判と軍国主義的批判を特に明瞭に組み合わせた。バーネットをはじめ、イギリスについての多くの文献では、イギリス科学・技術や近代化するイギリス国家は、そうしたものの弱さの歴史的説明、イギリスの技術家による特徴的な創作となった説明の中へとあらためて消えてしまった。バーネットの右翼的国産技術主義の要になる成分が、左翼から、特にペリー・アンダーソンやジョン・サビルから支持された点も無視できない[147]。バーネットの論拠では、暗黙にも明白にも歴史的な比較対象が驚くほど頻繁にドイツであるということは、たぶん驚くべきことではないだろう[148]。バーネットにとって、ウィルヘルム時代のドイツと後期ビクトリア朝からエドワード朝にかけてのイギリスとの間に想定される対照は、第二次世界大戦についてのバーネットの叙述だけでなく、それ以降の歴史にとっても中心となっている。

そういえば、ジュリアン・コーベットがドイツは「自身の影を恐れて」いたと説いたが、イギリスの分析家はイギリスの慣行、懸念、信念をドイツに投影していたと合理的に論じることもできる。一九一四年以前には、イギリスはずっと主にドイツ海軍力を心配していた。ドイツ陸軍はずっとそれよりはるかに大きかったが、心配ははるかに小さかった。一九三〇年代、爆撃機に肩入れしたイギリスは、ドイツ空軍を特別に脅威であり、革新的であると見た。海上封鎖に対してひどく脆弱だったイギリスは、ドイツは経済制裁で崩壊するだろうと考えていた[149]。もっと一般的に言えば、イギリスの評論家たちは何度も繰り返し、ドイツ経済の成功をR＆Dのせいにしてきたが、それはドイツの信念と実践についての理解というよりも、自分たちで信じていたことを反映していたのである。かくてイギリスでのドイツについての多くの論旨は、ドイツよりもイギリスについて多くのことを教えてくれる。その論旨の本質は、特に第二次世界大戦後の、軍国主義と技術家のイギリスでの意義に目を向けることにある。

確かにイギリスの標準的なドイツ観は比較史が発見したこととは両立しない。例えばイギリスと比較したドイツの生産性やR＆D資金というよく言われる話はまず成り立たない。戦争機械ドイツという通例のイメージも劣らず成り立たない。我々はドイツ軍が、特に第二次世界大戦のときにはイギリス軍よりも装備がずっと手薄だったことを知っている。我々はまた、戦略爆撃という考えを空軍の中心に捉えたのはイギリスであってドイツではなかったことも知っている。とりわけ目を引くことに、スティーブン・バンゲイはバトル・オブ・ブリテンについての最近の研究で、ドイツ空軍ではなくイギリス空軍の方が、鍛えられた専門家によって運営されており、イギリス軍の方が準備も整い、技術の使い方もうまく、ドイツは個人の技量に頼っていたのに対してイギリス軍は規律と指揮によって戦い、イギリス軍はチームプレイヤーでドイツ軍は狩猟文化の個人主義的な修養を図っていたし、イギリス軍は非情で断固としていたが、ドイツ軍は空で槍を交える騎士だったとまとめている。[150] 実にイギリスの謎だが、イギリス戦争国家の歴史とその中での専門家の役割を理解するためにはそれを把握しなければならなかった。

知識人が戦争国家を見えやすくできなかった理由は多く、また相互にからみ合っている。二〇世紀イギリスについての決め手となるような重要な語りの多くをイギリス戦争国家は崩していただろう。第二次世界大戦前の戦争国家認識からすれば、恵み深い帝国主義者で世界の警察という、知識人がたいそう好んだイメージは崩れていただろう。戦後であればそれは、イギリス軍国主義の反＝歴史や、国家についての指向を大いに形成した軍国主義的で技術家支配論的な批判の中心だった技術家支配と国家介入の反＝歴史を崩していただろう。それはまた、形は違っても、福祉主義的な叙述も崩していただろう。いずれも戦争国家の範囲、役割、あり方の叙述と共存できるものはない。かくて「戦争国家」という用語はイギリスに適用されると、こじつけで、ばかげていると見えるようになった。[151] とはいえ、その信憑性のなさこそが、戦争国家を二〇世紀イギリス史に入れることの意義の大きさを示している。

第8章　科学・技術・産業・戦争の関係再考

イギリス知識人がイギリス史や戦争するイギリスに与える叙述は、根本的に民の側からの叙述となった。民《シビリアン》の力が戦勝をもたらし、戦略を形成し、軍から武器を奪ったということである。多くの歴史家たちが、明瞭に「文民軍国主義」、つまりもちろん「リベラル軍国主義」が、二〇世紀に、少なくとも英、米、仏には登場したことを記しているのは意外なことではない(1)。科学、技術、産業、戦争の関係についての標準的な叙述では、科学、技術、産業は民の機関として登場し、一九世紀と二〇世紀における戦争の変容にとって、根本的な重みがある。こうした叙述は、軍を除外してしまっているために非常に偏っている。戦時や平時の兵器生産について広く新たな叙述が必要であることを実証するには、どの程度偏ったかを明らかにしなければならない。こうした叙述は、産業、技術、科学の大部分の歴史を変えて、研究の企てを生み出す存在の一つに軍を立てることになる。

軍事的知性《ミリタリー・インテリジェンス》〔軍事情報〕（オルダス・ハクスリーのジョークでは、この言葉は、百科事典では、「知性、動物的」と「知性、人間的」の両者とも別の項目が立てられていたという）と同様、軍事科学や（戦争の技術という意味以外での）、さらに意外なことに軍事技術という言葉は、ほとんど形容矛盾である。何度も言うが、例えば軍人のロマン主義は、啓蒙された科学、技術、産業とは対照的である。軍事と近代性は、二〇世紀には実践面で何度も一体になったとはいえ、両者は相容れない。そうであれば、アーネスト・ゲルナーの、「市民社会」が「軍国主義的ロマン主義」

諸国を打ち破ったという主張も驚くべきことではない[2]。しかし、「市民社会」が勝利したのは市民制度によるだけでなく、軍の力や創意工夫にもよっていたのではないのだろうか。それはありえないらしい。それを問うためだけにでも、二〇世紀科学、技術、産業と、その軍事との関係について、概念を改めた叙述を必要とするのである。

従来の論旨の深さと威力を、そしてそれが本書でイギリスの場合について展開された叙述とどれほど根本から違うかを理解するには、我々は、ただ学術的な文献だけでなく、それ以外にも科学、技術、産業、戦争について書かれたものを子細に検討する必要がある。本章ではこれから、核となる論拠をもっと明瞭に解き明かして発見することになるだろう。例えば兵器や軍事技術の定義からは、きまって戦艦や航空機さえ除外されていることがわかる。航空機は要するに民用の輸送技術と考えられ、戦争用の兵器ではなかった。科学、技術、産業一般は基本的に民用のものだった。さらに、「科学」という言葉の意味が一般に科学研究、民の科学研究、政府資金による民の科学研究、純粋な民の学術的科学研究と狭まり、驚くべきことに、ただ学術的な物理学に帰着することも多かったことがわかってくる。こうした現場の動きを見てこそ、従来の筋書きがいかに偏っているかが明らかになる。

技術と戦争の歴史

科学、技術、産業、軍事の関係について学術的関心が生じたのは、一九八〇年代になってからのことだった[3]。技術と戦争との関係についての初期の重要な著作は、執筆者の出身がいろいろだったにもかかわらず、取り上げ方は顕著な類似を示している[4]。この文献群には、中心に検証されていない前提があった。文民の科学、技術、産業が、戦争を文民化し、産業界化することによって、戦争の姿を根本から変えたということである[5]。例えば、ウィリアム・マクニールは、自身の語る歴史の一九世紀と二〇世紀の部分を、戦争の産業界化と、二〇世紀の戦争のためには経済を制する必要があるという観点を明確にして扱っている。その過程全体は、一九世紀後期に関心を武器に向けた私企業によって生み出された文民の革新で動かされる。要となる研究はすべて、文民と軍人の世界の違いという概念に依拠していたが、両者は文民の側で合体する。(6)

軍事主導になると、結果は不適切な軍事技術となった。この方向での特に興味深い論証が、メアリー・カルドアによって提示され(7)、イノベーションは市民側、特に競争力のある民間産業のものと考えられた。カルドアは軍隊も構図に入れたが、それは保守的な消費者としてのみだった。軍部は既存の武器の性能向上を望みはしたが、新型兵器を導入しようとはしなかった。その結果が「バロック兵器」であり〔バロックには、手を加えすぎて過度に複雑になったという意味がある〕、カルドアの中心概念をぴたりと想起させる言い回しである。これは、既存の戦争技術が過度に入り組むことで急速に利益が減り、さらには利益がマイナスになるということだった。「バロック」という言葉は、旧弊な軍隊と近代の技術という暗黙のモデルをなぞる歴史的な組合せも捉えている。平時の軍事技術には、グロテスクで入り組んだところがあった。カルドアの見方ではさらに、バロック兵器を製造していた産業は、全体として経済発展の足を引っぱる働きをした。カルドアによれば、戦争になると危機的な状況に迫られて、軍部の保守性が放棄され、民間由来の急進的で新しい技術や戦い方を採用することになるという。そうしてできた新しい形態が、その後の平時には再びバロックになる。(8)

創造性ある文民という考え方の裏側が、保守的な軍人という考え方である。この考え方は、カルドアに見られるように、明示的に述べられることが多かった。マクニールは一八八〇年代について書くときに、「何世紀かにわたって育てられた陸軍や海軍の儀礼的な定型行動は、あらゆる種類の革新を妨げた。民間の技術が進んで初めて……お役所的惰性と保守主義を克服できるようになる」と述べている。(9) もっと専門的な研究でも、固有の論理で動く進歩的な民間技術と、戦争の圧力によってしか変革を受け入れない保守的で偏狭でさえある軍との対比は相変わらず非常に強い。(10) この見方の過剰なところはその後の新しい研究では修正されるが、例えば、ティム・トラバースによる第一次大戦期の技術に関する叙述も明らかに、戦争の形は技術で決まり、必然的に適応するには時間がかかるという考え方に依拠している[11]。一九一四年以前の海軍における射撃管制技術に関するジョン・スミダの叙述もまた、技術的には反動的な海軍（第一次大戦以前の英海軍！）が、才ある文民の発明家に屈服するという構図にはまっている[12]。

以上のような叙述は、戦争の歴史に関心を抱く学者によるものであり、技術史に関心がある学者のものではない。学者が技術史の方を向いたとしても、自分の叙述が確かめられるのを見ていただろう。特に言えば、そうした歴史には軍事技術はほとんど存在しなかった。例えば、二〇世紀を二巻で扱った有名な『技術の歴史』では、明示的に軍事と関連している章は一つしかなく、それは核兵器に関する章である[13]。簡約版の方には、二巻本の原著にはなかった「軍事技術」という章が設けられた。ここでいう軍事技術は砲、戦車、火炎放射器であり、航空機やレーダーなどではない。こちらの技術は、戦争を左右するほど重要だと認められているものの、原著と同じように、民需指向技術の章の中に埋もれている[14]。同様に、科学と産業に関する博物館は、戦車や砲を展示せず、こうしたものは戦争博物館に任せられている。しかもなお、科学博物館では、戦争が取り上げられても、民用技術と考えられるものに転用されるものとして扱われる。

上述の研究者たちが、バジル・リデル＝ハート大尉、J・F・C・フラー少将という、イギリスの軍事についての中心的な著述家に目を向けたとしても、研究者の想定はやはり確認されていただろう。こうした著述家も、軍の保守主義と民の創造性を重視していた。バジル・リデル＝ハート大尉によれば、「兵器の進歩は、とりわけ兵器を使用する階層で、精神の進歩を追い越してしまった。現代において、次々と戦争があるたびに、精神的な適応が遅いことによる時間差が明らかになっている[15]」。ファシストに親近感を抱いていたフラー少将でさえ、一九四六年に発表された先駆的な叙述『兵器と歴史』では、「民用部門の進歩はとても激しいので、平時にはいかなる軍隊も完全な意味で追いつくことはできない危険があるだけでなく、確実にそうなっている」と警告している[16]。例えば内燃機関や無線通信は戦争にとって中心になるものなのに、戦間期には、「兵士は民用部門での発達とは無縁で、これを見ることもできなかった[17]」。ついでながら、フラーはルイス・マンフォードのファンで、マンフォードは問題の要点を鮮やかに衝いていた。「人類にとって幸いなことに、軍隊はたいてい、三流の精神の逃げ場所だった。……そこで現代技術の逆説が生じる。戦争は発明を促すが、軍隊はそれに抵抗するのである[18]」。一九八〇年代の歴史研究は、このように知的な紋切り型に依拠していた。

知識人、科学、技術、産業、戦争

この姿勢がどれほど優勢だったかをさらに明らかにするために、話が非常に明瞭な、学術以前の主張を見ることができる。私はこうした論点について、密接に関係し合い、影響を残した二つの論客グループ、政治経済学者と科学系知識人を見る。イギリスの例をとり、二〇世紀初期に集中することにする。

政治経済学者にとっては、第一次大戦以前からすでに、戦争は新しい産業、科学、技術によって形成されつつあった。ノーマン・エンジェルが述べるところでは「貧相で眼鏡をかけたイギリスの官吏」が

何千ものスーダン人を手なづける名人だった。比較的好戦的でないイギリス人が、アジア全域でも同じようなことをしていて、それを優れた頭脳と人格、優れた思考、優れた合理、安定して抑制された勤勉という単純な徳によって行っていた。それをするのは優れた兵器だと言ってもいいかもしれないが、優れた思考や仕事の結果でなかったら、優れた武器が何になるだろう[19]。

エンジェルは、一般に戦争はもはや従来のように英雄的に扱えばいい問題ではなくなったと論じた。「戦争は、他

のいかなる領域の職種と同じく、どうしようもなく知的かつ科学的になっている。士官は科学者であり、兵士は労働者であり、軍隊は機械であり、戦闘は『戦術運用』であって、突撃などは時代遅れになりつつある。しばらくすれば、戦争はあらゆる職業の中でも最もロマンのないものになるだろう」[20]。第一次大戦中にはそうした論旨が力を増した。このすぐ後にイギリス初の共産党国会議員になるJ・T・ウォルトン・ニューボールドは、「陸軍や海軍の兵士がこれほど機械工のようになったことはこれまでなかった。今日、兵士は機械の番人で操作員でしかない」と説いている。[21]『エコノミスト』誌の編集長で『戦争の政治経済学』の著者でもあるF・W・ハーストにとって、戦争は、分業を通じて、「美や効用ではなく、安全保障を生む」ための専門化された職業になっていた。また、

成功は、今まで以上に演習、訓練、工学、機械の技能、装備、戦略に依存するようになった。現代の戦争の勝利は鋳物工場、機械作業所、実験室で得られる。見えない組織が千人単位で人を殺し不具にしている。一九一四年の秋に聖戦を宣言したまさにその首相が、十か月後にはこの戦争を武器弾薬の戦争と言わざるをえなくなった。[22]

戦争は「成功が兵士の武勇によらなくなり、化学者や機械工の技能によるようになるにつれて、そのロマン主義的な輝きを失ってしまった」[23]。すでに見たように、戦争についてのこの考え方が、政治経済学の著述も支配し続けることになる。実際、それは英国流の戦争にも影響を及ぼした。

しかし、科学と技術が最も関心を集めたのは、当然ながら、科学的知識人の書いた文章でのことだった。私はここで、一九三〇年代の二人の知識人が書いた二つの枢要な著述を取り上げる。H・G・ウェルズの『世界はこうなる』と、J・D・バナールの『科学の社会的機能』であり、それによって、科学、技術、戦争の問題のそれぞれの取り上げ方をもっと詳細に見てみる。異例なことに、両者とも戦間期科学にとっての軍の体制の重みを認識し、そのことを詳細に述べているので、特に有益である。

H・G・ウェルズの『世界はこうなる』は一九三三年刊、副題を「最後の革命」といい、飛行士たちが世界を救う物語だが、科学、技術、戦争について詳細に考察した作品でもあった(24)。ウェルズは三者の関係について、戦争は人間が科学や技術に追いつけなかったために起きるという、おなじみ「文化の遅れ」論を唱えていたが、ある程度の相互作用も認識していた。軍隊と科学・技術との根本的な矛盾も強調していた。この話は次のように進む(25)。一九一四年、新しい武器が使えるようになっているというのに、職業軍人は「自分たちの古くからの名誉ある職業の方法には根本的には何も起きていないという思想に凝り固まっていた(26)」。戦争で、一部には断固近代化をしようとする軍人も生まれ、そうした人々が戦間期に権力を得るようになった。ウェルズの言い方では、

極端な変革の段階が、旧世代の保守主義の後に続いた。どの国の軍部でも、変わった発明や秘密の新案、隠密の組織的研究などでごった返した。また、どの国でも、兵器商人が注意深く養っておいたスパイや情報屋の曖昧な報告が、この強制された創発に影響し、刺激した(27)。

軍人は、「発明の行進に追いつき、工学と工学者、化学と化学者、従軍記者と新聞の編集部、生物学、医学、さらには金融までも、自分たちがあの古い戦争概念、戦う主権国家という思想を生かしておくための努力で支配しよう」とした(28)。しかし、新たに雇われたエキスパートは普通の人々で、新しい戦争の真の正体を明らかにしなかった。エキスパートが生み出した装置に、秘密主義、批判の拒絶、官僚的技能が「一定の動きの鈍さ」を生んだ(29)。一九三〇年代のいくつかの戦争の間に、軍は、危険なエキスパートと忠実なエキスパートを見分けるようになっていたが、危険なエキスパートは創造的なエキスパートでもあった(30)。科学研究の総量は下がったが、生きながらえてはいた。「科学の研究は、裕福な者が後援するものから軍事的指導者が後援するものに変わった。科学はロシア、スペイン、南米に避難し、飛行機の格納庫へと赴いて、しかるべき時に今の世界を支配する位置へと上ろうした(31)」。世界は戦争で破壊された(32)。輸送はとりわけ陸で困難となったが、海でもまた困難になった。ところが空から「新秩

序の剣が再び現れた」。バスラ［イラク］の「輸送連合」は、残った飛行機と海運をまとめ、飛行士の言語は基礎的な英語となり、通貨としては「航空《エア》ドル」を用いた。選ばれた人々で構成される近代国家協会（A Modern State Society）が制海権、制空権、空路および海路の警察権を所有した。一九七八年、この会は、再び台頭してきた国民政府の反対をパシフィシンというガスで鎮圧することを決定した[33]。この本を元にした一九三六年の映画『来るべき世界』は、こうした主題をとりわけ明瞭に表に出している。この映画では、空軍の「効率組合」と「科学の結社」が「世界を覆う翼」と呼ばれた——空軍は「民間機に反対」し、「独立した主権国家を承認」しなかった。両者は「法と健全」、「秩序と貿易」、「世界コミュニケーション」を信じた。それはまさしく、貿易と輸送を通じた権力という大英帝国的な見通しだった。ただしこちらでは航空機は民間輸送技術だった。

一九三九年に出版されたJ・D・バナールの『科学の社会的機能』は、「アングロ＝マルクス主義」と呼ばれてきた領域と、科学の動きの社会的関係との優れた産物だった。同書は、計画経済を計画的に研究するためのマニフェストとしてよく知られている。また研究活動に統計学的調査を持ち込んだ先駆であり、近代科学、特にイギリス的形態について豊富に叙述している。すでに見たように（第3章、一一六頁）、バナールは科学者に対して、社会主義が戦争の問題に対する唯一の解答であることを納得させ、それを通じて社会主義が必要であることを納得させるために、「戦争研究」を強調した。バナールの言い方では、「戦争と科学の問題は他の何よりも、科学者の目を、自身の研究や発見を超えて、そうした発見が供される社会的な使い方に向けさせた[34]」。そこでの軍事研究史は社会主義を支持する論拠であり、科学が戦争に役立つことの例や、もちろん科学の力の例ではなかった。バナールにとって、このように科学者の自覚を促すのは、一九三〇年代には新しいことだった。一九三〇年代後期の再軍備で科学が動員されたのは「新しい不吉な展開」に見えたが、バナールは、「科学と戦争との結びつきは決して新しい現象ではない。新しいのは、これが科学の適切な機能ではないという広い認識である」と説いた[35]。バナールは、軍（あるいはもちろん民間事業）を、啓蒙された創造的な後援者だとは見ておらず、第一次大戦時には科学者を適切に使わなかったことで軍を責め、研究が非効率的で無駄に行われていたと説いた。[36]『科学の社会的機能』では、「軍当局の伝統的な愚かさと保守主義」が「新兵器開発を抑制」したことに不満を述べ、戦争研究をその「拙速、浪費、秘密主義、重複」といった理由で非難した。[37] 他方、現代の戦争は産業と技術によるもので、したがって科学の動員が不可欠だとも論じた。それでもバナールは、最も重要なつながりについて、非常に独特の考えを抱いていた。ドイツが第一次世界大戦で成功した理由は「ドイツ科学者の数が多かった」ことだけでなく、「連合国の科学者よりもずっと産業と密接に連絡していた」ことでもあった（強調は引用者）。通常、軍との結びつきが予想されるが、それ以上に産業だった。[38] バナールはさらに、「戦争が、戦争のみが、現代経済を左右する科学研究の重要性を政府に教え込むことができた。そのことはイギリスでは科学技術研究庁（ＤＳＩＲ）の創設によって認められた」[39] と論じた（強調は引用者）。ＤＳＩＲは、もちろん主として民用の産業研究が管轄だった。バナールは、第一次大戦時の巨大な軍事Ｒ＆Ｄ機関である補給省と海軍省を無視していた。要するに、現代の戦争にとって重要だったのは、バナールにしてみても他の多くの人々にしてみても、軍ではなく民の産業、科学、技術だった。

転　調

このように言うと、ウェルズとバナールの論旨は疑いもなく稚拙に見え、ひょっとすると的外れにも見えるかもしれない。それでも二人の論旨や前提はよくあるものだったし、それはずっと、どんなに専門的な航空機史の学者や科学と戦争の関係が専門の歴史家の著述でも重要だった。例えば、世界連邦という考え、国民国家の主権を制約する必要があるという考えは、戦間期の国際関係論の定番であり、新技術、とりわけ航空機と緊密に結びついていた。[40] 国際航空警察という発想は、フィリップ・ノエル＝ベーカーと「次期五か年」グループによって取り上げられ、それがリベラルな国際的思考の中心にあったことを裏づけている[41]（第2章参照）。それは、特に英米の国際空軍が必要であることを力説して第二次大戦中まで生き残った[42]。戦後、基本的な議論は航空機から他の技術、特に原子爆弾に移行した。原爆の場合、「国際管理」が議論の焦点となった。同様に、ヨーロッパ統合主義と名のつく文献はすべて、超国家的組織が、国際的あるいは超国家的技術――特に核、航空機、宇宙――と考えられるものを担当することを求めた。実際、ユーラトム〔欧州原子力共同体〕、欧州原子力核研究機構（CERN）、ELDO、ESRO〔欧州宇宙研究機構〕など、その種の組織がいくつも設立された。新しい民用技術は、国民国家の終焉を意味し、戦争の終焉も意味すると論じられた。国際関係について考えるいくつかの領域では、ヨーロッパ統合の場合のように、平和、自由貿易、効率など、リベラルな政治経済学の言語が、プロパガンダや学者の意見の定番となっていた。アラン・ミルウォードの辛辣な言い方では、「ヨーロッパ各国の政治ではリベラリズムは死にかけているが、超国家的政治では切り札として残っている[43]」。

航空機を根本的には民用輸送技術であるとするのも、何十年にもわたって繰り返された常套句だった。ロンドン科学博物館の学芸員で航空歴史家のバーナード・デイビーは、一九四一年にこう書いている。「輸送こそが、もちろん、航空機の真の機能である[44]」。そこには軍用航空を航空研究一般の文脈で扱いたくないという通念があった。『今日の飛行機』と題された一九三〇年代半ばの児童書には、航空機の用途を取り上げた章があり、地図作成、探検、探鉱業者の野営地への輸送、贅沢品、壊れ物や動物の運搬、農薬散布、航空機による医療サービス、空中考古学などで、軍事用途はごくわずかだった[45]。一九四〇年に登場した『空の征服』というイギリスの歴史ドキュメンタリードラマも、飛行の歴史をおおむね民用と見て、航空機の真の機能を平和的なものと見ている。しかしそうしたことは、多感な青少年向けの記事だけのことではない[46]。民用の航空機が中心というのは、一九三〇年代のリベラルや左翼が取り上げるときには、軍用機を真の航空機の堕落して歪められた形のものだとする扱いが一般的だったことでも確認される[47]。例えば第一次大戦は飛行の利便性を増進したのか、それとも異常な背景を生み出すことによって真の展開を妨害したのかと問われたりした[48]。特筆すべきことに、第二次大戦後も依然として、二〇世紀の技術史についての標準的な参考書が航空を輸送の領域で取り上げ、軍用航空ももっと広い民用航空の文脈の中で取り上げたし、今もそうである。航空機技術の発展に関する標準的な歴史は、やはり民用航空の発展を中心にしていた[49]。産業史一般は、航空機産業を広く民用産業として扱い、航空機産業の歴史もそれをまずは民用産業と見ている[50]。そうであれば、イギリスの軍需生産に関する公式歴史官が航空機産業を民用のものと見たのも驚くことではない[51]。

近年、文化史家が生み出した、戦間期の航空と文化に関する多くの研究も、標準的な戦間期モデルの影響が続いていることを明らかにする。こうした研究は、航空について、ウェルズなどの多くのところで見られるリベラルで国際主義的な叙述の意義には関心がない。あるいはたぶん気づいていない[52]。これは意外ではないかもしれない。歴史家の関心の対象は、自分が（そしてウェルズが）逸脱したイデオロギーと見たものであって、もっと穏当な英米の航空機への反応と見たものではなかった[53]。そのような研究のほとんどは、航空機に対する熱意を、反リベラルの思想の流れ、つまり神秘主義、英雄主義、非合理性、ナショナリズム、ファシズムのものとする。そのようなイメージの存在は、航空機のあり方、特にスピードと高く舞い上がって見下ろすイメージ、ナショナリズムのイデオロギー、近代一般と特定の国家の危機との関係によって一部を説明できる[54]。とはいえ、軍用航空の歴史からすると、戦間期に独立した航空戦争技術の先駆けとなり、それに最も深く関わったのは、大陸の航空愛好熱ではなく、英米の人々だったことは明らかである[55]。このことは実に把握しにくいところだった。それはまさしく、（ウェルズについての議論ですでに説いたように）リベラルな国際主義の世界観には、新しい世界秩序を構築するために新技術を利用することへの強力な関与が組み込まれていたからである。英米では、爆撃機と言えば世界秩序と貿易に関するリベラルな国際主義的思考のものだった。逆説的なことに、こうした叙述が、航空機の場合でさえ、技術の発達と産業での中心的な役割を軍には認めなかったことを言っておこう。

科学と技術を基本的に民用と見るバナールとウェルズの見解も戦間期やその後の定型だった。すでに述べたように、軍は、技術はともかく、科学は民の世界のものと見ていた。しかし、バナールが説いたような、戦争のときに本当に重要なのは、兵器に応用される科学ではなく、民用に応用される科学であるという考えは左派には広く共有されていた。ミュンヘン協定の二週間後、『ネイチャー』誌はバナール執筆の「科学と徴兵」という論説を掲載した。これは、戦争のための科学の動員は、「その究極の目的——平時における人間福利のための科学の利用——を着実に視野に入れていなければ」決して成功しないだろうし、実際、「戦争のための準備は、はるかに徹底した科学の組織化を必要とするだけでなく、科学研究などの科学者社会の諸活動、特に工業生産、農業、保健衛生といった分野の活動とのもっと緊密な統合を必要とする」と論じるものだった[56]。こうした主題は、匿名で出された『戦時における科学』というペンギンスペシャルの有名な論考で全面的に支持された。それは、バナールを含む進歩的な科学者たちによって、一九四〇年の数週間で書かれ刊行されたものである。その中心的な主張は、イギリスの国家と産業による科学利用の大幅な拡大を求めることだった。関心はやはり、市民集団の保護、負傷者の介護、軍隊・経済・社会の合理的編成など、民の問題にしっかりと向かっていた。一四四頁の本のうち、食品を扱った章だけでも三八頁あったのに、戦争用の技術（航空機、戦車、磁気機雷）に充てられたのはわずか一二頁だった[57]。戦時でさえ、科学は根本的に民の進歩的な活動だった。戦争は科学によって廃絶できるものとされた。こうしたことはすべて、国の緊急事態にあってさえ、軍に関する根本の定まらない状態を示している。

科学、技術、産業、戦争についての標準的な叙述を批判する人がほとんどいないことだけでも興味深い。戦間期の議論から、おもしろい例をいくつか引きずり出すことはできる。例えば、元潜水艦乗りの反動派、バーナード・アクワースは、航空機の重要性に反論し、航空機を謳う宣伝に異を唱えた[58]。航空関係の執筆で生計を立てていたマルクス主義理論家のクリストファー・コードウェルは、ウェルズの構想を「ブルジョアの空想ユートピア」と呼んだ[59]。しかし、進歩主義者の思考を最も明確に解剖したのは、ジョージ・オーウェルかもしれない。オーウェルは、ウェルズの作品に一貫する枢要な対立をわかりやすく挙げている。「一方に、科学、秩序、進歩、国際主義、飛行機、鋼鉄、コンクリート、衛生。他方には、戦争、ナショナリズム、宗教、君主政、小作人、ギリシア語教授、詩人、馬」[60]。オーウェルの方は対照的に、科学・技術は、世界の野蛮化といった風潮の対極というよりも、むしろそれと手を携えて進むと見ていて、近代技術はナショナリズムと専制政治を増大し、戦争の近代的手段は本来的に専制的だと論じた[61]。

科学、戦争、イギリス社会

航空に関する戦後の叙述が戦間期のモデルを踏襲したように、科学と戦争の関係に関する歴史も含めた叙述もそれを踏襲した。二〇世紀の戦時・平時のイギリス科学についての歴史学文献も、常に見やすいわけではないが、関心を向ける先は戦時中でさえ民用の科学だった[62]。また、学界の文民科学者が戦時中に政府に入ったことにも著しい関心を寄せている。こうした文献は、顧問の立場にあった科学者の役割を過剰に強調してきた。軍による研究支援は、特に一九三九年以前については一貫して軽視されている[63]。ヒラリー・ローズとスティーブン・ローズによる、広く読まれた一九六九年の著書『科学と社会』は、戦後期に通用していた論旨とその証拠を明瞭にまとめている点で注目に値する。「化学者の戦争」と題された章は、一九一四年、イギリスでは政府と産業が科学を無視したため、必須の資材に不足を来し、政府は特にＤＳＩＲの設立を通じて遅ればせの対応をしたと論じている。その章の残りは、産業研究の連携、ＤＳＩＲの研究所、医学研究審議会、科学者の労働組合であるＡＳｃＷに充てられている。国防研究については、ほんのわずかな記述しかない。「物理学者の戦争」という章は、第二次大戦が中心だが、国防研究の歴史に関する話も若干ある。とはいえ、国防研究は一九一四年以前には、「実際には『国防研究』などというような大それた名には値しない」程度のものだったという[64]。二人は、一九一四〜一八年の海軍省における毒ガス開発と科学的研究に触れているが、一九二〇年代初期の段階では、「確かに軍部の生来の保守性と本気の軍縮への希望は、イギリスの活発な軍事研究を抑制する方向に作用した」と言っている。[65] ところが一九三〇年代には、軍事研究はとりわけレーダーの分野で加速した。戦時中の研究については、OR、原子力、市民科学者の動員、科学的営為のさらに高度な組織化が取り上げられ、最上層の諮問委員会が注目された。つまり軍事研究が軽視されているだけでなく、戦争に対する科学の影響は、主として文民の学界科学者の採用と活用が取り上げられているのである。ほとんどの文献ではそういう扱い方が採られている。[66]

第二次大戦中の科学についての研究は、特に一部の科学者による、あるいは一部の科学的組織による叙述に依拠している。戦争遂行に貢献した学界科学者の伝記、回想録は多い。とりわけ豊富に書き、書かれているのは、P・M・S・ブラケット、J・D・バナール、ソリー・ズッカーマン、ヘンリー・ティザード、フレデリック・リンデマンである。[67] 例えばアンガス・カルダーは『人民の戦争』の中で、戦時中の科学の様子を、ほとんどすべて、父で科学ジャーナリストのリッチー・カルダーの友人だった科学者左翼（バナール、ズッカーマン、ブラケット）に基づいて語っている。[68] いずれもすでに見たように、基本的に他ならぬ軍の顧問的立場にいた科学者であり、多くは左派だった。実際、二〇世紀イギリスの科学について最も追究された論点は、左派が関心を向けた論点だった。当の科学者左翼、科学の計画、（民用）科学、科学者団体、労働組合の中央組織、加えてORといったものである。[69] 科学者左翼の歴史に依拠した、特に左翼的な科学、計画国家について一般論をする主張があった。この立場は、左派科学者を平時も戦時中も科学を計画する原動力と見て、国家や軍部の最上層の諮問委員会に位置を占めることを過大評価し、戦後のために立てられた進んだ計画が国家に否定されたと見る。[70] 第二次大戦での科学は、少なくとも部分的には、左派科学者の計画の帰結として計画されたという考え方、あるいはそのような計画が自説の論拠となるという考え方は大変根強く、戦前の計画経済の理論を戦争計画と結びつける論旨とぴったり相似である。

もっと一般的に言えば、二〇世紀イギリス科学の歴史記述が、科学という名を冠した国の文民組織の歴史に集中してきたことは特筆に値する。例えば、我々は科学技術研究庁（DSIR）のことはよく知っている。[71] これとしばしば重なるのは、特に英国科学ギルド、全国科学労働者組合、科学労働者連合、英国科学振興協会などの、分野横断的な全国的科学者団体や、戦時内閣に対する科学諮問委員会、科学政策諮問委員会などの、科学の名がついた中央政府の委員会に関する文献である。実際、そのような団体に関する文献の多くは、国レベルでの「科学政策」、つまりは民用科学政策に関する歴史と前史である。[72] しかしこうした機関は、まったくもって科学と技術を代表するものではなかった。軍備関連省庁から大学まで、名称に「科学」がつく機関よりつかない機関の方が、戦時と平時とを問わず、科学にとっては重要だった。[73] このことを反映して、イギリスの科学に関する最も重要な叙述は、その名に「科学」という言葉がつかない本や記事によって出されている。[74] 歴史家たちが見落としてきた重要な例外が一つある。科学公務員、つまり私の呼び方で言う研究科である。

ただ、戦間期における軍用R＆Dが無視されたとしても、戦後イギリスの科学についての叙述は、イギリスの国防R＆Dは高額で、これが科学と経済にとって悪かったと言っている場合が多い。すでに見たように、これは標準的な論旨だった。一方、イギリスの科学と軍事との関係に対する関心は、あったとしてもごくわずかしかない。一九七〇年代の新たになった急進的科学運動は、散発的に軍事に関心を向けるだけだった。[75] 関心を向ける場合には、イギリスよりもアメリカの事例を調べている。[76]

アメリカの軍事・科学複合体

科学と戦争の物語を軍事の外で書くことは、イギリスの文献に特徴的なことと思われるかもしれないが、それは違う。アメリカでも伝統的な筋書きはよく似ていて、むしろもっと豊かに展開されている。第二次大戦や冷戦初期に焦点を当てた、科学と戦争、科学と軍事に関する優れた研究が爆発的に増加したのは、ここ一五年から二〇年のことである。この研究の重要な目的の一つは、軍事が「巨大科学」と軍・民混合機関の形成という形で戦後の研究の再編成に果たした役割を明らかにすることだった。ポール・フォアマンの古典的研究が先導するこの研究は状況をよく明らかにしており、軍事機関が冷戦期の物理学と工学研究の圧倒的に重要な資金源であることや、それが物理学のあり方の変化に及ぼした影響を示している。それでも我々は、こうした最近の研究が、それ以前のものも含めて、科学を何だと見ているか、あるいは少なくとも、そうした研究が関心を向けている科学がどういうものかを、注意深く見る必要がある。少し見れば、やはりそれが学術研究であり、関心は戦争と冷戦が大学に何をしたかにあることは明らかである。これは、ポール・フォアマンの一九八七年の重要な論文についても言える。この論文は、軍用R&D予算のうち大学で使われた五%を取り上げ、これが学界の物理学をどう変えたかに明示的に関心を向けていた。同様に、エバレット・メンデルゾーンらによって一九八八年に編集された重要な論文集[77]やマイケル・デニスやビル・レスリーによる著作も、軍事・科学複合体の全体というよりも、むしろ大学に焦点を当てている。[78]アメリカの大学は軍事研究ではイギリスの場合よりも格段に重要な役割を担ったが、それでも軍事研究全体からすれば、ごくわずかな部分だった。さらに、軍事よりも科学の方が強調されていて、そうした叙述では、軍は外部からの資金源として以外にはほとんど登場しない。こうした叙述では学界の科学研究者が中心だったことを理解して初めて、我々は、なぜエバレット・メンデルゾーンが「二〇世紀における科学、科学者、および軍事」という最近の研究で——その対象はアメリカに限られたものではないが——冷戦を含めた戦争や、そこにおける学界の科学の貢献に的を絞った叙述をしなければならなかったか、また、戦間期について、「将来のため、戦時であれ平時であれ、軍事での科学や技術の役割のための明確な方針を策定した主要な軍事大国は一つもなかった。それはつまり、第二次世界大戦前夜には、科学と軍事を結びつける多くの機関が再び創出されるということだった[79]」と書かねばならなかったのかを理解することができる。そして我々は、なぜアンドリュー・ピカリングが、第二次大戦によってもたらされた変容に注目し、広い「サイボーグの歴史」に向けた概論を行った論文で、戦間期のアメリカについて、そしてその含みとしては少なくともイギリスについても、科学と軍事は「ある程度は切り離されていた」と言わなければならなかったかを理解することができる。ピカリングは、典拠にした歴史家のダニエル・ケブルスを引用して、軍の「専門技術部局」は、少額の予算、三軍間の競争、「民用科学との交流の制限」によって制約されていたと主張する。[80] ここでも軍は消えてしまった。メンデルゾーンやピカリングのことをとやかく言おうというのではない。二人は最新の文献を見渡して、その中身をきちんと反映させているのである。

民の側を強調する一般的傾向は、医学と戦争に関する最近の歴史記述を検討すれば確認される。最近の研究に通底している論旨は、新種の合理化された社会の出現であり、戦争によって進められる合理化という仕事の重要な媒介が医学となっている。[81] 戦時における医学の物語（例えば、文民や、前線から遠く離れた兵士の話）は、民による銃後の戦線といった、現代の戦争にとっての鍵と考えられるものを強調して、非軍事化される。しかしここにも創造的な民の強調が繰り返されている。我々が手にするものは、やはり軍医の歴史ではなく、文民医師の視点から書かれた戦争中の市民医療の歴史であり、戦後の民の世界への影響である。

こうした民中心的な筋書きは強力だったので、国際関係論の文献で技術について書かれたものの根本にもなっている。例えば世界勢力図の変化を、技術革新や経済の活動におけるいわゆる無視できない「長期波動」に結びつける近年の研究は、その波動をグローバルな範囲の民の技術によって定義されるとみなす。[82] 戦争に関する新しい歴史社会学は、戦争や国際関係についてのリベラルあるいはマルクス主義的叙述の総論的批判に基づいているが、科学、技術、産業、戦争に関する文献についての同様の批判は生み出していない。それ自体は、リベラルやマルクス主義から引き継いだものがあるにもかかわらず、たぶん唯一の例外を除き、以前からの現代の戦争での民指向の科学・技術産業の叙述に依拠し続けていた。[83] その例外とは、少なくとも近代初期の技術が国家中心だったと論じるランダル・コリンズであり、テクノロジーの生成で鍵を握る国家の役割を指摘している。[84]

軍事を取り入れる

軍事を科学・技術・産業の歴史に取り入れるのは、きわめて困難であることが明らかになった。しかしながら、主としてアメリカの技術史家による、アメリカに関する文献に、特異な形で技術の歴史に軍事を取り入れたものがある。その学問的な文脈は技術研究であり、技術と軍事の研究ではない。実際、それは第一義的には民用技術に対する軍事の影響、とりわけ生産や通信や管理の技術に関心を向けている。例えば、ルイス・マンフォードは、かつて軍を、自ら「機械化の機関」と呼んだものの一つに数えた。[85] メリット・ロー・スミスは、一九世紀の「アメリカ的製造システム」に関する伝統的な見方をひっくり返し、その起源を、文民アメリカ人の創意工夫が兵器に応用されたことではなく、「兵器廠的実践」、すなわち軍事的理由で部品の互換性を必要とした軍事体制の誕生に求めた。デービッド・ノーブルは、第二次大戦後、特に言えば数値制御工作機械だが、コンテナ化のような場合も含め、生産技術の開発で米軍がやはり結果を左右する役割を演じたことを示した。[86] 最近ではケン・オールダーが、アンシャン・レジーム期および革命期フランスにおける砲兵隊士官とその交換可能部品についての構想を検討している。[87] この他の名や技術を挙げることもできるだろう。[88] 近年では、軍事技術を研究する際、それを技術一般の一例と見ることがあたりまえになっている。例えば、ドナルド・マッケンジーは重要な「権力の技術」であるジャイロコンパスに関する研究で、軍事技術を検討することによって技術一般についての問題を取り上げたいとしている。[89] しかし、ある面では技術と戦争についての標準的な論証を行っていないことの結果だが、軍事技術の起源が軍事にあるという問題や、軍事・民用技術の開発での軍の幅広い役割の問題の再検討は欠けている。

それでも技術史家は暗黙のうちに、異なる視点から軍事技術の学界科学中心の叙述に異を唱えることによって、軍事を戻し入れることに大きな貢献をしている。例えばトマス・ヒューズは、学界では通例の物理学に基づいて原子爆弾について語るのとは対照的に、原爆開発の中心にあった、大規模な作業に長年の経験がある軍や産業の機関を検討している。[90] この開発を動かしていたのは物理学者のロバート・オッペンハイマーではなく、軍のエンジニアだったグローブス准将だったことを思い起こそう。すでに述べたように、原爆は文民の学問世界から生まれた新しい軍事技術の代表例だった。しかしそれは、学問上のアイデアを既存の産業・軍事の構造に持ち込んだと見るとわかりやすい。イギリスの場合はこの点でさらに明瞭でさえある。戦後イギリスの原子爆弾は、確立した兵器研究所だった旧ウーリッジ研究本部の内側から、数学者（ウィリアム・ペニー）が率いるチームによる設計で生まれ、戦前の科学公務員や学界での職歴がない戦時採用の新人に異様なほどに依存していた。[91] これは見かけほど驚くべきことではない。原子爆弾の設計は、第一義的には核物理学の問題というより、もっと高度に複雑な流体力学の問題だったからだ。[92] 実際、ロスアラモスの理論物理学者たちは、素粒子物理学ではなく、流体力学の問題に取り組んでいたのだ。[93] 流体力学は二〇世紀前半の国家主導の科学や技術においてきわめて重要なものであり、それが応用された中でも重要な領域の一つが航空学だった。見逃せないことに、航空機は兵器に特化した技術の赫々たる例であり、いろいろな意味で兵器に最も特化した企業によって製造されていた。例は航空機だけではない。計算、制御、関連するサイバネティックス分野の「前史」は、この分野全体に対して、海軍の砲火を制御する手段（海軍の用語では射撃管制）が決定的に重要であることを明瞭に示していて、それが学問や民用になったのはその後になってからにすぎない。[94] やはり第一次大戦の前も戦時中も後も軍隊や国の権力と深く結びついていた、例えば無線通信のような、軍が優勢だった他の多くの領域があった。[95] さらには、毒ガス、気象学など、多くを加えるべきだろう。

大量生産が戦争遂行能力の中心になったという考え方に対する、様々な形をとる批判も手がかりとなる。「戦争が産業化し文民化した」論の背後には、大量生産が中心であることを強調する、近代的生産についての特定の叙述が潜んでいる。カルドアの著述でも、多くの文献でも、近代的産業は大量生産による産業と見られている。この一般的叙述は、産業全体について異論があったが、特に兵器生産についてもそうだった。[96] 驚くことでもないが、エリック・ランドという歴史家は、戦略について「生産」史ではなく、本人が「産業」史と呼ぶものを求める。これはデザインのような定性的な面を考慮に入れるもので、そこには特定の目的にとっての適合度や、軍隊の訓練、保守、運用といった基盤構造全体などが含まれる[97]。軍の医療を検討したいくつかの研究は、軍事についてまったく異なる見方をしている[98]。

このことから言えるのは、軍の機関の特殊性、戦争の特殊性、軍事的技術・科学の特殊性の感覚を保持しておくべきだということだけではない。本書が行ってきたように、国家や軍による、専門の軍務、軍事知識、科学、技術、兵器産業の発達も見る必要もあるということだ。軍事を戻し入れるには、専門の科学や技術、産業のキャパシティが戦争の中心にあったという正しい認識を必要とする。軍が平時にもそのような科学と技術や産業を、特別な設備を作ることで維持したのは当然のことだった。戦争関連技術を開発するために、軍隊は専門の非学術的研究開発を発達させ、そこで民の科学者や技術者が採用された。そうした機関の初期の編成や規模を見れば、それが民用モデルの派生だとか、ましてや学界モデルの派生と見るのは誤りであると説くことは十分にできる。軍隊は、研究中心の科学と技術を、産業や学界と並んで共同で生み出していた。こうしたことからすると、伝統的な叙述は全体として正しいと、つまりこの歴史モデルから言えるように、軍は技術革新のために、ますます民の科学者・技術者に依存し、民間産業に依存したと、正しく論じることができるだろう。すでに見たように、軍隊からして、そういう見方で考えることが多かった。しかし私は、軍事的機関での文民の採用を伴う民用の産業や、科学、技術の一般的事例と、特化した文民兵器産業の軍による維持とを区別するのが重要であることを言いたい。レーダー、ジェットエンジン、ある程度は原子爆弾など、主要な新しい戦争兵器が出現したのは、昔からある軍・民混合の戦争国家からなのである。専門家国家の専門家、研究者、特化した産業が死命を制していたのに、それこそが最も見落とされたことだった。軍国主義と技術家支配が一体になるのは複雑な過程だったし、技術の軍事化、あるいは軍の技術化には帰着できない。

軍事を取り入れるということは、科学と技術と産業についての既存の叙述に軍事を加えるのと同じことではない。取り入れれば既存の叙述を驚くほどに再構築することになるからである。その研究の企ての妥当な見取り図のようなものを得るには、民と学問の世界をはるかに超えて進まなければならない。意味のある技術革新や新しいものを生み出すのは民の学術的世界がほとんどだという、学者の間には驚くほど普及している前提を捨てなければならない。学術研究はずっと、はるかに大きい研究の営みの中の小さな部分だった。研究の営み全体では、軍事は昔から大いに重みを占めていた。イギリス戦間期の「科学研究」のうち三分の一から半分が戦争研究だったことを思い出そう。その時期は二〇世紀イギリス史の中でも最も軍事化の程度が低かった時期だったというのに。しかしそれは、研究活動の単なる量の問題ではない。すでに見たように、第二次大戦の最も重要な技術革新は、学界からではなく戦争国家から生じたという見解を支持する、有力な証拠がある。

産業の（また学術的）化学、（軍用の）航空機設計と医学研究について何も言わない二〇世紀科学の叙述は、科学、技術、社会の関係について我々が抱きそうな、肝心かなめの歴史的疑問を取り上げることは決してないだろう。せいぜい、まったく別のこと——大学と社会——について語ってくれるくらいのものだろう。しかしこの研究の営み全体を見れば、二〇世紀の学術研究に関する我々の標準的なイメージ、つまり物理学のいくつかの部門（量子力学と素粒子物理学）と、生物学のいくつかの部門（進化生物学と分子生物学）を中心にしているというイメージについて再考せざるをえなくなる。学術研究は明らかに、古典的に言われるよりもはるかに広く産業と軍事に基づいていて、またそれと密接な関係があったのである。

国家による科学・技術という観念には、一見して思われる以上に意味がある。国家の次元がものを言うのは、国家が資金提供や領域管理によって、それがものを言うようにしたからである。それは前の時代から引き継いだことではなく、選択の結果であり、その結果、他国との競争に勝つために、技術開発にただ参画するのではなく、その開発を管理しようとすることにもなった。国家が個人や企業の財布では賄えない大規模研究に資金を出したのは、国家にはできるからでも、経済的理由でそうすべきだと思ったからでもなく、国家の特定の目的のためだった。そこでは当然、兵器研究は欠かせなかった。さらに、時代錯誤な言い方をすれば、通商政策と研究政策との間には明らかにつながりがあった。[99] はっきり言えば、自給自足と軍国主義は（どちらも国レベルのものとして）、二〇世紀の研究の営みにとって大変重要であり、戦間期の例外と思われていた例――ソ連、ナチス・ドイツ、イタリア、日本――だけのことではない。換言すれば、国家のまさに固有の役割、他の諸国家との競争に固有の性質が、特定の科学・技術を促進させる特殊な役割を国家に与えたのである。そのような資金提供のための標準的な福祉経済論が生じる前から、国家は研究に資金を出していた。実際、相争う国家からなる世界では、古典的な福祉経済論は、国家による資金提供ではなく、国を超えた資金提供を唱える。

二〇世紀やそれ以前の重要な技術の多くは、特定の国家システムの産物である（単に資本主義、産業主義、帝国主義の産物ではないし、また軍国主義や「冷戦」の産物でさえない）。飛行機と原子力が中心的な例となる。飛行機や通信技術のような、本来的に国際的な、あるいは国際化する技術と見られることが多い技術にとってさえ、国の次元が決め手となる。[100]

私はここで、二〇世紀の科学と技術についてナショナルな見方をすべきだと論じようというのではなく、ただ決定的に重要なナショナルな次元があると論じているだけだ。多くの研究に見られる、例えば「国の技術革新体制」に注目する研究など、流布した技術ナショナリズムを受け入れるべきだということではない。ナショナリズムに傾くべきではない重要な理由はいくつかある。科学研究者は国を超えたエリートをなしていたし、自分たちをそう見ていた。また必ずしも「ナショナル」な性質がない特定の都市、地域、機構に著しく集中してきた。ナショナルな機関や国際的な機関が、グローバルな立場で標準化することにして、物事の均一な行い方を促進することにしたとも論じられるだろう。特定の軍、あるいは特定の国家にとっての科学研究者の価値は、それがグローバルな科学世界の一部であるところに存在すると言えるかもしれない（先に見たように、公務員科学者はこの見方を明らかにした）。

やはり決定的なことに、一国の科学・技術上のイノベーションと一国の経済成長との間の関係は、全国的なものと扱われるのが普通だが、そこには単純な関係はなく、それはイギリスだけのことでもない。それがこの水準で機能しないのは、個々の国家が国家システムの内部で生きるような、孤立した宇宙をなしているのではないからである。すでに見たように、軍事技術においてさえ、是非はともかく、大規模な共有があった。国内的次元と国際的次元の境界線の変化は、当然に研究対象であり、国民国家の科学と技術に対する関係は、明らかに声を大にして語るべき主題である。

反＝歴史と下からの歴史記述

科学と戦争との関係についての歴史研究が、文民の学者が確立した考え方によってこのように形成されてしまったというのは特筆すべきことである。何と言っても、科学や技術の歴史学者は前々から、自分たちが科学者・技術者と広い世間の両方にあるとする、科学と技術についての広範な誤解と見るものを明らかにしていた。特に「技術決定論」、「ホイッグ史観」、「線形モデル」といった哲学的な叙述が攻撃された[101]。しかしこれとは別の叙述が、科学についての新しい、局所的で微視的な叙述の上に立てられる傾向があった[102]。科学と技術のミクロな研究に進むときには、マクロ政治学や経済学、諸国民についての関心が失われ、その結果、研究の営みの規模と範囲に関する重要な問いが、科学者や工学者による叙述と大差ない観点で取り上げられてしまった[103]。この文脈では、マクロの次元での学術的叙述でさえ、科学者やエンジニア、というよりむしろ学界科学者や学界工学者の叙述に従う傾向になった。科学研究者から、世界は常に実験室発で変革されているという見方を引き出すことは簡単にできる[104]。ここで論じられた科学と戦争の場合は一例にすぎない。しかし、ホイッグ史観や技術決定論などを攻撃することは、代替となる科学・技術・戦争史、あるいは二〇世紀イギリスの科学・技術史を築くための土台にはならない。というのも、二〇世紀イギリス科学の歴史家にとっての問題は、「逆立ちしたホイッグ史観」になってしまい、衰退論的歴史がとる、度を過ぎた、また誤認された文化的決定論となってしまったからである。ここでの課題は、こうした反＝歴史の正体を理解することであり、もっと一般的に言えば、科学と社会の関係がいかに考えられたかを理解することである。多くの場合、粗雑で間違ったモデルだが、世界における科学の位置についての政治経済学的モデルなどのモデルは、「ホイッグ史観」や「技術的決定論」から導かれることよりもはるかに豊かである。(105) こうした叙述には、例えば現代の戦争のあり方についての、疑問の余地はあるが興味深い前提が埋め込まれている。特に本書で検討した中心的な前提である。(106)

我々は自身の歴史家としての学問に、（高尚、低俗を問わず）学術的でない観念をまともに取り上げ、そうした観念の意義を自身の研究に反映させるべきである。ただ、「下からの歴史」を書くのはもちろんよくあることである一方、低俗な歴史的文書や歴史的著述に用いられた低俗な前提を調べるのは、よくあることではない。下からの歴史を取り上げる気はあっても、歴史記述は上からの方を好む。実際、対象が低俗であるほど、理論は高尚になることが多い。(107) 歴史記述の標準的な講義が一流の歴史家と歴史についての高尚な観念（マルクス主義からポストモダニズムまで、とか）を取り上げることは、注目に値する。同様に、「イデオロギー」についての本はたいてい日常的な観念の研究ではなく、観念についての高尚な研究の研究である。(108) 我々は、批判的関心を向けるに値する下からの歴史記述があるとは考えていない。

歴史記述《ヒストリオグラフィ》という言葉は、「科学」のような難しい用語の一つであり、何かと、その何かに関する研究双方を意味している。下からの歴史記述も同様に理解されるべきである。それはまず、通俗的で非専門家的な歴史の文章を意味する。この意味での下からの歴史記述は、学者エリートがおもしろいと思わなかった、また思わないことについての叙述を与えてくれる。戦争国家や軍事技術が学術的な歴史の外で書かれるとすれば、それは、ポスターの類や死亡記事、テレビ・ドキュメンタリー、児童書、百科事典、博物館、アマチュア歴史家のすばらしく詳細な研究など、至るところにある。ORについてはそこに関係した学者によって書かれ、それから歴史学者によって書かれたが、大砲、船舶、航空機、爆発物などについて書いたのは学者でない人々だった。そのような成果には、イギリスの軍国主義と技術家支配の反＝歴史に対抗するところもある。[109]

しかしそれが部分的にすぎないのは、二〇世紀イギリスの場合、下からの歴史記述の大部分は非常に特異な形をしているからである。下からの歴史記述とは、そうした専門家でない人々による歴史についての叙述がどういうものかを調べることでもある。本書は例えば、C・P・スノー、パトリック・ブラケット、J・D・バナール、H・G・ウェルズのとてつもなく重要な歴史的文章を調べ、それほどではなくても軍人知識人について調べた。[110]この研究をたどる際、こうしたものは特異な形の歴史であり、もっと言えば反＝歴史であることが論じられた。しかしそうしたものは、知識人、もちろん歴史家による歴史の著述では非常に重要だった。下からの歴史記述とは、専門家でない人々の歴史にかかわる文章で用いられる方法や論証のことでもあり、本書では、前提として、政治経済学の堅固な要素、軍国主義や技術家支配論による批判の形式があることがわかった。

二〇世紀イギリスや二〇世紀の科学と戦争との関係の様々な高尚な歴史は、範囲、題目、理論的取り扱いの点で異なっていても、低俗歴史記述の論旨や前提を組み込んでいる。もっと具体的に言えば、C・P・スノーの科学と戦争についての独創的でない見解は、結局のところ、科学や歴史について本人が暗黙に抱いていた思想よりも歴史記述としての意味があった。例えばペリー・アンダーソンは、イギリスの歴史記述を書くにあたって、マルクス主義と同じくらい衰退論に多くを負っている。C・P・スノーは、嘆かわしいことに、二〇世紀イギリスの重要な歴史家の一人である。通俗的な歴史記述がものを言う。

下からの歴史認識という言葉には、さらに別の意味がある。それは、周縁的で失われた歴史解釈や、必ずしも歴史的ではなくても、我々の歴史理解に影響する解釈を回復することを唱える。特に科学の歴史記述では、主流になった立場に対する忘れられた異論の回復は、成否を左右するほど重要となった。有名な例は、シェイピンとシャッファーが、王立協会史にトマス・ホッブズを入れたことである。この二人によれば、ホッブスの自然哲学分析は歴史家にとって、勝利したロバート・ボイルの分析よりも優れた道具を提供したという。(111) 科学、技術、戦争の叙述では、標準的な物語を繰り返すことが規範となっている場合が多く、それに代わる声は稀で、絶望的なことも多い。(112) 本書にはそういう批判派が、たいてい無名に近いとはいえ、哲学、歴史記述、社会学のいろいろな立場で何人も登場している。(113) それぞれの時代、それぞれの文脈において、F・M・ハースト、エリー・アレビ、マイケル・ポランニーのようなしぶといリベラル、H・N・ブレイズフォード、J・D・バナール、ジョン・ストレイチー、R・パーム・ダット、クリストファー・コードウェル、E・H・カー、フランツ・ボルケナウ、シェフィールド平和会議のようなマルクス主義者／親マルクス主義者／元マルクス主義者、潜水艦乗りのバーナード・アクワース、リバプール大学のフランコ支持スペイン語教授のベンネーム、ブルース・トラスコットといった反動家、『ウォー・コメンタリー』誌の無政府主義者、以上と比べると分類が難しいがジョージ・オーウェルやF・R・リービス、ヨーゼフ・シュンペーターなど、多様な人々が主流とは違う声で参入している。ふさわしいこととして、E・P・トムスンは、科学と政治経済学がイギリス文化の中心にあること、イギリスはヨーロッパの冷戦で要となる役割を演じたこと、左からも右からも中道からも行われる衰退論的分析では隠されていた、イギリスの力強い軍・産の「物」があることという、他の左派とは英国観がまったく異なる人物として、この物語に何度も登場した。

我々の歴史理解について歴史によって考えることは、経済、産業、技術、科学、戦争の関係について考える際には特に役に立つ。(114) 歴史理解は、文献の重大な特色、それが時間を経ても反復されることを明らかにする。よく見れば正しくわかるように、未来はかつてあったことであり、我々は未来に戻り、今、古いものに衝撃を受ける。未来はいつも同じで、変わるのは過去なのである。その驚くべき同じさかげんが明らかになってしまえば、こうした事柄についての書き方（歴史の著述でさえ）を支配した未来主義の権威と見えるものも、手垢にまみれた陳腐な存在になるし、時代錯誤なことが繰り返し剽窃されていることが明らかになる。[115]歴史についての自覚は、自動的に蓄積される知識がないことを注意してくれるだろう。科学・技術についての二〇世紀の研究は、ある知識の部門の徹底した蓄積性も、別の部門の特徴である興味深い立場どうしのものわかった論争もなしとげなかった。[116]すでに見たように、例えばR＆Dと国の経済成長とに相関がないことなど、肝心な理解が失われていた。科学と社会の関係の研究者の多くはこの知識の欠如を嘆いていたが、その嘆きからして蓄積されていない。科学と技術についての直近の過去についてさえ知られていないことが、その歴史、その歴史記述の理解の中心にある。もっと一般的に言えば、下からの歴史記述についての歴史は、歴史家は当人が属する時代の産物であるだけでなく、それ以前の時代の産物でもあるという問題に気づかせてくれる。[117]歴史は過去と現在のやりとりであるだけでなく、その間に発達した過去と現在両方の解釈とのやりとりでもある。

二〇世紀の戦争、科学、技術についての学術的な文献の中ではなく、忘れられた、あるいはどうでもよいとされた、歴史的、社会学的、経済学的知識の中に、本書のさらに過激な結論は十分に現れているということを示すのが、本書の要となる部分だった。本書はある意味で、少なくとも部分的には、我々がすでに知っていたかもしれないことをめぐる探究であり、そこから、厳密に言えば、重要なことは独創的とは限らないということが明らかになったと筆者は信じる。[118]最近のある学会で、第二次大戦中に西ウクライナで起きた民族浄化についての、ある歴史家の意見が私の印象に残った。この歴史家は、自身の詳細な研究で自分が見出していたのは、自分が、あるいは私たちが、ずっと知っていたはずのことだったと言うのだ。[119]現存する二次資料を見逃していたとか、この地域についてなじみがなかったといったことではない。私たちが中欧について知っていることからすれば、（並外れた）細部にも意外ではないこともあるということだった。本書が読者に似たような反応を引き起こすことを、また、どうしてそんな反応が起きるのかと考えることからして実りあるものになることを、私は願っている。

付　録

付録1

一八八〇年以降に生まれ、軍の省庁と国立物理学研究所（NPL）の航空部門に一九三八年以前に入局し、ほとんどずっと国家公務員の研究員として勤め、後に『人名録』に記載された科学者と工学者。最初に入局した研究機関ごとに挙げ、生年月日順に並べた。知られている場合には、入局の年次も記した。

空軍省

空軍航空研究所（RAE）

1　W・F・バーノン少佐（一八八二～一九七五）、インペリアル・カレッジ、一九二五[1]
2　（サー）ジョーン・ブキャナン（一八八三～一九六六）、王立工科大学（グラスゴー）
3　ハロルド・グリンテッド（一八八九～一九九五）、インペリアル・カレッジ工学、一九一二
4　（サー）ベン・ロックスピーザー（一八九一～一九九〇、一九四九年王立協会特別研究員（FRS））、ケンブリッジ大学理学、一九二一
5　（サー）ハリー・ガーナー（一八九一～一九七七）、ケンブリッジ大学、一九二七
6　R・マッキノン・ウッド（一八九二～一九六七）、ケンブリッジ大学、一九一四[2]
7　ハーマン・グロート（一八九二～一九三四、一九三一年FRS）、ケンブリッジ大学数学、一九一六
8　A・A・グリフィス（一八九三～一九六三、一九四一年FRS）、リバプール大学工学

9 S・B・ゲイツ（一八九三〜一九七三、一九五〇年FRS）、ケンブリッジ大学数学
10 E・T・ジョーンズ（一八九七〜一九八一）、リバプール大学、一九二三
11 ウィリアム・ペリング（一八九八〜一九五一）、チャタム造船所・海軍兵学校、一九二五
12 N・E・ロウ（一八九八〜一九九五）、インペリアル・カレッジ工学、一九二四
13 W・R・マッゴウ（一九〇〇〜一九七四）、グラスゴー、一九二四
14 （ロード・キングス・ノートン）ハロルド・ロックビー＝コックス（一九〇二〜一九九七）、インペリアル、一九三一
15 （サー）アルフレッド・パグスリー（一九〇三〜一九九八、一九五二年FRS）、ロンドン、一九二六（カーディントンのRAE入所は一九三一年）
16 （サー）ジョージ・ガードナー（一九〇三〜一九七五）、クイーンズ大学ベルファスト工学、一九二六
17 W・J・リチャーズ（一九〇三〜一九七六）、マンチェスター大学工学、一九二五
18 C・H・スミス（教授、一九〇三〜一九八四）、マンチェスター大学、一九二六
19 ヘインズ・コンスタント（一九〇四〜一九六八、一九四八年FRS）、ケンブリッジ大学工学、一九二八
20 スチュワート・スコット・ホール（一九〇五〜一九六二）、インペリアル・カレッジ、一九二七
21 （サー）ウォルター・ケイウッド（一九〇七〜一九六七）、リーズ大学化学、一九三八
22 ルイス・ボディントン（一九〇七〜一九九四）、ウェールズ大学、一九三六
23 バジル・ディキンズ（一九〇八〜一九九六）、インペリアル・カレッジ、一九三二
24 （サー）ロバート・コックバーン（一九〇九〜一九九四）、ロンドン大学、一九三七
25 J・B・B・オーウェン（教授、一九一〇〜一九九八）、ウェールズ大学／オックスフォード大学、一九三六
26 P・A・ハフトン（一九一一〜一九七四）、マンチェスター大学、一九三四
27 R・H・ウィアー（一九一二〜一九八五）、グラスゴー大学工学、一九三三
28 ウィリアム・ワット（一九一二〜一九八五、一九七六年FRS）、ヘリオット・ワット・カレッジ化学、一九三六
29 （サー）モリアン・ベドフォード・モーガン（一九一二〜一九七八）、ケンブリッジ大学工学、一九三五
30 W・H・スティーブンズ（一九一三〜二〇〇一）、クイーンズ大学ベルファスト、一九三五

31 （サー）アーノルド・ホール（一九一五～一九九九、一九五三年ＦＲＳ）、ケンブリッジ大学工学、一九三八
32 ハンデル・デイビス（一九一二～二〇〇三）、ウェールズ大学、一九三六
33 （サー）クリフォード・コンフォード（一九一八～一九九九）、ケンブリッジ大学、一九三八

その他の空軍省機関

1 （サー）デービッド・パイ（一八八六～一九六〇、一九三七年ＦＲＳ）、ケンブリッジ大学、一九二五
2 （サー）ウィリアム・ファーレン（一八九二～一九七〇、一九四五年ＦＲＳ）、ケンブリッジ大学、一九三七
3 （サー）ロバート・ワット（一八九二～一九七三、一九四一年ＦＲＳ）、一九一九
4 Ａ・Ｐ・ロウ（一八九八～一九七六）、海軍工廠およびインペリアル・カレッジ
5 Ｒ・Ｖ・ジョーンズ（一九一一～一九九七）、オックスフォード大学、一九三六
6 Ｅ・Ｃ・ウィリアムズ（一九一五～一九八〇）、バーミンガム大学、一九三六
7 Ｒ・ハンブリー＝ブラウン（一九一六～二〇〇二）、インペリアル・カレッジ、一九三六

ＮＰＬ（航空力学のみ）

1 （サー）Ｒ・Ｖ・サウスウェル（一八八八～一九七〇、一九二五年ＦＲＳ）、ケンブリッジ大学工学、ＮＰＬ、一九二〇～二五（在任期間が短いので、本文の統計表からは除いた）
2 アーネスト・レルフ（一八八八～一九七〇、一九三六年ＦＲＳ）、海軍工廠（ポーツマス）訓練生、インペリアル・カレッジ
3 アーサー・フェイジ（一八九〇～一九七七、一九四二年ＦＲＳ）、海軍工廠（ポーツマス）訓練生、インペリアル・カレッジ
4 ロバート・フレーザー（一八九一～一九五九、一九四六年ＦＲＳ）、ケンブリッジ大学数学、一九一四
5 Ｗ・Ｊ・ダンカン（一八九四～一九六〇、一九四七年ＦＲＳ）、ユニバーシティ・カレッジ・ロンドン工学、一九二六

海軍省

1　（サー）チャールズ・ライト（一八八七〜一九七五）、トロント大学、ケンブリッジ大学
2　（サー）フレデリック・ブランドレッド（一八九四〜一九七四）、ケンブリッジ大学数学、一九一九
3　ジョン・バッキンガム（一八九四〜一九八二）、ケンブリッジ大学、一九一七
4　ジョン・コールズ（教授、一九〇七〜、一九七〇年ＦＲＳ）、ケンブリッジ大学、一九二九
5　Ｈ・Ｆ・ウィリス（一九〇九〜一九八九）、ケンブリッジ大学、一九三八

陸軍省

1　（サー）エドワード・パリス（一八八九〜一九八五）、ロンドン大学、一九二三
2　ハーバート・ゴフ（一八九〇〜一九六五、一九三三年ＦＲＳ）、ロンドン大学、一九三八
3　（サー）ネルソン・ジョンソン（一八九二〜一九五四）、インペリアル・カレッジ、一九二一
4　（サー）アルウィン・クロウ（一八九四〜一九六五）、ケンブリッジ大学、一九一七
5　エドワード・ペレン（一九〇〇〜一九七八）、インペリアル・カレッジ、一九二二
6　（サー）ドナルド・Ｃ・ベイリー（一九〇一〜一九八五）、シェフィールド大学土木工学、一九二八
7　オリバー・サットン（一九〇三〜一九七七、一九四九年ＦＲＳ）、アベリストウィス大学／オックスフォード大学、一九二九
8　Ｗ・Ａ・Ｓ・ビュートメント（一九〇四〜一九九〇）、ユニバーシティ・カレッジ・ロンドン、一九二八
9　（サー）Ｗ・Ｒ・クック（一九〇五〜一九八七、一九六二年ＦＲＳ）、ブリストル大学数学、一九二八
10　Ｌ・Ｔ・Ｄ・ウィリアムズ（一九〇五〜一九七六）、インペリアル・カレッジ、一九二五
11　Ｅ・Ｗ・シバース（一九〇六〜一九七九）、クイーン・メアリー・カレッジ、一九二八

12 F・E・マッギニティ（一九〇七～一九七三）、アームストロング・カレッジ、ダーラム大学、一九二九
13 E・E・ハッドン（一九〇八～一九八四）、クイーン・メアリー・カレッジ、一九二九
14 W・B・リトラー（一九〇八～一九九九）、マンチェスター大学博士、一九三三
15 T・F・ワトキンス（一九一四～）、ウェールズ大学、一九三六
16 フランク・パスキル（一九一四～一九九四、一九七七年FRS）、ダーラム大学物理学、一九三七
17 ウォレス・「ジョン・」チャレンス（一九一五～二〇〇二）、ノッティンガム大学／ロンドン大学、一九三六

付録2

第二次大戦中に研究開発で政府に勤め、一九五〇年までに王立協会に選出された学者。省庁ごとに生年月日順。

空軍省／航空機生産省（MAP）

1 （サー）G・P・トムスン教授（一八九二～一九七五、一九三〇年FRS）、インペリアル・カレッジ物理学科長からRAE主幹科学官、後に空軍省科学顧問
2 ハリー・プラスケット教授（一八九三～一九八〇、一九三六年FRS）、オックスフォード大学カナダ・サビリアン天文学講座教授（一九三二年から六〇年まで在職）から、RAEや航空機兵器試験場に転じ、航法を研究
3 W・J・ダンカン教授（一八九四～一九六〇、一九四七年FRS）、ハル大学航空工学教授からRAE
4 （ロード）パトリック・ブラケット教授（一八九七～一九七四、一九三三年FRS）、マンチェスター大学物理学科長、RAEで爆撃標準器研究、後にORに転じて戦時中はほとんど海軍
5 ハーバート・スキナー教授（一九〇〇～一九六〇、一九四二年FRS）、ブリストル大学から通信研究所
6 ジョージ・テンプル教授（一九〇一～一九九二、一九四三年FRS）、ロンドン大学キングス・カレッジの数学者からR

AE

7 シドニー・ゴールドスタイン（一九〇三～一九八九、一九三七年FRS）、ケンブリッジ大学数学講師からNPL航空力学部門

8 E・J・ウィリアムズ教授（一九〇三～一九四五、一九三九年FRS）、アベリスティス大学物理学教授、RAEに転じ、その後ブラケットとオペレーショナル・リサーチ（OR）に従事

9 フィリップ・ディー（一九〇四～一九八三、一九四一年FRS）、一九三九年夏にRAEに転じ、一九四一年初めからは通信研究所

10 ウィルフォード・ルイス（一九〇八～一九八七、一九四五年FRS）、ケンブリッジ大学、通信研究所

11 F・C・ウィリアムズ（一九一一～一九七七、一九五〇年FRS）、マンチェスター大学電子工学助講師から、一九三九年、通信研究所入所

12 （サー）アラン・ホジキン（一九一四～、一九四八年FRS）、一九四〇年、下級科学官として通信研究所入所

軍需省（MoS）

1 （サー）ポール・ファイルズ教授（一八八二～一九七一、一九三四年FRS）、細かく言えば医学研究会議（MRC）にいたが、ポートンの生物戦研究班を設立、運営

2 （サー）チャールズ・ロバット・エバンス（一八八四～一九六八、一九二五年FRS）、ユニバーシティ・カレッジ・ロンドン生理学教授、戦時中はずっとポートン

3 ウィリアム・ガーナー教授（一八八九～一九六〇、一九三七年FRS）、ブリストル大学から、化学物質・爆発物研究統括官補、統括官代理、さらに短期間、兵器研究所（ARE）の兵器研究統括官

4 ウィリアム・カーティス教授（一八八九～一九六九、一九三四年FRS）、ニューカッスル大学アームストロング・カレッジから、ARE応用爆発物統括官補

5 サミュエル・サグデン（一八九二～一九五〇）、一九三四年FRS、ユニバーシティ・カレッジ・ロンドン化学教授か

ら、一九三九～四二年、ポートン勤務、一九四二～四三年、兵器研究局爆発物研究統括官補

6　（サー）ジョン・レナード＝ジョーンズ教授（一八九四～一九五四、一九三三年ＦＲＳ）、マンチェスター大学卒の応用数学者でケンブリッジ大学理論化学教授から、一九四三年、ＡＲＥ兵器研究統括官

7　（サー）バジル・ショーンランド（一八九六～一九七二、一九三八年ＦＲＳ）、短期間、防空研究開発機関でコッククロフトの次席を務め、制服組となり、後にはＯＲに従事

8　（サー）ジョン・コッククロフト教授（一八九七～一九六七、一九三六年ＦＲＳ）、開戦時に科学研究部長補としてＭｏＳ入りし、それが改称された陸軍のレーダー研究施設、防空研究開発機関の統括官となり、後に原爆開発に従事

9　ダグラス・ハートリー教授（一八九七～一九五八、一九三二年ＦＲＳ）、マンチェスター大学から、戦時中はずっとＭｏＳに配属

10　ジョン・ガランド教授（一八九八～一九四七、一九四五年ＦＲＳ）、ノッティンガム大学から、一九四三～四四年、化学研究開発局長補

11　（サー）パトリック・リンステッド教授（一九〇二～一九六六、一九四〇年ＦＲＳ）、インペリアル・カレッジ卒の有機化学者、ハーバード大学在職中の一九四二年、科学研究局長補

12　（サー）ネビル・モット教授（一九〇五～一九九六、一九三六年ＦＲＳ）、ブリストル大学でもともと陸軍用のＯＲに携わり、ＡＲＥの兵器数理研究部門統括官補

13　（サー）チャールズ・サイクス（一九〇五～一九八二、一九四三年ＦＲＳ）、メトロポリタン＝ビッカース社から、ＡＲＥ理論弾道学統括官補とＮＰＬ冶金学統括官補兼任（学者ではないが、転入組なのでここに含めた）

14　ルイス・ローゼンヘッド教授（一九〇六～一九八四、一九四六年ＦＲＳ）、リーズ大学の応用数学者から、一九四〇年以後、アベルポルスの投射体開発機関統括官補

15　（サー）ハリー・メルビル教授（一九〇八～二〇〇〇、一九四一年ＦＲＳ）、アバディーン大学化学教授、ポートンの顧問を務め、一九四三～四五年にレーダー研究所

16　レスリー・ハワース（一九一一～二〇〇一、一九五〇年ＦＲＳ）、ケンブリッジ大学数学講師、一九三九～四二年は軍需局砲外弾道部所属、一九四二～四五年はＡＲＥ所属

海軍省

1　リチャード・ウィディングトン教授（一八八五〜一九七〇、一九二五年FRS）、リバプール大学、一九四〇〜四二年、科学研究局長付、後にMoS
2　エドワード・グッゲンハイム（一九〇一〜一九七〇、一九四六年FRS）、インペリアル・カレッジ化学工学講師から、機雷設計部に転じ、後にカナダでの核開発へ
3　（サー）チャールズ・グッドイーブ教授（一九〇四〜一九八〇、一九四〇年FRS）、ユニバーシティ・カレッジ・ロンドン化学科から、機雷設計部、区分外兵器開発部、（R&D）統制官補（後に統制官代理）
4　（サー）E・C・バラード（一九〇七〜一九八〇、一九四一年FRS）、ケンブリッジ大学の地球物理学者から、機雷設計部、後に海軍OR
5　（サー）ハリー・マッシー教授（一九〇八〜一九八三、一九四〇年FRS）、ユニバーシティ・カレッジ・ロンドンから、海軍研究所を経て機雷設計部、後に核開発へ

原爆開発（一九四〇年）

1　（サー）ジェームズ・チャドウィック教授（一八九一〜一九七四、一九二七年FRS）
2　（サー）フランシス・サイモン（一八九三〜一九五六、一九四一年FRS）
3　C・F・パウエル（一九〇三〜一九六九、一九四九年FRS）
4　オットー・フリッシュ（一九〇四〜一九七九、一九四八年FRS）
5　ノーマン・フェザー（一九〇四〜一九七八、一九四五年FRS）、ケンブリッジ大学
6　（サー）ルドルフ・パイエルス（一九〇七〜一九九五、一九四五年FRS）

付録3

ＦＲＳ級の科学顧問、非学界人も含む。

1　（サー）ウィリアム・スタニア（一八七六～一九六五、一九四四年ＦＲＳ）、戦時内閣科学諮問委員会および生産省
2　ロード・カドマン（一八七七～一九四一、一九四〇年ＦＲＳ）、元英国石油（ＢＰ）社会長、元バーミンガム大学鉱山学教授で、ＭｏＳ科学諮問委員会委員長
3　サー・フランク・スミス（一八七九～一九七〇、一九一八年ＦＲＳ）、科学技術研究庁（ＤＳＩＲ）退官後、ＢＰ社顧問、ＭｏＳ科学諮問委員会委員長
4　Ｆ・Ｊ・Ｍ・ストラットン教授（一八八一～一九六〇、一九四一年ＦＲＳ）、一九二八年までケンブリッジ大学幹部候補生教育隊長、陸軍に入隊し、通信関連の数々の任務に就く
5　サー・ヘンリー・ティザード（一八八五～一九六〇、一九二六年ＦＲＳ）、航空学研究委員会委員長、空軍参謀長顧問、ＭＡＰ科学顧問など
6　（ロード）フレデリック・リンデマン教授（一八八六～一九五七、一九二〇年ＦＲＳ）、ウィンストン・チャーチル科学顧問
7　（サー）イアン・ヘイルブロン教授（一八八六～一九五九、一九三一年ＦＲＳ）、ＭｏＳの様々な顧問、生産省
8　（サー）Ｇ・Ｉ・テイラー教授（一八八六～一九七五、一九一九年ＦＲＳ）、航空学研究委員会の一五もの委員会や小委員会に加わり、他の省庁でも多くの委員を務め、「国防万能相談役」
9　（サー）チャールズ・ダーウィン（一八八七～一九六二、一九二二年ＦＲＳ）、陸軍省初の科学顧問
10　（サー）ベネット・メルビル・ジョーンズ教授（一八八七～一九七五、一九三九年ＦＲＳ）、航空学研究委員会の戦前からの委員であり、一九四三年からは委員長
11　ネビル・アンドレード教授（一八八七～一九七一、一九三五年ＦＲＳ）、ＭｏＳ
12　（サー）トマス・マートン教授（一八八八～一九六九、一九二〇年ＦＲＳ）、海軍省および生産省

13 シドニー・チャプマン教授（一八八八〜一九七〇、一九一九年FRS）、一九四三年から陸軍省科学顧問次長
14 （サー）ラルフ・ファウラー教授（一八八九〜一九四四、一九二五年FRS）、海軍省
15 （サー）チャールズ・エリス教授（一八九五〜一九八九、一九二九年FRS）、一九四三年から陸軍省科学顧問
16 （ロード）パトリック・ブラケット教授（一八九七〜一九七四、一九三三年FRS）、OR筆頭顧問、一九四四年からは海軍OR局長、海軍省
17 （サー）ギャビン・ド・ビアー（一八九九〜一九七二、一九四〇年FRS）、情報宣伝士官として（陸軍）総参謀部入り
18 J・D・バナール教授（一九〇一〜一九七三、一九三七年FRS）、国家安全保障省から合同作戦科学顧問
19 （ロード）ソリー・ズッカーマン教授（一九〇四〜一九九三、一九四三年FRS）、国家安全保障省から、後に合同作戦科学顧問、空軍の中東総司令官、後にアイゼンハワー最高司令官副官のサー・アーサー・テッダーの科学顧問
20 デレク・ジャクソン（一九〇六〜一九八二、一九四七年FRS）、一九四〇年七月英空軍に入隊、夜間戦闘機の航法士として作戦に参加し、レーダー妨害技術であるウィンドウの実戦用開発で活躍

付録4

第二次大戦中・戦後を通じて、R&Dを進めていたのは誰か。本文で取り上げた最上層の人々に加えて、上層には多くの上級専門技術職がいた。戦争中には、一九四〇〜四五年に自動推進体開発局長で統制官（年俸一八〇〇ポンドの高給）を務めた（サー）アルウィン・クロウ（一八九四〜一九六五）、第一次大戦のときから一九二八年まで化学戦に携わった化学防衛研究統制官（無給）だったJ・デービッドソン・プラット[3]（一八九一〜一九七八）などがいた。イギリスの戦時中の原爆開発は、多くの軍用R&Dとは対照的に、大学（および産業界）によって、また公式にはDSIRの下で進められたが、指揮したのは大学人ではなく、ICI社の重役、（サー）ウォレス・エイカーズ（一八八八〜一九五四、一九五二年FRS）で、一九四一〜四四年にチューブ・アロイズ〔イギリスの核開発計画の暗号名〕部長という名義で率いていた[4]。エイカーズはオックスフォード出身の化学者で、一九一一年以来、ICI／ブラナー・モンド社にいて、一九三〇年代にはICI社のビリンガム

水素化工場の責任者だった。生物戦開発はロード・ハンキーの指揮下だったし、攻撃能力開発チームは（サー）ポール・ファイルズが指揮して、作業はポートンダウンで行われていたが、予算は医学研究会議が出していた。[5]

戦時研究機関を運営するのは、あるいは少なくとも上に立つ専門技術者は、ごく少数の興味深い例外はあるが、概して学者ではなく科学公務員だった。RAEを運営したのは、戦争中のほとんどの期間、一九三七年まではケンブリッジ大学の学者だったW・S・ファーレンだった（一七〇〇ポンド）。立派なMAPレーダー研究所（バウジー研究所、後に空軍省研究所を経て、最終的には通信研究所と呼ばれる）は、長く空軍省の専門技術公務員だったA・P・ロウ（一八九八～一九七六）に運営された（一九四二年には一四〇〇ポンド）。ファーンボローのファーレンの次長は、グリニッジ出身の公務員、ウィリアム・ペリング（一八九八～一九五一）であり、通信研究所のロウの次長は、ケンブリッジ大学の物理学講師で、ケンブリッジ幹部候補生訓練所で通信士官も務め、一九三九年七月から上級科学官としてレーダー研究を引き継いでいたウィルフリッド・ルイス（一九〇八～一九八七、一九四五年FRS）だった。ルイスの給与は統括官補級だった（一〇五〇～一二五〇ポンド）。戦争が終わると、ルイスは短期間、統括官を引き継いだ。[6]

海軍の各研究所の専門技術面は、勤続年数の長い、それほど高給ではない科学公務員が上に立っていたが、海軍の管理下にあった。海軍省研究所はずっと例外だったが、ここはA・V・ケリソン陸軍大佐という、対空砲用のケリソン照準器を発明した人物の管轄下に置かれ、ケリソンは海軍研究所と、そこから生まれた海軍砲術研究所の両方を運営していた。

それよりずっと劇的だったのは、陸軍省の古い各研究所での変化である。こちらは開戦当初、すべて軍士官が長を務めていた。開戦時にケンブリッジから科学研究局長補佐としてMoSに入省していた（サー）ジョン・コッククロフト（一八九七～一九六七、一九三六年FRS）が、年俸一四〇〇ポンドで陸軍レーダー研究施設の統括官に任じられた。[7] 科学研究局長のゴフは、「軍人からこの施設を守りたい」と思っていた。[8] 開戦当初、化学者でありリーズ大学副学長だったバーナード・モート・ジョーンズ（一八八二～一九五三）は、短期間、ポートンダウン運営のために引き入れられた（一四〇〇ポンド）。研究局と設計局の長は准将だったが、研究局で最上位の科学者は年俸一四〇〇ポンドだった。オリバー・ルーカス体制の下ではどちらも文民化された。[9] 新たな両局長は、NPLの所長または海軍造船本部長なみの地位と給与が与えられることになる。二人の傑出した人物が外部から入ってきた。ケンブリッジ大学の理論化学教授であり、マンチェスター大学の応用数学出身、（サー）ジョン・レナード＝ジョーンズ教授（一八九四～一九五四、一九三三年FRS）は、一九四三年、二〇〇〇ポンドの年俸で、兵器研究統括官となった。ケンブリッジ大学工学部出身で、ほとんどはＩＣＩ社ビリンガム工場に勤め、一九三二年以後はそこで技師長を務めていた（サー）Ｆ・Ｅ・スミス（一八九七～一九九五、一九五七年ＦＲＳ）は、兵器設計局の技師長になったが、こちらは無給だった[10]。終戦直後にはＩＣＩ社の技術担当重役になり、その後副会長になった。こうした任用は、両研究施設に上級の科学者・工学者を引き入れることを含む、人事における重要な変化につながっていた。公式歴史官によれば、

一九四三～四五年に文民の科学者・専門技術者公務員が享受した自由と権威を、戦前の孤立と服従の時期と比べると、この変化はイギリスの戦時生産の編成の中でも目を引く特色に数えられ、この過程を基本的に解放の過程と言わなければ要点を隠してしまうことになるだろう[11]。

一九四三年のバーロー委員会が、科学公務員はその能力に見合う待遇を得ていないと考え[12]、このことの一部を給与のせいとし、また、機密保持の制限と、「軍の士官による文民科学職員の支配[13]」のせいでもあるとしたことには確かに意義がある。この報告は、軍による支配の範囲が相当にばらついていて、ＭＡＰでは比較的小さいことを完全に認識していた。実際、ＭＡＰのレーダー科学者は、地位を強化され、特に形式を踏まずに動くことができた[14]。一九四三年のバーロー報告が唱え、一九四五年には政府が明言したように、その後、各施設の軍人支配に戻ることはなかった。研究科については、新しい給与体系と階級とともに、中央での一括任用が導入され、「科学公務員」と呼ばれるものが生まれた。戦後の科学公務員は「大部分がハンキーの所産」と呼ばれている[15]。

第二次大戦後、ＭｏＳの首席科学官はかつての科学研究局長（ＤＳＲ）よりも高い地位に置かれた。最初の二人はケンブリッジ大学／ＲＡＥのサー・ベン・ロックスピーザーと、（サー）Ｈ・Ｍ・ガーナーだった。三人目の（サー）オーウェン・ワンズブロー・ジョーンズもアウトサイダーと見ることができるだろう。軍務に就いた後に、いったんケンブリッジ大学の化学者になったからである。航空省でこの地位を占めたのは、オックスブリッジ以外の大学出身で一九三八年に空軍省に入省していた二人の人物、（サー）ロバート・コックバーン[16]と（サー）ウォルター・ケイウッド[17]だった。技術省の統制官（研究）という同等の役職に就いたのは、元レーダー研究所長で（一九六二～六七年）、レーダー研究は一九三九年以来という（サー）ジョージ・マクファーレン（一九一六～）だった。海軍省では、サー・ジョン・キャロル（一八九九～一九七四）とい

う、ケンブリッジ出身の天文学者で、兵役を務めた後にケンブリッジにいた人物が、一九四六年から六四年、R&Dでは最上級である統制官補（R&D）を務めた。海軍科学局の戦後の最初の二人の長は（サー）フレデリック・ブランドレットと（サー）ウィリアム・クックという戦前からの公務員で、その後、戦前採用と戦中採用の人物が続いた。この二人はケンブリッジ大学の物理学出身で、一九三八年にシャーリー研究所（綿業研究連合とも呼ばれる）から入省し、一九五四〜六二年に在職したH・F・ウィリスと、インペリアル・カレッジの学者だった一九六二〜六八年に在職したR・H・パーセルだった。

戦後の各主要国家研究所の長も研究科のメンバーが務める傾向があった。一九六〇年には、ファーンボローとハーウェル以外の七つの軍の主要研究所が公務員の管轄下にあった。この七つの研究所の長のうち、三つのポストはインペリアル・カレッジ出身者で、残りは、マンチェスター理工科大学、ケンブリッジ、マンチェスター、グラスゴー各出身が一名ずつだった。局長がずっと特定の専門分野にいたという場合もあった。一九六八年まで、ポートンダウンのすべての統括官は戦間期以来化学戦研究に携わっていた。[18] 戦後のファーンボローのほとんどの局長は、空軍での長い軍務経験がある公務員だった。一九四六〜五一年のW・ペリング、一九五五〜五九年の（サー）ジョージ・ガードナー、一九六四〜六七年のサー・ロバート・コックバーン、一九六九〜七二年のサー・モリアン・モーガンである。この原則には、特に核の分野に、またある程度は航空学の分野に例外があった。ウィリアム・ペニーは、核兵器に主たる関心があったが、AREを運営し、その後一九五九年までオルダーマストンを運営した。（サー）サミュエル・クラン（一九一二〜一九九八、一九五三年FRS）は、一九五四年にオルダーマストンに入所した。[19] ハーウェルでサー・ジョン・コッククロフトの後を継いだのは学界人の（サー）バジル・ションランドと（サー）アーサー・ビックだった。ファーンボローは、一九五一年から五五年にかけては（サー）アーノルド・ホール（一九一五〜二〇〇〇、一九五三年FRS）、一九五九年から六四年にかけては（サー）ジェームズ・ライトヒル（一九二四〜一九九八、一九五三年FRS）が運営し、その後はここでも科学公務員が引き継いだ。

付録5　第二次大戦中の変わり者研究者など非正統的発明家

戦争で生まれた技術的構想は多種多様である。現代の戦争でもやはり個人の発明が占める位置があると信じていた個人発明家、もちろん変わり者発明家が大勢いた。第一次世界大戦中と同じく、人々は軍を発明であふれさせた。[20] 一九四〇年一一月、MAP科学研究局長は、戦争勃発以来、同省には二万件以上の案が寄せられたと発言した。[21] 一九四一年七月にはMoSが、五万件の発明を受け取り、そのうち四%が軍人からであり、月平均で一五〇〇件と述べた。もっとも、一九四〇年六月には七〇〇〇件近くあり、バトル・オブ・ブリテンのときには三七五〇件、ロンドン大空襲中には二七五〇件ほどあったが、その後は減少した。先の平均は、戦前期に陸軍省に寄せられた発明の一〇倍あったということらしい。[22] 個人による発明は、変わり者だけがしていたとはとうてい言えない。例えば航空機設計では、政府は、研究科によって運営される国立航空機設計センターの設立を求める圧力があったものの、成果を上げるには、民間の別の設計チームと、要は個人の設計家との競争を刺激することが不可欠という見解に傾いていた。

顕著な技術革新に関与した軍の士官もいた。イギリスのジェットエンジン発明家フランク・ホイットルはそうした人物であり、確かに最重要人物かもしれない。伝説とは反対に、破格の支援を受けていて、新技術と個人発明家双方の重みを物語っている。[23] しかし、成果を上げ、最上層部からの後援を受けた軍人発明家は他にもいた。第一次大戦当時の軍人も、成功の度合いはいろいろだが、当局に売り込んでいた。とりわけ並外れたノエル・ペンバートン・ビリング（一八八〇～一九四八）、サー・デニス・バーニー（おそらく、パラベーン〔機雷ケーブル切断装置〕の発明家、第二代準男爵サー・デニスタウン・バーニー（一八八八～一九六八）のこと）、第一次大戦時のインタラプター〔戦闘機のプロペラ／機銃同期装置〕の発明家、ジョージ・コンスタンティネスクらがいる。戦車では、第一次大戦期の戦車設計者の中に、独自に戦車設計を進めた人々がいた。特に挙げればアルバート・スターン（一八七八～一九六六、イートン校、オックスフォード大学出身の銀行家）で、重戦車の設計を主導した。[24] 非凡なスチュワート・ブラッカー（一八八七～一九六四）は第一次世界大戦前の陸軍士官で、大戦時には陸軍航空隊にいて、一九三三年のエベレスト飛行にも加わった人物であり、第二次大戦初期に発明した対戦車兵器「ボンバード」をICI社に生産させた。また、やはりICI社製の対戦車兵器、PIAT対戦車砲の誕生にも関わった。PIATと、間接的には「ボンバード」の派生型であるヘッジホッグは、二つの非公式の軍の組織によって実用化された。一つは「国防省一号」という意味で「MD1」と呼ばれた研究施設で、（サー）R・ミリス・ジェフリス工兵少佐、後に大佐（さらに後には少将）の下に置かれた。ジェフリスについては、ある同僚が、「ガサガサの顔に樽のような胴体、ほとんど地面に届くような腕で、ちょっとゴリラに似ていた。しかし同時に、稲妻のようにひらめく頭脳があることも明らかだった」

と回想している。[25] MD1は当初、陸軍省の下に置かれ、後にMoSに移管されたが、通常業務の外に置かれた。首相官邸との直通回線があり、「ウィンストン・チャーチルのおもちゃ箱」と呼ばれ、チャーウェルの管理下になった。[26] チャーウェル自身が次のように記録している。一九四〇年のこと、

> 名案や新製品について、お役所仕事から離れて素早く行動できるように、ホイットチャーチにジェフェリス少佐が築いた実験施設を国防相たる自分の手許にとどめることにした。一九三九年に河川用機雷にかかりきりだったとき、この頭脳明晰な士官と有益なつながりができた。その創意工夫に長けた頭脳は、戦争中ずっと成果を上げることになるだろう。リンデマンは少佐と私と緊密に連絡をとっていて、私は二人の頭脳と自分の権力を活用した。[27]

終戦で戦時中ならではの後援者を失ったMD1は、兵器設計局に吸収され、廃止された。MD1はPIATを開発したが、ブラケットの「ボンバード」は、MD1から海軍の方の「策士隊《ウィーザーズ・アンド・ドジャーズ》」といういかれた一団、「区分外《ミスレーニアス》兵器開発部」に引き継がれた。この研究部がボンバードをヘッジホッグ多弾爆雷発射装置というヒット作にした。この研究部はロンドン大学ユニバーシティ・カレッジ教授で、海軍予備役士官でもあったチャールズ・グッドイーブによって創設されたもので、飛行機を製造していた（もちろん小説家にもなった）ネビル・シュートもいた。[28] その他の計画の中には、「大御所《グレート・パンジャンドラム》」という巨大なロケット推進車輪がある。戦時中の実験で海辺を滑稽な装置が転がって進むのをテレビが何度も放映し、再現されたものがBBCのドラマ『お父さんの軍隊《ダッズ・アーミー》』のある回の主人公になったことで不滅の名声を得た。[29] チャーチルがその戦争回顧録の中で触れた科学者・発明家と言えば、リンデマン、R・V・ジョーンズ（かつてはリンデマンのところの学生だった）、ブラッカー、ジェフリスしかいないらしい。

謝　辞

私は本書に至る仕事を一九八〇年代初頭に始め、戦時と平時におけるイギリス国家の叙述は、軍と民のうち、民の機能だけから（間違って）一般化したと論じてきた。その見通しに関わることを仕上げるには、長い時間がかかった。私はこの見通しによって、例えば私の博士論文指導教授、ゲアリー・ワースキーと、外部査読者のキース・ミドルマスという二人の、大きな影響を残した研究を再検討することになった。また、私の戦争国家に関する主張を気に入るわけでなくても、その要所を見ていただいた何人もの学者に攻撃されたり、支持されたり、そうでなくても相手をしてもらうという機会を得ることもできた。一五年近く前のセミナーでは、国民健康保険の歴史家チャールズ・ウェブスターが、標準的な労働党的歴史記述に私の叙述が及ぼしたダメージについて述べたし、ビル・バーネットは私の批判に望みうるかぎりの熱意で応じ、私たちはその後何度も喜ばしい再会をした。経済史家や経済学者の中では、特にマーティン・ドーントン、レスリー・ハナ、カースティ・ヒューズ、フランキー・リンチ、アラン・ミルウォード、ディアドラ・マクロスキー、ジョージ・ピーデン、ジム・トムリンソン、ジョナサン・ザイトリンのお世話になった。軍事史家のジョン・フェリス、デービッド・フレンチ、サー・マイケル・ハワード、ポール・ケネディ、ヒュー・ストラッチャンは、軍事史の世界に少し踏み込む自信を与えてくれた。政治学者の中では、特にデービッド・コーツ、ポール・ヘイウッド、サイモン・リー、ブレンダン・オリアリーに、科学・技術・医学の歴史では、ロジャー・クーター、ポール・フォアマン、ジョン・クリーゲ、エドゥアルド・オルティス、ドミニク・ペストル、ジョン・ピクストン、スティーブ・スターディに感謝したい。

本書に関連して、以下の各方面に論文を提出する機会も得られた。イェール大学安全保障研究課程、マンチェスター市庁、シカゴ大学国際政治・経済・安全保障学課程国際関係論セミナー、ノッティンガム大学政治学、ブリストル、ケンブリッジ、パリ各大学経済学史、ロンドン大学経済学研究科ビジネス史、現代イギリス史協会主催のいくつかのイギリス現代史関連サマースクール、社会主義史協会、欧州大学院、ロンドン大学歴史研究所の七つのセミナー、マンチェスター、ケンブリッジ、オックスフォード、コーネル各大学、スミソニアン協会、パリ、ラ・ビレットの科学・技術史センター、デラウェア、ペンシルベニア、ハーバード各大学の科学・技術史関連セミナー。C・P・スノーに関する内容は、イギリス科学振興協会一九九七年総会で、P・M・S・ブラケットについては、インペリアル・カレッジにて一九九八年に行われたブラケットに関する学会で、それぞれ最初に発表した。ジリアン・サザーランドは女子高等教育史に関する学会に論文を出すよう誘ってくれ、それによって第二次大戦頃のイギリス科学が男性化したことに目をとめることになった。フィリップ・ガメットとロバート・バドは、国防研究を行う研究所の歴史について学会で話すよう誘ってくれて、それが科学公務員について考えるきっかけになった。また、公有企業の歴史や二〇世紀科学史など、幅広い題目のいくつもの学会主催者にも感謝する。これによって私は幅広い問題について考えるようになった。とりわけヘレン・マーサー、ジム・トムリンソンとニール・ローリングス、カースティ・ヒューズ、ロバート・ミルウォードとジョン・シングルトン、ポール・フォアマンとホセ・マヌエル・サンチェス＝ロン、ジョン・クリーゲとドミニク・ペストルに感謝する。ドミニク・ペストルとパリ社会科学高等研究所には、本書に基づく四回のセミナーを行う機会を与えてくれたことに、特にお礼申し上げる。最終章は、ケンブリッジ大学技術史講座のハンス・ラウジング記念講演として初期段階のものを発表したことで恩恵を受けた。

長年の間に、他にも多くの方々に本書への支援を寄せていただいた。私がマンチェスター大学で筆頭を務めた「技術・国防省R＆D」研究（ESRC Award no. Y307 25 3003）の共同研究者、リチャード・クーピーとジェームズ・

スモールに感謝する。この研究の間、関連するテーマの修士課程、博士課程の学生を指導したことからも多くの恩恵を受けた。註にはそのいくつかを参照したことが記されている。ラッセル・ポッツとコリン・ヒューズはいずれも元学生で、戦争国家に関連した元公務員でもあり、貴重な意見をくれた。何人かの学部学生は、インペリアル・カレッジ学部生研究機会という制度を通じて本書に関連する課題を調べた。特にウィーラワン・スッティスリポク、スランセー・デクジャレン、(ジョンズ・ホプキンス大学の)ネリーシュ・パテルの名を挙げる。また、一八五一年委員会のピーター・ミドルトン提督、労働組合プロスペクトのデービッド・デービス、国防省のアリソン・マグレガーにも感謝する。多くの友人や同僚が、私が見落としていたかもしれない文書、説、論文、フィルムなどを送ってくれた。ジョン・ブラッドリー、ビル・ブロック、ジョン・ブルックス、ハンナ・ゲイ、橋本毅彦、ポール・ヘイウッド、デービッド・ホーナー、クルト・ヤコプセン、アン・キング＝ホール、ジョナサン・ハーウッド、フランキー・リンチ、ロイ・マクロード、アンナ・メイヤー、エミリ・メイヒュー、アラン・ミルウォード、クリス・ミッチェル、ビル・ムーア、カルロ・モレリ、メアリー・モーガン、アンドリュー・ネイハム、ブレンダン・オリアリー、ガイ・オートラーノ、ラッセル・ポッツ、ドミニク・パワー、リスベット・ラウジング、マーリーン・レイナー＝カナムとジェフリー・レイナー＝カナム、ベルンハルト・リーガー、ラルフ・シュレーダー、ニック・ティラッツーなどである。草稿に意見をくれた、インペリアル・カレッジや他大学の博士課程の学生、特にダニエラ・ブレイチマー、サビーヌ・クラーク、クライブ・コーエン、ガイ・オートラーノ、ジェシカ・レイニシュに感謝する。ジョン・ブルックスは、海軍史のいくつかの誤りを正してくれて、ありがたいことに、第1章に出てくる戦艦建造についての計算結果を送ってくれた。アンドリュー・メンデルゾーンは、何か所かの論証を練り上げるのを助けてくれた。マーティン・ドーントン、クルト・ヤコプセン、エミリー・メイヒュー、ラッセル・ポッツ、ジム・レニー、アンドリュー・ウォーウィック、ワカル・ザイディが、いろいろな段階で原稿を読んでくれて、意見をくれたことに感謝する。マーティン・ドーントンとエミリー・メイヒュー、またクルト・ヤコプセンも、本書の構成について貴重な意見をくれた。そのおかげで最終的な形態が大きく改善された。どうもありがとう。査読者の意見にも感謝する。

王立協会には科学史についての研究補助金を、経済・社会研究評議会には技術・防衛省R&D研究への補助金を、トニー・ベンには所蔵文書の閲覧を、ノーブル・フランクランドには帝国戦争博物館のティザード文書の利用を、ブラケット家には王立協会のP・M・S・ブラケット文書の利用を認めていただいたことに感謝する。またインペリアル・カレッジ資料室のアン・バレットなど、註に記した様々な資料集成のお世話になった。

本書のほとんどは、私がインペリアル・カレッジ科学・技術・医学史センターで部局長を務めていたときに書かれた。センターの同僚、特にアンドリュー・ウォーウィック並びにマグダ・ツィガニー、ドロシー・ウェダーバーン、サー・エリック・アッシュ、ロード・オックスバラ、ジョン・アーチャー、ビル・ウェイカムには、この一〇年の支援にお礼申し上げる。

日本語版へのあとがき

本書が日本語で出されることを嬉しく思っている。本書では日本についてはわずかしか触れられていないが、書いているときには日本の事例も頭にあった。イギリスと日本はどちらも島国の工業国で、強大な大陸諸国のすぐそばにあり、エンペラーに統治されていた。どちらも海軍大国だった。もっとも、日本はイギリスが採らなかったプロシア式を手本にして軍国的になった。もちろん、日本海軍は英海軍から影響を受けており、両国の大海軍主義は平和的ではなかった。つまり、両者を比べれば、経済的あるいは地理的な決定論がすんなり通るわけではないということで、政治やイデオロギーが肝心だ。この点は、長期的な変化を検討すると、さらに明瞭になる。第二次大戦後、イギリスは（少なくともしばらくは）徴兵制による軍を保有し、日本はそうではなかった。またイギリスは膨大な軍事費を出したが、日本の軍事費は比較的少なかった。

本書が英語で出版されてから十年が経った。それがどのように受け止められ、書き直すならどうするかを考えるのには十分な時間である。私の論旨を、イギリスは福祉国家というより軍事国家であるということだと解した人々がいることには、若干の驚きを認めざるをえない。実際、私が福祉国家は戦争国家にはないと言っていると見られて批判されることもあった。しかし書かれた文章を見れば、私がイギリスは戦争国家でもあり福祉国家でもあると論じていること、私が懸念しているのは両者の関係であることは明らかである。間違いは、イギリスが福祉国家になったということだけで、イギリス国家の規定、その拡張の説明として十分という見方である。私が本書で示すように、福祉度と軍国度の関係は時間とともに変化したし、たいてい福祉主義が高まったとされる時期には、実際に進んだのは軍国主義だった。つまり私の研究は、戦間期と一九五〇年代以降との福祉主義への移行が重要であることを再確認しているのである。

それと関連することだが、本書の最後の二章にあまり注意が払われていないことにもがっかりしている。戦争国家について書かれたのが現代英国史の世界の外だったことを、少々細かく検討したところである。この二章が重要なのは、英国史が断然文民の視点から書かれ、軍人と軍の機関の役割を一貫して低く見るようになった根深い理由を明らかにするからである。この二つの歴史記述に関わる章が、異例なことに、本書の最初ではなく、末尾にあり、たぶんそのことが見過ごされる理由になったのだろう。読者が本書をそこから読み始めたら、本書の論旨はこじつけで不適切に見えただろう。だからこの二章はそこにある。私はまず、歴史記述には大きな欠落があって、それは説明を必要とするということをはっきりさせておく必要があったのである。

本書の構造は、中盤に二人の科学的知識人、パトリック・ブラケットとC・P・スノーを取り上げた章がある点でも通例とは異なる。東洋で、少なくとも科学やそれに関連する方面において、スノーがそれ以外の世界の大部分と同じように、「二つの文化」という根本から間違った概念によってよく知られていることを知って驚いたことがある。しかし日本の知識人は、スノーの論拠を無視した点で優れた知恵を示している。スノーはその存在の意義で有名というよりも、その名声のおかげで意味があったからだ。意外に見えるかもしれないが、スノーの業績はイギリスで広い影響力がある。あるいはむしろスノーは、英国の実情での科学や技術の地位について、標準的な衰退論を、特に明瞭に、また印象深く表明した。スノーをかくも強硬に批判するとき、私は影響力のある一連の著述を批判しているだけでなく、広く依拠され信じられている標準的な歴史に関わる諸説も批判している。ブラケットはそれほど知られてはいないが、さらにずっと興味深く重要である。日本ともつながりがある。一九四八年、一九四五年の日本への原爆投下は戦争を終結させるためには不必要で、むしろ冷戦の最初の一撃となったという主張を、初めて本格的に行ったのである。

論旨の提示のしかたについてはいささか後悔するところがある。例えば、私は愚かにも、パーキンの『専門職社会の登場』（Harold Perkin, *Rise of professional society* [London, 1989]）に言及しなかった。同書を初めて読んだときには、それが福祉主義と衰退論の影響の深さをどれほどよく示しているかを見過ごしていた。同書の「専門職」の叙述は並外れて福祉専門職を中心にしており、衰退を、自分では論じていない専門技術や産業の専門職が不足しているせいにしているのだ。一九二〇年以前の時期についてもっと言及しなかったのも心残りだ。私は、イギリス国家がその当時、中央政府支出の約半分が海軍に向けられているし、明白に戦争国家だったことはよく理解されていると思い込んでいた。さらにはこの時期の海軍の役割と構想は、例えばオファーの『第一次世界大戦——農業からの解釈』（Avner Offer, *The first world war : an agrarian interpretation* [Oxford, 1989]）で鮮やかに論じられている。しかし、エドワード時代の歴史の福祉主義的な扱いは、私が認識していたよりもずっと影響が大きくなっている。ロイド・ジョージが唱えた一九〇九年の「人民予算」は、生まれつつある福祉国家を賄うために必要だったと主張し、この予算がドレッドノート型戦艦の調達にも必要だったことを無視している叙述は相変わらず多い。歴史家が今なお、一九一四年以前には科学者が軍と関係がなかったと信じたがる程度も私は過小評価していた。戦間期の軍事・科学複合体は第一次大戦前に動き出していたことをもっと明らかにするために、さらに詳細を加えるべきだった。

本書は独立した著作だが、少なくとも頭の中では、本書の中心をなす主張の成分を描き出したいくつかの著作がその土台を準備していた。特に『イングランドと航空機』（*England and the aeroplane* [London, 1991]）と、同年の「リベラル軍国主義とイギリス国家」（'Liberal militarism and the British state'）という論文である。両者は戦争国家とリベラル軍国主義というアイデアを提示したと同時に、当時支配的だった、現代英国史に対する衰退論的アプローチと私が呼ぶものを攻撃している。本書ではそうした論調を繰り返すことは最小限にとどめ、本書は反衰退論・反福祉論ではなく、ポスト衰退論・ポスト福祉主義であることを説く。もちろん、以前の議論を知らず、支配的な福祉主義的・衰退論的叙述に慣れている多くの読者には、そうは感じられないだろう。今ではこうした論点についてもっと言うべきだったと悔やんでいる。

衰退論を、私は相対的衰退の概念を間違って失敗と融合させたものと定義するが、これは二〇世紀英国史の多くの面について書くときに目立つ特色だった。衰退論は今や決まり文句だが、それは単純に英国の能力についての否定的評価の話ではないという点はさらに理解されていない。それはイギリス国家とイギリス産業の人員、本性、性格を含む、制度、思想、人の非常に特異な規定ももたらした。本書が異論を立てたのはそういうところだが、もっと広い衰退論の立場も成り立たないのを当然とする立場からのものである。

本書がが出版されてから十年の間に、多くの新しい研究が拙著を補完してくれた。特に挙げておかなければならないのは、ジョージ・ピーデンの『兵器・経済学・イギリスの戦略――ドレッドノートから水爆まで』（George Peden, *Arms, Economics and British strategy : from Dreadnoughts to hydrogen bombs* [Cambridge, 2007]）で、これは戦争の経済史を確立することに大いに貢献した。他にも、例えば、戦間期の兵器産業の強靱さを検証した著述がある。また、多くの著述が、外交関係について考えるうえでリベラル国際主義が中心にあったことだけでなく、そのように考えるうえで、戦争の最新技法を用いることが重要であることも説いている。私自身、特に、一九四〇～四一年にはイギリスが強かったということや、グローバルな通商ネットワークの中心にイギリスがあったことの重要性に関して、本書の論点をある程度展開してきた。また、それも含めたいくつかの著作で、一九四五年以後に登場した新しいナショナリズムの概念とその歴史記述に対する影響を拡張してもいる。

最後になったが、私の研究に関心を抱き、京都大学での刺激的なワークショップに招いてくれて、本書の翻訳を企画してくれた坂出健博士に対する深甚なる謝意を述べておかなければならない。

二〇一四年　ロンドンにて

デービッド・エジャトン

監訳者あとがき

本書は、David Edgerton, *Warfare State : Britain 1920–1970* (Cambridge : Cambridge University Press, 2006) の邦訳である。

*

第二次世界大戦に敗北したドイツと日本が二〇世紀後半に経済成長と技術革新を遂げたのに対し、勝利したイギリスがなぜ、同時期に経済停滞に苦しみ、一九世紀までの「世界の工場」「世界一の大国」の地位を喪失したのか――これは、問いの形をとったイギリス現代史の神話である。本書『戦争国家イギリス――反衰退・非福祉の現代史』は、デービッド・エジャトン（キングス・カレッジ・ロンドン教授）がこの神話をラディカルに破壊した野心作である。産業革命において「世界の工場」として世界をリードしたイギリスは、二〇世紀、特に第二次大戦後、「衰退」と「福祉国家」の文脈で語られることになった。低い経済成長率を指標とする「停滞社会」「ヨーロッパの病人」、つまり充実した社会保障が生み出した労働者の勤労意欲の低下というジレンマの物語である。マーティン・ウィーナー『英国産業精神の衰退――文化史的接近』（一九八一年）によれば、イギリスの衰退の原因は、エリートの実学軽視・エンジニアリング軽視とそれに基づく産業精神の衰退にあるという。エジャトン氏は、こうした衰退論の諸説を「反＝歴史」として退ける。

この「監訳者あとがき」では、このようなエジャトン氏の理論的格闘の歩みを、一九八〇年代以降のイギリス論壇における衰退論から反衰退論への展開過程に位置づけて整理してみたい。エジャトン氏の最初の著作は、『イングランドと航空機』(一九九一年)である。同書において、氏は、二〇世紀におけるイギリスと技術という問題の中心は、イギリス技術の「失敗」とその結果としての経済「衰退」という仮説にあるとし、第二次大戦後においても航空機開発がイギリス製造業の新たな象徴であったと論じた。そして、ジョージ・オーウェルが『一九八四年』で描いたような監獄社会のディストピアが皮肉にも増幅してしまった第二次大戦の「戦時国家の神話」に隠された、工業的で(technological)・闘志あふれる(militant)国家イギリスを発見した。

これは、過重な軍事費負担が大国を衰退させるという、いわば「軍事的衰退論」とは相反する視座であった。この「軍事的衰退論」については、日本でも一九八八年に翻訳が出版されベストセラーになった海軍史家ポール・ケネディの『大国の興亡——一五〇〇年から二〇〇〇年までの経済の変遷と軍事闘争』(一九八七年)が有名である。こうした立論に対してエジャトン氏は、論文「リベラル軍国主義とイギリス国家」(一九九一年)で、氏が「リベラル軍国主義」と呼ぶ「イギリスの戦争のあり方」は、技術に依存し、こうした技術の開発は、技術的に熟達した国家機構を必要とし、また戦争遂行部門は、科学的・技術的・産業的精神で充溢していたと論じた。この議論は、軍事セクターを専ら必要悪として、経済・産業へのマイナスの影響を重視する「軍事的衰退論」批判と言える。

この時期のエジャトン氏の論敵は、軍事史家コレリ・バーネットであった。バーネットは、「プライドと没落」三部作(『大国イギリスの崩壊』[一九七二年]・『戦争の会計監査——大国イギリスの幻想と現実』[一九八六年]・『失われた勝利——イギリスの夢想と現実(一九四五~五〇年)』[一九九五年])を発表し、これらの著作はサッチャー首相とその閣僚がイギリス国家運営の指針として回読したとも言われている。エジャトン氏は、『ロンドン・レビュー・オブ・ブックス』(一九九六年)で、『失われた勝利』を次のように書評した。一八七〇年代以降、イギリスは世界一の強国から、世界第二位ないし第三位に没落してしまったが、こうした事態は回避しえたし、回避のための措置を講ずるのに遅きに失するということはない。こうした「衰退論」の言説は、イギリスの大国妄想の最後の避難壕であり、バーネットは、第二次大戦中のイギリス産業がスキャンダラスなまでに非効率で、国家エリートは戦争遂行のための産業・技術・動員よりも福祉に優先順位をおいていたとしているが、この主張は、史料的・統計数値的に支持しえない、と。

同時期、エジャトン氏は、『科学・技術とイギリスの産業衰退』(一九九六年)を発表する。同書は、イギリス「衰退」の原因とされた、「エンジニアの低い地位」「二つの文化(C・P・スノー)」「反＝産業精神(ウィーナー)」「反＝科学」の諸論を検討し、これらの衰退論が仮定する、科学と技術に対する受容性が欠如しているイギリス文化、という理解を批判した。

エジャトン氏の参画した「イギリス衰退論争」は、一九九〇年代中ごろには、イギリスの実体経済がサッチャー改革・ブレア「第三の道」政策の成果もあり上向いたこともあってか、反衰退論の勝利に帰趨が定まる。イギリス経済史学界において、ジム・トムリンソンも、反衰退論の視点から、特に衰退論のイデオロギー的構造に着目して、論文「『衰退』の発明」(一九九六年)・著書『衰退の政治学』(二〇〇〇年)のような論考を発表した。この時期に、エジャトン氏が、衰退論批判の総決算として発表した論考が「衰退論の衰退」(一九九七年)である。同論文は、絶対的な衰退と相対的な衰退を峻別すること、特に相対的な衰退を分析することによって、「衰退」論者のイギリス産業に対する認識が歪曲されたものであると結論づけた。以後、氏の研究は、衰退論のテクノクラシー版であるC・P・スノー批判と一九六〇年代ウィルソン労働党政権の科学技術政策(「ホワイトヒート」、本訳書第6章)の再評価を通じた戦後イギリスの科学技術政策像の再構築に向かい、本訳書のオリジナル『戦争国家イギリス』(二〇〇六年)の発表に至る。

エジャトン氏は、本書を経て、『イギリス戦争機械——第二次大戦期の兵器・資源・専門家』(二〇一一年)を発表する。『ガーディアン』紙はこの『イギリス戦争機械』を二〇一一年のガーディアン・ブック・オブ・ザ・イヤーに挙げ、「驚くべき神話解体の書——第二次大戦のイギリスを、巨人兵士ゴリアテ(ナチス・ドイツ)に立ち向かう小さく勇敢なダビデとしてではなく、世界第一級の力をもつ、爆撃機・戦艦・科学者によって完全武装した随一の機構として描いている」と評した。『イングランドと航空機』『イギリス戦争機械』はペンギン版が出版されたが、このことは、エジャトン氏の著作が学界のみならずイギリスの読書界からも支持されている証左と言える。

氏の歴史研究のスタイルは、日本の多くの専門的歴史研究者がそうであるような、新史料・新事実を発掘し、それをもって新しい歴史像を示唆するようなやり方ではなく、すでに人々に見えている事実に新たな理解の光を当てる、あるいは、見えていると思っている事実を実際に見えるようにするという手法である。この手法により、一九八〇年代以降のイギリス国民がコンセンサスとして抱いていた、バーネットに典型的にみられるような第二次大戦像が解体されつつあると言えるだろう。

エジャトン氏は、さらに、二〇世紀イギリス史についての偶像破壊・神話解体から、近刊の『現代イギリス』(*Modern Britain*, 二〇一七年九月刊行予定)では、いっそう積極的な歴史像構築の段階に歩みを進めている。氏による革新的かつ成熟した現代イギリス史像に期待がもたれる。

＊

邦訳は以下のように行った。まず序章・第5・6章を坂出健、第1・2章を佐藤秀昭(京都大学博士課程)、第3章を高田馨里(大妻女子大学准教授)、第4章を新井田智幸(東京経済大学講師)、第7・8章を森原康仁(三重大学准教授)がそれぞれ翻訳し、坂出がとりまとめた。また、原民樹(武蔵野美術大学非常勤講師)が、引用文献の邦語訳書誌について調査をした。そのうえで松浦俊輔(翻訳家・名古屋学芸大学非常勤講師)が、あらためて訳文全体をチェックして統一を図りつつ修正し、最後にもう一度坂出が点検した。翻訳に着手してから刊行まで、約三年半という長い航海であった。この航海は、常に荒天・荒波ありといった厳しいプロセスであったが、何とか座礁せず、目的地まで到達することができたのは、すべて橘宗吾氏(名古屋大学出版会)の辛抱強く断固とした卓越したナビゲーションの賜物であった。氏および訳文の検討と編集実務を担当していただいた山口真幸氏(同上)に、あらためて深く感謝を申し上げたい。なお、本文中の〔　〕は訳者による補足、本文の引用中の［　］は引用者（エジャトン）による補足である。

二〇一七年一月

坂出　健

参考文献

David Edgerton, *England and The Aeroplane : An Essay on a Militant and Technological Nation* (Basingstoke : Macmillan Academic and Professional Ltd, 1991).

——, Liberal Militarism and the British State in *New Left Review*, I/185, 1991.

——, *Science, Technology and the British industrial 'decline' 1870–1970* (Cambridge : Cambridge University Press, 1996).

——, "'Declinism'", *London Review of Books*, vol. 18, no. 5, March 1996.

——, "The 'White Heat' Revisited : The British Government and Technology in the 1960s," *Twentieth Century British History*, vol. 7, no. 1, 1996.

——, "The decline of declinism", *Business History Review*, vol. 71, no. 2 (1997).

——, *Britain's War Machine : Weapons, Resources and Experts in the Second World War* (London : Oxford University Press, 2011).

https://www.theguardian.com/books/2011/dec/02/books-christmas-presents-history-reviews [2016年12月30日閲覧]

Jim Tomlinson, "Inventing 'Decline' : The Falling behind of the British Economy in the Postwar Years", *The Economic History Review, New Series*, vol. 49, no. 4 (1996).

——, *The Politics of Decline : Understanding Post-war Britain* (Harlow : Routledge, 2000).

《監訳者略歴》

坂出《さかで》　健《たけし》

1969 年　千葉県市川市に生まれる
1992 年　京都大学経済学部卒業
1995 年　京都大学大学院経済学研究科博士課程中退
富山大学経済学部講師を経て
現　在　京都大学大学院経済学研究科准教授
主　著　『イギリス航空機産業と「帝国の終焉」——軍事産業基盤と英米生産提携』
（有斐閣, 2010 年）

戦争国家イギリス

2017 年 5 月 30 日　初版第 1 刷発行

定価はカバーに
表示しています

監訳者　坂　出　　健
発行者　金　山　弥　平

発行所　一般財団法人　名古屋大学出版会
〒 464-0814　名古屋市千種区不老町 1 名古屋大学構内
電話(052)781-5027/ F A X(052)781-0697

印刷・製本　亜細亜印刷㈱　ISBN978-4-8158-0874-7
乱丁・落丁はお取替えいたします。

訳者紹介

坂出《さかで》　健《たけし》（監訳者，奥付参照）

松浦俊輔《まつうらしゅんすけ》

現　在　名古屋学芸大学非常勤講師，翻訳家
主訳書　『アインシュタインの時計 ポアンカレの地図――鋳造される時間』（名古屋大学出版会，2015 年）他多数

佐藤秀昭《さとうひであき》

現　在　京都大学大学院経済学研究科博士課程在学

高田馨里《たかだかおり》

現　在　大妻女子大学比較文化学部准教授
主　著　『オープンスカイ・ディプロマシー――アメリカ軍事民間航空外交 1938-1946 年』（有志舎，2011 年）

新井田智幸《にいだともゆき》

現　在　東京経済大学経済学部講師
主論文　「制度変化理論と制度の多層性――「資本主義の多様性」論の発展に向けて」『東京大学経済学研究』第 56 巻（2014 年 3 月）

森原康仁《もりはらやすひと》

現　在　三重大学人文学部准教授
主論文　「ガースナー後の IBM における経営再建――組織の再統合と異種的資源の内部統合化」『比較経営研究』第 40 号（2016 年 3 月）

索　引

ア 行

アクワース，バーナード（海軍大佐）　111, 292, 306
アッシャー，サー・ジョージ　145
アッシュワース，ウィリアム　78-79
アスキス，ハーバート
　イギリスについて　254
　上品すぎる　266
　ドイツについて　249
アトリー，クレメント　87, 88, 260
　軍需省庁と　88-89
アッパー・クライド造船（UCS）　245, 247
アップルトン，サー・エドワード　196
アブロ（航空機製造）　76
アルブー，オースティン（国会議員）　184
アレビ，エリー　306
　イギリス軍国主義について　57-59
アンダーソン委員会　129
アンダーソン，サー・ジョン　67, 104, 129, 139-140, 145, 154
アンダーソン，ペリー　3
　衰退論　205, 273, 279, 305
アンブラー，エリック　178
　戦間期の兵器産業について　126
イギリスらしさ　4
　自由貿易・海洋・平和大国として　253
　ドイツ批判　248-253
　防衛用兵器を考案した　254
イーデン，アンソニー　140
イングリッシュ・エレクトリック（EE，電機）　76, 83, 246
イングリッシュ・スチール・コーポレーション（ESC，鉄鋼）　35, 81, 114, 184
インペリアル・ケミカル・インダストリーズ（ICI，化学）　35, 39, 40, 74, 112, 113, 132
　政府上級職員としての活躍，第二次世界大戦中　145
インペリアルタバコ　145
ウィアー子爵　145
ウィークス，サー・ヒュー　145
ウィークス，サー・ロナルド（陸軍中将）　142, 143
ウィーナー，マーティン　278
ウィリアムズ，ブルース　231-232, 244
ウィルソン，ハロルド　89, 196-199, 258
　国の経済　90-91
　航空省　226
　航空省と技術省の統合　229
　国家と民間産業　94
　戦時産業　71
　第二次世界大戦　152
　「パイロットプラント」としてのイギリス　219
　ブルーストリークに関する論争　218
　フルトン委員会　169-170
　米国製航空機の購入　221
　ホワイトヒート演説　211-212
ウィルモット，ジョン　88, 261
ウィンペリス，H. E.　122
ウェイク＝ウォーカー（海軍大将）　143
ウェストブルック，トレバー　144
ウェーベル（陸軍大将）　252
ウェルズ，H. G.　178, 287, 305
　科学，航空機，戦争の関係　288
『ウォー・コメンタリー』誌　306
ウォディントン，C. H.　185
ウォード，バーバラ　272
ウォリス，サー・バーンズ，国産技術主義　207
ウォルサム・アビー（ロイヤル・オードナンス工場）　40
ウッズ，サー・ジョン　145
宇宙政策　241
ウーリッジ（ロイヤル・オードナンス工廠）　39　→兵器研究所（ARE）
　研究局　108, 112, 119, 120, 133, 147, 155
　工兵士官教育　108
ウールトン卿（フレデリック・マーキス）　139, 140, 152

『エアロプレーン』誌　25
英国研究開発公社（案）　236
エコノミストと戦時計画　68
エリス，サー・チャールズ　151
『エンカウンター』誌，「ある国の自殺」特集号　172, 173, 184
エンジェル，ノーマン　12, 46, 48, 263
　E. H. カーとの関係　50
　軍事力の行使　50, 51
　現代の戦争のあり方　285-286
エンフィールド（小型火器）　39
オーウェル，ジョージ　292, 306
　専門技術者中間層　157
欧州ロケット開発機構（ELDO）　241, 290
王立航空機研究所（RAE），ファーンボロー　108-109, 112, 118, 132, 149, 156-157, 237
王立民間兵器製造・通商調査委員会　24, 32, 44, 81, 116
大蔵省　18, 165, 169, 175
　権力，1960 年代　226
　権力，第二次世界大戦中　138
オックスフォード・ユニオン，国王と国に関する決議　23
オースティン（自動車製造）　76
オブライエン，パトリック　275
オペレーショナル・リサーチ（OR）　150, 177, 185, 192
　起源　133, 188
　爆撃機軍団　188
オールダー，ケン　298
オルテガ・イ・ガセット，ホセ，専門家論　175

カ　行

カー，E. H.　49, 50, 55-57, 263, 306
海軍工廠（ロイヤル・ドックヤード）　32, 33, 39, 75, 78
海軍主義　253
海軍省　69, 75
　事務次官　164
　――の上層　168
　第二次大戦中の高官　141
海軍省研究所　109, 112, 118, 119, 121, 123
海軍，戦間期の　25
　建造比較　30
海軍造船本部長（DNC）　127, 138, 155
海軍連盟　25
開発国家，欠けているとされる　274, 275
学界科学者　→科学
　OR の過大な強調　185
　「科学幕僚」　151
　研究科からの退職　152
　厳選した学者の採用　149
　国家公務員にとどまった科学者　152, 153
　顧問的地位と OR での採用　150
　自己動員　148, 149
　政府での役割（第二次世界大戦中）　146
　戦間期の科学と軍事について　115-117
　大学に残った――　149
　役割の区別　152
科学　→学界科学，科学顧問
　暗黙の定義　282
　学界への偏り　13, 14, 136
　研究とは別の　13, 110-111
　国家外の文民の世界と　120
　政府での，いくつかの役割　13
科学技術研究庁（DSIR）　100, 109, 112, 199, 227
　長官　131, 146, 154, 196
科学系知識人　176-177
　科学者左翼　177
　科学と戦争の関係について　286, 291-292
　軍の研究関与を無視，第二次世界大戦後　195, 201
　C. P. スノーとパトリック・ブラケット　177
科学公務員　110
科学顧問
　行政職との類似，学歴　166
　研究者とは別の　150-151, 155
　研究科批判　166-167
　国防省顧問，1971 年以降　154-155
科学諮問委員会
　戦時中の　151
　歴史記述での重要性　294-295
化学戦　119
科学労働者連盟（AScW）　195, 203, 295
　軍用研究，戦後の　195
　国家のエキスパート　107
　低い地位への不満　128
　兵器産業　82
核軍縮キャンペーン（CND）　190, 196, 217
核兵器研究機関，オルダーマストン　155, 169, 235, 236, 238
　民による研究　236
カーデン，サー・ジョン　125

ガードナー，サー・ジョージ　224
カニンガム，サーグレアム　142, 144
カーペンター，H. C. H.（教授）　110
カルダー，アンガス　294
カルダー，リッチー　294
カルドア，メアリー　283, 299
技術革新，経済成長との相関なし　14
技術家支配論的批判　2, 7, 10-11, 139, 169, 173, 177, 200, 305
技術省（ミンテック）　156, 172, 185, 207-211
　→『空飛ぶモンティ・パイソン』，ベン
　エドワード・ヒースの見方　241
　行政職と専門職の統合　170
　航空省との統合　228
　上級職員における研究科の役割　156
　成長　229
　戦後 MoS の再現　229
　当初の構造　227
　民間航空機開発政策　241
　歴史記述での　275
ギブ，クロード　145, 165-166
キャドバリー（チョコレート）　145
キャメル＝レアード（造船）　32-33, 37, 83, 245
共産党　25, 44, 59, 203, 286
　戦後科学・技術と　203
行政職公務員　→公務員，国家公務員，技術家支配論的批判
　一級職連合（FDA）　130
　科学公務員による賞賛　165
　政策決定での役割　164
　第二次世界大戦後の増大　153
　第二次世界大戦中の――　138
　ホワイトホールへの集中　168
巨大科学（ビッグサイエンス）　135
キング＝ホール，スティーブン
　海軍造船官について　126
　核兵器について　272
空軍連盟　25
クック，ウィリアム
　科学顧問　155
　シェバリンでの役割　238
駆逐艦　31
グッドイーブ，サー・チャールズ，教授　146, 150
クーパー，ウィリアム　178
クラウザー，ジェフリー　52
クラーク，R. W. B.　53, 138
　R&D と経済成長に相関がない　232
　威信を示す事業批判　218
　技術省の成長について　228
クラーク，オットー　180
クラーク，サー・E. M. C.（陸軍少将）　143
グラムシ，アントニオ　176
グリッグ，サー・ジェームズ　104
　大臣　139, 141
　理系　129
クリック，サー・フランシス　153
グリフィス，A. A.　153
クリップス，サー・スタッフォード　85-89, 260-261
　公有と　81, 141
　――の教育　141
グレイ，サー・エドワード，ドイツについて　250
クレイブン，サー・チャールズ　142, 144
グレゴリー，サー・リチャード，政府勤務科学者の地位の低さ　128
クロウ，サー・アルウィン　123
クロスマン，リチャード
　航空省　226
　政府所属科学者に関する通常の見方批判　167-168
　独自核抑止力　218
　ハロルド・ウィルソンと技術省　228
　防衛用 R&D，1960 年代　237
軍国主義　9, 12, 13
　ドイツ――の批判　249
軍国主義的批判　2, 4, 7, 12, 305
軍・産・科学複合体
　アメリカとの比較　134
　イギリスの　1, 9, 12
軍事科学　13
　特殊性　304
軍事，科学・技術と　12
軍需委員会（陸軍省）　119
軍縮　1, 4
　アトリーと　88
　MAP との統合　87
　事務次官による省のあり方　165
　上級官僚，1950 年代　168
　上級官僚，第二次世界大戦中　141
　選別的産業政策　93, 99
　歴史家による再評価　18-20
　歴史家の見方　15-20
軍需省（MoS）　69, 70, 75, 78, 82, 87

新大臣，第二次世界大戦中　141-145
戦後 R&D　99-100
戦後計画　86-87
戦後の民用研究　89, 91
軍隊，規模と徴兵制　66
ケアンクロス，アレク　93, 138
計画経済　61, 62
ゲイツケル，ヒュー　138, 152
ケネディ，ポール　15, 17, 19, 46-47, 52, 259-260
ケブルス，ダニエル　297
ケリソン，A. V.（陸軍大佐，照準器）　132
ゲルナー，アーネスト　281
ケルナー，ピーターとロード・クラウザー＝ハント（『公務員』）　103
研究開発（R&D）
管理，第二次世界大戦中　146
軍用の成長，1970 年代から　238
経済成長との相関なし　211, 231
国防 R&D 予算削減，1960 年代　222
支出低下，1960 年代後期　248-252
戦間期の管理　117
戦間期の軍諮問委員会　119
戦間期の軍用　110-115
戦間期の民用／学術 R&D との比較　113-115
第二次世界大戦後の　98-101
フリーマンの逆説　277
ミンテックの政策　223-224, 230
研究機関，民用研究　219, 236, 298
研究科
影響力の増大，戦後　153-157
科学研究部長，三軍の省，戦間期　118-119, 121-123
科学顧問による批判　167
幹部の政府からの退職，第二次世界大戦後　153
起源と定義　108-110
行政職への転属　169
勤務地　131, 168
軍／軍需省庁への集中，戦後　168
軍省庁への集中，戦間期　108-109, 111-114
軍の技術革新への貢献　131
ケンブリッジ／インペリアル・カレッジ／オックスフォードからの採用　124
国家公務員と専門職の違い　171
主要国家研究所の長，戦後　155-157
上級職員での行政職との役割比較　164-171
戦間期の質が低いとされること　120, 124
戦後の給与　154
戦後の増大　153
戦後の任用　154
地位の比較，行政職と　128-131
地位の比較，他の専門技術職と，戦間期　125, 127
調達部局の役職継承　155
年金制度　120
年金制度，戦後　154-155
歴史記述からの欠落　296
原子爆弾（原爆）　98-99, 193, 212, 290, 298-300
英空軍による米製核兵器配置　217
水爆計画　215-217
水爆とイギリスの非軍国化　213
原子力研究所（ハーウェル）　153, 169, 235-236
原子力公社（AEA）　84
改良型ガス冷却炉　235
核以外の研究　236
非公務員化　153
ミンテックへの移管　227
予算削減　235
ケンブリッジ大学科学者反戦グループ　116
権力国家イギリス　57
ゴーイング，マーガレット（ガウィングとも）　53, 60
航空機産業
1945〜50 年　95-96
1950〜55 年　97-98
基本的に軍用の　40
非大量生産　41-42
航空機生産省（MAP）→サンプソン
上級官僚，第二次大戦中　140-141, 222
航空機生産省（MAP）　69-70, 75, 81, 83
航空省，技術省との統合　229
航空母艦，戦間期の　29-30
合同機械工組合と兵器産業　82
合同生産委員会　68
公務員　→行政職
各職の区分　102
技術家支配論的批判　102-103, 137, 169
現業　65
国家公務員　104-105　→公務員，研究部隊
エキスパート官僚，戦間期　105-106

海軍機関科と海軍造船官の比較　127
海軍造船科　108
ギブ＝ズッカーマン，行政職と研究部隊の比較を否定　165
行政職と研究部隊の違い，大蔵省の見方　165, 169
軍の専門技術部門　107–109
研究部隊と行政職の地位と給与，戦間期，第二次世界大戦中　129, 138
研究部隊と行政職の地位と給与，第二次世界大戦後　164
国家中心のエキスパート　106
国際比較　171
C. P. スノーと　178
職種と学歴　165
専門技術職の最高位，1950 年代　156
民部門より軍部門での増大　65–66
労働組合とエキスパート　106–107
国家による購入，第二次世界大戦後　91
コッククロフト，サー・ジョン　154, 155
国際航空警察　290
国産技術主義（テクノナショナリズム）　14, 207
イギリス技術　98
飛行機と——の文化史家　292
批判と実例　207, 244, 279
ミンテックと　211
コックバーン，サー・ロバート，研究機関について　237
国防費
1900～35 年　21
1935～70 年　62–64
1955～70 年　211
第二次世界大戦後についての歴史家　95
福祉と比べた　63–64
国有化　90, 196
1970 年代　247
航空機産業　82
ショート・ブラザーズとパワー・ジェット　83
労働党と兵器産業　79
国立ガスタービン研究所　83, 169
国立物理学研究所（NPL）　109, 119, 121, 123, 124, 131, 199, 236
コードウェル，クリストファー　292–293, 306
ゴードン，G. A. H.　34
コブデン主義　48, 261
ゴフ，ハーバート　122, 147, 153
コーベット，ジュリアン　253, 279
コベントリー・オードナンス（大砲・砲架）　34, 35, 38
コリンズ，ランダル　297
コンコルド　156–157, 223, 242–244
国会での論争　240
「ホワイトヒート」の象徴　225
コーンフォード，サー・クリフォード　156–157

サ　行

再軍備，1930 年代　70
財政＝軍事国家　4
逆立ちしたホイッグ史観　5, 304
サビル，ジョン　279
産業政策　→軍需省，航空機生産省，航空省，技術省
1945～51 年，労働党政権が軍需省庁を維持　85
軍需省庁の役割　68, 268–269
産業拡張法　239–240
産業組織発展法　86
文献の民への集中，第二次世界大戦　61
第二次世界大戦　85–87
ミンテックと産業拡張法　238
産業保護，輸入制限　91–93
サンプソン，アンソニー　183–184
ジェイ，ダグラス　138, 152
シェイピン，スティブン／シャッファー，サイモン（『リヴァイアサンと空気ポンプ』）　306
ジェネラルエレクトリック（GEC）　133, 246
C. A. パーソンズ（タービン）　145
シェバリン（核弾頭）　237
シェフィールド平和会議　24, 306
シェリー，マイケル　264
ジェンキンス，ヒュー（国会議員）　240
下からの歴史叙述　4
失われた地位の回復　306
科学者知識人　286, 292
航空機文献　290–291
高尚な歴史記述にとっての意義　305
政治経済学の例　285
定義と有効性　304–305
反＝歴史への反証として　305
シーデル，マーティン　46
ジマーン，サー・アルフレッド

「福祉国家」　55
ジャクソン，サー・ウィリス　233
自由党と戦間期の軍備　23-24
ジュークス，ジョン　138, 244
シュート，ネビル　178
シュンペーター，ヨーゼフ　271, 306
巡洋艦　31
常備軍経済　272-273
商務院　84-86, 198
　重みの低下，1960 年代後期　226
　軍需省（MoS），戦後の関係　87
　作業部会と開発評議会　87
　産業委員会案　84
　戦時中の　85
　非科学的　199
　歴史家による評　89, 100-101
ショート・ブラザーズ（航空機製造）　81, 82
ショー，マーティン　270
ジョーンズ，R. V.　187
　戦間期研究科　121
　戦時研究科　237
ジョーンズ，オーブリー
　軍需省転換案　225
　民用開発契約案　226
ジョンソン，サー・ネルソン　123
ションフィールド，アンドリュー　184
ジョン・ブラウン（造船）　32, 33, 36-37
シンクレア，サー・ロバート　142, 145
新左翼　204-205, 272
衰退論　2, 4, 5, 8, 19, 52, 173-174, 177, 304
　衰退論的政治経済学　273
　定義と技術家支配論的支配や反＝歴史とのつながり　173
　二つの文化　183
ズッカーマン，サー・ソリー　165, 167, 185, 188, 295
　イギリスの R&D 費は過剰　232
　科学顧問，戦後　154
　研究科，戦間期　120
　研究科，戦後　167
　シェバリン　239
スキデルスキー，ロバート　68
スコッチポル，シーダ　12
スコッツ（造船）　32
スコット・リスゴー（造船）　245
スタニア，サー・ウィリアム　195
スタンダード・モーターズ（自動車）　93
スティーブン（造船）　32
ストラッチャン，ヒュー　264
ストレイチー，ジョン　49, 218, 263, 272, 306
スノー，C. P.　3, 5, 12, 177, 178, 190, 198, 201-202, 305　→二つの文化
　内輪での軽視　180
　『科学と政治』　185
　技術省　227
　ティザード／リンデマン論争　186
　反＝歴史　174-175, 177
　歴史記述への影響　305
スペイト，J. M.　254
スミス，サー・フランク　121
　コックニーなまり　127
　レーダー　146
スミス，ダン　274
スミス，メリット・ロー　298
スミダ，ジョン　284
スワン・ハンター（造船）　32, 245
政治経済学　→バナール，ポランニー
　科学　304-308
　軍国主義と　4, 11, 46, 50, 52, 57-58, 272, 286
セシル，子爵ロバート　18, 46, 47, 51
戦艦　→英海軍，戦間期
　改装と改造　27-28
　製造業者　32-33
　第二次世界大戦中の　39, 41
　列強との比較　26-31
戦時社会主義　268
『戦時における科学』　117, 292
潜水艦　31
戦争，市民の集団的営為としての　266
戦争の歴史社会学　→ゲルナー，マン，ショー
　それまでの文民による科学・技術・戦争叙述に依存する　270, 297
専門技術者中間層　157, 179
専門職公務員協会（IPCS）　107, 118, 123, 163
戦略爆撃　186, 193
『空飛ぶモンティ・パイソン』と技術省　243

タ　行

大学　→学界科学
　学生の男性化　159-160
　国有化　100
　卒業生の進路，1950 年代　163
　第二次世界大戦　159
　男子卒業生の理系化　159

文系と理系の社会階層差，男子　164
理学部卒　162-163
大臣，新種の，第二次大戦中　139
ダイソン，フリーマン　188
大量破壊兵器　99
ターナー，サー・ジョージ　142
ターナー，フランク・M.　176
W. T. エイブリー（計器）　144
ダンカン，サー・アンドリュー　86, 139, 140, 145
ダンバー，サー・アレクサンダー　144
チェスター，ノーマン　60
チェンバレン，ネビル　139, 268
チャーウェル卿（フレデリック・リンデマン）　139, 141, 150, 152, 187, 294
チャーチ，A. M.（少佐，国会議員），政府勤務科学者の地位の低さ　128
チャーチル，ウィンストン　31, 51, 89
軍各省大臣の権限縮小　138, 140
ナチスについて　251
チャットフィールド卿　104, 139
MoS と　69, 140
通信研究所（TRE，レーダー）と前身　132, 168-169, 236
ティザード，ヘンリー　131, 159, 188, 192, 195, 294
アメリカ派遣　134
OR　186, 192-193
行政職の賞賛と「モダン・グレイツ」の必要　167
経済的衰退　234
研究科の質　124
航空機製造業者団体　81
航空諮問委員会　119
戦時顧問　150
防空　119
ホワイトホール復帰，戦後　154
リンデマンとの論争，スノーによる叙述　186
テイラー，A. J. P.　15, 70, 74
戦間期のリベラル　261-262
戦争と福祉国家の台頭　266
戦略爆撃　190
『デイリー・メール』紙　25
デニス，マイケル　296
デ・ハビランド（航空機製造）　41, 246
デボンズ，イーライ　79
デンマン，サー・ロイ　179
トムスン，E. P.　3, 11, 306
衰退論批判とペリー・アンダーソン　205
政治経済学的軍国主義叙述批判　276
戦争国家イギリスと　205
トムスン，サー・G. P.　149-151
トムリン委員会　130
ドライスデール，チャールズ　121
トラスコット，ブルース（ペンネーム）　159, 306
トラバース，ティム　283
トリプレックス・セイフティ・グラス（ガラス）　144
ドルトン，ヒュー　85, 88
トレバリアン，G. M.　255

ナ　行

ナショナル化，経済社会的な広い意味での　90-93　→兵器産業，第二次世界大戦
ナフィールド（自動車）　76, 77
ニコルソン，ハロルド　125
『パブリック・フェイシス』　125
『ニューサイエンティスト』誌　229
ニューボールド，J. T. ウォルトン　286
ネピア（エンジン）　76, 83
ノエル＝ベーカー，フィリップ　261, 272
国際航空警察　289
戦後の兵器国有化　81-82
民間兵器業者に対する戦間期の見解　24, 81, 82
ノース・オブ・スコットランド・ハイドロエレクトリックボード（発電）　78
ノーブル，デービッド　298

ハ　行

バー・アンド・ストラウド（光学）　114
パイ，サー・デービッド　122, 153
バウデン，ビビアン　198
ハーウッド，ジョナサン　176
ハクスリー，オルダス　281
ハクスリー，ジュリアン　114, 115, 117
ハーコン，サー・シリル　142
ハースト，F. W.　23, 286, 306
技術家研究　171
ハドフィールド（砲弾）　37, 40, 114
ハートリー，サー・クリストファー（空軍中将）　156
バートン，サー・ジェフリー　144
バナール，J. D.　185, 190, 203, 205, 208, 288,

294, 305, 306
戦間期軍用研究について　115, 116, 151, 291, 292
バーネット，アンソニー　273
バーネット，コレリ　258-259, 265, 278
パビット，キース　278
パーマーズ（造船）　33, 35, 38
ハミルトン，サー・ジェームズ　157
バーミンガム・スモール・アームズ（BSA，武器）　39, 40, 144
バーミンガム・レイルウェイ・キャリッジ・アンド・ワゴン（鉄道車両製造）　77
パーム・ダット，R.　49, 306
ハーランド・アンド・ウルフ（造船）　33, 38, 77, 245
ハリス，ジョゼ　64, 269
ハリス，ポール　19, 43
バルカン・ファウンドリー（鉄道車両）　77
バーロー，サー・アラン　86, 110
ハワード，サー・マイケル　257
「リベラルの良心」　260
ハンキー，サー・モーリス　104, 139, 140, 154
MoS　69
戦間期武器輸出　44
「平和政策」批判　256-257
バンクス，F. R.（政府批判）　225
バンゲイ，スティーブン　280
ハンコック，サー・キース　53, 60
バーン，ダンカン　235, 244
ハンティントン，サミュエル　212
反＝歴史　5, 178, 188, 208, 211, 277, 304
定義と衰退論や技術家支配論的批判との関係　173
——家としてのC. P. スノー　178, 305
——の意味　174
——の例　174
ビアー，サミュエル　172, 173
ビアードモア（造船）　32, 34-35, 38-40, 141, 145
ビッカース（兵器）　26, 32, 33, 35, 39, 40, 43, 76, 77, 92, 97, 99, 113, 114, 125, 144, 145, 213-214, 245, 247
ビッカース＝アームストロング（兵器）　144
雇用　35, 39
ピカリング，アンドリュー　296, 297
ピーコック／ワイズマン（『英国における公的支出の成長』）　21
ヒース，エドワード，ミンテック解体　241-242
ピーデン，ジョージ　16, 18
ビーバーブルック卿　50, 70, 140, 144, 146, 268
ヒーリー，デニス
国防省事務次官サー・エドワード・プレイフェアの役割について　165
国防費削減　222
ピルキントン（ガラス製造）　143, 245
ピルキントン，ローレンス　233
ヒントン，ジェームズ　46, 263-265
ヒントン卿，クリストファー　155
ファース＝ブラウン（軍艦装甲）　37, 40
ファーレン，W. S.　153
フィッシャー，サー・ウォレン　105
『フィナンシャル・ニュース』紙　35
フェアフィールド（造船）　32, 34, 36, 145, 245
フェアリー（航空機製造）　113
フェアリー，ヘンリー　181
フェデン，サー・ロイ　124, 206
政府批判，1960年代　225
フェリス，ジョン　18, 21
フォアマン，ポール　296
フォード（自動車）　76
福祉国家　2, 4, 9
E. H. カーと　55
支出増大は第二次世界大戦頃　62
支出比較，各国との，第二次大戦後　64
福祉主義　6, 8
福祉度　5
用語の由来　55
歴史記述，第二次世界大戦の　56, 64-65
二つの文化　139, 163, 170-173, 178-183, 201, 211　→スノー
イギリス科学史として　181
衰退論の典型　184
成功が反論になる　184-185
批判　179
リービスの批判　180
ブート，ヘンリー　133
フット，マイケル　261
ブライス子爵，イギリスについて　254
プラウデン卿　152
研究機関の未来　236
航空機産業調査　222
航空省の未来　229

ブラウン，サー・ハロルド（海軍中将）　142, 144
ブラウン＝ファース研究所，「ファース＝ブラウン社」も　114
ブラケット，P. M. S.　3, 177, 187, 203, 227, 294, 305
NRDC（国立研究開発公社）　198
OR と R&D との対比　193
R&D と経済成長に相関がない　232
英製原爆への反対　193
技術省　227-228
技術省私案　198-199
左翼知識人　192
産業での研究の不足，1950 年代　198
守旧派批判　218-219
スノーとの比較　191
戦時中の役割　150, 151
戦略への関心　195
戦略爆撃　187
本人の意図通りにならなかった技術省　227
労働党の政策　195
フラー，J. F. C.（陸軍少将）　19, 43, 174
軍用技術の民用起源　284-285
プラット，ジェームズ・デービッドソン　151
フランクス，オリバー　138, 142, 146, 152, 160-162
ブランドレット，サー・フレデリック　154
科学顧問の地位の高さと行政職について　167
プリーストリー委員会　163
プリーストリー，J. B.，ドイツについて　251-252
ブリストル飛行機（航空機製造）　41, 76, 125, 246
ブリッタン，サミュエル　206-207
ブリティッシュ・エアクラフト・コーポレーション（BAC，航空機）　246
フリーマン，クリストファー　277
イギリスの逆説　277
フリーマン，サー・ウィルフリッド（空軍中将）　142, 143
国家設計と製造　81
ブルックス，エドウィン，博士（国会議員）　240
フルトン委員会　103, 131, 164, 169, 172, 174
行政職と専門職の統合見落とし　169
フルトン，ジョン　138, 169, 184
ブレイク卿（自由主義と戦争）　267
フレイザー（海軍大将）　143
ブレイズフォード，H. N.　24, 49, 57, 263, 306
文化の遅れ　287
文民軍国主義　281
兵器研究所（ARE，ARDE も含む）　148, 169
兵器産業，戦間期の　32-45
海軍の軍備　17, 32-40
航空機と戦車　40-43
公的部門の活躍　84
雇用，1914 年以前の　37
雇用，1930 年代半ばの　36-37
戦間期の批判　24-25
1945〜50 年　95
1955〜70 年　245
投資要求，1930 年代の　38-39
兵器工場の民有化，戦後労働党政権による　83
輸出　45
兵器産業，第二次世界大戦中の　71-79
軍需省庁の役割　75-76
公的投資の規模　73-74
国有化の歴史記述で無視される国有兵器工場・企業　76-77
国家の役割の過小評価　77-78
戦車生産　77
戦前の兵器企業の活躍　76
戦争に動員された民の産業という見方　71-74
別の見方　73-74
兵器産業，定義　32, 45, 282, 291-292
兵器対米依存
1960 年代　223
第二次世界大戦後　214, 215
第二次世界大戦中　215-217
ヘイルシャム卿（クインティン・ホッグ）　203, 205
科学と政治，二つの文化への敵対　200
平和誓約連盟　259
平和投票　50
ペック，マートン，イギリスの高い研究集約性　233-234
ペニー，ウィリアム　153, 155, 299
ヘネシー，サー・パトリック　144
ヘネシー，ピーター　103
戦時中の臨時採用　136

ベネット卿，ピーター　145, 152
ベバリッジ，ウィリアム　50
ベビン，アーネスト
　戦時中の重み，誇張された　60, 66, 139, 140
ベン，アンソニー・ウェッジウッド（トニー・ベン）　199, 219
　R&D と経済成長に相関がない　232
　科学者とエンジニアを生産やマーケティングに向ける　233
　技術省（ミンテック）　228, 230, 244
　技術相任命　228
　「計画中止の党」　229
　原子力産業　235
　航空省と航空機産業　223, 238
　コンコルド　240
　産業政策　238
　『プライベート・アイ』誌による評　243
　ブラケット（王立協会総裁）と　199-200
ヘンダーソン，アーサー　80
ヘンダーソン，デービッド　206-207, 244, 274, 277
ボイド，サー・アーチボルド（・ジョン）　145
ホイットル，サー・フランク　132, 153
　政治姿勢　206
　パワージェット社国有化　83, 108
ホーカー＝シドレー（航空機製造）　41, 76, 246
ボクスホール（自動車）　77
ポスタン，M. M.　17, 20, 41, 60
ボスパー・ソーンクロフト（造船）　245
ホーソン・レスリー（造船）　33
ポータル卿（公共事業相）　141
ポートンダウン（生物／化学兵器研究所）　109, 112, 123, 150
ホプキンス，ハリー，専門技術者中間層について　157
ホブソン，ジョン　49, 263
ポラード，シドニー　62
ポランニー，マイケル　201-202, 208, 306
ボルケナウ，フランツ　59, 306
ボールチン，ナイジェル　178
　『奥の小部屋』　189-190
　化学戦防衛　115
　科学と戦略　117
ホワイトヒート（白熱）　173, 197-198
　『スペクテーター』誌の論評　203
　別の見方　243-244
　——の意味　242-243
ボンド，ブライアン　16

マ　行

マーウィック，アーサー　268
マクニール，ウィリアム　13, 282-283
マグネトロン　133
マクファーレン，サー・ジョージ　156
マッケンジー，ドナルド　298
マドック，サー・イェイアン　156
マルコーニ（無線装置）　97
マレー，ギルバート　46, 48, 51
マンパワー予算　60
マンフォード，ルイス　298
　発明に抵抗する陸軍　285
マン，マイケル　270
ミクレム，サー・ロバート　145
ミドルトン，ロジャー　62
ミドルマス，キース　66, 269-270
ミルウォード，アラン　92, 290
ミルズ卿，パーシー　144, 152
メゴー，E. S.　133
メトロポリタン・キャリッジ・アンド・ワゴン（鉄道車両）　145
メトロポリタン＝ビッカース（電機）　76
綿産業　85
メンツラー，F. A. A.　103
メンデルゾーン，エバレット　296
モーガン，フィリップ
　航空機産業　82
　「1960 年代の労働党」　197
モーガン，サー・モリアン　157
モット，サー・ネビル　149
モード，ジョン　138
『モーニング・スター』紙　207
モールトン，控訴院判事，ドイツについて　250-251

ヤ・ラ・ワ行

ヤロウ（造船）　245
宥和策　4, 46, 262
ユニリーバ（化学）　35
ライト，サー・チャールズ　123, 146, 153
ラムゼー，サー・ウィリアム　251
ランデス，デービッド　233
ランド，エリック　299-303
ランダル，サー・ジョン　133

リース卿　139, 141
リスゴー，サー・ジェームズ　142, 145
リスバーグ，サー・ジョージ（陸軍中将）　143
リチャードソン，ディック　18
リデル＝ハート，サー・バジル　19, 43, 174
「イギリス流の戦争」　284
イギリス流の戦争批判　257
軍の保守主義　284
リトルトン，オリバー　139-140, 152
リービス，F. R.　180, 202, 306
リベラリズム　11-12
リベラル軍国主義　2
技術と　51-52, 264, 282
リベラル国際主義　51, 264, 290
技術と　2
爆撃機と　291-292
——批判　292
文化史家から無視された航空機を再考する役割　291
リンチ，セシリア　46
ルーカス（金属）　145
ルーカス，オリバー　145, 147
ルーツ・モーター・カンパニー（自動車）　76, 145
ルーツ，ロード・ウィリアム　145
歴史記述　205
歴史記述，医学と戦争の　297
アメリカの歴史家，民用技術の軍事起源への関心　298-300
技術の歴史記述の重要性，科学史にとっての　298-299
軍人知識人，技術と戦争の関係について　284
軍用技術，技術の歴史記述から抜け落ちた　284
航空機，民用国際的技術として　290
航空機，民用輸送技術として　290
新技術に反対する陸軍／海軍軍人　283, 287, 294
大量生産中心についての批判　299
歴史記述，イギリス国家の　→バーネット，ベビン，衰退論，アレビ，下からの歴史叙述，ハワード，ケネディ，ミドルマス，権力国家，テイラー，福祉国家，福祉国家と反＝歴史
イギリス軍国主義の新叙述　263
イギリス史からの軍事の除外　270
イギリス史と戦争の民中心的叙述　281
「イギリス流の戦争」批判　257
各方面エキスパートによる叙述の意義　175
技術家支配期　173
技術家支配論的反＝歴史　277-278
軍国主義的イギリス批判　256
軍事が取り除かれた　249, 272
軍需省庁の役割，産業史家に評価されない　89-90, 140
ケインズ主義と　68
国有兵器工場と国有化の歴史記述で無視された企業　79
最近の政治経済学的イギリス叙述批判　275
社会民主主義的叙述，福祉国家の台頭の　266
自由主義批判，反軍国主義的イギリス叙述批判　260
衰退論以後　6
スノーとブラケットの影響　177, 305
政治経済学の復活　272
戦時生産についてのエコノミストと経済史家の叙述　60-61
戦時中の協調主義　67-68
知識人とイギリス国家　59
反＝歴史の影響　174
福祉国家論以後　6
陸軍史とイギリス戦争史の一体視　259
臨時職員の編入によって変容した国家　136
歴史家と戦時中の軍需省庁　69, 70
歴史記述，二十世紀科学の　→歴史記述，科学と国家の関係
蓄積がない　306
ホイッグ史観の問題ではなく，文化論，衰退論，反＝歴史の問題　304
歴史記述，科学と国家の関係　196
アメリカの軍事・科学複合体，学界に偏った　296
科学と国家の関係に関する文献，名称に科学とある国立民用機関中心の　294-295
科学と戦争の関係，学界科学に偏った　135, 137, 177, 293-295
科学と戦争の関係の標準的叙述，技術史家に反論される　298
第二次世界大戦中の科学に関する文献，左翼学界科学者中心の　293

レザース卿　139, 141, 152
レスリー，ビル　296
レーダー　→マグネトロン
　管理　146
　起源　132
レナード＝ジョーンズ，サー・ジョン　147, 150
レモン，サー・アーネスト　143
レンウィック，サー・ロバート　146, 152
ロイド・ジョージ，デービッド
　地方からの反撃　266, 267
　ドイツ観　249
　ドイツ人のイギリス観　256
ロイヤル・オードナンス（軍需，公社）　39-40, 73, 75, 78, 84
ロウ，A. P.　124, 153
　空軍省と陸軍省の科学者比較　128
労働組合　68
労働組合会議（TUC）　82
労働党　→国有化
　「科学革命」と　196
労働・兵役省　66-67
ロジャー，サー・アレクサンダー　144
ローズ，ヒラリー／スティーブン（『科学と社会』）　199, 293
ロビンズ報告　172
ロビンズ，ライオネル　48, 138
ロールス・ロイス（エンジン）　41, 76, 225, 246, 247
ロンドン・エアクラフト・プロダクション（航空機生産）　76
ロンドン・ミッドランド・アンド・スコティッシュ鉄道（LMS）　77, 142-143
ワトソン＝ワット，サー・ロバート　122, 153
ワット，ドナルド・キャメロン　16, 59

図表一覧

図 1-1 1913 年価格水準で見たイギリス国防支出の推移（単位：百万ポンド）………… 22
図 1-2 1911〜35 年の，1913 年価格水準で見た英陸海空軍それぞれの支出の推移（単位：百万ポンド）………… 22
表 1-1 兵器と軍用備蓄への支出（1923〜33 年，単位：百万ポンド）………… 23
図 1-3 イギリスの 1930 年代の主力艦………… 28
表 1-2 就役中・建造中の艦のトン数（1937 年，基準排水量）………… 30
表 1-3 完成した航空母艦・巡洋艦総数（1918〜41 年）………… 30
表 1-4 1907 年と 1935 年の雇用数順による兵器企業上位………… 36
表 1-5 民間企業における軍備雇用（1930〜34 年）………… 37
表 1-6 シェフィールド上位鉄鋼企業による，シェフィールド広域地区の雇用（1914〜34 年）………… 38
表 1-7 1918 年以降 100 機以上生産され，1935 年以前に就役中だった英空軍機………… 42
表 1-8 イギリスの兵器輸出（1925〜33 年，単位：ポンド）………… 44
表 1-9 兵器輸出市場におけるシェア（機数による）………… 45
図 2-1 イギリス国家支出の戦争度と福祉度（1921〜75 年）………… 63
表 2-1 イギリス中央政府による国防支出と民用支出（単位：百万ポンド）………… 63
表 2-2 国家支出の国民総所得比（単位：%）………… 64
表 2-3 省庁別・工場の種類別に見た戦時最盛期（1943 年 6 月）における兵器生産雇用（単位：千人）………… 72
表 3-1 各省庁の政府研究科の配分（1929〜30 年）………… 109
表 3-2 科学研究・技術開発・実験への支出（単位：千ポンド）………… 112
表 3-3 監督省庁別軍事 R&D 機関（1932 年）………… 113
表 3-4 大卒公務員の主要二類型——1940 年以前に設立された機関で 1960 年代半ばに在職中の科学官と行政職（単位：%）………… 123
表 3-5 『人名録』に記載のある 1880 年以降生まれの戦間期における軍の研究科構成員………… 124
表 4-1 行政職と研究職の，給与（ポンド）と職階による比較（1939〜51 年）………… 147
表 4-2 行政職と科学職の人数（1929〜66 年，単位：千人）………… 154
表 4-3 ホワイトホール各省の事務次官（第二事務次官などの事務次官級の公務員，および DSIR を含めた研究委員会を除く）………… 156
図 4-1 イギリスにおける高度専門職（1911〜51 年）………… 158
図 4-2 学部別男子学生数（1922〜64 年）………… 160
図 4-3 イギリスの大学の学部別男子学生比率（1922〜64 年）………… 161
表 4-4 科学官と行政官の職階の分布………… 164
表 4-5 1960 年代半ばの大卒公務員主要職の各種比較（単位：%）………… 166

表 6-1　1960 年代後半におけるミンテックの研究機関……………………………………228
表 6-2　政府の防衛・民用 R&D 支出（1985 年基準，単位：百万ポンド）…………………238
表 6-3　雇用数で見た 1955 年のイギリスの巨大兵器企業…………………………………246

略語一覧

AEA 英国原子力公社（Atomic Energy Authority, UKAEA と表記される場合も）
AEI アソシエイティッド・エレクトリカル・インダストリーズ（Associated Electrical Industries）
AGR 改良型ガス冷却炉（Advanced Gas Cooled Reactor (nuclear reactor)）
ARE 兵器研究所（Armament Research Establishment, 前身はウーリッジの研究庁（Research Department, Woolwich））
AScW 科学労働者連盟（Association of Scientific Workers）
BAC ブリティッシュ・エアクラフト・コーポレーション（British Aircraft Corporation）
BP 英国石油社（British Petroleum Company）
BSA バーミンガム・スモール・アームズ社（Birmingham Small Arms）
CND 核軍縮キャンペーン（Campaign for Nuclear Disarmament）
DNB 『英国人名辞典』（Dictionary of National Biography (old)）
DNC 海軍造船本部長（Director of Naval Construction）
DSR 科学研究本部長（Director of Scientific Research）
DSIR 科学技術研究庁（Department of Scientific and Industrial Research）
EE イングリッシュ・エレクトリック社（English Electric）
ELDO 欧州ロケット開発機構（European Space Vehicle Launcher Development Organization）
ESC イングリッシュ・スチール・コーポレーション（English Steel Corporation）
FDA 一般職連合（First Division Association）
FRS 王立協会特別研究員（Fellow of the Royal Society）
FSSU 大学連合退職年金計画（Federated Superannuation Scheme for Universities）
GDP 国内総生産（Gross Domestic Product）
GEC ジェネラルエレクトリック社（General Electric Company）
HMS 英軍艦（His / Her Majesty's Ship）
ICI インペリアル・ケミカル・インダストリーズ社（Imperial Chemical Industries）
IPCS 専門職公務員協会（Institution of Professional Civil Servants）
IWM 帝国戦争博物館（Imperial Chemical Industry）
LMS ロンドン・ミッドランド・アンド・スコッティッシュ鉄道（London Midland and Scottish Railway）
MAP 航空機生産省（Ministry of Aircraft Production）
MoS 軍需省（Ministry of Supply）
NATO 北大西洋条約機構（North Atlantic Treaty Organisation）
NHS 国民健康保険（National Health Service）

NPL	国立物理学研究所（National Physical Laboratory）
NRDC	国立研究開発公社（National Resarch Development Corporation）
OECD	経済協力開発機構（Organisation for Economic Cooperation and Development）
OR	オペレーショナル・リサーチ（Operational Research, 作戦研究）
PEP	政治・経済計画研究会（Political and Economic Cooperation and Development）
PP	議会文書（Parliamentary Papers）
PRO	公記録局（Public Record Office, 現・国立公文書館 National Archives）
R&D	研究開発（Research & Development）
RAE	空軍航空研究所（Royal Aircraft Establishment）
RAF	英空軍（Royal Air Force）
SBAC	イギリス航空機製造者協会（Society of British Aircraft Constructors）
TUC	労働組合会議（Trades Union Congress）
UKAEA	英国原子力公社（United Kingdom Atomic Energy Authority）

註

〔参照された文献に邦訳がある場合はその旨を補足したが，本書の訳文は，特に断りのないかぎり，本書の訳者による私訳である。〕

序　論

（1）Kevin Narizny, 'The political economy of alignment : Great Britain's commitments to Europe, 1905–1939', *International Security* 27 (2003), 184–219.

（2）*England and the aeroplane : an essay on a militant and technological nation* (London : Macmillan, 1991) ; 'Liberal militarism and the British state', *New Left Review* 185 (1991), 138–69 ; 'The prophet militant and industrial : the peculiarities of Correlli Barnett', *Twentieth Century British History* 2 (1991), 360–79 ; *Science, technology and the British industrial 'decline', 1870–1970* (Cambridge : Cambridge University Press, 1996).

（3）例えば, George Peden, in *Business History* 34 (1992), 104 ; John Ferris, in *International History Review* 15 (1993), 580–3 ; Maurice Kirby, 'British culrure and the development of high technology sectors' in Andrew Godley and Oliver Westfall (eds.), *Business history and business culture* (Manchester : Manchester University Press, 1996), pp. 190–221 ; David Coates, *The question of UK decline : the economy, state and society* (London : Harvester Wheatsheaf, 1994), 特に pp. 181, 195–201 ; Kevin Theakston, *The Civil Service since 1945* (Oxford : Blackwell, 1995), pp. 191–2 ; Andrew Cox, Simon Lee and Joe Sanderson, *The political economy of modern Britain* (Cheltenham : Edward Elgar, 1997) and Andrew Gamble, *Britain in decline*, 4th edn. (London : Macmillan, 1994)〔アンドリュー・ギャンブル『イギリス衰退100年史』都築忠七／小笠原欣幸訳，みすず書房（1987)〕.

（4）その叙述は，この主題に関する最新の高度な専門研究の一部とは相当に異なる。以下を参照。Elizabeth Kier, *Imagining war : French and British military doctrines between the wars* (Princeton : Princeton University Press, 1997) ; Cecelia Lynch, *Beyond appeasement : interpreting interwar peace movements in world politics* (Ithaca, NY : Cornell University Press, 1999) ; Martin Ceadel, *Semi-detached idealists : the British peace movement and international relations* (Oxford : Oxford University Press, 2000).

（5）第2章には，拙稿 'Whatever happened to the British warfare state? The Ministry of Supply, 1945–1951' in Helen Mercer, Neil Rollings and Jim Tomlinson (eds.), *Labour governments and private industry : the experience of 1945–1951* (Edinburgh : Edinburgh University Press, 1992), pp. 91–116 および 'Public ownership and the British arms indusury, 1920–1950' in Roben Millward and John Singleton (eds.), *The political economy of nationalisation, 1920–1950* (Cambridge : Cambridge University Press, 1995), pp 164–88 の内容が入っている。

（6）この第6章は，拙稿 'The "white heat" revisited : British government and technology in the 1960s', *Twentieth Century British History* 7 (1996), 53–82 の増補改訂版である。

（7）第8章には，拙稿 David Edgerton, 'British scientific intellectuals and the relations of science, technology and war' in Paul Forman and J. M. Sánchez Ron (eds.), *National military*

establishments and the advancement of science : studies in twentieth history (Dordrecht : Kluwer, 1996), pp. 1-35 を初出とする内容が入っている。

（8）John Brewer, *The sinews of power : war, money and the English state 1688-1783* (London : Unwin Hyman, 1989)〔ジョン・ブリュア『財政＝軍事国家の衝撃——戦争・カネ・イギリス国家 1688-1783』大久保桂子訳，名古屋大学出版会（2003)〕を参照。もちろんエドワード朝の軍国主義は，前々から修正主義的思考が取り上げていた。以下を参照。Anne Summers, 'Militarism in Britain before the Great War', *History Workshop Journal* 2 (1976), 104-23 ; David French, *British economic and strategic planning, 1905-1915* (London : Allen & Unwin, 1982) ; Bernard Semmel, *Liberalism and naval strategy : ideology, interest and seapower during the Pax Britanica* (London : Allen & Unwin 1986) ; J. T. Sumida, *In defence of naval supremacy* (London : Unwin Hyman, 1989) ; Avner Offer, *The First World War : an agrarian interpretation* (Oxford : Clarendon Press, 1989) ; J. M. Hobson, 'The military-exrtraction gap and the weary titan : the fiscal-sociology of British defence policy 1870-1913', *Journal of European Economic History* 22 (1993), 461-506 ; Niall Ferguson, 'Public finance and national security : the domestic origins of the First World War revisited', *Past and Present* 142 (1994), 141-68 および *The pity of war* (London : Allen Lane, 1988) ; Nicolas Lambert, *Sir John Fisher's naval revolution* (Columbia, SC : South Carolina University Press, 1999).

（9）拙稿 'Science and Technology in British business history', *Business History* 29 (1987), 84, 'Barnett's audit of war : an audit', *Contemporary Record* 4 (1990), 37-9 および *England and the aeroplane* を参照。

(10) この問題の幅広い分析とその一般的なイデオロギー上の意義の例については以下を参照。D. N. McCloskey, 'The politics of stories in historical economics' in *If you're so smart* (Chicago : Chicago University Press, 1990), pp. 40-55 ; Edgerton 'The prophet militant and industrial' ; W. D. Rubinstein, *Capitalism, culture and economic decline in Britain, 1750-1990* (London : Routledge, 1993)〔W・D・ルービンステイン『衰退しない大英帝国——その経済・文化・教育：1750-1990』藤井泰ほか訳，晃洋書房（1997)〕; Barry Supple, 'Fear of failing : economic history and the decline of Britain', *Economic History Review* 47 (1994), 441-58 : Jim Tomlinson, 'Inventing "decline" : the falling behind of the British economy in the postwar years', *Economic History Review* 49 (1996), 731-57 および *The politics of decline* (London : Arnold, 2000) ; P. Mandler, 'Against "Englishness" : English culture and the limits to rural nostargia, 1850-1940', *Transactions of the Royal History Society*, 6th series, 7 (1997), 155-75 ; Peter Mandler, *The fall of and rise of the stately home* (London : Yale University Press, 1997) ; David Matless, *Landscape and Englishness* (London : Reaktion Books, 1998) ; P. Mandler, 'The consciousness of modernity? Liberalism and the English national character, 1870-1940' in M. Daunton and B. Rieger (eds.), *Meanings of Modernity : Britain from the late-Victorian era to World War II* (Oxford : Berg, 2001), pp. 119-44.

(11) Leslie Hannah, 'Afterthoughts', *Business and Economic History* 24 (1995), 248.

(12) Leslie Hannah, 'The American miracle, 1875-1950, and after : a view in the European mirror', *Business and Economic History* 24 (1995), 204-5.

(13) John R. Ferris, '"The Air Force brats" view of History : recent writing and the Royal Air Force, 1918-1960', *International History Review* 20 (1998), 120.

(14) Edgerton, *Science, technology and the British industrial 'decline'*, p. 69.

(15) Alan Booth, *The British economy in the twentieth century* (London Palgrave, 2001), p. ix.

(16) Hew Strachan, *The politics of the British army* (Oxford : Clarendon Press, 1997), pp. 264–5.

(17) きちんとした学問的伝統が存在していない状況に対する通常の学問的な反応は，ゼロから始めるということになるだろう——我々が知っていることは実際に知っているよりも小さく，無知の総量は増えていくということを自覚し，他の人々にも納得させることは，研究者の能力を超えることではない。識者の個人的な知識だけをこととするのはやり過ぎだろう。ただ，一般の人々は学界の人々よりも，議論の相手としては手ごわいことになりうる。著者がこのことを思い知らされたのは，著者が個々の学問的立場に反論して書いたことが，専門家でない人たちにとってはあたりまえだったことに気づいたときだ。航空機産業で働いている人たちにとって，その産業がもともと軍事的だったという指摘はあまりに自明だった。私のようにそれを読書から知った人間にとっては，それは驚くべきことだったのに。学術的な文献の世界で現在過度に言われている「〜については驚くほど知られていない」の類の，まだよくわかっていないとする説を確かめてみるとおもしろいかもしれない。

(18) Andrew Massey, *Technocrats and nuclear policy : the influence of professional experts in policy making* (Aldershot : Avesbury, 1988) は，私の知る限り，イギリスについてタイトルにこの用語を使った唯一の本である。

(19) Edgerton, 'The prophet militant and industrial'.

(20) 例えば，以下を参照。Patrick Wright, *On living in an old country : the national past in contemporary Britain* (London : Verso, 1985) ; Tom Nairn, *The enchanted glass* (London : Radius, 1988) ; Angus Calder, *The myth of the Blitz* (London ; Cape, 1991) ; David Morgan and Mary Evans, *The Battle for Britain : citizenship and ideology in the Second World War* (London : Routledge, 1993) ; Meredith Veldman, *Fantasy, the bomb, and the greeting of Brutain : romantic protest, 1945–1980* (Cambridge : Cambridge University Press, 1994) ; A. K. Mayer and C. J. Lawrence (eds.), *Regenerating England : science, medicine and culture in interwar Britain* (Amsterdam : Rodopi, 2000) の多くの章。衰退論と国民の帰属意識の問題がつながっていることを明らかにする議論については，R. English and Michael Kenny, 'British Decline or the politics of declinism?', *British Journal of Politics and International Relations* 1 (1999), 252–66 と 'Public intellecturals and question of British decline', *British Journal of Politics and International Relations* 3 (2001), 259–83 を参照。

(21) 科学系・専門技術系知識人の研究は少ない。例外としては，Bill Luckin, *Questions of power* (Manchster : Manchester University Press, 1990) ; 拙著 *England and the aeroplane* ; Patrick Wright, *The village that died for England : the strange case of Tyneham* (London : Cape, 1995) ; Idem, *Tank : the progress of a monstrous war machine* (London : Faber, 2000), Mayer and Lawrence, *Regenerating England* がある。

(22) 衰退論がジェントルマンにとってどういうものだったのかについての優れた説明として，Marcus Collins, 'The fall of the English gentlemen : the national character in decline, c. 1918–1970', *Historical Research* 75 (2002), 90–111 を参照。

(23) 例えば，以下を参照。Richard Weight and Abigail Beach (eds.), *The right to belong : citizenship and national identity in Britain* (London : I. B. Tauris, 1998) ; Kevin Davey, *English imaginaries : studies in Anglo-British modernity* (London : Lawrence & Wishart, 1999) ; Richard Weight, *Patriots : national idebtity in Britain, 1940–2000* (London : Macmillan, 2002) ;

Robert Colls, *Identity of England* (Oxford : Oxford University Press, 2002).

(24) E. P. Thomson, ‘The peculiarities of English’ (1965), *The poverty of theory* (London : Merlin, 1978), p. 57 に転載されたもの。他に二つのことが言われていた。この論文の分析対象であるアンダーソンとネアンがプロテスタントとブルジョアの民主主義的遺産を無視したことと，イギリスの経験主義的特質と経験主義的イデオロギーを混同したことである。

(25) Peter Clarke and Clive Trebicock (eds.), *Understanding decline* (Cambridge : Cambridge University Press, 1997) および *The Historical Journal* 42 (1999), 313-14 にある，私によるその書評を参照。

(26) 鍵となる著作，Theda Skocpol, *States and social revolutions* (Cambridge : Cambridge University Press, 1979) を参照。エキスパートについては，Theda Skocpol and Kenneth Finegold, ‘State capacity, economic intervention and the early New Deal’, *Political Science Quarterly* 97 (1982), 255-78 を参照。また，歴史的社会学では，技術についての通常の筋書きがめったに疑問視されない点については，Randall Collins, *Weberian sociological theory* (Cambridge : Cambridge University Press, 1986) を参照。

(27) *The pursuit of power* (Oxford : Blackwell, 1982).〔ウィリアム・H・マクニール『戦争の世界史——技術と軍隊と社会』高橋均訳，中公文庫（上下，2014)〕

(28) Michael Sherry, *In the shadow of war : the United States since the 1930s* (New Haven : Yale University Press, 1995). Edgerton, ‘Liberal militarism’ も参照。この論稿で私は，「リベラル軍国主義」は，敵国の民と産業に向けられた，文民統制され，文民に動かされた形の軍国主義だと論じている。

(29) ‘De l’innovation aux usages. Dix thesis eclectiques sur l’histoire des techniques’, *Annales Histories, Science, Sociales*, nos. 4-5 (1998). 英語版，‘From innovation to use : ten (eclectic) theses on the history of technology’ が *History and Technology* 16 (1999), 1-26 にある.

第 1 章　戦間期の軍産複合体

(1) *Statement of Defence Estimates*, Cmd 4827, March 1935.

(2) George Peden, *British rearmament and the Treasury* (Edingburgh : Edingburgh University Press, 1979), p. 8.

(3) A. J. P. Taylor, *English History, 1914-1945* (Harmondsworth : Penguin, 1975), p. 450 (初版は 1965).〔A・J・P・テイラー『イギリス現代史 1914-1945』都築忠七訳，みすず書房 (1987)〕

(4) Paul Kennedy, *The realities behind diplomacy* (London : Fontana, 1981), p. 230.

(5) Brian Bond, *War and society in Europe, 1870-1970* (London : Fontana, 1984), p. 46.

(6) D. C. Watt, *How war came* (London : Mandarin, 1990), p. 20 (初版は 1989).〔ドナルド・キャメロン・ワット『第二次世界大戦はこうして始まった』鈴木主税訳，河出書房新社（上下，1995)〕。

(7) Peden, *British rearmament*, p. 8.

(8) A. J. Grant, *Steel and ships : the history of John Brown* (London : Michael Joseph, 1950) ; M. M. Postan, *British war production* (London : HMSO, 1952) ; W. Hornby, *Factories and plant* (London : HMSO, 1958) ; J. D. Scott, *Vickers : a history* (London : Weidenfeld and Nicolson, 1962) ; O. F. G. Hogg, *The Royal Arsenal : its background, origins and subsequent history*, 2 vols. (London : Oxford University Press, 1963) ; M. M. Postan, D. Hay and J. D. Scott, *Design*

and development of weapons (London, HMSO, 1964) ; R. P. T. Davenport Hines, 'The British armaments industry during disarmament', 未公刊の博士論文, University of Cambridge (1979) ; M. S. Moss and J. R. Hume, *Beardmore : the history of a Scottish industrial giant* (London : Heinemann, 1979) ; Eric Mensforth, *Family engineers* (London : Ward Lock, 1981) ; R. P. T. Hines, *Dydley Docker : the life and times of a trade warrior* (Cambridge : Cambridge University Press, 1984) ; Hugh B. Peebles, *Warshipbuilding on the Clyde : naval orders and the prosperity of the Clyde shipbuilding industry, 1889–1939* (Edinburgh : John Donald, 1987) ; G. A. H. Gordon, *British seapower and procurement between the wars : a re-appraisal of rearmament* (London : Macmillan, 1988) ; Kenneth Warren, *Armstrongs of Elswick : growth in engineering and armaments to the merger with Vickers* (London : Macmillan, 1989) ; Kenneth Warren, *Steel, ships and men : Cammell Laird, 1824–1993* (Liverpool : Liverpool University Press, 1998).

(9) ここでは，造船と航空機製造業以外の兵器のこと。Hornby, *Factories and plant*, p. 25.

(10) Paul Kennedy, *The rise and fall of British naval mastery* (London : Macmillan, 1983), p. 316（初版は 1976).

(11) Ibid., p. 339.

(12) Postan, *British war production*, p. 5.

(13)「1936 年の本格的再軍備の前夜……イギリス航空機産業は，廃れかかった製品を生産する家内工業的な産業にとどまっていた。実験工房に毛が生えた程度の施設しかない，ほとんど眠っているような企業は，手工業の方法を用い，設計部門が中心だった」と，コレリ・バーネットは述べる。Correlli Barnett, *Audit of war : the illusion and reality of Britain as a great nation* (London : Macmillan, 1986), p. 130. マルカム・スミスによれば，再軍備期に直面した難問の「とりわけ主要なもの」は，「イギリス航空機生産の浅薄な基礎」だった (*British air strategy between the wars* (Oxford : Clarendon Press, 1984, p. 247)。また，Peter King, *Knights of the air* (London : Constable, 1989), chs. 11–14 ; Keith Hayward, *The British aircraft industry* (Manchester : Manchester University Press, 1989) ; Peter Fearon, 'The British airframe industry and the state, 1918–35,' *Economic History Review* 27 (1974), 236–51 ; Peter Fearon, 'The vicissitudes of a British aircraft company : Handley Page Limited between the wars', *Business History* 20 (1978), 63–86 ; Peter Fearon, 'Aircraft manufacturing' in N. K. Buxton and D. H. Aldcroft (eds.) *British industry between the wars* (London : Scolar Press, 1979), pp. 216–40 ; Peter Fearon, 'The growth of aviation in Britain', *Journal of Contemporary History* 20 (1985), 21–40 も参照。さらに，A. J. Robertson, 'The British airframe industry and the state in the interwar period : a comment', *Economic History Review* 28 (1975), 648–57, および，これに対する Fearon の応答 'The British airframe industry and the state in the interwar period : a reply', *Economic History Review* 28 (1975), 658–62 も参照。1940 年には，イギリスはどの国よりも航空機を多数生産していて，ドイツよりも 50 % 多かった。マルカム・スミスは，1939 年 9 月 1 日〔第二次大戦の開戦日〕の英空軍とドイツ空軍の力は，爆撃機と迎撃戦闘機の数で見るとほぼ互角だったのではないかと言う (Smith, *British air strategy*, table XI, p. 338)。品質に関する限り，1939 年および 1940 年時点での両陣営の頂点は，特に戦闘機についてはほぼ互角というのが大方の合意で，爆撃機については，ある研究が「〔ドイツの〕He 111, Do 17, Ju 88 がかろうじて英空軍爆撃機軍団のウェリントン，ハンプデン，ホイットレイを上回っていた」と述べている (Matthew Cooper, *The German air force, 1933–1945 : an anatomy of failure* (London : Jane's,

1981), p. 87)。また，Erik Lund, 'The industrial history of strategy : reevaluating the wartime record of the British aviation industry in comparative perspective, 1919–1945', *Journal of Military History* 62 (1998), 75–99 も参照。

(14) Peden, *British rearmament.*

(15) John Ferris, *The evolution of British strategic policy 1919–1926* (London : Macmillan, 1989).

(16) Dick Richardson, *The evolution of British disarmament policy in the 1920s* (London : Pinter, 1989), p. 27.

(17) Richardson, *British disarmament policy*, p. 98. Gregory C. Kennedy, 'Britain's policy-making elite, the naval disarmament puzzle, and public opinion, 1927–1932', *Albion* 26 (1994), 623–43 も参照。

(18) James Hinton, *Protests and visions* (London : Radius, 1989) および，特に Cecelia Lynch, *Beyond appeasement : interpreting interwar peace movements in world politics* (Ithaca, NY : Cornell University Press, 1999).

(19) *International History Review* 誌の特別号 'The decline of Great Britain' 13 (4) (1991), とりわけフェリス，マッカーチャー，ニールソンの寄稿，および拙著 *England and the aeroplane : an essay on a militant and technological nation* (London : Macmillan, 1991) と，拙稿 'Liberal militarism and the British state', *New Left Review* 185 (1991), 138–69 を参照。Sebastian Ritchie, *Industry and air power : the expansion of British aircraft production, 1935–1941* (London : Cass, 1996) も参照。ウィリアム・R・トムスンは，1991年の『インターナショナル・ヒストリー・レビュー』誌特別号に一章分の批判を（衰退論による歴史記述への批判が広がっているのを無視して）寄稿した。トムスンは，自分がこの「反構造主義」学派と呼ぶ主張を論駁し，したがって自分やポール・ケネディを含む「構造」派を再確認したと説く。ケネディの *The emergence of global political economy* (London : Routledge, 2000), ch. 9 を参照。

(20) 拙著 *England and the aeroplane* および，Ritchie, *Industry and air power* と，Lund, 'The industrial history of strategy' を参照。

(21) John R. Ferris, '"The Air Force brats" view of history : recent writing and the Royal Air Force, 1918–1960', *International History Review* 20 (1998), 119–43.

(22) J. P. Harris, *Men, ideas and tanks : British military thought and armoured forces, 1903–1939* (Manchester : Manchester University Press, 1995).

(23) John J. Mearsheimer, *Liddell Hart and the weight of history* (Ithaca, NY : Cornell University Press, 1988) ; Harris, *Men, ideas and tanks.* また，Patrick Wright, *The village that died for England : the strange case of Tyneham* (London : Cape, 1995) および David French, 'The mechanisation of the British cavalry between the wars', *War in History* 10 (2003), 296–320 も参照。

(24) Kennedy, 'Britain's policy-making elite', 644. 1930年代の末には，海軍省は政府の政策に先行して，二国標準（two-power standard）〔英海軍は世界第2位と第3位の合計より多くの戦艦を造るという方針〕を追求していた（Peden, *British rearmament*, pp. 113–21, 160–7)。

(25) B. McKercher, 'The greatest power on earth : Britain in the 1920s', *International History Review* 13 (1991), 753.

(26) John Terraine の優れた著書, *The right of the line : the Royal Air Force in the European war,*

1939–1945 (London : Hodder & Stoughton, 1985), p. 28 を参照。

(27) Alan T. Peacock and Jack Wiseman, *The growth of public expenditure in the United Kingdom* (London : Oxford University Press, 1961), table A–8, p. 170. これを補正する人口の数字は表 A–l (p. 151) を参照。国民総生産比で見た国防費は表 A–17 (pp. 190–1) を参照。

(28) John Ferris, 'Treasury control : the ten year rule and British service policies, 1919–1924', *Historical Journal* 30 (1987), 865.

(29) Philip Noel-Baker, *The arms race* (London : Calder, 1960), p. 45 に転載されたもの〔ノエル＝ベーカー『軍備競争——世界軍縮のプログラム』前芝確三／山手治之訳，岩波書店 (1963)〕。Paul Kennedy, *The rise and fall of the Great Powers* (London : Fontana, 1989), table 27, p. 382 に出ている数字と，それにつけられた注意書きの脚註も参照。

(30) A. J. Brown, *Applied economics* (London : Allen & Unwin, 1948), p. 41.

(31) Liberal Industrial Enquiry, *Britain's industrial future* (London : Ernest Benn, 1928) (Yellow Book と呼ばれる), p. 428. Robert Skidelsky, *John Maynard Keynes*, vol. II : *The economist as saviour 1920–1937* (London : Macmillan, 1992), p. 269 に引用されたもの。スキデルスキーは，この指摘はケインズのものらしいと論じている。

(32) Francis W. Hirst, *The consequences of the war to Great Britain* (London : Oxford University Press, 1934), p. 96.

(33) Ibid., pp. 97–8. ハーストは，イギリスが最大の武器輸出国であることも述べている。

(34) H. N. Brailsford, *Properly or peace?* (London : Gollancz, 1934), p. 177.

(35) *Sheffield and rearmament : an exposure of the 'defence' programme* (Sheffield Peace Council, March 1937), p. 2. この冊子は同会の書記長 E・L・(ビル・) ムーアによって書かれたもので，冊子を一冊送ってくれたのも同氏である。

(36) D. E. H. Edgerton, 'Technical innovation, industrial capacity and efficiency : public ownership and the British military aircraft industry, 1935–1948', *Business History* 26 (1984), 247–79 および David G. Anderson, 'British rearmament and the "merchants of death" : the 1935–6 Royal Commission on the Private Manufacture of and Trading in Arms', *Journal of Contemporary History* 29 (1994), 5–37.

(37) 例えば，Fenner Brockway, *The bloody traffic* (London : Gollancz, 1933).

(38) H. N. Brailsford, *War of steel and gold*, 8th edn. (London : Bell, 1917), pp. 268–9.

(39) 例えば，Union for Democratic Control, *Secret international* (1932), および *Patriotism Ltd : an exposure of the war machine* (1933) ; Winifred Holtby, 'Apology for armourers', in Philip Noel-Baker et al., *Challenge to death* (London : Constable, 1934) ; W. H. Williams, *Who's who in arms* (Labour Research Department, 1935), ch. 6 を参照。

(40) Philip Noel-Baker, *The private manufacture of armaments* (London : Gollancz, 1936), pp. 290–345.〔本章註 29〕

(41) R. Palme Dutt, *World politics, 1918–1936* (London : Gollancz, 1936), p. 114〔パーム・ダット『世界政治論』松原宏／庄司登訳，叢文閣 (1937)〕. Patricia Cockburn, *The years of the week* (London : Comedia, 1985) (初版は 1968) も参照。

(42) Palme Dutt, *World politics*, pp. 305–7.

(43) サイモン・ハクシーは，自分ではあまりつっこまなかった目立つ論点を記している。空軍連盟は，陸軍連盟や，それほど顕著ではなくても海軍連盟とは違い，1938/9 年度の理事会には，保守党非主流派が一人もいなかったという。Simon Haxey, *Tory MP* (Gol-

lancz, 1939), p. 227. 航空機産業の政治については拙著 *England and the aeroplane* を参照。

(44) Fenner Brockway and Frederick Mullally, *Death pays a dividend* (London : Gollancz, 1944) は，Brockway, *The bloody traffic* からほとんど発展がない。

(45) この指摘は Robert O'Connell, *Arms and men* (New York : Oxford University Press, 1989), p. 272に負っている。

(46) 1920 年から 25 年の時期，イギリスは 1 隻の戦艦を建造したが，アメリカは 5 隻，日本は 2 隻である。第一次大戦中のものはイギリスは 11 隻，アメリカは 7 隻，日本は 6 隻，大戦前のものはイギリスは 1 隻，アメリカは 3 隻，日本は 2 隻だった。

(47) Joseph A. Maiolo, *The Royal Navy and Nazi Germany, 1933–39 : a study in appeasement and the origins of the Second World War* (London : Macmillan, 1998), p. 96.

(48) Ibid., pp. 95–7.

(49) この記述は，*Ship's Covers and the Naval Estimates* を利用したネイレッシュ・パテルの調査に基づいている。この図表は，これまでに出版された最良の研究である D. K. Brown, *From Nelson to Vanguard : warship design and development, 1923–1945* (London : Chatham, 2000), pp. 150–5 とはいくつかの点で異なっている。D. K. Brown, *A century of naval construction : the history of the Royal Corps of Naval Constructors 1883–1983* (London : Conway Maritime, 1983), p. 146 も参照。

(50) アメリカの戦艦の総馬力数は 4 万馬力にすぎなかった（軸馬力）。最も出力の低いイギリスの戦艦（5 隻のロイヤル・サブリン級戦艦と，ネルソン，ロドニー）は 4 万 5000 馬力であり，他の 5 隻は約 7 万 5000 馬力，3 隻は 12 万馬力超だった。日本海軍は，大改造してからやっと 7 万 5000 馬力の戦艦を 6 隻，約 13 万馬力の戦艦を 4 隻保有するようになった。

(51) この重要な点については，ジョン・ブルックスの私信による。氏が自身の研究の途中経過を教えてくれたことに大いに感謝する。

(52) S. Roskill, *The war at sea*, 3 vols. (London : HMSO, 1954–1964), I, p. 52.

(53) 'Report of the First Lord of the Admiralty to the War Cabinet, No. 1', in Martin Gilbert (ed.), *The Churchill war papers*, vol. I : *At the Admiralty, September 1939 to May 1940* (New York : Norton, 1993), p. 107. 「ポケット戦艦」とは，大きさが現代的な戦艦の約 1/3 だという点で「ポケット」であり，シャルンホルストやグナイゼナウ並みの 11 インチ砲を装備していたという点で「戦艦」だった。とはいえ，これらは英米日の戦艦の 14，15，16 インチ砲に比べれば小さかった。

(54) 長射程の砲を積んだ戦艦について言えば，1941 年後期には，英海軍の 10 隻に対し，日本帝国海軍は 11 隻を有していた。戦争による損失のうち，長射程砲を装備していた戦艦はフッドだけで，対日戦の開始までに海軍の実際の総戦艦数は 9 隻に減少した（この点についてはジョン・ブルックスに感謝）。

(55) ポール・ケネディは，1939 年の戦争勃発時の英帝国海軍は「わずか」12 隻の戦艦と巡洋戦艦，6 隻の航空母艦（大改造中のものもあった）で構成されており，1941 年までにさらに加わったが，日本は（1941 年後期）10 隻の戦艦と 10 隻の航空母艦を有していたと書き，1941 年後期の両海軍の状況を比較してはいない（Kennedy, *British naval mastery*, pp. 346–7）。またケネディは，イギリスの新しい戦艦は 14 インチ砲を搭載したが，他国は 15，16 インチ砲を装備しており，日本は 18 インチ砲も有していたことを記して，イギリスの後進性を指摘している（Kennedy, *British naval mastery*, p. 340）。実際には，ドイ

ツが有していた15インチ砲戦艦は2隻だけであり，2隻の巡洋戦艦は11インチ砲装備だった。フランスは3隻の近代的な主力艦のうち，2隻に13インチ砲を装備していた。イタリアは4隻の旧型戦艦に12.6インチ砲，2隻の新型戦艦に15インチ砲を装備していた。日本には最新の戦艦が1隻だけあり，それには18インチ砲が搭載されていた。10隻の旧型戦艦のうち，2隻が16インチ砲，残りは14インチ砲だった。アメリカの旧型戦艦3隻は，ほとんどが14インチ砲かもっと小口径の大砲であり，1941年に建造された新型が16インチ砲だった。対照的に，イギリスの旧型戦艦はすべて15インチ砲を装備していた。ネルソンとロドニーは16インチ砲を装備していた。いずれにせよ大砲に関してはサイズがすべてではない。14インチ砲は比較的軽く，そのためイギリスの戦艦は，排水トン数のうち未曾有の42％を装甲にすることができた（Gordon, *British sea power and procurement*, p. 173）。イギリスの新型戦艦は，3万5000トンまでの「同じ時代の排水量が同程度の戦艦の中では最も優れていた」。さらに言えば，それは「分厚い装甲，優れた魚雷防御，敵の装甲を貫通できるだけの大砲を備え，移動速度はたいていのものに負けなかった」（Brown, *A century of naval construction*, p. 160）。アーサー・マーダーもイギリス不利の対日比較をして，1941年のイギリスは，古くても近代化された日本の戦艦10隻と戦えるような旧式戦艦を10隻も有していなかったと主張しているが（A. J. Marder, *Old friends, new enemies* (Oxford : Clarendon Press, 1981), p. 299），これは，イギリスが日本より多くの「旧式」戦艦および新型戦艦を保有していたことを無視している。さらに例を求めるなら，Stephen Roskill, *The navy at war, 1939–1945* (London : Collins, 1960), pp. 24–5，あるいはJulian Thompson, *The Imperial War Museum book of the war at sea : the Royal Navy in the Second World War* (London : Sidgwick & Jackson/Imperial War Museum, 1996）を参照。歴史家は，まるで海軍条約がイギリスだけに影響を与えたかのように不平を言う。しかし，他国の海軍も不満に思っていたのだ。William M. McBride, 'The unstable dynamics of a strategic technology : disarmament, unemployment and the interwar battleship', *Technology and Culture* 38 (1997), 386–423を参照。

(56) *Conway's all the world's fighting ships, 1922–1946* (London : Conway, 1980）を典拠にした。Norman Friedman, *British carrier aviation : the evolution of ships and their aircraft* (London : Conway, 1988）が，この現象に説明をつける——要するに英海軍は，すべての航空機を甲板の下に収容可能にすることを選択したのだ。珍しいことに，イギリスの空母の多くは甲板に装甲を施していた。

(57) きわめて馬鹿馬鹿しい，ほんの最近登場したある超衰退論は，イギリスの空母群の後進性に関する手の込んだ，よく考えられてさえいる説明を与えてくれるが，イギリスが他国よりも劣っていたことの証明にはなっていない。そうした説の唯一の比較可能なデータは，明確とは言えないが，搭載される航空機の数に関係している（p. 202）。Geoffrey Till, 'Adopting the aircraft carrier : the British, American and Japanese case studies' in Williamson Murray and Allan R. Millett (eds.), *Military innovation in the interwar period* (Cambridge : Cambridge University Press, 1996), pp. 191–226を参照。ポール・ケネディの航空母艦群への非難は，1939年にイギリス海軍で「設計された」航空母艦はアーク・ロイヤルだけだったことの指摘のみによるが，実際には小型のハーミーズがあった。残りの艦は「4隻の改造軍艦だった」という（Kennedy, *Naval mastery*, p. 340）。この議論にとってはあいにくだが，初期の空母のほぼすべてが改造したものだった。アメリカは1922年に石炭船を改造したラングレーを建造した（ラングレーは1937年に水上機母艦

に改造された）。1927年に建造された巨大航空母艦，レキシントンとサラトガは巡洋戦艦を改造したものだった（H. H. Archibald, *Fighting ships*, p. 265）。最初から航空母艦として設計された初のアメリカの航空母艦，レンジャーが完成したのは1934年だった。日本の最初の空母3隻，鳳翔（1922年完成），赤城（1927年完成），加賀（1928年完成）はすべて改造された艦だった。最初に航空母艦として設計された龍驤は1933年に完成した。イギリスで初めて空母として設計されたのは小型空母ハーミーズで，1923年に完成した。大型空母のイーグル（1924），フューリアス（1925），カレイジャス（1928），グローリアス（1930）はすべて巡洋戦艦を改造したものであり，イーグルの場合は戦艦の改造だった。残りの小型空母アーガスも改造艦だった。アーク・ロイヤルはイギリスで最初から空母として設計された初の近代的航空母艦であり，1938年に完成した。一般に非難だらけだが，Friedman, *British carrier aviation* は例外的な存在だが，イギリスの強みを十分には述べていない。

(58) McKercher, ‘The greatest power on earth’, 765, 766.

(59) ジョン・ブルックスの私信。

(60) 1936年3月の段階ではすでに，海軍省はジョン・ブラウン社に戦艦建造用の場所を予約していて，建造着手の許可が11月に与えられたが，これは1937年4月までは内密にされていた。Peebles, *Warshipbuilding on the Clyde*, p. 146〔H・B・ピーブルス『クライド造船業と英国海軍——軍艦建造の企業分析 1889〜1939年』横井勝彦訳，日本経済評論社(1992)〕. ルーズベルト政権下のアメリカが1930年代に戦艦建造競争を始めたという説があるものの，戦艦競争が始まったときは，イギリスよりも劣るヨーロッパ諸国海軍が相手だった。McBride, ‘Disarmament, unemployment and the interwar battleship’.

(61) *Conway's all the world's fighting ships.*

(62) Hornby, *Factories and plant*, pp. 30–1.

(63) ビッカース，ビアードモア，ハドフィールド，バーミンガム・スモール・アームズ(BSA)，ファース＝ブラウン，インペリアル・ケミカル・インダストリーズ（ICI）各社。

(64) 戦間期，ポーツマスでは巡洋艦7隻と駆逐艦4隻，デボンポートでは巡洋艦9隻，機雷敷設艦1隻，スループ型護衛艦7隻，チャタムでは潜水艦17隻，巡洋艦3隻，スループ艦3隻が建造された（Brown, *A century of naval construction*, pp. 260–1）。またこうした工廠は，1920年代にはカレイジャス（デボンポート），グローリアス（デボンポート），フューリアス（デボンポート）といった艦船の航空母艦への改造も担った。戦艦の改装，1930年代中葉における4隻の戦艦の大々的な近代化も海軍工廠の仕事だった。

(65) *Financial News*, 19 December 1935.

(66) *Jane's fighting ships of World War II* (London : Studio Editions, 1989), p. 24.

(67) Ibid., p. 22.

(68) Scott, *Vickers*, p. 222. 私が知るかぎり，大砲と砲架に関する詳細な歴史研究は Peter Hodges, *The big gun : battleship main armament, 1860–1945* (Greenwich : Conway Maritime, 1981）だけである。残念ながら，これには大砲・砲架の製造に関する情報はほとんどない。John Campbell, *Naval weapons of World War II* (Greenwich : Conway Maritime, 1985）については，本を見つけることができていない。

(69) 1914年以前の兵器産業に関する最良の文献としては，Scott, *Vickers* ; Clive Trebilcock, *The Vickers Brothers : armaments and enterprise 1854–1914* (London : Europa, 1977) ; Warren, *Armstrongs of Elswick* ; and G. Tweedale, *Steel city : entrepreneurship, strategy and*

technology in Sheffield 1743–1993 (Oxford : Clarendon Press, 1995) がある。トレビルコックとトウィーダルは，主要企業での技術の進歩と，そうした進歩への肩入れの重要性を強調している。

(70) Peebles, *Warship building*, ch. 5. Warren, *Steel, Ships and men*, ch. 9 も参照。コベントリー・オードナンス社は，海軍省からビッカース，アームストロング各社ともっと張り合うよう促された。Trebilcock, *Vickers*, p. 93.

(71) Hornby, *Factories and plant*, p. 8.

(72) Gordon, *British seapower and procurement*, pp. 77–9.

(73) しかし，これらの数値には1920年代初期から中葉の分は入っていない。当時，2隻の戦艦および多数の巡洋艦が発注されていた。それでも，全体として生産量が半減したという推定は合理的である。Peebles, *War shipbuildings*, appendix D, p. 169.〔本章註60〕

(74) David K. Brown, *Nelson to Vanguard : warship development 1923–1945* (London : Chatham, 2000), pp. 17–8. ブラウンは正しくインフレ補正を行い，1930年代初頭の海軍の支出は，戦争直前の時期とほぼ同水準であり，これはおそらく多すぎたとしている（上記を参照)。とはいえ，1930年代初期の調達費用の評価は確かに過小である。

(75) Gordon, *British seapower and procurement*, pp. 77–9.

(76) パーマーズ社については，Ellen Wilkinson, *The town that was murdered : the life-story of Jarrow* (London : Gollancz, 1939) を参照。

(77) 各企業にはビッカース＝アームストロング社に合併されなかった部門も存在したし（例えばアームストロング社スコッツウッド工場)，ビッカースとアームストロング両社の製鋼部門はESC社に移ったからである。さらに，戦前期の企業の他の諸部門，例えば航空機や自動車など，多くはビッカース＝アームストロング社には統合されなかった。

(78) 同社の生産量のうち，54％はイギリス政府向け，30％が外国政府向けの武器，残りの16％だけが民用だった (*Financial News*, 30 January 1936)。

(79) *Financial News*, 18 December 1935.

(80) *Financial News*, 2 January 1936.

(81) Gordon, *British seapower and procurement*, p. 193 ; Scott, *Vickers*, p. 222.

(82) David Jeremy 'The hundred largest employers in the United Kingdom in manufacturing and non-manufacturing industries in 1907, 1935 and 1955', *Business History* 33 (1991), 93–111.

(83) ビッカース社は，1914年以前には，圧倒的に兵器企業だったらしい。Trebilcock, *Vickers*, pp. 20–1.

(84) Scott, *Vickers*, p. 220.

(85) Duncan Burn, *The economic history of steelmaking, 1867–1939* (Cambridge : Cambridge University Press, 1961), pp. 438–9 ; J. C. Carr and W. Taplin, *History of the British steel industry* (Oxford : Blackwell, 1962), pp. 439–50.

(86) *Financial News*, 8 January 1935. ジョン・ブラウン社はずっと前からファース社を支配していた。

(87) 1903年から13年の時期にビッカース社は2万6263トンの装甲を生産し，1年当たりでは2,918トンだった（Scott, *Vickers*, p. 59)。1914年の生産高は1万3637トン，1915年には1万1078トンになった。その後の戦時中の生産高は年2,000トンから3,000トンにすぎなかった（Scott, *Vickers*, p. 112)。ESC社は戦間期の全備蓄能力の半分を占めていた。Hornby, *Factories and Plant*, p. 58 ; Gordon, *British seapower and procurement*, pp. 82–5.

(88) Tweedale, *Steel city*, pp. 298–300.
(89) Ibid., pp. 122–9, 133–5, 188–93, 239–56, 297–313.
(90) Ibid., p. 128.
(91) Gordon, *British seapower and procurement*, p. 233.
(92) W. Ashworth, *Contracts and finance* (London : HMSO, 1952), p. 252.
(93) Hornby, *Factories and plant*, pp. 147–54.
(94) M. Moss and J. R. Hume, *Shipbuilders to the world : one hundred years of Harland and Wolff, Belfast 1861–1986* (Belfast : Blackstaff Press, 1986), pp. 221–2 ; Gordon, *British seapower and procurement*, pp. 203–4, 212 ; Hornby, *Factories and plant*, pp. 59–60.
(95) Hornby, *Factories and plant*, p. 164.
(96) Scott, *Vickers*, pp. 218–9, 294.
(97) Hornby, *Factories and plant*, p. 59.
(98) Ibid., pp. 59, 317.
(99) Ibid., p. 150.
(100) Ibid., pp. 150–2.
(101) Scott, *Vickers*, p. 297.
(102) Hornby, *Factories and plant*, p. 83.
(103) イギリスでは，1934 年の航空機市場は，空軍省が 600 万ポンドを出して優勢だった。輸出も大半を軍用機が占め，150 万ポンドに達した。他方，国内の民向け売上高は 50 万ポンドにすぎなかった。Union of Democratic Control Memorandum, *Royal Commission on the Private Manufacture of and Trading In arms, 1935/36, Minutes of evidence*, Cmd 5292 (London, 1935–6), p. 195.
(104) この点は拙著 *England and the aeroplane* の要となる論旨だった。
(105) Elsbeth E. Freudenthal, ‘The aviation business in the 1930s’ in G. R. Simonson (ed.) *The history of the American aircraft industry : an anthology* (Cambridge, MA : MIT Press, 1968)〔G・R・シモンソン編『アメリカ航空機産業発展史』前谷清／振津純雄訳，盛書房 (1978)〕. 1927 年から 33 年にかけて，アメリカ陸海軍との生産・設計契約は，11 の主要航空機製造企業の生産高の 68 % を占めた。輸出売上の大部分が軍用だったので，軍用関連生産高の割合はさらに高かった。Jacob Vander Meulen, *The politics of aircraft : building an American military industry* (Lawrence, KA : University Press of Kansas, 1991), table 3.4, p. 57.
(106) R. Schlaifer and R. D. Heron, *The development of aircraft engines and aviation fuels* (Boston, MA : Harvard University Graduate School of Business Administration, 1950), p. 48.
(107) Ritchie, *Industry and air power* (London : Cass, 1996), p. 21.
(108) Royal Commission, *Minutes of evidence*, p. 434.
(109) *The Aeroplane*, 16 November 1938.
(110) Scott, *Vickers*, p. 264.
(111) 111 Vander Meulen, *Politics of aircraft*, pp. 47–52.
(112) I. B. Holley, ‘A Detroit dream of mass-produced fighter aircraft : the XP–75 fiasco’, *Technology and Culture* 28 (1987), 578–93.
(113) Vander Meulen, *Politics of aircraft*, apps. 2 and 3.
(114) Ibid., app. 3.

(115) Emmanuel Chadeau, *L'industrie aéronautique en France, 1900–1950* (Paris : Fayard, 1987), p. 485.

(116) ハリスが示すところによれば，後にオックスフォードで軍事史の教授になるアーネスト・スウィントンは，自分が戦車を考察したという間違った主張をしたが，これが影響を残した。

(117) カーデン＝ロイド社は非常に軽量の豆戦車を設計し1920年代末にイギリス陸軍が購入した。1928年，同社はビッカース社に吸収され，サー・ジョン・カーデンはビッカース社の重要な戦車設計士となった。ビッカース社は多数の新型軽戦車を製造し，1930年代初頭に採用された。中戦車について言えば，1920年代後期と30年代初期は新たな製造よりも新たな設計の時代だった。ビッカース社はA6「16トン戦車」，A8，ミディアムC，ミディアムMark IIIを，ウーリッジ工廠はA7を設計した。1920年代にビッカース社は32トン「インディペンデント」戦車を製造し，陸軍が実験目的で使用した。1934年から，新世代の巡航戦車と歩兵戦車の設計が始まる。ビッカース社はそのほぼすべてを設計した。A9巡航戦車Mk I（125輛），A10巡航戦車Mk II（175輛），A11歩兵戦車Mk I（マチルダI，139輛）。またビッカース社は試案として歩兵戦車Mk III（バレンタイン）を設計し，1930年代を通じて軽戦車を，1機種（RO Mark III）を除いてすべて設計・供給した。1930年代半ばから末には，新企業が参入してきた。ナフィールド社は，新しいクリスティー式サスペンションやそれに続く多くの開発成果を活かしてA13巡航戦車を設計した。その他の設計企業には，バルカン・ファウンドリー社，ボクスホール社，レイランド社があった。

(118) Harris, *Men, ideas and tanks*. 優れた著作である Harold R. Winton, *To change an army : General Sir John Burnett-Stuart and British armoured doctrine* (Lawrence, KA : University Press of Kansas, 1988) も参照。

(119) 興味深いことに，民主管理連合もフィリップ・ノエル＝ベーカーのどちらもこのようなことは言わなかった。

(120) イギリス共産党を代表して提出された覚書。*Royal Commission, Minutes of evidence*, p. 71.

(121) サー・モーリス・ハンキーの最初の覚書，付録Eの表C。*Royal Commission, Minutes of evidence*. アンソニー・サンプソンは，このデータに基づき，帝国向けは除くことを記しつつ，イギリスは1932年以前，世界最大の兵器輸出国だったと言っている。それでもサンプソンは，この数値には戦艦と航空機が入っていないという事実は見ていない（Anthony Sampson, *The arms bazaar* (London : Coronet, 1978), p. 74（初版は1977））〔アンソニー・サンプソン『兵器市場――国際疑獄の構造』大前正臣訳，ティービーエス・ブリタニカ（1977）〕。

(122) 例えば，Robert Harkavy, *The arms trade and international systems* (Cambridge, MA : Ballinger, 1975) ; Sampson, *Arms bazaar*〔前註〕; Keith Krause, *Arms and the state : patterns of military production and trade* (Cambridge : Cambridge University Press, 1992), ch. 3（ただしこの著作のp. 73では，1930年までビッカース＝アームストロング社は軍艦輸出以外の輸出に関わっていなかったという誤ったことが述べられている）.

(123) Noel-Baker Memorandum, *Royal Commission, Minutes of evidence*, p. 280.

(124)『エアロプレーン』誌は，1936年，イギリスは総計で世界最大の航空機輸出国だったと説いた。*Aeroplane*, 11 November 1936, p. 588. 第三勢力の中では大きな市場だったスペ

インは，イギリスの力について，興味深い説を示している。まず航空機の大半はスペイン製——CASA およびイスパノ・スイザ（HASA）各社製で，エンジンはエリサルデ，イスパノ・スイザ各社製——だったが，設計の大部分は外国製だった。実は，主要な供給元はすべて代理だった。1920 年代後期まで，標準的な航空機は，CASA＝ブレゲ 19，イスパノ＝ニューポール 52，CASA＝ビッカースのビルドビーストだった。デ・ハビランド DH9 とアブロ 504 は練習機として広く使用された。1934〜35 年度の大規模装備更新計画は，スペイン内戦でほとんどが白紙になったが，スペイン製マーチン（アメリカ）双発爆撃機とホーカー・フューリー戦闘機を基礎にしていた。Gerald Howson, *Aircraft of the Spanish Civil War* (London : Putnam, 1990), pp. 5–10.

(125) Paul Kennedy, 'The tradition of appeasement in British foreign policy, 1865–1939' in *Strategy and diplomacy* (London : Fontana, 1984), pp. 15–39.

(126) Hinton, *Protests and visions*.

(127) Lynch, *Beyond appeasement*.

(128) Martin Ceadel, *Semi-detached idealists : the British peace movement and international relations* (Oxford : Oxford University Press, 2000), p. 6.

(129) アラン・ミルウォードは，戦間期のリベラルで国際主義的な，戦争の影響を否定的に考えた政治経済学的戦争観と，戦争の影響を肯定的に評価しただけでなく，国家と社会へと焦点を移した第二次大戦後の戦争観とを対比している。Alan Milward, *The economic effects of the two world wars on Britain*, 2nd edn. (London : Macmillan, 1984)〔A・S・ミルワード『両大戦におけるイギリスの経済的帰結』水上健造訳，文化書房博文社（1990）〕. ロングとウィルソンは，国際関係についての戦間期の思想を再検討した近年の力作で，ほとんど余談として，「経済学は 1945 年以降の国際関係論学界から明らかに排除されてきたが，国際関係論に貢献した主要な学問分野の一つだった」と述べている。David Long, 'Conclusion' to David Long and Peter Wilson (eds.), *Thinkers of the twenty years' crisis : interwar idealism reassessed* (Oxford : Clarendon Press, 1995), p. 307〔デーヴィッド・ロング／ピーター・ウィルソン編『危機の 20 年と思想家たち——戦間期理想主義の再評価』宮本盛太郎／関静雄監訳，ミネルヴァ書房（2002）〕. この本はホブソンやケインズ，ノエル＝ベーカーについての章を設けているにもかかわらず，全体としては残念なことに，この政治経済学の重要性を映し出していない。再評価されているカーの『危機の二十年』における古典的政治経済学批判の重みをふまえれば，この点はなおいっそう驚くべきことである。Andrew Williams, *Failed imagination? New world orders of the twentieth century* (Manchester : Manchester University Press, 1998) は，新しい世界秩序の形成にとっての自由主義的政治経済学の重要性を説き，興味深い一章をこのテーマに割いているが，この著作の重点は政治学的理解にある。

(130) 戦後の国際関係論学者が政治経済学の訓練を受けなかったこと，第二次世界大戦後の国際関係論という新しい学問領域から政治経済学が消えたことは，この分野を創出した人々が同じ領域の光で見られていたということである。近年の経済史家も，なぜこれほど戦争の経済学が未発達なのかを疑問に思っている。Craufurd D. Goodwin, 'Introduction', in *Economics and national security : a history of their interaction* (Durham, NC : Duke University Press, 1991) を参照。また，Gavin Kennedy, *Defence economics* (London : Duckworth, 1975) の歴史に関する序論も参照。この本は，もっぱら著名な経済学者とその戦争に関する発言を取り上げている。A. C. Pigou, *The political economy of war* (London :

Macmillan, 1921 and 1940）〔ピグー『戦争経済』内山脩策訳，外務省調査部（1941）〕; Arthur Bowley, *Some economic consequences of the Great War* (London : Butterworth, 1930) ; E. F. M. Durbin, *How to pay for the war* (London : Routledge, 1939) ; Lionel Robbins, *The economic causes of war* (London : Cape, 1939) ; J. M. Keynes, *How to pay for the war* (London : Macmillan, 1940)〔ケインズ「戦費調達論——大蔵大臣に対するラディカルな計画案」『世界の名著 57 ケインズ／ハロッド』宮崎義一／伊東光晴編，中央公論社（1971）〕; J. E. Meade, *The economic basis of a durable peace* (London : Allen & Unwin, 1940) ; J. Keith Horsefield, *The real cost of the war* (Harmondsworth : Penguin, 1940)〔キート・ホースフィールド『イギリス戦費の実態』川喜多孝哉訳，国際書房（1944）〕; R. W. B. Clarke, *The economic effort of war* (London : Allen & Unwin, 1940) ; A. J. Brown, *Applied economics : aspects of the world economy in war and peace* (London : Allen & Unwin, 1948) を参照。

(131) Viscount Cecil による，Noel-Baker et al., *Challenge to death* への序文, pp. vii–ix.

(132) *The next five years : an essay in political agreement* (London : Macmillan, 1935), pp. 220–1.

(133) Robbins, *The economic causes of war*, p. 98.

(134) 1939年9月，ロビンズは「ヨーロッパ合衆国」の創立を提唱した（Robbins, *The economic causes of war*, p. 98 他随所）。戦前の時期には，アメリカ合衆国，白人自治領，西欧民主国家による「連邦」という理念がアメリカ人クラレンス・K・ストレイトによって提起され，相当な支持を得た。例えば，W. B. Curry, *The case for federal union* (Harmondsworth : Penguin Special, 1939) を参照。

(135) トレントマンが自由主義的コンセンサスの終焉を説いたことは確かに正しい。Frank Trentman, 'The strange death of free trade : the erosion of "liberal consensus" in Great Britain, c. 1903–1932', in Eugenio Biagini (ed.), *Citizenship and community : liberals, radicals and collective identities in the British Isles, 1865–1931* (Cambridge : Cambridge University Press, 1996), pp. 219–50.

(136) Robbins, *The economic causes of war*, 1939年9月16日付の序文。

(137) Edwin A. Roberts, *The anglo-marxists : a study in ideology and culture* (Lanham, MD : Rowman and Littlefield, 1997), 特に第3章を参照。

(138) Palme Dutt, *World politics*, p. 183.〔本章註 41〕

(139) Ibid., p. 184.

(140) John Strachey, *The theory and practice of socialism* (London : Gollancz, 1936), pp. 248–9.

(141) カーのこの著作が国際関係をめぐる思考に「クーン的」パラダイムシフトをもたらしたと見られていることに目を向けるとおもしろい。知識社会学が変化を起こし，その上でその変化を分析するために用いられるという事例なのである。Charles Jones, 'Carr, Mannheim, and a post-positivist science of international relations', *Political Studies* 45 (1997), 232–46 も参照。戦間期における大陸の知識社会学の議論に関しては，David Frisby, *The alienated mind : the sociology of knowledge in Germany, 1918–1933*, 2nd edn. (London : Routledge, 1992) を参照。イデオロギー的変容が（通例他者の）知識の性質について意識的な考察を含んでいることは，当のイデオロギー的変容の顕著な特徴である。本書に出てくる関連する例は，1930年代のマルクス主義政治経済学者で科学者，知識哲学との関連で経済計画を再検討した「オーストリア派」（ハイエク，ポランニー），およびペリー・アンダーソンがイギリス国民文化批判をする際に展開した「無知の社会学」であ

る。Perry Anderson, 'Components of the national culture'（1968), Perry Anderson, *English questions*（London : Verso, 1992), pp. 48–104 に転載されたもの。「マンハイムは知識社会学を提唱した。それは，ここで言うところの無知の社会学である」（p. 56)。アンダーソンは，この影響力があった論文において，イギリス社会学における経験主義の伝統と，マンハイムとポパー（そしてマイケル・ポランニー）を含む，とりわけ旧オーストリア＝ハンガリー帝国からの「白人移民」を大きく取り上げている。

(142) E. H. Carr, *The twenty years' crisis*, 1919–1939, 2nd edn.（London : Papermac, 1995), p. 65（初版は 1939，第 2 版は 1946), p. 110.〔E・H・カー『危機の二十年——理想と現実』原彬久訳，岩波文庫（2011)〕

(143) Ibid., pp. 115–20.

(144) Ibid., p. 39.

(145) Ibid., p. 58.

(146) カーの著作が出版される以前でさえ，こうした言い方は広まっていた。

> 我々の外交政策は，いわゆる「リアリズム」という，名誉を利益追求と引き換えにする近視眼的で狭い利己心を意味するものによって決定されるのか，それとも，「観念論」という，国際法と国際的正義を支持し，我々の外交政策がどうであれ，我が国と，民主主義的見解をともにする他の国と，それとは異なる独裁国との相対的な力によって影響されざるをえないと信じることを意味するものによって決まるのか。（Hugh Wansey Bayly, *Air challenge and the locusts*（London : John Lane the Bodley Head, 1939), p. 3, 1938 年 12 月付の序文）

この著者はハーレー街の医者であり，空軍力と再軍備を信奉していた。

(147) J. D. B. Miller, 'Norman Angell and rationality in international relations', in *Long and Wilson, Thinkers*, pp. 114–6 を参照。〔本章註 129〕

(148) Norman Angell, *Why freedom matters*（Harmondsworth : Penguin, 1940), ch. 3, 'Hitler's intellectual allies in Britain'. また，William Beveridge, *The price of peace*（London : Pilot Press, 1945), pp. 41–2 も参照。

(149) Donald S. Birn, *The League of Nations Union, 1918–1945*（Oxford : Clarendon Press, 1981）はこの点を明らかにしている。

(150) しかし，セシルは非常に独特な見方をとっていた。曰く，この投票は「それが我が国民に対する中傷」であることをはっきり示しており，「イギリス国民は国際連盟規約上の義務を果たそうとしない，国際平和を脅かす無法行為を抑止するために自らの財産，ましてや生命を危険にさらすようなことは絶対にしない」と言っているような，我々国民を誹謗するものだ，と。Viscount Cecil, 'Conclusion' to Dame Adelaide Livingstone, *The peace ballot : the official history*（London : Gollancz, 1935), pp. 61–2. 1945 年には，それが平和主義の結果ではないことも，これまた確固たるリベラリスト，サー・ウィリアム・ベバリッジによって強調された。Beveridge, *The price of peace*, p. 28.

(151) Stephen Koss, *The rise and fall of the political press in Britain*（London : Fontana, 1990), p. 976（初版は 1981).

(152) Norman Angell, *The great illusion : a study of the relation of military power in nations to their economic and social advantage*, 3rd edn.（London : Heinemann, 1911), p. 217.

(153) Ibid., p. 219.

(154) Norman Angell, *The steep places*（London : Harnish Hamilton, 1947), p. 8.

(155) Angell, *Great illusion*, p. 278, 引用は1909年版。

(156) Victor Feske, *From Belloc to Churchill : private scholars, public culture and the crisis of British liberalism, 1900–1939* (Chapel Hill, NC : University of North Carolina Press, 1996), pp. 208, 214, 227.

(157) *The great illusion–now* (Harmondsworth, 1938). エンジェルのファシズムへの非常に強固な反対は，'Vigilantes' (Konni Zilliacus のペンネーム), *Between 2 wars* (Harmordsworth : Penguin 1939) に寄せた序論に明らかである。

(158) 例えば，A・J・バルフォアは1912年にこう述べている。

> 国防問題に関心を寄せる人々が，どんなに明らかに見えてもほとんど考慮に入れていないことが他にもある。それは金の問題である。現在，どれほどの犠牲を払ってでも，我々の安全保障のためには必要な資金はすべて調達しなければならない。しかし，軍備の負担はすでに巨大であり，それを増大させるならば，負担可能な最も少ない額で望むものが得られるように増やさざるをえない。……国の安全保障の観点からは，資金を海軍の強化に費やすことが賢い選択となるのではないか。……十分な海軍があれば，海岸のみならず商業をも守ることができるということを忘れないようにしよう。陸軍が十分でも，それは海岸を守ることしかできない。

Blanche Dugdale, *Arthur James Balfour, earl of Balfour*, 2 vols. (London : Hutchinson, 1936), II, p. 58 に引用されたもの。実は，19世紀後半の海軍力の最大の支持者，マハン提督はアメリカ人だった。マハンはイギリスとアメリカを「島国民主国家」と考え，大規模な陸軍を避け，海軍の方を選ぶと見た。「市民の大半が，一群の人々に金を払って自分たちのために戦わせる」(B. Semmel, *Liberalism and naval strategy : ideology, interest, and sea power during the Pax Britannica* (London : Allen & Unwin, 1986), p. 179 に引用されたもの)。

(159) 補助的な武器が二つあった。つまり，同盟国への補助金や供与，および小規模の派遣軍である。Basil Liddell Hart, *The defence of Britain* (London : Faber and Faber, 1939), p. 44. ミアシャイマーは，リデル＝ハートは1933年以後，この英国流を放棄したという誤った主張をしている（Mearsheimer, *Liddell Hart and the weight of history*, p. 93）。

(160) Liddell Hart, *Defence of Britain*, pp. 45–6. 「英国流」は，結果として大陸流となるものと対比された。

> 人間集団の理論は，ワーテルローから世界大戦までの軍隊精神を支配した。この怪物は，ナポレオンが生んだ，フランス革命の子だった。それを軍隊の世界にもたらした助産婦はプロイセンの，見通せないほど深い戦争思想家，クラウセヴィッツだった……

さらにその先では「その三重の帰結はこうなる。戦争がますます避け難くなり，首尾よく遂行し難くなり，とことん疲弊する以外に終結させ難くなるということである」とも論じている（pp. 27–8）。

(161) Edgerton, 'Liberal militarism and the British state'.

(162) Alfred Zimmern, *Quo Vadimus? A public lecture delivered on 5 February 1934* (London : Oxford University Press, 1934), pp. 35, 36.

(163) Keynes, *How to pay for the war*〔本章註130〕; Clarke, *The economic effort of war* ; Durbin, *How to pay for the war*, G. Crowther, *Ways and means of war* (Oxford : Oxford University Press, 1940).

(164) Crowther, *Ways and means of war*, ch. 2.

(165) Ibid., p. 167. 成長の水準（一人当たり所得）の重要性は，近年，Mark Harrison, 'The economics of World War II : an overview', in Mark Harrison (ed.), *The economics of World War II : six Great Powers in international comparison* (Cambridge : Cambridge University Press, 1998), pp. 1-42 で強調されている。ハリソンのようなソ連戦争経済の研究者にとっては明らかなことだろうが，イギリスについての専門家たちはこの点を無視してきた。

(166) Clarke, *The economic effort of war*, pp. 221-50.

(167) H. K. Hancock and M. M. Gowing, *British war economy* (London : HMSO, 1949), p. 101.〔H・K・ハンコック／M・M・ゴーイング『第2次大戦を中心とする英国の戦争経済』経済企画庁計画部訳，経済企画庁計画部（1956)〕

(168) Ibid., p. 103.

(169) Ibid.

第2章　戦争国家とイギリスのナショナル化 1939～55年

(1) George Orwell, 'Democracy in the British army', *Left Forum* September 1939, *The collected essays, journalism and letters of George Orwell*, vol. I : *An age like this, 1920-1940* (Harmondsworth : Penguin, 1970), p. 444 に再録されたもの〔ジョージ・オーウェル「イギリス陸軍における民主主義」『オーウェル著作集 I』鶴見俊輔ほか訳，平凡社 (1970)〕。

(2) Ewan MacColl, *Uranium 235 : a documentary play in eleven episodes* (Glasgow : William MacLellan, 1948), p. 11.

(3)『オックスフォード英語辞典』は，ジマーンの著作物には「福祉国家」という語は出てこないとしている。しかし，Peter Hennessy, *Never again : Britain 1945-1951* (London : Cape, 1992), p. 121 は，Alfred Zimmern, *Quo Vadimus? A public lecture delivered on 5 February 1934* (London : Oxford University Press, 1934) に出ていることを示す。

(4) E. H. Carr, *The twenty years' crisis, 1919-1939*, 2nd edn. (London : Papermac, 1995), p. 65 (初版は 1939，第2版は 1946), p. 110.〔第1章註 142〕

(5) William Temple, *Citizen and Churchman* (London : Eyre & Spottiswoode, 1941) を引いている。

(6) Zimmerm, *Quo Vadimus?*, pp. 35, 36.

(7) James E. Cronin, *Labour and society in Britain, 1918-1979* (London : Batsford, 1984) . 第7章は「社会民主主義の勝利，1940～1948」と題されている。

(8) Martin Pugh, *State and society : a social and political hisrory of Brirain*, 2nd edn. (London : Arnold, 1999) は，戦時と戦後の国家を「慈恵」国家の項で取り上げ，お決まりの福祉国家とケインズ時代に言及している。

(9) Philip Harling, *The modern British state : an historical introduction* (Cambridge : Polity, 2001).

(10) 例えば以下を参照。Harold Smith (ed.), *War and social change : Britain in the Second World War* (Manchester : Manchester University Press, 1986) ; Penny Summerfield, *Women workers in the Second World War : production and patriarchy in conflict* (London : Croom Helm, 1984) and *Reconstructing women's wartime lives : discourse and subjectivity in oral histories of the Second World War* (Manchester : Manchester University Press, 1998) ; Jose

Harris, 'Society and the twentieth-century Britain' in F. M. L. Thompson, *Cambridge social history of Britain*, vol. III : *Social agencies and institutions* (Cambridge : Cambridge University Press, 1990), pp. 63–118 ; Tom Ling, *The British state since 1945 : an introduction* (Cambridge : Polity, 1998) ; Lawrence Black, et al., *Consensus or coercion : the state, the people and social cohesion in post-war Britain* (Cheltenham : New Clarion Press, 2001).

(11) H. N. Brailsford, *Property or peace?* (London : Gollancz, 1934), p. 229.

(12) ナチス・ドイツの台頭に対する左派やリベラル派の態度は混乱していたが，それは右派も同じだった。ただ，こちらは軍備増強には熱心だった。極右の態度についてはある程度の一般化ができて，帝国孤立主義者で，イギリス帝国が脅かされるまでは，大陸で起こっていたことにはたいてい無関心だった（例えば，レオ・エイメリー，ロード・ウォルマー，ロード・ロイド）。ナチス支持の軍国主義者（フランシス・イェーツ＝ブラウン，アンソニー・ルードービチ，アーノルド・リース，ウィリアム・ジョイス）は宥和派にとどまり（G. C. Webber, *The ideology of the British right 1918–1939* (London : Croom Helm, 1986), pp. 113–5），カトリックとナチスの二種類の「右翼超国家主義」に連なる人々もそうだった (Webber, *Ideology*, pp. 122–7)。

(13) E. Halevy, 'Socialism and the problem of democratic parliamentarism', 1934年4月24日，チャタムハウスで行われた演説。*The era of tyrannies : essays on socialism and war* (London : Allen Lane, 1967), p. 201 に転載されたもの。

(14) D. C. Watt, *Too serious a business : European armed forces and the approach to the Second World War* (London : Norton, 1992)（初版は1975), pp. 9, 13.

(15) Franz Borkenau, *The totalitarian enemy* (London : Faber and Faber, 1940), p. 13.

(16) Ibid., p. 14.

(17) W. K. Hancock and M. M. Gowing, *British war economy* (London : HMSO, 1949), p. xv.〔第1章註167〕

(18) Ibid., p. xvi.

(19) A・E・G・ロビンソンの「資源の全体的割当」についての章は，割当での生産省の役割に関するものだが，戦時経済全体について優れた構図を示している。D. N. Chester (ed.), *Lessons of the British war economy* (Cambridge : Cambridge University Press, 1951).

(20) S. Broadberry and P. Howlett, 'The United Kingdom : "victory at all costs"', in Mark Harrison (ed.), *The economics of World War II : six great powers in international comparison* (Cambridge : Cambridge University Press, 1998), pp. 43–80. また，K. Jeffreys, *The Churchill coalition and wartime politics, 1940–1945* (Manchester : Manchester University Press, 1991), ch. 3 にある調査も参照。

(21) S. Newton and G. Porter, *Modernisation frustrated : the politics of industrial decline in Britain since 1900* (London : Unwin Hyman, 1988).

(22) F. H. Longstreth, 'State economic planning in a capitalist society : the political sociology of economic policy in Britain, 1940–1979', 未公刊の博士論文, London School of Economics (1983) および F. Longstreth, 'The City, industry and trade' in Colin Crouch (ed.), *State and economy in contemporary capitalism* (London : Croom Helm, 1979) ; Keith Middlemas, *Power, competition and the state, I : Britain in search of balance, 1940–1961* (London : Macmillan, 1986) ; Correlli Barnett, *The audit of war* (London : Macmillan, 1986).

(23) 戦時の経済運営の適切な全体像が得られる総合的な典拠を私は二点しか知らない。

Alan Milward, *War, economy and society*（London : Allen Lane, 1977）および J. M. Lee, *The Churchill coalition*（London : Batsford, 1980）である。

（24）B. W. E. Alford, Rodney Lowe and Neil Rollings, *Economic planning 1943–1951 : a guide to documents in the Public Record Office*（PRO Handbook no. 26）（London : HMSO, 1992）.

（25）John Jewkes, *Ordeal by planning*（London : Macmillan, 1948）は，戦時計画ではなく，労働党政権による戦後計画に関するものである。Oliver Franks, *Central planning and control in war and peace*（London : London School of Economics, 1947）は，戦時と平時の違いについて基本的なところを描いている。

（26）Sidney Pollard, *The development of the British economy, 1914–1980*, 3rd edn.（London : Arnold, 1983）, p. 272.

（27）Roger Middleton, *Government and market : the growth of the public sector, economic management and British economic performance, c. 1890–1979*（Cheltenham : Elgar, 1996）.

（28）T. J. Hatton and R. E. Bailey, 'Seebohm Rowntree and the postwar poverty puzzle', *Economic History Review* 53（2000）, 544–64.

（29）Charles Webster, *Health services since the War*（London : HMSO, 1988）, I, pp. 12–3. 保健への公的支出は国民総生産の約 1.2 % だった。T. Cutler, 'Dangerous yardstick? Early cost estimates and the politics of financial management in the first decade of the National Health Service', *Medical History* 47（2003）, 217–38 も戦争をはさんだ比較をしていない。

（30）Webster, *Health services*, pp. 133–4 を参照。ただし，ウェブスターは必須の戦時インフレの補正を行っていないらしい。

（31）驚くべきことに，ミドルトンの再評価ではこの点は触れられていない。Karen A. Rasler and William R. Thompson, *War and state making : the shaping of global powers*（London : Unwin Hyman, 1989）の興味深い第 5 章で論じられた，福祉支出と戦争支出の関係も触れられていない。こちらの著作は，第一次大戦後の英・米・仏と比較した，非軍事支出と軍事支出両方の増加を記している。

〔＊〕原著の原文は "In 1953 defence took over 30 per cent of public expenditure (net of debt interest), while health and social security took 26 per cent (see table 2.2)." であったが，著者のエジャトン氏自身からこの一文の齟齬について指摘があり，以下のように原文を差し替えるよう提案がなされた。"In 1952 defence consumption by the state was more than three times greater than state health consumption, and almost twice as great as consumption of all the social services taken together, excluding of course transfer payments (see table 2.2)." 本訳書ではこちらの訳文を採用している。

（32）José Harris, 'Enterprise and welfare states : a comparative perspective', *Transactions of the Royal Historical Society* 40（1990）, 175–95，特に 179–82.

（33）G. A. Campbell, *The civil service in Britain*（Harmondsworth : Penguin, 1955）, p. 95.

（34）Campbell, *Civil service*, p. 100.

（35）D. N. Chester and F. M. G. Willson, *The organisation of British central government*, 2nd edn.（London : Allen & Unwin, 1968）, table XVIII, p. 328.

（36）Royal Commission on the Civil Service, *Introductory factual memorandum relating to the civil service submitted by the Treasury*, 1930, vol. x, Cmd 3909（London : HMSO, 1931）.

（37）Central Statistical Office, *Statistical digest of the war*（London : HMSO, 1951）, table 32.

（38）F. M. G. Willson, 'Coping with administrative growth : super-departments and the ministerial

cadre 1957–77' in David Butler and A. H. Halsey (eds.), *Policy and politics : essays in honour of Norman Chester* (London : Macmillan, 1978), p. 38.

(39) Willson, 'Administrative growth', p. 38 および, Royal Commission on the Civil Service, *Introductory factual memorandum* を元に計算した。

(40) *Statistical digest of the war*, table 9.

(41) 徴兵制廃止という内政問題については, Martin S. Navias, 'Terminating conscription? the British National Service controversy, 1955–1956', *Journal of Contemporary History* 24 (1989) 195–208 を参照。1947年に提出された法案では, 当初, 兵役期間は1年半とされたが, 1年に引き下げられた。

(42) Middlemas, *Britain in search of balance*, pp. 20, 30. また, A. Calder, *The people's war* (London : Cape, 1969), pp. 102, 270 と対照のこと。ミドルマスは, 労働・兵役省に関する後の記述で, マンパワー予算の重要性を強調しつつも, 主要な支配権は戦時内閣の手にあり, 実際には労働・兵役省の戦時の主たる役割は労働問題に限られていたことを明らかにした。Sir Geoffrey Ince, *The Ministry of Labourand National Service* (London : Allen & Unwin, 1960), p. 42. 著者のインスは数学者だった。

(43) 供給がほとんど増加しなかった枢要な原料, 鋼鉄の配分の仕組みについては, Peter Howlett, 'Resource allocation in wartime Britain : the case of steel, 1939–1945', *Journal of Contemporary History* 29 (1994), 523–44 を参照。

(44) Hancock and Gowing, *British war economy*, 特に pp. 443, 450〔第1章註167〕。George Peden, *The treasury and British public policy, 1906–1959* (Oxford : Oxford University Press, 2000), p. 307.

(45) たいていは暗黙のうちに言われているこの論旨を明示的に述べた希有な文献として, Andrew Cox and Joe Sanderson, 'The political economy of Britain since 1939' in Andrew Cox, Simon Lee and Joe Sanderson, *The political economy of modern Britain* (Cheltenham : Elgar, 1997), pp. 13–14 を参照。

(46) Robert Skidelsky, *John Maynard Keynes : fighting for Britain, 1937–1946* (London : Macmillan, 2000), p. 67.

(47) 例えば, ライオネル・ロビンズは内閣府経済部門の長で, 著名な反計画派だった。航空機生産省（MAP）の計画局長には, 相次いでマンチェスターのリベラル派——ジョン・ジュークス, イーライ・デボンズ——が就いた。

(48) 1930年代の社会主義経済学者については, Daniel Ritschel, *The politics of planning* (Oxford : Clarendon Press, 1997) を参照。1940年代の計画にエコノミストの関与がなかったことについては, Jim Tomlinson, *Democratic socialism and economic policy : the Attlee years, 1945–1951* (Cambridge : Cambridge University Press, 1997), ch. 6 を参照。

(49) C. H. Feinstein, *National income, expenditure and output of the United Kingdom 1855–1965* (Cambridge : Cambridge University Press, 1972) table 19, public authorities' current expenditure on goods and services as percentage of GDP.

(50) David G. Anderson, 'British rearmament and the "merchants of death" : the 1935–6 Royal Commission on the private manufacture of and trading in arms', *Journal of Contemporary History* 29 (1994), 5–37 を参照。

(51) Lord Chatfield, *It might happen again*, vol. II : *The navy and defence* (London : Heinemann, 1948), p. 34 ; G. A. H. Gordon, *British seapower and procurement betweenthe wars : a*

reappraisal of rearmament (London : Macmillan, 1988).

(52) Gordon, *British seapower and procurement, my England and the aeroplane* (London : Macmillan, 1991) and Sebastian Ritchie, *Industry and air power : the expansion of British aircraft production, 1935–1941* (London : Cass, 1997).

(53) *Guilty men* (London : Gollancz, 1940) は，ビーバーブルックが経営するメディアのジャーナリストたちの作品であり，その一人が，『イブニング・スタンダード』紙の編集者，マイケル・フットだった。テイラーはビーバーブルックの伝記を書くことになる。A. J. P. Taylor, *Beaverbrook* (London : Hamilton, 1972).

(54) A. J. Robertson, 'Lord Beaverbrook and the supply of aircraft, 1940–1941' in A. Slavenand D. H. Aldcroft (eds.), *Business, banking and urban history* (London : John Donald, 1982), pp. 80–100 ; D. E. H. Edgerton 'State intervention in British manufacturing industry, 1931–1951 : a comparative study of policy for the military aircraft and cotton textile industries', 未公刊の博士論文, University of London (1986) ; A. Cairncross, *Planning in wartime : aircraft production in Britain, Germany and the USA* (London : Macmillan, 1991).

(55) *Statistical digest of the war*, table 9 ; H. M. D. Parker, *Manpower* (London : HMSO, 1957), table II, p. 483. 1945年段階では，非軍事部門は1000万人を雇用し，女性労働者は600万人いた。

(56) *Statistical digest of the war*, tables 19–29. これらの数値にはしかるべき比率の現業公務員が含まれている。この点は産業諸表でははっきりしないが，同書 p. 211 の，公務員の雇用状況を取り上げた tables 32–33 を参照する註にある。

(57) Harold Wilson, *Post-war economic policies in Britain* (London : Fabian Society, 1957), p. 2.

(58) Ibid., pp. 3–5.

(59) 例えば A. Cairncross, *Years of recovery : British economic policy, 1945–1951* (London : Methuen, 1985, 1987), p. 13.

(60) Philip Redfem 'Net investment in fixed assets in the United Kingdom, 1938–1953', *Journal of the Royal Statistical Society* Series A 118 (1955), 10–182. バーナはレッドファーンがこれを過小評価したと言っている。T. Barna 'The replacement cost of fixed assets in British manufacturing industry in 1955', *Journal of the Royal Statistical Society* Series A120 (1957).

(61) ケインズは，イギリスが武器貸与法以前に20億ドルを出してアメリカに兵器工場を建設し，これらの工場は，後に支払いなしで「売却」されたと主張した。Skidelsky, *John Maynard Keynes*, p. 94.

(62) Sir Norman Chester, *The nationalisation of British industry 1945–51* (London : HMSO, 1975), pp. 238, 257, 274, 315 を参照。

(63) 'Financial development of the Main SBAC firms from the beginning of the rearmament period', AVIA 65/1731, PRO.

(64) ICI社は政府を代理して5850万ポンド，自社勘定で2000万ポンドを出資した。W. J. Reader, *Imperial Chemical Industries : a history*, vol. II (London : Oxford University Press, 1975), p. 254.

(65) G. A. Dean 'The stock of fixed capital in the United Kingdom in 1961', *Journal of the Royal Statistical Society* Series A 127 (1964), 33–5.

(66) Dean 'Stock of fixed capital', table III, pp. 348–9.

(67) A. J. P. Taylor, *English history 1914–1945* (Oxford : Clarendon Press, 1965), p. 600〔第1章

註3〕. 1990年代初期，現代イギリス史研究所での学会で，エリック・ホブズボームは，戦後イギリスの産業状況に自己満足があった一例としてこの一節を引用した。

(68) 例えば，Carl Glatt, 'Reparations and the transfer of scientific and industrial technology from Germany : a case study of the roots of British industrial policy and of aspects of British occupation policy in Germany between post-World War II reconstruction and the Korean War, 1943–1951', 未公刊の博士論文, European University Institute, Florence, 3 vols. (1994), III, pp. 1068–79を参照。

(69) W. Hornby, *Factories and plant* (London : HMSO, 1958), pp. 240–2.

(70) Ibid., pp. 262–3.

(71) Ibid., p. 255.

(72) Ibid., pp. 256, 258. このフォードの工場は，マーリン・エンジンを大規模に製造した。

(73) Ibid., p. 262. 数値はすべてが明らかになってはいないが，影の企業は航空エンジン労働者全体の約30％を雇用していた。つまり，70％は従来からの企業に雇用されていた。

(74) Ibid., p. 262.

(75) Ibid., p. 154.

(76) Ibid., pp. 183–90.

(77) Peter Beale, *Death by design : British tank development in the Second World War* (Stroud : Sutton, 1998), 随所。M. M. Postan, D. Hay and J. D. Scott, *Design and development of weapons* (London : HMSO, 1964), ch. 13 and app. VII.

(78) Postan et al., *Design and development of weapons*, p. 352.

(79) Hornby, *Factories and plant*, p. 382.

(80) Ibid., p. 170. 残りの100万人のうち，半数は兵器会社（20万人）やロイヤル・オードナンスの工場（24万人）に，残りの半数は，その他の企業で雇用されていた。

(81) W. Ashworth, *The state in business : 1945 to the mid-1980s* (London : Macmillan, 1991), pp. 17–8. 現実に生じた公的所有への移行について，公式の歴史は間違っていることも強調しておかなければならない。Edgerton 'State intervention', p. 145を参照。

(82) Ashworth, *State in business*, p. 60.

(83) CSO, *National income and expenditure, 1946–1953* (August 1954), table 36.

(84) Peter Burnham, 'Rearming for the Korean War : the impact of government policy on Leyland motors and the British car industry', *Contemporary Record* 9 (1995), 361. バーナムは，この投資はプラスの成果を生み，再軍備の影響を評価に含めるべきだと論じている。

(85) Ely Devons, 'The aircraft industry' in Duncan Burn (ed.), *The structure of British industry*, vol. II (Cambridge : Cambridge University Press, 1958), p. 80.

(86) Ministry of Aviation, *Report of committee of enquiry into the aircraft industry*, Cmnd 2853 (1965) (Plowden Committee), table IV.

(87) *The next five years : an essay in political agreement* (London : Macmillan, 1935), p. 292.

(88) F. W. S. Craig, *British general election manifestos 1900–1974* (London : Macmillan, 1975).

(89) Arthur Henderson, *Labour's way to peace* (London : Methuen, 1935), p. 45.

(90) Labour Party Defence Sub-Committee, 'Preliminary memorandum on public ownership and control of the arms industry', December 1937 (Labour Party Archives). しかし，この文書は非常に大ざっぱで数々の難点が目につき，さらなる調査が求められる。また，'Memorandum on Industrial Policy relating to defence : a plan for Labour', Defence Sub-Committee April

1938 も参照。これは，「国立組立工場」としての影の工場の引き継ぎだけを提案している。1938 年の軍需省に関する報告書（‘A Ministry of Supply’ December 1938）は，情報量が多く大部だが，大々的な権限や所有権の革新を唱えていない。いずれも Fabian Society Papers, J 36/3, LSE Archives 所収。

(91) Labour party, *Labour and the armed forces* (London : Labour Party, 1939).

(92) *Report of the Royal Commission on the Private Manufacture of and Trading in Arms* (*1935-36*), Cmd. 5292 (1936), paras. 127-30.

(93) サー・ヘンリー・ティザードよりサー・キングスリー・ウッド（空軍大臣）宛，1938 年 10 月 11 日付, AVIA 10/306, PRO ; また，ティザードよりテダー空軍少将宛，1938 年 10 月も参照。R. W. Clark, *Tizard* (London : Methuen, 1965), p. 175 に引用されたもの。

(94) 1939 年 1 月 25 日開催の会合メモ，Air Ministry, AVIA 10/306, PRO.

(95) AVIA 15/1915, PRO の各文書を参照。

(96) Minutes of War Cabinet Reconstruction Committee, 20 December 1943, CAB 87/5, R (43) 1st meeting, PRO.

(97) D. E. H. Edgerton, ‘Technological innovation, industrial capacity and efficiency : public ownership and the British military aircraft industry, 1935-1948’, *Business History* 26 (1984), 247-79 を参照。

(98) Labour party, *Report of the 44th Annual Conference, 1945* (1945), pp. 149-50. この争点は 1946 年には出てこなかった。

(99) R. Croucher, *Engineers at war* (London : Merlin, 1982), pp. 326-40.

(100) *TUC Report 1945*, pp. 358, 360. *TUC Report 1946*, Report of the General Council.

(101) Richard Williams-Thompson, *Was I really necessary? Reminiscences of a public relations officer* (London : World’s Press News, 1951), pp. 86-95.

(102) ‘The Aircraft Industry 1948’, RD 182 Memorandum, Labour Party Archives. また，Sub-Committee on Industries for Nationalisation, Minutes, 8 November 1948, 8 December 1948 も参照。John Freeman MP, ‘Memorandum on the aircraft industry’, 26 October 1948, RD 181, Labour Party Archives.

(103) *Conference of the Labour Party, 1953*, pp. 125-6.

(104)「……私はコメットがカルカッタ〔現コルカタ〕の飛行場に着陸したときに生じた興奮と関心を，ほんの何週間か前見たばかりだ」。*Conference of the Labour Party, 1953*, p. 127.

(105) *The Economist*, 6 October 1946 ; *British Industries* 31, no. 9, p. 231.

(106) *Report to the Comptroller and Auditor General, civil appropriations account* (*Class IX*) *1949/50*, p. vii, Parliamentary Papers (PP) 1950/51, vol. XXV.

(107) R. Jones, and O. Marriott, *Anatomy of a merger* (London : Cape, 1970), p. 177.

(108) Kenneth Warren, *Steel, ships and men : Cammell Laird, 1824-1993* (Liverpool : Liverpool University Press, 1998), p. 273.

(109) Sir Frank Whittle, *Jet : the story of a pioneer* (London : Mueller, 1953), p. 263 に引用されたもの。

(110) Whittle, *Jet*, p. 302.

(111) ホイットルのエンジン開発における既存の航空機エンジン会社の役割を強調し，したがってパワー・ジェット社の重要性を低く見る修正主義的叙述としては，Andrew Na-

hum, 'World war to cold war : formative episodes in the development of the British aircraft industry, 1943–1965', 未公刊の博士論文, University of London (2002), ch. 3 を参照。

(112) J. D. Scott, *Vickers : a history* (London : Weidenfeld and Nicolson, 1962), p. 302.

(113) Scott, *Vickers*, pp. 353, 358.

(114) S. R. Twigge, *The early development of guided weapons in the United Kingdom 1940–1960* (Amsterdam : Harwood Academic, 1993).

(115) Margaret Gowing, *Britain and atomic energy, 1939–1945* (London : Macmillan, 1964) および *Independence and deterrence : Britain and atomic energy 1945–1952*, vol. I : *Policy making* (London : Macmillan, 1974).

(116) E. L. Hargreaves and M. M. Gowing, *Civil industry and trade* (London : HMSO, 1952) を参照。また, Ina Zweiniger-Bargielowska, *Austerity in Britain : rationing, controls and consumption, 1939–1955* (Oxford : Oxford University Press, 2000) も参照。

(117) Edgerton, 'State intervention' ; Marguerite Dupree (ed.), *Lancashire and Whitehall : the diary of Sir Raymond Streat 1931–1957*, 2 vols. (Manchester : Manchester University Press, 1987) ; 'The cotton industry, overseas trade policy and the cotton board 1940–1959', *Business History* 32 (1990), 106–28 ; 'The cotton industry : a middle way between nationalisation and self-government?' in Helen Mercer, Neil Rollings and Jim Tomlinson (eds.), *Labour governments and private industry : the experience of 1945–1951* (Edinburgh : Edinburgh University Press, 1992), pp. 137–61. 1930年代は, Julian Greaves, 'Competition, collusion and confusion : the state and the reorganisation of the British cotton industry, 1931–1939', *Enterprise and Society* 3 (2002), 48–79 であらためて検討されている。

(118) J. M. Lee, *Reviewing the machinery of government, 1942–1952 : a study of the Andersoncommittee and its successors* (謄写版, 1977), p. 96. 商務院の政策だけが検討対象として提出されたという印象が与えられている。Middlemas, *Power, competition and the state* ; J. F. O. MacAllister, 'Civil science policy in British industrial reconstruction, 1942–1951', 未公刊の博士論文, University of Oxford (1986) ; Barnett, *The audit of war*, ch. 13, 'Tinkering as industrial strategy' を参照。

(119) 'Report of the steering committee on post war employment policy', paras. 280–9, CAB 87/7 R (44) 6 11 January 1944, PRO.

(120) G. C. Peden, 'Sir Richard Hopkins and the "Keynesian revolution" in economic policy', *Economic History Review* 36 (1983), 281–96.

(121) Memorandum by the Minister of Aircraft Production 'Government and the majorindustries' 8 March 1944, CAB 87/7 R (44) 42, PRO.

(122) Memorandum by the Minister of Works, "Government and the major industries', 22 March 1944. クリップスの回答は, Memorandum by the Minister of Aircraft Production 'Government and the major industries' 31 March 1944, CAB 87/7R (44) 59, PRO.

(123) Lee, *Machinery of government*, pp. 11–7.

(124) Lord Woolton [Frederick Marquis], *Memoirs of the Rt Hon. The Earl of Woolton* (London : Cassell, 1959), p. 169.

(125) Memorandum by the Minister of Aircraft Production 'The organisation of supply', 21 November 1944, ADM 1/17794 MG (44) 28, PRO ; P. Winston, 'The British government and defence production, 1943–1950', 未公刊の博士論文, University of Cambridge (1982), p. 118

に引用されたもの。

(126) Lee, *Machinery of government*, p. 109 に引用されたもの。

(127) *Memoirs of the Rt Hon. The Earl of Woolton*, p. 169.

(128) Memorandum by the Chairman of the Machinery of Government Committee, 'Organisation of supply', 20 December 1944, CAB 66/59 WP (44) 713, PRO.

(129) CAB 129/2 CP (45) 177, 178, 181, 197 ; CAB 128/1 CM (45) 37 Conclusions 2 October 1945, PRO.

(130) 首相の発言。1945年10月29日付, *House of Commons debates*, 1945–6, 415, cols. 35–8.

(131) Sir Richard Stafford Cripps, *Democracy alive : a selection of recent speeches* (London : Sidgwick & Jackson, 1946), p. 72.

(132) David Henderson 'Development councils : an industrial experiment' in G. D. N. Worswick and D. H. Ady (eds.), *The British economy*, 1945–1951 (Oxford : Clarendon Press, 1952), pp. 455, 457.

(133) C. R. Attlee, *As it happened* (London : Heinemann, 1954), p. 154 ; Kenneth Harris, *Attlee* (London : Weidenfeld & Nicolson, 1982) p. 402.

(134) Williams-Thompson, *Was I really necessary?*, p. 8.

(135) *The Economist*, 8 November 1945.

(136) 'Ministry of Supply', *Future* 3 (1947), 19. この記事（pp. 17–25）は，同省に関する当時のずば抜けて詳細な資料である。

(137) Williams-Thompson, *Was I really necessary?*, p. 3.

(138) Ibid., p. 9.

(139) Ibid., p. 24.

(140) Harris, *Attlee*, pp. 342–4.

(141) Williams-Thompson, *Was I really necessary?*, p. 48. また，p. 166, および Ben Pimlott, *Harold Wilson* (London : HarperCollins, 1992), pp. 104–5 ; Edwin Plowden, *An industrialist in the Treasury* (London : Deutsch, 1989), p. 22. も参照。

(142) Williams-Thompson, *Was I really necessary?*, p. 8.

(143) Craig, *British general election manifestos, 1900–1974*. 1951年の保守党のマニフェストは軍需省について何も言わなかった。

(144) Minister of Supply, 'Some preliminary reactions to the Garrod Report' 1 February 1952, AVIA 54/1464, PRO. 政府部局内部にも，MoS から機械工業を分離したいという欲求が明らかにあった。DEFE 7/282, PRO, *Report by the Committee on the organisation and work of the scientific branches of the Ministry of Supply and Admiralty* (Chmn Air Chief Marshal Sir Guy Garrod), 20 April 1951, p. 14.

(145) 1956年半ばに軍需省に入省したラッセル・ポッツは,「この省に『産業的』役割がある，あるいはあったことを意識させられることはなかった。同僚の一人は鉄鋼の国有化に関わったことがあったが，これは過去のこととみなされていた」と回想している（私信)。

(146) 例えば，K. O. Morgan, *Labour in power* (Oxford : Clarendon Press, 1984).

(147) A. A. Rogow with P. Shore, *The Labour government and British industry, 1945–1951* (Oxford : Blackwell, 1955), p. 55. また，p. 52 も参照。

(148) J. Leruez, *Economic planning and politics in Britain* (London : Robertson, 1975), p. 37.

(149) Cairncross, *Years of recovery*, p. 49.

(150) F. M. G. Willson, *The organisation of British central government, 1914–1964*, 2nd edn. (London : Allen & Unwin, 1968). 初版は 1957 年に出版された。また，Lee, *Machinery of government* も参照。

(151) *Board of Trade Journal*, 26 August 1950. 8 September 1951 も参照。この *Board of Trade Journal* は，「生産部局」として，海軍省，商務院，農業漁業省，食糧省，燃料・動力省，保健省，軍需省，運輸省，公共事業省を挙げている。

(152) MoS はさらに，防衛事業に従事する 2 万 53 人を有していた。*Staffs employed in government departments*, February 1950, Cmd 7887, PP 1950 vol. XVI. この数字は 1949 年 10 月 1 日現在のものである。1949 年に軍需省で民間事業に携わる公務員の数は商務院と海外貿易局のほぼ半分だったという，政治経済計画（PEP）の説はおそらく過小評価である（PEP, *Government-industry relations* (London : PEP, 1952), p. 98)。

(153) *National income and expenditure 1946–1951*, August 1952, table 27 ; *National income and expenditure 1946–1953*, August 1954, table 37.

(154) Martin Chick, *Industrial policy in Britain, 1945–1951 : economic planning, nationalisation and the Labour governments* (Cambridge : Cambridge University Press, 1998), p. 43.

(155) Richard Toye, 'Gosplanners versus thermostatters : Whitehall planning debates and their political consequences, 1945–1949', *Contemporary British History* 14 (2000), 81–104 を参照。

(156) 'The state and private industry : memorandum by the President of the Board of Trade', PREM 8/1183, PRO.

(157) Hugo Radice, 'The national economy : a Keynesian myth?', *Capital and Class* 22 (1984), 120–6. Bob Rowthorn, 'Britain and western Europe', *Marxism Today*, May 1982.

(158) Carlo J. Morelli, 'The illusions, reality and implications of British government expenditure 1948–1968', Working paper 103, Department of Economics, University of Dundee, October 1999.

(159) A. Rowlands から E. Bridges 宛, 1946 年 11 月 14 日付, AVIA 49/75, PRO.

(160) 'Functions and responsibilities of the Ministry of Supply', November 1946, A49/75, PRO.

(161) 'Report of the official committee on the civil supply functions of the Ministry of Supply', 26 November 1947, AVIA 49/27, PRO.

(162) L. Hannah, *Electricity before nationalisation* (London : Macmillan, 1979), p. 322 ; L. Hannah, *Engineers, managers and politicians* (London : Macmillan, 1982), pp. 24–5, 27 ; Winston, 'Defence production', p. 129.

(163) 1947 年 11 月 10 日開催の会議メモ, AVIA 55/30 ; SBAC, 'Procurement of aircraft for the state-owned air transport corporations', AVIA 55/30, PRO. Peter King, *Knights of the air* (London : Constable, 1989), p. 418. 1948 年 1 月の中間報告, Cmd 7307 ; Final report, July 1948 Cmd 7478, both PP 1947/48, vol. XVII. また，Williams-Thompson, *Was I really necessary?*, ch. 8 も参照。Keith Hayward, *Government and British civil aerospace : a case study in post-war technology policy* (Manchester : Manchester University Press, 1983), pp. 18–9.

(164) Alan Milward and George Brennan, *Britain's place in the world : a historical enquiry into import controls, 1945–60* (London : Routledge, 1996), pp. 190–4.

(165) Duncan Burn, 'The oil industry' in Duncan Burn (ed.), *The structure of British industry*, 2 vols. (Cambridge : Cambridge University Press, 1958), I, p. 185.

(166) 1950 年，イギリスには無水石膏硫酸工場が一つあった（ICI 社のビリンガム工場)。新

たな三つのうち，一つはICIが建設し，他にICI関連のものが一つあった。W. B. Reddaway 'The chemical industry' in Burn, *Structure*, I, p. 239.

(167) 167 Glatt, 'Reparations', III, pp. 904–15. また，Winston, 'Defence production', pp. 173–82も参照。

(168) Scott, *Vickers*, pp. 324–6. Christopher Foss and Peter McKenzie, *The Vickers tanks* (Wellingborough : Patrick Stephens, 1988), pp. 148–9.

(169) G. D. N. Worswick, 'The British economy, 1945–1950' in Worswick and Ady, *British economy*, pp. 28–9.

(170) Edgerton 'State intervention', chs. 3 and 5. また，John Turner 'Servants of two masters : British trade associations in the first half of the twentieth century' in H. Yamazaki and M. Miyamoto (eds.), *Trade associations in business history* (Tokyo : University of Tokyo Press, 1988), pp. 192–3 も参照。

(171) W. P. Snyder, *The politics of British defense policy 1945–1962* (Columbus, OH : Ohio State University Press, 1964), p. 99. 近年，この時代には国家・業界団体の関係が政府と産業の関係の土台だったという見方が優勢になっている。F. Longstreth 'State economic planning in a capitalist society : the political sociology of economic policy in Britain, 1940–1979', 未公刊の博士論文, University of London (1983) および，Mercer et al., *Labour governmerits and private industry* 所収のいくつかの論文を参照。産業を相手にするだけでも業界団体の果たす幅広い役割，所属団体に重なりがあることの重要性，政府を相手にするときの大企業には業界団体はそれほど重要ではない点は，PEP, *Industrial trade associations* (London : PEP, 1957) に明らかである。

(172) Cairncross, *Years of recovery*, p. 461.

(173) Nick Tiratsoo, 'The motor car industry', in Mercer et al., *Labour governments and private industry*, pp. 162–85. Michael French, 'Public policy and British commercial vehicles during the export drive era, 1945–50', *Business History* 40 (1998), 22–44 も，選別が続いていることを示している。

(174) 'The state and private industry : memorandum by the President of the Board of Trade', 4 May 1950 PREM 8/1183, PRO. app. B of the 4 May 1950 version, and para. 50 を参照。

(175) Ibid.

(176) Neil Rollings, '"The Reichstag method of governing"? The Attlee governments and permanent economic controls', in Mercer et al., *Labour governments and private industry*, pp. 15–36.

(177) Jim Tomlinson, 'The Attlee government and the balance of payments, 1945–1951', *Twentieth Century British History* 2 (1991), 47–66. 共産党の当時の分析として，John Eaton (Stephen Bodington の筆名), *Economics of peace and war : an analysis of Britain's economic problems* (London : Lawrence & Wishart, 1952) を参照。非常に珍しい，再軍備のミクロ経済学的分析として，Burnham, 'Rearming for the Korean War' を参照。

(178) こうしたテーマについては，Jim Tomlinson, *Democratic socialism and economic policy : the Attlee years, 1945–1951* (Cambridge : Cambridge University Press, 1997), ch. 3 の優れた解説を参照。これは，この二つの議論の要所や，この時代の白人自治領への資本輸出の意義が当時は理解されていなかったことを指摘している。

(179) 例えば，Alfred Goldberg, 'The military origins of the British nuclear deterrent', *International Affairs* 40 (1964), 600–3 を参照。

(180) John Lovering, ‘Defence spending and the restructuring of capitalism : the military industry in Britain’, *Cambridge Journal of Economics* 14 (1990), 453–67 など。

(181) *Statement relating to defence*, Cmd 6743. また，Julian Lider, *British military thought after World War II* (Aldershot : Gower, 1985), pp. 509–16 も参照。

(182) Alan Bullock, *Ernest Bevin : Foreign Secretary, 1945– 1951* (Oxford : Oxford University Press, 1985), pp. 128, 240. また，George Peden ‘Economic aspects of British perceptions of power on the eve of the Cold War’ in J. Becker and F. Knipping (eds.), *Power in Europe? Great Britain, France, Italy and Germany in a post-war world* (Berlin : de Gruyter, 1986), pp. 237–60 も参照。

(183) Scott, *Vickers*, p. 354 ; *Select Committee on Estimates, Third Report, 1950/51 Rearmament*, 31 May 1951, PP 50/51, vol. V.

(184) Snyder, *The politics of British defence policy*, p. 89.

(185) Ministry of Aviation, *Enquiry into the aircraft industry*. 1947年11月には航空機会社8社で5,000人以上が雇用されていた。ブリストル，デ・ハビランド，イングリッシュ・エレクトリック，フェアリー，アブロおよびアームストロング＝シドレー（どちらもホーカー＝シドレー・グループ所属），ビッカース＝アームストロング，ロールス・ロイスの8社。‘Production Information on Certain British Aircraft Firms’, AVIA 9/138, PRO.

(186) *Statement on defence* 1950, Cmd 7895, PP1950–1, vol. XVI, Annex II.

(187) Ministry of Aviation, *Enquiry into the aircraft industry*, p. 125.

(188) *Engineering*, 5 March 1948, p. 234.

(189) Ministry of Aviation, *Enquiry into the aircraft industry*, p. 18. 1950年代後期の輸出用軍用機のヒット商品は，キャンベラ爆撃機（195機が輸出，394機がアメリカとオーストラリアでのライセンス生産）とハンター戦闘機（600機以上が輸出，460機がライセンス生産）だった。J. L. Sutton and G. Kemp, *Arms to developing countries 1945–1965* (Adelphi Paper no. 28) (London : Institute for Strategic Studies, 1967), table A, p. 35.

(190) Sutton and Kemp, *Arms to developing countries*, table A, p. 35.

(191) 民間航空機で最も売れたのは，バイキング（66機），ダブ／デボン（409機），ブリストル170（174機），ヘロン（103機）であり，売上額の点で最もヒットしたのはバイカウント（356機）だった。Ministry of Aviation, *Enquiry into the aircraft industry*.

(192) *Engineering*, 15 February 1952, p. 200 ; 10 March 1953.

(193) Anthony Sampson, *The arms bazaar* (Sevenoaks : Coronet, 1978), pp. 106–8〔第1章註121〕。イギリスの余剰の小型兵器，大砲，軍艦は世界中で売れた。1945年から55年にかけて，英米は軍艦市場を支配し，イギリスは艦船の51％を供給した。英単独で3隻の新造艦を売った。Sutton and Kemp, *Arms to developing countries*, p. 19.

(194) Scott, *Vickers*, pp. 357–8.

(195) W. J. Baker, *A history of the Marconi company* (London : Methuen, 1970), p. 339.

(196) 以下を参照。Sally Horrocks, ‘Enthusiasm constrained? British industrial R&D and the transition from wars to peace, 1942–51’, *Business History* 41 (1999), 42–63 ; David Edgerton and Sally Horrocks, ‘British industrial research and development before 1945’, *Economic History Review* 47 (1994), 213–38 ; David Edgerton, *Science, technology and the British industrial ‘decline’, 1870–1970* (Cambridge : Cambridge University Press, 1996) and ‘Science in the United Kingdom of Great Britain and (Northern) Ireland : a case study in the nationalisation of

science' in John Krige and Dominique Pestre (eds.), *Science in the twentieth century* (Amsterdam : Harwood, 1997).

(197) 歴史家と科学政策評論家は，戦後の科学技術政策をいわゆる「線形モデル」の観点から考えてきた。これは研究支援の歴史についてまったく間違った分析をしている。文民による大学ベースの研究活動に政策的関心を向ける国家機構のほんの一部分が，それが行う研究が経済成長を生む技術になると主張することで予算を正当化したが，これから明らかになるように，国家がR & Dにかけた努力の大部分はまったく別の基盤の上で行われていた。しかしながら，あらゆる革新的な活動のうち，「研究」は，「開発」，「設計」などを犠牲にして，だんだん目立つようになったと言える。「チーフサイエンティスト〔首席科学官〕」は，時が経つにつれ，「チーフデザイナー〔首席設計官〕」よりも一般的になったように見える。拙稿 '"The linear model" did not exist : reflections on the history and historiography of science and research in industry in the twentieth century' in Karl Grandin and Nina Wormbs (eds.), *The science-industry nexus : history policy, implications* (New York : Watson, 2005), pp. 31-57 を参照。

(198) Stockholm International Peach Research Institute (SIPRI), *SIPRI yearbook 1972* (Stockholm : SIPRI, 1972), table 6A. 5, p. 226.

(199) 199 Scott, *Vickers*, pp. 347-50.

(200) S. R. Twigge, *The early development of guided weapons in the United Kingdom 1940-1960* (Amsterdam : Harwood Academic, 1993) ; Peter Morton, *Fire across the desert : Woomera and the Anglo-Australian joint project 1946-1980* (Canberra : Department of Defence, 1989).

(201) Margaret Gowing, *Independence and deterrence : Britain and atomic energy 1945-1952*, vol. II : *Policy execution* (London, Macmillan, 1974), p. 87.

(202) Ibid., pp. 56-7.

(203) Ibid., p. 37.

(204) Brian Balmer, *Britain and biological warfare : expert advice and science policy, 1930-1965* (London : Palgrave, 2001) ; Idem, 'The drift of biological weapons policy in the UK, 1945-1965', *Journal of Strategic Studies* 20 (1997), 115-45.

(205) Robert Bud, *The uses of life* (Cambridge : Cambridge University Press, 1993), p. 112.

(206) B. Lockspeiser to E. Grundy, 26 October 1948, FER/B3, National Archive for the History of Computing, Manchester. 電子アナログコンピューター産業と，その航空宇宙産業との密接な関係については，James Small, *The analogue alternative : the electronic analogue computer in Britain and the USA, 1930-1975* (London : Routledge, 2001) を参照。ヘンドリーは，「1952年段階で［フェランティは］イギリス唯一の商業コンピュータ製造企業となる段階に達しており，まったくリスクもなく，自らは大きく資源を投資することもなく，6件の確定注文があった」と述べている。MoSが開発事業費の大部分を負担していたのだ。J. Hendry, *Innovating for failure* (Cambridge, MA : MIT Press, 1990), p. 91. 電子機器産業の発展におけるMoSの役割については，Jerome Kraus 'The British electron-tube and semiconductor industry, 1935-62', *Technology and Culture* 9 (1968), 544-61 を参照。

(207) Keith Hayward, *Government and British civil aerospace : a case study in post-war technology policy* (Manchester : Manchester University Press, 1983), p. 15.

(208) Ministry of Aviation, *Enquiry into the aircraft industry*, p. 125.

(209) Hayward, *British civil aerospace*, p. 17. ブラバゾン機はきまって，帝国的ノスタルジーの

発想による劣悪な航空機の事例として非難される。まったく異なる見解については，Groves Herrick, 'The Bristol Brabazon airliner', 未公刊の理学修士論文, University of London (1998) を参照。そこでは，ブラバゾン機は当時の数々の巨大プロジェクトのうちの一つと考えられるべきであり，そこにはB-36爆撃機の民間転用のような米国の開発事業も含まれると論じられている。さらに，大西洋横断遊覧飛行は，1950年代初頭になるまで，かっこうの目標だった。

(210) E. Devons, 'The aircraft industry' in Duncan Burn (ed.), *The structure of British Industry*, 2 vols. (Cambridge : Cambridge University Press, 1958), II, p. 83.

(211) Paolo Palladino, 'Science, technology and the economy : plant breeding in Great Britain, 1920–1970', *Economic History Review* 49 (1996), 137–53.

(212) Horrocks, 'Enthusiasm constrained?', 42–63 ; Edgerton, *Science, technology and the British industrial 'decline'* を参照。

(213) A. H . Halsey (ed.), *Trends in British society since 1900* (London : Macmillan, 1972), table 7.3.

(214) 1945年から46年にMoSの事務次官を務めたオリバー・フランクスは，英政府を研究した歴史家，ピーター・ヘネシーによるインタビューの中で，「戦争ではあまり乱されず，方向を換えさせられた省庁出身」の同僚公務員は，改革の提案を歓迎しなかったと語った（Peter Hennessy, *Whitehall* (London : Fontana, 1989), p. 124 に引用されたもの）。また，W. H. Greenleaf, *The British political tradition*, vol. III : *A much governed nation*, Part 1 (London : Methuen, 1987), p. 203 も参照。しかしヘネシーは，イギリス国家に批判的な他の評論家と同様に，こうした混乱の生じなかった省庁にばかり注目しすぎて，戦時経済管理の矢面に立った省庁に十分な関心を向けていないように見える。実際ヘネシーは，エドワード・ブリッジズ（当時の大蔵省事務次官で内務官僚のトップ）の書いた『政府機関におけるビジネス慣行』という文書を，まったく自己満足的だとして酷評しているが，一部の省——軍需，食糧，公共事業——は大企業のように動いていて，公務員はそういう企業的な業務にいっそう適応しなければならなかったという論旨には注目している。Hennessy, *Whitehall*, p. 126. これとは別の歴史家は，戦時の軍需省庁の重要性に気づき，異例なことに，終戦直後の産業政策の威力と整合性を擁護する側で論じ，また戦争直後において，「MAP，経済戦争省，MoS，生産省の介入主義的官僚は，ただ消え去るに任されていた」と信じている。Glatt, 'Reparations', III, p. 1101. このグラットは，実は，オリバー・フランクスは「MoSの核心部分を真の産業省に転化できなかったことを嘆いた。フランクスは，そうすることによってのみ，産業のミクロ経済効率性への容赦のない圧力が維持されただろうと信じていた」と述べている。Glatt, 'Reparations', III, p. 1111. これは *Independent*, 17 October 1992 のフランクスの死亡記事を引用している。

第3章　エキスパート国家

(1) Michael Young, *The rise of meritocracy 1870–2033 : an essay in education and equality*, (Harmondsworth : Penguin, 1961), pp. 19–20（初版は1958）.

(2) Anon, *Science in War* (Harmondsworth : Penguin, 1940), p. 11.

(3) F. A. A. Menzler, 'The Expert in the Civil Service', W. A. Robinson (ed.), *The British civil service* (London : Allen & Unwin), pp. 165–85.

(4) 私は，エキスパートについてしかるべきスペースを割いて論じたイギリスの公務員に

関する総合的な解説があることは承知していない。確認については，Kevin Theakston, *The Civil Service since 1945* (Oxford : Blackwell, 1995), pp. 191-2 を参照。執行職階級における技術エキスパートに焦点を当てたものとしては，農務省についての Gail Savage, *The social construction of experts : the English civil service and its influence, 1919-1939* (Pittsburgh : University of Pittsburgh Press, 1996) および大蔵省についての Jon Agar, *The governmental machine : a revolutionary history of the computer* (Cambridge, MA : MIT Press, 2003) の2点がある。

(5) Peter Kellner and Lord Crowther-Hunt, *The Civil Servants : and enquiry into Britain's ruling class* (London : Macdonald, 1980) ; Peter Hennessy, *Whitehall* (London : Fontana, 1990).

(6) これらの人物はすべて，自伝や伝記になっている。P. J. Grigg, *Prejudice and judgment* (London : Cape, 1948) ; Admiral of the Fleet Lord Chatfield, *It might happen again*, 2 vols. (London : Heinemann, 1943-1948) ; John W. Wheeler Bennett, *John Anderson, Viscount Waverley* (London : MacMillan, 1962) ; S. Roskill, *Hankey : man of secret*, 3 vols. (London, Collins, 1970-4).

(7) 内閣書記官職は第二次世界大戦後には高官になったが，それまではそうではなかった。

(8)『英国人名辞典』(*DNB*) の項目を参照。ウォーレン・フィッシャーは，戦間期に文官公務員のトップの地位にあった（大蔵省事務次官だった)。フィッシャーは多くの点で現代的な行政職と，それに連動する大蔵省支配の原理を生み出した人物だった。フィッシャーは，ウィンチェスター校出身で，オックスフォード大学では古典を学び，卒業と同時に公務員の世界に入ったという点でも典型的なイメージを体現していた。

(9) J. D. Scott, and R. Hughes, *The Administration of war production* (London : HMSO, 1955), pp. 3-8, 81-134.

(10) A. M. Carr-Saunders and P. A. Wilson, *The Professionals* (Oxford : Oxford University Press, 1933), p. 242.

(11) *Introductory memorandum relating to the Civil Service Submitted by the Treasury*, appendix to part I of *the Minutes of evidence, Royal Commission on the Civil Service* (1929-1930), para. 57.

(12) H. E. Dale, *The Higher civil service of Great Britain* (London : Oxford University Press, 1941), pp. 10-1, 16.

(13) IPCS による声明，付録 IV を参照。この文書自体は，*Minutes of evidence, Civil Service* の付録 XI である。

(14) Ibid.

(15) 海軍省文書，*Minutes of Evidence, Civil Service.*

(16) J. E. Mortimer and V. Ellis, *A professional union : the evolution of the Institution of Professional Civil Servants* (London : Allen & Unwin, 1980), pp. 1-2. また，1927年より AScW となった全国科学労働者組合の初期については，Roy and Kay MacLeod, 'The contradictions of professionalism : scientist, trade unionism and the First World War', *Social Studies of Science* 9 (1979), 1-32.

(17) Mortimer and Ellis, *Professional Union*, pp. 20, 38.

(18) Ibid., pp. 55, 57.

(19) 例えば，イギリス通信軍団（1920年）と，規模はそれほどではないが修理復旧を担当するイギリス電気・機械技術軍団（1942年)。

(20) R. F. Pocock, *The early British radio industry* (Manchester : Manchester University Press,

1988).

(21) Andrew Nicholas, 'Engineer officer education in the Royal Navy, 1920–1926 : status, expertise an technological change', 未公刊の理学修士論文, Department of Science and Technology Policy, University of Manchester (1988) を参照。

(22) John James, *The Paladins* (London : Futura, 1991), pp. 194–5.

(23) 第二次世界大戦後，特に近年において軍隊が士官として採用する大卒者の数が増加傾向にある。実は，軍隊は歴史的には内部で行っていた訓練の一部を外部で行っている。1968 年，海軍造船科用の訓練は，ロンドン大学ユニバーシティ・カレッジに引き継がれた。1984 年，シュリーベナムに移った現在の陸軍科学大学校は，クランフィールド工科大学管理下に置かれた。この大学自体が，1946 年，イギリス政府によってクランフィールド航空工科大学として設置されたものである。

(24) オズボーン海軍兵学校とダートマス海軍兵学校における海軍士官候補生の初期教育は，「恐ろしいほどに機械」中心であり，実践・理論双方の機械学が大量に含まれていた。(Stephen King-Hall, *My Naval Life, 1906–1929* (London : Faber and Faber, 1952), p. 45). キング＝ホールは，こうした教育のおかげで，海軍士官は話すことや書くことが下手になり，また戦略的・戦術的理解を欠くようになったと論じている。

(25) ワースキーは，工学部全体の学生数の 30％ が陸軍士官だったとする 1934 年のケンブリッジ大学の刊行物を引用している。Gary Werskey, *The visible college* (London : Allen Lane, 1978), p. 340.

(26) ホイットルは，イギリス空軍の見習い技師という，ごく少数のみが士官養成コースに進める非常に限定的な枠で入隊したという点で，イギリス空軍士官としてはきわめて異例な存在だった。See John Golley, *Whittle : the true story* (London : Airlife, 1987).

(27) D. K. Brown, *A century of naval construction : the history of Royal Corps of Naval Constructors, 1883–1983* (London : Conway, 1983), p. 154.

(28) 海軍造船本部長は戦間期に「こっそり海軍委員会の筆頭技術顧問を自任していた」という話もある。「ただし，ジョン・フィッシャーの当時は，海軍技監と同格だった」(Vice-Admiral Sir Louis Le Bailly, *From Fisher to the Falklands* (London : Institute of marine engineers, 1991), p. 51)。

(29) 陸軍や，ウーリッジ工廠のような三軍合同の組織は，前々から文官のエキスパートを採用していた。海軍省初の 4 人の文官科学研究職のうち，3 人はケンブリッジ大学トリニティカレッジ出身であり，第一次世界大戦勃発前に水雷学校である王立バーノン校に入った。そのほとんどの面倒を，水雷術が専門の海軍大尉が見た。W. Hackman, 'Sonar, wireless telegraphy and Royal Navy : scientific development in a military context, 1890–1939', in N. Rupke (ed.), *Science and public policy* (London : MacMillan, 1988), pp. 95–7. 無線技術が海軍にとってきわめて重要だったことについては，R. F. Pocock, *The early British radio industry* (Manchester : Manchester University Press, 1988) を参照。航空機に関しては，Percy Walker, *Early aviation at Farnborough*, 2 vols. (London : Macdonald, 1971, 1974), Takehiko Hashimoto, 'Theory, experiment and design practice : the formation of aeronautical research, 1909–1930', 未公刊の博士論文, John Hopkins University (1990) を参照。研究局については，Guy Hartcup, *The war of invention : scientific development, 1914–1918* (London : Brassey's, 1988), pp. 6–10 を参照。初代局長はオズワルド・シルバーラッドで，その後任は，資質はいくぶん異なるが，陸軍省に長くいた科学者で，1921 年には政府化学研究所

長となった（サー）ロバート・ロバートソン（1869〜1948）だった。

(30) W. Hackman, *Seek an strike : sonar, anti-submarine warfare and the Royal Navy, 1914–1954* (London : Science Museum, 1984), p. 112. また，Scott and Hughes, *Administration*, p. 130 も参照。

(31) James, *The paladins*, pp. 189–91.

(32) Hackman, 'Sonar', p. 109 ; Scott and Hughes, *Administration*, pp. 130–1.

(33) Mortimer and Ellis, *Professional union*, p. 73.

(34) Chancellor of the Exchequer, *The scientific civil service : reorganisation and recruitment during the reconstruction period*, Cmd 6679, September 1945. 付属資料として，the *Report of the Barlow Committee on scientific staff*, April 1943 が含まれる。

(35) Hyman Levy, *Modern Science* (London : Hamish Hamilton, 1939), p. 710.

(36) 拙稿 'Introduction' in E. D. H. Edgerton (ed.), *Industrial innovation and research in business* (Cheleternham : Edward Elgar, 1996) を参照。

(37) 以下を参照。拙稿 'From innovation to use : ten (eclectic) theses on the history of Technology', *History and Technology* 16 (1999), 1–26, 初出は *Annales HSS*, juillet-octobre 1998, nos. 4–5, 815–37 ; John Pickstone, *Ways of Knowing* (Manchester : Manchester University Press, 2000) ; Robert Fox and Anna Guagnini, *Laboratories, workshops and site : concepts and practices of research in industrial Europe, 1800–1914* (Berkeley, CA : the University of California, 1999) ; Elsbeth Heaman, *Making medicine at St Mary's : the history of a London teaching hospital* (Montreal : McGill-Queen's University Press, 2003) ; Mark Pendleton, '"A place of teaching and research" : University College London and the origins of the research university in Britain, 1890–1914', 未公刊の博士論文, University of London (2001). また，実業界の例については，Edgerton, *Industrial innovation* に所収の論文を参照。

(38) あるいは実際には，専門的でもそれ以外でも，他の多くの分野について言える。確かに，研究職と非研究職との違いは，クリス・ローレンスが Chris Lawrence, 'A tale of two sciences : beside and bench in twentieth century Britain', *Medical History* 43 (1999), 421–49 や 'Still incommunicable : Clinical holists and medical knowledge in interwar Britain' in Lawrence and George Weisz (eds.), *Greater than the parts : holism in biomedicine 1920–1950* (New York, 1998), 94–111 で論じている，戦間期イギリス医療界にあったいくつかの論争を解明する一助となる。

(39) 戦間期イギリスにおける大学での研究活動の低い地位については，Bruce Truscott (Pseud.), *Red brick university*, 2nd edn. (Harmondsworth : Pelican, 1951), ch. 4 を参照。また，J. D. Bernal, *The social function of science* (London：Routledge, 1939) も参照〔J・D・バナール『科学の社会的機能』坂田昌一ほか訳，勁草書房（1981)〕。

(40) Captain Bernard Acworth, *The navies of today and tomorrow : a study of the naval crisis from within* (London : Eyre & Spottiwode, 1930), p. 119.

(41) Ibid., p. 117.

(42) このことは，James, *The Paladins* から教わった。ジェームズは，イギリス空軍の見積もりを利用しないことには，歴史家は重要な典拠を見逃すだけでなく，明白な問題のいくつかを見過ごすことになると指摘している。ジェームズはさらに，政治家もこの公刊された情報を利用しなかったという重要な問題を指摘している（pp. 233–6)。

(43) D. E. H. Edgerton and S. M. Horrocks, 'British industrial research and development before

1945', *Economic History Review* 37 (1994), 213-38.

(44) 1922年に，ポートンには23人の文民の科学官と技術官が所属していたが，その人数は1925年時点では2倍に増大していた。(G. B. Carter, *Porton Down: 75 years of chemical and biological research* (London: HMSO, 1992), p. 28).

(45) データはすべて，Air, Navy, and Army Estimates, pp. 1931/2, vols. XV, XVI のもの。

(46) John Buckingham, 'The Scientific research department in the time of the first director, 1920-1929', *Journal of the Royal Naval Scientific Service* 7 (1952), p. 101 から，Charles Goodeve, 'Frank Edward Smith', *Biographical Memoirs of Fellows of the Royal Society* 18 (1972), 532-3 に転載されたものからとった。

(47) この比較の元になったデータについては，Edgerton and Horrock, 'Industrial research', 213-38 および，Bernal, *Social function*, p. 417 を参照。

(48) 1930年代の最良のデータの根拠となっている戦時中の調査は，兵器供給者を除外している。Edgerton and Horrocks, 'Industrial research' を参照。

(49) *Royal Commission on the Private Manufacture of and Trading in Arms 1935-6, Minute of Evidence*, p. 353.

(50) 'The new Fairey Research Laboratories', *The Aeroplane*, 2 November 1938, 531-3.

(51) G. Tweedale, *Steel City: entrepreneurship, strategy and technology in Sheffield 1743-1993* (Oxford: Clarendon Press, 1995), p. 253.

(52) Tweedale, *Steel City*, pp. 254-6; Edgerton and Horrocks, 'Industrial Research', p. 223.

(53) Mari Williams, *The precision makers: a history of in the instruments industry in Britain and France, 1870-1939* (London: Routledge, 1994), p. 161. ウィリアムズは，バー・アンド・ストラウド社にとっての，海軍などの軍からの発注が続くことの重みについて，ひどく過小評価している。この点に関しては，Michael Moss and Iain Russell, *Range and vision: the first hundred years of Bar & Stroud* (Edinburgh: Mainstream, 1988), ch. 4 を参照。

(54) Julian Huxley, 'Peace through science', in Philip Noel-Baker et al., *Challenge to death* (London: Constable, 1934), pp. 292-3.

(55) Bernal, *Social function*, p. 173.

(56) *Nature*, 117, 23 January 1926, p. 110.

(57) J. B. S. Haldane, *Callinicus, a defence of chemical warfare* (London: Kegan, Paul, Trench, Trubner, 1925). Ronald Clark, *J. B. S.: the life and work of J. B. S. Haldane* (London: Hodder & Stoughton, 1968). 科学を通じて戦争を人道的にするというのは，ヒュー・スロッテンがうまく示しているように，アメリカ合衆国で展開されたテーマである。Hugh Slotten, 'Humane chemistry of scientific barbarism? American responses to World War I poison gas, 1915-1930', *The Journal of American History* 77 (1990), 476-98. 明瞭な道義的議論も，生物兵器に関する1930年代の公的文書ではきわめて少ないながら用いられている。Brian Balmer, *Britain and biological warfare: expert advice and science policy, 1930-1965* (London: Palgrave, 2001).

(58) *Nature*, 127, 7 March 1931, p. 333.

(59) Martin Ceadel, 'The First communist "peace society": the British anti-war movement 1932-1935', *Twentieth Century British History* 1 (1990), 58-86.

(60) Werskey, *The visible college*, pp. 217ff.; E. H. S. Burhop, 'Scientists and public affairs' in Maurice Goldsmith and Alan Mckay (eds.), *The science of science* (Hamondsworth: Penguin,

1966), pp. 32–46. イギリス共産党のケンブリッジ大学支部やイギリス共産党の都市支部は1931/2年度に，デービッド・ゲスト，ジョン・コーンフォード，モーリス・コーンフォースといったトリニティカレッジの面々が主要な役割を演じて形成された。ゲストは数学者だった。ゲストとコーンフォードはスペインで死亡した。Neal Wood, *Communism and the British Intellectuals* (London : Gollancz, 1959), pp. 85–6. p. 86には誤植があって，コーンフォードではなくコーンフォースが死んだことになっている。David Guest, *Lectures on Marxist philosophy* (London : Lawrence and Wishart, 1963 ; 初版は1939年，別タイトルで刊行された）を参照。

(61) *Nature* 139, 1937, p. 980, P. G. Werskey, 'The perennial dilemma science policy', *Nature* 233 (1971), p. 531に引用されたもの。

(62) Bernal, *Social function*, p. 182.

(63) J. B. S. Haldane, *ARP* (London : Gollancz, 1938), p. 247.

(64) Ibid., p. 247.

(65) J. H. Huxley, *Scientific research and human needs* (London : Watts, 1934), pp. 152–3, 167.

(66) Anon, *Science in War*, p. 11.

(67) 戦間期の3人の総司令官は，1人は砲兵であり，残りの2人は工兵だった。

(68) 空軍会議は，陸軍委員会や海軍省委員会と同様に，関係大臣や事務次官などの形で文官を入れていた。

(69) Dr. F. E. Smith, Secretary of DSIR, *Minutes of Evidence, Civil Service*, Q 16699.

(70) Statement submitted by the IPCS, *Minutes of evidence, Civil Service*.

(71) Scott and Hughes, *Administration*, p. 34.

(72) 砲術局長は，研究部，設計部，化学戦防衛研究所を管轄し，機械化局長はそれ以外が管轄で，通信関連を含んでいた。

(73) Scott and Hughes, *Administration*, p. 31.

(74) H. M. Treasury, *Committee of Civil Research, Report of the Research Co-ordination Subcommittee* (1928), Para 137.

(75) 海軍省の場合については，Scott and Hughes, *Administration*, p. 130.

(76) Hashimoto, 'Theory, experiment'.

(77) 以下では伝記的な情報を得やすいように，年代を示した。王立協会特別研究員（FRS）である旨も，選出年とともに加え，また貴族やナイトなど高い栄誉を得たことについても触れた。貴族やナイトであることを示すロードやサーを括弧に入れて付した場合は，当該の人物がその時点ではまだそうは呼ばれていなかったことを示す。

(78) この点について，第一次世界大戦中に形成された，三軍各省内外の科学者どうしやエンジニアどうしに濃密な知人・友人の人脈があったことを言っておくべきだろう。戦時中のファーンボローにあった理論H部と，チャドリー・グループが特に重要らしい。チャドリー・グループには，（サー）G・I・テイラー，（サー）W・S・ファーレン，H・グラウアート，（サー）R・H・ファウラー，（サー）G・P・トムスン，（サー）B・メルビン・ジョーンズ，テディ・バスク，F・M・グリーン，F・W・アストン，（ロード）F・リンデマンらがいた。1971年に初めて行われたG・I・テイラーによる講演が，ジョージ・バチェラーの研究書の第6章に転載されている。George Batchelor, *the life and legacy of G. I. Taylor* (Cambridge : Cambridge University Press, 1996).（ロード）E・D・エイドリアンもチャドリーにいて，オールダーショット軍病院に勤めていた（*DNB*）。John

Bradley, 'The history and development of aircraft instruments—1909 to 1919', 未公刊の博士論文, University of London（1994）も参照。

（79）*Committee on civil research*, paras. 130–3.

（80）*Army List*, 1932.

（81）そこには A・J・オールマンド，J・バークロフト，ロバート・ロビンソン，J・F・ソープ各教授がいた。Carter, *Porton Down*, p. 30 ; *Army List*, September 1932. 1939 年に，職務上政府の人員だった人々を除いたメンバーは，ICI 社の F・W・ベイン，ケンブリッジの生理学者サー・バンクロフト教授，インペリアル・カレッジの気象学者 D・ブラント教授，ブリティッシュ・ドラッグ・ハウス社の F・H・カー，ブリティッシュ・ダイスタッフ社（ICI）の C・J・T・クロンショー，オックスフォードの生理学者 C・G・ダグラス，LMS 鉄道のサー・ハロルド・ハートレー，インペリアル・カレッジのイアン・ヘイルブロン教授，ICI 社のハリー・ポリット，元化学戦担当の J・デービッドソン・プラット，オックスフォードの化学者ロバート・ロビンソン教授，ケンブリッジの生物学者ロード・ロスチャイルド教授，インペリアル・カレッジの化学者 J・F・ソープ教授，ブリストル大学の A・M・ティンダル教授がいた。*Army List*, October 1939.

（82）Balmer, *Britain and biological warfare* ; Philip Chaston, 'Gentlemanly professionals within the Civil Service : scientists as insiders during the inter-war period', 未公刊の博士論文, University of Kent（1998）; David Zimmerman, *Britain's Shield : radar and the defeat of the Luftwaffe*（London : Sutton, 2000）; Alexander Rose, 'Radar and air defence in the 1930s', *Twentieth Century British History* 9（1998）, 219–45.

（83）Hackmann, *Seek and strike*, p. 113.

（84）*Committee on civil research*, para. 108. H. M. Treasury, *Report of the Committee on the staffs of government scientific establishment*（1930）（Carpenter Report）, para. 16.

（85）Dr. F. E. Smith, *Secretary DSIR, Minutes of evidence, Civil evidence*, Q 16, 770.

（86）*Report of the Committee on the staffs of government scientific establishment*, paras. 10–13.

（87）Sir Oswyn Murray, PS Admiralty, *Minutes of evidence, Civil Service*, Q 17, 633.

（88）産業界へ移ったウーリッジの研究員には，1962 年に FRS となった（サー）スタンリー・フッカー（1907〜1984）がいた。インペリアル・カレッジで最初の学位を得て，オックスフォード大学で工学博士号を取得したのち，1935 年に海軍省研究所に入り，ロケット開発のためウーリッジに異動となった。1938 年にロールス・ロイスに入社した。Stanley Hooker, *Not much of an engineer*（Shewsbury : Airlife, 1984）を参照。（サー）エリック・メンズフォース（1906〜2000）はケンブリッジ出身のエンジニアで，短期間ウーリッジの工廠に勤めてから，ジョン・ブラウンやウェストランドなど，様々な機械企業に移った。*Guardian*, 1 March 2000 の追悼記事 ; Eric Mensforth, *Family Engineers*（London : Ward Lock, 1981).（サー）ウィリアム・トマス・グリフィス（1895〜1952）はウェールズ大学出身の冶金学者で，ウーリッジ研究本部に 1921 年から 26 年まで勤め，その後，モンド・ニッケル社での仕事に就いた。

（89）P・A・シェパード（教授）（1907〜1977，1963 年 CBE〔大英帝国コマンダー勲章〕，1964 年 FRS）は，ブリストル大学の物理学者で，1934 年から 39 年までポートンの気象学者を務め，その後インペリアル・カレッジへ移り，1952 年から 74 年まで気象学教授を務めた。J・B・スピークマン（教授）（1897〜1969）は，マンチェスター大学卒，1921 年から 24 年まで化学戦の研究をして，リーズ大学で繊維化学の職に移った。ハロ

ルド・バートン（教授）（1901〜1966）は，シェフィールド大学出身で，1924年から26年まで化学戦研究所で過ごし，リーズ大学で有機化学の職に採用された。J・M・コールソン（教授）（1910〜1990）は，ケンブリッジとインペリアル・カレッジで教育を受けた後，1935年にウーリッジに入り，1939年からインペリアル・カレッジの化学工学の教鞭をとった。その後は1945年から75年までの間，ニューカッスル・アポン・タイン大学（旧ダーラム大学）教授を務めた。ジョン・コールズ（教授）（1907〜，CBE，1970年FRS）は海軍の重要な例であり，戦後はケンブリッジ大学の工学部に戻った。

(90) Hashimoto, 'Theory, experiment'. 空軍省とともに航空工学の教育訓練を支配していたケンブリッジとインペリアル・カレッジの関係は非常に密接だった。ケンブリッジの課程は，1919年から52年までケンブリッジ大学教授を務めた（サー）ベネット・メルビン・ジョーンズ（1887〜1975，1939年FRS）に率いられた。インペリアル・カレッジの課程は，学科長で1923年から45年までザハロフ講座教授職にあった（サー）レナード・ベアストウ（1880〜1963，1917年FRS）が運営した。二人とも，航空研究委員会の主要メンバーだった。空軍省に勤めた中で，インペリアル・カレッジで教えたのは，ヘインズ・コンスタント（1904〜1968，1948年FRS）という，ジェットエンジンの主要開発者の一人であり，国立ガスタービン研究所〔RAEの一部が前身〕の未来の所長になる人物だった。1928年の入省で，1934年から36年までの2年間は，インペリアル・カレッジの講師として過ごした。RAEを出て研究職に就いた人物の中には，ユニバーシティ・カレッジ・ロンドンを工学で出て1926年に入省し，1934年にハル大学の航空工学の研究職に就いたW・J・ダンカン（1894〜1960，1947年FRS）と，ケンブリッジ大学を工学で出て1930年にRAEに加わり，1934年にセントジョンズ・カレッジのフェローとして戻り，1939年まで務めたA・V・スティーブンズ教授（1908〜1992）がいた。スティーブンズは後に，シドニーとベルファストで航空学の主任を務めた。戦後の学者の中には，最初に就いた職が軍の研究施設だったという人々がいる。1936年に空軍省に入ったR・V・ジョーンズやロバート・ハンブリー・ブラウンなどである。R. V. Jones, *Most secret war* (London : Hamish Hamilton, 1978)；R, Hanbury-Brown, *Boffin* (Bristol : Adam Hilger, 1991）を参照。

(91) Solly Zuckerman, *From apes to warlords* (London : Hamish Hamilton, 1978), p. 110.

(92) *Report of the Barlow Committee on scientific staff*, April 1943, para. 5 in Chancellor of the Exchequer, *The Scientific Civil Service : reorganisation and recruitment during the reconstruction period*, Cmd 6679, September 1945.

(93) R. V. Jones, 'Research establishments', in *Proceedings of the Royal Society* A, 342 (1975), 482-3. しかしジョーンズは，やはり科学による戦争での重要な新機軸であるレーダー開発の要となる貢献をしたのは，まさしくこうした科学者だったことを明らかに認めている。

(94) まだ若い人やイギリス人ではない読者のために記しておくと，「ボフィン」とは，もともとイギリス空軍士官によって，空軍所属の研究職の科学者やエンジニアに愛情を込めて与えられた愛称で，後に研究職科学者，エンジニア一般を指す言葉として用いられるようになった。R. W. Clarke, *The rise of the Boffins* (London : Phoenix House, 1962）参照。

(95) スミスは退職後，石油大手BP社の顧問となった。第二次世界大戦中には，最上位にある科学顧問の一人として重要な役割を演じた。1941年から47年には，MoSの科学諮問委員会委員長，また1940年から46年には，MI5の技術的防衛委員会の委員長となっ

た。しかし，軍需省計器生産局長でもあり，1940年から42年には，MAPの通信統制官という，レーダー開発全体を指揮する位置にあった（第8章参照）。

(96) *DNB* には載っていない。

(97) 1924年，DSR が空席だった空軍省に移り，局長代理を務めた。

(98) ウーリッジ研究局の上級文官には，1904年にビアードモアから研究局に入り，1919年から32年まで冶金学研究部長を務めたハロルド・ムーア（1878〜1972），北ウェールズ・ユニバーシティ・カレッジ出身で，1903年に陸軍省に入り，1921年から24年まで爆発物研究局長を務めたゴドフリー・ロッター（1879〜1969），ケンブリッジ大学の物理学を出て，兵役に就いた後，1917年にウーリッジ入りしたアルウィン・クロウ（1894〜1965）などがいた。クロウは，1919年から39年にかけて弾道研究局長を務め，ロケット研究を指揮した。戦時中はロケット研究の責任者だった。1939/40年度には投射体開発統括官となり，1940年から45年には投射体開発局長・統制官，1945年から46年には軍需省誘導投射体局長となった。1944年にはナイトに列せられた。ファーンボローの1918年から28年にかけての統括官は，工学部卒で元工場監督，W・S・スミス（1866〜1945）だった。後任は，パブリック・スクール出身でケンブリッジで工学を勉強し，デニー造船所で修行し，1905年からはずっと政府勤めをしていたA・H・ホール（1876〜1945）だった。政府ではまずウーリッジで，それからカーディントン（飛行船R101が製造されたところ）で空軍省の飛行船研究をし，1928年にファーンボローに任命され1941年までそこにとどまった。（サー）ネルソン・ジョンソン（1892〜1954）は，1928年にポートンダウンの実験施設長になり，後に，化学防衛研究部統括官（ロンドンで勤務する化学戦で最上位の科学職）を務め，1938年には気象庁長官になった。第一次世界大戦中は陸軍航空隊のパイロットで，1919年に気象庁に入り，1921年にはポートンダウンに移って測候所を預かった。

(99) Sir Oswyn Murray, PS Admiralty, *Minutes of evidence, Civil Service*, Q 17,634, 17,632.

(100) Dr. F. E. Smith, Secretary DSIR, *Minutes of evidence, Civil evidence*, Q 16,770.

(101) A. P. Row から Sir Henry Tizard 宛，1939年3月17日付，および Tizard による返信，1939年3月21日付，Tizard Papers, Imperial War Museum (IWM), HTT 106.

(102)『人名録』には高位の公務員は載るが，他の分野の有名人はさほど確実には載らない。

(103) 第一次世界大戦以前でさえ，ファーンボローとケンブリッジの間に，特にトリニティカレッジとの間にはつながりがあった。E・T・バスクは1912年，R・H・メイヨーは1913年に加わり，二人とも工学で出ていた。ケンブリッジ大学で機械系科学を勉強して戦争中に入った人々には，R・マッキノン・ウッド，H・L・スティーブンズ，B・メルビル・ジョーンズ，W・S・ファーレン，H・M・ガードナー，R・V・サウスウェルなどがいる。空軍とつながる他の大学を機械系科学卒業生には，デービッド・パイ，ハリー・リカードー，H・E・ウィンペリスなどがいる。ファーンボローにも理学や数学でケンブリッジを出た人々が多くいた。F・W・アストン，H・グラウアート，T・C・キーリー，キース・ルーカス，サール，G・I・テイラー，G・M・B・ドブソンなどがそうである。John Bradley, 'The history and development of aircraft instruments—1909 to 1919', 未公刊の博士論文, University of London (1994) が，最もそろったリストをまとめている。他の機関には，ティザードを通じてオックスフォードつながりがあるところもあった (Ibid., pp. 23–4)。

(104) C. F. Foss and P. McKenzie, *The Vickers tanks* (Wellingborough : Patrick Stephens, 1988), pp.

54-6.

(105) Harold Nicolson, *King George V: His life and reign* (London: Constable, 1952), p. 514.

(106) Harold Nicolson, *Public Faces* (London: Constable, 1932).

(107) Eric Ambler, *The dark frontier* (London: Hodder & Stoughton, 1936).〔エリック・アンブラー『暗い国境』菊池光訳，創元推理文庫（1973)〕

(108) Eric Ambler, *Journey into Fear* (London: Hodder & Stoughton, 1940).

(109) Stephen King-Hall, *My naval life, 1906-1929* (London: Faber and Faber, 1952), p. 264.

(110) Le Bailly, *Fisher to the Falklands*, p. 39.

(111) 例えば，1930年代初頭，ダートマスとパブリック・スクール出身の将来の海軍士官は，機関科専門になりたがるようになった（Ibid., 60-3)。

(112) この区別は1934年に廃止された。Ibid., p. 51.

(113) Ibid., p. 51.

(114) Scott and Hughes, *Administration*, p. 89. また，Brown, *A century of naval construction* も参照。

(115) Sir Oswyn Murray, PS Admiralty, *Minutes of evidence, Civil Service*, Q 17,633.

(116) A. V. Hill と Sir Robert Robinson から，王立協会でスミスの伝記を書いた Sir Charles Goodeve に宛てたそれぞれの手紙を参照（1970年11月4日付），B/SMITH, Imperial College Archives.

(117) Guy Hartcup, *The challenge of war: scientific and engineering contributions to World War Two* (Newton Abbot: David and Charles, 1970), p. 159.

(118) AScW より出された声明。*Minutes of evidence, Civil Service*, para 31.

(119) サー・リチャード・グレゴリーとチャーチ少佐の証言。*Minutes of evidence, Civil Service*, Q 16,910.

(120) Ibid., Q 17,011.

(121) Ibid., Q 17,026, 17042.

(122) *Minutes of evidence*, Civil Service, Q 22,334.

(123) P. J. Grigg, *Prejudice and judgement* (London: Cape, 1948), p. 33. こうした問題については，以下の研究を参照のこと。Anna-K. Mayer, '"A combative sense of Duty": Englishness and the scientists' in Christopher Lawrence and Anna-K. Mayer (eds.), *Regenerating England: Science, Medicine and Culture in interwar Britain* (Amsterdam: Rodopi, 2000); Andrew Hull, 'Passports to power: a public rationale for expert influence on central government policy-making: British scientists and economists, c 1900-c 1923', 未公刊の博士論文, University of Glasgow (1994).

(124) *Report of the Committee on pay etc. Of state servants* (1923), para. 28. この委員会のメンバーは，サー・アレン・アンダーソン下院議員（委員長），サー・ハーバート・ローレンス，サー・W・ピーター・レイノルズだった。

(125) Association of First Division Civil Servants の Royal Commission on the Civil Service に対する発言。*Minutes of Evidence, Civil Service*, appendix VIII, para. 26.

(126) オックスフォード大学ベーリオル・カレッジやケンブリッジ大学キングス・カレッジを史学で出た行政職については，R. B. Soffer, *Discipline and power: the university, history, and the making of an English elite, 1870-1930* (Stanford: Stanford University Press, 1994) を参照。また Peter Gowan, 'The origins of the administrative elite', *New Left Review* 162 (1987),

4–34 も参照。

(127) Eric Hutchinson, 'Scientists as an inferior class : the early years if the DSIR', *Minerva* 8 (1970), 396–41 は，この肝心な点を逃している。

(128) Sir Henry Tizard より大臣宛，1941 年 11 月 19 日付；Sir Archibald Rowlands より大臣宛，1941 年 11 月 20 日付。Tizard Papers, IWM, HTT 313. ティザードの混乱した議論は，ローランズによって全面的に覆された。ローランズは，下位の行政職の給与は下位の科学官と同等だったと記しており，また戦時中に採用されたその位階の男性行政職は，兵役に不適格だった人々だけだったとも記している。

(129) ウーリッジの設計部から，新型戦艦用の新しい 14 インチ砲，巡洋艦用の 8 インチ砲，最初は航空母艦用だった 4.5 インチ砲が登場した。陸軍の 4.5 インチ砲，4.5 インチ対空砲，戦車砲，第二次大戦の標準的な大砲となった 25 ポンド野砲もあった。Scott and Hughes, *Administration*, p. 273.

(130) Zimmerman, *Britain's Shield*；Rose, 'Radar and air defence in the 1930s'.

(131) James, *Paladins*, p. 130. また，以下を参照。E. G. Bowen, *Radar days* (London, 1986)；Hanbury-Brown, *Boffin*；A. P. Rowe, *One story of radar* (Cambridge, 1948)；Sir Robert Watson Watt, *Three steps to victory : a personal account by radar's greatest pioneer* (London : Odhams. 1957). ここで要となる本は，Zimmerman, *Britain's Shield* である。

(132) Maurice W. Kirby, *Operational research in war and peace : the British experience from the 1930s to the 1970s* (London : ICP and the Operational Research Society, 2003), ch. 3.

(133) Hackman, *Seek and strike*.

(134) R. P. Ayerst, M. McLaren and D. Liddle, 'The role of chemical engineering in providing propellants and explosives for the UK armed forces' in William F. Furter (ed.), *History of chemical engineering* (New York : American Chemical Society, 1980), pp. 376–8.

(135) Hartcup, *The challenge of war*. もちろんこの例は，いずれにせよこの方向に偏っているかもしれない。

(136) *Biographical Memoirs of Fellows of Royal Society* 33 (1987), pp. 491–535. また，Walter Kaiser, 'The development of electron tubes and of radar technology : the relationship of science and technology', in Oscar Blumtritt, Hartmut Petzold and William Aspray (eds.), *Tracking the history of radar* (IEEE-Rutgers Centre for the History of Electrical Engineering and Deutsches Museum, 1994), pp. 217–36 の有用な考察も参照。将来の研究は，こうした学界の物理学者がどうして無線の訓練を受けていなくてもこの装置を考案できたかを問う必要があると論じた p. 234 の脚註 26 も参照。カイザーは，ランドルが産業界育ちで，明らかに資料を見ることができた点の重大さを見ていない。

(137) M. M. Gowing, *Britain and atomic energy* (London : Macmillan, 1964), ch. 1.

(138) Balmer, *Britain and Biological Warfare*.

(139) David Zimmerman, *Top secret exchange : the Tizard mission and the scientific war* (Stroud Alan Sutton Publishing, 1996), p. 169.

(140) 加えてティザードは，大学での教育や研究が大いに強化されていると記している。「大法官」宛草稿，1954 年 12 月 8 日付，Tizard Papers, IWM, HTT 696（ティザードは歴史家の J・M・バトラーと，そのいとこで大法官も務めた R・A・バトラーを混同している）。

第4章　新世代の人々と新しい国家 1939～70年

（1）Roy Lewis and Angus Maude, *The English middle class* (London : Phoenix House, 1949), pp. 243-4.

（2）Peter Hennessy, *Whitehall* (London : Fontana, 1990).

（3）この題材は，J. D. Scott and R Hughes, *The administration of war production* (London : HMSO, 1955）で取り上げられている。

（4）George Peden の価値ある論文，'Arms, government and businessmen, 1935-1945' in John Turner (ed.), *Businessmen and politics : studies of business activity in Biritish politics, 1900-1945* (London : Heinemann, 1984), pp. 130-45 は，残念ながら戦争を取り上げていない。1939年から41年にかけての時期の共産主義者による当時の批判がほぼ唯一の当時の叙述だが，こちらも実業家の意義を過小評価し誤解している。例えば，Ivor Montagu, *The traitor class* (London : Lawrence & Wishart, September 1940), pp. 93-104 を参照。

（5）Sir Alec Cairncross and Nita Watts, *The economic section 1939-1961 : a study in economic advising* (London : Routledge, 1989).

（6）鍵となる資料には以下がある。戦時中の *Imperial Calendar and Civil Service List*（ほとんどの場所でこれは利用できない――たぶん戦時期に回覧が制限されていたのだろう。1941年，1943年，1945年の分は，IWM，PROで入手可能）；最上層の人々が掲載されたリスト，*Whittaker's Almanac*；*Who was who*；*Memoirs of Fellows of the Royal Society*〔王立協会研究員の伝記的記録〕；『英国人名辞典』(*DNB*)；*Dictionary of business biography*. これは包括的ではないが，驚くことに，そしておそらく面白いことに，政府内の実業家については役立たない。

（7）Winston Churchill, *The Second World War*, vol. II : *Their finest hour* (London : Cassell, 1949), p. 15.〔W・S・チャーチル『第二次世界大戦 2』佐藤亮一訳，河出書房新社 (2001)〕

（8）Churchill, *Their finest hour*, p. 16. 重要な軍人はポータル空軍中将（1940～45年），サー・アラン・ブルック陸軍大将（1941年12月～45年），パウンド（1939～43年），アンドリュー・カニンガム各海軍大将だった。これに関しては，Alex Danchev, 'Walzing with Winston', *War in History* 2 (1995), 202-30 と John Sweetman (ed.), *Sword and mace : twentieth century civil-military relations in Britain* (London : Brassey's, 1966）にある Danchev の論文と，Paul Smith (ed.), *Government and the armed forces in Britain* (London : Hambledon, 1996）を参照。陸軍元帥 Lord Alanbrooke (Sir Alan Brooke), *War diaries, 1939-1945* (ed. Alex Danchev and Daniel Todman) (London : Weidenfeld & Nicolson, 2001）も参照。

（9）ウィリアム・クーパーの大戦直後を舞台とした小説，*Scenes from metropolitan life* (London : Macmillan, 1982）での言い方。

(10) Scott and Hughes, *Administration*, p. 315.

(11) Oliver Lyttelton, Viscount Chandos, *The memoirs of Lord Chandos* (London : Bodley Head, 1962), p. 209.

(12) ベビンは労働組合活動家として登用されており，議員ではなかった。クリップスは議員であり政治家だったが，1939年に労働党から除名されていた。

(13) サー・ジョン・アンダーソンは戦前，空襲警報への特別な責任を負う王璽尚書に任じられた。ロード・チャットフィールド海軍大将は1939年から40年まで国防調整相を務め，第一海軍卿としてはナポレオン戦争以来初めて大臣になった。モーリス・ハンキー

は1939年から42年まで無任所大臣，ランカスター公領長官〔内閣府長官〕，大蔵省主計長官として閣内にいて，特に科学の領域を管轄した。

(14) John Wheeler Bennett, *Sir John Anderson : Viscount Waverley* (London : Macmillan, 1962), pp. 266–7.

(15) Ibid., pp. 315–7.

(16) Andrew Boyle, *Only the wind will listen : Reith of the BBC* (London : Hutchinson, 1972) を参照。

(17) 1940〜42年の時期には五つないし六つの要職のうちの一つだった。Scott and Hughes, *Administration* の付録を参照。

(18) MoSの初代事務次官だったサー・アーサー・ロビンソンは，ネビル・チェンバレンと共に長く働いており，そのチェンバレンによって内閣府に軍需委員会委員長として引き入れられた。在任期間が長かった事務次官は，1942年から45年までMoSにいたサー・ウィリアム・ダグラスと，1940年5月から43年11月までMAPを率いたサー・アーチボルド・ローランド，海軍省のサー・ヘンリー・マーカムだった。他には，海軍省のサー・R・H・カーターが1936〜40年，MoSのサー・ウィリアム・ブラウン，MAPと生産省のサー・ハロルド・スコット（1943〜45年）とサー・フランク・トライブ（1945〜46年），サー・ヘンリー・セルフ（1942〜43年），サー・ジョン・ウッズ（1943〜45年）などがいた。

(19) Alex Danchev, *Oliver Franks : founding father* (Oxford : Clarendon Press, 1993) 参照。フランクスの昇進は，これまた大学人で，戦前にはバークベックカレッジの学寮長を務め，公務員として急速に昇進したジョン・（レドクリフ＝）モードの場合と似ていた。モードは戦後も教育省で事務次官として残った。理学部の大学人でこれほど速く公務員の階級を駆け上がった例はない。

(20) J. M. Reid, *James Lithgow, master of work* (London : Hutchinson, 1964), p. 212.

(21) 私が見つけた事例は戦前に空軍省の委員会にJ・W・ボウェンが任命された例と，戦車委員会の一員だったG・トムスンの例だけである（M. M. Postan, D. Hay and J. D. Scott, *Design and development of weapons* (London : HMSO, 1964), pp. 331–3 参照）。どちらの役割も本質的には助言だった。

(22) 特筆すべきことに，ブラウンは*DNB*には載っていない。

(23) Anthony Furse, *Wilfrid Freeman : the genius behind allied survival and air supremacy* (Staplehurst : Spellmount, 2000), p. 255.

(24) Ibid., p. 291.

(25) Clarke Correspondence in the Brigadier G. MacLeod Ross papers 78/46/5, IWM を参照。

(26) その肩書の保有者を挙げると，1939〜41年には工兵中将サー・モーリス・テイラー（1881〜1960），1941年にはサー・ウィルフレッド・リンゼル砲兵中将（1884〜1973），1942〜44年にはローレンス・カー歩兵中将（1886〜1954），1944〜46年には元参謀総長補佐のサー・ジョン・エベット陸軍中将がいた。エベットは一旦退職して，1946〜51年，オーストラリアへ駐豪州英国軍需省職員長として行き，1946〜49年には，ウーメラロケット発射場と言った方が通りがいい，英豪合同長距離兵器研究所の最高責任者を務めた。

(27) ウィークスは，*Organisation and equipment for war* (Cambridge : Cambridge University Press, 1950) を書いた。

(28) 戦前にも，ごくわずかながら政府高官の職に就いていた実業家がいた。第一次大戦時に大臣で，1930年代には供給と航空機生産の要になる顧問だったウィアー子爵などの産業顧問が，国防委員会の実働部隊として任用された。1938年6月には，空軍省が産業諮問委員会を設け，12月には首相が独自に産業諮問委員会を設置した。空軍省の委員は，サー・エイモス・エアー（造船業），S・R・ビール（GKN社），J・W・ボウェン（元労働組合活動家），サー・チャールズ・ブルース・ガードナー（SBAC），ロード・カドマン（アングロ＝イラニアン社），陸軍中佐J・H・グリーンリー（バブコック・アンド・ウィルコックス社），サー・ロバート・マカルパイン（サー・ロバート・マカルパイン・アンド・サンズ社）だった。首相の委員はJ・アディソン（コートールズ社），サー・ジョージ・ビハレル（ダンロップ社），P・F・ベネット（ルーカス社およびICI社），サー・ジェフリー・クラーク（P&O社），J・O・M・クラーク（J&P・コーツ社），R・J・シンクレア（インペリアル・タバコ社，ユニリーバ社のF・ダーシー・クーパーが辞職して交替）だった。出典はAVIA 10/91と報道記事。グリーンリー中佐は両委員会にあって，首相委員会の委員長を務めた。上記の人々は兵器業界にはいないところが重要である。陸軍省には，特に衣料品の助言を行うサー・フレデリック・マーキス（ルイス社）を委員長とする「エキスパート」諮問委員会もあったらしい。マーキスはルイス・オードやベドー社のスペシャリストT・S・スミスを呼び込んだ。詳細はSebastian Ritchie, *Industry and air power* (London : Cass, 1997）を参照。空軍省では，ケンブリッジ卒，元イギリス陸軍航空隊パイロットで無線産業で働いていたH・A・P・ディズニー中佐（1893～1974）が1936年に初代航空機生産局長に任命された。1938年から40年まで，LMS鉄道の（サー）アーネスト・レモン（1884～1954）が航空機生産総局長であり，空軍会議の一員だった。

(29) F. R. Banks, *I kept no diary* (Shrewsbury : Airlife, 1978). 陸軍中佐サー・スティーブン・キングホールの未公刊の回想録の第2巻にはビーバーブルックの下でMAPにいた日々を活写した章がある。キングホールは当時議員で，工場防衛部門の長を務めた。故アン・キングホールに感謝する。

(30) ウェストブルックの給与は2,250ポンドだったが，ほとんどの実業家は無給だった。ウェストブルックはビーバーブルックの下で活躍したようで，1941年にMoSに移り，1942年からはデ・ハビランド社に勤めた。

(31) E. C. M. Clarke少将（元砲術総局長）からG. McLeod Ross准将宛。1936年3月8日付。Brig G. MacLeod Ross Papers 78/46/5, IWM.

(32) バーミンガムの製造業者のつながりについては，Richard Davenport-Hines, *Dudley Docker : the life and times of a trade warrior* (Cambridge : Cambridge University Press, 1984）を参照。ピーター・ベネットとオリバー・ルーカスという目立った二人組についてはHarold Nockolds, *Lucas : the first hundred years*, vol. I : *Kings of the Road* (Newton Abbott : David & Charles, 1976), pp. 236-46を参照。ベネットの方が商業的政治的志向が強く，実際にネビル・チェンバレンの後を継いでエジバストン選出の議員になった。ルーカスはエンジニアであり，自分の事業に非常に熱心だったが，「すさまじく愛国主義的」だった（p. 245）。

(33) W. J. Reader, *ICI : a history*, 2 vols. (London : Oxford University Press, 1975), II, pp. 252-3。ICI社の出身者は，化学物質や弾薬の面で，MoSにとって特に重要だった。隻腕のフレデリック・ベイン（1889～1950）は1941年から44年に化学物質統制委員会の委員長

だった。H・O・スミス（1882～1952）は1941年から42年にかけて弾薬生産総局長であり，（サー）アーサー・スマウト（1888～1961）も同様だった。3人とも戦時中のICI社の取締役だった。軍需省内のICI社上級職員には，他に次のような人物がいた。ICI社（ジェネラル・ケミカル）の会長で，1941年から45年に補給工場総局長を務めたチャールズ・ロビンソン。爆薬および化学薬品供給局長のJ・W・アーミット博士。ケンブリッジ出身でICI社アルカリ部門の主任エンジニアで，後に1942年から46年に補給工場局次長として核開発計画の重要人物となった（ロード）クリストファー・ヒントン。1940年から45年の補給工場技術局長を務めた（サー）レナード・オーウェン。

(34) MAPにいたことがある人物には，上述の人物に加えて，次のような人々がいた。ハイデューティ・アロイ社（航空機産業に納品していた企業）のW・C・デブルー（1893～1952）。イートン校出身の元若手株式ブローカーで，通信機器（レーダー）の統制官になった，（ロード）サー・ロバート・レンウィック準男爵（1904～1973）。Scott and Hughes, *Administration*, p. 299. 他に，1940年から45年に在籍の，製紙企業ボウォーター社の（サー）エリック・ボウォーター。1940年から43年に次官補を務めた会計士の（サー）アーチボルド・フォーブズ（1903～1989）。ICI社のエリック・フレイザー（1896～1960）は装備生産総局長を務め，その後，航空機生産総局長になった。ケンブリッジ出身の実業家で1941年からはMAPにいた（ロード）エドウィン・プラウデン（1907～2001）は，1945/6年度に，次官補の給与2,500ポンドを大きく超える，3,200ポンドの給与で行政官長になった。MoSとMAPが合併した直後の事務次官だったオリバー・フランクスの給与は，事務次官級の中でも最高位の3,500ポンドだった。サー・チャールズ・ブルース・ガードナーは1943年から労働力の配置と供給の統制官だったが，前々から同省とつながっていた。ブルース・ガードナーは，政府によって，1937年12月，航空機産業の業界団体であるSBACに「独立会長」として追いやられていた。「取締役会長」とも言われ，受けた指示は産業界と政府との架け橋となることだった。それが業界団体の会長としての特筆すべき役割だった。Handley Page Papers, HP AC 70/1 0/67, RAF Museum, Hendonのブルース・ガードナーの任用に関するファイルを参照。

(35) アッシャーはもともと軽合金とマグネシウムの統制官で，その後航空機生産省の資材生産総局長を務めた。

(36) リスゴーは一時的に戦車委員会委員長も務め，MoSの戦車部門を率いた。Reid, *James Lithgow, master of work* 参照。

(37)「戦時中のルーツ，グラハム，カニンガム，アッシャーの間には，誰かが他に先んじてナイトに列せられると，痛ましい嫉妬があったことを証言します」。E. C. M. Clarke少将（元砲術総局長）からG. McLeod Ross准将宛。1949年3月2日付。Brigadier G. MacLeod Ross papers 76/46/5, IWM. 経済学者のジェームズ・ミードは，「供給部門からの（多くはポケットからスパナが突き出ていて指先は油まみれ——のように見える）様々な人々」と記した。James Meade, in Susan Howson (ed.), *The collected works of James Meade* (London : Unwin Hyman, 1980), p. 85, Carl Glatt, 'Reparations and the transfer of scientific and industrial technology from Germany : a case study of the roots of British industrial policy and of aspects of British occupation policy in Germany between post-World War II reconstruction and the Korean War, 1943-1951', 未公刊の博士論文, European University Institute, Florence (1994), in three volumes, vol. III, pp. 1068-79. p. 1023に引用されたもの。実業界出身の上級の新人には，すでにナイトに列せられていた人々もいた。サー・セシル・ウィアー（1890～

1966）はスコットランドの実業家で，1942年から46年の装備・倉庫総局長だった。サー・ケネス・リー（1967年没）は，マンチェスターの実業家で（王立民間武器製造・通商調査委員会委員でもあった），1942～45年の原料統制総局長だった。自由党の活動家（ロード）サー・ウォルター・レイトン（1884～1966）は『ニュー・クロニクル』誌の編集長であり（以前には大学の経済学教員であり『エコノミスト』誌の編集者であった），1940～42年には事業総局長だった。

(38) Scott and Hughes, *Administration*, p. 305. レンウィックは同時期に空軍省でも同様の役職に就いており，軍需省庁を分離するという話を反故にしていた。多くの点で，サー・ウィルフレッド・フリーマン空軍中将が1942年以降，行政官長だったという事実も同様だった。戦後の空軍参謀長，（空軍中将，ロード）アーサー・テダー（1890～1967）は，1938年から40年まで研究開発総局長だった。テダーはケンブリッジを歴史で卒業したという，変わった士官だった。1940年から41年の間に，後に（ティザードのように）インペリアル・カレッジの学長になった（空軍大将，サー）ロデリック・ヒル（1894～1954）がテダーの後を継いだ。1941年には（空軍中将，サー）フランシス・リンネル（1892～1944）が研究開発統制官（かつての空軍研究開発委員会空軍代表と同様，空軍会議のメンバー）として引き継いだ。その後は（空軍中将，サー）ラルフ・ソーリー（1898～1974）が1943年に継いだ。

(39) 航空開発の側ではデービッド・パイ（1,900ポンド）がDSRであり，二人の次長（1,400ポンド）はベン・ロックスペイザー（戦時中にDSRを引き継いだ）と，（ロード）ハロルド・ロクスビー＝コックスだった。こちらも長年の公務員であり，インペリアル・カレッジ出身で，1943年，ジェットエンジンが対象の特別研究の長に据えられた（括弧内の数字は基本給で，階級の指標となる。表4-1参照）。

(40) W・S・ファーレン（1940～41）は1937年にケンブリッジから入省していて，後任のN・E・ロー（1,400ポンド）は，長くファーンボロー勤務のエンジニアであり，インペリアル・カレッジ出身だった。

(41) ロバート・ワトソン＝ワットで，こちらは1940年に通信開発局長の職を後に譲り，ワトソン＝ワットは科学顧問と通信機器副統制官の称号が与えられた。戦後は民間の職に移った。通信開発局長の後継は郵政省技監を退職したサー・ジョージ・リーで，こちらは1944年まで在職した。

(42) グッドイーブは海軍中佐の階級は捨てなければならなかったが，その役職は海軍少将レベルであり，40歳にもならない科学者としては目覚ましい昇進だった。Gerard Pawle, *The secret war, 1939–45* (London : Harrap, 1956), p. 196.

(43) Scott and Hughes, *Administration*, p. 132.

(44) 海軍OR局長だったパトリック・ブラケットは，第一次大戦中はキャリア海軍士官だった。

(45) (1)物理学，工学研究，(2)一般化学，冶金学研究，(3)特許，(4)発明，(5)諮問委員会事務方，(6)科学研究員の管理。さらに組織外の研究計画も運営した。Scott and Hughes, *Administration*, p. 273.

(46) Ibid., p. 283.

(47) 解かれたのは，一般化学・物理学研究，冶金学，科学研究要員の配置と使用，様々な雑務以外の管轄。Scott and Hughes, *Administration*, p. 285.

(48) アメリカの例については以下を参照。Paul Forman, ‘Behind quantum electronics : nation-

al security as a basis for physical research in the United States, 1940-1960', *Historical Studies in the Physical and Biological Sciences* 18 (1987), 149-229 ; Stuart W. Leslie, *The cold war and American science : the military-industrial-academic complex at MIT and Stanford* (New York : Columbia University Press, 1993) ; E. Mendelsohn, M. R. Smith and P. Weingart (eds.), *Science, technology and the military*, 2 vols. (Dordrecht : Kluwer, 1988)。特に 1990 年代について雑誌 *Historical Studies in the Physical and Biological Sciences* と，*Social Studies of Science* の冷戦中の科学特集号 31 (2001), 163-97 ; Michael Aaron Dennis, '"Our first line of defence" : two university laboratories in the postwar American state', *Isis* 85 (1994), 427-55. Everett Mendelsohn, 'Science, scientists and the military' in J. Krige and D. Pestre (eds.), *Science in the twentieth century* (London : Harwood Academic, 1997) ; Larry Owens, 'The counterproductive management of science during WWII', *Business History Review* 68 (1994), 515-76 ; David Hart, *Forged consensus : science, technology and economic policy in the United States, 1921-1953* (Princeton : Princeton University Press, 1997).

(49) 'We have a secret weapon', *Daily Mail*, 9 November 1939.

(50) M. M. Gowing, *Britain and atomic energy 1939-1945* (London : Macmillan, 1964).

(51) Imperial College Papers, GXD/2, Imperial College Archives.

(52) Imperial College から Appleton 宛，1944 年 5 月 8 日付，CXE/3/1 3 (Penney), Imperial College Archives を参照。また，Paul Brandon, 'The scientists and engineers of Imperial College during World War Two', 理学修士論文, Imperial College (1996) のおかげでもある。

(53)（博士の一人）イアン・スネドンによる。Ian Sneddon, 'Fort Halstead : superintendent of theoretical research in armaments' in E. A. Davis (ed.), *Nevill Mott : reminiscences and appreciations* (London : Taylor and Francis, 1998), pp. 36-8, 特に p. 3.

(54) Tizard Papers, HTT 65 (correspondence with Professor Lennard-Jones in 1938) and HTT 125 (also 1938-including scheme by G. T. R. Hill and Charles Goodeve of UCL), IWM 参照。

(55) R. V. Jones, 'Research establishments', in *Proceedings of the Royal Society* A 342 (1975), 484. しかしジョーンズは，やはり科学による戦争での重要な新機軸であるレーダー開発の鍵となる貢献をしたのは，まさしくこうした科学者だったことを明らかに認めている。

(56) レーダー研究への人材確保は 1935 年に始まったが，私の印象では常勤の公務員の職も提示されていた。私は研究者が臨時の職の方に入ったことに関心を抱いている。

(57) Scott and Hughes, *Administration*, p. 313.（サー）バーナード・ロベルは 1939 年にマンチェスター大学から下級科学官として入ってきたが，1945 年，通信研究所の主幹科学官を辞職し，半額の給与のマンチェスター大学物理学講師の職を引き受けた（Bernard Lovell, *Astronomer by chance* (Oxford : Oxford University Press, 1992), pp. 49, 107)。

(58) 空軍省のグリフィス，ファーレン，パイ，ゲイツ，ワトソン=ワット，NPL のレルフ，フェイジ，フレイザー，陸軍省のサットン，ゴフ。

(59) 初期に召集された指導者，キャベンディッシュのジョン・コッククロフト教授は実は興味深い雑種である。メトロポリタン・ビッカース社で働いたこともあるマンチェスター大学の電気工学者でもあり，ケンブリッジの数学学士号と，キャベンディッシュで取った博士号があった。

(60) Gowing, *Britain and atomic energy*, p. 53.

(61) B/TIZ/1 , Imperial College Archives の書簡集を参照。

(62) Tizard Papers, HTT 250, IWM.

(63) 定例の参加者はブラケット，ダーウィン，ショーンランド，バナール，ファウラー，エリス，パイ，ワトソン＝ワット，MAP の R・S・カポンだった。Tizard Papers, HTT 298, IWM 参照。

(64) 参謀本部合同戦争技術委員会の次世代兵器小委員会として。核への関与制限はイズメイとティザードの往復書簡に明瞭である。例えば，10/4/45 Tizard Papers, HTT 401, IWM. しかし，新しい政府においてもティザードは核の機密は知らせてもらえなかった。Ismay から Tizard 宛，1945 年 8 月 22 日付を参照。

(65) Andrew Nahum, 'Two-stroke or turbine? The Aeronautical Research Committee and British aero-engine development in World War II', *Technology and Culture* 38 (1997), 312–54 参照。

(66) ロンドンのアンドレード教授，ケンブリッジのコッククロフト教授，インペリアル・カレッジのハイルブロン教授は，それぞれ 850 ポンドの給与だった。*British Imperial Calendar and Civil Service List*, 1940.

(67) Scott and Hughes, *Administration*, p. 272。初代会長はロード・カドマン（1877〜1941, 1940 年 FRS）だった。カドマンと，BP 社の前会長でバーミンガム大学の鉱山学教授だったロード・ラザフォードと友人だった。後任は，DSIR を辞めた後に BP 社の顧問になっていて，どこにでも顔を出すサー・フランク・スミスだった。

(68) 10 人中 5 人の学者はケンブリッジ出身だった。Tizard collection, B/TIZARD/3/3, Imperial College Archives の最初の会議の議事録に添付のリストを参照。

(69) 例えば，委員会の *Report for the Year 1942* in Tizard Papers, HTT 309, IWM を参照。

(70) 1940 年 7 月のメンバーについては Tizard collection, B/TIZARD/3/2, Imperial College Archives を参照。また，戦時中の Army Lists も参照。それによると，1943 年には，E・D・エイドリアン，A・C・アンドレード，D・ブラント，C・G・ダグラス，ロバート・ロビンソン，イアン・ハイルブロン，シリル・ヒンシェルウッドや，ロード・ロスチャイルド，B・モーアット・ジョーンズ，R・E・スレイド（ICI）がいたことがわかる。

(71) FRS で DSIR 長官，DSR の（サー）エドワード・アップルトン（1892〜1965），FRS でケンブリッジの（サー）ラルフ・ファウラー教授（1889〜1944）などがいた。W. D. Hackmann, *Seek and strike : sonar anti-submarine warfare and Royal Navy, 1914–1954* (London : HMSO, 1984), p. 245.

(72) 海軍の反応については，Sébastien Soubiran, 'De l'utilisation contingente des scientifiques dans les systèmes d'innovations des Marines française et britannique entre les deux guerres mondiales. Deuxex emples : la conduite du tir des navires et la télémécanique', 3 vols., 未公刊の博士論文, Université de Paris VII–Denis Diderot (2002).

(73) William McGucken, 'The central organisation of scientific and technical advice in the United Kingdom during the Second world War', *Minerva* 17 (1979), pp. 33–69. 同委員会は，サー・ウィリアム・ブラッグ（王立協会会長に就任したときに，ヘンリー・デイルに交替），A・C・G・エジャトン，A・V・ヒル，および，DSIR 長官，航空研究委員会，医学研究委員会の幹事で構成されていた。工学諮問委員会は 1941 年に設置され，ここでもロード・ハンキーが委員長職にあった。そのメンバーはロード・ファルマス（世襲の上院議員であり，エンジニア），ヘンリー・ティザード，A・P・M・フレミング，W・T・ハルクロウ，C・C・パターソン（GEC 社），H・R・リカードー，A・ロバートソン博士。この委員会はすぐに消えた。

(74) *Daily Telegraph* and *Daily Herald*, 3 October 1940.

(75) この科学諮問委員会の自慢できることの一つは，ハンキーの下でこの委員会がイギリス原爆計画の詳細を聞いていたということである。その詳細は委員会の幹事，ジョン・ケアンクロスによってすぐにソ連にリークされた。David Holloway, *Stalin and the bomb : the Soviet Union and atomic energy, 1939-1956* (London : Yale University Press, 1994), pp. 82-3〔デーヴィド・ホロウェイ『スターリンと原爆』川上洸／松本幸重訳，大月書店（上下，1997)〕参照。

(76) 3人とは，FRS（サー）イアン・ハイルブロン教授（1886〜1959)，FRS（サー）トマス・マートン教授（1888〜1969)，（サー）ウィリアム・スタニア（1876〜1965）だった。William McGucken, 'The central organisation of scientific and technical advice in the United Kingdom during the Second world War', *Minerva* 17 (1979), pp. 33-69. また，Oliver Lyttelton, *Lord Chandos, The memoirs of Lord Chandos* (London : Bodley Head, 1962), pp. 169-70 も参照。チャンドスの電気産業連合のエンジニアや経営幹部に対する偉そうな意見については R. Jones and Oliver Marriott, *Anatomy of a merger* (London : Cape, 1970), p. 234 を参照。また，Nigel Balchin, *The small back room* (London Collins, 1962) pp. 26-7, 84-5 (初版は 1943）も参照。

(77) Anthony Sampson, *Anatomy of Britain* (London : Hodder & Stoughton, 1962), p. 606. レンウィックは初期の民放テレビで重要な人物になった。

(78) Edwin Plowden, *An industrialist in the Treasury : the post-war years* (London : Deutsch, 1989) ; Alex Danchev, *Oliver Franks : founding father* (Oxford : Clarendon Press, 1993).

(79) さらに多くの下位の職員も大学の職に戻り，昇進を伴うことも多かった。F・C・ウィリアムズは教授としてマンチェスター大学に戻った。フィリップ・ディーはグラスゴー大学に，ゴールドスタインはマンチェスター大学に行った。チャールズ・グッドイーブのように産業界に行った人々もいた。

(80) 他の6人は航空分野のキャリア公務員（レルフ，フェイジ，ゲイツ，コンスタント，フレイザー）と，化学戦分野で育った気象学者（サットン）だった。

(81) （サー）アルフレッド・パグスリーにも触れておくべきだろう。ロンドン大学を工学で出て，キャリアの大半を公務員として，ほとんどはRAEにいた。1945年，ブリストル大学の土木工学講座へ移り，1952年にはFRSに選出された。1952年から57年には航空研究委員会の委員長を務めた。

(82) ローはグッドイーブの後任として，1946/7年度には海軍省R & D統制官代理を務め，1947/8年度にはオーストラリアへ移り，防衛研究開発政策委員会の委員長とオーストラリア政府防衛科学顧問を務め，1948年から55年には，アデレード大学の副学長となった。

(83) パトリック・リンステッドは化学研究所の所長になったが，1949年にインペリアル・カレッジに行き，少し後に学長になった。ハーバート・スキナーもまたハーウェルに行き，1945〜50年には研究班長を務めたが，後にリバプール大学の物理学講座に移った。オットー・フリッシュは1945〜47年にハーウェルで部門長や首席科学官補を務めた。「その職は大体教授の職と同じだった。列車ではファーストクラスに乗った」(Otto Frisch, *What little I remember* (Cambridge : Cambridge University Press, 1979), p. 195〔オットー・フリッシュ『何と少ししか覚えていないことだろう——原子と戦争の時代を生きて』松田文夫訳，吉岡書店（2003)〕。ウィルフレッド・ルイスは通信研究所の統括官を引き継いだが，カナダへ行って，コッククロフトの後任になった（Sir Bernard Lovell and

D. G. Hurst, ‘Wilfred Bennett Lewis’, *Biographical Memoirs of Fellows of the Royal Society* 34 (1988), 453-509)。

(84) ロバート・スペンス，モンティ・フィニストン，ロバート・スミス，デービッド・ヘンダーソン。

(85) *The civil service* (Fulton Report), vol. IV : *Factual, statistical and explanatory papers*, Cmd 9613 (London : HMSO, 1968), p. 275. *Fulton Commission Report and Evidence* の各巻は以後 *The civil service* として引用する。

(86) 公務員老齢年金に関するイギリス政府・大蔵省による証言のメモ。*Royal Commission on the Civil Service (1953-1955), Minutes of evidence*, para. 15. 以後 *Minutes of evidence, Civil Service (1953-1955)* として引用する。

(87) *Report of the Barlow Committee on scientific staff*, April 1943, in Chancellor of the Exchequer, *The scientific civil service : reorganisation and recruitment during the reconstruction period*, Cmd 6679, September 1945, para. 11.

(88) Sir Ewen Broadbent, *The military and government : from Macmillan to Heseltine* (London : Macmillan, 1988), pp. 148-60.

(89) Jon Agar and Brian Balmer, ‘British scientists and the cold war : the defence research policy committee and information networks, 1947-1963’, *Historical Studies in the Physical Sciences*, 28 (1998), 1-40. ティザードは核関連事項には，まだ関与していなかった。

(90) 細菌研究諮問委員会（BRAB）。ハンキーは 1951 年まで委員長を務めた。Roskill, *Man of secrets*, III, p. 603.

(91) 1935 年に優先度の高いロケット計画へ異動になり，1940/1 年度に配備された 3 インチ対空ロケットの開発に貢献した。戦時中もロケット研究を続け，1946 年にウェストコット研究所の初代所長になった。1947 年には物理研究所長として海軍省へ行き，1950 年には英海軍科学局長となった。1954 年にはオルダーマストンの副所長として赴任した。1958 年，AEA でヒントンの後任になり，1964 年から国防省の上級顧問を務めた。特に王立協会の *Biographical Memoir* (1988) の本人の項を参照。

(92) この構造は，ソリー・ズッカーマンが 1966 年に異動して，ポストが二つに分けられたことで幾分弱くなったが，国防委員会では，サー・ウィリアム・クックがズッカーマンの代わりになった。1971 年から首席科学顧問は学界科学者が充てられた。やはり国防委員会の一員ではあったが，1985 年以降，首席科学顧問は（形式的には）もはや大臣に直接助言する立場ではなくなった。Broadbent, *Military and government*, ch. 10.

(93) 行政職以外の上級職。大蔵省による記述。*Minutes of evidence, Civil Service (1953-1955)*.

(94) しばらくは原子力生産統制官もあった。こちらについては M. M. Gowing, *Independence and deterrence : Britain and atomic energy, 1945-1952*, 2 vols. (London : Macmillan, 1974), I, pp. 40-6 を参照〔マーガレット・ガウイング『独立国家と核抑止力——原子力外交秘話』柴田治呂／柴田百合子訳，電力新報社（1993)〕。統制官は戦時中の空軍参謀総長，ロード・ポータルだった。

(95) 1945～51 年に兵器設計所の機関長（チーフエンジニア）だった（もちろんその前は海軍士官だった）サー・スチュアート・ミッチェル（1902～1990）が，1951～56 年と 1959～62 年の期間を務めた。1956～59 年は（サー）ロバート・コクバーンが務め，1966～69 年は（サー）モリーン・ベドフォード・モーガン（1912～1978）が務め，その

後を，やはり戦前のケンブリッジ出のRAE出身者で1938年に入所していた，（サー）クリフォード・コーンフォード（1918〜）が継いだ。戦時中はORにいたが，1945年から60年まで，RAEで誘導兵器を研究していた人物である。

(96) ファーンボローの元所長，（サー）ジョージ・ガードナーが1959〜63年の航空機統制官で，その後を（サー）モリアン・モーガンが継ぎ，1963〜66年にその地位にあった。

(97) 首脳陣の9人中6人は専門技術系の学位を持っていた。事務次官のサー・リチャード・「オットー」・クラーク（1910〜1975）はケンブリッジを数学で出て，『フィナンシャル・ニュース』誌を経て，1939年に臨時の行政職として加わった。（航空省）事務次官のサー・ロナルド・メルビルはケンブリッジを古典学で出た。その下には3人の次官補がおり，その一人は理学士だった。

(98) マドックは1971〜77年には，軍需省を引き継いだ貿易産業省と産業省の首席科学官だった。

(99) Broadbent, *Military and government*, p 49. 1970年代には，統合調達執行官とともに，陸，海，空それぞれの，三つの統制官職が設けられ，場合によっては歴史的な称号を持つ士官，すなわち軍需総監，海軍統制官，それよりは新しいが航空機統制官の下に置かれた。核兵器研究機関が国防省に編入されたときには四番目の統制官職が設けられた。最初は研究開発機関と研究の，後に研究開発機関，研究および核の統制官職だった。誘導兵器の統制官職は廃止された。Broadbent, *Military and government*, pp. 47–50 など各所.

(100) Ibid., p. 159.

(101) ハロルド・ウィルソンのハミルトンに対する特別な関心など，さらなる詳細については，Hennessy, *Whitehall*, p. 203 を参照。

(102) Pierre Bourdieu, *Homo academicus* (Cambridge : Polity, 1988)〔ピエール・ブルデュー『ホモ・アカデミクス』石崎晴己／東松秀雄訳，藤原書店（1997)〕と *The state nobility* (Cambridge : Polity, 1996)〔『国家貴族——エリート教育と支配階級の再生産（1・2)』立花英裕訳，藤原書店（2012)〕によるフランス国家や学者エリートの研究ほど深いイギリスについての研究はないが，イギリスの経験主義社会学，特にA・H・ハルゼーは，国家公務員と大卒者に関する驚くべき量の（ほとんど知られていない）データを生み出している。ホワイトカラーの労働組合運動については George Bain, *The growth of white collar trade unionism* (Oxford : Clarendon Press, 1970) を参照。「専門技術労働者（technical workers)」については Chris Smith, *Technical workers : class, labour and trade unionism* (London : Macmillan, 1987) を参照。得られている中で最も近いのは，職能団体と労働組合の歴史だが，まったく異なる問題である。19世紀後期には状況ははるかに良かった。Hannah Gay, 'Association and practice : the City and Guilds of London Institute for the Advancement of Technical Education', *Annals of Science* 57 (2000), 369–98 ; 'Brothers in science : science and fraternal culture in nineteenth-century Britain' (with John W. Gay), *History of Science* 35 (1997), 425–53 ; 'East End, West End : science, culture and class in mid-Victorian London', *Canadian Journal of History* 32 (1997), 153–83 参照。20世紀については，Robin MacKie, '"What is a chemical engineer?" Profiling the membership of the British Institution of Chemical Engineers, 1922–1956', *Minerva* 38 (2000), 171–99, および Robin MacKie and Gerrylyn Roberts, 'Professional careers in twentieth century Britain : the case of chemists and chemical engineers, 1890–1960', ガリ版刷りを参照。ゲルリン・ロバーツに感謝する。同氏による化学者のオンラインデータベースは貴重な資料となるだろう。ロス・マッキビンは，

1930年代後期の段階で新たな科学者・専門技術者中間層の出現を確かに認識していたが，この階層については具体的なことをほとんど何も述べていない（*Classes and cultures : England 1918–1951* (Oxford : Oxford University Press, 1998), chs. 2 and 3）。また，Alan Kidd and David Nichols (eds.), *The making of the British middle class? Studies of regional and cultural diversity since the eighteenth century* (Stroud : Sutton, 1998) も参照。特に Quail, Trainor and Distenfass を参照。

(103) George Orwell, ʻThe lion and the unicornʼ, *Collected Essays*, II, p. 98〔ジョージ・オーウェル「ライオンと一角獣」『オーウェル著作集 II』鶴見俊輔ほか訳，平凡社（1970)〕.

(104) Ibid., III, p. 36〔ジョージ・オーウェル「イギリス民族」『オーウェル著作集 III』(鶴見俊輔ほか訳，平凡社（1970)〕.

(105) Harry Hopkins, *The new look : a social history of the forties and fifties in Britain* (London : Seeker & Warburg, 1964), p. 159.

(106) Ibid., p. 159.

(107) PEP, *Graduate employment* (London : PEP, 1956), p. 1.

(108) Bruce Truscott, *Red brick* (Harmondsworth, Penguin, 1951) (初版は 1943/1945), pp. 256–7.

(109) Ibid., pp. 260–1.

(110) 例えば，オックスフォードの歴史の学生ノーブル・フランクランドは1学期はすべて勉学に充て，次の2学期は生活を歴史と大学航空隊に分け，その後はフルタイムで飛行士の訓練を受け，戦後に復学して課程を終えた（Noble Frankland, *History at war : the campaigns of a historian* (London : Giles de la Mare, 1998), pp. 9, 35）。文学批評のレイモンド・ウィリアムズはケンブリッジで2年間学び，陸軍に行き，戦後に復学して学士号を取った。

(111) 実際，最初は無線やレーダーのエンジニアを訓練するため，その後は技術スペシャリスト全般のために特別規定が作られ，不足科目を取るためとして，専門技術者人事委員会委員長ロード・ハンキーの名がついた，新しい奨学金が設けられた。

(112) 一つの結果として，ある世代の行政職で入った公務員全体が，戦時中に士官の経験があり，それは学業を終える前だった場合が多い。一例として，ロイ・デナムは陸軍に入る前に1年間ケンブリッジにいた。Denham, *The Mandarinʼs tale* (London : Politicoʼs, 2002), pp. 5–8, 246 参照。

(113) ロバート・アンダーソンは，ほとんどついでのように，こう述べている。「1931年以降の公的支出の削減は学校教師を魅力的でない職業にした。これは特に女子学生の募集に影響した。女子学生の割合は1920年代の終わりにピークに達したが，その後低下し，1960年代まで23〜24％と低迷していた」。アンダーソンの分析は思弁的で，なぜ女性の比率が1930年代の低いレベルにとどまったのかを説明せず，原因や時期についていささか誤解を招くものである。R. D. Anderson, *Universities and elites in Britain since 1800* (London : Macmillan, 1992), p. 23. また，Carol Dyehouse, *No distinction of sex? Women in British universities, 1870–1939* (London : UCL Press, 1995) は，アンダーソンの女子学生比率の分析を用いているが，その問題を大きく取り上げたわけではない（pp. 17–8）。R. M. Blackburn and J. Jarman, ʻChanging inequalities in access to British universitiesʼ, *Oxford Review of Education* 19 (1993), 197–215 は，1938年以降の時期を取り上げ，女子比率については1948年以降の時期を取り上げたため，男性化をほとんど見逃している。それでも両者は，1948年以降の不規則な女性化には言及している。アンダーソンの1930年代の分析

は信憑性があるが，女性にとっての教師の魅力よりも大きな変化が，さらに長期的な効果を伴って進行していたのは明らかである。教師になる大学卒業生は，特に1930年代には就職状況が良好ではなかった。PEP, *Graduate Employment*, p. 1 参照。

(114) University of Oxford, *Report of Commission of Enquiry*, 2 vols. (Oxford : Clarendon Press, 1966), I, para. 101. 実際，オックスフォードと大学全体とでは興味深い傾向の違いがあった。オックスフォードでは，戦間期を通じて女子比率は17～18％の間で一定であり，戦後になって下がり，1958/9年度には14％にまで下がった。*Report of Commission of Enquiry*, II, table 4.4, p. 13. 驚いたことに，近年出されたオックスフォード大学の20世紀史はこれを強調していない（それどころか，実は戦後に男子学生が一般的に軍務に就き，普通に思われている学生よりも歳をとっていたことや，多くの場合，指揮官経験もあったという事実にも言及していない）。Brian Harrison (ed.), *The history of the University of Oxford*, vol. VIII, *The twentieth century* (Oxford : Clarendon Press, 1994).

(115) アメリカでも同様のパターンは明白である。アメリカでは博士課程のレベルで驚くべき度合いでこの過程が進展したことを示す，決定的ではないが強力な証拠がある。化学の場合，1929年に女性が10％という最大値に到達し，それは例外的な1年を除けば1972年まで超えられることがなかった。1933年段階ではその数値は5％にまで下がり，1940年代には2％の最小値に至った（Marelene F. Rayner-Canham and Geoffrey W. Rayner-Canham, 'Women in chemistry : participation during the early 20th century', *Journal of Chemical Education* 73 (1996), 203, これはK. G. Everett and W. S. DeLoach, *Journal of Chemical Education* 68 (1991), 545を引用している）。また，V. B. Haas, and C. C. Perucci (eds.), *Women in scientific and engineering professions* (Ann Arbor : University of Michigan Press, 1984）も参照。物理学の場合，関係者の数はもっと少ないが，傾向は似ている。1920年代には，物理学博士の4％が女性だったが，1950年代にはその比率は2％以下にまで低下した。こちらでも1970年代になるまで回復はなかった（Rayner-Canham and Rayner-Canham, 'Women in chemistry', 203, V. Kistiakowsky, *Physics Today* 33 (1980), 32を引用したもの）。

(116) これはオックスフォードが女性科学者のプールをもっと効果的に利用できるという趣旨の考察で，次のような慎重な結論が導かれた。「オックスフォードもあまりのんびり構えてはいられないものの，女子の入学の増加は必ずしも科目のバランスを悪化させるわけではないらしい」。University of Oxford, *Report of Commission of Enquiry*, II, p. 85, para. 148。

(117) Janet Howarth, 'Women', in Harrison, *History of the University of Oxford*, pp. 358-9.

(118) David Edgerton, *Science, technology and the British industrial 'decline', 1870-1970* (Cambridge : Cambridge University Press, 1996), ch. 5 参照。

(119) A. H. Halsey (ed.), *Trends in British society since 1900* (London : Macmillan, 1972), table 7. 14.

(120) PEP, *Graduate employment*, pp. 15-6.

(121) Grace Pickering, 'Women in wartime science : Britain, 1939-1945', 未公刊の理学修士論文, University of London (2001).

(122) *The Civil Service*, IV, pp. 242, 232.

(123) PEP, *Graduate employment*, table 28, p. 71.

(124) 1940年代後期には，理学部，工学部，文学部の大学生のうち，51％は理学部か工学

部だった。パブリック・スクールの生徒についてはその比率は37％だった。おもしろいことに，グラマー・スクールとパブリック・スクールの工学を選択する割合は等しかった。PEP, *Graduate employment*, table 5, p. 28.

(125) PEP, *Graduate employment*, tables 5, 6, p. 28 より計算。

(126) 同前より計算。

(127) A. H. Halsey and I. M. Crewe, *Social survey of the civil service*, in *The civil service*, III (1) : *Surveys and investigations* (London : HMSO, 1969), p. 314n で引用されているロビンズ報告。以後，Halsey and Crewe, *Social survey of the civil service* として引用。

(128) University of Oxford, *Report of Commission of Enquiry*, II, tables 36, 37, pp. 51-2（フランクス報告）.

(129) DSIR が出した証言の覚書，*Minutes of evidence, civil service* (*1953-1955*), para. 19.

(130) Memorandum no. 42, IPCS, 'Comparative career values of administrative, works group and scientific officer classes', *The Civil Service*, v (1), *Proposals and opinions* (London : HMSO, 1968), pp. 359-78.

(131) 大蔵省が提出した公務員に関する導入的事実連絡。*Royal Commission on the Civil Service* (*1953-55*).

(132) *Report of the Royal Commission on the Civil Service 1953-55*, Cmd 9613, paras. 523-32. これは却下された。

(133) *Report of the Royal Commission on the Civil Service 1953-55*, para. 540. この提案は委員会によって却下された。

(134) *Minutes of evidence, Civil Service* (*1953-1955*), Q 2779.

(135) Ibid., Q 2780.

(136) Ibid., Q 2480.

(137) Denis Healey, *Time of my life* (London : Michael Joseph, 1989), p. 263.

(138) 1967年11月，大蔵省提出の，Memorandum no. 43, *The civil service*, v (1), *Proposals and Opinions* (London : HMSO, 1968), pp. 364-5.

(139) Office of the Minister of Science, *The management and control of research and development* (London : HMSO, 1961)（ギブ＝ズッカーマン報告）, para. 279. 目立ったR&D管理の問題があった。他の研究所よりも高年齢に偏っていたR&Dの労働力と，そのため比較的生産性が低い高年齢の研究員をR&Dの外に，事実上は公務員の外に異動させる問題に直面したことである（paras. 280-3）。

(140)「専門職ではなく，行政職に有利な点」, Hennessy, *Whitehall*, p. 159 に引用されたもの。そこではこう述べられている。「すべての大蔵省のファイルから，私はうぬぼれ，狭量，横柄，厳格な慣行ゆえに褒められることが読み取れた」。

(141) Halsey and Crewe, *Social survey of the civil service*, table 10. 21, p. 322. この統計では，行政職は，クラスII〔中間職〕の他の行政職や管理職とまとめられている。

(142) Ibid., table 10.23, p. 321.

(143) Ibid., p. 314.

(144) Ibid., p. 313.

(145) Ibid., tables 10.26 and 10.27 ; tables 3.21, 3.35.

(146) 文官の科学顧問のいくつかのエリート研究は，極端にケンブリッジ卒の割合が高いことを示している——Stuart Blume, *Towards a political sociology of science* (New York : Free

Press, 1974), p. 200 参照。
(147) E. C. Williams, 'Science and defence', *Public Administration* 34 (1956), p. 265.
(148) Solly Zuckerman, *Monkeys, men and missiles* (London : Collins, 1988).
(149) Lord Zuckerman, 'Scientists, bureaucrats and ministers', *Proceedings of the Royal Institution of Great Britain*, 56 (1984), 205–29, on 221. 政府内の独占的な科学的助言の意義に関する重要な分析については，P. D. Henderson, 'Two British errors : their probable size and some possible lessons', *Oxford Economic Papers* 29 (1977), 186–94 を参照。
(150) ズッカーマン以外の重要人物は，R・V・ジョーンズとブラケットである。
(151) 'Government and science', *Public Administration* 34 (1956), 245–56. 戦後，軍士官の専門技術的訓練は，非専門技術部門の人々も含めて，強く推奨されたことも記しておくべきだろう。E. H. W. Cobb, 'Science and the services', *Brassey's Annual*, 1955 (ch. XIX). このタイトルは制服組士官の科学や技術の訓練のことを言っている。三軍のすべてにおける専門家訓練でケンブリッジの工学部の役割は顕著である。
(152) *Minutes of evidence, Civil Service (1953–1955)*, Q 3421. Sir Frederick Brundrett, 'Rockets, satellites and military thinking', *Royal United Services Institute Journal*, (August 1960), 332–43 ; 'Government and science', *Public Administration* 34 (1956), 245–66 も参照。
(153) ティザードのその他の提言も同様に穏健だった。Tizard, 'A scientist in and out of the Civil Service', Haldane Memorial Lecture, Birkbeck College, 1955, pp. 18–21 を参照。Sir Henry Tizard, 'The influence of science on strategy', *Brassey's Annual*, 1951, pp. 112–5.
(154) R. H. S. Crossman, 'Scientists in Whitehall : thoughts on the eve', *Encounter* 23 (July 1964), 3–10. クロスマンは明らかに科学者にさらなる権限を与えたくないと思っていて，新たな種類の上級公務員を望んでいた。
(155) 合計は 1,379 人だった。MoS に雇われた科学職，専門職，専門技術職について同省から提出された覚書。*Minutes of evidence, Civil Service (1953–1955)*, para. 2 and app. I.
(156) Office of the Minister of Science, *The management and control of research and development*, app. 2.
(157) 文民専門職，専門技術職，科学職について海軍省から提出された覚書。*Minutes of evidence, civil service (1953–1955)*.
(158) つまり，上級主幹科学官と首席科学官代理である。MoS に雇われた科学職，専門職，専門技術職について同省から提出された覚書。para. 2. さらに，事務次官サー・ジェームズ・ヘルモアの証言。*Minutes of evidence, Civil Service (1953–1955)*, Qs. 2534–5.
(159) B. Humphreys-Davies 'Internal administrative services in the Air Ministry', *Public Administration* 33 (1955), 363.
(160) 政府の研究所は引き続き南東部に極度に集中していた。Carol E. Heim, 'R&D, defense, and spatial divisions of labor in twentieth century Britain', *Journal of Economic History* 47 (1987), 365–78.
(161) 例外も記すに値する。クライドには海軍省の施設もいくつかあった。ストンオーク（セントヘレンズの近く）の増設された化学兵器研究所は 1950 年代初期にコーンウォールのナンスクークに移転した。
(162) ARDE は 1955 年に武器設計局と兵器研究所の統合によって設立された。
(163) 専門職の行政職への通路——大蔵省によるメモ。*Minutes of evidence, Civil Service (1953–1955)*, para. 7.

(164) Ibid., para. 9

(165) Ibid., paras. 11–12.

(166) この情報は14人のうちの一人であるコリン・ヒューズ氏に負っている。氏はイギリスの原爆研究で働き，原子力業界に入った後，農業省の主幹科学官として公務員に戻った。1964年には新たに統合された国防省の首席科学官となった。

(167) 委員の一人だったサー・ウィリアム・クックは技術に傾く省が，大臣を長とする重役会によって運営されることを望んだ（重役会という見立ては，産業界の企業のもので，もしかすると驚くべきことかもしれないが，三軍各省にはなかった）。事務次官は何人かの上級顧問の一人となり，その機能は制限される。財務の面でも，専門職的機能を有するグループの長が財務を管轄することになる。したがって，クックが望んだのは，専門職の一部を行政官にするのではなく，上位の専門職が「専門技術的な行政部局を全面的に管轄して，上位の行政官と同じ地位で率いることだった」。W. R. Cook より P. M. S. Blackett 宛，1967年3月20日付，Blackett Papers, E69, Royal Society Archives. クックはフルトン委員会の一員であり，自分の考えを並べるよう，ブラケットに書いていた。その見解は，フルトンの考えでは，委員会で話をしたブラケットの方針よりも急進的だった。

(168) 1950年代でさえ，専門職が政策的助言に加わっていないという批判に反論するために，郵政省の技監が政策に関わっており，保健省の医学官もそうであり，MoS でもそうだと大蔵省は指摘していた。「大臣への接触や政策形成について言えば，上位の専門職は相当する行政職とだいたい同じ位置にある」。専門職の行政職への通路——大蔵省によるメモ。*Minutes of evidence, Civil Service (1953–1955)*, para. 7.

(169) D. E. Regan, ‘The expert and the administrator : recent changes in the Department of Transport’, *Public Administration* 44 (1966), 149–68.

(170) Ibid.

(171) John Simpson, ‘The Polaris Executive : a case study of a unified hierarchy’, *Public Administration* 48 (1970), 379–90 は Regan, ‘Experts and administrators’ に挙げられた他の前例を無視している。

(172) Sir Richard Clarke, *New Trends in Government*, HMSO 1971 (Civil Service Department. Civil Service College Studies 1). Philip Gummett, *Scientists in Whitehall* (Manchester : Manchester University Press, 1980), ch. 3 の役に立つ調査，p. 26 も参照。

(173) Regan, ‘Expert and administrator’, p. 153.

(174) Robert Putnam, ‘Elite transformation in advanced industrial societies : an empirical assessment of the theory of technocracy’, *Comparative Political Studies*, 10 (1977), 383–412 の様々な表を参照。

(175) Putnam, ‘Elite transformation’, p. 390

(176) 以前の研究は，研究科のメンバーが全般的に，本分として研究に携わり，行政を軽蔑していたことを示している。両者の間には大きな文化的ギャップがあった。Z. M. T. Tarkowski and Avice V. Turnbull, ‘Scientists versus administrators : an approach towards achieving greater understanding’, *Public Administration* 37 (1959), 213–31.

第5章　反＝歴史家と技術家官僚

(1) Lancelot Hogben から *New Statesman* 1937/8 クリスマス年始号編集者 Kingsley Martin 宛，C. H. Rolph, *Kingsley : the life, letters and diaries of Kingsley Martin* (London : Gollancz,

1973), pp. 283–4 に引用されたもの。

（2）Samuel H. Beer, *Britain against itself* (London : Faber, 1982), pp. 121–3.

（3）Ibid., pp. 123–5. ロビンズとフルトンは戦時中に学界から国家機関に入った。本章および次章に委員会委員長や顧問として出てくるブラケット，フランクス，ズッカーマンもいる。また，実業界からのギブ，プラウデンもその仲間に加える必要がある。

（4）Anthony Sampson, *Anatomy of Britain* (London : Hobber & Stoughton, 1962) ; Michel Shanks, *The stagnated society* (Harmonsworth : Penguin, 1961)〔M・シャンクス『ゆきづまった社会——イギリスは停滞から脱却できるか』江間時彦／田井準一郎訳，至誠堂（1968)〕; Andrew Shonfield, *Modern capitalism : changing balance of public and private power* (London : Oxford University Press, 1965)〔A・ションフィールド『現代資本主義』海老沢道進訳，オックスフォード大学出版局（1968)〕, Thomas Balogh, 'The apotheosis of dilettante' in Hugh Thomas (ed.), *The establishment : a symposium* (London : Anthony Blond, 1959), pp. 83–126.

（5）この本は実際，ケンブリッジの知性史家（intellectual historian）による序文を添えて再刊されている。C. P. Snow, *The two cultures and the scientific revolution* (Cambridge : Canto, 1993), 序文はステファン・コリーニによる。初版はケンブリッジ大学出版会から1959年刊〔C・P・スノー『二つの文化と科学革命』松井巻之助訳，みすず書房（1999）（増補版の *The two cultures : and a second look* が底本)〕。

（6）Arthur Koestler (ed.), *Suicide of a nation* (London : Vintage, 1994).

（7）例えば，世界のトップでなくなったこと，構造的変化に対する抵抗，希求を満たせなかったこと，比較による経済データの出現などである。Barry Supple, 'Fear of failing : economic history and the decline of Britain', *Economic History Review* 67 (1994), 441–58, Jim Tomlinson, *The politics of decline : understanding post-war Britain* (London : Longman, 2000) を参照。トムリンソンは，スノーの衰退主義を，それが科学に焦点を当てていることから特異な形のものと認識している。*Politics of decline*, p. 24. 確かに他の論者は特に自然科学にはあまり熱心ではないが，技術家支配論の方向性は一般に衰退論と共通である。拙稿 'The prophet militant and industrial : the peculiarities of Correlli Barnett', *Twentieth Century British History* 3 (1991), 360–79 を参照。

（8）衰退論の定義の解説については，拙著 *Science, technology and the British industrial 'decline', 1870–1970* (Cambridge University Press, 1996), pp. 3–5 を参照。

（9）E・P・トムスンはこの用語を，公式文書を廃棄する担当者（weeder）のすることという異なる意味で使用している。E. P. Thompson, *Beyond the frontier : the politics of a failed mission to Bulgaria* (Woodbridge : Merlin, 1997), pp. 14, 20.

（10）Jonathan Harwood, *Styles of thought : the German genetics community 1900–1933* (Chicago : Chicago University Press, 1993), p. 363.

（11）さらに続けて，「誰でも望むなら，今日，政治や芸術や宗教や，生と世界という一般的な問題に関して，『科学人』が，そしてもちろんその背後の医者や技術者や金融人や教師等々が示す，ばかげた思考や判断や行動を見てとることができる」。José Ortega y Gasset, *The revolt of the masses* (London : Allen & Unwin 1961), p. 86（英訳者名なし).〔オルテガ・イ・ガセット『大衆の反逆』神吉敬三訳，ちくま学芸文庫（1995)〕

（12）旧式と新式の知識人の相違は，考え方の点で前者が広く，後者が狭いところにあるというのは，20世紀についての論評に通底する基調の一つとなっている。以下を参照。A.

N. Whitehead, *Science and the modern world* (London : Fontana, 1975), p. 233（初版は 1926）〔A・N・ホワイトヘッド『科学と近代世界』上田泰治／村上至孝訳，松籟社（1981)〕; R. G. Collingwood, *An autography* (Oxford : Oxford University Press, 1939)〔R・G・コリングウッド『思索への旅——自伝』玉井治訳，未来社（1981)〕; Anna-K. Mayer '"A combative sense of duty" : Englishness and the socialists' in Christopher Lawrence and Anna-K. Mayer (eds.), *Regenerating England : science, medicine and culture in interwar Britain* (Amsterdam : Rodopi, 2000), 特に pp. 81-3.

(13) P. G. Werskey, *The visible college : a collective biography of British scientists and socialists of the 1930s* (London : Allen Lane, 1978) ; W. McGucken, *Scientists, society and the state* (Columbus, OH : Ohio State University Press, 1984) ; D. S. Horner, 'Scientists, trade unions and the labour movement policies for science and technology, 1947-1964', 未公刊の博士論文, University of Aston (1986). いくつかの未来主義的文学研究が科学系知識人の仕事を論じているが，そうした研究は，当該知識人の主題の先見性とされるものを高めに評価することが多い。以下を参照。W. H. G. Armytage, *Yesterday's tomorrows : a historical survey of future societies* (London : Routledge and Kegan Paul, 1968) ; I. F. Clarke, *Voices prophesying war : future wars, 1763-3749*, 2nd edn. (Oxford : Oxford University Press, 1992)（初版は 1966) ; I. F. Clarke, *The pattern of expectation : 1763-2001* (London : Cape, 1979). もっと新しい叙述については以下を参照。Daniel Pick, *War machine : rationalization of slaughter in the machine age* (London : Yale University Press, 1993)〔ダニエル・ピック『戦争の機械——近代における殺戮の合理化』小澤正人訳，法政大学出版局（1998)〕; D. P. Cook, *Darwinism, history and war : the debate over the biology of war from the 'Origin of Species' to the First World War* (Cambridge : Cambridge University Press, 1994) ; Lawrence and Mayer, *Regenerating England*.

(14) 私は，科学系知識人を，第二の，あるいは並列的な仕事として，科学と社会問題についての執筆をしている科学者（圧倒的に学界科学者）としている。また，ノーマン・ロッキヤー，リチャード・グレゴリー，J・G・クラウザー，H・G・ウェルズ，C・P・スノーなどのように，科学について，また科学を擁護して，フルタイムの作家／ジャーナリストの仕事をしている科学系出身の人々も多い。

(15) Frank M. Turner, 'Public science in Britain, 1880-1919', *Isis* 71 (1980), 589-608. 後で私が示すように，1918 年以降の時期においてはこれは正しいとは言えない。Andrew Hill, 'Passports to power : a public rationale for export influence on central government policy-making : British scientists and economists, c1900-c1925', 未公刊の博士論文, University of Glasgow (1994) を参照。

(16) Harwood, *Styles of thought*.

(17)（ハリー・ホフ・）クーパーは公務員任用試験委員会の仕事をし，後に原子力公社の科学者人事を担当して，以下の三部作を書いた。戦前を扱った *Scenes from provincial life* (1950)，戦後の MoS を取り上げた *Scenes from metropolitan life* (1982)，やはり 1940 年代を舞台にした *Scenes from married life* (1961) である。小説 *Memories of a new man* (1960) は，原子力・電子世代と，ケンブリッジのチャーチル・カレッジを思わせるオックスブリッジのあるカレッジを中心にしていて，世界を三つの文化，(R&D の) 科学者，エンジニア，行政官に分類していて，これが使える。三つとも傾向としては似たような出身で，かつてのジェントリー層出身ではないとも言っている。ここに挙げた作家は誰も，

イタリアの工業化学者プリモ・レヴィのような，専門技術上の業務そのものについては書いていない。イギリスにおける移民の専門技術実業家についてよくわかる回顧録として，Oliver Sacks, *Uncle tungsten : memories of a chemical childhood* (London : Picador, 2001) を参照〔オリヴァー・サックス『タングステンおじさん——化学と過ごした私の少年時代』斉藤隆央訳，早川書房（2003)〕。また，Michael Frayn, *The tin men* (London : Collins, 1965）も参照。

(18) W. H. Brock, ‘C. P. Snow—novelist or scientist’, *Chemistry in Britain* (April 1988), 345–7.

(19) *Spectator*, 4 October 1963, p. 406.

(20) C. P. Snow, *The two cultures and a second look* (Cambridge : Cambridge University Press, 1969), p. 11〔本章註 15〕. 他のデータから，戦後の科学公務員に採用された新人は，理学部卒を妥当に代表していると言える。1950 年頃の科学公務員で入る人々（おそらくスノーのサンプルの妥当な代表となる）は，65 % がグラマー・スクール出身，17 % がパブリック・スクール出身，10 % がオックスブリッジ出身である。PEP, *Graduate employment* (London : PEP, 1956), table 42, p. 105.

(21) Snow, *Two cultures and second look*, p. 13. しばしば指摘されることだが，スノーの「二つの文化」の分析はまったくオリジナルではない。それはそのとおりだが，もっと重要なのは，前々から科学系知識人の狭さだけでなく，科学教育の狭さを批判した著述をしていた人々がいることにも目をとめることである。例えば，「大学が理学部の学生を，『科学』本体という狭い分野の外のことは何も知らず，自分に教養が欠けていることさえまったく知らない専門家にすることに固執するかぎり，巨大に広がる理学部は社会的に喜ばれても，寄せ集めになるのも無理はない」。これを書いたルイスとモードはさらに，大学は職業訓練を提供すべきである一方で，こんなことを問うべきだろうと言う。

> 理学部の学生が，文芸についてほとんど無知で，科学的諸発見を生んだ歴史的過程や，今日まで働いている社会的・倫理的な枠組についておぼろげなことも知らない生焼けの「科学者」になるべきか，あるいはまた，科学の構造について知らない法律家，あるいは哲学には無縁の医師が本当に教養ある存在であるかと。
>
> (Roy Lewis and Angus Maude, *The English middle class* (London : Phoenix House, 1949), pp. 243–4)

(22) Roy Denman, *The mandarin's tale* (London : Politico's, 2002), p. 3.

(23) Snow, *Two cultures and a second look*, p. 9.

(24) Ibid., p. 2.

(25) Ibid., p. 10. スノーは何ら詳細な証拠を示さず，単に FRS の出身学校の分布が外交官や勅撰弁護士の場合とは明確に違うと述べるだけで（註 5)，そんな比較はもちろん極端である。

(26) PEP, *Graduate employment*, table 9, p. 32. いろいろな研究や観察から，いくつかの洞察が得られる。1960 年代のイギリスのグラマー・スクールの生徒は，理系を学ぶか文系を学ぶかによって心理的にも異なることがわかったという話が知られている。Liam Hudson, *Contrary imaginations : a psychological study of English schoolboy* (London : Methuen, 1966).

(27) 私は，上級のイギリス人科学者が（1990 年代)，イタリアの R&D の量がイギリスより多いことを示す数字が出てくる講演をしたのを覚えている。驚いたことに，『タイムズ』紙の「別冊高等教育（Higher Educational Supplement)」へのある投書は，この点を，明らかにおかしいというのではなく，イギリス科学の衰退の証拠として採用していた。

(28) Solly Zuckerman, *Monkeys, men and missile: an autography, 1946-1980* (London: Collins, 1988), p. 111. 私もこの箇所は面白いと思う。私自身，イギリスの科学と技術についての衰退論の論壇全体について同様のことを言ったことがあるからだ（*Science, technology and the British industrial 'decline'*, p. 69)。

(29) F. R. Levis, *Two cultures? The significance of C. P. Snow, with an essay by Michael Yudkin* (London: Chatto&Windus, 1962). 講演はケンブリッジ大学ダウニング・カレッジで行われた。リッチモンド講演の名称は，同カレッジの学寮長だった海軍史家で戦略家のサー・ハーバート・リッチモンド提督に因む。ガイ・オートラーノによる新しい重要な論考，Guy Ortolano, 'Two cultures, one university: the institutional origins of the "two cultures" controversy', *Albion* 34 (2002), 606-24; 'Human science or a human face? Social history and the "two cultures" controversy', *Journal of British Studies* 43 (2004), 482-505 も参照。

(30) Leavies *Two cultures?*, p. 15.

(31) 1950年代の知識人についての整った，はるかに優れた比較はジョナサン・リーによるもので，これは当時の二つの過大評価された講演を比較している。「スノーが象徴的な平民技術家とすれば，……［アイザイア・］バーリンは，イギリスの文化と政治の伝統に恋した，典型的なコスモポリタン知識人である。バーリンの *Two concepts of liberty*〔アイザィア・バーリン「二つの自由概念」『自由論 1』小川晃一ほか訳，みすず書房(1971)〕は，1958年，オックスフォードで行われた。Jonathan Rée, 'Talking philosophy', *Prospect* (May 2002), 34-7.

(32) Henry Fairlie, 'Cults not cultures', *The Spectator*, 1 November 1963, p. 554. フェアリー（「エスタブリッシュメント」という言葉を考えたとされる）には，いい線を行く反衰退論があり（Koestler, *Suicide of a nation* への寄稿を参照)，科学者とそのプロパガンダの誤りをもっと概括的に暴いてもいる。フェアリーはある論文で，「この人物はすでに道化である。アーネスト・ブレイドレイン博士は，イギリスの『トップ』に立つ科学者であり，博士は何とかそこに達したが，我々が地方大学と呼ぶことを許されたところの無名の，あるいはマイナーな職にとどまっている」。(Henry Fairlie, 'Dr. Braindrain—Bon Voyage', *Spectator*, 21 February 1954, p. 243). 『スペクテーター』誌はこの時期，一貫して科学主義への敵意をむきだしにした，きわめて興味深い雑誌だった。その航空関係の記者，オリバー・スチュアートは，基本的に戦前の，今より小さくても競争力があった航空機産業を懐かしんでいた。『スペクテーター』誌は，反動的でも時代遅れでもなかった。リービスのリッチモンド講演を公刊したのも同誌だった。Roy Jenkins, *A Life at the centre* (London: Macmillan, 1991), p. 117-8 を参照。

(33) *Two cultures and a second look*, p. 29.〔本章註15〕

(34) Ibid., p. 30. この時代区分は，現在の我々には馴染みがない。歴史家はその後，第二次産業革命を19世紀後半に遡らせたからだ。

(35) Ibid., p. 23.

(36) Ibid., p. 23.

(37) Ibid., p. 24.

(38) Ibid., p. 33.

(39) Ibid., p. 40.

(40) Ibid., pp. 34-6.

(41) Ibid., p. 21.
(42) Ibid., p. 18.
(43) Ibid., p. 19.
(44) Ibid., p. 17.
(45) Ibid., p. 38.
(46) 2004年12月21日『ガーディアン』紙の死亡記事。
(47) Sampson, *Anatomy*, p. 227. サンプソンの父親はICI社の化学者だった。サンプソンはこう記す。「航空省は内務省よりICIに似ており，3,000人の科学者を雇用している。ICIの取締役会には18人の元科学研究者がいる」。
(48) Sampson, *Anatomy*, p. 227.
(49) Koestler, *Suicide of a nation*, pp. 249–53を参照。アルブーは別にすると，他には高等教育を受けていないジャーナリスト1人，オックスフォード大学卒10人，PPE〔哲学・政治学・経済学〕ではなく専門技術教育を受けていたのはゼロ，経済学と医学を含むケンブリッジ大学卒が4人だった。ションフィールドは明言していないが，自身はオックスフォード出身だった。Tomlinson, *The politics of decline*, p. 23は，当時こういうことが言われていたのを教えてくれる。
(50) Shonfield, *Modern Capitalism*.〔本章註4〕
(51) D. C. Coleman, 'Gentleman and players', *Economic History Review* 27 (1973), 92–116は，イギリス実業界についての研究に大きな影響を及ぼしている。枢要なデータには，Edgerton, *Science, technology and the British industrial 'decline'*, p. 27が異論を挟んでいる。『経営者人名辞典』に基づくClive Cohenの未発表の研究によれば，イギリス産業の指導者の中では，ただ科学者・エンジニアだけでなく，特にオックスブリッジ卒の科学者・エンジニアが重要であることが確認される。
(52) トマス・インスキップの息子で，イートン校，ケンブリッジ出身のエンジニア，戦時中は海軍軍人だったロード・ロバート・カルデコート（1917～）は，戦後，グリニッジとタインのビッカース社の工廠にいて，1948年から55年までケンブリッジの工学部講師を務めた。1953年にはEEの取締役会に加わり1969年まで務め，1960～69年には共同会社のBAC取締役会でEEを代表していた。
(53) ノエル・アナンは，リービスが，「高尚すぎない意見」によってスノーの小説家としての地位を崩したと説いた。*Our age* (London : Weidenfeld and Nicolson, 1990), p. 284. これは疑わしい。アナンとロビンスは，リービスにとってはとりわけうっとうしい存在で，そのことは，「二つの文化」批判を補足するリービスの文章に明白である。F. R. Leavis, *Nor shall my sword : discourses on pluralism, compassion and social hope* (London : Chatto & Windus, 1972).
(54) 2002年，リッチモンド講演40周年が，『ガーディアン』紙で，親スノー的記事によって祝われ，2002年になってもスノーは正しいとされた。Martin Kettle, 'Two cultures still', *Guardian*, 2 February 2002を参照。そのことは『プロスペクト』誌に載った，双方の陣営にとってやっかいな考察で記されているが，これもまたスノーの意義を見逃していた。Geoffrey Wheatcroft, 'Two cultures at forty', *Prospect* (May 2002), 62–4を参照。F・R・リービスは前々から，正当にも，自分は誤解されており，その誤解は，スノーのような分析が浸透しきっていることを明らかにしたと不満を述べていた。Leavis, *Nor shall my sword* を参照。

(55) Neal Wood, *Communism and British intellectuals* (London : Gollancz, 1959) は OR の利用について鋭いことを述べている (p. 133)。以下を参照のこと。J. G. Crowther and R. Whiddington, *Science at war* (London : HMSO, 1947) ; Air Ministry, *Origins and development of operational research in the RAF* (London : HMSO, 1963) ; C. H. Waddington, *OR in World War 2 : operational research against the U-Boat* (London : Elek, 1973).

(56) Jonathan Rosenhead, 'Operational research at the cross-roads : Cecil Gordon and the development of post-war OR', *Journal of the Operational Research Society* 40 (1989), 3–28.

(57) サー・ヘンリー・ティザードによる 1946 年 7 月の IPCS 年次総会での声明。*State Service* (July 1946) に転載。Tizard Papers, HTT 596, IWM にある複写。ここでティザードは，文民省庁は立ち後れているとも論じ，また，イギリスにはもっと研究活動が必要だという見解に反論もした。

(58) Tizard から蔵相宛，1953 年 12 月 8 日付，Tizard Papers，HTT 696, IWM.

(59) 特に不快な例については，Jacob Bronowski, *The ascent of Man* (London : BBC, 1973), p. 369〔J・ブロノフスキー『人間の進歩』道家達将／岡喜一訳，法政大学出版局（1987)〕を参照。また，拙稿 'British scientific intellectuals and the relations of science, technology and war' in Paul Forman and J. M. Sanchez Ron (eds.), *National military establishments and the advancement of science : studies in twentieth-century history* (Dordrecht : Kluwer, 1996), pp. 1–35 を参照。

(60) C. P. Snow, *Science in government* (London : Oxford University Press, 1961), pp. 8–12.〔C・P・スノウ『科学と政治』朱牟田夏雄訳，音羽書房（1961)〕

(61) Ibid., p. 47 .

(62) P. M. S. Blackett, 'Science in government' (Snow, *Science and government* の書評)，P. M. S. Blackett, *Studies of war* (Edinburgh : Oliver & Boyd, 1962), p. 126 に転載〔P・M・S・ブラッケット『戦争研究』岸田純之助／立花昭訳，みすず書房，1964 年〕。この論旨は，Paul Crook, 'Science and war : radical scientists and the Tizard-Cherwell area bombing debate in Britain', *War and Society* 12 (1994), 69–101 という，戦後の論争に注目した優れた論文とも一致している。同論には，J・D・バナールの関与など，魅力的な詳細が加わっている。海軍での OR の意義については，それ自体は通常言われるほど重要ではなかったことを示す，Peter Hore (ed.), *Patrick Blackett, sailor, scientist, socialist* (London : Cass, 2003) の，特にジョック・ガードナーとマルコム・ルウェリン・ジョーンズの論文を参照のこと。

(63) Blackett, *Studies*, p. 123.〔前註〕

(64) マイケル・シェリーは，航空戦と核兵器について，この種の道徳的思考が重要であることを記しているが，決断は「勢いで選択するよりも，確かにいくつかの選択肢から出てくる」と述べている。Michael Sherry, *The rise of American air power : the creation of Armageddon* (New Heaven : Yale University Press, 1987), p. 363.

(65) C. Webster and N. Frankland, *The strategic air offensive against Germany* (London : HMSO, 1961), I, pp. 331–6 は，ティザードとチャーウェルの間の文通のわかりやすい要約である。Tizard Papers, HTT353, IWM. リンデマンの，スノーの奇怪な論旨と嫌味からの防御については，Thomas Wilson, *Churchill and the Prof* (London : Cassell, 1995) を参照。

(66) Tizard, 'Estimate of Bombing effect', 20 April 1942 ; Cherwell から Tizard 宛，1942 年 4 月 22 日付，Blakett Papers, D66, Royal Society を参照。道徳的な疑義はどこにもない。また，Tizard Papers, HHT353, IWM も参照。ティザードとブラケットは，形は違っても，爆撃機

を，陸上の攻撃目標より，潜水艦や敵国の商船（ティザードは特に後者を強調している）に対して使用することに反対している。もっとも，1942 年初頭という特異な状況でのことだった。

(67) Blakett Papers, J44, Royal Society は，1960 年代初頭の重要な文通と文書を集めている。

(68) Solly Zuckerman, *From apes to warloads* (London : Hamish Hamilton, 1978), pp. 139–48. ズッカーマンは，リンデンマンとバナールによる爆撃の効果調査のリンデンマンによる予備的分析が，爆撃によって士気が強く影響を受けたと間違って主張していることに不満を述べている。

(69) C. P. Snow, *Postscript to science and government* (London : Oxford University Press, 1962), p. 27.

(70) Maurice Kirby, *Operational research in war and peace* (London : Imperial College Press, 2003) は，OR の起源のこの側面を明らかにしている。

(71) Freeman Dyson, 'The children's crusade' in *Disturbing the universe* (New York : Harper & Row, 1979), pp. 29–30.〔F・ダイソン『宇宙をかき乱すべきか——ダイソン自伝』鎮目恭夫訳，ちくま学芸文庫（上下，2006)〕

(72) この司令官は，1947 年に次のように記している。新しい国防軍は，

> 明らかにもっと科学に依存しなければならないし，次の戦争に勝つ唯一の条件として，科学が提供すべく手にしている最高の現代兵器を開発することを主な仕事にしなければならない。空軍が，ある仮説が成り立たなくなったときに科学者が示す兵器よりも古い兵器を廃棄するとき，あるいは非効率的で手間がかかる方法に代わる手早く簡単な方法を科学者が見つけるとき，もうぐちぐち言わないように。
> (Marshal of the RAF Sir Arthur Harris, *Bomber offensive* (London : Collins, 1947), p. 278)

(73) Nigel Balchin, *The small back room* (London : Collins, 1962) pp. 26–7（初版は 1943).

(74) Ibid., pp. 84–5.

(75) ブラケットは 1965 年に退職した。概説としては，Peter Hore (ed.), *Patrick Blackett : sailor, scientist, socialist* (London : Cass, 2003) を参照。

(76) *The Times*, 15 July 1974. 死亡記事の一つは，ブラケットが「科学の大司教」と呼ばれたことがあると書いているが（*The Sunday Times*, 14 July 1974)，出典は示されず，それ以上の詳細もない。

(77) 1930 年代，ブラケットは，しばしば，(J・D・バナールと同様に）ブルームズバーグにある『ニュー・ステイツマン』誌編集者キングスレー・マーチンのアパートを訪問した。ブラケットは 1923 年，マーチンとの競争に勝ってキングス・カレッジの特別研究員になっていた。C. H. Rolph, *Kingsley : the life, letters and diaries of Kingsley Martin* (London : Gollancz, 1973), pp. 175, 102.

(78) 1958 年の BBC での講演。Bernard Lovell, 'Patrick Maynard Stuart Blackett,' *Biographical memories of Fellows of the Royal Society* 21 (1975), 75 に引用されたもの。

(79) *The Times*, 15 July 1974.

(80)「科学者は，作戦上の問題に対して数値的思考を促進することができ，それによって，『感情の激発』による戦争の経営を回避することができる」('Scientists at the operational level' (December 1941), *The Adventure of Science*, 5 (17) (1948), 28 に転載されたもの)。文脈からすると，非難は軍人に対してのみ向けられたものではなさそうである。

(81) Blakett, 'Scientists at the operational level', 27–9.

(82) P. M. S. Blakett, 'A note on certain aspects of the methodology of operational research' (1943), *The Advancement of Science*, 5 (17) (1948), 31 に転載されたもの。Erik P. Rau, 'Technological systems, expertise and policy making : the British origins of operational research' in Michael Allen and Gabrielle Hecht (eds.), *Technologies of power : essay in honor of Thomas Parke Hughes and Agatha Chipley Hughes* (Cambridge, NA : MIT Press, 2001), pp. 215–52 および Crook, 'Science and War', 69–101 を参照。

(83) Sir Henry Tizard から J. Lennard-Jones 教授宛，1938 年 10 月 11 日付，Tizard Papers, HTT65, IWM.

(84)「生産省科学顧問団との会合のメモ」Tizard Papers, HTT19/39, IWM.

(85)「サー・ヘンリー・ティザードのオフィスで開催された独立科学顧問団の第一回非公式会議のメモ」Tizard Papers, HTT19/39, IWM.

(86) ティザードの反対については，1943 年 7 月 8 日付メモ，Tizard Papers, HTT20/21, IWM を参照。

(87) Margaret Gowing, *Britain and atomic energy* (London : McMillan, 1964), pp. 78, 80. 当時この計画を担当していた MAP に承認されたのは，ブラケットの少数派の見解だった（p. 92）。

(88) ブラケットが 1948 年に受賞したノーベル賞は，アップルトン（1947 年），パウエル（1950 年），コッククロフトとウォルトン（1951 年）など，1940 年代後期からイギリスが物理学分野で獲得した多くのノーベル賞のうちの一つである。イギリスの大戦間期のノーベル物理学賞の受賞は，C・T・R・ウィルソン（1927 年），サー・オーウェン・リチャードソン（1928 年），ポール・ディラック（1933 年），ジェームズ・チャドウィック（1935 年），G・P・トムスン（1937 年）。イギリスは，1950 年代の残り，あるいは 1960 年代には，これ以上ノーベル物理学賞を受賞しなかったが，1970 年代には手に入れた。こうした人々が受賞した経緯，その時期に受賞した理由については，Robert Marc Friedman, *The politics of excellence : behind the Nobel Prize in science* (New York : Times Books, 2001) を参照。

(89) Lovell, 'Blackett', p. 71 ; M. M. Gowing, *Independence and deterrence* (London : Macmillan, 1975), I, pp. 115, 171–2, app. 8 を参照〔第 4 章註 94，app. 8 は訳書では省略〕。

(90) *Military and political consequences of atomic energy* (London : Turnstile, 1948). Mary Jo Nye, 'A physicist in the corridors of power : P. M. S. Blackett's opposition to atomic weapons following the war', *Physics Perspective* 1 (1999), 136–56.

(91) Michael Howard, 'P. M. S. Blakett' in John Baylis and John Garnett (eds.), *Makers of nuclear strategy* (London : Pinter, 1991), pp. 153–63.

(92) Alex De Greiff, 'The International Centre for Theoretical Physics, 1960–1979 : ideology and practice in a United Nations institution for scientific cooperation and Third World development', 未公刊の博士論文, University of London (2001).

(93) P. M. S. Blakett, 'The frustration of science' in Sir Daniel Hall et al. *The frustration of science* (London : Allen & Unwin, 1935), p. 139.

(94) Ibid., p. 144.

(95) Ibid., p. 134.

(96) Association of Scientific Workers, *Science and the nation* (Harmondsworth : Penguin, 1947), p. xviii.

(97) R. S. Anderson, 'Patrick Blackett in India : military consultant and scientific intervenor, 1947-1972', *Notes and Records of the Royal Society of London* 53 (1999), 253-73 and 345-59 ; C. Butler, 'Recollection of Patrick Blackett, 1945-1970', *Notes and Records of the Royal Society* 53 (1999), 1943-56.

(98) AScW, *Science and the nation*, p. 243.

(99) Ibid., p. 243. これは読者に，科学戦争の営みと，始まっていたかもしれない病気に対するやはり大きな戦争との釣り合いをとることを求めた。後戻りの方向はなく，さらなる進歩の可能性だけがあった。

(100)「戦争において科学が急速に進歩すると思い込むのは誤りである。いくつかの科学の分野は特別な刺激を受けるかもしれないが，全体として見れば，知識の進歩は遅い」。Sir Henry Tizard, 'The passing world', 1948年9月の英国科学振興協会会長演説。*The Advancement of Science*, 5 (19) (1948), 1155-64 や *Nature* などに広く掲載された。スタニアは，両次の世界大戦がイギリスの工学を前進させた様子の多くの例を挙げた1956年の記事で，こう書いている。

> 前述のことは，工学の発達への戦争の影響は全面的に利益をもたらすことを示すかもしれないが，戦争が工学の前進を刺激するとはいえ，限られた分野だけであることには目を向けるべきだろう。「その間」だけでなく，その後もずっとほとんど停止するに至った分野もあり……戦時中は，多くの聡明な人々の思考が人類に恩恵をもたらすものの創出からそらされ，新しい破壊の手段や敵の破壊的な意図をかわす手段の開発に集中しなければならなかった。……しかし，平時にも応用できるその活動の大半から学ばれたこともほとんどない。頭脳と見識がすべて平和利用の前進と建設に向けられたとしたら学ぶことができたであろうことにはきっと及ばない。要するに工学の前進に対する戦争の影響は，それを進めるより歪める方である。一定の分野では非常に明らかな恩恵は，この著者の意見では，他の分野が被る後退や，建設的なものではなく破壊的なものの設計に内在する才能の無駄遣いによって，帳消しになるとはとうてい言えない。
>
> (Sir William Stanier, 'The influence of War', *The Engineer*, Centenary Number (1956), 172)

(101) AScW, *Science and the nation*, p. 166.

(102) E. P. Thomson, 'Outside the whale' (1960), *The poverty of theory and other essays* (London : Merlin, 1978), pp. 1-34 に転載されたもの。E・P・トムスンが主導的役割を担った1950年代に栄えたマルクス主義的歴史記述と，マルクス主義的科学研究の弱さとの対照は著しい。マルクス主義歴史家は，J・D・バナールの先駆的研究にもかかわらず，科学と技術の歴史に関わらなかったことに目を向けるのも興味深い。Eric Hobsbawm, 'The Historians' Group of the Communist party' in Maurice Cornforth (ed.), *Rebels and their causes : essays in honour of A. L. Morton* (London : Lawrence & Wishart, 1978), pp. 21-48 を参照。

(103) Sir Edward Appleton, *Science and the Nation : the BBC Reith Lecture for 1956* (Edinburgh : Edinburgh University Press, 1957). 1953年のリース講演にも似たようなはぐらかしがあった。J・ロバート・オッペンハイマーによるこの講演は，公衆からすれば少なくとも原爆，加えてオッペンハイマーの悩みの話になることが期待されていた。実際に得られたのは，科学の歴史と哲学だった。Freeman Dyson の，J. Robert Oppenheimer, *Atom and void : essays on science and community* (Princeton : Princeton University Press, 1989) への序文を

参照。同書は，1954年に *Science and the common understanding* として出版された講演を復刻している。フリーマン・ダイソンは，オッペンハイマーの弁明を是認している。もちろん，オッペンハイマーは，戦争への関与のしかたが倫理的に否定された科学者の枢要な例である。

(104) Morgan Philips, *Labour in the sixties* (1960), pp. 5–6.

(105) Ibid., p. 6.

(106) Lovell, 'Blackett', p. 78n. ウィルソンは，当日の早い時間帯に自分で書いた。

(107) Solly Zuckerman, *Six men out of the ordinary* (London : Peter Owen, 1992), p. 34. Lovell, 'Brackett' も参照。

(108) S. T. Keith, 'Invention, patents and commercial development from governmental financial research in Great Britain : the origins of the National Research Development Corporation', *Minerva* 19 (1981), 92–122.

(109) David Horner, 'The road to Scarborough : Wilson, Labour and Scientific revolution' in R. Coopey, S. Fielding and T. Tiratsoo (eds.), *The Wilson governments 1964–1970* (London : Pinter, 1993), p. 59.

(110) 様々なスピーチや私的なメモで。例えば，'Notes of a meeting with Harold Wilson on October 7th 1963', Hetherington Papers, 5, LSE archives など。ここでウィルソンは，「デジタル計算機」，ホバークラフト，燃料電池に言及している。1964年の選挙公約も NRDC に，「ホバークラフトとアトラス・コンピュータの脈絡で触れている。*Let's go with Labour for the new Britain*, p. 9. コンピュータ・プロジェクトについては，John Hendry, 'Prolonged negotiations : the British Fast computer and the early history of the British computer industry', *Business History* 26 (1984), 280–306, および *Innovating for failure* (Cambridge, MA : MIT Press, 1990) を参照。

(111) 例えば，ブラケットは1961年，「超高速コンピュータ，燃料電池，ホバークラフト等」に言及している。'Notes for a speech in support of A. W. Benn, Bristol South East, 28 April 1961', Blackett Papers, H89, Royal Society.

(112) 1966年12月，ブラケットは，政府の人々に向けた *Science, technology and government : some lectures and speeches* というガリ版刷りを用意した。これは，産業界での R&D を増やす必要があることを論じた1959年の論文，テクノロジーについての1964年の2本の記事，技術省初年度について述べた文章で構成されていた。Blakett Papers, H123, Royal Society Archives を参照。

(113) P. M. S. Blackett, 'The case for a Ministry of Industry and Technology', 17 January 1964. 'The case for a Minister of Technology', September 1964 は，形式は違うが内容はよく似ている。両者とも，Blackett Papers, E49, Royal Society Archives にある。

(114) P. M. S. Blackett から R. H. S. Crossman 宛，1964年2月23日付，Blackett Papers, E49, Royal Society Archives. この書簡でブラケットは，上記二稿にあった論旨を述べている。翌日付の労働党 T. Pitt 宛の書簡では，「ディックは，今日の電話で，AEA と DSIR をまとめて最初から MOIT〔産業技術省〕に移管する方がよいと納得させてくれた」と記している。ブラケットはすぐに元の考えに戻ったが，新省はクロスマンが説いたのに近い形で設立された。

(115) 'The case for a Ministry of Industry and Technology', September 1964, Blackett Papers, E49, Royal Society.

(116) H. Rose and S. Rose, *Science and society* (Harmondsworth : Penguin, 1969), pp. 120, 122, 153.

(117) 技術相から Blackett 宛，1968 年 2 月 21 日付。前夜のスピーチについての報道を指している。Blackett Papers, H89, Royal Society Archives.

(118) ヘイルシャムは 1960 年から 64 年にかけて，枢密院議長という，伝統的に研究評議会を管轄する高位の職を務めた。ヘイルシャムの祖父で同名のクインティン・ホッグは，リージェントストリート工学校を設立した（現在は，ウェストミンスター大学の一部）。

(119) Lord Hailsham, *Science and politics* (London : Faber and Faber, 1963), p. 13.〔Q・ホッグ『科学と政治』松井巻之助訳，岩波書店（1964）〕

(120) Ibid., p. 14.

(121) Ibid., p. 15.

(122) Ibid., p. 33.

(123) Ibid., p. 59.

(124) 'Two cultures', *Encounter* 13 (1959), 61-4 でのポランニーの論評を参照。これは Marjorie Green (ed.), *Knowing and being : essay by Michael Polanyi* (London : Routledge & Kegan Paul, 1969) に転載されている。ガイ・オートラーノに感謝する。

(125) これについては，以下を参照。Anna-K. Mayer, 'Setting up a discipline : confliction agendas of the Cambridge History of Science Committee, 1946-1950', *Studies in the History and Science* 31 (2000), 665-89，および，Jessica Reinisch, 'The Society for Freedom in Science, 1940-1963', 未公刊の理学修士論文，University of London (2000).「科学の自由協会」の主要メンバーは，心情的にも知的にも，特にフリードリッヒ・フォン・ハイエク，ジョン・ジュークス，ライオネル・ロビンズのような，反マルクス主義・反ケインズ主義・反技術家支配論的経済学と密接に結びついていた。この人脈は深いところでつながっていた。例えば，ポランニーは，マンチェスターでの同僚であるジョーン・ジュークスの近しい友人であり，ジュークス同様，ハイエクのモンペルラン協会〔自由主義経済の重要性を主張する経済学者たちが集まって 1947 年に創立された会〕の重要なメンバーだった。Richard Cockett, *Thinking the unthinkable : think tanks and the economic counterrevolution 1931-1983* (London : Fontana, 1995 ; 初版は 1994), 各所を参照。ポランニーの国際科学の自由協会の支援，後には『ミネルバ』誌の支援において文化的自由会議（ひいては CIA）が演じた役割については，Frances Stonor Saunders, *Who paid the piper? The CIA and the cultural cold war* (London : 2000) を参照。

(126) William McGucken, 'On freedom and planning in science : the Society for Freedom in Science, 1940-1946', *Minerva* 1 (1978), 42-72 を参照。John R. Baker, *The scientific life* (London : Allen & Unwin, 1942) および Michael Polanyi, 'The republic of science : its political and economic theory', *Minerva* 1 (1962), 54-7 は，どちらも，必ずしもあからさまではないが，膨大な科学の活動を無視している。

(127) J. R. Baker から H. H. Dale 宛，1951 年 9 月 26 日付，および，1955 年の SFS 文書（Reinisch, 'The Society for Freedom in Science' に引用されたもの）。

(128) Norman J. Vig, *Science and technology in British politics* (Oxford : Pergamon, 1968) はこの点について優れている。

(129) 'Shadow and substance', *The Spectator*, 11 October 1963.

(130) J. D. Bernal 'Lessons of the war for science', 初出は *Reports and Progress in Physics*, 1945,

Proceedings of the Royal Society A342 (1975), 555–74 に転載。該当箇所は 555.

(131) Lawrence Wittner, *One world or none* (Stanford : Stanford University Press, 1993), pp. 171–5. ソ連の見解については，‘Dr. Einstein's mistaken notion : an open letter from Sergei Vavilov, A. N. Frumkin, A. F. Joffe and N. N. Semyonov’（1947）これは Albert Einstein, *Out of my later years* (New Jersey : Citadel Press, 1956), pp. 161–8 に転載された〔「アインシュタイン博士の誤った考え（セルゲイ・バビロフ，A・N・フルムキン，A・F・ヨッフェおよびN・N・セミィヨノフによる公開状）」アルバート・アインシュタインほか『科学者と世界平和』井上健訳，中公文庫（2002）に所収〕。

(132) J. D. Bernal and Maurice Cornforth, *Science for peace and socialism* (London : Birch Books, 1949), p. 31.

(133) D. S. Horner, ‘Scientists, trade unions and the labour movement policies for science and technology , 1947–1964’, 未公刊の博士論文, University of Aston (1986), ch. 1.

(134) J. D. Bernal and Maurice Cornforth, *Science for peace and socialism* (London : Birch, 1949) ; J. D. Bernal, *World without war* (London : Routledge & Kegan Paul, 1958).〔J・D・バナール『戦争のない世界』鎮目恭夫訳，岩波書店（上下，1959)〕

(135) Bernal and Cornforth, *Science for peace and socialism*.

(136) John Moss, *The scientific revolution* (London : Lawrence & Wishart, 1967), p. 8.

(137) Bernal, *World without war*, p. 47.〔本章註 134〕

(138) Moss, *Scientific revolution*, pp. 53, 5.

(139) Hilary Rose and Steven Rose, ‘The radicalization of science’, *Socialist Register* 1972, pp. 117–8.

(140) 以下を参照。Lin Chun, *The British new left* (Edinburgh : Edinburgh University Press, 1993)〔リン・チュン『イギリスのニューレフト――カルチュラル・スタディーズの源流』渡辺雅男訳，彩流社（1999)〕; Michel Kenny, *The British intellectuals after Stalin* (London : Lawrence & Wishart, 1995) ; Dennis Dworkin, *Cultural marxism in post war Britain : history, the new left, and the origins of cultural studies* (Durham, NC : Duke University Press, 1997).

(141) Perry Anderson, ‘Components of the national culture’, *New Left Review* 59 (July-August 1968), 11.

(142) ‘The origins of present crisis’, *New Left Review* 23 (January–February 1964).

(143) E. P. Thomson, ‘The peculiarities of English’ (1965), *The poverty of theory* (London : Merlin, 1978), p. 57 に転載されたもの。

(144) E. P. Thomson, ‘The peculiarities of English’ in *The poverty of theory*, p. 56.

(145) David Henderson, *Innocence and design* (London : Economist, 1986）を参照。

(146) Samuel Brittan, ‘Lessons of Iraqgate’, *Financial Times* 23 November 1992.

(147) フィリップ王配殿下は，航空機産業に関する本によくお祝いの序文を書いている。1950年代のフィリップ殿下は，ビクトリア女王の夫にちなんで，「ジェット時代のアルバート殿下」となり，イギリスの将来にとっての科学と技術の重要性を強調するうえで大きな役割を演じている。Richard Weight, *Patriots : national identrty in Britain 1940–2000* (London : Macmillan, 2002), p. 236 を参照。

(148) Roy Fedden, *Britain's air survival : an appraisement and strategy for success* (London : Xassell, 1957) ; また，the papers of Barnes Wallis, Science Museum Library も参照。もっと広く扱ったものとしては，拙著 *England and the aeroplane* (London : McMillan, 1991) を参

照。

(149) 伝記では，ホイットルは1955年に保守党候補支持の演説をし，1964年にも別の保守党候補支持の演説をして，いずれの場合にも，その見解は投票日当日，報道機関で広く報じられたことが言われている。同伝記は，1964年，「ホイットルが，スメスウィックの有権者に，労働党の候補者，パトリック・ゴードン・ウォーカーを激しく攻撃する公開書簡」を書いたと記している。John Golley, *Whittle : the true story* (Shrewsbury : Airlife, 1987). このゴリーは，ゴードン・ウォーカーの落選が，今なお悪名高い，悪意の人種差別キャンペーンをしたせいだとは言っていない。当選した保守党のピーター・グリフィスは，ハロルド・ウィルソンから「議会のつまはじき者」と呼ばれたことが有名で，1966年には議席を失った。

(150) Barnes Wallis Papers, BNW H25, Science Museum Library. また，J. E. Morpurgo, *Barnes Wallis* (London : Longmans, 1972), ch. 17 も参照。

(151) Moss, *The scientific revolution*, p. 53.

(152) ウォリスは1960年代末，月曜会で講演を行った。「先生にまた月曜会でお話ししていただける望みはありますでしょうか。……私どもはみな，二年前の先生の見事な講演をよく覚えております」。月曜会会合幹事より Sir Barnes Wallis 宛，1971年3月22日付，BNW H82, Science Museum Library. ウォリスは同意したが，その後キャンセルしなければならなくなった。伝記はこの件にはまったく触れていない。

(153) Werskey, *The visible college* ; Horner, 'Scientists, trade unions and Labour Movement policies for science and technology : 1947–1964' ; Fred Steward and David Wield, 'Science, planning and the state' in Gregor McLennan, David Held and David Stuart Hall (eds.), *State and Society in contemporary Britain* (Cambridge : Polity, 1984), pp. 176–203.

(154) Roy Sherwood, *Superpower Britain* (Cambridge : Willingham Press, 1989).

(155) Maurice Goldsmith and Alan Mackay (eds.), *The science of science* (London : Souvenir Press, 1964) (Penguin edn. 1966) を参照。

(156) David Bloor, *Knowledge and social imagery* (London : Routledge, 1976), p. ix. また，M. Mulkay, *Sociology of science : a sociological pilgrimage* (Milton Keynote : Open University Press, 1999), p. xv も参照。

第6章　戦争国家と「ホワイトヒート」1955～70年

(1) Harold Wilson, 'Speech opening the science debate at the party's annual conference, Scarborough, 1963', in Harold Wilson, *Purpose in politics : select speeches* (London : Weidenfeld and Nicolson, 1964), p. 27.

(2) L. Martin, 'The market for strategic ideas in Britain : the "Sandys era"', *American Political Science Review* 56 (1962), 23–41 ; S. J. Ball 'Harold Macmillan and the politics of defence : the market for strategic ideas during the Sandys era revisited', *Twentieth Century British History* 6 (1995), 78–100.

(3) Samuel P. Huntingdon, *The common defence : strategic programmes in national politics* (New York : Columbia University Press, 1961), p. 188.

(4) Ian Clark and Nicholas Wheeler, *The British origins of nuclear strategy 1945–1955* (Oxford : Oxford Clarendon Press, 1989).

(5) Matthew Uttley, 'British helicopter development 1945–1960 : government technology policy

in a changing defence environment' in R. Coopey, G. Spinardi and M. Uttley (eds.), *Defence science and technology : adjusting to change* (Amsterdam : Harwood, 1993), pp. 125-41.

（6） Geoffrey Owen, *From Empire to Europe : the decline and revival of British industry since the Second World War* (London : HarperCollins, 2000), pp. 282-8.

（7） Michael Pryce, 'Feeling supersonic : the rise and fall of the Hawker P1154 : a case study of the place of technological failure in aircraft design and development', 未公刊の理学修士論文, University of London (1996) を参照。

（8） 1958～60年の時期に7工場。少なくとも10工場は1980年代まで生き残った。戦後, 22工場が閉鎖された。

（9） J. D. Scott, *Vickers : a history* (London : Weidenfeld and Nicolson, 1962), pp. 368-70.

（10） 欧州経済共同体については, Alan Milward, *The European rescue of the nation state* (London : Routledge, 1992) を参照。

（11） Patrick E. Murray, 'An initial response to the cold war : the build-up of the US Air Force in the United Kingdom, 1946-1956' in Roger G. Miller (ed.), *Seeing off the bear : Anglo-American air power co-operation during the cold war* (Washington DC : US Air Force, 1995), pp. 15-24. Ulrich Albrecht, *The Soviet armament industry* (Chur, Switzerland : Harwood Academic Publishers, 1993).

（12） William W. Suit, 'The transfer of B-29s to the Royal Air Force under the Mutual Defense Assistance Programme' in Miller, *Seeing off the bear*, pp. 25-41.

（13） その後の米国製爆撃機は, コンベアB36, ボーイングB47, B52だった。

（14） Uttley, 'British helicopter developments 1945-1960', pp. 125-41.

（15） ジャクリーン・マッグレイドには, この点の重要性を教示していただいた。未発表論文のコピーをいただいたことに感謝する。また, Till Geiger and Lorenza Sebesta, 'A self-defeating policy : American offshore procurement and integration of western European defence production, 1952-56', *Journal of European Integration History* 4 (1998), 55-73 も参照。

（16） Peter Pugh, *The magic of a name : the Rolls-Royce story, part two : the power behind the jets, 1945-1987* (Cambridge : Icon Books, 2000), p. 35.

（17） Brian Balmer, 'The drift of Biological weapon policy in the UK', *Journal of Strategic Studies* 20 (1997), 115-45 ; Rob Evans, *Gassed* (London : House of Stratus, 2000), p. 133.

（18） S. R. Twigg, *The early development of guided weapons in the United Kingdom 1940-1960* (Amsterdam : Harwood Academic, 1993), pp. 56, 191.

（19） David Holloway, *Stalin and the bomb : the Soviet Union and atomic energy, 1949-1956* (London : Yale University Press, 1994).〔第4章註75〕

（20） この兵器移転の政治については, ジェフリー・A・エンゲルが丁寧に調べている。Jeffrey A. Engel, '"We are not concerned who the buyer is" : engine sales and Anglo-American security at the dawn of the jet age', *History and Technology* 17 (2000), 43-68.

（21） J. Mellisen, 'The restoration of nuclear alliance : Great Britain and atomic negotiations with the US, 1957-8' *Contemporary Record* 6 (1992), 72-106 は, イギリスの最初の使用可能なメガトン級兵器（バイオレットクラブ／グリーングラス）が核分裂型爆弾だったことを明らかにしている。また, J. Baylis, 'The development of Britain's thermonuclear capacity, 1954-1961 : myth or reality?', *Contemporary Record* 8 (1994), 259-74 ; K. Pyne, 'Art or article : the need for and nature of the British hydrogen bomb , 1954-1958', *Contemporary Record* 9 (1995),

562–85 ; Royal Aeronautical Society/DERA, *The history of the UK strategic deterrent : proceedings of a Conference March 1999* (London : Royal Aeronautical Society, 1999) も参照。

(22) Lorna Arnold, *Britain and the H-bombs* (London : Palgrave, 2001), p. 220.

(23) Ian Clark, *Nuclear Diplomacy and the special relationship : Britain's deterrent and America, 1957–1962* (Oxford : Clarendon Press, 1994), p. 92.

(24) Richard Moore が the 2003 ICBH Summer Conference で発表した論文。

(25) Arnold, *Britain and the H-bomb*, p. 209 ; Richard Moore paper.

(26) Wing Commander Colin Cunnings, 'Thor', *Royal Air Force Historical Society Journal* 26 (2001), 22–34 を参照。

(27) Humprey Wynn, 'The RAF nuclear decades', *Royal Air Force Historical Society Journal* 26 (2001), 116.

(28) Michelangelo de Maria and John Krige, 'Early European attempts in launcher technology : original sins in ELDO's sad parable', *History and Technology* 9 (1992), 109–37 ; Lewis Johnman and Frances M. B. Lynch, 'The road to Concord : Franco-British relations and the supersonic project', *Contemporary European History* 11 (2002), 229–52 ; Susanna Schrafstetter and Stephan Twigg, 'Spinning into Europe : Britain, West Germany and the Netherlands—uranium enrichment and the development of the gas centrifuge 1964–1970', *Contemporary European History* 11 (2002), 253–72.

(29) 本書第 7 章を参照。

(30) R. H. S. Crossman, 'Defence after Blue Streak', *New Statesman*, 14 May 1960, p. 701. クロスマンは国防についてよく知っていた。例えば，Crossman, 'The nuclear obsession' , *Encounter* 11 (4) (1958), 3–10 を参照。P・M・S・ブラケットは 1950 年代後期，国防問題について，恒常的に『ニュー・ステイツマン』誌に寄稿していた。

(31) House of Commons, 27 April 1960 (Blue Streak debate) in *Purpose in politics*, pp. 167, 178, 172.

(32) House of Commons, 27 April 1960 (Blue Streak debate) in *Purpose in politics*.

(33) R. W. B. Clarke から Mr. Bell 宛，1960 年 4 月 5 日付，'Blue Streak : D (60) 17'. Clarke Papers, CLRK1/3, Churchill Archives Centre.

(34) *Let's go with Labour for the New Britain* (London : Labour party, 1964).

(35) P. M. S. Blakett, 'Notes for a speech in support of A. W. Benn', *Bristol South East*, 28 April 1961. Blakett Papers, H89, Royal Society（綴りは修正した).

(36) Harold Wilson, 1963 年 4 月 1 日，ワシントンのナショナル・プレス・クラブでの演説，*Purpose in politics*, pp. 215–6. ウィルソンは 1963 年の大会前夜のスピーチでも，パイロットプラントのイメージを使った。「我々には技能，職人魂，科学・技術，設計と創造的能力，組織化と売り込みの蓄えがあり，それがフルに発揮されれば，イギリスはそうなるべきものになるでしょう。世界のパイロットプラント，備品倉庫となるのです」。1936 年スカボローでの「外務問題についての大会前夜のスピーチ」，*Purpose in politics*, p. 12.

(37) 軍事に見立てるのは，当時は一般的でなかった。1950 年代後期には，「『ブレークスルー〔突破〕』という言葉（一世代前なら西部戦線について語るときの決まり文句）が［科学と技術との関連で〔「躍進」という意味で〕］再び流通し始めた」(Harry Hopkins, *The new look : a social history of the forties and fifties in Britain* (London : Secker & Warburg, 1964), p. 386)。

(38) 'White heat speech', *Purpose in politics*, p. 22.
(39) Ibid., p. 23.
(40) Ibid., p. 24.
(41) Ibid., p. 28. 1964年1月，ウィルソンは再び，軍用よりも民用のR&D契約をという基調と，民用R&Dを拡大してもっと目的意識にあるものにする必要を繰り返した。'Labour's Economic Policy' 1964年1月25日，スワンシーでの演説, in Harold Wilson, *The new Britain* (Harmondsworth : Penguin, 1964), p. 33.
(42) *Let's go with Labour.*
(43) *Let's go with Labour.* 左派の反対については，John Hughes, 'At economic policy for Labour', *New Left Review*, 24 (March/April 1964), 5-32を参照。
(44) Harold Wilson, 'A first-class nation' in *The New Britain*, p. 45.
(45) 'Wilson defines British socialism', 15 September 1963, *Purpose in politics*, p. 268.
(46) Denis Healy, *Time of my life* (London : Michael Joseph, 1989), p. 271.
(47) Council for Science and Society, *UK military R&D* (Oxford : Oxford University Press, 1986), table 2.1, p. 8.
(48) Council for Science and Society, *UK military R&D*, table 2.7, p. 14.
(49) Roy Jenkins, *A life at the centre* (London : Macmillan, 1991), pp. 160-6. 中止についての内部の人間による見解としては，Solly Zuckerman, *Monkeys, men and missiles* (London : Collins, 1988), ch. 21を参照。また，J. W. Young, 'The Wilson government and the demise of the TSR-2 October 1964-April 1965', *Journal of Strategic Studies* 20 (1997), 18-44も参照。
(50) Jenkins, *Life*, p. 173.
(51) 'Why the TSR2 must go', *New Statesman*, 22 January 1965.
(52) ジェンキンスは，航空機産業を調査するために，サー・エドワード・プラウデンを委員長とし，異例のことに，二人の技術家支配論派議員，労働党のオースティン・アルブーと保守党の元軍需相，オーブリー・ジョーンズを委員とする三人からなる委員会を希望していた。実際は，もっと大人数の委員会となり，アルブーは入らなかった（Jenkins, *Life*, p. 167）。
(53) Ministry of Aviation, *Report of a Committee of Enquiry into the aircraft industry*, Cmnd 2853 (1965).
(54) Robert Jackson, 'RAF aircraft procurement 1955-1965 : the American involvement' in Miller, *Seeing off the bear*, pp. 91-9.
(55) *Estimates*にあるデータ。
(56) Johnman and Lynch, 'The road to Concorde'.
(57) Tony Benn, *Out of the wilderness : diaries 1963-67* (London : Hutchinson, 1987), 28 June 1967, p. 505. Jad Adams, *Tonny Benn* (London : Mcmillan, 1992), p. 277は，幾分違った文章を提示しているが，公式の演説はトーンダウンしたと述べている（p. 499n5）。
(58) Tonny Benn, *Office without power : diaries 1968-72* (London : Hutchinson, 1988), 22 March 1968, p. 49.
(59) Benn, *Diaries 1968-72*, 1968年9月18日の項，p. 102.
(60) Ibid., 1969年5月1日の項，p. 164.
(61) Sir George Gardner, *Journal of the Royal Aeronautical Society* 70 (1966), 303.
(62) *Journal of the Royal Aeronautical Society* 70 (1966), 545-52.

(63) *Journal of the Royal Aeronautical Society* 71 (1967), 810–12 による。

(64) Aubrey Jones, *Britain's economy : the roots of stagnation* (Cambridge : Cambridge University Press, 1985), pp. 85–6, app. I.

(65) Office for the Minister of Science, *The management and control of research and development* (London : HMSO, 1961) を参照。サー・クロード・ギブは，1959 年に亡くなるまで委員長を務め，サー・ソリー・ズッカーマンが引き継いだため，報告書はギブ＝ズッカーマン報告と呼ばれている (Zuckerman, *Monkeys*, pp. 160–4)。また，Norman J. Vig, *Science and technology in British politics* (Oxford : Pergamon, 1968) および，'Policies for science and technology in Great Britain : post-war development and reassessment' in T. Nixon Long and Christopher Wright (eds.), *Science policies of industrial nations* (New York : Prager, 1975), pp. 62–109 も参照。

(66) 例えば，Vig, *Science and Technology* を参照。ヒースは，産業・通商・地域開発担当国務大臣および商務院総裁の称号を与えられた (John Cambell, *Edward Heath, a biography* (London : Pimlico, 1994), pp. 147–8)。

(67) Lord Hailsham, *Science and politics* (London : Faber and Faver, 1963), p. 30.〔第 5 章註 119〕

(68) Vig, *Science and Technology*, pp. 74–6.

(69) David Horner, 'Scientists, trade unions and Labour movement policies for science and technology : 1947–1964', 2 vols., 未公刊の博士論文, Aston University (1986), II, 198, 204. David Horner, 'The road to Scarborough : Wilson, Labour and the scientific revolution' in R. Coopey, S. Fielding and N. tanisoto (eds.), *The Wilson government 1964–1970* (London : Pinter, 1993), pp. 48–71. ミンテックについては以下を参照。Sir Maurice Dean, 'The machinery for economic planning : IV. The Ministry of Technology', *Public Administration* 44 (1966), 43–60 ; Vig, *Science and Technology* ; Sir Richard Clarke, 'Mintech in retrospect—I', *Omega* 1 (1973), 25–38 ; 'Mintech in retrospect—II', *Omega* 1 (1973), 137–63 ; Vig, 'Policies for science and technology' ; F. M. G. Willson, 'Coping with administrative growth : super-departments and the ministerial cadre 1957–77' in David Butler and A. H. Halsey (eds.), *Policy and politics : essay in hour of Norman Chester* (London : Macmillan, 1978), pp. 35–50. また，以下も参照。Richard Coopey, 'The white heat of scientific revolution', *Contemporary Record* 5 (1991), 115–27 ; 'Industrial policy in the white heat of the scientific revolution' in Coopey et al., *Wilson government* ; 'Restructuring civil and military science and technology : the Ministry of Technology in the 1960s' in R. Coopey, G. Spinardi and M. Uttley (eds.), *Defence science and Technology : adjusting to change* (London : Harwood Academic, 1993), pp. 65–84 ; Lewis Grundy, 'Technological change, industrial structure and state intervention in the British scientific instrument industry, 1945–1975', 未公刊の理学修士論文, University of Manchester (1989).

(70) Christopher Clifford, 'The rise and fall of the Department of Economic Affairs, 1964–1969 : British government and indicative planning', *Contemporary British History* 11 (1997), 94–116.

(71) Horner, 'Labour movement policies for science and technology', II, pp. 194, 196.

(72) この省は教育省から完全に切り離されていて，ウィルソンが同じインタビューで明らかにしたように，ウィルソンが望むように大学を含むことになっていた。'Notes of a meeting with Harold Wilson on November 4, 1963', Hetherington Papers, 5, LSE archives.

(73)「ハロルド・ウィルソンとの会談の記録 (1963 年 11 月 15 日)」, Hetherington Papers, 5,

LSE archives.

(74) Vig, *Science and technology*, p. 96.

(75) Jenkins, *Life*, p. 157. ジェンキンスはジャーナリストで，航空問題に関心があり，1964 年 7 月には，民用航空に関して 2 本の記事を書いていた（pp. 142–3）。

(76) ズッカーマンによれば，カズンズはこの職に就こうという気はまったくなかったという。Zukerman, *Monkeys*, pp. 367–8 ; Margaret Stewart, *Frank Cousins : a study* (London : Huchinson, 1978）を参照。Christopher Pollitt が好著 *Manipulating the machine* (London : Allen & Unwin, 1984), pp. 56–62 のために行ったインタビューがこの事実を確認し，興味深い展開も加えている。

(77) ライオネル・ロビンズとその報告書と，サー・クロード・ギブとサー・ソリー・ズッカーマンの R&D に関する報告とが示すように，この前の時期もそうだった。

(78) クロスマンとブラケットという，ともに科学政策の話での中心人物は，古いエリート（法曹界と金融界の）の子息だった。一方，ハロルド・ウィルソン，デニス・ヒーリー，ロイ・ジェンキンスといった人物は，いずれも 1930 年代にオックスフォードで，人文／社会科学を勉強した知識人政治家であり，父親は，科学，工学，産業界にいた。ハロルド・ウィルソンの父親ハーバートは工業化学専攻で，学位はなかったが，マンチェスター工科大学で教育を受け，ハダースフィールドやマージーサイドで働き，第二次大戦中はしばらく軍需省に勤務した（Ben Pimlott, *Harold Wilson* (London : HarperCollins, 1992), 各所)。デニス・ヒーリーの父親は，リーズ大学で機械工学を学び，第一次大戦中は，ウーリッジの工廠に勤務し，1922 年にキーグレー技術学校の校長になった（Healy, *Time of my life*, pp. 2, 3, 6)。ロイ・ジェンキンスの父親は，第一次大戦の前にラスキン大学に行った鉱山労働者であり，鉱山労働者組合の役員になり，地元議会の議員となり，戦間期には労働党の国会議員になった（Jenkins, *Life*, ch. 1)。

(79) 戦時中の臨時職員は，首相官邸やら技術省やらあらゆる種類の調査会やら，至るところにいた。プラウデンは航空機産業の調査，フルトンは公務員の調査，フランクスはオックスフォード大学の調査，というように。マンチェスター技術学校の校長ビビアン・バウデンは，教育・科学省の政務官になった。『タイムズ』紙の軍事担当記者で，以前は軍人だったアルン・グイン・ジョーンズは，ロード・チャリフォントとして外務省に入った。

(80) 構想では統制官を二人置くことになっていた。ブラケットは，その一人となった。二つの役職が統合され，その役職は，1965 年 7 月，カルハム研究所のジョン・アダムスに継承された。アダムスは，カルハム研究所の運営も続けた。

(81) Blakett, 'Comments on the Estimate Committee Report', 22 July 1965, Blackett Papers, E51, Royal Society. ブラケットの戦時中のチームの一つは，産業目的の OR を始めるために商務院へ行った。そのプロジェクトは停止された。以下を参照。Jonathan Rosenhead, 'Operational Research at the cross-roads : Cecil Gordon and the development of post-war OR', *Journal of the Operational Research Society* 40 (1989), 3–28 ; M. W. Kirby, 'Blackett in the 'white heat' of the science revolution : industrial modernization under the Labour governments, 1964–1970', *Journal of the Operational Research Society* 50 (1999), 985–93.

(82) Vig, *Science and Technology*, p. 101.

(83) 主要な機関は，NPL，国立工学研究所，ウォーレン・スプリング研究所だった。DSIR 付属機関がすべてミンテックに統合されたわけではない。道路研究所は運輸省に統合さ

れ，熱帯作物機構は海外開発省に統合された。他のいくつかのDSIR研究施設は，科学・技術研究評議会に移った。

(84) Stewart, *Frank Cousins*, p. 121.

(85) 技術省の創設は，主に二つの理由で批判された。第一に，科学と技術（DSIRではある程度は一体だった）を教育・科学省と技術省で分けたこと，第二に，技術省が技術は経済活性化に使える独立した経済的変数だと説いていることである。後者は，後の技術省顧問，ブルース・ウィリアムス教授が抱いた同省に対する異議の論点だった（リチャード・クーピーによるインタビュー，1991年3月13日)。

(86) 技術省は，産業再編公社になる構想を展開し，これは経済省に引き継がれる。構想の要となった形のものは，技術省の産業顧問となる産業界のベン・カントによっていた。Douglas Hague and Geoffrey Wilkinson, *The IRC—an experiment in industrial intention : a history of the industrial reorganization corporation* (London : Allen & Unwin, 1983), pp. 8-13.

(87) Benn, *Diaries 1963-67*, 1966年6月30日の項，p. 441.

(88) Hague and Wilkinson, *The IRC*.

(89) Clarke, 'Mintech in retrospect—I', p. 25.

(90) Harold Wilson, *The Labour government 1964-1970 : a personal record* (London : Weidenfield and Nicolson, 1971), p. 8.

(91) Richard Crossman, *The diaries of a cabinet minister*, vol. III : *Secretary of State for Social Service, 1968-1970* (London : Hamilton, Cape, 1977), p. 676, 1969年10月12日日曜日の項。

(92) BlackettからBenn宛，1969年10月6日付，Blackett Papers, E65, Royal Society. この段階では，ブラケットはミンテックから徐々に身を引きつつあった。

(93) *Engineering*, 1970年11月6日の項，p. 485.

(94) Minister of Aviation, *Report of the committee of Inquiry into the aircraft industry*, Cmnd 2853 (1965), p. 87.

(95) Denis Haviland, 'Relationships between governments and aeronautics—a discussion', *Journal of the Royal Aeronautical Society* 70 (March 1966) への寄稿, 383.

(96) *House of Commons, Official Report*（以下*Hansard*〔下院本会議録〕), 1966年6月16日の項，vol. 729, cols. 1638-9 ; *Hansard*, 1966年11月21日の項，vol. 736, cols. 939-41.

(97) Clark, 'Mintech in retrospect—I', p. 32. 航空省をどう分割するかを検討することが任務だった公式委員会の報告書は，ウィルソンの公表以前にリークされていた。*The Financial Times*, 9 November 1966を参照。リークの証拠と調査については，George Wigg Papers, 4/107 and 4/87, LSE Archivesを参照。

(98) *New Scientist*, 9 February 1967, p. 320. しかし国防省は，技術省から航空省を引き離そうとした（Benn, *Diaries 1968-72*, 1970年3月13日の項，p. 253)。

(99) William Plowden, 'The Mintech move on', *New Society*, 12 January 1967 ; 'Long memories may have recalled Sir Stafford Cripp's post-war Ministry of Supply' の中に私が見つけたこの類似についての当時唯一の言及は，「昔の記憶から，サー・スタッフォード・クリップスの戦後軍需省が思い起こされるかもしれない」のみで，その軍需省は「新しい手順，新しい製品と技法の開発を促進し，技術作業の様々な部門のしかるべき発達を容易ならしめるため」だったことを引用している（p. 51)。

(100) Benn, *Diaries 1963-67*, 1966年7月22日の項，p. 459.

(101) 1967年10月17日にインペリアル・カレッジで行われた特別講演，A. W. Benn, *The government's policy for technology* (London : Ministry of Technology, 1967) は，特に説得力がある。
(102) Anthony Wedgewood Benn MP, 'Yesterday's men at Mintech', *New Statesman* 24 July 1970, p. 76. 非常に率直で，興味深い記事。
(103) B. R Williams, 'Research and economic growth : what should we expect?', *Minerva* 3 (1964), 57.
(104) C. Carter and B. R Williams, 'Government scientific policy and the growth of the British economy', *Manchester School* 32 (1964), 199.
(105) R. Williams, 'Research and economic growth', 57–71.
(106) Benn, *Diaries 1963–67*, 1966年7月13日の項，p. 452.
(107) R. W. B. Clarke から Boreham 氏（ES）宛，'Statistical work', 15 June 1967, Blackett Papers E 61, Royal Society.
(108) Benn, *The government's policy for technology*, p. 2.
(109) P. M. S. Blackett, 'Understanding technological innovation', *Science of Science Foundation Newsletter* (March 1968).
(110) この組織は，1967年1月に最初の会合を行った。議長は内閣首席科学顧問サー・ソリー・ズッカーマンで，首相直属だった。この委員会の成果については，Zuckerman, *Monkeys*, ch. 34 を参照。
(111) Central Advisory Council for Science and Technology, *Technological innovation in Britain* (London : HMSO, July 1968), p. 9. これは同審議会が公表した唯一の答申である。
(112) Ibid., p. 7.
(113) Ibid., pp. 10–1.
(114) Ibid., p. 12.
(115) 'The Minister of Technology speaks to Design Engineering', *Design Engineering*, May 1969, p. 30.
(116) 科学の科学財団理事 M. Goldsmith から Lord Jackson of Burnley 宛，1968年9月24日付。Jackson Papers, FS8, Imperial College Archives.
(117) Jackson Papers, A/20/3 ; A/20/6 ; A/22/1, Imperial College Archives を参照。
(118) *The Engineer*, 9 April 1970, pp. 14–5.
(119) David Landes, *The unbound Prometheus* (Cambridge : Cambridge University Press, 1969), pp. 520–1.
(120) Merton J. Peck, 'Science and Technology' in Richard E. Caves and associates, *Britain's Economic prospects* (Washington DC : Brookings Institution, 1968), pp. 448–83. この論文は，労働党政権の政策を論じていない。
(121) Sir Henry Tizard, 'The passing world', Presidential Address BAAS, September 1948.
(122) Duncan Burn, *Nuclear power and the emergence of the atomic industry* (London : Macmillan, 1978) ; Roger Williams, *The nuclear power decision : British policies, 1953–78* (London : Croom Hekin, 1980).
(123) Duncan Burn, *The political economy of nuclear energy : an economic study of contrasting organisation in the UK and USA* (London : Institute of Economic Affair, 1967), p. 174. バーンはまた，ブラケットはずっと前から，1950年代に原子炉開発を公共部門に集中したとこ

ろに間違いがあったと信じていたとも記している（p. 174）。

(124) Minister of Technology, 'Address to Press Conference', 15 January 1969, Benn Archive.

(125) David Fishlock, 'Mintech's commercial revolution', *Financial Times*, 30 October 1968, 明らかにトニー・ベンに取材している。

(126) Philip Gummett, *Scientists in Whitehall* (Manchester : Manchester University Press, 1980), pp. 129-32 を参照。

(127) Clarke, 'Mintech in retrospect—III', p. 140.

(128) Benn, *The Engineer*, 9 April 1970, p. 11.

(129) Ministry of Technology, *Industrial research and development in government laboratories : a new organisation for the seventies* (London : HMSO, 1970) (Green Paper).

(130) オルダーマストンの事例の詳細については，Coopey, 'Resturucturing' を参照。1950年代，オルダーマストン予算の1割は非軍用核研究に用いられ，発表を続けたい物理学者を集めるために行われた（J. Hendry and J. D. Lawson, *Fusion research in the UK 1945-1960* (Harwell : UKAEA, 1993), p. 34）。

(131) *Statement on the Defence Estimates 1967*, Cmnd 3203 (February 1967), p. 44.

(132) *Supplementaty Statement on Defence Poticy 1968*, Cmnd 3701 (July 1968), p. 12.

(133) 最もよく調べられているのはレーダー研究所。Coopey, 'Restructuring' および Donald MacKenzie and Graham Spinardi, 'The technological impact of a defence research establishment' in Coopey et al., *Defence science and Technology* を参照。

(134) Coopey, 'Restructuring'.

(135) Ministry of Aviation, *Enquiry into the aircraft industry*, pp. 88-90.

(136) R. V. Jones, 'Research establishments', in *Proceedings of the Royal Society* A 342 (1975), 481-90.

(137) Jones, 'Research establishments' についてのサー・ロバート・コックバーンの論評，in *Proceedings of the Royal Society* A 342 (1975), 89.

(138) Crossman, *Diaries*, III, p. 309.

(139) 'The Ministry of Technology, 1964-1970' (Witness Seminar), *Contemporary Record* 5 (1991), 128-48 ; John Simpson, *The independent nuclear state : the United States, Britain and the military atom* (London : Macmillan, 1986) ; Zuckerman, *Monkeys*, ch. 32.

(140) Gummett, 'Defence research policy' in M. Goldsmith, *UK science policy* (London : Longman, 1984), pp. 64-5.

(141) Zuckerman, *Monkeys*, ch. 32.

(142) Graham Spinardi, 'Aldermaston and British nuclear weapons development : testing the "Zuckerman thesis"', *Social Studies of Science* 27 (1977), 547-82.

(143) Council for Science and Society, *UK military R&D* (Oxford : Oxford University Press, 1986), table 2.1, p. 8.

(144) 産業について〔本文に言われているような〕授権法をという構想は1930年代からあるが，たいてい退けられた。歴代の政府は，個別の産業の計画について国会制定法を通す方を選んだ（例えば，綿産業法)。労働党は，1947年に，産業理事会設立のための限定的な授権法を通過させた。Tonny Benn, *Hansard*, vol. 757, 1968年2月1日，cols. 1576-8を参照。

(145) *Hansard*, vol. 757, 1968年2月1日，cols. 1576-9.

(146) *Hansard*, vol. 757, 1968年2月1日, col. 1584.
(147) 'Minister's talk to staff', *Mintech Review* (May 1969).
(148) Memorandum, 'Civil Functions of the Ministry of Supply', 1950年2月20日, AVIA 49/75, PRO.
(149) *Hansard*, 1969年10月21日, col. 1072.
(150) *Industrial Expansion Act 1968*, 16&17 Eliz 2, Ch. 32, para. 13を参照。
(151) *Hansard*, 1968年4月3日, col. 521.
(152) A. W. Benn, *Hansard*, 1968年4月3日, cols. 527-8.
(153) Hugh Jenkins, *Hansard*, 1968年4月3日, col. 534.
(154) De Maria and Krige, '"ELDO"s sad parable', 129は，保守党が例えば労働党のELDOへの敵対に反対したことを記す。
(155) De Maria and Krige, '"ELDO"s sad parable', 109-37, 特に125-30. 労働党が欧州共同開発に反対だったということではない。先に述べたように，ウィルソンは欧州技術共同体を提案したし，確かに労働党政府は，軍用機での大規模な欧州企業体をいくつか求めていた。
(156) Keith Hayward, *Government and British civil aerospace : a case study in post-war technology policy* (Manchester : Manchester University Press, 1983) を参照。
(157) Campbell, *Heath*, p. 221.
(158) 続く数年で通商産業省の分離・再統合が行われることになる。1974年，通商，産業，エネルギーについて別個の省庁が生まれた。通商と産業は1983年，再び統合された。
(159) Campbell, *Heath*, p. 314.
(160) Hilary and Steven Rose, 'Where is the scientific revolution?', *Guardian*, 22 March 1966.
(161) P. Hennessy, *Whitehall* (London : Fontana, 1990), p. 431.
(162) *Private Eye*, 4 August 1967.
(163) www.montypyson.net より。「空飛ぶ羊」の寸劇は，1969年10月，バカ歩き省は1970年9月の放映。
(164) Benn, 'Yesterday's men at Mintech'.
(165) R. C. O. Matthews, 'The contribution of science and technology to economic development' in B. R. Williams (ed.), *Science technology in economic growth* (London : Macmillan, 1973), pp. 7-8. また，C. T. Taylor and Z. A. Silberston, *The economic impact of the parent system : a study of the British experience* (Cambridge : Cambridge University Press, 1973) ; K. Norris and R. Vaisey, *The economic of research and technology* (London : Allen & Unwin, 1973) も参照。
(166) John Jewkes, *Government and high technology*, Institute of Economic research Affairs Occasional Paper no. 37 (1972).
(167) P. D. Henderson, 'Two Brirish errors : their pobable size and some possible lessons', *Oxford Economic Papers* 29 (1977). また，*Innocence and design* (London : Economist, 1986) として公刊された，ヘンダーソンのリース講演も参照。
(168) Burn, *Nuclear power and the energy crisis.*
(169) Michael Sanderson, 'Research and the firm in British industry, 1919-1939', *Science Studies* 2 (1972), 107-51 ; Leslie Hannar, *The rise of the corporate economy* (London : Methuen, 1975) ; S. B. Saul, 'Research and development in British industry from the end of the nation of the nineteenth century to the 1960' in T. C. Smout (ed.), *The search for wealth and stability*

(London : Macmillan, 1979), pp. 135-6.

(170) Owen, *From Empire to Europe*, p. 107.

(171) UCS の破綻と有名な職場占拠闘争については，Thomspon and Finlay Hart, *The UCS work-in* (London : Lawrence & Wistart, 1971) を参照。

(172) K. Warren, *Steel, ships and men : Cammell Laird, 1824-1993* (Liverpool : Liverpool University Press, 1998), pp. 288-9.

(173) Trevor Taylor and Keith Hayward, *The UK defence industrial base : development and future policy options* (London : Brassey's, 1989), table 2.6.

(174) 軍艦造船業者については，Lewis Johnman and Hugh Murphy, 'The rationalisation of warship building in the United Kingdom, 1945-2000', *Journal of Strategic Studies* 24 (2001), 107-27 を参照。

(175) 兵器会社は民営化された先頭集団にあり，実は，古い国立の工場も民営化された。経緯は長く複雑だが，ロールス・ロイス社は民有に戻った。ビッカース社は，リーズにある国の戦車工場を買い取って兵器産業に復帰し，今はロールス・ロイス社の一部となっている。ブリティッシュ・エアロスペース社は民営化され，ロイヤル・オードナンスの工場をいくつか買収した。バロー社の旧ビッカース造船所の経営権を買い取ってできたビッカース・シップビルディング・アンド・エンジニアリング（VSEL）社は，1995年，GEC社に売却された（VSELには，バローにあったいくつかの兵器業もあった）。GEC社はすでにヤロウを所有していた。1990年代末，ブリティッシュ・エアロスペース社はGEC社の軍用部門を買収し，イギリスで圧倒的に最大の国防関連請負業者，BAEシステムズ社を設立した。

(176) UCS の破綻，有名な職場占拠については，Thomson and Hart, *The UCS Work-in* を参照。

(177) Huw Beynon and Hilary Wainwright, *The Workers' report on Vickers* (London : Pluto Press, 1979) ; Benwell Community Development Project, *The making of the ruling class, final report no. 6* (Newcastle : Benwell CDP, 1979) ; Coventry, Liverpool, Newcastle, North Tyneside Trade Councils, *State intervention in industry : a worker's enquiry* (London : Spokesman, 1982) (1st edn., 1980) ; Lucas Aerospace Combine Shop Stewards' Committee, *Lucas : an alternative plan* (Nottingham : Institute for Worker's Control, no date, IWC pamphlet no. 55).

(178) David Edgerton, 'Research, Development and competitiveness' in K. Hughes (ed.), *The future of UK industrial competitiveness and the role of industrial policy* (London : Policy Studies Institute, 1994) を参照。

第7章　イギリス戦争国家の消滅

(1) 例えば，Gilbert Murray, *Thoughts on the war*, Oxford Pamphlets 1914 (London : Oxford University Press, 1914) ; M. E. Sadler, *Modern Germany and the modern world* (London : Macmillan, 1914) を参照。また，Daniel Pick, *War machine : the rationalisation of slaughter in the machine age* (London : Yale University Press, 1993)〔第5章註13〕も参照。

(2) H. H. Asquith, 1914年9月4日，ロンドン市庁舎での演説, in *War speeches by British ministers, 1914-1916* (London : Fisher Unwin, 1917), p. 29.

(3) ロイド・ジョージにとって，皇帝の演説は「派手な荒々しいドイツ軍国主義――『武力の脅し』と『輝く甲冑』――だらけ」だった。問題はドイツ軍国主義だった。ロイド・ジョージが説明したように「我々はドイツ国民と戦っているわけではない。ドイツ国民

はこの軍のカーストに虐げられていて，その軍のカーストが壊れたら，ドイツの農民，職人，承認にとっては喜びの日となるだろう」。David Lloyd George (Chancellor of the Exchequer), 1914年9月19日，ロンドン，クイーンズ・ホールでの演説, in *War speeches*, pp. 220–3.

（4）Sir Edward Grey, *Chicago Daily News* に対する発言, 1916年4月10日, in *War speeches*, pp. 197–8.

（5）H. Fletcher Moulton, *The life of Lord Moulton* (London : Nisbet, 1922), pp. 177–8 に引用されたもの〔なお，ウルストンクラフトはメアリー・シェリーの母の姓〕。

（6）Lawrence Badash, 'British and American views of the German Menace in World War 1', *Notes and Records of the Royal Society of London* 34 (1979), 98–102. サー・ウィリアム・ラムゼーは，ドイツで行われた優れた科学は「ドイツ人の中にいたヘブライ人住民」のおかげだと説いた（J. D. Bernal, *The social function of science* (London : Routledge and Kegan Paul, 1939), p. 183 に引用されたもの〔第3章註39〕）。

（7）Badash, 'British and American views', 93–8.

（8）同じように注目すべきは，第一次大戦頃のイギリス科学の国際関係についての，科学的国際主義の神話を廃した枢要な研究は，イギリス人ではない学者に行われたという事実である。以下を参照。Brigitte Schroeder-Gudehus, *Les scientifiques et la paix. La communauté scientifique internationale au cours des années 20* (Montreal : Les Presses de l'Université de Montreal, 1978) ; Peter Alter, 'The Royal Society and the International Association of Academies 1897–1919', *Notes and Records of the Royal Society of London* 34 (1980), 241–64 ; D. Kevles, '"Into Hostile Camps" : the reorganisation of international science in World War I', 62 *Isis* (1971), 47–60 ; Badash, 'British and American views'. あるイギリス人生物学研究者による重要な貢献は，少数のイギリス人科学者によるドイツとその戦時同盟国の排除への反対運動に注目した（A. G. Cock, 'Chauvinism and internationalism in science : the International Research Council, 1919–1926', *Notes and Records of the Royal Society of London* 37 (1983), 249–88）。

（9）Andrew Hull, 'Passports to power : a public rationale for expert influence on central government policy-making : British scientists and economists, c 1900–c 1925', 未公刊の博士論文, University of Glasgow (1994), ch. 3 および，特に Anna Mayer, 'Roots of the history of science in Britain, 1916–1950', 未公刊の博士論文, University of Cambridge (2003).

（10）BBC Home Service, 24 August 1941, Henning Krabbe (ed.), *Voices from Britain* (London : Allen & Unwin, 1947), p. 111 に転載。

（11）とはいえ Angus Calder, *The myth of the blitz* (London : Cape, 1991), ch. 9, 特に p. 196 を参照のこと。プリーストリーのイメージと保守派のイメージとのつながりについては，Roger Spalding 'Popular historiography in the Second World War', *Socialist History* 14 (1999), 54–67 を参照。

（12）J. B. Priestley, *Postscripts* (London : Heinemann, 1940), pp. 1–4.

（13）Priestley, *Postscripts*, p. 4．ここでもやはり，プリーストリーは戦争に関するイギリス的思考の実に標準的な主題を繰り返している。「新世界秩序を」創造する必要があり，「これが我々の本当の戦争目的である」。これは「考え方を変え始めないことには」不可能で，「私自身の見方では，価値あることは，財産や権力の点から考えることをやめ，共同体と創造の点から考え始めなければならないということである」（Priestley, *Postscripts*,

pp. 36–7)。これから見るように,「共同体と創造」はイギリスの歴史記述にその後も持続することになる主題だった。

(14) Sir Archibald Wavell, *Generals and generalship* (Harmondsworth : Penguin, 1941). Albert Lauterbach, 'Militarism in the western world : a comparative study', *Journal of the History of Ideas* 5 (1944), 470 に引用されたもの。

(15) 例えば 'Science at war' という，1998年放送の BBC による6回連続の番組を参照。

(16) Julian Corbett, *The spectre of navalism* (London : Thomas Nelson, 1917) (初版は 1915).

(17) イギリスが代表していたその他の四つとは,「自由」,「属人主義」,「条約上の義務の遵守」,「人道にかなうよう戦争の方法を規制すること」だった。

(18) James Bryce, *The attitude of Great Britain in the present war* (London : Macmillan, 1916), pp. 17, 22. ブライスのドイツの残虐行為についての調査委員会は, *Penguin book of lies*〔『ペンギン版嘘の本』〕に載るという名声を得た。海洋の自由は軍事力に預けることなどできないもので,〔アーミーではない〕海軍がそれを保証したという論調もよく見られた。A. J. Balfour (First Lord of the Admiralty), *After a Year*（ロンドン，オペラハウスでの演説, 1915年8月4日）(London : Darling, 1915) を参照。

(19) H. H. Asquith, *What Britain is fighting for : a reply to the German Chancellor*（1916年4月10日の演説）(London : Daily Chronicle, 1916).

(20) T. Chadwick, *Practical citizenship : an introduction to government in the British Empire* (London : Frederick Warne, 1937), p. 157.

(21) J. M. Spaight, *Bombing vindicated* (London : Geoffrey Bles, 1944), p. 152.

(22) Donald Cowie, *The British contribution : some ideas and inventions that have helped humanity* (London : Allen & Unwin, 1941), p. 79. 著者のコーウィは，国防に関する章の1/3近くを例に充てている。他の章は政府，蒸気機関，スポーツ，健康，帝国，輸出，シェークスピアに関するものだった。

(23) L. S. Amery による，Cowie, *British contribution* への序文，p. 7.

(24) エイメリーがイギリスの外の世界のことを知らなかったと決めてかかるべきではないし，そんなことはまったくなかった。母親はハンガリー人だった。エイメリー自身も家族も母親がユダヤ人であることを口外しようとはしなかった。エイメリーはシオニスト派だったが，その息子の一人はナチスとしてイギリスで死刑になった。W. D. Rubinstein, 'The secret of Leopold Amery (an important figure in the British Conservative Party with a concealed Jewish background)', *Historical Research* 73 (2000), 175–96 を参照。

(25) G. M. Trevelyan, *British history of the nineteenth century and after : 1782–1919*, 'Postscript 1941' (Harmondsworth : Penguin, 1965), p. 465.

(26) David Lloyd George (Chancellor of the Exchequer), 1914年9月19日，ロンドン，クイーンズ・ホールでの演説, in *War speeches*, pp. 220–3.

(27) Lord Hankey, *Government control in war* (Cambridge : Cambridge University Press, 1945) (Lees Knowles Lectures), pp. 19–20.

(28) Ibid., pp. 30, 82–3.

(29) Basil Liddell Hart, *The defence of Britain* (London : Faber and Faber, July 1939), p. 44.

(30) Ibid., pp. 45–6.「英国流」は要するに大陸流との対比だった（pp. 27–8)。

(31) Ibid., p. 43.

(32) Hew Strachan, 'The British way in warfare revisited', *Historical Journal* 26 (1983), 447–61.

(33) Michael Howard, *The continental commitment* (London : Ashfield Press, 1989), p. 8 (初版は 1972).
(34) Ibid., p. 146.
(35) Correlli Barnett, *Britain and her army : a military, political and social survey* (Harmondsworth : Pelican, 1974), p. xix (初版は 1970).
(36) Ibid., p. xx.
(37) Peace Pledge Union, *A statement on militarism* (1986), Marx Memorial Library.
(38) Martin Ceadel, *Thinking about war and peace* (Oxford : Oxford University Press, 1989).
(39) Paul Kennedy, 'The tradition of appeasement in British foreign policy, 1865-1939' in *Strategy and diplomacy* (London : Fontana, 1984), pp. 15-39.
(40) Michael Howard, *War and the liberal conscience* (Oxford : Oxford University Press, 1989) (初版は 1978), p. 11.
(41) Ibid., p. 106.
(42) Ibid., p. 108.
(43) Ibid., p. 134.
(44) Ibid., p. 137.
(45) マーティン・シーデルは，この日付はこれまでよく間違えられていて，たいていは 1935 年とされていることを指摘している。シーデルは，このずれの意味まで指摘しようとはしていない。Martin Ceadel, *Semi-detached idealists : the British peace movement and international relations* (Oxford : Oxford University Press, 2000), p. 281. また，ウィルモットの 1939 年 5 月の武装と防空賛成の立場（当然だが）の証拠については p. 384 を参照。このときウィルモットはケニントン選挙区で議席を回復した（1935 年総選挙では，イーストフラム選挙区で保守党のウィリアム・ウォルドーフ・アスターに敗れていた）。
(46) また細かいことを言えば，空軍省は航空機を設計しなかった。それを所管したのは軍需省で，実際の設計は航空機産業で行われた。空軍省は運用の際に必要な条件を示していた。
(47) Michael Howard, 'Ethics and power in international policy' in Michael Howard, *The causes of wars* (London : Unwin, 1984), pp. 55-6.
(48) 反核運動は二人の重要な歴史学者の尽力を享受した。1950 年代の A・J・P・テイラーと 1980 年代の E・P・トムスンである。E. P. Thompson, *Protest and survive* (London : Campaign for Nuclear Disarmament, 1980) は，『タイムズ』紙にハワードが書いた手紙に向けられていた。これに対するハワードの返答は，'Surviving a protest' in *Encounter* November 1980（Howard, *Causes of wars* に再録）を参照。
(49) Michael Foot, 'Alan Taylor' in Chris Wrigley (ed.), *Warfare, diplomacy and politics : essays in honour of A. J. P. Taylor* (London : Hamish Hamilton, 1986), p. 13.
(50) A. J. P. Taylor, *Troublemakers* (Harmondsworth : Penguin 1985), p. 167.
(51) Gordon Martel, 'The revisionist as moralist : A. J. P. Taylor and the lessons of European History' および Edward Ingram, 'A patriot for me' in Gordon Martel (ed.), *The origins of the Second World War reconsidered : the A. J. P. Taylor debate after 25 years* (London : Unwin Hyman, 1986) を参照。テイラーに向けられた論難は，ばかげたことに，テイラーがヒトラーをかばっていると説いていた。テイラーはヒトラーは悪くないと説くほど，〔ヒトラーを生んだ〕ドイツを非難したのである。テイラーの伝記を書いたシスマンは，1930

年代末の段階でテイラーは自身が若いときに抱いていた世界情勢に関するリベラルな理解を捨てていたと論じる（Adam Sisman, *A. J. P. Taylor : a biography* (London : Mandarin, 1995), p. 117)。

(52) Ved Mehta, *Fly and the fly-bottle : encounters with British intellectuals* (London : Weidenfeld and Nicolson, 1963), p. 139 に引用されたもの〔ヴェド・メータ『ハエとハエとり壷——現代イギリスの哲学者と歴史家』河合秀和訳，みすず書房（1970)〕。

(53) この本の分析や本の評価については，Sisman, *Taylor*, pp. 288–302 を参照。

(54) Mehta, *Fly and the fly-bottle*, p. 100 に引用されたもの。また，A. J. P. Taylor, *The origins of the Second World War* (Harmondsworth : Penguin, 1963), p. 235〔A・J・P・テイラー『第二次世界大戦の起源』吉田輝夫訳，講談社学術文庫（2011)〕も参照。

(55) 例えばマーティン・シーデルは，イギリスの場合，リベラリズムと安全保障から生まれた仲裁主義（pacific-ism）が 1939 年以前のイギリスで優勢だったと論じるが，悪名高い反リベラル派，特にコレリ・バーネットらの考えを証拠として挙げている。Ceadel, *Thinking about war and peace*, pp. 178–9 を参照。シーデルは戦争に対する姿勢を五種類論じる。これは攻撃性の順に，「平和主義（pacifism)」，「仲裁主義（pacific-ism)」，「防衛主義（defencism)」，「十字軍的行動（crusading)」，「軍国主義（militarism)」である。この図式は単線的ではない——「軍国主義」は「平和主義」の反対物ではない——という点で有益である。シーデルは自らの方法論を，⑴様々な状況での戦争の正当性に対する姿勢，⑵国際的体制に対する姿勢，⑶国内政治イデオロギーという三次元で描いている。

(56) Elizabeth Kier, *Imagining war : French and British military doctrines between the wars* (Princeton : Princeton University Press, 1997) を参照。

(57) James Hinton, *Protests and visions : peace politics in twentieth century Britain* (London : Radius, 1989), p. viii.

(58) Ibid., pp. viii–ix, 96–7.

(59) Ibid.

(60) エドワード朝時代の再評価は緊急の課題になっている。特に，Anne Summers, 'Militarism in Britain before the Great War', *History Workshop Journal* 2 (1976), 104–23 ; David French, *British economic and strategic planning, 1905–1915* (London : Allen & Unwin, 1982) ; Bernard Semmel, *Liberalism and naval strategy : ideology, interest and seapower during the Pax Britannica* (London : Allen & Unwin, 1986) ; J. T. Sumida, *In defence of naval supremacy* (London : Unwin Hyman, 1989) ; Avner Offer, *The First World War : an agrarian interpretation* (Oxford : Clarendon Press, 1989) を参照。

(61) Strachan, 'The British way in warfare', 447–61 ; David French, *The British way in warfare 1688–2000* (London : Unwin Hyman, 1990) ; David Edgerton, 'Liberal militarism and the British state', *New Left Review* 185 (1991), 138–69.

(62) 軍国主義という概念の起源については，Nicholas Stargardt, *The German idea of militarism : radical and socialist critics, 1866–1914* (Cambridge : Cambridge University Press, 1994) ; V. Berghahn, *Militarism : the history of an international debate* (Leamington Spa : Berg, 1981) 参照。

(63) Michael Sherry, *In the shadow of war : the United States since the 1930s* (New Haven : Yale University Press, 1995), p. xi.

(64) Edgerton, 'Liberal militarism' および，*England and the aeroplane : and essay on a militant*

and technological nation (London : Macmillan, 1991).

(65) Strachan, 'British way in warfare', p. 460.

(66) Hew Strachan, *Politics of the British Army* (Oxford : Oxford University Press, 1998), p. 264.

(67) Ibid., pp. 127–31.

(68) Ibid., pp. 153–7.

(69) 私が批判を取り上げていないことを言っておくのも重要である。エドワード時代には，領土防衛のためにハイテク海軍に依存することには確かに反対があった。海軍内部では，組織や技術を強調し，機関科士官の役割を大きくする「物質派」の道に下りていくのではなく，ネルソン提督のような英雄的な指揮官の原理に戻る方を選ぶ「歴史派」がいた。Semmel, *Liberalism and naval strategy* を参照。このような海軍内部での立場の違いは，「海軍主義者（navalists)」と「国民武装（nation in arms)」ロビーとの論争でも再現された。どんな海軍主義者も海軍主義が経済的・軍事的に効率的であることを強調した——大規模な陸軍を保持する必要性はないのだという。「国民武装」論者は，国防を保険と見て下請の水兵や機械に委ねるリベラルな国防論に反対した。戦争で重要なのは，国全体の武勇の精神であり，愛国的一致団結だったのである。J. H. Grainger, *Patriotisms : Britain 1900–1939* (London : Routledge, 1986), ch. 14, 'The call to arms' を参照。どちらの主張も公然と行われた。海軍主義は，フィッシャー提督とロード・チャールズ・ベリズフォードの争いにまとめられ，国民武装論は，ロード・ロバーツの全国兵役連盟（National Service League）に具体化された徴兵制キャンペーンに集約されている。また，F. S. Oliver, *Ordeal by battle* (London : Macmillan, 1915) と，そのオリバーについての，友人による，John Buchan, *Memory-hold-the-door* (London : Hodder & Stoughton, 1940), pp. 208–11 も参照。保守党の活動家は平時の徴兵制実施を強く要求したが——1939 年に実現——それは非常にささやかな規模で，本土防衛がねらいだった。N. J. Crowson, *Facing fascism : the Conservative party and the European dictators 1935–1940* (London : Routledge, 1997), ch. 5 を参照。

(70) Barnett, *Britain and her army*, p. xvii.

(71) Angus Calder, *The people's war* (London : Cape, 1969) ; Paul Addison, *The road in 1945 : British politics and the second world war* (London : Cape, 1975) ; Kenneth Morgan, *The people's peace : British history 1945–1989* (Oxford : Oxford University Press, 1990).

(72) A. J. P. Taylor, *English history, 1914–1945* (Harmondsworth : Penguin, 1975), p. 25 (初版は 1965).〔第 1 章註 3〕

(73) Ibid., p. 26.

(74) Ibid., p. 26.

(75) Ibid., p. 64.

(76) Ibid., p. 103.

(77) 他の閣僚は，ボナー・ロー（蔵相)，カーゾン，ヘンダーソン，ミルナーだった。

(78) Robert Blake, *The Conservative party from Peel to Thatcher* (London : Fontana, 1985), p. 196. また，John Turner, 'Politics and the war' in John Turner (ed.), *Britain and the First World War* (London : Unwin Hyman, 1988) も参照。

(79) Taylor, *English history*, p. 560.〔第 1 章註 3〕

(80) Ibid., pp. 596–7.

(81) Ibid., pp. 616–7.

(82) Ibid., pp. 726–7.

(83) Arthur Marwick, *Britain in the century of total war : war, peace and social change 1900–1967* (Harmondsworth : Pelican, 1970)（初版は 1968）, p. 12.

(84) Marwick, *Century of total war*, p. 15.

(85) Ibid., p. 17.

旧弊を破壊することで，［第一次世界］大戦は新しいものの台頭を助けた。ソブリン金貨，シャペロン，マフィン売り，不可侵の私企業の権利はなくなった。代わりに登場したのは，国家による管理，夏時間，新たな好景気，貧困線以下の極貧家庭のための新たな自信，その余波の既存の権威への懐疑と異議である。1914 年という死んだ世界への嘆きは，要するに 1921 年という病気の世界が生んだものだった。

(Arthur Marwick, *The deluge : British society and the First World War* (London : Macmillan, 1965), p. 9)

(86) Marwick, *Century of total war*, pp. 462, 463.

(87) José Harris, 'Society and the state in twentieth-century Britain' in F. M. L. Thompson (ed.), *Cambridge social history of Britain* III : *Social agencies and institutions* (Cambridge : Cambridge University Press, 1990), pp. 63–118 ; Tom Ling, *The British state since 1945 : an introduction* (Cambridge : Polity, 1998) ; Philip Harling, *The modern British state : an historical introduction* (Cambridge : Polity, 2001) ; Lawrence Black et al., *Consensus or coercion : the state, the people and social cohesion in post-war Britain* (Cheltenham : New Clarion Press, 2001).

(88) Keith Middlemas, *Politics of industrial society : the experience of the British system since 1911* (London : Deutsch, 1979), p. 18.

(89) Ibid., p. 37.

(90) Ibid., p. 377.

(91) Ibid., p. 230.

(92) 批判者がミドルマスを責めたのは，下からのコーポラティズムの証拠がないところだった。例えば，Rodney Lowe, 'Corporate bias : fact or fiction?', *SSRC Newsletter* 50 (November 1983), 17–8 ; Michael Distenfass, '"The politics of producers" co-operation : the TUC-FBI-NCEO talks, 1929–1933' in John Turner (ed.), *Businessmen and politics : studies of business activity in British politics, 1900–1945* (London : Heinemann, 1984), pp. 76–92 が挙げられる。また拙稿 'State intervention in British manufacturing industry, 1931–1951 : a comparative study of policy for the military aircraft and cotton textile industries', 未公刊の博士論文, University of London (1986), ch. 1 を参照。また，Keith Middlemas, *Power, competition and the state*, 3 vols. (London : Macmillan, 1986–1991) も参照。これは私の目には *Politics of industrial society* の新しい分析を徹底しきれていないように見える。

(93) José Harris, 'Society and the state in twentieth-century Britain' ; Ling, *British state since 1945* and Harling, *Modern British state*.

(94) つまり，1944 年以前までイギリス軍の大部分はイギリス本土にあり，海外に配備されておらず，その理由で無視できる存在だったわけではない。

(95) David French, *Raising Churchill's army : the British army and the war against Germany 1919–1945* (Oxford : Oxford University Press, 2000)，また Idem, 'Colonel Blimp and the British Army : British divisional commanders in the war against Germany, 1939–1945', *English*

Historical Review 111 (1996), 1182-1201 も参照。

(96) David Reynolds, *Rich relations : the American occupation of Britain, 1942-1945* (London : HarperCollins, 1996), p. xxiii. 変わった「他の連中」の回顧録として，Anthony Burgess, *Little Wilson and big God : being the first pan of the confessions of Anthony Burgess* (London : Heinemann, 1987）を参照。

(97) Perry Anderson, 'A culture in contraflow-1', *New Left Review* 180 (1990), 41-80.

(98) Martin Shaw (ed.), *War, state and society* (London : Macmillan, 1984) ; Anthony Giddens, *The nation state and violence* (Cambridge : Polity, 1985)〔アンソニー・ギデンス『国民国家と暴力』松尾精文／小幡正敏訳，而立書房（1999)〕; Randall Collins, *Weberian sociological theory* (Cambridge : Cambridge University Press, 1986) ; Colin Creighton and Martin Shaw (eds.), *The sociology of war and peace* (London : Macmillan 1987) ; Martin Shaw, *Dialectics of war : an essay in the social theory of total war and peace* (London : Pluto Press, 1988) ; Michael Mann, *States, war and capitalism* (Oxford : Blackwell, 1988) ; Bruce D. Porter, *War and the rise of the state : the military foundations of modern politics* (New York : Free Press, 1994) ; John M. Hobson, *The wealth of states : a comparative sociology of international economic and political change* (Cambridge : Cambridge University Press, 1997).

(99) Michael Mann, 'The roots and contradictions of modem militarism' in Shaw, *War, state and society*. 英国の事例の同様の叙述として，Giddens, *Nation state and violence*〔前註〕も参照。

(100) Shaw, 'The rise and fall of the military-democratic state' in Creighton and Shaw, *Sociology of war and peace*, pp. 143-58 ; Shaw, *Dialectics of war*, pp. 73-100.

(101) 'Revolutionary aspects of war' in *War Commentary*, (mid-January 1942), *The Left and World War II : Selections from War Commentary, 1939-1943* (London : Freedom Press, 1989), p. 67 に転載。

(102) Joseph Schumpeter, *Capitalism, socialism and democracy* (London : Allen & Unwin, 1976), ch. 27, 'A historical sketch of socialist parties from the first to the second world war', pp. 373-5 (初版は 1942).〔J・M・シュムペーター『資本主義・社会主義・民主主義』中山伊知郎／東畑精一訳，東洋経済新報社（1995)〕

(103) James Harvey and Katherine Hood, *The British state* (London : Lawrence & Wishart, 1958) (Noreen Branson and Roger Simon の筆名)〔J・ハーヴェイ，K・フッド『イギリスの国家構造』北西允訳，合同出版社（1960)〕には，「帝国主義国家」の下での陸軍について触れた節がある。同書の基調は，あらゆるエリートの教育や出身などが共通という典型的なものである。

(104) *National News-Letter* 475, 16 August 1945. アン・キング＝ホールに感謝する。

(105) Philip Noel-Baker, *The arms race* (London : Calder, 1960)〔第1章註29〕. John Strachey, *On the prevention of war* (London : Macmillan, 1962)〔ジョン・ストレイチー『生き残りの可能性――戦争の防止について』笹川正博訳，朝日新聞社（1964)〕は，民主社会主義についての三部作の第三部だった。

(106) Barbara Ward, *Policy for the West* (Harmondsworth : Penguin, 1951). ウォードは後に環境保護論のパイオニアとして非常によく知られるようになる。サー・レスリー・ノーマンは，元大蔵省事務次官補で，まもなくビッカース社の常務に就任し，のちに会長になって，1960年にはリース・ノールズ講演を行った。*Arms and economics : the changing chal-*

lenge（Cambridge : Cambridge University Press, 1960）. この講演はグローバル経済の現状をとりとめもなく取り上げ，特に見るべきところはなかった。

（107） Richard Taylor, *Against the bomb : the British peace movement 1958–1965*（Oxford : Clarendon Press, 1988）, pp. 315–31. また，John Chiddick, 'Neutralism and the British Labour left : the persistence of the idea of the Third Force, 1955–1975', 未公刊の博士論文, University of London（1998）も参照。

（108） Michael Barratt Brown, 'Positive neutralism then and now' in Oxford University Socialist Discussion Group（eds.）, *Out of apathy : voices of the New Left 30 Years On*（London : Verso, 1989）, pp. 81–7 は，自身やジョン・レックス，ジョン・ヒューズの著作を参照している。

（109） Taylor, *Against the bomb*, pp. 305–7.

（110） 例えば，Ralph Miliband, *Capitalist democracy in Britain*（Oxford : Oxford University Press, 1984）〔ラルフ・ミリバンド『イギリスの民主政治』北西允訳，青木書店（1984）〕; Colin Leys, *Politics in Britain*（London : Heinemann, 1983）; G. McLennan, D. Held and S. Hall, *State and society in contemporary Britain*（Cambridge : Policy, 1984）を参照。トム・ネアンの著名なイギリス君主制の分析でさえ，軍を無視していた。Tom Nairn, *The enchanted glass*（London : Radius, 1988）. C. Wright Mills, *The power elite*（New York : Oxford University Press, 1956）〔C・W・ミルズ『パワー・エリート』鵜飼信成／綿貫譲治訳，東京大学出版会（上下，1969）〕参照。

（111） 多くは *Cambridge Journal of Economics* に発表された。

（112） Dan Keohane, *Labour party defence policy since 1945*（Leicester : Leicester University Press, 1993）, pp. 49–51. また，*Sense about defence : report of the Labour Party Defence Study Group*（London : Quartet, 1977）; Mary Kaldor, Dan Smith and Steve Vines（eds.）, *Democratic socialism and the cost of defence*（London : Croom Helm, 1979）; S. Aaronovitch and R. P. Smith, *The political economy of British capitalism : a Marxist analysis*（Maidenhead : McGraw Hill, 1981）〔サム・アローノビチほか『現代イギリス経済分析——労働党代替経済戦略の立場から』田中農夫也ほか訳，昭和堂（1987）〕; Dan Smith and Ron Smith, *The economics of militarism*（London : Pluto, 1983）; Malcolm Chalmers, *Paying for defence : military spending and the British decline*（London : Pluto, 1985）; Ben Fine and Laurence Harris, *The peculiarities of the British economy*（London : Lawrence & Wishart, 1985）.

（113） Andrew Gamble, *Britain in decline*（London : Macmillan, 1981）〔A・ギャンブル『イギリス衰退 100 年史』都築忠七／小笠原欣幸訳，みすず書房（1987）〕; David Marquand, *The unprincipled society*（London : Cape, 1988）; Scott Newton and Dilwyn Porter, *Modernization frustrated : the politics of industrial decline in Britain since 1900*（London, Unwin Hyman, 1988）; W. R. Garside, 'Industrial policy and the developmental state : British responses to the competitive environment before and after the 1970s', *Business and Economic History* 27（1998）, 47–60.「開発国家」の欠落を説いた広範な文献について批判，検討したものとして，Simon Lee, 'Industrial policy and British decline' in Andrew Cox, Simon Lee and Joe Sanderson, *The political economy of modem Britain*（Cheltenham : Edward Elgar, 1997）を参照。

（114） 例えば，David Morgan and Mary Evans, *The battle for Britain : citizenship and ideology in the Second World War*（London : Routledge, 1993）がある。

（115） Anthony Barnett, *Iron Britannia*（London : Alison & Busby, 1982）.

（116） Perry Anderson, 'The figures of descent', *New Left Review* 162（1987）, 75. 論評，反応につ

いては，Michael Barratt Brown, 'Away with all the great arches : Anderson's history of British capitalism', *New Left Review* 167 (1988), 22–51 ; Alex Callinicos, 'Exception or symptom : the British Crisis and the world system', *New Left Review* 169 (1988), 97–106, Edgerton 'Liberal militarism' を参照。また，Colin Barker and David Nicholls (eds.), *The development of British capitalist society : a Marxist debate* (Manchester : Northern Marxist Historians Group, 1988) も参照。

(117) Dan Smith, 'The political economy of British defence policy' in Shaw, *War, state and society*, p. 201. ダン・スミスにとって，イギリスの国防政策は三つの両立しない成分に動かされていた。ポスト帝国主義（トライデントの購入をもたらしたような懐旧的空想），汎大西洋主義，ヨーロッパ主義である（p. 207）。

(118) Gamble, *Britain in decline*, p. 113〔第1章註3〕; Marquand, *Unprincipled society* ; Michael Mann, 'The decline of Great Britain' in his *States, war and capitalism : studies in political sociology* (Oxford : Blackwell, 1988), pp. 210–37.

(119) Simon Lee, 'Industrial policy and British decline', p. 109.

(120) David Henderson, 'Comment' in Charles Carter (ed.), *Industrial policy and innovation* (London : Heinneman, 1981), p. 173.

(121) ミンテックの扱いに格別に言及した労働党政権産業政策についての歴史記述を総説したものとして，Coopey, 'Industrial policy in the white heat of the scientific revolution' in R. Coopey, S. Fielding and N. Tiratsoo (eds.), *The Wilson governments 1964–1970* (London : Pinter, 1993) を参照。

(122) David Vincent, *The culture of secrecy : Britain 1832–1998* (Oxford : Oxford University Press, 1998).

(123) Patrick O'Brien, 'The security of the realm and the growth of the economy, 1688–1914' in Peter Clarke and Clive Trebilcock (eds.), *Understanding decline* (Cambridge : Cambridge University Press, 1997), pp. 49–72.

(124) E. P. Thompson, 'Notes on exterminism, the last stage of civilisation', *New Left Review* 121 (1980), 3–31.

(125) 特に Lee, 'Industrial policy and British decline' を参照。

(126) Alan S. Milward and George Brennan, *Britain's place in the world : a historical enquiry into import controls, 1945–60* (London : Routledge, 1996) ; Alan S. Milward, *The rise and fall of a national strategy, 1945–1963*, vol. 1 : *The United Kingdom and the European Community* (London : Cass, 2002).

(127) Clarke and Trebilcock, *Understanding decline* に関する私の書評（*The Historical Journal* 42 (1999), 313–14）を参照。

(128) それ以外は，マンチェスター大学リベラル科学研究学科（現在はこの形では存在しない），エディンバラ大学科学研究ユニットがあった。

(129) Christopher Freeman, *Technology policy and economic performance : lessons from Japan* (London : Pinter, 1987)〔クリストファー・フリーマン『技術政策と経済パフォーマンス——日本の教訓』新田光重訳，晃洋書房（1989）〕, K. Pavitt (ed.), *Technical innovation and British economic performance* (London : Macmillan, 1980) を参照。どちらもおおむね歴史的叙述である。フリーマンの素朴なリスト経済学についての鋭い批判として，Lee, 'Industrial policy and British decline' を参照。

(130) Christopher Freeman, 'Technical innovation and British trade performance' in F. T. Blackaby (ed.), *De-industrialisation* (London : Heinneman, 1979). この場合の，R&D 支出と成長とに相関がない——特に国防 R&D があまりに多いせいで——という特異的にイギリス的問題があったという意味での「逆説」の用語や概念をもっと前に使った例は，衰退論者マイケル・シャンクスが 1970 年代に書いたものである。Michael Shanks, ch. 6, 'Setting the scene five : the United Kingdom' in Maurice Goldsmith (ed.), *Technological innovation and the economy* (London : Wiley Interscience, 1970), pp. 55–61.

(131) これに近いものは，まず別の分析家から提示された。例えば，1940 年から MoS にいて，ミンテックと通商産業省でイギリスの原爆開発の中心人物だった（サー）イェイアン・マドック（1917〜1988，1967 年 FRS）は，Ieuan Maddock, 'Science, technology, and industry', *Proceedings of the Royal Society London* A 345 (1975), 295–326 を書いた。この論文は大いに，たいていは肯定的に参照された（例えば，Pavitt, *Technical innovation*, pp. 9, 322–3 を参照）。マドックの論文の含意は，支出はすべての産業に均等に分配されるべきであり，そうすれば成長を促すだろうということである。

(132) David Edgerton, *Science, technology and the British industrial 'decline', 1870–1970* (Cambridge : Cambridge University Press, 1996) を参照。

(133) 現に，経済史家の S・B・ソールは 1979 年にこんなことを言っている。

> R & D 支出が不適切にもいわゆる「ハイテク産業」に向けられており，もっと産業全体に広く渡るべきであると論じる人々がいる。このことについての証拠はあまり明瞭ではない。

ソールは経済成長と R&D 支出の間に正の相関は存在しないことも言おうとしていた。S. B. Saul, 'Research and development in British industry from the end of the nineteenth century to the 1960s' in T. C. Smout (ed.), *The search for wealth and stability* (London : Macmillan, 1979), pp. 135–6. また，Berrick Saul, 'There's more to growth than R&D', *New Scientist*, 23 September 1976, 633–5 も参照。

(134) 1980 年代には，R&D と成長の間に相関がないことについてのブルース・ウィリアムズの結論は，その数字には国防用 R&D が入っているという事実で説明できるという話を筆者はよく耳にした。実は，ウィリアムズ自身は，相関がないことの原因の一つは，その数字に国防用 R&D が入っていないことかもしれないと思っていた（B. R. Williams, *Investment, technology and growth* (London : Chapman and Hall, 1967)）。しかし，1950 年代ですら民用 R&D と成長の間に相関はなく，上記の研究は軍用 R&D による説明が成り立たないことをすでに示していた。

(135) 明確な叙述としては，Terence Kealey, *The economic laws of scientific research* (London : Macmillan, 1994) および Edgerton, *British industrial 'decline'* を参照。もっと専門的な文献は，この重要な点について明瞭でない。1992 年，OECD は「R&D 投資と技術の進歩が将来の成長を左右するという命題は，まだ経験的に決着がつくほど実証されていない」と述べた。OECD, *Technology and the economy : the key relationships* (Paris : OECD, 1992), p. 184. ただ，これも明確にしているとは言えない。Jan Fagerberg, 'Technology and international differences in growth rates', *Journal of Economic Literature* 32 (1994), 1147–75 は特に興味深い。そのタイトルにもかかわらず，この論点に正面から迫っていないからである。ここでの「テクノロジー」は実際には技術ギャップを意味している。つまり一人当たり GDP の差や，同論文が妥当な代理と見る間違った尺度である R&D/GDP 比の差のことで

ある。つまり，同論文は R&D 支出と成長率の関係という論点を形式を整えて取り上げていないが，論文の分析全体と力点は正の相関がないことに依拠している。

(136) 例えば以下を参照。K. Smith, *British economic crisis* (Harmondsworth : Penguin, 1982) ; M. Dintenfass, *The decline of industrial Britain 1870–1980* (London : Routledge, 1992) ; N. F. R. Crafts, 'Economic growth' and M. W. Kirby, 'Supply side management' both in N. F. R. Crafts and Nicholas Woodward (eds.), *The British economy since 1945* (Oxford : Clarendon Press, 1991) ; and Robert Millward, 'Industrial and commercial performance since 1950' in R. Floud and D. N. McCloskey, *The economic history of Britain since 1700*, 3 vols., 2nd edn. (Cambridge : Cambridge University Press, 1994), III ; Maurice Kirby, 'British culture and the development of high technology sectors' in Andrew Godley and Oliver Westfall (eds.), *Business history and business culture* (Manchester : Manchester University Press, 1996), pp. 190–221. ここで例を挙げているのは，この分析がほとんど普遍的に受け入れられていることを指摘するためだけである。他にもたくさんある論拠を挙げてもよい。

(137) Pavitt, *Technical innovation.*

(138) このよくある話を最も詳細に述べているのは，David Mowery, 'industrial research in Britain, 1900–1950' in B. Elbaum and W. Lazonick (eds.), *The decline of the British economy* (Oxford : Clarendon Press, 1986) のものである。

(139) 特に，マイケル・サンダーソン，S・B・ソール，レスリー・ハナによる。詳細については，D. E. H. Edgerton and S. M. Horrocks, 'British industrial research and development before 1945', *Economic History Review* 47 (1994), 213–38 を参照。

(140) D. E. H. Edgerton, 'Science and technology in British business history', *Business History* 29 (1987), 84–103.

(141) Derek Wood, *Project cancelled a searching criticism of the abandonment of Britain's advanced aircraft projects*, revised edition (London : Jane's, 1986) (初版は 1975).

(142) 例えば私と John Van Reenen および Keith Pavitt による，*Guardian* 30 August 1993, 27 September 1993, 25 October 1993 での議論を参照。

(143) M. Wiener, *English culture and the decline of the industrial spirit, 1850–1980* (Cambridge : Cambridge University Press, 1981).〔マーティン・J・ウィーナ『英国産業精神の衰退——文化史的接近』原剛訳，勁草書房（1984)〕

(144) C. Barnett, *The audit of war : the illusion and reality of Britain as a great nation* (London : Macmillan, 1986). 同書は *The collapse of British power* (London : Eyre Methuen, 1972) に続くもので，その後，*The lost victory* (London : Macmillan, 1995) が続いた。

(145) *Audit of war* についての批判的書評として以下がある。José Harris, 'Enterprise and welfare state : a comparative perspective', *Transactions of the Royal Historical Society* 40 (1990), 175–95 ; David Edgerton, 'The prophet militant and industrial : the peculiarities of Correlli Barnett', *Twentieth Century British History* 2 (1991), 360–79 ; A. D. Harvey, *Collision of empires : Britain in three world wars, 1793–1945* (London : Phoenix, 1994), pp. 592–3, 560–3 ; Sebastian Ritchie, 'A new audit of war : the productivity of Britain's wartime aircraft industry reconsidered', *War and Society* 12 (1994), 125–47. *Lost victory* については，Martin Chick in *Twentieth Century British History* 7 (1996), 399–403 ; David Edgerton, 'Declinism', *London Review of Books*, 7 March 1996 ; Jim Tomlinson, 'Welfare and the economy : the economic impact of the welfare state, 1945–1951', *Twentieth Century British History* 6 (1995), 194–219 を

参照。バーネットの著作の政治的影響は顕著だった。*Audit of war* は，サー・キース・ジョセフの発案でサッチャー内閣が読んだと言われる。マイケル・ヘーゼルタインは，自身の回顧録に，1995年に副首相になった際，ジョン・メージャー内閣の各閣僚に *Lost victory* を1部ずつ贈ったと記している（Michael Heseltine, *Life in the jungle : my autobiography* (London : Hodder & Stoughton, 2000), p. 493)。

(146) Edgerton, 'Prophet militant and industrial' は他の評価も分析している。

(147) Perry Anderson, 'The figures of descent', *New Left Review* 162 (1987), 20–77.（アンダーソンの批判については）Edgerton 'Prophet militant and industrial' ; Idem, 'Liberal militarism' を参照。John Saville, *The politics of continuity : British foreign policy and the Labour Government, 1945–6* (London : Verso, 1993), ch. 4, pp. 149–75 を参照。

(148) 特に技術に関心を向けた枢要な例は，Christopher Freeman, *Technology policy and economic performance : lessons from Japan* である〔本章註129〕。ここでは日本は東洋のプロシアのようで，日本とウィルヘルム時代のドイツはイギリスと対照的だった。Lee, 'Industrial policy and British decline' および 'British culture and economic decline' in Cox, *Political economy of modern Britain* を参照。また，20世紀イギリスの科学・技術を描く際に国際比較（とりわけドイツとの）が乏しいことについての詳細な批判は，Edgerton, *British industrial 'decline'* を参照。

(149) Jeffrey L. Hughes, 'The origins of World War II in Europe : British deterrence failure and German expansionism', *Journal of Interdisciplinary History* 18 (1988), 851–92.

(150) Stephen Bungay, *The most dangerous enemy : a history of the Battle of Britain* (London : Aurum Press, 2000), p. 395.

(151) 人はよく「福祉国家」と聞き違えて，礼儀正しく「それは興味深い」と言う。文字でもそう読まれることがある。1988年，私は『ニューレフト・レビュー』誌に，'Tony Blair's warfare state' という論文を書いた（*New Left Review* 230 (1998), 123–30)。この題は論文の見出しと表紙には正しく記されているが，目次では 'Tony Blair's welfare state' となっている。

第8章　科学・技術・産業・戦争の関係再考

(1) Michael Sherry, *In the shadow of war : the United States since the 1930s* (New Haven : Yale University Press, 1995) ; David Edgerton, 'Liberal militarism and the British state', *New Left Review* 185 (1991), 138–69.

(2) Ernest Gellner, *Conditions of liberty : civil society and its rivals* (London : Penguin 1996), p. 200. また，pp. 33, 179 も参照。

(3) Mary Kaldor, *The baroque arsenal* (London : Deutsch, 1982) ; Maurice Pearton, *The knowledgeable state : diplomacy, war and technology since 1830* (London : Burnett, 1983)〔メアリー・カルドー『兵器と文明——そのバロック的現在の退廃』芝生瑞和／柴田郁子訳，技術と人間（1986)〕; W. H. McNeill, *The pursuit of power : technology, armed force, and society since AD 1000* (Chicago : University of Chicago Press, 1982)〔序論註27〕; Martin van Creveld, *Technology and war : from 2000 BC to the present* (London : Brassey's, 1991) ; Robert L. O'Connell, *Of arms and men : a history of war, weapons, and aggression* (New York : Oxford University Press, 1989).

(4) メアリー・カルドアとモーリス・ピアトンという二人のイギリス人研究者は，その考

え方に政治経済学が明瞭に影響しているところを見せている。ピアトンは，著書の著者紹介でロンドン大学経済学研究科から「政治経済学で」博士号を取得したとされている。また，別のいくつかの叙述も記しておいてもいいだろう。政治経済学というより哲学的経済学という，やはり抽象的な，戦争や戦争の歴史との関係でスピードや通信といった主題を展開する叙述である Paul Virilio, *Speed and politics* (New York : Semiotext (e), 1986) (フランス語の原著初版は 1997)〔ポール・ヴィリリオ『速度と政治——地政学から時政学へ』市田良彦訳，平凡社（2001)〕; Manuel de Landa, *War in the age of intelligent machines* (New York : Swerve Editions, 1991)〔マヌエル・デ・ランダ『機械たちの戦争』杉田敦訳，アスキー（1997)〕. この二つの著作は，内容的にあまり違わない。

(5) この方面での学術的，非学術的な形の文献について網羅的に調査したものとしては，Barton C. Hacker, ‘Military institutions, weapons, and social change : toward a new history of military technology’, *Technology and Culture* 35 (1994), 768–834 を参照。

(6) 例えばファン・クレフェルトは違いがあると明言する。「技術と戦争が動作する論理は違っているだけでなく，実際には対立しているので，一方を扱うのに使えて必須でさえある概念の枠組が，他方に介入するのを認めるべきではない」(Van Creveld, *Technology and war*, p. 320).

(7) Kaldor, *Baroque arsenal.*

(8) Ibid. 国営の工廠がカルドアが唱えたように生産効率を気にしていたか，製品開発については非常に保守的だったかの研究としては，Colin Duff, ‘British armoury practice : technical change and small arms manufacture, 1850–1939’, 未公刊の理学修士論文, University of Manchester (1990) を参照。

(9) McNeill, *Pursuit of power*, p. 224.

(10) John Ellis, *The social history of the machine gun* (London : Croom Helm, 1975)〔ジョン・エリス『機関銃の社会史』越智道雄訳，平凡社（2008)〕は，軍は保守的だと何も考えずに言っているのが特に明瞭な例である。

(11) Tim Travers, *The killing ground : the British army, the western front and the emergence of modern warfare, 1900–1918* (London : Unwin Hyman, 1987) ; G. Phillips, ‘The obsolescence of the arme blanche and technological determinism in British military history’, *War in History* 9 (2002), 39–59.

(12) J. T. Sumida, *In defence of naval supremacy* (London : Unwin Hyman, 1989). スミダによる海軍射撃管制の叙述にはジョン・ブルックスが包括的に異を唱えている。John Brooks, ‘Fire control for British Dreadnoughts : choices in technology and supply’, 未公刊の博士論文, University of London (2001).

(13) Charles Singer, A. J. Holmyard, A. R. Hall and T. I. Williams (eds.), *A history of technology*, 7 vols. (London : Oxford University Press, 1954–1984), VII : *The twentieth century, c. 1900–c. 1950*, parts I and II (Oxford : Oxford University Press, 1978).〔チャールズ・シンガーほか編『技術の歴史 11～14（20 世紀)』山田慶児訳編，筑摩書房（1980～81)〕

(14) T. I. Williams, *A short history of twentieth century technology, c. 1900–c. 1950* (Oxford : Oxford University Press, 1982).〔トレヴァー・I・ウィリアムズ『20 世紀技術文化史』中岡哲郎／坂本賢三監訳，筑摩書房（1987)〕

(15) Basil Liddell Hart, ‘War and peace’, *English Review* 54 (April 1932), p. 408, John J. Mearsheimer, *Liddell Hart and the weight of history* (Ithaca, NY : Cornell University Press,

1988), p. 103 に引用されたもの。

(16) J. F. C. Fuller, *Armament and history* (New York : Scribners, 1945), p. 20. また，Brian Holden-Reid, *J. F. C. Fuller : military thinker* (Basingstoke : Macmillan, 1987) および Patrick Wright, *Tank : the progress of a monstrous war machine* (London : Faber, 2000) も参照。

(17) Fuller, *Armament and history*, p. 135.

(18) Lewis Mumford, *Technics and civilisation* (London : Routledge and Kegan Paul, 1955), p. 95 (初版は 1934).〔ルイス・マンフォード『技術と文明［新版］』生田勉訳，美術出版社 (1972)〕

(19) Norman Angell, *The great illusion : a study of the relation of military power in nations to their economic and social advantage* (London : Heinemann, 1911), pp. 232–3. また，J. D. B. Miller, *Norman Angell and the futility of war : peace and the public mind* (London : Hamilton, 1986) を参照。

(20) Angell, *Great illusion*, pp. 234–5.

(21) J. T. Walton Newbold, *How Europe armed for war, 1871–1914* (London : Blackfriars Press, 1916), p. iii. この兵器企業にきわめて批判的な著者は自身について語る際に，次のように記している。「ニューボールド〔自分〕は，生きている限り，1914 年 7 月，スピットヘッドで連合艦隊を見たときに覚えた称賛の身震いと誇りに似た感じを忘れないだろう。それはイギリスの科学と職人の技の力強い記念碑だった」(p. 76)。ニューボールドのフィッシャー〔第一海軍卿を務めた提督〕や海軍に対する深い賞賛も明らかである (pp. 75–6)。ニューボールドは，1922 年から 23 年にかけてマザーウェル選挙区選出の下院議員となったが，1924 年にはイギリス共産党を離党した。

(22) F. W. Hirst, *The political economy of war* (London : Dent, 1915), pp. 3–4.

(23) Hirst, *Political economy*, p. 11.

(24) これは，第 5 章 194 頁でのブラケットの引用で言及されている作品だった。

(25) H. G. Wells, *The shape of things to come* (London : J. M. Dent/Everyman, 1993) (初版は 1933)〔H・G・ウェルズ『世界はこうなる——最後の革命』吉岡義二訳，明徳出版社 (上下，1995)〕. ウェルズにとって，第一次大戦は「人間が手にする道具が，政治的・社会的知能の拡張と比べて不規則で不均衡に成長したことから，当然にまた必然的に起こった」(p. 55)。実際，第一次大戦の恐ろしい事態は近代技術の能力と，それが解決のために用いられた「些細な古くさい争い」とがつり合わないことから結果した (p. 56)。もっと一般的には，「生物学的な，特に社会学的な発明は，もっと厳密で単純な科学の実用的な前進よりもはるかに後れていた」(p. 36)。この論旨を，ウェルズは何らかの理由で，「『精神的な』前進が『物質的な』前進に追いつかなかった」という 19 世紀的「決まり文句」を超えるものと見た (p. 37)。

(26) Wells, *Shape of things to come*, p. 148.

(27) Ibid., p. 149.

(28) Ibid., p. 151.

(29) Ibid., p. 154.

(30) Ibid., p. 260.

(31) Ibid., p. 132.

(32) Ibid. また，E. M. Earle, 'H. G. Wells, British patriot in search of a world state', in E. M. Earle (ed.), *Nations and nationalism* (New York : Columbia University Press, 1950), pp. 79–121 を参

照。

(33) Ibid., pp 147, 271, 279, 281.

(34) J. D. Bernal, *The social function of science* (London : Routledge and Kegan Paul, 1939), p. 186.〔第 3 章註 39〕

(35) Ibid., p. 165.

(36) Ibid., pp. 171-2, 182. バナールは，1935 年に書いたものでは，外部から採用された文民科学者は大きく貢献したと論じている。「イノベーションはその関係者全員にとって戦争を面倒にするので，軍の精神はイノベーションとは当然に対立する」。J. D. Bernal, 'Science and Industry', in Sir Daniel Hall et al., *The frustration of science* (London : Allen and Unwin, 1935), pp. 45-8, 48.

(37) Bernal, *Social function*, p. 182.

(38) Ibid., p. 30.

(39) Ibid., p. 172.

(40) I. F. Clarke, *The tale of the future from the beginning to the present day* (London : Library Association, 1961) は，イギリスで刊行された文献の貴重なリストで，以下の文献や見解はここから得られている。B. Newman, *Armoured doves* (1931)「科学者の国際連盟は戦争を終わらせるために秘密兵器を使う」; M. Arlen, *Man's mortality* (1933)「『国際航空機・航空路』が唯一の政府となる日には，世界の権威にたてつこう」; G. S. Vierck and P. Eldridge, *Prince pax* (1933)「爆撃された各国首都は平和を促す」; F. Stuart, *Glory* (1933)「大陸間航空路が世界の空を支配する時代の愛と冒険」; J. Gloag, *Winter's youth* (1934)「1960 年までには，現代兵器の力は世界に平和を余儀なくさせている」; H. Edmonds, *The professor's last experiment* (1935)「発明家は戦争を止めることができる」; B. Tunstall, *Eagles restrained* (1936)「国際航空警察はいかにしてドイツ・ポーランド戦争を終わらせるか」。ウェルズは 1930 年代初めの航空警察の構想を過激さが不十分あるいは稚拙と非難さえする。*Shape of things to come*, pp. 271-2.

(41) Philip Noel-Baker, 'The international air police', in Philip Noel-Baker et al., *Challenge to death* (London : Constable, 1934), pp. 206-39.

(42) 1941 年，つまりアメリカが参戦する前，スティーブン・キング＝ホールは英米の連合艦隊や空軍，本人の言う「平和軍」を望んだ。艦隊は他のどの海軍と比べても 3 倍で，三つの海軍の 2 倍の戦力になる。また空軍の方は，他のどの空軍と比べても 4 倍の規模で，他の二つを統合したものと比べても 2 倍になる。Stephen King-Hall, *Total victory* (London : Faber and Faber, 1941), p. 217. この考え方は国際連盟が集団安全保障の手段として合意することができなかったものだった。「一体的攻撃は，協議，威嚇，躊躇で反対され，不一致となった。一体的攻撃は，ただちに一体的な反撃によってつぶされることが肝要である」(p. 219)。第二次大戦後には，バーナード・デイビーは戦後国際空軍を望んでいた。当初は英米によるものだが，その後，「最終的には，大小のすべての国の加盟を確保することによって，世界空軍連合になる。そうなれば，協調的な国際的体制を保証するものとなるだろう」。Davy, *Airpower*, p. 196. 1948 年，スペイトは，国際連合の空軍力が独力で侵略を打ち破れるような世界を期待した。国連でなければ，「米英の連合空軍が当時［第二次大戦時］に行ったことを再び行うことができ，侵略を無力化できるだろう。そんな冒険的行為をつぶすのに，連合空軍は原子爆弾を必要としないだろう」(J. M. Spaight, *Air power can disarm* (London : Air League of the British Empire, 1948), p.

168)。スペイトは，原爆による戦争行為は禁止されるべきだし，また禁止されると信じていた。その見方では，「我々はすでに最初で最後の原子爆弾を見た」(p. 160)。また，p. 163 も参照。さらに，Sir William Beveridge, *The price of peace* (London : Pilot Press, 1945), p. 54 も参照。

(43) Alan Milward, 'Approaching reality : euro-money and the left', *New Left Review* 216 (1996), 57.

(44) M. J. B. Davy, *Airpower and civilization* (London : HMSO, 1941), p. 161.

(45) J. L. Nayler and E. Ower, *Flight to-day* (London : Oxford University Press, 1936), p. 147.

(46) もちろん少年向けの文献は，飛行機に関するものも含め，戦間期はずっときわめて軍国右翼的だった。Michael Paris, *Warrior nation : images of war in British popular culture, 1850–2000* (London : Reaktion Books, 2000) を参照。もっと上のレベルでの文化的連続性については，Jay Winter, *Sites of memory, sites of mourning : the Great War in European cultural history* (Cambridge : Cambridge University Press, 1995) を参照。

(47) J. G. Crowther, 'Aviation' in Hall, *Frustration of science*, pp. 40–1. また，M. J. B. Davy, *Interpretive history of flight*, 2nd edn. (London : Science Museum, 1948), pp. 130–1 (初版は 1937) も参照。『エアロプレーン』誌に載った初版についての書評は，航空機の破壊的な潜在力についてのデイビーの懸念を記していたが，「それが書かれたのは，何週間か前，ヨーロッパの政治家が空軍の輸送機によって平和会談のために集まる前のことだった」とも記している (2 November 1938, p. 536)。言われているのはミュンヘン協定のことで，イギリスの一流航空雑誌である『エアロプレーン』はきわめて親ドイツ的であり，親ファシストだったことは言っておくべきだろう。この点については，Edgerton, *England and the aeroplane* を参照。デイビーはイギリス陸軍航空隊にいて，1920 年には科学博物館に入り，その後副館長になった。

(48) Davy, *History of flight*, p. 139.

(49) Charles Gibbs-Smith, *The aeroplane : an historical survey of its origins and development*, (London : HMSO/Science Museum 1960). これは後に，*Aviation : an historical survey from its origins to the end of World War II* (London : HMSO/Science Museum, 1970), second edition, 1985 となった。この著者が勤務していたのは科学博物館ではなく，ビクトリア&アルバート博物館だった。R. Miller and D. Sawers, *The technical development of modern aviation* (London : Routledge, 1968), pp. 58, 257.

(50) Peter Fearson の著述，例えば 'The British airframe industry and the state, 1918–35', *Economic History Review* 27 (1974), 236–51 や，Correlli Barnett, *The audit of war* (London : Macmillan, 1986) ; Peter King, *Knights of the air* (London : Constable, 1989) ; Keith Hayward, *The British aircraft industry* (Manchester : Manchester University Press, 1989) を参照。アメリカの航空機産業の場合にもほぼ同じようなことが生じた。例えば，Roger Bilstein, *Flight in America 1900–1983 : from the Wrights to the astronauts* (Baltimore : Johns Hopkins University Press, 1984).

(51) W. Hornby, *Factories and plant* (London : HMSO, 1958), pp. 30–1 を参照。

(52) George L. Mosse, 'War and the appropriation of nature' in V. R. Berghahn and Martin Kitchen (eds.), *Germany in the age of total war : essays in honour of Francis Carsten* (London : Croom Helm, 1981) ; Robert Wohl, 'Par la voie des airs. L'entrée de l'aviation dans le monde des lettres françaises, 1909–1939', *Le Mouvement Social* 145 (1988), 41–64 ; K. E. Bailes, 'Technology

and legitimacy : society, aviation and Stalinism in the 1930s', *Technology and Culture* 17 (1976), 55–81 ; Valentine Cunningham, *British writers of the thirties* (Oxford : Oxford University Press, 1988), pp. 155–210 ; Modris Eksteins, *Rites of spring : the Great War and the birth of the modern age* (London : Bantam, 1989), ch. 8〔モードリス・エクスタインズ『春の祭典——第一次世界大戦とモダン・エイジの誕生』金利光訳，みすず書房（2009)〕; Peter Fritzsche, *A nation of flyers : German aviation and the popular imagination* (Cambridge, MA : Harvard University Press, 1992). ニューフェルドの指摘では，1920 年代のドイツの宇宙飛行熱は右翼の理想主義の優勢と結びついていたのではなく，ワイマール体制のナショナリズムが，技術の進歩やアメリカの消費社会の影響について一般に信じられていたことと組み合わさったものにつながっていることを指摘した。Michael J. Neufeld, 'Weimar culture and futuristic technology : the rocketry and spaceflight fad in Germany, 1923–1933', *Technology and Culture* 31 (1990), 725–52. アメリカでの航空機熱の研究も，リベラルな主張の重みを捉えていない。ジョセフ・コーンは，プロテスタンティズムから出た粗雑な技術救済論を，アメリカの航空機熱の典型的な表れと見ている。Joseph Corn, *The winged gospel : America's romance with aviation, 1900–1950* (New York : Oxford University Press, 1983).

(53) 戦間期イギリスの航空機への反応に関するもっと前の文献は，1920 年代においてさえ，空襲の恐怖を，航空機へのイギリス人の最も重要な反応として強調しているが，このことを示す比較検討できる証拠は挙げられていない。Uri Bialer, *The shadow of the bomber : the fear of air attack and British politics 1932–1939* (London : Royal Historical Society, 1980）および Barry D. Powers, *Strategy without slide-rule : British air strategy, 1914–1939* (London : Croom Helm, 1976）を参照。パワーズは，そうした見方が当時特に強かったのは，イギリスが以前はずっと攻撃に対して強かったからであり，またイギリスという稠密な工業国は特に弱くなったからだと論じている（pp. 155–7, 109)。バイアラーもイギリス固有の恐れは，せっかくの島国に対して，技術によって脅威が生じることを心配する伝統によっていたと説いている (*Fear*, pp. 151–11〔ママ〕)。異なる見方については，Edgerton, *England and the aeroplane* を参照。

(54) カーンとカニンガムはともに，飛行機を明示的に見上げる方と見下ろす方から見ていた。Stephen Kern, *The culture of time and space, 1880–1918* (Cambridge, MA : Harvard University Press, 1983), pp. 241–7〔スティーヴン・カーン『空間の文化史——時間と空間の文化 1880–1918 年』浅野敏夫／久郷丈夫訳，法政大学出版局（上下，1993)〕; Cunningham, *British writers of the thirties*, p. 197.

(55) ルイス・マンフォードは戦略爆撃はナチスが考えたものと見た。それはナチスの思想であり，ナチスの産物で，それにアメリカが感染して，戦後の軍産巨大機構を生み出したという。Lewis Mumford, *The pentagon of power* (New York : Harcourt Brace Jovanonich, 1970), pp. 251–2〔ルイス・マンフォード『権力のペンタゴン——機械の神話 第 2 部』生田勉／木原武一訳，河出書房新社（1990)〕。しかし，第二次大戦時のイギリスの爆撃機は，民間人を爆撃したとされるにもかかわらず，否定的には見られていない。イギリスのボネガットはいない。Kurt Vonnegut, *Slaughterhouse-five, or the children's crusade* (初版は 1966)〔カート・ヴォネガット・ジュニア『スローターハウス 5』伊藤典夫訳，ハヤカワ文庫（1978)〕を参照。察しのよい読者なら，本書第 5 章で爆撃機軍団について引用したフリーマン・ダイソンを思い出してくれるかもしれない。こうした分析はきわめて

稀である。いずれにせよ，ダイソンの文章でも説明されているように，ボネガットとの直接の関連はある。しかし，英国 CND の活動家だったピーター・ジョージ（1924〜1966）の場合を参照のこと。ジョージは 1958 年，*Red Alert* を発表した（これはピーター・ブライアントという筆名で書かれており，*Two hours to doom*〔ピータ・ブライアント『破滅への二時間』志摩隆訳，早川書房（1964)〕とも呼ばれた)。この作品は映画『博士の異常な愛情』の原作となり，ジョージは後に脚本をノベライズして，この映画のタイトルで出版した。

(56) P. G. Werskey, 'The perennial dilemma of science policy', *Nature* 233 (1971), 532 に引用されたもの。ワースキーは，バナールが実はこの（いつもの）匿名の論説を書いたことをはっきりさせた。医者の中にはもっと直接に軍を助けるという問題に，強い留保をもって直面する人々もいた。例えば，1938 年のある文章は古典的な感覚を再現している。「医学は，職能としてであれ科学としてであれ，国の壁はまったく認めない」(p. 101)。「戦争は医学にナショナリズムを持ち込んだ」(p. 102)。問題は，医者が「今日，かつて世界がこれまでに見た何よりも完備して体系的な種類のナショナリズムの勃興を目撃」しつつあることだった。「この種のナショナリズムはドイツで特異的に表れていて……結局，どんな普遍的な，あるいは国際的な真理も，存在することを否定しているらしい」(p. 102)。H. Joules (ed.), *The doctors' view of war* (London : Allen & Unwin, 1938).

(57) Anon, *Science in War* (Harmondsworth : Penguin, 1940), p. 14. また AScW の W. A. Wooster による，the *Manchester Guardian*, 12 January 1939 に掲載された投書も参照。

(58) Bernard Acworth, *This bondage* (London : Eyre & Spottiswoode, 1929), p. 215. このアクワースは，'Neon', *The great delusion : a study of aircraft in peace and war* (London : Ernest Benn, 1927）を参照している。「Neon」はイギリス人作家のマリオン・ホワイトフォード・アクワース（Marion Witeford Acworth）の筆名で，その名のつづりが珍しいところが，二人に関係があることをうかがわせる。また，Acworth, *The navies of today and tomorrow : a study of the naval crisis from within* (London : Eyre & Spottiswoode, 1930）も参照。

(59) Christopher Caudwell, *Studies in a dying culture* (London : John Lane, 1938), pp. 88–9.〔C・コードウェル『没落の文化』増田義郎／平野敬一訳，ダヴィッド社（2 巻，1954)〕

(60) George Orwell, 'Wells, Hitler and the world state', *Horizon*, August 1941. *The collected essays, journalism and letters of George Orwell*, edited by Sonia Orwell and Ian Angus, 4 vols. (Harmondsworth : Penguin, 1970), II, p. 169 に再録〔ジョージ・オーウェル「ウェルズ，ヒトラー，および世界国家」『オーウェル著作集 II』鶴見俊輔ほか訳，平凡社（1970)〕。

(61) George Orwell, 'As I please', *Tribune* 12 May 1944. Idem, *Collected essays*, III, p. 173 に再録〔オーウェル「私の好きなように」『オーウェル著作集 III』鶴見俊輔ほか訳，平凡社（1970)〕。Idem, 'You and the atom bomb', *Tribune*, 19 October 1945, in Idem, *Collected essays*, IV, p. 24〔オーウェル「あなたと原子爆弾」『オーウェル著作集 IV』鶴見俊輔ほか訳，平凡社（1971)〕. また，Lewis Mumford, 'Authoritarian and democratic technics', *Technology and Cultures* 5 (1964), 1–8 も参照。

(62) 例えば以下を参照。Peter Alter, *The reluctant patron : science and the state in Britain 1850–1920* (Oxford : Berg, 1987) ; William McGucken, 'The central organisation of scientific and technical advice in the United Kingdom during the Second world War', *Minerva* 17 (1979), 33–69 ; William McGucken, *Scientists, society and the state* (Columbus, OH : Ohio State University

Press, 1984)；P. G. Gummett, *Scientists in Whitehall* (Manchester : Manchester University Press, 1980)；J. F. O. MacAllister 'Civil science policy in British industrial reconstruction, 1942–1951', 未公刊の博士論文, University of Oxford (1986)；Tom Wilkie, *British science and politics since 1945* (Cambridge : Basil Blackwell, 1991) and Jon Agar, *Science and spectacle : the work of Jodrell Bank in post-war British culture* (Amsterdam : Harwood Academic Press, 1998).

(63) 1970年代には，第一次大戦中の陸海軍での科学に関する幅広い文献が公刊されたが，これはすべて，軍隊にいた文民の学界科学者の仕事に関するものだった。そこからは，この戦争以前には科学が軍から受ける支援は無視しうる程度だったという印象を受ける。例えば，以下を参照。R. M. MacLeod and E. K. Andrews, 'Scientific advice in the war at sea, 1915–1917 : the Board of Invention and Research', *Journal of Contemporary History* 6 (1971), 3–40；M. Pattison, 'Scientists, inventors and the military in Britain, 1915–19 : the Munitions Invention Department', *Social Studies of Science* 13 (1983), 521–68.

(64) H. Rose and S. Rose, *Science and society* (Harmondsworth : Penguin, 1969), p. 59.

(65) Ibid., p. 60.

(66) ロナルド・クラークの研究は，レーダー，無線通信，ORに注目し，学界科学者が強調されている。R. W. Clark, *The rise of the boffins* (London : Phoenix House, 1962).

(67) ブラケットについては，Sir Bernard Lovell, 'Patrick Maynard StuartBlackett', *Biographical memoirs of Fellows of the Royal Society* (1975) を参照。バナールについては，Werskey, *Visible College*；Maurice Goldsmith, *Sage : a life of J. D. Bernal* (London : Hutchinson 1980)；Brenda Swann and Felix Aprahamian (eds.), *J. D. Bernal : a life in science and politics* (London : Verso, 1999) を参照。ズッカーマンについては自身の回顧録，*From apes to warlords* (London : Collins, 1988) と，John Peyton, *Solly Zuckerman : a scientist out of the ordinary* (London : John Murray, 2001) を参照。ティザードおよびリンデマンについては，R. W. Clark, *Tizard* (London : Methuen, 1965)；Thomas Wilson, *Churchill and the Prof* (London : Cassell, 1995)；Earl of Birkenhead, *The Prof in two worlds* (London : Collins, 1961) を参照。*Proceedings of the Royal Society* A 342 (1975) は，両大戦の英国科学に対する影響をテーマにした特別号。大半は第二次大戦の退役軍人が書いたもので，多くはよく知られた話の焼き直しでがっかりするが，一か所か二か所，鋭い洞察や真剣な個人的省察がある。とはいえ，短い回想録や死亡記事など，基本的には一過性の文献が非常に多い。これは1960年代末の段階ではすでに膨大になっていた。1967年に利用可能だったほとんどは一時的な文献についての包括的な調査として，Ronald W. Clark, 'Science and technology, 1919–1945' in R. Higham (ed.), *British military history : a guide to sources* (London : Routledge and Kegan Paul, 1972) を参照。

(68) Angus Calder, *The people's war* (London : Cape, 1969), ch. 8. リッチ・カルダーは1945年，「召集された『科学者』の総数は一般に4万5000人と推定されている……戦争で我々を救う貢献をした科学者のうち，エリート部隊は数百人程度だった」と述べた。具体的に挙げられている名は，バナール，ブラケット，ズッカーマン，サー・ヘンリー・デールのみだった。Ritchie Calder, 'Science and the state', *New Statesman and Nation* 8 October 1945, p. 384.

(69) 要となる研究はWerskey, *Visible college* である。また，以下も参照。David Homer, 'Scientists, trade unions and Labour movement policies for science and technology : 1947–1964', 2

vols., 未公刊の博士論文, Aston University (1986) ; Greta Jones, *Science, politics and the cold war* (London : Routledge, 1988) ; Paul Crook, 'Science and war : radical scientists and the Tizard-Cherwell area bombing debate in Britain', *War and Society* 12 (1994), 69–101 ; Erik P. Rau, 'Technological systems, expertise and policy making : the British origins of operational research' in Michael Allen and Gabrielle Hecht (eds.), *Technologies of power : essays in honor of Thomas Parke Hughes and Agatha Chipley Hughes* (Cambridge, MA : MIT Press, 2001), pp. 215–52. クルックもラウも，特に左翼の役割に焦点を当てている。また，Maurice Kirby, *Operational research in war and peace* (London : Imperial College Press, 2003）の，なおも進行中の研究も参照。

(70) Fred Steward and David Wield, 'Science, planning and the state' in Gregor McLennan, David Held and Stuart Hall (eds.), *State and society in contemporary Britain* (Cambridge : Polity, 1984), pp. 176–203.

(71) この世界についての詳細な参考資料については，Gummett, *Scientists in Whitehall* および Alter, *Reluctant patron* を参照。

(72) 参考資料については，Gummett, *Scientists in Whitehall* を参照。

(73) 帝国科学技術カレッジ〔インペリアル・カレッジ・ロンドンの正式名称〕(今は医学も加わる）は，ずっとロンドン大学の一部だった。マンチェスター理工科大学，ウェールズ理工科大学，ロイヤルカレッジ・オブ・サイエンス・アンド・テクノロジー（グラスゴー）も，もっと大きな総合大学の一部だった。

(74) 例えば，Michael Sanderson, *The universities and British industry* (London : Routledge and Kegan Paul, 1972）は，イギリスの大学での科学を広く取り上げたものとしては抜群のものである。1939 年から 45 年にかけての戦争についての公的歴史二点は，国防用 R&D について最善の全体的叙述を行っている。R. Hughes and J. D. Scott, *The administration of war production* (London : HMSO, 1956) ; M. M. Postan, D. Hay and J. D. Scott, *The design and development of weapons* (London : HMSO, 1964). マーガレット・ゴーイング〔ガウィングとも〕の原子力エネルギーに関する公的歴史は必須の補足である。Margaret Gowing, *Britain and atomic energy, 1939–1945* (London : Macmillan, 1964) ; *Independence and deterrence : Britain and atomic energy 1945–1952*, vol. 1 : *Policy making* ; vol. II : *Policy execution* (London : Macmillan, 1974)〔第 4 章註 94〕. その他の国防用 R&D に関する研究については，R. Bud and Philip Gummen (eds.), *Cold War, hot science : applied research in Britain's defence laboratories, 1945–1990* (Amsterdam : Harwood Academic, 1999）および Brian Balmer, *Britain and biological warfare : expert advice and science policy, 1930–1965* (London : Palgrave, 2001）を参照。今では軍部の意義も目を向けられている。これについては，Soraya de Chadarevian, *Designs for life molecular biology after World War II* (Cambridge : Cambridge University Press, 2002）を参照。さらに，第一次大戦についての興味深い新研究がたくさんある。Roy MacLeod, 'The "Arsenal" in the Strand : Australian chemists and the British munitions effort, 1916–19', *Annals of Science* 46 (1989), 45–67 ; 'The chemists go to war : the mobilisation of civilian chemists and the British war effort, 1914–1918', *Annals of Science* 50 (1993), 455–81 ; 'Sight and sound on the Western Front : surveyors, scientists and the "battlefield laboratory", 1915–1918', *War and Society* 18 (2000), 23–46 ; Andrew Hull, 'Passports to power : a public rationale for expert influence on central government policy-making : British scientists and economists, c 1900–c 1925', 未公刊の博士論文, University of

Glasgow（1994）；‘Food for thought? The relations between the Royal Society food committees and government, 1915–1919’, *Annals of Science* 59（2002), 263–98.

(75) もっと学術的な方面では，力点は顕著に生物学にあり，関心はIQ，人種，階級，性別などの問題に向かっている。軍部，特にイギリスの軍部はほとんど出てこなかった。例えば，David Albury and Joseph Schwartz, *Partial progress : the politics of science and technology*（London : Pluto, 1982）は，科学と技術に関する政治の必須の教科書だが，軍についてはほとんど言及がない。非常に興味深い書評，Bill Schwarz, ‘Cooling the white heat’, *Capital and Class* 23（1983), 168–80を参照。以下も参照。Hilary Rose and Steven Rose (eds.), *The radicalisation of science*（London : Macmillan, 1976）〔H・ローズ／S・ローズ編『ラディカル・サイエンス——危機における科学の政治学』里深文彦ほか訳，社会思想社（1980)〕；Carol Ackroyd, Karen Margolis, Jonathan Rosenhead and Tim Shallice, *The technology of political control*（Harmondsworth : Penguin, 1977）；Mike Hales, *Science or society : the politics of the work of scientists*（London : Pan, 1982）；David Dickson, *Alternative technology and the politics of technical change*（London : Fontana, 1974）〔デイビッド・ディクソン『オルターナティブ・テクノロジー——技術変革の政治学』田窪雅文訳，時事通信社（1980)〕；Les Levidow and Bob Young (eds.), *Science, technology and the labour process : Marxist studies*, 2 vols.（London : Conference of Socialist Economists, 1982）；Jon Turney (ed.), *Sci-tech report : current issues in science and technology*（London : Pluto, 1984). また，*Radical Science Journal and Science as Culture* も参照。

(76) イギリスの科学ライターであるロビン・クラークのRobin Clarke, *The science of war and peace*（London : Cape, 1971）が取り上げるのはほとんどがアメリカの資料だが，「イギリスの国防用研究についての流布した二つの神話」にも目を向けている。その研究は主として国防省の管轄であるということと，大半は政府所管の研究施設で行われているということである（pp. 180–1)。また，Robin Clarke, *We all fall down : the prospect of biological and chemical warfare*（Harmondsworth : Pelican, 1968）も参照。学者の著述もこれに続いた。以下を参照。Stuart Blume, *Towards a political sociology of science*（New York : Free Press, 1974)（これもアメリカの戦争用研究については多くのことが出ているが，イギリスについてはほとんどない)；Brian Easlea, *Liberation and the aims of science*（Edinburgh : Scottish Academic Press, 1980)（7章，10章，11章はアメリカの科学と軍を取り上げている。同著者による次も同様)；*Fathering the unthinkable : masculinity, scientists and the arms race*（London : Pluto, 1983). もっと新しいところで，Donald MacKenzie, *Inventing accuracy : a historical sociology of nuclear missile guidance*（Cambridge, MA : MIT Press, 1990）は，やはりアメリカを調べている。

(77) 冷戦について要となる著作は，P. Forman, ‘Behind the quantum electronics : national security as a basis for physical research in the United States, 1940–1960’, *Historical Studies in the Physical and Biological Sciences* 18（1987), 149–229である。また，E. Mendelsohn, M. R. Smith and P. Weingart (eds.), *Science, technology and the military*, 2 vols.（Dordrecht : Kluwer, 1988)，学術誌 *Historical Studies in the Physical and Biological Sciences* の，特に1990年代のもの，さらに，冷戦中の科学に関する特別号，*Social Studies of Science* 31（2001), 163–297も参照。

(78) Stuart W. Leslie, *The cold war and American science : the military-industrial-academic complex at MIT and Stanford*（New York : Columbia University Press, 1993)（これは冒頭の数

頁で，ほとんどの R&D が学界のものではなかったことを認識している）; Michael Aaron Dennis, '"Our first line of defence" : two university laboratories in the postwar American state', *Isis* 85 (1994), 427–55 ; Larry Owens, 'The counterproductive management of science in the Second World War : Vannevar Bush and the Office of Scientific Research and Development', *Business History Review* 68 (1994), 515–76 ; Peter Galison, *Image and logic : a material culture of microphysics* (Chicago : Chicago University Press, 1997), ch. 4.

(79) Everett Mendelsohn, 'Science, scientists and the military' in J. Krige and D. Pestre (eds.), *Science in the twentieth century* (London : Harwood Academic, 1997), p. 185.

(80) Andrew Pickering, 'Cyborg history and the World War II regime', *Perspectives on Science* 3 (1995), 8–9.

(81) 以下を参照。R. Cooter, *Surgery and society in peace and war : orthopaedics and the organisation of modern medicine* (London : Macmillan, 1993) ; R. Cooter, 'War and modern medicine' in W. F. Bynum and R. Porter (eds.), *Companion encyclopaedia of the history of medicine* (London : Routledge, 1994), pp. 1536–73 ; R. Cooter, S. Sturdy and M. Harrison (eds.), *War, medicine and modernity* (Stroud : Sutton, 1998) ; M. Harrison, 'The medicalisation of war, the militarisation of medicine', *Social History of Medicine* 9 (1996), 267–76 ; R. Cooter and S. Sturdy, 'Science, scientific management and the transformation of medicine in Britain, c. 1870–1950', *History of Science* 36 (1998), 421–66 ; M. Harrison, 'Medicine and the management of modem warfare', *History of Science* 34 (1996), 379–410. 私は Nick Webber の理学修士論文，'Battling for the future : a critique of the current historiography relations to war, medicine and modernity', 未公刊, University of London (2000) に教示を受けた。

(82) こうした研究の一つが，近年の長期波動の指標として，民間航空機生産を取り上げている。例えば，William R. Thompson, *The emergence of global political economy* (London : Routledge, 2000) がある。また，George Modelski and William R. Thompson, *Leading sectors and world powers : the co-evolution of global politics and economics* (Columbia, SC : University of South Carolina Press, 1996) も参照。

(83) 例えば，マイケル・マンは近代軍国主義に三つの時期を見ている。1648〜1914 年の限定戦争期，1914〜45 年の市民戦争期，1945 年以後の核の時代である。核の時代では，資本主義的軍国主義と社会主義的軍国主義が区別される。一方は「観戦スポーツ的軍国主義」であり，他方は「軍事化社会主義」だが，エリートたちは「抑止科学軍国主義 (deterrence-science militarism)」を共有している (Michael Mann, 'The roots and contradictions of modem militarism', *New Left Review* 162 (1987), 35–50)。マーティン・ショーのもっと精密な論証には，軍国主義の型の政治的区別が見られるし（ナチスとソビエト），それとは異なる国民的経験も見られる。時間とともに変化するところもある。二つの戦争の間に大きな技術の違いがあったからで，それが両大戦の性格に影響した（*Dialectics of war* (London : Pluto, 1988))。

(84) コリンズは 20 世紀の海軍力あるいは空軍力——すでに見たように戦争のあり様を変えてしまうことを約束した——が実際に地政学を無効にしたかということも論じた。Randall Collins, *Webenan sociological theory* (Cambridge : Cambridge University Press, 1986), ch. 7. 以下も参照。Van Creveld, *Technology and war*, pp. 312–9 ; Ralph Schroeder, 'Disenchantment and its discontents : Weberian perspectives on science and technology', *Sociological Review* 43 (1995), 227–50 ; Archer Jones, *The art of war in the western world* (Oxford : Oxford

University Press, 1989). 最後のものは，主として戦争や兵器体制の型が基本的に連続していることに注目する。ただしこうしたものは威力の点では変容していることが多い。

(85) Mumford, *Technics and Civilisation*, 第2章のタイトル〔本章註18, 'Agents of mechanisation〕。

(86) Merritt Roe Smith (ed.), *Military enterprise and technological change : perspectives on the American experience* (Cambridge, MA : MIT Press, 1985) ; David Noble, *Forces of production* (New York : Oxford University Press, 1985).

(87) Ken Alder, *Engineering the revolution : arms and enlightenment in France, 1763-1815* (Princeton : Princeton University Press, 1997).

(88) Paul Edwards, *The closed world : computers and the politics of discourse in Cold War America* (Cambridge, MA : MIT Press, 1996)〔P・N・エドワーズ『クローズド・ワールド——コンピュータとアメリカの軍事戦略』深谷庄一監訳，日本評論社（2003)〕; Janet Abbate, *Inventing the internet* (Cambridge, MA : MIT Press, 1999).〔ジャネット・アバテ『インターネットをつくる——柔らかな技術の社会史』大森義行／吉田晴代訳，北海道大学図書刊行会（2002)〕

(89) MacKenzie, *Inventing accuracy.*

(90) Thomas Parke Hughes, *American genesis : a century of invention and technological enthusiasm* (New York : Viking, 1989), pp. 381-427 は，マンハッタン計画についてエンジニアや産業を中心にした叙述を提供し，学界科学者の特異な役割を適切に位置づけている。

(91) 特に挙げると，ジョン・カマー，D・T・ルイス，モンティ・フィニストン。いずれも物理学者ではなかった。Gowing, *Independence and deterrence*, II, pp. 30-1 を参照〔第4章註94〕。

(92) そしてもちろん，科学者や科学史家が，前例のない「巨大科学」の登場について書くときに含意していたこととは違い，英米いずれでも，開発全体が核物理学の問題ではなかった。Hughes, *American genesis*, p. 383 は，この開発には産業界にいくつも前例があることを正しく指摘している。

(93) このため，原爆開発の通り一遍の前史を，素粒子物理学や量子論，さらにひどい場合には相対性理論（$E = mc2$）を用いて語る慣行は，この開発に必要だった科学や技術の資源を理解するのにはまったく役に立たない。

(94) David A. Mindell, *Between human and machine : feedback, control and computing before cybernetics* (Baltimore : Johns Hopkins University Press, 2002) ; John Brooks, 'Fire control for British Dreadnoughts : choices in technology and supply', 未公刊の博士論文, University of London (2001) ; Sébastien Soubiran, 'De l'utilisation contingente des scientifiques dans les systèms d'innovations des Marines française et britannique entre les deux guerres mondiales. Deux exemples : la conduite du tir des navires et Ia télémécanique', 3 vols. 未公刊の博士論文, université de Paris VII-Denis Diderot (2002).

(95) Daniel Headrick, *The invisible weapon : telecommunications and international politics, 1851-1945* (New York : Oxford University Press, 1991).〔D・R・ヘッドリク『インヴィジブル・ウェポン——電信と情報の世界史 1851-1945』横井勝彦／渡辺昭一監訳，日本経済評論社（2013)〕

(96) Jonathan Zeitlin, 'Flexibility and mass production at war : aircraft manufacturing in Britain, the United States, and Germany, 1939-1945', *Technology and Culture* 36 (1995), 46-79.

(97) Erik Lund, 'The industrial history of strategy : reevaluating the wartime record of the British aviation industry in comparative perspective, 1919–1945', *Journal of Military History* 62 (1998), 75–99.

(98) Ben Shephard, *War of nerves* (London : Cape, 2000) ; Emily Mayhew, *The reconstruction of warriors : Archibald McIndoe, the Royal Air Force and the Guinea Pig Club* (London : Greenhill, 2004).

(99) Lisbet Koerner, *Linnaeus : nature and nation* (Cambridge, MA : Harvard University Press, 1999) を参照。

(100) 近年の研究が示すように，1950年以前のノーベル物理学賞やノーベル化学賞の受賞は，スウェーデン国内の科学政策やスウェーデンの国際関係に，強く，また一貫して規定されていた。Robert Marc Friedman, *The politics of excellence : behind the Nobel Prize in science* (New York, Times Books, 2001).

(101) 例えばノーブルは，自著 *Forces of production* のきらきらとまぶしい序文で，「技術決定論」を強く批判し，それを技術を「客体化」し，物に優位性を付与する文化の産物と見ている。「技術決定論」のものとして用いられる言葉が，この説に対するノーブルの蔑視やその重みの評価を明らかにしている。「軍縮……方向転換……非政治化……神話……集合的幻想……スローガン……アメリカの幻想……文化的呪物化……知らないし忘れている……イデオロギーの遺産……貧弱になった啓蒙……思考の習慣……イデオロギー」。しかしノーブルは，技術決定論の思想の政治的用途について明確にしている（Noble, *Forces of production*）。ドナルド・マッケンジーの著書（Donald MacKenzie, *Inventing accuracy*）も「技術決定論」に向けられ，これが，技術についての人々や学者の理解を支配しているとマッケンジーは言う。しかしどちらの研究も，我々の技術についての考え方を変えることに公然と向かっているにもかかわらず，我々の実際の技術についての考え方を調べることはしていない。拙稿 'Tilting at paper tigers', *British Journal for the History of Science* 26 (1993), 67–75 ; 'From innovation to use : ten (eclectic) theses on the history of technology', *History and Technology* 16 (1999), 1–26 ; and 'The "linear model" did not exist : reflections on the history and historiography of science and research in industry in the twentieth century' in Karl Grandin and Nina Wormbs (eds.), *The science-industry nexus : history, policy, implications* (New York : Watson, 2004) を参照。批判的姿勢は少々冗長になりつつある。特筆すべき科学あるいは技術の最後の「ホイッグ史観」はいつのことだっただろう。最後の無視できない「技術決定論者」は誰だっただろう。

(102) Steven Shapin, 'Discipline and bounding : the history and sociology of science as seen through the extemalism-intemalism debate', *History of Science* 20 (1992), 333–69.

(103) 例えば，シェイピンの広く読まれた論文，Stephen Shapin, 'History of science and its sociological reconstructions', *History of Science* 20 (1982), 157–211 は，多くの題材を特定して明示的に除外するが，Jan Golinski, 'The theory of practice and the practice of theory : sociological approaches in the history of science', 81 *Isis* (1990), 492–505 は，科学のマクロ研究については，あるいはシェイピンが明示的に除外した題材について，いっさいの言及がない。ミクロの強調が明瞭なのは，Mario Biagioli (ed.), *The science studies reader* (London : Routledge, 1999) である。20世紀についての新しい概観については，John Krige and Dominique Pestre (eds.), *Science in the twentieth century* (London : Harwood, 1997) and Roger Cooter and John Pickstone (eds.), *Medicine in the twentieth century* (London : Harwood,

2000）; Thomas Soderqvist (ed.), *The historiography of contemporary science and technology* (London : Harwood, 1997）を参照。

(104) Edgerton, ‘Paper tigers’; ‘Innovation to use’.

(105) 技術史家の中には，技術の歴史を調べる際に，エンジニア自身がイデオロギーをどう語っているかを調べることが重要だと認識する人々もいる。この点はアレンとヘクトによる，Allen and Hecht, *Technologies of power* に所収の文章にきちんと描かれている。

(106) 科学・技術研究では仮想敵が特に重要である理由の解説は，Edgerton, ‘Liner model’ を参照。

(107) 歴史学――我々の歴史の知識の性質に関するものだが――や，折衷的で周縁的なものにも開けている理論における「ポストモダニズム」でさえ，実際にはわかりやすい理論の方に関心を抱くようになっている。きっと無意識にモダニズムのパロディとして，我々は新時代（新しい技術で決まる）を信じるよう命じられていて，それには新しい（現在に向かって前進してきた）理論が必要で，それは個々の英雄的な理論家によって具現するのだ。我々は過去の知識の戯画，つまり自分自身が手にしている知識についてのおうむ返しではない叙述や，おなじみであるはずの意味で新しい一つの最善の道に同意するよう誘われている。換言すれば，多くのポストモダンの著述の中心にあるのは，歴史の通俗的・進歩的・技術決定論的な，立派な人物も数多くいる，段階説である。一例として，Mark Poster, *Cultural history + postmodernity : disciplinary readings and challenges* (New York : Columbia University Press, 1997）を参照。この論調は最初からそれを言おうとしている発言には明らかだが，これが根本的にモダニズムの思考様式を反映していることは一般に言われない。例外がリチャード・エバンズで，Richard Evans, *In defence of history* (London : Granta, 1997), p. 201-2〔リチャード・J・エヴァンズ『歴史学の擁護――ポストモダニズムとの対話』今関恒夫／林以知郎監訳，晃洋書房（1999）〕では，ウィリアム・レディの「啓蒙時代以来の知的論争の特徴である，永遠に回帰する絶対の独創性の主張をポストモダニズムは繰り返す」を引用して述べている（p. 278, n. 15)。

(108) Jorge Larrain, *The concept of ideology* (London : Hutchinson, 1979）は，この概念について明示的に研究しているが，Terry Eagleton, *Ideology : and introduction* (London : Verso, 1991)〔T・イーグルトン『イデオロギーとは何か』大橋洋一訳，平凡社（1999)〕も焦点は絞れている。しかし John B. Thompson, *Ideology and modern culture : critical social theory in the era of mass communication* (Cambridge : Polity, 1990）も参照。

(109) ラファエル・サミュエルは，自身でそういう言葉を使ったわけではないが，「下からの歴史」だけでなく，「下からの歴史記述」についても先駆者で，我々の歴史理解に対する，産業考古学者などの貢献をふんだんに再発見している。特に，Raphael Samuel, ‘Unofficial knowledge’ in *Theatres of memory : past and present in contemporary culture* (London : Verso, 1994）を参照。非エリートの体系的な知識についての文献，非エリートの一部の中での，ロジー・バロウの言う「民主的科学認識論」(Logie Barrow, *Independent spirits : spiritualism and English plebeians, 1850-1920* (London : Routledge and Kegan Paul, 1986)）の役割についての文献がある。もちろん，根本的に非民主主義的な代替知識もあった。アレイスター・クロウリーによって唱えられたものもそれで，J・F・C・フラーを通じた戦車戦に対するクロウリーの影響は，Patrick Wright, *Tank : the progress of a monstrous war machine* (London : Faber, 2000）の論題の一つである。J・M・ケインズは，ふつうの学者がたいていトンデモと否定するような経済思想家の文章を読み，手紙のやりとりもした。

ケインズの *General theory of employment, interest and money* (London : Macmillan, 1936), ch. 23〔ケインズ『雇用，利子および貨幣の一般理論』間宮陽介訳，岩波文庫（上下，2012)〕および Robert Skidelsky, *John Maynard Keynes : the economist as saviour, 1920–1937* (London : Macmillan, 1992), pp. 417, 569, passim〔ロバート・スキデルスキー『ジョン・メイナード・ケインズ』古屋隆訳，東洋経済新報社（n. d.)〕を参照。

(110) 一例について Victor Feske, *From Belloc to Churchill : private scholars, public culture and the crisis of British liberalism, 1900–1939* (Chapel Hill, NC : University of North Carolina Press, 1996) を参照。

(111) S. Shapin and S. Schaffer, *Leviathan and the air pump* (Princeton : Princeton University Press, 1985).〔スティーヴン・シェイピン／サイモン・シャッファー『リヴァイアサンと空気ポンプ——ホッブズ，ボイル，実験的生活』吉本秀之監訳，柴田和宏／坂本邦暢訳，名古屋大学出版会（2016)〕

(112) ジョン・ミアシャイマーは，バジル・リデル＝ハート自身とその評判を理解したければ，1930 年代およびその後のリデル＝ハートの著作を批判的に取り上げたものがないことを理解する必要があると言う。John J. Mearsheimer, *Liddell Hart and the weight of history* (Ithaca, NY : Cornell University Press, 1988).

(113) ブルアの「曖昧化の法則（law of mystification)」は示唆的である。ブルアは，無力な社会批判と，強力で自己満足的だが脅かされることのない現状支持者は自然主義的叙述を生むと論じる。力が低い人々や，強くても脅かされている人々は，曖昧にぼかした叙述を生むという（David Bloor, *Knowledge and social imagery* (London : Routledge, 1976), p. 69)。政治的な立場と科学や歴史の見方との間に根底から変動する類似があったことも明らかである。例えば 1950 年代には，「歴史主義」は明らかに反急進派の立場で，特に反マルクス主義の立場だったが，もっと時代が新しくなると，それは左派の立場ということになった。Peter Novick, *That noble dream : the 'objectivity question' and the American historical profession* (Cambridge : Cambridge University Press, 1988) を参照。

(114) Carl E. Schorske, *Thinking with history : explorations in the passage to modernism* (Princeton : Princeton University Press, 1998).

(115) ウルグアイ生まれの詩人で工学部出身だったロートレアモンが述べたように，進歩には剽窃が伴うが，剽窃がすべて進歩的なわけではないとも言っておくべきだろう。

(116) もちろん皮肉なことに，一方の標準的科学モデルからのことで，モデルが変われば，科学はいつも自らの過去を科学の役に立たないものとして呈示している。

(117) だから我々は，政策に適用してこなかった歴史を，歴史家を介して，政策に適用することについて考える際には，過去の政策論争に由来する分析に用心する必要がある。

(118) Gar Alperovitz, *The decision to use the atomic bomb and the architecture of an American myth* (London : HarperCollins, 1995)〔ガー・アルペロビッツ『原爆投下決断の内幕——悲劇のヒロシマ・ナガサキ』鈴木俊彦／岩本正恵／米山裕子訳，ほるぷ（上下，1995)〕，および，Barton J. Bernstein, 'Seizing the contested terrain of early nuclear history : Stimson, Conant, and their allies explain the decision to use the atomic bomb', *Diplomatic History* 17 (1993), 35–72 and 'Understanding the atomic bomb and the Japanese surrender : missed opportunities, little-known near disasters, and modem memory', *Diplomatic History* 19 (1995), 227–73 を参照。

(119) 2002 Anglo-American conference at the Institute of Historical Research, London, 4 July 2002 に提出された Tim Snyder の論文に対する質問に本人が答えたもの。Tim Snyder, 'The

causes of Ukrainian-Polish ethnic cleansing 1943', *Past and Present* 179 (2003), 197-234.

付　録

（1）バーノンは，公職守秘法の下で，疑わしきは罰するというような状況で有罪宣告を受け，1937 年に解雇された。1945 年から 51 年にかけては労働党の国会議員となり，民兵組織ホームガードに入ってオースターレー・パーク・センターでトム・ウィントリンハムと共に働いた。J. E. Mortimer and V. Ellis, *A professional union : evolution of the Institution of Professional Civil Servants*, pp. 102-3 を参照。また，LCC〔ロンドン州議会〕のメンバーだった。

（2）マッキノン・ウッドは，1919～34 年，航空力学部門の長を務め，1935 年，労働党から政界に出るために辞職したが落選した。航空機産業の国有化を提言した有名な冊子を執筆し，戦時中は MAP に勤めた後，1946 年から 61 年まで LCC のメンバーとなり，議長を一期務めた。

（3）ジェームズ・デービッドソン・プラットは，アバディーン大学を化学で出た。陸軍省を離れてからは，イギリス化学製造業者協会理事長などの仕事に就いた。この情報については，ゲルリン・ロバーツの英国化学者データベースのおかげである。

（4）Margaret Gowing, *Britain and atomic energy* (London : Macmillan, 1964), pp. 108-11. 原爆科学者は誰が運営すべきかについて何も言わなかった。

（5）ファイルズは，アメリカでの炭疽菌兵器製造など，生物戦推進を強力に唱えるようになった。炭疽菌爆弾は実際に発注された。Brian Balmer, *Britain and biological warfare : expert advice and science policy, 1930-1965* (London : Palgrave, 2001).

（6）終戦後はまもなく，オーストラリアへ行った。Sir Bernard Lovell and D. G. Hurst, 'Wilfred Bennett Lewis', *Biographical Memoirs of Fellows of the Royal Society* 34 (1988), 453-509. こうした伝記の中で役に立つものの一つ。キャベンディッシュの J・A・ラトクリフ（1902～1987，1951 年 FRS）も，ロウの下で次長を務めたらしい。

（7）T. E. Allibone and G. Hartcup, *Cockroft and the atom* (Bristol : Adam Hilger, 1984), p. 104. コッククロフトは，1939 年，海軍研究所の長になることを要請された。

（8）Ibid., p. 96.

（9）機械技師であり，長年メトロポリタン＝ビッカース社にいた H・L・ガイ（1887～1956，1936 年 FRS）による決め手となる報告の結果として。

(10) J. D. Scott and R. Hughes, *The administration of war production* (London : HMSO, 1955), pp. 275-81 ; M. M. Postan, D. Hay and J. D. Scott, *Design and development of weapons* (London : HMSO, 1964), pp. 474-8.

(11) Scott and Hughes, *Administration*, p. 288

(12) *Report of the Barlow Commttee of Science Staff* (1943). *The Scientific Civil Service* Cmd. 6679 (1945), para. 16 として印刷物になっている。

(13) Ibid., para. 5.

(14) Scott and Hughes, *Administration*, pp. 327-8.

(15) S. Roskill, *Hankey : man of secrets*, III (London : Collins, 1974), p. 601.

(16) *Guardian*, 5 April 1994 を参照。

(17)『英国人名辞典』と『人名録』では，ケイウッドが 1930 年代にどこで研究していたか明らかでないが，『英国人名辞典』には，空軍省に入って化学戦研究をしていたことは記

されている。

(18) ポートンの統括官や局長は，A・E・チルド（物理化学者，1920 年代初期に入所），1949 年の H・M・バレット博士（生物学者），1951 年の S・A・マンフォード（1923 年にポートンに入所），1956 年の E・A・ペレン（1922 年からポートンに在籍した「本質的には高い手腕の化学の研究者」），1961 年の E・E・ハドン（1929 年に化学戦司令部に在籍），1968 年の G・N・ガズビー（以前は陸軍の首席科学官代理，ポートンの在職経験なし），1972 年の T・F・ワトキンス（1936 年入所）。G. B. Carter, *Porton Down : 75 years of chemical and biological research* (London : HMSO, 1992), 各所より。

(19) Lorna Arnold, *Britain and the H-bomb* (London : Palgrave, 2001) pp. 79–80. 1950 年代中葉における他の上層部の任用については，p. 80 を参照。

(20) その後も続いている。1960 年代に国防研究委員会にいたラッセル・ポッツによれば，「まだ着実に押し寄せていて……それを処理しなければならなかった」（私信）。

(21) *News Chronicle*, 11 November 1940.

(22) *Manchester Guardian* and *The Times*, 25 July 1941.

(23) Andrew Nahum, 'World War to Cold War : formative episodes in the development of the British Aircraft Industry, 1943–1965', 未公刊の博士論文, University of London (2002), ch. 3. にある修正主義的叙述を参照。

(24) 帝国戦争博物館（IWM）にあるティザード文書を参照。

(25) Colonel R. Stuart Macrae, *Winston Churchill's toyshop* (Kineton : the Roundswood Press, 1971), p. 5. 著者のマクレー大佐は最初から最後までこの部局所属だった。戦後，ジェフェリスはインドに赴き，1950 年から 53 年まで，軍事工学実験施設の統括官になった。

(26) ロード・チャーウェルは自ら管理した。Lord Birkenhead, *The Prof in two worlds : the official life of F. A. Lindemann, Viscount Cherwell* (London : Collins, 1961), p. 216 を参照。

(27) W. S. Cirurchill, *The Second World War*, vol. II : *Their finest hour* (London : Coassell 1949), pp. 148–9.

(28) フルネームはネビル・シュート・ノーウェイだった。

(29) Gerard Pawle, *The secret war, 1939–45* (London : Harrap, 1956) を参照。これは，この部局に参加した人物による歴史である。